Anonymous

Lehrbuch der Geographie für höhere Unterrichtsanstalten

Anonymous

Lehrbuch der Geographie für höhere Unterrichtsanstalten

ISBN/EAN: 9783743499812

Hergestellt in Europa, USA, Kanada, Australien, Japan

Cover: Foto ©Paul-Georg Meister /pixelio.de

Weitere Bücher finden Sie auf **www.hansebooks.com**

Lehrbuch
der
Geographie
für
höhere Unterrichtsanstalten.

Von

Prof. Dr. H. A. Daniel,
weil. Inspector adiunctus am Königl. Pädagogium zu Halle.

---

75. verbesserte Auflage,

herausgegeben

von

Dr. B. Volz,
Direktor des Viktoria-Gymnasiums zu Potsdam.

Halle a. S.,
Verlag der Buchhandlung des Waisenhauses.
1891.

Inhalt.

Erstes Buch.
Die Grundlehren der Geographie.
§ 1—35. S. 1—55.

	Seite
§ 1. Die Geographie und ihre Einteilung	1

I. Aus der mathematischen Geographie.

§ 2. Die Gestalt der Erde	2
§ 3. Der Sternhimmel	4
§ 4. Vorstellungen vom Weltall	6
§ 5. Fixsterne, Planeten, Kometen, Meteoriten	6
§ 6. Die Erde mit andern Planeten verglichen. Der Mond	9
§ 7. Die Bewegungen der Erde: Tages- und Jahreszeiten	10
§ 8. Geographische Länge und Breite	12
§ 9. Wendekreise und Polarkreise	14
§ 10. Erdzonen	16

II. Aus der Geologie.

§ 11. Bildung der Erdoberfläche	17

III. Aus der allgemeinen physischen Geographie.

§ 12. Wasser und Land	19
§ 13. Meere und Kontinente	20
§ 14. Küstenentwickelung	21
§ 15. Die fünf Ozeane	22
§ 16. Das Meer	24
§ 17. Bewegung der Luft. Klima	27

		Seite
§ 18.	Die Inseln	30
§ 19.	Tiefland und Hochland	32
§ 20.	Die Arten des Bodens	32
§ 21.	Ebenen und Gebirge	34
§ 22.	Einteilung der Gebirge nach ihrer Höhe	34
§ 23.	Einteilung der Gebirge nach ihrer Gestaltung	35
§ 24.	Geognostische Zusammensetzung der Gebirge	36
§ 25.	Quellen und Flüsse	38
§ 26.	Der Flüsse Lauf und Mündung	39
§ 27.	Flußgefälle und Flußthäler	41
§ 28.	Die Landseeen	42
§ 29.	Kreislauf des Wassers auf der Erde	43
§ 30.	Die Welt der Pflanzen	44
§ 31.	Die Welt der Tiere	46
§ 32.	Der Mensch	48
§ 33.	Die Menschenrassen	49

IV. Aus der allgemeinen politischen (oder historischen) Geographie.

§ 34.	Der Mensch im Verhältnis zu Gott	51
§ 35.	Die Staaten der Erde	53

Zweites Buch.
Die außereuropäischen Weltteile.
§ 36—70. S. 56—163.

§ 36.	Horizontale und vertikale Gliederung	56
§ 37.	Erdteile; Inseln; die alte Welt	57
§ 38.	I. Asien	59
§ 39.	Übersicht der Bodengestaltung	63
§ 40.	Sibirien	65
§ 41.	Turân oder West-Turkestân	67
§ 42.	Irân	69
§ 43.	Afghânistân und Belutschistân	71
§ 44.	West-Irân oder das persische Reich	72
§ 45.	Das armenische Hochland und Kaukasien	73
§ 46.	Die Halbinsel Kleinasien	76
§ 47.	Mesopotamien	79

		Seite
§ 48.	Syrien	80
§ 49.	Die arabische Halbinsel	84
§ 50.	Die vorderindische Halbinsel	87
§ 51.	Die hinterindische Halbinsel	93
§ 52.	Indonesien oder die hinterindische Inselwelt	94
§ 53.	Das chinesische Reich	96
§ 54.	Das japanische Reich	101
§ 55.	II. Afrika	104
§ 56.	Das südliche und das äquatoriale Afrika	106
§ 57ᵃ.	Sudan	110
§ 57ᵇ.	Die Wüste Sahara	112
§ 58.	Die Länder am Nil	113
§ 59.	Die Syrten- und Atlasländer	117
§ 60.	Die afrikanischen Inseln	119
§ 61.	III. Amerika	120
§ 62.	Süd-Amerika im allgemeinen	123
§ 63.	Die Staaten Süd-Amerikas	127
§ 64.	Mittel-Amerika und Westindien	131
§ 65.	Nord-Amerika im allgemeinen	135
§ 66.	Die Republik Mexico	139
§ 67.	Die Vereinigten Staaten von Amerika (die Union)	141
§ 68.	Das britische Nord-Amerika	152
§ 69.	Grönland und die Polarländer	154
§ 70.	IV. Australien und Polynesien	157

Drittes Buch.

§ 71.	Von den Landkarten	164

V. Europa.
§ 72—84. S. 166—308.

§ 72.	Europa im allgemeinen	166

I. Die drei südlichen Halbinseln.

§ 73.	Die iberische oder pyrenäische Halbinsel im allgemeinen	175
§ 74.	Spanien und Portugal	179
§ 75.	Die Alpen	186

	Seite
§ 76. Die italische oder die Apenninen-Halbinsel	195
§ 77. Das Königreich Italien (festländischer Teil)	205
§ 78. Die italischen Inseln	219
§ 79. Die griechische oder die Balkan-Halbinsel	223

II. Binnen-Europa.

§ 80. Das Donau-Tiefland	240

III. West-Europa.

§ 81. Frankreich	248
§ 82. Großbritannien und Irland	265

IV. Nord-Europa.

§ 83. Die skandinavische Halbinsel und Dänemark	279

V. Ost-Europa.

§ 84. Das östliche Tiefland	291

Viertes Buch.

Das deutsche Land.

§ 85—105.   S. 309—458.

§ 85. Das deutsche Land im allgemeinen	309

I. Ober-Deutschland.

§ 86. Die deutschen Alpen und die oberdeutsche Hochebene mit ihrer Gebirgsumrandung	311
§ 87. Das deutsche Donaugebiet	315
§ 88. Das süddeutsche Rheingebiet	319
§ 89. Neckar- und Mainland	323
§ 90. Das rheinische Schiefergebirge	325
§ 91. Das hessische, Weser- und thüringische Gebirgsland mit dem Harz	328
§ 92. Die nordöstlichen Gebirge	332

II. Nieder-Deutschland.

§ 93. Boden und Gewässer	337

III. Die Staaten deutscher Nationalität.

	Seite
§ 94. Das deutsche Volk	344
§ 95. Das heilige römische Reich deutscher Nation	346
§ 96. Der deutsche Bund	349

1. Das Deutsche Reich.

§ 97. Allgemeines	351
§ 98. Das Königreich Preußen	355
§ 99. Die sächsisch-thüringische Staatengruppe	380
§ 100. Die übrigen kleineren Staaten Nord-Deutschlands	386
§ 101. Die süddeutschen Staaten	393
§ 102. Das Deutsche Reich: Wiederholung und Vergleichung	403

2. Der österreichisch-ungarischen Monarchie

§ 103. deutsche Kronländer	407
§ 104. Die österreichisch-ungarische Monarchie: Wiederholung und Vergleichung	416

3. Kleinere Staaten deutscher Nationalität.

§ 105. Schweiz, Liechtenstein, Belgien, Niederlande, Luxemburg	419
Register	431

Anmerkung.

Die Aussprachezeichen sind überall in der aus folgendem Beispiel ersichtlichen Weise zu verstehen:

    á bedeutet langes betontes a.
    á = kurzes betontes a.
    ā = langes unbetontes a.
    ă = kurzes unbetontes a.

Ein bei der Bezeichnung der Aussprache verwandtes ch lautet stets wie in ach oder doch, nicht wie in ich oder wie j.

nj bezeichnet den nasalen Klang des n.

Bei Doppelvokalen ist stets der zweite Vokal mit dem Tonzeichen versehen.

Erstes Buch.

Die Grundlehren der Geographie.

§ 1.
Die Geographie und ihre Einteilung.

Die Geographie oder Erdkunde gehört zu den Wissenschaften, welche von der Erde als einem Ganzen handeln. Außer ihr sind dies die sogenannte mathematische Geographie und die Geologie.

Die mathematische Geographie betrachtet die Erde als „einen Stern unter den Sternen", also in ihren Beziehungen zum Weltall, sie unterrichtet uns über die Gestalt und Größe des Erdplaneten und bestimmt die Lage eines Punktes auf der Erdoberfläche; sie beschäftigt sich überhaupt mit denjenigen Aufgaben, welche nur mit Hilfe der Mathematik gelöst werden können.

Die Geologie lehrt die Entwickelungsgeschichte der Erde und ihres organischen Lebens.

Die Geographie endlich beschäftigt sich mit der Erde nur in derjenigen Erscheinungsform, welche sie seit Menschengedenken darbietet. —

Die Naturwissenschaften sind nicht Teile der Geographie. Sie betrachten die Teile unseres Erdplaneten nur im einzelnen für sich: die Meteorologie die Lufthülle, die Hydrographie die Erscheinungen des Wassers, die Mineralogie mit der Petrographie und Geognosie die Gesteinshülle und den Erdkern, die Physik die Kräfte, die Botanik und Zoologie die lebenden Organismen.

Im deutlichen Unterschiede von ihnen betrachtet die Geographie die Wechselwirkung der einzelnen Teile des Erdplaneten aufeinander. **Geographie ist demnach die Wissenschaft von den Teilen des Erdplaneten in ihren gegenseitigen Beziehungen während der historischen Zeit.** Sie nimmt also nur so viel von den andern Erdwissenschaften und von den Naturwissenschaften auf, wie sie braucht, um ihre eigenen Lehren verständlich zu machen. Ersetzen will sie jene weder, noch kann sie es.

Als ein besonders wichtiger, einzigartiger Gegenstand der Betrachtung kommt nun aber noch der **Mensch** hinzu. Dem Körper nach ein Glied der organischen Schöpfung, erhebt er sich durch seine geistigen und moralischen Eigenschaften zum Herrn alles Geschaffenen. Besondere Wissenschaften wiederum sind es, die sich ausschließlich mit ihm beschäftigen. Aber sein Wohnplatz ist die Erde, von der er nicht nur Einwirkungen empfängt, sondern auf die er auch Einwirkungen ausübt. Und zwar löst er sich, je höher er in der Gesittung steigt, um so mehr aus der Abhängigkeit von der Natur los. Die Darstellung seines Thuns auf Erden fällt der Geschichte zu, aber das **Ergebnis** desselben, wie es in Staatenbildungen und Besiedelungen des Bodens erscheint, ist von der Geographie darzulegen.

Man nennt diesen Teil der Geographie, dessen Mittelpunkt der Mensch ist, **politische** oder auch **historische Geographie**. Diese nimmt wiederum aus Geschichte, Statistik, Volkswirtschaftslehre so viel auf, wie sie braucht, um ihre Lehren verständlich zu machen.

Demnach kann man die Geographie in zwei Teile zerlegen: den ersten derselben nennt man die **physische Geographie**; auf der Grundlage dieser erbaut sich dann der zweite Teil oder die **politische (historische) Geographie**. Mathematische Geographie aber ist nicht ein Teil der Geographie, sondern eine selbständige Wissenschaft neben der Geographie.

I. Aus der mathematischen Geographie.

§ 2.
Die Gestalt der Erde.

Wie die ältesten Völker, so glauben noch jetzt ungebildete Leute vom Weltall und der Erde das, was ihre Augen sehen: **sie folgen dem Augenschein.** Da scheint es denn zuerst jedem, der im Freien steht, als stehe er in der Mitte einer Kreisfläche, auf deren Rand sich ringsherum das Himmelsgewölbe herabsenke; man nennt die Linie, wo sich Erde und Himmel zu berühren scheinen, **Horizont** (das Begrenzende). Der Punkt gerade über unserm Haupte heißt der **Zenith** oder der **Scheitelpunkt**, der Punkt unter unsern Füßen (durch die Erde hindurchgedacht) am entgegengesetzten Himmelsgewölbe heißt der **Nadir** oder der **Fußpunkt**.

Man unterscheidet nach dem Stand der Sonne vier Himmels- oder Weltgegenden: **Morgen** oder **Osten**, wo sie aufgeht, **Abend** oder **Westen**, wo sie untergeht, **Mittag** oder **Süden**, wo sie am Mittag steht, Mitternacht oder Norden, die gerade entgegengesetzte Richtung von Mittag. Da uns jedoch nur an zwei Tagen des Jahres (beim Frühlings= und beim Herbstanfang) die Sonne genau im Osten auf= und genau im Westen untergeht, so müssen wir die Himmelsgegenden nach der sich immer gleich bleibenden Richtung bestimmen, welche die Sonne mittags um 12 Uhr zu uns einnimmt: schauen wir zu dieser Zeit in der Richtung unseres eigenen Schattens aus, so sehen wir gen Norden, haben hinter uns Süden, rechts Osten, links Westen. Zwischen diesen vier Haupt= Himmelsgegenden denkt man sich andere vier: Nordost, Nordwest, Südost, Südwest. Dazwischen wieder nimmt man noch weitere Unterteilungen vor, z. B. Nordnordost, Ostnordost u. s. w. Die bildliche Darstellung der Himmelsgegenden nennt man Windrose.

Die ältesten Völker folgten in ihrer Ansicht von der Gestalt der Erde den eben geschilderten Wahrnehmungen. Sie dachten sich die Erde als eine große Scheibe, umflossen vom Wasser des „Okeanos", aus welchem, wie aus einem Bade, Sonne, Mond und Sterne an der Ostseite des Himmelsgewölbes auf=, und in welches sie an der Westseite wieder herabstiegen. Allein in Wahrheit ist die Oberfläche der Erde gekrümmt. Dafür sprechen folgende Gründe:

1) Wenn man sich hohen Gegenständen aus der Ferne nähert, so erscheinen ihre oberen Teile zuerst, ihre unteren zuletzt; umgekehrt, wenn man weggeht, verschwinden die unteren zuerst und die oberen zuletzt.

2) Die Sonne und die übrigen Sterne gehen nicht überall zu gleicher Zeit auf: also ist die Erde von Osten nach Westen gekrümmt. Bei einer Reise von Norden nach Süden kommen immer andere Gestirne zum Vorschein: folglich ist sie auch in der Richtung von Norden nach Süden gekrümmt.

3) Auf allen bekannten Punkten der Erde ist der wahre Horizont kreisförmig.

Die Oberfläche der Erde ist aber eine in sich zurücklaufende krumme Fläche, denn

4) wenn man in einer und derselben Richtung (zu Lande und zu Wasser) fortreist, so kommt man zu dem Ausgangspunkte zurück.

Ja, der Erdkörper hat Kugelgestalt, denn

5) bei Mondfinsternissen wirft die Erde immer einen kreisförmig umgrenzten Schatten auf den Mond (einen immer kreisförmigen Schatten wirft aber, in welcher Stellung es auch sei, nur eine Kugel). Auch an den übrigen Himmelskörpern (mit alleiniger Ausnahme der Kometen) hat man Kugelgestalt wahrgenommen.

Die Erde ist also eine Kugel. An jeder sich drehenden Kugel giebt es zwei sich gegenüber liegende Punkte der Oberfläche, die sich nicht mit drehen; sie heißen Pole. So haben wir auch an der Erde zwei Pole, Nordpol und Südpol. Die gedachte gerade Linie, welche die Pole verbindet und durch den Mittelpunkt der Kugel geht, heißt die Polarachse; sie ist 12 712 km lang. Außer ihr giebt es unzählige Erdachsen, welche, den Mittelpunkt der Erdkugel durchschneidend, je einen beliebigen Punkt der Erdoberfläche mit seinem Gegenpunkte verbinden.

Diejenige Kreislinie, welche man sich in stets gleicher Entfernung von beiden Polen um die Erdkugel gezogen denkt, heißt der Äquator, d. i. Gleicher, oder auch bloß die Linie. Linien, welche zwei Punkte des Äquators verbinden und durch den Mittelpunkt der Erdkugel gehen, nennt man Äquatorialachsen. Weder diese, noch die Erdachsen überhaupt sind untereinander gleich lang (ihre Durchschnittslänge kann zu 12 740 m angenommen werden). Denn die Erde hat nicht eine ganz regelmäßige Kugelgestalt, sondern ist wahrscheinlich ein **breiachsiges Ellipsoid**, gegen den Äquator leicht anschwellend, an den Polen ein wenig abgeplattet. Hierbei machen die Erhebungen und Vertiefungen an der Erdoberfläche, selbst die größten Höhen und Tiefen — jene nur bei ganz vereinzelten Gipfeln (in Hochasien) über 7 $\frac{1}{2}$ km (eine Meile), diese zwar in weiten Räumen des Ozeans mehrere Kilometer, jedoch nur ausnahmsweise im nordatlantischen Ozean mit 8341 m und im Stillen Ozean mit 8513 m dem höchsten Erdgipfel (8839 m) nahe kommend — bei der ungeheuren Größe des Ganzen so gut wie nichts aus.

Bei dieser kugelähnlichen Gestalt der Erde darf man sich nicht durch den Gedanken von Unten und Oben irre machen lassen. Alles, was auf der Oberfläche der Erde ist, ist allenthalben oben und wird durch die Anziehungskraft der Erde festgehalten. Die Menschen, welche auf der uns entgegengesetzten Seite der Erde wohnen, die Füße gegen uns kehrend (Gegenfüßler, Antipoden), sind so gut oben wie wir.

§ 3.
Der Sternhimmel.

Der Augenschein täuscht also den, der ihm folgt, über die Gestalt der Erde; er lehrt auch über das Weltall im großen neben Richtigem viel Unrichtiges und Falsches. Die alten Völker konnten bei ihren unvollkommenen Hilfsmitteln beides noch nicht voneinander scheiden; wir müssen uns aber wundern, wie weit sie es dennoch in der Beobachtung des Himmelsgewölbes, das nach ihrer Meinung wie eine hohle Kugel den Erdball umgab, ohne unsere Instrumente gebracht haben. Sie nahmen unter den zahllosen Sternen, welche bei dem Verschwinden des Sonnenlichtes am Himmel sichtbar werden, einen Unterschied wahr: nicht bloß in Hinsicht des Glanzes (wir unterscheiden jetzt Sterne erster, zweiter u. s. w. Größe), sondern auch in Bezug auf ihre Stellung. Die bei weitem meisten schienen ihre Stellung zu einander so gut wie gar nicht zu verändern; sie schienen wie angeheftet an die Himmelskugel, wurden daher Fixsterne (stellae fixae) genannt. Um sich unter ihnen leichter zurecht finden zu können, faßten sie einzelne Gruppen von Fixsternen zusammen und umschrieben dieselben mit erdachten Figuren oder Sternbildern, deren jetzt etwa 100 angenommen werden; zu jedem gehörte dann eine gewisse Anzahl von Sternen. (Stern- und Himmelskarten.) Besonders auffällig durch Glanz und Sternstellung sind der Orion, der Große Bär, der Kleine Bär, zu welchem der Polarstern gehört, der dem Nordpole der Himmelskugel am nächsten steht.

An fünf Sternen beobachteten die Alten, daß sie die gleiche Stellung weder zu einander, noch zu den Fixsternen behielten, sie schienen gleichsam unter den übrigen am Himmel umher zu wandeln: daher nannte man sie Planeten d. i. Wandelsterne.

Auch die Sonnenbahn beobachteten die Alten schon und erkannten, daß die Sonne nicht etwa das ganze Jahr an demselben Orte auf- oder untergeht oder jeden Tag denselben Bogen beschreibt. Sie unterschieden vielmehr zwölf Sternbilder, durch welche die Sonne in einem Jahre hindurchgeht, und in welchen sich auch die Planeten bewegen; und weil die meisten derselben nach Tieren benannt sind, nannten sie diesen Kreis Tierkreis (griech. Zodiakós). Merke also die „Zeichen", d. h. die Zwölftel des Tierkreises, die nach den ihnen benachbarten (nicht mit ihnen zusammenfallenden), ebenso heißenden Sternbildern den Namen führen:

Widder, Stier, Zwillinge — Frühlingszeichen;
Krebs, Löwe, Jungfrau — Sommerzeichen;
Wage, Skorpion, Schütze — Herbstzeichen;
Steinbock, Wassermann, Fische — Winterzeichen;

oder nach dem lateinischen Verse:

Sunt aries, taurus, gemini, cancer, leo, virgo,
Libraque, scorpius, arcitenens, caper, amphora, pisces.

§ 4.
Vorstellungen vom Weltall.

Schon im Altertum galt in den Kreisen mancher Philosophen, z. B. der Pythagoräer, die Ansicht, daß die Erde eine Kugel sei, und daß Sonne, Mond und Planeten ähnliche Weltkörper seien wie unsere Erde. Vereinzelt findet sich auch die Behauptung, daß die Sonne den Mittelpunkt des Weltalls bilde; aber im allgemeinen galt doch die Ansicht: daß die Erde der unbewegliche Mittelpunkt der ganzen Welt sei, und daß um sie herum sich zunächst der Mond, dann die Sonne, dann die Planeten hintereinander, zuletzt der ganze Fixsternhimmel drehen — alles in 24 Stunden, von Osten nach Westen. Man nennt diese Ansicht vom Weltall oder dies Weltsystem das ptolemäische, weil der ägyptische Geograph Claudius Ptolemäus, welcher im zweiten Jahrhundert nach Christus in Alexandrien lebte, es besonders ausgebildet und gelehrt hat.

Dies ptolemäische System galt durch das ganze Mittelalter, obwohl manche Zweifel nicht fern lagen. Wie unwahrscheinlich, daß die Weltkörper, deren Weite von der Erde eine so überaus verschiedene ist, sich allesamt in 24 Stunden um sie bewegen sollten! Warum so ungeheuer große Körper um die kleine Erde u. s. w.? Ein Domherr in der Stadt Frauenburg, Niklas Koppernigk (Coppernicus), Luthers Zeitgenosse, gest. 1543, vertiefte sich in Forschungen über diese Fragen und stellte ein anderes Weltsystem auf. Der Hauptsatz desselben ist: die Sonne steht still; um sie drehen sich die Planeten, unter ihnen die Erde; die Fixsterne sind Sonnen wie unsere Sonne. Dies koppernikanische System ergänzte Johann Kepler (gest. 1630) durch die Entdeckung, daß die Bahnen der Planeten Ellipsen sind. Anfangs fehlte es nicht an Widerspruch gegen die neuen Lehren; selbst Verfolgungen hatten ihre Anhänger — wie Galiléi — zu ertragen. Nach und nach wurde indessen das koppernikanische System allgemein angenommen, weil sich mit der Vertiefung der Forschung immer unumstößlichere Beweise für seine Richtigkeit fanden. — Wir lernen darum das koppernikanische System noch etwas genauer kennen.

§ 5.
Fixsterne, Planeten, Kometen, Meteoriten.

Die Zahl der Sterne ist so unendlich wie der Himmelsraum; man schätzt sie auf 20 Millionen. Die ungeheure Mehrzahl derselben gehört zu den (unendlich entfernten) Fixsternen oder Sonnen. Man teilt die Fixsterne nach der Farbe ihres Lichtes in weiße, gelbe und rote; die roten sind in ihrer Abkühlung schon am weitesten vorgeschritten, die weißen dagegen am wenigsten weit; die gelben stehen in der Mitte.

Manche neuere Forscher vermuten, daß sich alle Sonnen um eine Centralsonne bewegen. Damit sind aber nur die Sonnen des Fixsternsystems gemeint, zu dem wir gehören; es giebt jedoch noch unzählige andere Fixsternsysteme. So löst sich die Milchstraße, der äußere Umring unseres Fixsternsystems, durch scharfe Fernröhre betrachtet, in Haufen von Sternen auf. Nebelflecke dagegen sind Haufen glühender Gase, welche noch nicht zu einem festen Kern verdichtet sind. Von ihnen haben die sogenannten planetarischen Nebel die Gestalt runder Scheiben.

Auch innerhalb unseres Fixsternsystems befinden wir uns von allen ihm zugehörigen Fixsternen ungeheuer fern, selbst die Sonne, unsere Sonne, der uns allernächste und für uns wichtigste Fixstern, ist doch noch 147520000 km von unserer Erde entfernt, so daß ihr Licht 8 Minuten braucht, um bis zur Erde zu gelangen; und doch legt das Licht etwa 300000 km in einer Sekunde zurück. Freilich das Licht des uns zweitnächsten Fixsterns gelangt erst in $3\frac{1}{2}$ Jahren bis auf unsere Erde.

Unsere Sonne nun dreht sich in $25\frac{1}{4}$ Tagen um sich selbst; sie ist so groß, daß man eine Million Erden zusammenballen müßte, um eine Sonne zu bekommen; ja alles, was sich um sie dreht, zusammengeballt, macht erst $\frac{1}{780}$ des Sonnenkörpers aus. Die Sonne gehört zu den gelben Fixsternen. Ihr Körper ist nach den Ergebnissen der Spektralanalyse, die eine chemische Untersuchung unerreichbarer Dinge auf optischem Wege ermöglicht, eine glühend flüssige Kugel, welche nicht ganz $1\frac{1}{2}$ mal so schwer ist wie Wasser, umgeben von einer so heißen Gashülle, daß selbst Metalle wie Eisen, Natrium, Calcium, Magnesium nur verflüchtigt in derselben enthalten sind. Auf ihrer Oberfläche sind wechselnde Flecken zu bemerken, vielleicht Wolken oder auch Schlackenbildungen des Sonnenkörpers, die in der Weise zu- und abnehmen, daß immer von einem Flecken-Maximum bis zum andern 11 Jahre verstreichen. Verschieden von ihnen sind die Protuberanzen der Sonne, kolossale gasige Emporschleuderungen am Sonnenrande. Die Fackeln der Sonne dagegen sind in Silberlicht glänzende Streifen, welche an gewisse Zonen nördlich und südlich vom Sonnen-Äquator gebunden sind.

§ 5. Fixsterne, Planeten, Kometen, Meteoriten.

Um die Sonne drehen sich zunächst die **Planeten** in folgender Ordnung:

1) **Merkur**, welcher der Sonne stets (unserm Monde ähnlich) dieselbe Seite zukehrt.

2) **Venus**, der Morgen- und Abendstern.

Venus und Merkur werden die **untern** Planeten genannt, die, von der Erde aus gesehen, zuweilen als schwarze Punkte an der Sonnenscheibe vorübergehen.

3) **Erde** mit einem Monde.

Nun die **obern Planeten**:

4) **Mars** mit zwei ihm ganz nahen, aber ganz kleinen Monden.

5) **Die kleinen Planeten** (Planetoïden oder Asteroïden); diese bilden eine zusammengehörige Planetengruppe oder einen Planetenring, sind sehr klein, haben viel länglichere Bahnen als die übrigen Planeten, bewegen sich in ziemlich gleicher Entfernung von der Sonne und haben auch sonst viel Eigentümliches; die ersten vier sind zu Anfang dieses Jahrhunderts, die andern seit 1845 entdeckt; zur Zeit kennt man schon mehr als 300.

6) **Jupiter**, der größte Planet, mit vier Monden.

7) **Saturn**, von drei Ringen und acht Monden umkreist.

8) **Uranus**, 1781 von dem deutschen Astronomen Herschel entdeckt, mit vier Monden.

9) **Neptun**, von Leverrier [lewérrie] in Paris aus den durch ihn verursachten Störungen der Uranusbahn berechnet, von Galle in Berlin 1846 nach Leverriers Berechnungen aufgefunden, 4500 Millionen km von der Sonne entfernt, hat einen Mond.

Alle diese Planeten haben viel Ähnliches. Sie sind von kugelähnlicher Gestalt wie die Erde, drehen sich (mit Ausnahme des Merkur) um sich selbst (je größer, desto rascher), und zugleich in länglichen Kreisen (Ellipsen) um die Sonne.

Die **Monde** oder **Trabanten** (d. i. Begleiter) drehen sich in seltsam verschlungenen Bahnen zuerst um **ihren** Planeten und mit diesem um die Sonne. Die erste Bewegung dauert bei ihnen gerade solange als die Bewegung um sich selbst, **darum kehren sie ihrem Hauptplaneten immer dieselbe Seite zu.** —

Ganz rätselhafte Sterne unseres Sonnensystems sind die **Kometen** (d. i. Haarsterne). Sie umkreisen die Sonne in regelmäßigen Bahnen, welche sich als überaus langgezogene Ellipsen darstellen. Sie durchkreuzen deshalb die Planetenbahnen und eilen wieder von unserm Sonnensysteme in unberechenbare Fernen, so daß einer, der 1811 da war, erst in 3000 Jahren wiederkommt. Sie scheinen ihr eigenes Licht zu haben, jedoch noch nicht ganz fertige Weltkörper zu sein; ein fester Kern ist bei manchen noch gar nicht vorhanden, bei andern hat man durch den Kern das Licht anderer Sterne wahrgenommen. Um den Kern schwebt eine Nebelhülle, und auf der von der Sonne abgekehrten Seite zeigen die meisten einen leuchtenden Schweif, oft von ungeheurer Ausdehnung, der mit der Annäherung zur Sonne zuzunehmen, mit der Entfernung von ihr abzunehmen scheint. Ihre Anzahl ist sehr bedeutend. Die Lichterscheinungen am Kopf und die Ausbrüche aus dem Kern der Kometen entstammen elektrischen Wirkungen. Früher sah der Aberglaube in den Kometen die „Rute des göttlichen Zornes, am Himmelsfenster ausgesteckt." —

Um die Sonne bewegen sich endlich noch Schwärme von Meteoriten oder Aërolithen, deren Bahnen die Erde vornehmlich zweimal im Jahre, im August und November, durchschneidet. Sie sind Teile von größeren Himmelskörpern, erscheinen der Erde als Sternschnuppen oder als Feuerkugeln, sind aber nur auf Augenblicke sichtbar. Man hat erkannt, daß zwischen den Sternschnuppenschwärmen und den Kometen ein Zusammenhang besteht. In dem Augustschwarme sieht man den zu einer vollständigen Ringbahn ausgedehnten Schweif eines Kometen, welchen die Erdbahn kreuzt.

§ 6.
Die Erde mit andern Planeten verglichen. Der Mond.

Interessant ist es, die Verhältnisse unserer Erde mit denen anderer Planeten zu vergleichen. Zuerst in der Weite von der Sonne: Merkur ist 58 Mill. km von derselben entfernt und wird 6—8 mal stärker erleuchtet und erwärmt als unsere Erde. Wie viel weniger Licht und Wärme muß hingegen Neptun erhalten, da er die Sonne 30 mal ferner umkreist als unsere Erde! Dann in Bezug auf die Größe: der Durchmesser der Erde beträgt von Pol zu Pol 12712 km; der Flächeninhalt der Oberfläche der Erde etwa 510 Mill. qkm ($9^1/_4$ Mill. Q.-M.). Alle Asteroïden zusammen bilden wenig mehr als ein Drittel der Erdmasse, während 1500 Erden erst einen Jupiter bilden.

Je größer die planetarischen Körper sind, desto schneller erfolgt ihre Umdrehung um sich selbst. Die Erde braucht dazu etwa 24 Stunden, Jupiter etwa 9 Stunden. Weiter in Bezug auf die Umlaufszeit um die Sonne: die Erde braucht dazu etwa $365^1/_4$

Tage, ein Erdenjahr; sie läuft also in jeder Sekunde 29²/₃ km. Merkur braucht nur 88 Tage, Neptun dagegen beinahe 165 Jahre.

Einige Planeten sind, wie wir sahen, mondlos, andere von Monden begleitet. Die Erde läßt sich in der Reihe der Planeten von der Sonne aus zuerst von einem Monde begleiten, aber nur von einem. Dieser Mond ist von uns beinahe 400000 km entfernt, dreht sich etwa in 28 Tagen um sich selbst und um die Erde (wobei er jedoch erst nach nach je 29¹/₂ Tagen wieder die nämliche Stellung zur Sonne und Erde einnimmt) und heißt, je nachdem die uns zugekehrte (ein und dieselbe) Seite ganz, halb oder gar nicht von der Sonne erleuchtet wird, **Neumond** (gar nicht erleuchtet), **erstes Viertel** (halb erleuchtet, die Hörner nach Osten gekehrt), **Vollmond** (ganz erleuchtet), **letztes Viertel** (halb erleuchtet, die Hörner nach Westen gekehrt). (Mondwechsel, Mondphasen.) Steht der Mond zwischen Sonne und Erde, so entsteht für die letztere eine (scheinbare) **Sonnenfinsternis**: steht die Erde zwischen Sonne und Mond, so entsteht eine (wirkliche) **Mondfinsternis**. Die erstere kann nur bei welcher Mondphase entstehen? Die letztere auch nur bei einer Mondphase, bei welcher? (Diese Verfinsterungen oder Eklipsen, welche nur an den Durchschnittspunkten der scheinbaren Sonnenbahn und der Mondbahn stattfinden können, haben für die erstere den Namen **Ekliptik** veranlaßt.) Der Mond hat viele und im Verhältnis zu seinem Durchmesser (3400 km) hohe Gebirge (bis zu einer Gipfelhöhe 8000 m) — besonders häufig Ringgebirge mit ungeheuren Vertiefungen in ihrer Mitte, aus denen wieder Bergkegel hervorragen —, weite Ebenen, aber keine Lufthülle (Atmosphäre) und kein Wasser, demnach auch keine lebenden Wesen: Totenstille herrscht stets auf ihm. Ein Tag auf dem Monde (der zugleich ein Mondjahr ist), dauert gegen 28 Erdentage; die uns zugekehrte Seite wird während ihrer Nacht von der Erde beschienen, die dort 12—14 mal größer erscheint als uns der Mond (etwa wie ein Wagenrad) und wegen ihrer raschen Umdrehung schnell hintereinander alle ihre Seiten zeigt.

§ 7.

Die Bewegungen der Erde:
Tages- und Jahreszeiten.

Bei der doppelten Bewegung der Erde müssen wir noch verweilen. Im Gegensatze zu dem Augenscheine wird die Bewegung der Erde an sich nur dadurch begreiflich, daß sich die ganze Lufthülle der Erde, ihre Atmosphäre (Dunstkreis oder Luftmeer) immer mit ihr fortbewegt. Alle Gegenstände werden dabei auf der Oberfläche der Erde durch die **Schwerkraft** festgehalten, welche alles nach dem Mittelpunkte zieht.

Die **erste** Bewegung der Erde **um sich selbst oder um ihre Achse** (Rotation) bringt den **Wechsel von Tag und Nacht** hervor. Die Dauer einer Rotation heißt ein **Sternentag**. Nun braucht aber die Erde, um einmal die Sonne auf ihrer Bahn zu umkreisen, $365^1/_4$ Rotationen, rückt also täglich um $59^1/_7$ Bogenminuten auf ihrer Bahn vorwärts. Man nennt nun die Zeit von einer Kulmination der Sonne zur andern einen **Sonnentag**. Dieser muß also etwas länger sein als ein Sternentag. Wegen der verschiedenen Geschwindigkeit der Erde sind aber die Sonnentage nicht gleich lang. Man berechnet daher den Durchschnitt von 365 aufeinander folgenden Sonnentagen; dann erhält man den **mittleren Sonnentag**, und nach diesem wird im bürgerlichen Leben gerechnet. Teilt man ihn in 24 Stunden, so ist ein Sternentag nur 23 Stunden 56 Minuten 4 Sekunden lang. Die Länge eines **Jahres** aber beträgt 365 (mittlere Sonnen-) Tage 5 Stunden 48 Minuten 46 Sekunden.

Da sich nun die Erde von Westen nach Osten umdreht, so geht die Sonne für jeden Ort im Osten auf, und zwar zu verschiedener Zeit. Müßte nun eigentlich nicht Tag und Nacht auf der ganzen Erde gleich sein? Und doch ist das an den allermeisten Orten nur zweimal im Jahre, bei den **Tag- und Nachtgleichen** im Frühling und Herbst (beim **Äquinoktium** am 21. März und bei dem am 23. September), der Fall.

Die **zweite** Bewegung der Erde ist diejenige **um die Sonne** (Revolution); durch diese wird der **Wechsel der Jahreszeiten** hervorgerufen. Wie ist das zu verstehen? Da der Grad der Erwärmung der Erde durch die Sonne davon abhängt, ob die Sonnenstrahlen senkrechter oder schräger auf sie fallen, so müßte, sollte man meinen, jede Gegend der Erde einen bestimmten und immerdauernden Grad von Wärme und Kälte, eine immer gleiche Temperatur haben. In der That wäre dies der Fall, wenn die Erdachse senkrecht auf der Erdbahn stände. Die Achse der Erde ist aber gegen die Ebene, in welcher die Erde die Sonne umkreist, unter einem Winkel von $66^1/_2°$ geneigt, wie auch die Achsen der übrigen Planeten mehr oder weniger schiefwinklig zu ihren Bahnen stehen. Der Planet, bei welchem die Neigung der

Achse gegen seine Bahn am unbedeutendsten ist, Jupiter, hat deshalb auch fast keinen Wechsel der Jahreszeiten. Wäre die Achse der Erde gegen ihre Bahn nicht geneigt, so zerfiele die Erde in zwei Halbkugeln, welche untereinander wechselnd 12 Stunden Tag und 12 Stunden Nacht hätten. Jeder Punkt hätte das ganze Jahr hindurch dasselbe wärmere oder kältere Klima. Statt dessen ergiebt sich durch jenen Umstand für die verschiedene Tag- und Nachtlänge auf der Erde folgendes Verhältnis: mitten zwischen den Polen, also unter dem Äquator (§ 2), sind Tage und Nächte sich immer gleich, so daß jeder 12 Stunden umfaßt; an den Polen ist es 6 Monate Tag und 6 Monate Nacht. In dem Zwischenraume wechselt die Tages- und Nachtlänge das Jahr hindurch; je näher der Mitte, mit desto geringerem Unterschied, je näher dem Pol, desto kürzer der kürzeste, desto länger der längste Tag. Am Schlusse des Jahres hat aber jeder Punkt der Erde genau ebenso lange Zeit auf der Schattenseite wie auf der Lichtseite verweilt.

Aber nicht bloß auf der Verschiedenheit der Tageslänge beruht der Unterschied der Jahreszeiten, sondern auch auf dem verschiedenen Sonnenstande. Nun steht aber die Sonne vom 21. März bis zum 23. September nördlich von dem Äquator, bescheint also während dieser Zeit die nördliche Hälfte der Erde mit senkrechter fallenden, demnach stärker wärmenden Strahlen. Daher die gesteigerte Wärme der Jahreszeiten mit langen Tagen (Frühling und Sommer). Umgekehrt hat die südliche Hälfte der Erde ihren Frühling und Sommer aus gleichen Ursachen vom 23. September bis zum 21. März. Antipoden haben beides entgegengesetzt, Tages- wie Jahreszeiten.

§ 8.
Geographische Länge und Breite.

Der Äquator (§ 2), rund um die Erde gezogen, durchschneidet Afrika und Süd-Amerika; 40070 km lang, teilt er die Erde in die nördliche und in die südliche Halbkugel oder Hemisphäre. Dem Äquator parallel denkt man sich nun rund um die Erde immer in einem Abstande von je 111 km 89 Kreise um die nördliche Halbkugel und ebenso viele um die südliche Halbkugel gelegt; man nennt sie Breiten- oder Parallelkreise. Die durch solche Einteilung voneinander abgegrenzten Streifen der Erdoberfläche heißen Breitengrade. Es giebt also 90 Grade nördlicher und 90 Grade südlicher Breite. Jeden Grad (der Breite, wie auch der Länge) teilt man in 60' (Minuten), jede Minute in 60'' (Sekunden). Unter geographischer Breite eines Punktes versteht man demnach seine Entfernung vom Äquator, in Breitengraden ausgedrückt.

Wie man nun in der Mathematik jede Kreislinie in 360 gleiche Teile teilt, so thut man das auch mit dem Äquatorkreise und zieht durch jeden dieser 360 Teilpunkte auf dem Äquator von Pol zu Pol einen Halbkreis über die Erdoberfläche. So entstehen die Meridiane oder Mittagslinien, so genannt, weil alle Orte auf einer solchen Linie gleichen Mittag und überhaupt gleiche Tageszeit haben (warum, vgl. § 7). Es giebt also 360 Meridiane. Zwischen diesen Halbkreisen liegen die 360 Längengrade, die nur am Äquator 111 km breit sind, nach den beiden Polen hin dagegen sich allgemach verschmälern. Um die geographische Länge eines Punktes angeben zu können, muß man einen Meridian als den ersten ansehen: denn geographische Länge eines Punktes ist seine Entfernung vom Anfangsmeridian nach Osten oder Westen, ausgedrückt in Längengraden.

Auf den älteren Karten war der Meridian der Anfangsmeridian oder Nullmeridian, welcher an der Westspitze von Ferro, einer der kanarischen Inseln, vorübergeht, und zusammen mit dem ihm entgegengesetzten Meridian (dem 180.) so ziemlich die Erdhälfte mit Europa, Asien, Afrika und Australien von der amerikanischen absondert. Später wurde auf französischen Karten gewöhnlich die Sternwarte von Paris, auf englischen die von Greenwich [grinnitsch], einem Vororte von London, als der Ort angenommen, von dem die Meridiane gezählt werden. Es liegt aber von Ferro Paris 20° 23′ 9″ (gewöhnlich rund zu 20° angenommen) östlich, Greenwich 17° 39′ 51″ östlich, demnach Greenwich 2° 20′ 9″ westlich von Paris.

Viele Karten stimmen darin überein, daß sie von ihrem Ausgangspunkte ostwärts bis 360 fortzählen, andere dagegen zählen nur bis 180 nach Osten und bis 180 nach Westen. So entstehen Grade östlicher und Grade westlicher Länge, und die Erde zerfällt dadurch von neuem in zwei Halbkugeln, eine östliche und eine westliche. So stellen sie unsere Planigloben (d. i. Abbildungen dieser Halbkugeln in der Ebene) dar. Da man nun durch genaue Instrumente für jeden Erdfleck sowohl den Abstand vom Äquator als von dem ersten Meridian genau bestimmen kann, so begreift man, wie genau die Lage eines jeden Ortes auf der Erdkugel angegeben werden kann. Berlin z. B. (oder, genau gesagt, die Sternwarte von Berlin) liegt unter 52° 30′ 17″ nördlicher Breite und 31° 3′ 26″ östlicher Länge von Ferro oder 13° 23′ 35″ östlicher Länge von Greenwich, also auf oder, wie man gewöhnlich sagt, unter dem 53. nördlichen

Breitengrad und dem 32. östlichen Längengrad von Ferro, oder dem 14. östlichen Längengrad von Greenwich.

In neuerer Zeit macht sich immer mehr das Bedürfnis ein=heitlicher Zählung der Längengrade geltend. Infolgedessen ist der Nullmeridian von Greenwich auch bei den Deutschen, welche bis=her nach dem Nullmeridian von Ferro zählten, ziemlich allgemein zur Annahme gelangt. Auch wir wollen bei den Längenangaben unseres Buches ihn, jedoch nur ostwärts zählend, zu Grunde legen.

Wie findet man aber die geographische Breite eines Ortes? Es giebt dazu verschiedene Wege; wir wollen nur einen kurz andeuten. Man mißt die Länge des Schattens, welchen ein senkrecht aufgestellter Stab um Mittag wirft, berechnet aus der Stablänge und der Schattenlänge, deren Endpunkte man sich durch eine gerade Linie verbunden denkt, den von dieser Linie und der Erdober=fläche gebildeten Winkel, zieht davon 15' ab und subtrahiert den gefundenen Wert von 90°: so drückt der gefundene Winkelwert die Breite des Ortes aus.

Und wie findet man die geographische Länge eines Ortes? Die Rota=tion der Erde geschieht von W. nach O. Es muß also der Mittagsaugenblick von O. nach W. in 24 Stunden durch alle 360 Meridiane laufen. Also beträgt die Mittagsdifferenz von einem Meridian zum andern 4 Minuten, und zwar in der Richtung von O. nach W. **später**, in der von W. nach O. aber **früher**. Man beobachtet demnach den Mittagsaugenblick, vergleicht, welche Zeit eine nach dem Mittagsaugenblicke eines Ortes, dessen geographische Länge bekannt ist, gestellte Uhr angiebt, und berechnet aus dem Zeitunterschiede den Unter=schied der Längengrade.

Soll indessen dieser Unterschied in Kilometern ausgedrückt werden, so ist wohl zu beachten, daß nur am Äquator die Meridiane 111 km voneinander entfernt sind, nach den Polen zu sich aber natürlich immer mehr nähern. So mißt ein Längengrad

unter 10° Breite nur noch 109,6 km,
" 20° " " " 104,6 "
" 30° " " " 96,5 "
" 40° " " " 85,4 "
" 50° " " " 71,7 "
" 60° " " " 55,8 "
" 70° " " " 38,2 "
" 80° " " " 19,4 "
" 90° (Pol) aber " 0.

Da nach O. der Mittag **früher**, nach Westen aber **später** eintritt, so **verliert** man, von O. nach W. die Erde umkreisend, einen Tag, **gewinnt** aber einen, wenn man von W. nach O. die Erde umkreist. Um dies zu vermei=den, wird an der Datumsscheide ein Tag übersprungen. Als diese gilt ziem=lich allgemein der Meridian der Beringstraße (190° ö. L. Gr.).

§ 9.
Wendekreise und Polarkreise.

So wie die Geographen der Längen= und Breitengrade auf der Erde bedurften, um sich zurecht zu finden, so fühlten die Astro=

nomen für den Himmel das gleiche Bedürfnis. Sie sahen bei diesen Bestimmungen von den Sätzen des kopernikanischen Systems ab und betrachteten den Himmel als eine Kugel, in deren Mittelpunkt die Erde schwebt. Auch diese Kugel hat Pole (der Nordpol ziemlich genau durch den Polarstern (§ 3) im Schwanze des Kleinen Bären bezeichnet), einen Äquator, Grade der Breite (90 nach jedem Pol hin) und 360 Meridiane. Man unterscheidet weiter auf der nördlichen Himmelshalbkugel $23\frac{1}{2}°$ vom Äquator einen Kreis, den man **Wendekreis des Krebses** nennt, und ebenso $23\frac{1}{2}°$ nach dem Südpol den **Wendekreis des Steinbocks** (von dem griechischen Worte für Wende auch Tropenkreise genannt). Innerhalb dieser Wendekreise bewegt sich nämlich die Sonne scheinbar am Himmel in der Ekliptik (§ 6). Wenn sie die Nordgrenze erreicht und ihren Tageslauf im Krebs-Wendekreise beschreibt, so ist auf der **nördlichen Halbkugel der längste Tag, der 21. Juni, auf der südlichen** umgekehrt der kürzeste. Erreicht sie dagegen die Südgrenze, den Wendekreis des Steinbocks, was am 21. Dezember geschieht, so ist auf der nördlichen Halbkugel der kürzeste, auf der südlichen der längste Tag. Jene beiden Punkte nennt man **Solstitien**, d. i. **Sonnenstillstände**, weil die Sonne auf ihrer Bahn gegen Norden nicht weiter geht, sondern still steht oder vielmehr sich wieder umwendet (Sommer- und Wintersolstitium). Die beiden Wendekreise hat man nun auch auf die Erde versetzt, auch je $23\frac{1}{2}°$ vom Äquator. Der **Wendekreis des Krebses** geht durch die Wüste Sahara, das Rote Meer, Arabien, Vorder- und Hinter-Indien, das südlichste China, bei den Sandwich [sänduitsch]-Inseln vorüber durch Mexico und die Bahama-Inseln. Der **Wendekreis des Steinbocks** geht durch das südliche Afrika und Madagaskar, den Austral-Kontinent und Süd-Amerika.

Weiter unterscheidet man an der Himmelskugel, wieder $23\frac{1}{2}°$ von jedem Pol, die beiden **Polarkreise**, den nördlichen und den südlichen. Auch sie hat man in gleichem Abstande auf die Erde übertragen. Wie weit ist also jeder Polarkreis vom Äquator entfernt? wie weit von dem entsprechenden Wendekreise? Sie bezeichnen auf der Erde die Gegenden, in denen die Sonne einmal im Jahre gar nicht untergeht. Der nördliche streift die Nordküste von Island, schneidet von der skandinavischen Halbinsel das nördliche Drittel ab, geht durch das Weiße Meer, das nördlichste Rußland und Sibirien, die Beringstraße, das nördlichste Amerika und Grönland. Der südliche Polarkreis berührt den Südpolar-Kontinent, wenn ein solcher wirklich vorhanden ist.

§ 10.
Erdzonen.

Nachdem wir die Wende- und Polarkreise kennen gelernt haben, verstehen wir leichter die Einteilung der Erde in fünf Erdzonen oder Erdgürtel.

1) Der Raum zwischen beiden Wendekreisen wird die heiße Zone genannt, oder auch die tropische. Unter dem Äquator sind sich Tag und Nacht beständig gleich, und bis zu den Wendekreisen hin ist der Unterschied zwischen dem längsten und dem kürzesten Tage gering. Es herrscht daher Sommer; beim Zenithstande der Sonne tritt eine große Regenzeit ein.

2) 3) Zwischen jedem Wende- und Polarkreise liegt eine der beiden gemäßigten Zonen, welche zusammen größer sind als die übrigen drei zusammengenommen, also mehr als die Hälfte der Erdoberfläche begreifen. In der nördlichen und südlichen sind sich Tag und Nacht zur Zeit der beiden Äquinoktien natürlich gleich, aber wenn auf der nördlichen die Tage zunehmen, so nehmen sie auf der südlichen ab und umgekehrt. Je näher den Wendekreisen, desto geringer wird der Unterschied zwischen dem kürzesten und längsten Tage; je näher den Polarkreisen, desto bedeutender wird dieser Unterschied. Unter den Polarkreisen dauert der längste Tag und die längste Nacht wie lange? — In beiden gemäßigten Zonen ist Wechsel von Frühling, Sommer, Herbst und Winter. Je näher den Wendekreisen, desto weniger ist von einem eigentlichen Winter die Rede; je näher den Polen, desto mehr schwinden die Übergangsjahreszeiten Frühling und Herbst.

4) 5) Von den Polen bis zu den Polarkreisen reichen die beiden kalten Zonen, welche noch nicht $1/10$ der Erdoberfläche umfassen. Die wenigen Sonnenwochen gehen ohne merklichen Übergang in den fast immerdauernden schrecklichen Winter und treten ebenso wieder aus diesem heraus. An den Polen selbst ist 6 Monate Tag und 6 Monate Nacht.

Der Sommer ist aber (auf der nördlichen Halbkugel) deswegen die wärmste Jahreszeit, weil in ihm nicht nur die Tage am längsten sind, sondern auch die Sonnenstrahlen am meisten senkrecht fallen.

Die lange Winternacht der kalten Zonen wird sehr durch die Dämmerung verkürzt. Diese hört abends auf und tritt morgens ein, wenn die Sonne weniger als $18°$ unter dem Horizonte steht und ist in hohen Breiten sehr wahrnehmbar. In der Mitternachtsdämmerung gehen Abend- und Morgenröte ineinander über.

Das Maß der Wärme für einen jeden Ort der Erdkugel, die wichtigste Seite seiner Witterung oder seines Klimas, scheint nach dem Gesagten ganz von seiner Breite abzuhängen; aber dem ist nicht so. Orte unter gleicher Breite haben oft sehr verschiedenes Klima. Denn außer der Breite wirkt gar sehr die Höhe über dem Meeresspiegel und die verschiedene Beschaffenheit der Erdoberfläche ein; erst wenn man beides kennt und in Anschlag gebracht hat, erfährt man das wirkliche Klima eines Ortes, welches also von dem lediglich durch die Breite bedingten — sogenannten mathematischen — Klima sehr verschieden sein kann. Dies leitet uns zur Betrachtung der natürlichen Beschaffenheit der Erdoberfläche hinüber.

II. Aus der Geologie.

§ 11.
Bildung der Erdoberfläche.

Wie ist nun aber die jetzige Oberfläche der Erde entstanden? Diese Frage sucht die Wissenschaft der Geologie zu beantworten. Sie lehrt: die Erde, losgelöst von der Sonne, war ursprünglich eine einzige glühende Gasmasse, infolge ihrer Rotation von kugelförmiger Gestalt, die Sonne umkreisend. Die Oberfläche kühlte sich ab; die abgekühlten Teile wurden schwerer und sanken nach dem Mittelpunkte: so erhielt die Erde einen Kern. Den Kern umgiebt eine feurig-flüssige Schicht, deren Oberfläche allmählich erkaltet. Diese bedeckt sich mit Wasser, in welchem die aufgelösten mineralischen Bestandteile, neue Schichten bildend, zu Boden sinken. Manche Teile der Oberfläche sinken ein, andere werden langsam emporgedrückt: das Land tritt aus der Wasserschicht hervor; durch unendlich langsame, fortdauernde Hebungen, Pressungen, Faltungen gewinnt die Erdoberfläche ihre besondere Gestaltung. Wasser und Land belebt sich allmählich mit Pflanzen und Tieren: endlich tritt der Mensch ein.

Fort und fort ändern sich die Gestalten der Länder und Meere; denn der Erdboden bleibt säkularen (d. h. nur in Jahrhunderten Veränderungen von wenigen Metern Tiefe ergebenden) Senkungen unterworfen. So wohnen die Südsee-Insulaner auf den letzten überseeischen Bergkuppen eines eingesunkenen und immer noch weiter sinkenden ehemaligen Kontinents; so verdankt die Nordsee die Wehrlosigkeit der Küsten gegen ihr Andringen dem Sinken der letzteren (namentlich auf der niederländisch-deutschen Seite).

Wirkungen von unten oder von der Seite andrängender Kräfte lassen fast alle Gebirge deutlich erkennen: sie zeigen die Fels geworbenen Schlammabsätze (Sedimente) früherer Meere, die doch ursprünglich nicht anders als wagrecht liegen konnten, aufgerichtet, ja sehr häufig sogar von einem nicht geschichteten Massengestein wie dem Granit durchbrochen. Die früher herrschende Ansicht der "Plutonisten" (L. v. Buch, A. v. Humboldt), daß chemals ganze Gebirgsketten durch eine vulkanhaft plötzliche Hebung lavaähnlicher Schmelzmassen entstanden seien, ist durch Gustav Bischof und Charles Lyell [tscharls leil] sehr erschüttert worden, besonders auch dadurch, daß sich die Annahme von einem schmelzflüssigen Zustande fast des gesamten Erdkörpers, welcher noch gegenwärtig nur von einer dünnen Erstarrungskruste umhüllt wäre, etwa wie ein Ei von seiner Schale, als unhaltbar erwiesen hat. Das Wesen jener andrängenden Kräfte ist freilich noch so wenig wie die Ursachen der Erdbeben zuverlässig erklärt worden; jedoch spielt das in die Tiefe eindringende Regenwasser mit seinem Gehalt an der chemisch so wirkungsreichen Kohlensäure dabei gewiß eine nicht geringere Rolle als die den chemischen Umwandlungsprozeß der Gesteine sicher befördernde Wärmezunahme, welche nach dem Innern der Erde zu stattfindet. Freilich die Temperaturschwankungen der Erdoberfläche bringen nur bis zu einer geringen Tiefe in die Gesteinhülle des Erdkörpers ein. In den Tropen ist schon bei einer Tiefe von 6 m der Temperaturwechsel der Jahreszeiten nicht mehr wahrnehmbar, und in unseren höheren Breiten ist dies bei einer Tiefe von 23 m nicht mehr der Fall. Von da an aber nimmt die Temperatur in allen Jahreszeiten und überall mit der Tiefe zu, und zwar im allgemeinen gleichmäßig mit je $41{,}5$ m um $1°$ R.

Das jedoch kann man als sicher annehmen, daß der wirksamste Faktor bei der Bildung der Erdoberfläche die Zeit gewesen ist und noch ist.

Wie ist nun aber der Erdkern beschaffen? Man nennt diesen die Barysphäre im Gegensatz zu der Gesteinhülle oder Lithosphäre, die ihn umgiebt. Barysphäre bedeutet Schwerkugel; denn da die Erdkugel fast $5\,7/10$ mal so viel wiegt wie eine gleich große Masse Wasser, die uns bekannte obere Erdrinde aber nur 2 bis 3 mal so viel: so muß der Erdkern um so viel mehr wiegen, also außerordentlich schwer sein. Daraus folgt aber noch nicht, daß er fest sein müsse. Denn es giebt Gase, die unter dem stärksten Drucke nicht fest werden, sondern Gase bleiben: vielleicht besteht der Erdkern, wenn er nicht fest ist, aus solchen Gasen.

Jene feurig-flüssigen Massen, deren Schornsteine die Vulkane sind, können sich nur an der schwankenden Grenze zwischen der Barysphäre und der Lithospäre befinden. Aus den Schwankungen der Erdachse ist berechnet, daß die Dicke der Lithosphäre etwa $1/5$ bis $1/4$ des Erdradius (1270 bis 1590 km) beträgt.

Doch nun wollen wir die Oberfläche der Erde in ihrer gegenwärtigen Gestalt kennen lernen.

III. Aus der allgemeinen physischen Geographie.

§ 12.
Wasser und Land.

Auf der Oberfläche der Erde wechseln Meer und Land miteinander ab, beide von der Lufthülle der Erde oder der Atmosphäre umgeben. Aber das Wasser erscheint auch innerhalb des Landes als See und Fluß, und das Land taucht umgekehrt in der Form größerer und kleinerer Inseln mitten aus dem Wasser hervor. Wo sich Land und Wasser berühren, ist des Landes **Küste, Ufer, Gestade, Strand** (das letztere nur von flacher Seeküste gebraucht). Springt das Land als Berg in das Meer, so entsteht ein **Vorgebirge** oder **Kap**; ist der Vorsprung flach, eine **Landspitze**.

Die Erdoberfläche ist aber zwischen Land und Wasser durchaus nicht gleich verteilt: auf das Land kommen nur $26,6\%$ (Prozent), auf das Wasser aber $73,4\%$; also verhält sich die Landfläche zu der Wasserfläche wie 1 zu $2\,3/4$. Auch die Verteilung auf die verschiedenen Halbkugeln der Erde ist eine sehr verschiedene. Der bei weitem größte Teil des Landes ist auf der nördlichen Hemisphäre zusammengedrängt, in der südlichen überwiegt in auffallender Weise das Wasser; jene hat 39% Land, diese nur 14% Land. Nehmen wir eine östliche und eine westliche Halbkugel an, so hat die erste bei weitem mehr Land als die westliche, nämlich jene 36%, diese nur 17%. Am auffallendsten tritt der Unterschied hervor, wenn wir eine nordöstliche und eine südwestliche Halbkugel durch einen um die Erde gelegten Kreis unterscheiden. Die erste (die kontinentale) enthält dann vier Erdteile, die zweite (ozeanische) außer dem Austral-Kontinente fast nur Ozeane.

Beide Bestandteile der Erdoberfläche, Land und Wasser, bleiben aus den im vorigen Paragraphen angedeuteten Gründen nicht immer zu einander in demselben Verhältnisse. In manchen Gegenden spült das Meer Land ab, z. B. an der Küste der Nordsee; anderwärts setzt das Meer wieder Land an, z. B. an der italienischen Küste des nördlichen adriatischen Meeres, wo frühere Hafenstädte jetzt mehrere Kilometer weit vom Meere entfernt liegen. Auch erheben sich wohl mitunter kleine Inseln durch unterseeische vulkanische Thätigkeit plötzlich über den Meeresspiegel, um oft ebenso schnell wieder zu verschwinden, z. B. die im Juli 1831 unweit der SW.-Küste Siciliens auftauchende Insel Ferdinandea, welche gegen das Ende desselben Jahres wieder verschwand. Oder es bauen auf unterseeischen Felsen Milliarden von Korallenpolypen ringförmige Inselgerüste aus Korallenkalk auf, deren oberer Rand durch Anspülung des Meeres (Aufwerfen anderwärts abgebrochener Kalkbrocken u. dergl.) endlich als mehr oder weniger verzogener, lückenhafter Ring über die Meeresoberfläche emportritt; so sind Tausende von Koralleninseln namentlich in der Südsee entstanden.

§ 13.
Meere und Kontinente.

Natürlich ist auf der Erde streng genommen nur eine große Wassermasse, ein Ozean oder Weltmeer, denn alle Meere und Ozeane, welche die Geographie unterscheidet, stehen miteinander in Verbindung. Entweder geht ein Meer in das andere geradezu in breiter Strecke über, oder die Meere hängen durch schmale, von Ländermassen eingeengte Wasserstreifen zusammen, wie dies besonders bei Meeren, die fast ganz von Ländern eingeschlossen sind (Binnenmeeren, Mittelmeeren), der Fall ist. Man nennt solche Wasserbänder zwischen zwei Meeren Meerengen oder Straßen. Meeresarme zwischen Inseln und Kontinenten, die für eine Meerenge zu breit sind, nennt man Kanäle.

Das Land bildet nicht eine zusammenhängende Masse, wie das Wasser, sondern — von Inseln abgesehen — drei große Massen oder Kontinente (Erdfesten):

1) 2) der größte, der östliche Kontinent, die Ostfeste, liegt fast ganz auf der östlichen Halbkugel. Davon ist schon in sehr frühen Zeiten der Erdgeschichte der südöstliche Teil abgetrennt worden, welcher nun als ein eigner Kontinent, Australien, betrachtet wird.

3) der kleinere westliche Kontinent, die Westfeste oder Amerika, liegt auf der westlichen Halbkugel.

Alle Kontinente sind mehr oder weniger mit Küsteneinbiegungen versehen. Man nennt solche Einschnitte des Meeres in das Land Meerbusen oder Golfe; wenn sie nur klein sind, Buchten oder Baien. Sind Buchten so tief, daß Schiffe darin vor Anker gehen können, und gewähren sie denselben zugleich vor Stürmen ausreichenden Schutz, so nennt man sie Häfen. Die Menschen machen Häfen sicherer, indem sie lange Mauern, Molen, in das Meer hinein bauen, die den Anbrang der Wogen abhalten, und Leuchttürme an geeigneten Stellen errichten. Reeden sind Ankerplätze vor der Küste, welche nicht von anliegendem Lande eingeschlossen sind.

Tritt ein Teil eines Festlandes oder einer Insel derart ins Meer hinaus, daß eine deutliche Absonderung von der übrigen Landmasse erkennbar ist, so nennt man einen solchen Vorsprung eine **Halbinsel**, wenn er auffallend schmal ist, eine **Landzunge**. Bisweilen ist die Absonderung eine Einschnürung, die Halbinsel also fast eine Insel (vergl. das lat. paeninsula), welche nur durch eine schmale Landbrücke mit dem übrigen Land verbunden ist. Solche starken Verengungen zwischen viel breiteren Landmassen (auch zwischen ganzen Kontinenten) nennt man **Landengen**, oder mit einem griechischen Worte **Isthmen**.

Die Ostfeste besteht jetzt aus drei Erdteilen: Europa, Asien, Afrika; die Westfeste Amerika eigentlich aus zwei Erdteilen (Nord-Amerika und Süd-Amerika), die nicht fester miteinander zusammenhängen als Asien und Afrika, wenn man sie auch gewöhnlich nur als einen Erdteil ansieht. Den fünften Erdteil bildet Australien, dem auch die Südsee-Inseln oder Polynesien zugerechnet werden.

Die Erdteile bilden, deutlich gesondert, drei **Kontinentspaare** — Asien und Australien, Europa und Afrika, Nord-Amerika und Süd-Amerika — welche sich nach Norden aneinander drängen, nach Süden aber weit voneinander fliehen. Jedes Paar läuft nach Süden spitz aus. In einem jeden Paare ist das Nordglied stets das mannigfaltiger gestaltete, für die Menschheit weitaus wichtigere. Jedes Nordglied läuft nach Süden in drei Halbinseln aus, die es seinem Südgliede entgegenstreckt, jedes Südglied nur in eine.

§ 14.
Küstenentwickelung.

Ein Erdteil ist ein in sich abgeschlossener Teil des Landes. In je mannigfachere Berührung aber das Meer mit ihm tritt, um so größer ist seine Küstenentwickelung, um so reicher gegliedert erscheint er. Um Landmassen in Beziehung auf ihre Küstenentwickelung miteinander zu vergleichen, darf man natürlich nicht ohne weiteres die Länge ihrer Küstenlinie durch ihre Flächengröße dividieren, sondern nur durch die Quadratwurzel aus dieser Größe; denn nur gleichartige Größen sind miteinander zu vergleichen.

Die Gestaltung der Küsten ist sehr wichtig. Flachküsten verlaufen in seichtes Wasser, sind aber vom Lande her leicht zugänglich. Steilküsten fallen in tiefes Wasser ab und sind vom Meere her leicht zugänglich, besonders wenn sie in Buchten ausgeschnitten sind; sind sie schartenartig eingeschnitten, so gewähren sie auch vom Lande her leichteren Zugang. Gassenartige Einschnitte in felsige Küsten nennt man Fjorde.

Der Wechsel von Wasser und Land auf der Erde, das Einbringen des Meeres in die Massen der Erdteile, hat aber auch auf das Klima den wichtigsten Einfluß. Da das so viel langsamere Erwärmen und Erkalten des Meeres gleicherweise die Hitze wie die Kälte der benachbarten Luft mildert, so haben z. B. alle Landstrecken am Meere weniger Kälte im Winter, weniger Hitze im Sommer, als man nach ihrer Breite vermuten sollte (§ 10). Ein solches Klima mit gemilderten Gegensätzen nennt man daher ein ozeanisches oder maritimes im Gegensatz zu dem kontinentalen Klima der Binnenländer: welches also wie beschaffen ist?

Eine große Mannigfaltigkeit von Pflanzen= und Tierleben beherbergt das Meer, und bei dem vernünftigen Bewohner der Erde, dem Menschen, weckt es nicht bloß das Gefühl der erhabenen Unendlichkeit (daher schon bei den alten Dichtern „das heilige Meer"), sondern es lockt oder zwingt ihn zur Thätigkeit und befördert den Verkehr der Völker. Nichts ist der Gesittung und Bildung des Menschen ungünstiger als ungeheure zusammenhängende Landmassen, nichts günstiger als ein vom Meere vielfach aufgeschlossener, stark gegliederter Erdteil. Man erkennt also die große Bevorzugung der Nordhälften der Kontinentspaare (§ 13) vor den Südhälften schon daraus, daß für Europa, Asien und Nord=Amerika die Küstenentwickelung 9—10, für Afrika, Australien und Süd=Amerika aber nur 5—6 beträgt.

§ 15.

Die fünf Ozeane.

Wie man fünf Erdteile annimmt, so kann man auch fünf Weltmeere oder Ozeane annehmen:

1) Das nördliche Eismeer (15 Mill. qkm groß), um den Nordpol herum, bespült die Nordküsten von Europa, Asien und Amerika. Seine südliche Grenze wird gegen den atlantischen Ozean durch unterseeische Bodenschwellen gebildet, welche unter dem Polarkreise von Baffinland nach Grönland und von Grönland über Island

und die Färöer zu den Shetland-Inseln sich hinziehen und von Europa die schwimmenden Eisberge zurückhalten. Gegen den Stillen Ozean bildet die **Beringstraße** (nach dem Seefahrer Bering benannt, der sie 1728 auffand) die Grenze; auch sie ist durch eine unterseeische Bodenerhebung gesperrt, welche von dem Ostkap Asiens zu dem Kap Prinz von Wales [uêls] in Nord-Amerika hinüberreicht.

Das Nordpolarmeer wird (wenn auch jetzt nicht mehr so häufig wie früher) meist nur von Schiffen besucht, die auf den Walfisch- oder Robbenfang gehen. Jedoch sind auch zahlreiche Fahrten unternommen worden, welche nur den Zweck hatten, die polaren Küsten zu untersuchen und in das den Nordpol umgebende Geheimnis einzubringen. Man nennt solche Reisen Nordpol-Expeditionen. Die deutsche Nordpol-Expedition drang (unter Karl Koldeweys Leitung) 1868 zu Schiff über Spitzbergen bis 81° 5′ gen Norden vor; und 1873 entdeckte die österreichisch-ungarische Nordpol-Expedition unter **Julius Payers** Führung eine Spitzbergen ähnliche, aber noch nördlicher als dieses (in der Länge von Nowaja Semljá) gelegene Inselgruppe, das **Franz-Joseph-Land**, welches sich bis über den 83. Parallelkreis hinaus erstreckt. Die nördlichste Breite indes erreichte 1882 Lockwood [lockwud] von der Expedition des Amerikaners Greeley [grîle], nämlich 83° 24′ (unter 319° ö. L. G.).

2) Der **atlantische Ozean** (80 Mill. qkm groß) liegt wie ein in S-Gestalt sich schlängelnder Riesenstrom zwischen Europa und Asien einerseits und Amerika andererseits. Im N. und S. schließen sich die beiden Eismeere an, im SO. der indische Ozean. Es ist von allen Meeren das bekannteste und befahrenste, hat die meisten Meerbusen und Seitenmeere, dagegen im Verhältnis zu dem Großen Ozean wenig Inseln. Der Name kommt von einer fabelhaften Insel **Atlantis**, von der einige alte Schriftsteller erzählen, daß sie westlich von Afrika gelegen hätte, aber vom Meere verschlungen worden wäre. Bemerkenswert ist im Verlaufe der Küsten dieses Ozeans, daß, wo die Küste der Ostfeste zurücktritt, da die Küste der Westfeste vorspringt, und umgekehrt.

3) Der **indische Ozean** (79 Mill. qkm groß), zwischen Afrika, Asien und Australien, wird durch Inseln vom Stillen Ozean geschieden und geht im S. in das südliche Eismeer über.

4) Der **Große oder Stille** (pacifische) **Ozean**, auch die **Südsee** genannt, steht mit dem nördlichen Eismeere und dem indischen Ozean in Verbindung. Im S. geht er in das südliche Eismeer über. Er ist überaus reich an Inseln, arm dagegen — im Verhältnis zu dem atlantischen — an Meerbusen. Er ist 161 Mill. qkm

groß, übertrifft also das gesamte Festland der Erde noch um die brittehalbfache Größe Europas oder fast um die Größe Afrikas, und ist nicht viel kleiner als die sämtlichen übrigen Ozeane zusammengenommen.

5) Das südliche Eismeer (20 Mill. qkm groß) wird durch die Linien, welche die Südspitzen der Kontinente Afrika, Australien und Amerika verbinden, umgrenzt; es hängt also mit dem atlantischen, Stillen und indischen Ozean zusammen. Der englische Seefahrer James [dschêms] Roß ist in demselben 1841 und 1842 bis über den 78. Parallelkreis vorgedrungen und hat eine, von hohen Gebirgsketten bedeckte Küste (Victorialand) mit dem 3800 m hohen thätigen Vulkan Erebus [érebus] nebst mehreren Inseln aufgefunden, die schwerlich indes als Randteile eines (unbewohnten) antarktischen oder Südpolar-Kontinents zu betrachten sind. Das südliche Eismeer ist, wie zum Teil auch der indische Ozean, jetzt das Hauptgebiet des Walfischfangs geworden.

Wir sehen also, daß es nach der Gestaltung der Erdoberfläche, wie drei Kontinentpaare, so auch eigentlich nur drei (bis zum Südpol reichende) Ozeane giebt. Denn die Absonderung des südlichen Eismeeres ist ganz willkürlich, und das nördliche Eismeer ist im Grunde nichts anderes als eine Verlängerung des atlantischen Ozeans.

§ 16.
Das Meer.

Das Wasser des Meeres ist von bitter-salzigem Geschmack, so daß man im Gegensatz dazu das Wasser der Flüsse und meisten Landseeen süß nennt. Man kann jenes nicht trinken und daher mitten auf dem Meere verdursten; doch läßt sich auch Meerwasser (durch Destillieren) trinkbar machen. Auf der andern Seite hat aber der Salzgehalt der Meere (durchschnittlich $3^1/_2 \%$ des Gewichts) auch günstige Wirkungen. Erstens trägt Salzwasser größere Lasten als Süßwasser; — zweitens schützt neben der beständigen Bewegung auch der Salzgehalt das Meerwasser vor Fäulnis; — drittens friert das Meer nicht leicht zu. Nur die beiden Eismeere sind den größten Teil des Jahres zugefroren, selbst im Sommer treiben in ihnen Eisblöcke und Eisberge, zuweilen von ungeheurer Ausdehnung und Größe; und doch ragt nur $1/_7$ ihrer Masse, da sich das süße Wasser, aus dem sie bestehen, zu dem Meerwasser an Schwere wie 6 zu 7 verhält, aus dem Meere hervor! Binnenmeere, besonders solche, die viele Flüsse aufnehmen, enthalten weniger Salz als offene Meere, frieren daher auch leichter zu. So hat das Schwarze Meer nur 2%, die Ostsee gar nur ½% Salzgehalt.

Farbe hat in ein Glas geschöpftes Meerwasser anscheinend gar nicht; aber das Meer selbst sieht meist **grünlich**, oft aber auch tief **blau, heller und dunkler grün, bräunlich- oder schwärzlich-grün aus**. Dies bewirkt neben der Eigenfarbe der gewaltigen Wassermasse entweder der darüber gespannte Himmel, oder die Beschaffenheit des Grundes, oder ungeheure Massen kleiner Wassertiere und -Pflanzen; übrigens erscheint mit zunehmender Tiefe das Meer immer tiefer **blau**. Auch die **Durchsichtigkeit** des Meeres ist sehr verschieden; im nördlichen Eismeere und in einigen Meerbusen des atlantischen Ozeans ist sie am größten. Im letzteren schwimmt das Fahrzeug auf einer krystallhellen Flüssigkeit, in welcher es wie in der Luft zu schweben scheint, man bückt sich, Seepflanzen mit der Hand zu erreichen, die 20 m tief und noch tiefer sich befinden. Ganz merkwürdig ist auch das Leuchten des Meeres bei Nacht, eine Erscheinung, die in wärmeren Strichen zuzeiten wahrnehmbar ist. Bald leuchtet das ganze Meer, so weit man es sehen kann, bald zieht nur das Schiff eine Feuerfurche hinter sich her. Dies rührt von unzähligen leuchtenden Tierchen her, die meist nur durch das Vergrößerungsglas erkennbar sind.

Den Grund und Boden des Meeres zu erforschen, hat für den Menschen natürlich besondere Schwierigkeit (Taucher, Schleppnetz, Senkblei). Man weiß zunächst nur, daß die Tiefe des Meeres eine sehr verschiedene, aber meist eine sehr bedeutende ist, so daß das nördliche Eismeer zwar nur eine Tiefe von etwa 1500 m, die übrigen Ozeane aber eine solche von 3300 bis 3900 m haben. Ja, man hat Tiefen gemessen (§ 2), welche diese mittleren Tiefen noch fast um das Dreifache übertreffen. Die Kontinente ragen demnach als mächtige Hochflächen aus dem Seeboden empor. An steilen Küsten ist das Meer meist gleich sehr tief, an flachen Küsten nimmt es nur allmählich an Tiefe zu. Der Boden des Meeres zeigt zwar keineswegs einen so häufigen und schroffen Wechsel von Erhebungen und Vertiefungen wie das Festland, er bewegt sich meist in sanften Böschungen, doch aber fehlen auch ihm plötzliche steile Abstürze und rasch ansteigende (unterseeische) Hochebenen nicht.

Die Erhebungen ragen oft über den Meeresspiegel hervor und bilden dann größere und kleinere **Inseln**. (Die kleineren auch **Eilande** genannt.) Zuweilen aber ragen sie nur mit den obersten Spitzen bis an oder kaum über den Meeresspiegel, und bilden dann **Klippen**. Sind solche Klippen reihenweise geordnet, so bilden sie ein Riff. Wo der Seeboden völlig unterseeische, der Oberfläche des Meeres jedoch nahe Hochebenen besitzt, hat das Meer Untiefen; wo dagegen der Rücken solcher Erhebungen des Seebodens die Oberfläche des Meeres berührt oder ihr wenigstens ganz nahe kommt, hat das Meer **Sandbänke**, die oft von großer Ausdehnung sind. Sandhügel, welche das Meer auf dem Uferrande aufgespült hat, nennt man **Dünen**.

Ganz ruhig und spiegelglatt ist das Meer selten: fast immer schlägt es niedrigere oder höhere Wellen, die bei Stürmen bis zu 12 m Höhe steigen können. Die Wellen entstehen dadurch, daß der Druck des Windes auf die Oberfläche das Wasser des Meeres in eine **schwingende Bewegung** versetzt; doch bringt diese Bewegung nie über 200 m in die Tiefe. Brechen sich die Wellen an Klippen oder Felsen, so entsteht eine **Brandung**.

Neben solchen unregelmäßigen Bewegungen hat das Meer aber auch **regelmäßige**, deren wichtigste die **Gezeiten** oder **Tiden** sind, „die regelmäßig wiederkehrenden Pulsschläge des Ozeans." Alle Tage steigt und fällt das Meer an den Küsten zweimal (an manchen Stellen, besonders in Binnenmeeren, kaum bemerklich, im offenen Weltmeer auch nur einige Meter). Das Steigen heißt **Flut**, das Fallen **Ebbe**; jede dieser Erscheinungen dauert etwas über 6 Stunden. Ursache hiervon ist die Anziehung, welche namentlich der Mond, weniger die Sonne auf den Erdkörper ausüben. Darum tritt die Flut zur Zeit des Neu- und Vollmondes, wo die Sonne ihre Anziehung mit der des Mondes vereint, am stärksten auf (**Springflut**); in spitz zulaufenden Meerbusen erreichen Springfluten eine Höhe von 20 m und bringen mit verheerender Eile landeinwärts vor.

Zu den regelmäßigen Bewegungen des Meeres sind auch die Meeresstrudel wie die Meeresströme zu rechnen. Die **Meeresstrudel** stehen im Zusammenhange mit den Gezeiten, beruhen aber auf der Beschaffenheit des Meeresgrundes und der Küsten, welche dem Wellengange örtliche Hindernisse entgegenstellen; an solchen Stellen dreht sich das Wasser in engeren oder weiteren Kreisen trichterförmig und zieht alles, was in seinen Wirbel kommt, in die Tiefe.

Die **Meeresströme** sind dagegen oft viele Kilometer breite, jedoch nicht weit in die Tiefe eingreifende stromartige Fortbewegungen des Meeres von dauernder oder doch nur jahreszeitlich wechselnder Richtung. In der Nähe des Äquators zieht in allen drei großen Ozeanen ein solcher Strom westwärts (**Äquatorialströmung**); von ihnen biegen da, wo sie sich den O.-Küsten der betreffenden

Kontinente nähern, Abzweigungen in die höheren Breiten ab, denen sie also wärmeres Wasser bringen, während aus beiden Polarzonen kältende Meeresströme in die niederen Breiten führen, wie die arktische und mehr noch die **antarktische oder Humboldtströmung**. Ursachen der Meeresströmungen sind die Rotation der Erde sowie der Druck regelmäßig wehender Winde, wie es die Passate (§ 18) sind; aber auch die Gestaltung der Küsten ist von erheblichem Einflusse. Die bekanntesten der wärmenden Meeresströme sind der **Kuro-Schio** (b. i. dunkelblaues Meerwasser) im Stillen Ozean und der **Golfstrom** im atlantischen Ozean. Der Golfstrom führt seinen Namen daher, daß er aus dem mexicanischen Golf zwischen Florida und Cuba hervorströmt; beim Weiterzug gen NO. über das atlantische Meer und weit ins nördliche Eismeer (bis über Spitzbergen hinaus) verbreitert er sich allmählich von 100 bis auf 1000 km, mildert außerordentlich das Klima des nordwestlichen Europa und entsendet bei den Azoren [azōren] auch einen südlichen Arm an die Westküste Nord-Afrikas. — Die Seefahrer benutzen die Meeresströme zur Abkürzung ihrer Reisen, und die Polarmeere würden sich mit immer dickerem Eise überkrusten, wenn nicht warme Strömungen dieses verhinderten, und entgegengesetzte fortwährend die Massen abgelöster Eisbrocken (Eisschollen) mit den von den polaren Gletschern stammenden Eisbergen in niedere Breiten abführten.

§ 17.
Bewegung der Luft. Klima.

Der Erdkörper wird wie von einer Hohlkugel von einer **Lufthülle, der Atmosphäre**, umschlossen. Diese reicht bis dahin, wo die Anziehungskraft der Erde und die Fliehkraft der Luft sich das Gleichgewicht halten. Der französische Astronom Laplace hat berechnet, daß (unter dem Äquator) dies erst in einer Höhe von 35 677 km der Fall sei. Allein im Vergleiche damit sind alle meteorologischen Erscheinungen auf eine nur geringe Höhe beschränkt. Die Atmosphäre ist nämlich wie alle Körper **schwer**: eine bis zum Meeresspiegel reichende Luftsäule hält einer 760 mm hohen Quecksilbersäule das Gewicht. Indes mit der Höhe nimmt der Luftdruck ab; in 5513 m Höhe ist er schon auf die Hälfte gesunken und gar in 60 000 m Höhe nur noch einer Quecksilbersäule von $1/4$ mm gleich. Daher kommen für die Geographie nur die **unteren Luftschichten** in Betracht. In diesen nun finden stete Bewegungen (Winde) statt, und zwar außer den nur zeitweiligen solche, die ganze Jahreszeiten hindurch anhalten (Monsune) und auch immerwährende. Besonders über dem Meere ist die Luftbewegung weithin eine regelmäßige: ganz nahe dem Äquator (n. desselben) steigt in einem die Erdkugel größtenteils umziehenden Gürtelstreifen die erwärmte, folglich leichter gewordene Luft senkrecht empor (Gürtel der Windstille, Stillen- oder Kalmengürtel genannt); von beiden Polseiten strömt die Luft zur Ausfüllung dieser Lücke beständig äquatorwärts (polare Luftströmungen), in der Höhe des Stillengürtels dagegen beiderseits polwärts (äquatoriale Luftströmungen). Weil infolge der Erddrehung die Winde auf der nördlichen Halbkugel nach rechts (auf der südlichen nach links) abgewendet werden, sind die polaren Luftströmungen der nördlichen Halbkugel nicht N.-, sondern NO.-Winde, die äquatorialen nicht S.-, sondern SW.-Winde (auf der südlichen jene SO.-, diese NW.-Winde). Ungefähr vom 30. Parallelkreis an nehmen die polaren Strömungen den unteren Teil der Atmosphäre für sich allein ein und heißen Passate (also NO.- und SO.-Passat); die äquatorialen ziehen daselbst als Gegenpassate über ihnen hin. In den höheren Breiten (wo dem Gegenpassat der Raum in der Höhe zu eng wird) ziehen beide nebeneinander auf der Erdoberfläche, suchen einander zu verdrängen und verursachen bei der Verschiedenheit der ihnen eigenen Wärme das veränderliche Wetter dieser höheren Breiten.

Die im Sommer stärker als das Meer erhitzten, im Winter stärker als das Meer abgekühlten Festlande unterbrechen mannigfaltig die Regelmäßigkeit der genannten Luftströmungen und lassen sie nicht zur Alleinherrschaft auf Erden gelangen.

Es ist leicht begreiflich, daß die Winde einen großen Einfluß auf die Beschaffenheit der Luft und damit auf das Klima eines Ortes haben müssen. Das Klima aber wird bestimmt durch den Grad der Wärme und der Feuchtigkeit. Was wir unter dem mathematischen (§ 10), und was unter dem maritimen (§ 14) Klima verstehen, ist schon oben berührt worden. Jetzt wollen wir kurz auf die Ursachen derselben eingehen, was eben oben noch nicht möglich war.

Die Luft unserer Atmosphäre ist ein Gemenge von 79 Teilen Stickstoff und 21 Teilen Sauerstoff. Beigemengt ist in den untersten Luftschichten Wassergas (Wasserdampf); aber die Beimischung desselben nimmt aufwärts so rasch ab, daß in 7 km Höhe die Luft vollständig trocken ist.

§ 17. Bewegung der Luft. Klima.

Die Erwärmung der Erde geschieht allein durch die Sonnenstrahlen; aber einen Teil der Wärme derselben verschluckt die Atmosphäre und natürlich um so mehr, je länger der Weg ist, den die Sonnenstrahlen durch die unteren dichteren Luftschichten zurückzulegen haben. Am kürzesten ist der Weg, wenn die Strahlen senkrecht auf die Erde fallen; dann verlieren sie nur etwa $^1/_4$ ihrer Wärme. Fallen sie schräg, so ist der Weg länger, also der Verlust größer. Aus diesem Grunde sind die höheren Breitengrade kälter als die niedrigeren (der Tropen), eben darum auch die winterlichen Jahreszeiten die kältesten; denn der dann niedrige Sonnenstand bedingt ein sehr schräges Einfallen der Sonnenstrahlen. Also von dem Winkel der **Insolation**, d. i. Besonnung, hängt zunächst die Erwärmung ab.

Dazu kommt nun aber, daß der erwärmte Erdboden die empfangene Wärme zurückstrahlt und dadurch zur Erwärmung der Lufthülle beiträgt. Ist die zurückstrahlende Fläche nur klein, so kann auch nur wenig Wärme zurückgestrahlt werden. Daher kommt es, daß es auf Bergspitzen so kalt ist.

Je schwerer nun aber ein Körper die Wärme aufnimmt, um so langsamer giebt er sie wieder zurück. Wasser nimmt sie schwerer auf als Land. Also wird den Küstenländern im Sommer Wärme entzogen; es kommt ihnen dafür aber zu gute, daß das Meer im Winter immer noch Wärme abzugeben hat.

Ein dritter Umstand, der den Erwärmungsgrad bedingt, ist die **Durchlässigkeit** der Luft für die Wärmestrahlen. Diese vermindert sich mit der zunehmenden Feuchtigkeit der Luft. Bei bewölktem Himmel ist es daher kühl.

Bewölkung des Himmels entsteht aber durch die Bewegungen in der Luft, welche das **Wassergas** derselben an bestimmten Stellen zusammendrängen, häufig so stark, daß es in Nebel oder Regen (oder auch zu Schnee und Hagel gefroren) auf die Erdoberfläche sich niederschlägt. Durch Hitze aufgelockerte Luft kann sehr viel Wassergas in sich aufnehmen; wird sie dann aber durch eine kalte Luftströmung erkältet, so daß sie sich zusammenzieht, so muß sie das Wassergas fallen lassen. Daher die starken Regen in den Tropen. Das Gleiche tritt ein, wenn sie gegen kalte Gebirgsfirste gedrängt wird. Daher regnet es eben in den Gebirgen mehr als in der Ebene.

Dieser Regen wäscht aber zugleich die Atmosphäre rein, indem er sie von Staubteilchen, Krankheitskeimen u. dergl. befreit. Dadurch wird er neben sonstigem Segen sehr förderlich für die Gesundheit der Menschen.

Nun wollen wir uns aber zu dem **festen Lande** wenden.

§ 18.
Die Inseln.

Wenn zum Begriff einer Insel allein gehörte, daß sie rings von Wasser umflossen sei, so sieht man leicht ein, daß eigentlich alle Landmassen auf der Erde Inseln genannt werden müßten. Daher hat man noch den Begriff der Größe hinzugefügt, und nennt die drei größten Landmassen nicht Inseln, sondern Erdfesten oder Kontinente (§ 13). Diese Unterscheidung ist wohl begründet; denn zwischen dem kleinsten Kontinente (Australien) von $7^1/_2$ Mill. qkm Größe und der größten Insel (Neu-Guinea [ginêa]) von etwa $^3/_4$ Mill. qkm Größe besteht doch ein außerordentlicher Unterschied! Man kann also die Grenze der Inselgröße bei 1 Mill. qkm setzen; Grönland lassen wir dabei außer Betracht, da seine Ausdehnung nach N. unbekannt ist.

Sämtliche Inseln machen nur $7^1/_2$ % der ganzen Landmasse aus; unter sich aber sind sie an Größe sehr verschieden. Die 13 größten sind Neu-Guinea (von über $^3/_4$ Mill. qkm), Bórneo (fast $^3/_4$), Madagaskar ($^3/_5$), Sumatra (fast $^1/_2$), Neu-Seeland ($^1/_4$), Nipon (fast $^1/_4$), Großbritannien ($^1/_5$), Celêbes ($^1/_6$), Java ($^1/_8$) und von $^1/_{10}$ Mill qkm Größe Cuba, Luzon, Neufundland und Island. Ihnen schließen sich 10 Inseln von 50 bis 100 000 qkm Größe an. Diese 23 umfassen zusammen 57 % des gesamten Inselareals von $8^1/_3$ Mill. qkm, so daß für die übrigen Tausende (unter 50 000 qkm) nur ein Areal wie $^2/_3$ des europäischen Rußland übrig bleibt.

Die Inseln treten fast nur gesellig auf; gewöhnlich liegen sie reihenweis oder um eine Halbinsel geschart. Unregelmäßige Anhäufungen nennt man einen Archipel, ein Wort, das freilich zunächst ein inselreiches Meer bezeichnet.

Mit Rücksicht auf ihre Entstehung teilt man die Inseln in kontinentale und in ozeanische ein.

1) Die kontinentalen Inseln sind nicht von Anfang an Inseln gewesen, sondern entweder vordem Kontinentsteile oder selbst Kontinente. Senken sich die Ränder der Kontinente, so bringt das Meer in die niedrigeren Stellen derselben ein, so daß einzelne Teile des Festlandes ganz von ihm abgetrennt oder abgegliedert werden. Allein die frühere Zugehörigkeit der so entstandenen Abgliederungs-Inseln zu den benachbarten Kontinenten bleibt erkennbar an der Gleichartigkeit der Gesteine zu beiden Seiten des trennenden Meeres, an der Flachheit dieses trennenden Meeres und an der Gleichartigkeit der Pflanzen- und Tierwelt auf Festland und Insel.

So sind Borneo, Sumatra und Java noch durch eine unterseeische Hochfläche von nur 50 m Tiefe mit Hinter-Indien verbunden; zwischen Großbritannien, den friesischen Inseln, den dänischen Inseln, den Kykladen, Hainan, Formosa, Japan, Nowaja-Semlja, dem arktischen Archipel, den Falkland-Inseln, Neu-Guinea, Tasmanien, Grönland einerseits und den benachbarten Kontinenten andererseits beträgt die Tiefe des Meeres nicht über 200 m.

Diesen jüngeren Abgliederungsinseln stehen solche gegenüber, deren Abgliederung nach der Beschaffenheit ihrer Tier- und Pflanzenwelt und nach der Tiefe des trennenden Meeres in bedeutend ältere Zeiten zu setzen ist. Die wichtigsten dieser älteren Abgliederungsinseln sind: die Molukken und Selêbes (von Australien), Zeilon (von Dekhan), Madagaskar (von Süd-Afrika), Spitzbergen und Franz-Joseph-Land (von Europa), die Antillen (von Süd-Amerika).

Von diesen durch Abgliederung entstandenen Inseln sind diejenigen wohl zu unterscheiden, welche selbst Reste verschwundener Kontinente sind. Die wichtigste unter diesen Restinseln ist Neu-Seeland; außerdem gehören hierher die Fidschi-Inseln und andere Inseln der Südsee, vielleicht auch die weitab liegenden Marquesas [markêßas]-Inseln.

2) Die ozeanischen oder ursprünglichen Inseln sind im Meere entstanden und niemals mit einem Festlande verbunden gewesen. Sie lassen sich sondern in nichtvulkanische Hebungsinseln, in vulkanische und in Koralleninseln. Die erste Gattung ist wenig bedeutend; zu ihr gehören die Golfstrom-Inseln im N. von Nowaja-Semlja, wahrscheinlich auch die Insel St. Paul im indischen Ozean, die trotz ihrer Kratergestalt aus geschichteten Gesteinen zu bestehen scheint. Viel wichtiger sind die vulkanischen Inseln, welche durch vulkanische Kräfte aus dem Meeresboden emporgehoben oder aufgeschüttet sind, wie Thera im ägäischen Meere, die liparischen Inseln, St. Helena, St. Thomas im Guinea-Busen, die Maskarenen, die Sandwich-Inseln, auch Island, welches durch vulkanische Ausbrüche aus zwei Inseln gebildet ist. Es giebt aber auch vulkanische Abgliederungsinseln, z. B. die kapverdischen Inseln, welche ursprünglich die Westspitze von Afrika bildeten. Unendlich viel zahlreicher als die ozeanischen sind die Koralleninseln oder Atolls, welche ganze Inselwolken in der Südsee bilden; im indischen Ozean gehören die Lakkadiven und die Malediven dazu, im atlantischen die Bermudas. Sie sind an die Tropenmeere gebunden, da nur diese in ihren oberen Wasserschichten stets eine Temperatur von mindestens 16° R. haben, wie sie für das Leben der Korallenpolypen notwendig ist (§ 12).

§ 19.
Tiefland und Hochland.

Zum Begriff der Inseln, Festlande, des Landes überhaupt, gehört das Erhabensein über den Meeresspiegel. Dieser Meeresspiegel gilt im allgemeinen auf der Erdoberfläche für die vollkommenste und tiefste Ebene; denn alles Wasser ruht nicht eher und hört nicht eher auf zu fließen, als bis es die tiefsten Stellen der Erdoberfläche gefunden, und dann sich in eine möglichst wagerechte Masse vereinigt hat.

Eine solche wagerechte Fläche wie der Meeresspiegel bildet nun das Land nirgends; aber doch giebt es auch Teile der festen Erdrinde, deren Oberfläche wenigstens einige Ähnlichkeit mit dem Meeresspiegel hat. Man nennt sie **Ebenen, Flachländer** und, sind sie weniger als 200 m über das Meer erhaben, **Tiefländer** oder **Tiefebenen**. Oft liegen sie so niedrig, daß sie durch Dämme (Deiche) gegen das Meer geschützt werden müssen; ja ausnahmsweise liegen dieselben sogar niedriger als der Meeresspiegel (sogenannte **Depressionen**), so die nächste Umgebung des kaspischen Meeres, ein Teil Hollands, die Südhälfte des Ghor.

Alles Land dagegen, welches mehr als 200 m über dem Meere liegt, nennt man **Hochland**. Auch in diesem finden sich ausgedehnte Ebenen, **Hochebenen** genannt. Die größten Hochebenen der Erde enthält Innerasien und Süd-Afrika, die höchste ist die Ebene des Titicâca-Sees in Süd-Amerika. **Hochflächen** nennt man sie, wenn sie sich deutlich von ihrer Umgebung durch ihre Erhebung absetzen.

Fortwährend indes **verändert die Landfläche ihre Gestalt.** Dies geschieht durch die **Atmosphäre** (Verwitterung), durch die **Flüsse** (Auswaschung), durch das **Meer** (Abwetzung), durch die **Winde** (Aufschüttung und Zermürbung), an manchen Stellen auch durch **Bodensenkung, durch Erdbeben und Vulkanausbrüche.**

§ 20.
Die Arten des Bodens.

Die Form der Ebene ist für den Ackerbau die geschickteste; doch kommt es dabei gar sehr auf die Art des Bodens an, welchen die verwitterte Oberfläche der Lithosphäre (§ 11) bildet. Diese ist aber nach ihrer Zusammensetzung, dem Grade der Verwitterung und der Befeuchtung sehr verschieden, so daß wir vier Hauptarten des Bodens unterscheiden können:

1) **Fels- oder Steinboden** besteht aus wirklichem Felsen oder Steingeröll. Nur aus den mit Erde gefüllten Spalten desselben bringen Pflanzen hervor.

2) **Sandboden.** Enthält derselbe wirklich nur unvermischten Sand oder Kies ohne alle Bewässerung, so heißt die Gegend **Wüste**. Oft tritt sie in ungeheurer Ausdehnung, besonders auf der Ostfeste auf, welche durch Asien und Afrika hindurch etwa in der Richtung von ONO. nach WSW. ein wahrer Wüstengürtel durchzieht. Die Wüste ist weder zu bebauen noch zu bewohnen. Nur starken Quellen ist es möglich, die nächste Umgebung in einen grünen, mit frischem Pflanzenwuchs bedeckten Platz umzuwandeln, ehe sie der Sand wieder einschlürft. Man nennt solche Stellen **Oasen**. Ist der Sand so weit mit erdigen Teilen vermischt und bewässert, daß er wenigstens Heidekraut, etwas Getreide oder auch genügsame Fichten und Kiefern trägt, so nennt man die Gegend **Heide** oder auch (im nordwestlichen Deutschland) **Geestland**. Fehlen aber überhaupt Bäume und trägt weit und breit die Ebene nur Gras und Kraut, das im Frühling oder zur Regenzeit wie ein bunter Blumenteppich sich üppig ausdehnt, im Hochsommer aber gänzlich verdorrt, so bildet die Gegend eine **Steppe**. Auch sie führt in verschiedenen Gegenden verschiedene Namen.

3) **Fruchtboden** oder **Humus** begünstigt durch die feine Verwitterung und Zermürbung seiner Bestandteile, durch Thongehalt, bisweilen auch durch dunkel färbende Moderreste früherer Vegetation den Wuchs der Pflanzen besonders und füllt die Kornkammern der Menschen. Sehr fetter Boden am Wasser führt den Namen **Marschland**.

4) **Weichboden** ist von Wasser durchzogen und immer oder größtenteils naß oder weich. Strecken, die oben eine scheinbar feste Pflanzendecke haben, aber unter dem Fußtritt wegen des darunterstehenden Wassers schwanken und erzittern, heißen **Moore**. Oft besteht diese Decke aus **Torf**, d. h. aus einem dicht verfilzten Gewebe halb verkohlter Pflanzen, das zum Brennen ausgestochen wird. Bricht das Wasser an einzelnen Stellen so hervor, daß Pfützen und Lachen stehenden Wassers sich bilden, oder ist Wasser und Erde so gemischt, daß man die Oberfläche, ohne einzusinken, nicht betreten kann, so nennt man das Ganze einen **Sumpf** oder **Morast**. Ein Morast, der mit Buschwerk bewachsen ist, heißt ein **Bruch**. Indem man dem Weichboden durch Abzugsgräben den Überfluß an Wasser entzieht, kann man Moore, Moräste und Brücher ganz oder teilweise trocken legen und urbar machen, wie es z. B. im Oberbruch geschehen ist. Überhaupt ist der bei weitem größte Teil der Ebenen auf der Erde, wenn nicht schon jetzt angebaut, doch des Anbaues fähig.

§ 21.
Ebenen und Gebirge.

Wirklich wagerechte Flächen bilden die Ebenen nur dann, wenn sie die Böden abgeflossener Seeen sind; die meisten sind jedoch durch kleinere Erhöhungen unterbrochen; man nennt sie, mit den Meereswellen sie vergleichend, wellenförmige Ebenen. Sonst gebraucht man für die sich steigernden Erhöhungen der Erdoberfläche die Namen Anhöhe, Hügel, Berg in der Art, daß nur augenfällige Erhebungen, welche um mehr als 200 m über ihre Umgebung aufragen, den Namen eines Berges erhalten.

Zusammenhängende Erhebungen nennt man Landrücken — Bergzüge oder Bergketten, wenn sich Bergreihen in einer bestimmten Richtung erstrecken — Hügel- oder Berggruppen, wenn Hügel oder Berge haufenförmig nebeneinander liegen. Bergketten oder Berggruppen, die eine bedeutende Höhe haben und vorherrschend aus festem Gestein bestehen, nennt man Gebirge. Gebirge, die unter sich einen deutlichen Zusammenhang haben und vor allem denselben innern Bau zeigen, nennt man ein Gebirgssystem.

§ 22.
Einteilung der Gebirge nach ihrer Höhe.

Die Bestimmung, wie hoch irgend ein Punkt auf Erden liegt, setzt eine bestimmte Tiefe voraus, von der aus die Höhe gerechnet wird. Als eine solche gilt der Meeresspiegel (warum? § 19). Wird bei der Höhenangabe eines Punktes nichts weiter hinzugesetzt, so ist seine absolute Höhe, d. h. die Höhe über dem (wagerecht durch alles Land fortgesetzt gedachten) Meeresspiegel gemeint. Ist die Höhe aber nicht vom Meeresspiegel ab angegeben, sondern bezogen auf die Höhe irgend einer sonstigen, niedriger gelegenen Umgebung, etwa auf die des Spiegels eines nahen Flusses oder dergleichen, so nennt man das seine relative Höhe. Wie hoch aber irgend ein Punkt über dem Meere liege, das findet man durch die Höhe der Quecksilbersäule des Barometers, durch den Wärmegrad, bei welchem an dem betreffenden Punkt das Wasser siedet, durch trigonometrische Messung und Berechnung (falls man den betreffenden Höhenpunkt selbst wohl sehen, aber nicht erreichen kann) oder durch Nivellement, d. h. Ausmessung der Bodenerhebung vom Meeresspiegel ab. Die größten Bergeshöhen der Erde enthält der Himalaja in Asien. Der höchste der bis jetzt gemessenen Berge der Erde ist der Gaurisánkar, von den Engländern Mount Everest [maunt éwerest] genannt, 8839 m hoch.

Nach der (absoluten) Höhe nun teilt man die Gebirge in zwei Klassen:

1) **Hochgebirge** über 1500 m. Die Formen derselben sind eckig und zackig, ihre Spitzen öfter so scharf, daß man sie **Hörner** oder **Nadeln** nennt, die Neigung (Böschung) ihrer Seiten ist steil, und ihre oberen Teile ragen meist über die **Schneegrenze**, d. h. sie sind das ganze Jahr mit feinem körnigem Schnee bedeckt. Daß diese Schneegrenze in den verschiedenen Zonen in verschiedener Höhe liegt, versteht sich von selbst; unter 10° liegt sie z. B. 4500 m, unter 40° 2900 m hoch.

Eigentümlich sind manchen Hochgebirgen die **Gletscher**, Schneemassen, welche durch Pressung dem Eise ähnlich geworden sind und sich wie gefrorene Ströme von den Höhen des ewigen Schnees in den Hochgebirgsthälern bis tief unter die Schneegrenze hinunterziehen, oben stets erneut aus den Feldern des (körnigen) Firnschnees, unten sich auflösend in den Gletscherbach. Die Geschwindigkeit der Abwärtsbewegung der Gletscher kommt dabei etwa derjenigen des **Stundenzeigers** einer Taschenuhr gleich.

Die beiden Seiten des Gletschers bezeichnen die sogenannten **Moränen**, d. h. Reihen von Felstrümmern, die von den Umgebungen des Gletschers auf dessen Säume herabgeschurrt sind und nun langsam mit hinabgeführt werden. Sind zwei Gletscher zusammengeflossen, so ist die geschehene Vereinigung an einer in die Mitte geschobenen Trümmerreihe oder einer **Mittelmoräne** zu erkennen. In den Polarländern steigen die Gletscher bis zur Meeresküste hinab und geben dann, indem das untere Ende durch das Meer abgebrochen wird, schwimmenden Eisbergen den Ursprung (§ 16), die beim Schmelzen ihre Moränenblöcke ins Meer fallen lassen.

Eine andere großartige Erscheinung der Hochgebirgsnatur sind die Schneestürze oder **Lawinen**.

2) **Mittelgebirge**, unter 1500 m, haben meist abgerundete Formen, kuppelförmige, oft breite Gipfel und minder steile Böschung. In der Regel sind die Hochgebirge von Mittelgebirgen umlagert und durch diese von der Ebene, aus der sie sich vorzeiten erhoben haben, geschieden.

§ 23.
Einteilung der Gebirge nach ihrer Gestaltung.

Eine andere Einteilung der Gebirge geht von ihrer Gestaltung aus. Von den Bergen abgesehen, welche sich ganz einzeln aus der Ebene erheben und mit keinem Gebirge in Verbindung stehen (den isolierten Bergen), unterscheidet man drei Klassen:

1) Gebirge, die aus einer oder mehreren zusammenliegenden Berggruppen bestehen, in denen sich nicht ein Hauptrücken mit bestimmter Richtung zeigt, heißen **Gruppengebirge**. Sie ruhen stets auf einer gemeinsamen Grundlage und sind in der Regel vulkanische Anhäufungen.

2) **Kammgebirge** oder **Kettengebirge** bestehen aus einem oder mehreren in bestimmter Richtung fortziehenden Rücken oder Kämmen; meist aber zeigen sie auch in dem letzteren Falle einen durch seine Höhe ausgezeichneten Hauptrücken, den man den **Hauptkamm** des Gebirges nennt. Aus ihm treten dann in der Regel die höchsten Erhebungen des Gebirges hervor. Gewöhnlich wird der Hauptkamm auf beiden Seiten von **Vorketten** begleitet. Kammgebirge am Rande eines Tafellandes heißen **Randgebirge**. Öfter laufen verschiedene Strahlen eines Kammgebirges von einem Mittelpunkte (mag dies nun eine Erhebung oder eine Senkung im Hauptkamme sein) aus; solche Stellen nennt man dann einen **Gebirgsknoten**. Die meisten großen Kammgebirge von Asien und Europa streichen den **Breitenkreisen gleichlaufend, also von O. nach W.** — die höchsten Amerikas ungefähr den **Meridianen gleichlaufend, also von S. nach N.** Die Kammgebirge entstehen durch Seitenpressungen in der Lithosphäre, wodurch die nachgebenden Felsschichten faltenartig aufgerichtet werden. Diese Falten bilden dann die Ketten. Solche Faltung der Gesteinmassen hat besonders an den Küsten stattgefunden, wie ja in frühen Zeiten bis an die Alpen und auch bis an den Ural das Meer gespült hat.

3) **Massengebirge** sind entweder massenhafte, zusammenhängende Erhebungen der Lithosphäre, welche erst durch Flußläufe allmählich gebirgsartig ausgesägt sind (z. B. die Gebirge des inneren Frankreich), oder es sind Kammgebirge, deren aufragende Faltungen verwittert und damit verschwunden sind (z. B. der Harz).

§ 24.
Geognostische Zusammensetzung der Gebirge.

Die Gebirge bestehen so wie die übrige uns bekannte feste Erdrinde aus verschiedenen Gesteinarten. Von ihnen lehrt die Geognosie zwei Hauptklassen kennen:

A. **Geschichtete Gesteine.** Diese enthalten als erhärtete, schichtenweise übereinander gelagerte Absätze aus dem Wasser sehr häufig Überreste vorweltlicher Tiere und Pflanzen (Versteinerungen) oder Abdrücke derselben. Schichtmassen, die aus derselben Periode der Erdgeschichte herrühren, faßt man als „Formation" zusammen, und unterscheidet von unten nach oben (also von den älteren zu den jüngeren) fortschreitend die **primären** (Grauwacke, Steinkohle, Dyas), die **sekundären** (Trias, Jura, Kreide) und die **tertiären** Formationen, dazu auch noch eine **nachtertiäre** oder **quartäre** Formation, in der (bereits mit dem Auftreten des Menschengeschlechts) die jüngeren Absätze von Lehm, Kies und Sand (das **Diluvium** und, als Bildung der Flüsse und Seeen ungefähr in ihrer jetzigen Ausdehnung, das **Alluvium**) erfolgten.

B. **Massengesteine**, so genannt, weil sie nie deutliche Schichtung in genau einander parallele Felslagen, sondern höchstens Schieferung nach Art des Glimmerschiefers zeigen. Sie enthalten fast nie Versteinerungen, meist aber deutliche Krystalle (daher auch **krystallinische Gesteine** genannt). Zu den ältesten derselben gehört der Granit, der Gneis und der Glimmerschiefer (zusammen daher auch „**Urgestein**" genannt); aus ihnen besteht häufig der Kamm der Gebirge, wahrscheinlich deshalb, weil bei der allmählichen Auffaltung der Erdrinde die leichter zerstörbaren auflagernden Schichtgesteine auf der Höhe der Faltenwölbung durch Verwitterung verschwanden und nur an den beiderseitigen Abdachungen erhalten blieben. Von ihnen als den **plutonischen** unterscheidet man als jüngere die **vulkanischen** oder **Durchbruchs-** (**Eruptiv-**) **Gesteine**: Porphyr, Basalt und Trachyt, Lava.

Die **Vulkane** (§ 11) lassen aus ihrer oberen Öffnung (dem **Krater**), oft jedoch erst nach jedesmal langen Ruhepausen, noch fort und fort Lavaströme ausfließen oder werfen Asche aus. Stärkere Ausbrüche (**Eruptionen**) derselben stehen oft mit Erdbeben in Verbindung. Man unterscheidet **thätige** Vulkane (gegen 300) und **erloschene**. Die thätigen steigen besonders häufig aus Inseln und Küstenländern hervor, bald in langen Reihen gelagert, bald um einen Punkt centralisiert, bald vereinzelt. Der ganze Stille Ozean ist zu beiden Seiten von einer Reihe thätiger Feuerspeier umzogen, die wie Schlote durch die Lithosphäre hinabführen. Die erloschenen Vulkane dagegen, deren Zahl viel größer ist, liegen häufig mitten im Binnenlande. Alle Vulkane zeigen, weil durch Aufschüttung entstanden, eine **flachkegelförmige** Gestalt.

Will man sich von den Gebirgszügen eines Landes eine recht bestimmte Anschauung machen, so muß man nicht nur eine Karte vornehmen, welche das Äußere der Gebirge mit besonderer Sorgfalt angiebt (**Gebirgskarte**, orographische Karte), sondern auch eine geognostische, welche die Bestandteile eines Gebirges in bunten Farben angiebt.

Besonders lehrreich können auch die erhabenen oder Reliefkarten werden, welche die Erhöhungen und Vertiefungen der Erdoberfläche nicht bloß symbolisch bezeichnen, sondern aus zweckmäßigen Stoffen geradezu nachgebildet darstellen, — nur darf man nicht vergessen, daß hierbei die Berge der Deutlichkeit halber immer viel höher sind, als eigentlich das Verhältnis zur Länge und Breite erlaubt. Sie erfordern, wenn sie zu keinen Irrtümern Veranlassung geben sollen, einen großen Maßstab.

Nicht minder anschaulich sind die Durchschnitts- oder Höhenprofile. Bei solchen Zeichnungen soll man sich zwischen zwei bestimmten Punkten ein Land bis auf das Niveau des Meeresspiegels durchschnitten denken. Das Profil giebt nun die Zeichnung der Ränder des Durchschnitts, und man bekommt von dem Ansteigen und Fallen des Bodens ein ganz deutliches Bild.

§ 25.
Quellen und Flüsse.

So viel von den Gebirgen; jetzt wollen wir uns mit den Flüssen, mit ihren Eigenheiten und Arten bekannt machen.

Wo Wasser in der Ebene oder (häufiger) im Gebirge aus dem Boden quillt, da ist eine Quelle. Die Quellen sind sehr voneinander verschieden. Aus manchen sickert nur eine geringe Menge Wassers; bei andern ist der Wasserstrahl so stark, daß er Mühlen treiben kann. Einige (und bei weitem die meisten) fließen beständig, andere nur zu nassen Zeiten oder in bestimmten Zwischenräumen (Hungerquellen, periodische Quellen). Die große Mehrzahl führt (meist gelöst, daher unsichtbar) nur geringe Mengen der erdigen, besonders kalkigen Stoffe mit sich, die der Boden ihnen darbot; einzelne enthalten aber auch sehr viel mineralische Bestandteile. Diese heißen Mineralquellen; wenn sie kochend oder doch sehr heiß sind: Thermen; wenn sie hauptsächlich Kochsalz führen: Sol- oder Salzquellen. Solche Quellen werden oft als Heilquellen benutzt. Quellen, welche menschliche Kunst durch oft sehr tief gehende Bohrlöcher zu Tage gefördert hat, heißen artesische Brunnen (in der französischen Landschaft Artois zuerst angelegt).

Nach der schon früher erwähnten Eigentümlichkeit des Wassers, immer die tiefsten Stellen der Erdrinde zu suchen, kann nun alles hervorquellende Wasser nicht eher ruhen, als bis es die größte Tiefe, das Meer, gefunden hat. Natürlich trifft auf diesem Wege vielfach ein Rinnsal mit anderen zusammen. Verschiedene Quellen bilden den Bach, mehrere Bäche den Fluß, mehrere Flüsse den Strom oder Hauptfluß. Die Zusammenfassung eines Hauptflusses und aller mittelbar oder unmittelbar in ihn sich ergießenden Gewässer nennt man **Stromsystem** oder **Flußsystem**. Die Stelle, wo ein Gewässer mit einem größeren zusammenfließt oder sich in einen Landsee oder in das Meer ergießt, nennt man seine **Mündung**. Kleinere Flüsse, welche bei der geringen Entfernung ihrer Quelle von der Meeresküste nicht mit anderen Flüssen zu einem Strom sich verbinden, heißen **Küstenflüsse**; solche, welche aus Wassermangel in der Steppe versiegen, **Steppenflüsse**; überhaupt solche, welche nicht zum Meere gelangen, sondern **innerhalb der Kontinente** sich halten, **Kontinentalflüsse**.

Die weitaus meisten Stromsysteme sind **einfache** (mit einem Hauptfluß). Von **Geschwistersystemen** spricht man, wenn zwei einfache Stromsysteme ineinander fließen (z. B. Donau und Inn, Mississippi und Missouri), von **Doppelsystemen**, wenn sie zusammen münden (z. B. Rhein und Maas, Ganges und Brahmaputra).

§ 26.
Der Flüsse Lauf und Mündung.

Die Linie, welche ein Gewässer von der Quelle bis zur Mündung beschreibt, heißt sein **Lauf**; der Höhenunterschied zwischen der Quelle und der Mündung sein **Gefälle**. Man unterscheidet, namentlich bei größeren Strömen, Ober-, Mittel- und Unterlauf. Der **Oberlauf** ist der Teil des Flußlaufes, welcher der Quelle am nächsten liegt: der Fluß stürzt mit sehr starkem Gefälle vorwärts, überspringt die Hindernisse, erscheint silbergrau von Farbe. Im **Mittellaufe** dagegen sieht er blau aus, fließt in Windungen, durchbricht die Hindernisse in Stromschnellen. Im **Unterlaufe** endlich schleicht er, trübgelb erscheinend, durch die Ebene dahin und zeigt Neigung zu Stromspaltungen und Versumpfungen.

Der Lauf ist nie eine gerade Linie, vielmehr oft eine überaus gekrümmte und gewundene: der Strom, sagt man, hat eine größere oder geringere **Stromentwickelung**. Der Grund liegt darin: der Fluß weicht in der Regel den Erhöhungen aus, sucht den niedrigsten und weichsten Boden. Sind jedoch felsige Schichten durchaus nicht zu vermeiden, so stürzt er entweder als **Wasserfall** (Katarakt) über dieselben hinweg oder durchsägt sie allmählich; in einigen seltenen Fällen (in Kalkboden) wühlt er sich sogar für längere oder kürzere Strecken den Lauf unter der Erde. Die Rinne, die er sich so gewühlt hat, und welche sein Wasser gewöhnlich ausfüllt, heißt sein **Bett**, die Ränder des Bettes seine **Ufer**. Als **rechtes** und als **linkes Ufer** bezeichnet man stets dasjenige, welches man flußabwärts schauend zur Rechten oder zur Linken hat. Der Abstand eines Ufers von dem andern giebt die **Breite**, der Abstand von dem Wasserspiegel bis zum Grunde giebt die **Tiefe** des Flusses. Beide sind bei einem und demselben Gewässer oft überaus verschieden; nicht bloß in der Art, daß gewöhnlich das eine Ufer seichtes, das andere tiefes Fahrwasser hat (das tiefe, also für die Schiffe günstige, heißt bei schiffbaren Flüssen der **Thalweg**; selten geht derselbe in der Mitte) — sondern auch nach Verhältnis der Gegend, welche ein Fluß durchfließt. Ebenen lassen ihn sich ausbreiten, Berge pressen ihn ein, oft so gewaltig, daß, zumal wenn auch das Bett felsig ist, **Stromschnellen** entstehen, welche den Fluß plötzlich einengen, dadurch seine Tiefe vergrößern und mit unwiderstehlicher Gewalt alles mit sich fortreißen. Im allgemeinen stehen Breite und Tiefe im umgekehrten Verhältnis: je schmaler, desto tiefer. Wie im Meere, so giebt es auch in den Strömen Untiefen, wo man selbst große Gewässer ohne Schiffe passieren kann (**Furten**); ein klippiger Boden verursacht **Wirbel** und **Strudel**. Öfter weicht ein Fluß einem Berge oder sonst einem Hindernis auch dadurch aus, daß er es mit zerteilter Wassermasse, mit Armen umschlingt. Zuweilen bleiben diese Arme unvereinigt, und jeder mündet besonders. Vereinigen sich die Flußarme wieder, so bilden sie eine **Flußinsel** (in verschiedenen Gegenden Werder, Auen genannt).

Die meisten Flußinseln sind Werke der Flüsse selbst, welche die ihrer Umgebung entführten Stoffe (Flußtrübung, Sinkstoffe) an geeigneten Stellen im eigenen Bett wieder absetzen. Dies geschieht am vollständigsten da, wo der Fluß am langsamsten fließt, also an seiner Mündung. Bis über die letztere hinaus häuft sich unter dem Wasserspiegel die letztabgesetzte und feinste Masse des Flußschlamms auf; solche Anschwemmungsgebilde in Flußmündungen heißen **Deltas**, weil die alten Griechen in der von den äußersten Flußmündungsarmen und dem Meer umgrenzten Gestalt des Nil-Mündungsgebiets eine Ähnlichkeit mit ihrem Buchstaben D (△ Delta) erkannten; indessen können die Deltas die allerverschiedensten, unregelmäßigsten Gestalten annehmen, brauchen auch nicht einmal von mehreren Mündungsarmen ihres Flusses durchzogen zu werden, wie der Ebro beweist. Getrockneter Deltaboden zeichnet sich auch gewöhnlich durch außerordentliche Fruchtbarkeit aus (§ 20, 3).

Deltamündungen sind nur an der Küste von Binnenmeeren mit geringer Flutbewegung möglich (z. B. Mittelmeer, mexicanischer Golf), weil sonst das Meer die Flußarbeit alsbald zerstören würde. — In offene Meere münden die Flüsse vielfach mit trompetenartig erweiterten Mündungen (Ästuarien), da die einbringende Flut die Flußmündung allmählich weit ausspült (z. B. Themse, Elbe, Tejo, Delaware u. a.). Das Rheindelta trägt den Namen mit Unrecht: der Rhein hat vielmehr eine Ästuarienmündung, ebenso auch der Amazonenstrom, dessen Mündungsarme die Insel Marajo [maráscho] nicht aufgebaut, sondern aus dem Festlande herausgeschnitten haben. — Bei schrägem Anprall der Wogen gegen die Flußmündung häuft das Meer allmählich eine Barre oder Sandinsel vor dem Flusse auf. Solche Barrenmündung haben z. B. Adour, Senegal, Columbia. — Der Gegensatz ist, wenn der Fluß hinter den Dünen des Meeres einen Strandsee (Haff) bildet, aus welchem dann der Durchbruch ins Meer erfolgt. Eine Haffmündung haben z. B. Oder, Pregel, Memel.

Zu einer von diesen vier Arten zeigen alle einfachen Flußmündungen wenigstens Ansätze.

§ 27.
Flußgefälle und Flußthäler.

Der Lauf eines jeden Gewässers ist natürlich ein Weg aus der Höhe in die Tiefe; man geht einen Fluß nach der Mündung hinunter, nach der Quelle hinauf. Das Gefälle (§ 26 Anf.) verschiedener Flüsse und verschiedener Abschnitte eines und desselben Flusses pflegt sehr ungleich zu sein. Die Stromgeschwindigkeit wird aber nicht nur durch das Gefälle, sondern auch durch die Wassermenge, da die oberen Wassermassen flußabwärts drücken, bedingt. Daher fließt das Wasser im Stromstrich, d. h. über der tiefsten Stelle des Bettes, regelmäßig am schnellsten. Das Gefälle ist am stärksten bei Flüssen, die in gebirgigen Gegenden fließen, aus Kammgebirgen oder von Hochlandsstufen herabstürzen; und zwar ist es in der Regel im Oberlauf viel mächtiger als im Mittel- oder gar im Unterlauf. Nur bei besänftigtem und langsamerem Gefälle sind die Ströme für Schiffe gut zu befahren.

Die längsten Ströme der Erde sind: der Mississippi und der Nil, beide fast 7000 km lang.

Gebirgsthäler, auf deren Sohle die Rinne eines Flusses sich hinzieht, nennt man Flußthäler. Sie werden durch die ununterbrochene Ausnagung (Erosion), welche das Flußwasser ausübt, allmählich immer tiefer. Durch Thäler sind alle Gebirge vielfach zerschnitten, denn das Thal eines jeden Flusses hat wieder Seiten- und Nebenthäler, aus welchen die Zuflüsse kommen. Besonders in Kammgebirgen wird eine doppelte Art von Thälern unterschieden: die einen haben dieselbe Richtung wie der Hauptkamm des Gebirges und heißen **Längsthäler**, die andern verlaufen mehr oder weniger rechtwinklig zu jener Richtung und durchschneiden den Hauptkamm oder Vorketten als **Querthäler** oder **Klusen**. Oft geschieht es, daß ein Fluß ein Längsthal durchfließt und dann plötzlich umbiegend, durch ein Querthal das Gebirge verläßt (Inn, Salzach, Enns). Die Querthäler, gewöhnlich enge Durchrisse einer Gebirgskette, sind meist wilder und rauher als die Längsthäler. Alle Thäler der Gebirge sind aber noch besonders wichtig, weil man, soweit irgend möglich, sie zu Straßen durch und über die Gebirge benutzt (**Pässe**). Auch im Hügellande und in der Ebene sind, wenn auch gewöhnlich in weiterer Entfernung, noch niedrige Thalränder zu erkennen, an welche der Strom bei Überschwemmungen hinanreicht (**Stromniederungen**).

§ 28.
Die Landseeen.

Stehende Gewässer im Lande nennt man **Landseeen** oder schlechtweg **Seeen**. Manche von ihnen, darunter der größte von allen, das fast $1/2$ Mill. qkm (8400 Q.-M.) große **kaspische Meer**, sind Überreste des Ozeans, wie denn vorzeiten über Turan und der sibirischen Tiefebene das nördliche Eismeer flutete. Öfters hat zugleich eine teilweise Zuschwemmung durch Flüsse stattgefunden (so bei den oberitalischen Seeen, welche dadurch von dem einst bis an die Westalpen reichenden adriatischen Meere abgetrennt wurden, daß die Flüsse letzteres mit ihren Sinkstoffen zum Teil füllten). Die anderen Seeen indes, meist kleiner und meist auch weniger tief, sind Ausfüllungen von Vertiefungen der Erdoberfläche durch unsichtbare (unter dem Seespiegel liegende) Quellen oder (viel häufiger) durch Flüsse; ganz kleine Seeen (**Weiher**, **Teiche**) werden mitunter auch nur durch Regen gespeist. Seeen ohne sichtbaren Abfluß dunsten entweder so viel ab, wie sie durch Zufluß empfangen, oder sie haben unterirdische Ableitungen in benachbarte Gewässer.

Bei weitem die meisten Seeen sind **Süßwasserseeen**; selbst die aus früheren Meeren zurückgebliebenen verraten ihren Ursprung viel häufiger durch ihre tierischen Bewohner als durch den Salzgehalt, da durchziehende Flüsse sie aussüßen (der Baikalsee hat Seehunde, aber süßes Wasser). **Salzseeen** nicht ozeanischen Ursprungs erhalten ihr Salz selten aus Solquellen ihres Bodens (so wahrscheinlich der salzige See bei Eisleben), viel öfter durch ein-, aber nicht wieder ausströmende Flüsse, deren (wenn auch ganz schwacher) Salzgehalt sich dadurch in Seebecken aufspeichert, daß daselbst nur ihr Wasser, nicht aber dessen Salzteile verdunsten (so besonders die Steppenseeen).

Strandseeen heißen die dicht an der Küste gelegenen und gewöhnlich ihr parallel gestreckten Seeen; ergießt sich Flußwasser durch den Strandsee in das Meer, so nennt man ihn ein **Haff** und die ihn vom Meere trennende Landzunge eine **Nehrung**. (Haffmündung § 26 E.).

Auffallend arm an Seeen ist Süd=Amerika, auffallend reich der Norden Nord=Amerikas und Europas.

§ 29.
Kreislauf des Wassers auf der Erde.

Alle Wasser laufen ins Meer — sagt schon der Weise des alten Testaments —, und doch wird das Meer nicht voller. Diese an sich wunderbare Erscheinung findet ihren Grund darin, daß fortdauernd der Meeresspiegel wie alles Wasser überhaupt ausdunstet (verdunstet). Diese ununterbrochen aufsteigenden Massen von unsichtbarem Wassergas verdichten sich beim Abkühlen zu Dunst (Nebel oder Wolken genannt) und gelangen zuletzt als Tau, Reif, Regen, Hagel, Schnee wieder auf die Erdoberfläche (§ 17). Davon verdunstet sofort etwa der dritte Teil; ein zweites Drittel fließt an der Oberfläche des Landes ab; den Rest saugt die Erde ein. Durch diesen feuchten Niederschlag ist nun die ganze Erdrinde von Wasser durchdrungen; überall fast, wo man in eine gewisse Tiefe gräbt oder bohrt, findet man Wasser. Die natürlichen Ausgänge dieses innern Wasservorrats sind die Quellen (§ 25 Anf.).

Wie das Blut im menschlichen Körper, so zirkuliert also beständig die vorhandene Wassermasse der Erde in den Adern und Zuflüssen der Bäche, Flüsse, Meere, in den Formen des Regens u. s. w. Jeder Bach, Fluß, Strom der Erde (somit auch jedes Meer) hat in dem umliegenden Lande sein Gebiet, d. h. einen Raum, innerhalb dessen aller wässerige Niederschlag der Atmosphäre ihm zufließen muß, dessen Quellen, Bäche u. s. w. ihm gleichsam tributpflichtig sind. Die Grenzen dieses seines Gebiets bilden gegen andere Bäche und Flüsse die sogenannten **Wasserscheiden**, d. h. Stellen, über die hinweg kein Wasser fließt, sondern von wo aus es nach verschiedenen Seiten hin abströmt. Solche Wasserscheiden werden nun keineswegs bloß durch Berge und Hügel gebildet, sondern oft durch ganz unbedeutende Schwellungen des Flachlandes; ja es giebt einzelne Fälle, in denen entgegengesetzte Stromgebiete durch natürliche Wasserrinnen (die also die Wasserscheide schneiden) miteinander in Verbindung stehen (Gabelungen oder Bifurkationen). Das großartigste Beispiel der Art kommt zwischen dem Orinoco und dem Amazonenstrom vor, wo der Casiquiare [kasikiáre] sein Wasser zwischen dem Orinoco und dem Rio Negro, einem linken Nebenflusse des Amazonenstromes, teilt. Auch in Deutschland haben wir ein Beispiel: die Hase entsendet die Else zur lippeschen Werre. Zeitweise Bifurkationen sind in den Tropen während der Regenzeit nicht selten (z. B. zwischen Kongo und Sambesi).

Künstliche Wasserrinnen der Art, von Menschenhand gebaut, nennt man Kanäle. Die Wasserscheide, die sie durchschneiden, ist immer die schwierigste Stelle. Man hilft sich dann mit Schleusen.

§ 30.
Die Welt der Pflanzen.

So wunderschön Gottes Erde schon durch den mannigfachen Wechsel von Land und Meer, Gebirg und Thal, durch stolze Bergesgipfel und rauschende Ströme sein mag, — was wäre sie, wenn ihr das Leben fehlte, d. h. wenn nicht belebte Geschöpfe sie erfüllten! Am meisten bestimmen neben den Erhebungsformen des Landes und den Gewässern die Gewächse den Eindruck, welchen eine Landschaft auf uns macht. Sie kennen zu lehren ist Aufgabe der Pflanzenkunde oder Botanik. Hier liegt es uns nur ob, über die Verbreitung der Pflanzen, die gleichsam das Kleid des Erdbodens bilden, das Nötigste zu sagen.

Es läßt sich denken, daß die 3—400000 Pflanzenarten, welche es etwa giebt, nicht über alle Gegenden eintönig gleich verstreut sind. Nein; die reichste und bunteste Mannigfaltigkeit findet auch hier statt, aber doch ist die Regel wohl erkennbar. Den größten Einfluß auf die Pflanzenwelt eines Landstrichs oder, wie man sich ausdrückt, auf seine Flora hat die geographische Breite desselben. Je weiter gegen die Pole hin, desto ärmer an Arten wird die Flora, desto zwerghafter werden die Pflanzen, desto unscheinbarer die Blumen, zuletzt herrschen die blütenlosen Gewächse oder Kryptogamen aus den Klassen der Moose und der Flechten weit über die Blütengewächse oder Phanerogamen vor. Je weiter gegen den Äquator, desto mehr steigt nicht nur die Zahl der Arten, sondern auch ihre Mannigfaltigkeit, da innerhalb der heißen Zone alle Pflanzenfamilien vertreten sind, in höheren Breiten dagegen nur wenige Familien, zuletzt nur noch etwa die der Gräser, Kreuzblütler und Steinbrechgewächse (namentlich gar nicht mehr die der bunten Schmetterlingsblütler) die Phanerogamenflora zusammensetzen. Auf zwerghafte Beeren- und Weidensträucher der Gegend am nördlichen Polarkreis folgen in der **subarktischen** Zone, d. h. dem an den Polarkreis grenzenden Teile der gemäßigten Zone, ungeheure Nadelholzwälder, erst dann (in den mittleren Strichen der **gemäßigten** Zone) gemischte Waldungen aus Laub- und Nadelgehölz, gegen den Wendekreis hin, in der **subtropischen** Zone, immergrüne Bäume und Sträucher (Myrten, Lorbeerarten), bis innerhalb der beiden Wendekreise in der **tropischen** Zone das edle Wachstum hochragender Palmen und zartblättriger Baumfarne seine eigentliche Heimat findet und der mit Lianen, d. h. Schlinggewächsen, verstrickte tropische Urwald eine fast verwirrende Fülle aller Pflanzenformen der gegenwärtigen Erdperiode birgt. Bei dieser reichen Abstufung des Pflanzenlebens, vorzüglich im Anschluß an die geographische Breite, hat also die Pflanzengeographie (Lehre von der Verteilung der Pflanzen über die Erde), deren Begründer Alex. v. Humboldt ist, die fünf Hauptzonen der Erdoberfläche noch in weitere Gürtel zerlegen müssen.

Durch die Milderung, die das Seeklima überall der Temperatur der Küstenländer spendet (§ 14), rücken die pflanzengeographischen Gürtel oft weit über ihre mathematischen Grenzlinien hinaus, so daß z. B. in Skandinavien (wo die Erwärmung durch den Golfstrom (§ 17) freilich zugleich mitwirkt) subarktische Nadelholzwaldung beträchtlich über den Polarkreis gen Norden hinausreicht, in Schottland die Myrte noch im Freien überwintern kann; umgekehrt drängt die Bodenerhebung von Hochebenen und Gebirgen durch Wärmeverminderung die Flora aus dem ihr hinsichtlich ihrer Breitenlage zukommenden Charakter hinaus und verleiht ihr den Charakter viel höherer Breiten. Daher giebt es zwar noch in Thüringen und dem Mainthal, aber nicht mehr in Oberbayern Weinbau, und daher vereinigen Gebirge wie unsere Alpen und der Himâlaja in ihren „Höhengürteln" auf engem Raum eine ganz ähnliche Aufeinanderfolge von Vegetationsformen, wie in so viel weiterer Ausdehnung die Breitengürtel der betreffenden Erdteile.

Zur Verbreitung der Pflanzen sind besonders die Luft- und Wasserströmungen wirksam; manche Pflanzensamen haben sogar besondere Einrichtungen zum Fliegen (wie der Löwenzahn) oder zum Schwimmen (wie die Kokosnuß). Nächstdem tragen aber auch die

Tiere viel dazu bei, z. B. Vögel und Süßwasserfische tragen in ihrem Magen Pflanzensamen in große Entfernungen.

Jede Pflanze hat ihren **geographischen Verbreitungsbezirk**, der bald enger, bald weiter gezogen ist. Denn dem Bestreben einer jeden Pflanze, sich unbegrenzt auszubreiten, stellt sich der gleiche Eifer der andern entgegen. So kommt es zu einem allgemeinen Kampfe um das Dasein, und in diesem Kampfe trägt stets diejenige Art den Sieg davon, deren Natur Boden und Klima am meisten zusagt, so daß sie sich kräftiger als die andern entwickeln kann. Allein auch der Mensch greift in diesen Kampf der Pflanzenwelt ein; er kommt den ihm nützlichen Pflanzen zu Hilfe und erweitert künstlich ihre Verbreitungsbezirke. So ist fast jedes der sogenannten **Kulturgewächse** (Getreidearten, Obstbäume u. dergl.) über seinen natürlichen Verbreitungsbezirk weithin verbreitet worden: das Kapland und Australien haben erst durch den Menschen Getreide erhalten; die alte Welt hat Amerika ihren Weizen mitgeteilt und von ihm dagegen den Mais erhalten; manches Kulturgewächs, wie die Kartoffel, ist fast über die ganze Erde verbreitet. Auch unsere Zeit ist fort und fort mit Erfolg bemüht, immer mehr nützliche Pflanzen über ihre ursprünglichen Grenzen hinaus auch in andern Ländern einheimisch zu machen oder zu **acclimatisieren**.

§ 31.
Die Welt der Tiere.

Auch die Tiere sind Gegenstand einer besondern Wissenschaft, der **Tierkunde** oder **Zoologie**. Hier jedoch haben wir es nur mit der Verteilung der Tiere über die Erde, über welche die **Tiergeographie** belehrt, zu thun. Mindestens doppelt so zahlreich wie die Pflanzen, sind die Tierarten noch von anderen bedingenden Verhältnissen abhängig, als diese. Die Pflanzen bedürfen nur Erde, Luft und Wasser zur Nahrung, und nicht einmal alles dreies zusammen; das Tier aber ist entweder an gewisse Pflanzen oder an andere Tierarten gebunden und kann nur da fortkommen, wo es in diesen eine ihm entsprechende Nahrung in ausreichender Menge findet.

Daher kommt es, daß nur in den Zonen üppigsten Pflanzenwuchses — also wo? — die großen Pflanzenfresser wie die reißenden Raubtiere vorkommen, und daß der Mannigfaltigkeit des Pflanzenwuchses auch die Mannigfaltigkeit der Tierwelt entspricht. Von den Tropen nach den Polen zu nimmt die Mannigfaltigkeit der Tierarten schnell ab: der Einförmigkeit des Pflanzenwuchses in den hohen Breiten entspricht eine geringe Artenzahl der Tiere, aber die Arten sind vertreten durch große Massen von Exemplaren.

Eine Grenze des Tierlebens giebt es nirgends auf der Erde. Die **heiße Zone** bewohnen die (vom Weltmeer abgesehen) riesenhaftesten und prächtigsten Tiere, die aber auch zugleich die reißendsten und giftigsten sind: solche Kolosse wie der Elefant, der Löwe, der König der Tiere, und das ganze prächtige und geschmeidige, aber nach Blut lechzende Geschlecht der übrigen Katzen; ferner die zierliche Giraffe, der Strauß, der Kondor, die prangenden Papageien, die Kolibris, die „lebendigen Edelsteine der Luft", die Boa, die Krokodile, die Riesenschildkröte, die größten, wunderbar gefärbten Schmetterlinge. In den gemäßigten Zonen nehmen die großen, reißenden Tiere ab; nur die Raubtiere des Hundegeschlechts und die Bären sind Liebhaber des **Nordens**. Das Meer hat seine Riesenformen (Walfische) hauptsächlich im polaren Norden und im polaren Süden. Die Vögel sind im Norden weniger bunt, aber oft in solchen Massen von Exemplaren derselben Art vorhanden, daß z. B. von den unzählbaren Scharen von Schwimmvögeln die nordischen Küsten stellenweise ganz weiß aussehen. Giftige Insekten verschwinden mehr und mehr in höheren Breiten, aber gewisse Arten von Stechmücken erfüllen gerade in den Nordpolarländern zur Zeit des dortigen kurzen Sommers in so dichten Massen die Luft, daß sie für jene Gegenden eine nicht geringere Plage sind, als die Moskitos für die Tropenländer.

Jeder der drei Hauptkontinente hat auch seine eigene Tierwelt; die Formen der Westfeste sind weniger gewaltig und kolossal als die der Ostfeste (vergl. Tiger und Jaguar, Löwe und Puma, Kamel und Lama); Australien ist ausgezeichnet durch seine Beuteltiere, während ihm fast alle anderen Ordnungen der Säugetiere von Hause aus fehlen.

Wie manche Pflanzen, so sind auch manche Tiere, die der Mensch an sich gewöhnt hat (**Haustiere**), durch ihn über den ganzen Erdkreis verbreitet: Hund, Rind, Schaf, Huhn, ferner Schwein, Pferd, Hauskatze u. s. w., und man versucht immer mehr nützliche Tiere über ihren bisherigen Verbreitungsbezirk hinaus zu acclimatisieren (§ 30). Andere gehören zu verschiedenen Zeiten verschiedenen Gegenden an, wie die Zugvögel.

Das **Wasser** ist von der Tierwelt bei weitem mehr in Beschlag genommen, als von der Pflanzenwelt; ja durch die ungeheuer große Anzahl der für das bloße Auge unsichtbaren Tierchen, namentlich der sogenannten Infusorien, breitet sich das Tierleben auf eine früher nicht geahnte Weise durch alle Meere, Flüsse und Seeen, selbst in dem durchfeuchteten Sande (z. B. demjenigen, auf welchem Berlin steht) aus; nicht einmal vor den eiskalten, lichtarmen Tiefen des Ozeans und vor dem Eis der Hochgebirge und Polarzonen schreckt das Tierleben in seinen kleinsten Formen zurück.

§ 32.
Der Mensch.

Das vollkommenste Geschöpf auf Erden ist der Mensch. Er nimmt nach seiner körperlichen Bildung die oberste Stufe der Tierwelt ein: er kann überall auf der Erde leben, ist nicht an so bestimmte Zonen, Nahrungsmittel u. s. w. gebunden wie fast alle Tiere. Indes was ist es, das ihn aus der Tierwelt herausrückt und zum Herrn der Erde macht?

Der Mensch hat, wie die Tiere, eine Seele, die fühlen, empfinden, begehren kann; er teilt mit höher begabten Tieren das Gedächtnis, aber, während das Tier nur von einem unbewußten Naturtriebe oder Instinkte geleitet wird, besitzt der Mensch Selbstbewußtsein, freien Willen und die Fähigkeit in Begriffen zu denken, Urteile und Schlüsse zu bilden. Ja, es wohnt in ihm ein unsterblicher Geist, das Bild seines Schöpfers.

Durch die Sprache wurde es den Menschen möglich, Fortschritte ihrer Einsicht in die Natur der sie umgebenden Dinge anderen mitzuteilen; somit ließ sich im Wege der Erziehung der ganze Erkenntnisschatz einer Generation auf die nächst jüngere zu weiterer Vervollkommnung vererben.

Durch seine geistige Überlegenheit hat der Mensch viel stärkere Geschöpfe zu bezwingen gelernt, die Naturkräfte in seinen Dienst genommen und sich so allmählich mehr und mehr zum Herrn der Erde, ihrer Geschöpfe und ihrer Kräfte, gemacht.

Kein Wesen der Vorwelt (§ 11) hat so tief greifende Veränderungen auf Erden hervorgebracht wie der Mensch. Er befährt jetzt alle Ozeane, eröffnet Wasserwege, wo sie die Natur versagt hatte, und baut die kühnsten Verkehrsstraßen über und durch die höchsten Gebirge. Seiner Thatkraft bleibt kein Erdenraum verschlossen; er lebt in allen Zonen und durch alle Höhengürtel hindurch bis nahe an die Grenze des ewigen Schnees.

Aber freilich nur die gemäßigten Zonen befördern die menschliche Gesittung: sie erziehen den Menschen zur Arbeit, denn nicht ohne heilsame Arbeit gewähren sie ihm seinen Unterhalt. Die kalten dagegen gewähren ihn trotz harter Anstrengung nur unzureichend und unsicher, und wirken dadurch abstumpfend und niederdrückend, während die heiße Zone überreiche Gaben mühelos darreicht und dadurch den Menschen erschlafft und verweichlicht. So kommt nur in den gemäßigten Zonen der Mensch zur Höhe seiner Entwickelung.

§ 33.
Die Menschenrassen.

Die über die Erde höchst ungleich verteilte Zahl der Menschen schätzt man auf 1510 Millionen. Unter dieser ungeheuren Menge finden sich nun aber die größten Unterschiede sowohl in der Lebensweise wie in der Körperbildung. Nach der Lebensweise unterscheidet man Völker, die überwiegend sich von Jagdbeute oder Fischfang nähren (Jäger= und Fischervölker), ferner solche, welche hauptsächlich von Milch und Fleisch ihrer Weidetiere leben, wie jene Völker ein unstätes Leben führen und keine festen Wohnsitze haben (Nomaden), endlich solche, die sich infolge dessen, daß sie Ackerbau treiben, feste Sitze gegründet haben (angesessene, angesiedelte Völker). Aber das umherschweifende Leben hält den Menschen auf einer niedrigen Stufe der Gesittung fest; der Ackerbau dagegen gewährt ein friedfertiges, ruhiges Leben ohne die aufreibende Sorge um den Nahrungserwerb, reich an Geselligkeit und Muße; dadurch führt er die Menschen mehr zur Geistesthätigkeit. Darum sahen ihn die alten Völker überall als von den Göttern selbst gelehrt an, und in China ziert noch jetzt einmal im Jahre der Pflug des Kaisers Hand. An den Ackerbau schließen sich leicht Handwerke, Künste, Gewerbe, Handel — mit einem Worte eine höhere Bildung oder Civilisation an. Von sechs Kulturherden hat die Civilisation ihren Ausgang genommen; diese sind: China, Nord=Indien, Mesopotamien, das Nilthal, die Gestadeländer des östlichen Mittelmeeres und endlich die Hochebenen von Peru und Mexico.

Warum treiben denn aber die Nomaden nicht auch lieber Ackerbau? Weil sie nicht können: die Not hält sie bei ihrer Lebensart fest, wie auch nur die Not sie dazu gebracht hat. In der fruchtbaren Urheimat seines Geschlechtes lernte der Mensch jedenfalls schon sehr früh den Nutzen der Getreidegräser kennen und begann, natürlich in allereinfachster Form, ihren Anbau. Bei der allmählichen Ausbreitung der Menschheit nun, die mehr ein äußerst langsames Schieben als ein Wandern war, wurden die äußersten Stämme schließlich in unfruchtbare Steppen gedrängt, wo sie, um nicht zu verhungern, auf die Zucht ihrer Haustiere angewiesen waren. Gingen ihnen aber auch diese verloren, so blieb ihnen als Lebensunterhalt nichts als Jagd oder an den Küsten Fischfang. Wie konnte bei der großen Getrenntheit der Weideplätze und der noch größeren der Jagdgründe die Gesittung sich heben? So bezeichnet Nomadentum und noch mehr Jägerleben nicht eine Vorstufe des Ackerbaus, sondern einen Rückschritt von demselben. Heute schätzt man die Zahl der von ihren Herden lebenden Nomaden auf etwa 70 Mill., die Zahl der Jäger und Fischer auf etwa 10 Mill.

Man könnte sich denken, daß diese Unterschiede der Lebensart einst bis zu einem gewissen Grade wieder ausgeglichen werden könnten; bei einem andern, der in der Körperbildung ruht, ist eine solche Ausgleichung schwerer zu denken. Hiermit ist nicht der Unterschied in der Größe gemeint, obwohl er ansehnlich genug ist; denn die geringste Größe, vertreten durch die Zwergvölker Innerafrikas und die Buschmänner in Süd-Afrika, beträgt $1^{1}/_{8}$ m, während einige Negerstämme Mittel-Afrikas und die Patagonier im südlichen Teile des amerikanischen Festlandes eine Größe von 2 m und darüber zeigen. Vielmehr sind gemeint die Unterschiede in der Hautfarbe, in der Haarbeschaffenheit, vornehmlich aber in dem Baue des Schädels und auch mancher der übrigen Skelettteile. Man unterscheidet (nach Blumenbach) danach fünf Menschenrassen, welche im Vergleich mit den Klassen der Botanik und Zoologie richtiger Varietäten zu nennen wären:

1) Die kaukasische oder weiße Rasse, in fast ganz Europa, West-Asien, Nord-Afrika. Sie ist die zahlreichste, wohlgebildetste und tritt in der Weltgeschichte am bedeutendsten hervor. Haar schlicht oder lockig, häufiger als bei allen übrigen Rassen hellfarbig.

2) Die mongolische oder bräunlich gelbe Rasse. Sie hat die Polarländer, den Osten, den Südosten und die Mitte von Asien inne. Das große chinesische Reich ist ausschließlich von ihr bewohnt. Breites, fast viereckiges Gesicht, vorstehende Backenknochen, eng geschlitzte Augen, deren Innenwinkel meist tiefer liegt als der Außenwinkel. Haarwuchs meist nur kurz.

3) Die Negerrasse in Mittel- und Süd-Afrika. Bronzefarben bis schwarz von Hautfarbe, wolliges Haar, stark vortretende Kiefer, dicke Lippen.

4) Die amerikanische Rasse, hell- bis dunkelbraun von Hautfarbe, kupferfarben nur durch Bemalung, die Indianer oder Rothäute, wie sie sich selbst den bleichen Gesichtern der Europäer oder Weißen gegenüber nennen, in Amerika umfassend. Schlichtes langes Haar, meist schmales Gesicht.

5) Die malaiische Rasse auf der Halbinsel Malakka, in Indonesien und auf den Südsee-Inseln. Gelbliche bis schwärzliche Hautfarbe, Züge grob, Nase breit, Mund groß, Haar schlicht oder gelockt.

Zu keiner dieser Rassen gehören die kraushaarigen Papuas auf Neu-Guinea und die armseligen Australneger des festländischen Australiens, die Hottentotten, die Buschmänner und die Dravidas. Die Einteilung ist also nicht viel wert, da sie einen Rest läßt.

Man hat daher andere Einteilungen versucht, so nach der Schädelform und Zähnestellung: gradzähnige Langköpfe, schiefzähnige Langköpfe, gradzähnige Kurzköpfe, schiefzähnige Kurzköpfe, oder nach der Haarbeschaffenheit: straffhaarige Schlichthaarige, lockenhaarige Schlichthaarige, büschelhaarige Wollhaarige, vlieshaarige Wollhaarige. — Aber auch in diese Einteilungen geht das Menschengeschlecht nicht auf; so zahlreich sind die Zwischenstufen.

Die einzige Einteilung, die keinen Rest lassen würde, wäre die nach der Sprache. Freilich sind schon mehr als 3000 Sprachen bekannt, die von Menschen gesprochen werden.

IV. Aus der allgemeinen politischen (oder historischen) Geographie.

§ 34.
Der Mensch im Verhältnis zu Gott.

Tief begründet im Wesen des Menschen liegt das Streben nach dem unsichtbaren Ewigen, das in dem sichtbaren Vergänglichen seiner Umgebung und in ihm selbst waltet (Apostelgeschichte 17, 26 bis 28). Aus diesem Gefühl der Abhängigkeit von übermenschlichen Mächten leiten die Religionen der Völker ihren Ursprung her.

Es lassen sich aber Stufen der fortschreitenden Gotteserkenntnis unterscheiden, wobei die Natur des Landes nicht selten in deutlich erkennbarer Weise ihren Einfluß geltend gemacht hat.

Die niedrigste Stufe der Gotteserkenntnis ist der Fetischismus (von dem portugiesischen Wort Fetisso = Zauber oder Götze). Geistig unentwickelten Völkern erscheint wie den Kindern jeder Gegenstand beseelt. Begegnet nun dem Wilden etwas Unerklärliches, besonders etwas Unheilvolles, so nimmt er als Ursache den Schutzgeist desjenigen Dinges an, das seine Aufmerksamkeit zuerst oder besonders auf sich zieht; er trägt es als Fetisch in seine Hütte und sucht den Schutzgeist darin durch Geschenke oder auch durch Züchtigungen sich botmäßig zu machen. Mißlingt dies, so wirft er den Fetisch wieder fort.

Eine höhere Stufe schon bildet der Naturdienst, die dauernde Anbetung von Naturgegenständen, wie Steine, Bäume, Tiere, Flüsse, Gestirne. Dagegen bezeichnet es schon einen großen Fortschritt, wenn die Naturkräfte verehrt werden. Allein eine Vergöttlichung von sinnlich nicht wahrnehmbaren Kräften konnte sich nur in kleinen Kreisen als Geheimlehre erhalten. Nur die Eingeweihten, die Schamanen, kennen die Natur der Götter, nur sie also verstehen auf den Willen der Götter einzuwirken. Dieser Schamanismus ist in den mannigfaltigsten Gestalten über die Erde verbreitet. Im Anthropomorphismus dagegen werden die Götter in menschlicher Gestalt gedacht, wenn auch größer, stärker und mächtiger als die Menschen. Die Allegorieen des Naturdienstes werden zu Götterfabeln.

Einen Fortschritt von diesen menschenähnlichen Göttern bezeichnet es, wenn sie nicht mehr als willkürlich handelnd, sondern als entweder gut oder schlecht aufgefaßt werden, so daß dieselben Götter stets in derselben Weise handeln. So entsteht der Dualismus. Allein viel größer ist der Fortschritt, wenn der Mensch endlich zu der Erkenntnis der Einheit Gottes gelangt. So schließt mit dem Monotheismus die natürliche Entwickelungsfolge.

Über ihr steht das Christentum: es ist nicht natürlich geworden, denn es begründet eine neue, dem bisher Geglaubten entgegengesetzte Weltanschauung. Durch die Offenbarung Gottes in Christo ist es der Menschheit gegeben. —

Aus diesen Grundanschauungen hat sich nun eine große Menge von Religionen entwickelt; man zählt ihrer etwa 1100. Natürlich ist die Zahl der Anhänger einer jeden eine sehr verschieden große. Das Christentum zählt 464 Millionen Anhänger und hat sich im Laufe der Jahrhunderte wieder in verschiedene Hauptbekenntnisse (Konfessionen, Kirchen) geteilt. Die römisch-katholische Kirche zählt 233, die griechische (auch die orthodoxe und nach ihrem Hauptsitz, Ost-Europa, die orientalische genannt) 90, die evangelische Kirche, welche die lutherische, die reformierte und die anglikanische (oder bischöfliche) Konfession umfaßt, 133 Millionen. Dazu kommen noch an die 100 Sekten mit 8 Millionen Anhängern. Das Christentum hat von seinem göttlichen Stifter die Verheißung, daß einst alle Völker der Erde sich zu ihm bekennen sollen. In der That ist es mit überraschender Schnelligkeit aus einem kleinen Samenkorne ein großer Baum geworden; an der völligen Erfüllung jener Verheißung fehlt aber noch viel, weshalb die Christen Verkündiger des Christentums, Missionare, unter die nichtchristlichen Völker ausschicken.

Unter diese gehören außer den jetzt über die ganze Erde zerstreuten 8 Millionen Juden, 174 Millionen Mohammedaner oder Anhänger des Islâm, d. h. solche, welche dem Araber Mohámmed glauben, daß er der letzte und höchste Prophet des einigen Gottes sei. Sie sind in West-Asien, Nord- und Mittel-Afrika, sogar zum Teil in Ost-Europa verbreitet und zerfallen in drei Hauptbekenntnisse (Sunniten, Schiiten und Wahhabiten) und etwa 70 Sekten.

Die Anhänger aller übrigen nicht einen einigen Gott verkündenden Religionen nennt man kurzweg Heiden. Ihrer giebt es noch etwa 870 Millionen auf der Erde. Unter den heidnischen Religionen sind die bei weitem am meisten verbreiteten die Lehre des Confucius, deren Anhänger in China man auf 340 Millionen schätzt, der Brahmaismus mit 140 Millionen Anhängern bei den kaukasischen und der von ihm ausgegangene, also jüngere Buddhismus mit etwa 100 Mill. Anhängern, überwiegend bei den mongolischen Heiden in Asien, zumal in Hinter-Indien, China (20 Mill.) und Japan. Auf die übrigen heidnischen Religionen kommen demnach noch 290 Mill. Anhänger. Denn ganz ohne Religion ist bis jetzt noch kein Volk auf Erden, auch nicht das wildeste und verkommenste, gefunden worden.

§ 35.
Die Staaten der Erde.

Die Menschen, zu geselligem Zusammenleben von Natur beanlagt, schließen sich allenthalben, wo nicht besondere Umstände, wie Meere, Gebirge, Wüsten, sie hindern, zu Vereinigungen zusammen, um nach bestimmten Gesetzen (Schutz der Schwachen!) in Ruhe und Sicherheit miteinander zu leben. Solche Vereinigungen nennt man Staaten. Nur die noch ganz wilden, umherschweifenden Völker bilden keine Staaten; die einzelnen Familien gehorchen nur ihren Oberhäuptern, alle lassen sich höchstens von dem Bejahrtesten oder Stärksten unter ihnen als Häuptling regieren (patriarchalische Verfassung). In jedem Staate müssen nun die bestehenden Gesetze ausgeführt, oder, wenn es not thut, neue gegeben, und es muß für die gemeinsamen Ausgaben gesorgt werden. Das kann auf verschiedene Weise geschehen, und dadurch ist die Verfassung der Staaten eine verschiedene. Ist die höchste Gewalt Mehreren oder einem auf Zeit gewählten Oberhaupte (Präsidenten) übergeben, so heißt der Staat Republik. In demokratischen Republiken übt eine aus dem ganzen Volke gewählte Versammlung, in aristokratischen ein Ausschuß der vornehmsten Familien die höchste Macht. Besitzt dagegen Einer lebenslänglich die höchste Gewalt, so ist der Staat eine Monarchie. Die Monarchie ist erblich, da die höchste Gewalt in der Familie des Regierenden forterbt; früher gab es auch Wahlreiche, in welchen nach dem Ableben des Monarchen ein anderer aus derselben oder auch aus einer andern Familie an seine Stelle gewählt wurde. Kann ein Monarch über Freiheit, Leben und Besitz seiner Unterthanen verfügen, ohne dabei an ein Gesetz, höchstens an ein gewisses Herkommen gebunden zu sein, so ist der Staat eine despotische Monarchie oder eine Despotie. Verwaltet der Monarch die Regierung allein, wenn auch nach Gesetzen, denen er selbst mit unterworfen ist, so haben wir eine unbeschränkte oder absolute Monarchie; übt aber der Monarch die Gesetzgebung und Verwaltung des Staates gemeinsam mit Vertretern des Volkes (Ständen) nach einem Grundgesetz (Konstitution), worin dies Verhältnis bestimmt festgestellt ist, so bildet das Land eine konstitutionelle Monarchie. Die verschiedenen Titel der Monarchen: Kaiser, König, Großherzog, Herzog, Fürst, welche heute nur noch eine Rangabstufung bezeichnen, sind für die Art der Verfassung gleichgültig. Die Form der Despotie herrscht in den asiatischen und afrikanischen Staaten vor, in Europa sind bei weitem die meisten Staaten konstitutionelle Monarchieen, Amerika ist der Erbteil der Republiken.

Alle großen Staaten sind vom Tieflande ausgegangen und beruhen auf einem großen Tieflande, das seine Macht allmählich über die benachbarten Hochlandsgebiete ausgedehnt hat. Die Großstaaten der Erde haben das Bestreben, sich, soweit es möglich ist, in der Richtung der Breitengrade auszudehnen, daher erstrecken sie sich meist weiter in westöstlicher als in nordsüdlicher Richtung. Die nördliche gemäßigte Zone ist die Region der Großstaaten, wie denn auch in dieser Zone sämtliche Millionenstädte der Erde liegen.

Die Bevölkerung der Staaten zerfällt in die städtische und in die ländliche, deren Grenzen sich fortwährend verschieben. In dieser Bewegung läßt sich als Regel erkennen: daß die meisten Bewohner nur kurze Strecken wandern; daß schnell wachsende Städte aus ihrer Umgebung die Landbewohner scharenweis an sich ziehen; daß die infolge dessen entstehenden Lücken aber durch Einwanderer aus entfernteren Gegenden ausgefüllt werden, sodaß die Bewegung bis an die Grenzen des Staates sich fühlbar macht; daß die städtische Bevölkerung weniger wanderlustig ist als die ländliche; daß endlich Frauen mehr wandern als Männer.

Wohl zu unterscheiden von den Völkern, deren Einheit auf der Gemeinsamkeit der Abstammung beruht, sind die Nationen, welche durch erbliche Namens-, Sprach-, Sitten- und Kulturgemeinschaft ihr eigentümliches Gepräge erhalten. Erst durch gemeinsame Traditionen und Anschauungen gewinnt ein Volk Gemeinbewußtsein und Empfindung für Gemeinehre, und erhebt sich damit zu einer Nation.

Nicht minder müssen wir uns vor der Verwechselung von Staaten mit Völkern und mit Naturländern hüten. Ein Volk kann mehrere Staaten ausmachen (wie die Deutschen oder die Slaven), und wiederum können mehrere Völker nur zu einem Staate gehören (so zumal in der österreichisch-ungarischen Monarchie). Ein Naturland aber ist ein solches Stück eines Erdteils, das von den übrigen durch **natürliche Grenzen**, d. h. Meer und Gebirge (denn Flüsse haben selten etwas Trennendes) geschieden wird. Diese Grenzen sind unverrückbar und überbauern alles Treiben und Jagen der Menschen. Ein Staat kann nun zwar auch natürliche Grenzen haben, ja seine sämtlichen Grenzen können natürliche sein (z. B. die des Königsreichs Großbritannien und Irland); aber nur in diesem Falle stimmt das Staatsgebiet mit einem Naturlande überein.

Wie die Schicksale der Staaten in Krieg und Frieden wechseln, so wechseln besonders oft ihre nur durch Grenzsteine bezeichneten Grenzen, welche man, im Gegensatz zu den natürlichen, **politische** nennt. Unzählige Staaten sind schon auf der Erde entstanden und untergegangen; denn nichts ist in menschlichen Dingen von ewigem Bestand. Aber immer noch ragen die Gebirge, rauschen die Quellen, fließen die Ströme, wogen die Meere — Bilder der Ewigkeit gegenüber den vergänglichen Werken der Menschen, und doch auch sie vergängliche Werke der ewig schaffenden Natur. Auf der höchsten Stufe geographischer Betrachtung wird uns ein inniger Zusammenhang zwischen den Naturländern und ihren Völkern, ihrer Entwickelung und Geschichte, deutlich: eine Art der Betrachtung, um welche sich der große deutsche Geograph Karl Ritter besonders verdient gemacht hat.

Zweites Buch.
Die außereuropäischen Erdteile.

§ 36.
Horizontale und vertikale Gliederung.

Horizontale Gliederung eines Erdteils oder Landes nennt man die Ausstattung desselben mit Halbinseln und Inseln, welche meist infolge einer früheren Senkung des Landes durch das einbringende Meer gebildet worden sind und nun als Glieder den Stamm des Landes umgeben.

Die auf diese Weise entstandenen kontinentalen (Abgliederungs=) Inseln bewahren die Natur desjenigen Landes, zu dem sie in früheren Zeiten gehört haben und als Glieder noch gehören: sie sind ihm eine Bereicherung.

Durchaus verschieden von ihnen sind die ozeanischen Inseln. Aus der Tiefe des Ozeans emporgehoben oder aufgebaut, liegen sie meist sehr entfernt von den Kontinenten, vom tiefen Meere umgeben. Als Glieder derselben können sie nicht angesehen werden. Ihre Pflanzen= und Tierwelt zeigt wesentliche Verschiedenheit von derjenigen der Kontinente, denen sie äußerlich zugerechnet werden (§ 18). —

Vertikale Gliederung eines Erdteils oder Landes nennt man die Mannigfaltigkeit der Erhebung seiner Teile über den Meeresspiegel. Länderstrecken, welche sich noch nicht 200 m über den Meeresspiegel erheben, heißen Tiefland, Länderstrecken von mehr als 200 m Erhebung dagegen Hochland (§ 19). Senkt sich das Hochland allmählich oder in breiten Stufen zu dem Tieflande hinab, so nennt man ein solches Übergangsland Stufenland.

Nach der Oberflächengestalt zerfallen die Hochländer in Hochebenen (geschlossene Massenanschwellungen) und in Gebirgs=

länder (Länder mit bedeutenden Erhebungen gesonderter Massen). Die meisten Gebirge sind fortlaufende, durch einen Kamm zusammenhängende Reihen von Bergen. Der Kamm besteht aus einem Wechsel von Erhebungen (Gipfeln) und Einsenkungen (Pässen, § 27 E.). Im allgemeinen kann die Kammhöhe angenommen werden als gleich der halben Summe der durchschnittlichen Gipfelhöhe und der durchschnittlichen Paßhöhe. — Wie findet man wohl die durchschnittliche Gipfelhöhe eines Gebirges? und wie die durchschnittliche Paßhöhe?

§ 37.
Erdteile; Inseln; die alte Welt.

1) **Erdteile.** Schon in alter Zeit fing man an, die bekannte Landmasse der Erde sich in größere Teile, in Erdteile, zu zerlegen. So unterschieden die weitreisenden Phönizier eine Morgen- und eine Abendhälfte der Erde: Asien und Europa (§ 72). Etwas später begann man Libyen, das nachher Afrika genannt ward, als britten Erdteil zu betrachten. So blieb es viele Jahrhunderte lang. Da ward am Ende des Mittelalters Amerika bekannt, in welchem zwar nicht der Entdecker Columbus, aber schon Amerigo Vespucci [wesputschi] einen selbständigen Erdteil erkannte. Nach ihm ist daher nicht ohne Recht dieser Erdteil benannt. Als fünfter Erdteil kam bald danach Australien hinzu, das jedoch erst im 18. Jahrhundert genauer bekannt wurde.

Erinnern wir uns an das, was vorher (§ 13) über die Verteilung von Wasser und Land auf der Erdkugel dagewesen ist, so ergiebt sich: sicher erwiesen sind nur drei große und zusammenhängende Land- oder Kontinentalmassen. Die größte auf der östlichen Halbkugel, der Ostkontinent oder die alte Welt, zeigt deutlich Asien und Afrika, weniger deutlich Asien und Europa voneinander abgegrenzt; die kleinere auf der westlichen Halbkugel, der Westkontinent oder Amerika, zerfällt in zwei Hälften, ein Nord-Dreieck (Nord- und Mittel-Amerika) neben einem Süd-Dreieck (Süd-Amerika), und ist mit ihrer atlantischen Seite dem Ostkontinent viel näher gerückt (vergleiche die Vorsprünge der einen mit den Einbiegungen der andern Küste des S-förmigen atlantischen Meeres) als mit ihrer pacifischen (dem Stillen Ozean zugekehrten) Seite, auf welcher erst im hohen Norden eine Annäherung stattfindet; die kleinste Weltinsel im SO. der östlichen Halbkugel, Australien, bildet ein unzertrenntes Ganze.

Vom Nordpol aus angesehen, bilden diese 5 — oder, wie manche wollen, 6 — Erdteile drei Gruppen: 1) Nord-Amerika und Süd-Amerika, 2) Europa und Afrika, 3) Asien und Australien. Worin stimmen diese Gruppen unter sich auffallend überein? (§ 13. 14.)

2) **Inseln.** Die Inseln (etwa $1/_{13}$ aller Landmasse) werden gewöhnlich nach ihrer Lage oder nach ihrer politischen Zugehörigkeit den fünf Erdteilen beigeordnet. Aus der bloßen Nachbarschaft von Kontinenten und Inseln darf man jedoch niemals ohne weiteres einen ehemaligen Zusammenhang beider folgern. Madagaskar z. B. hat eine so eigenartige Pflanzen- und Tierwelt gegenüber Afrika, Zeilon ebenso gegenüber Vorder-Indien, daß beide Inseln nur in vortertiären Zeiten mit den ihnen benachbarten Festlanden zusammengehangen haben können. Man nennt sie **Weltinseln**; sie sind den kontinentalen Inseln (§ 18) indes jedenfalls zuzuzählen. Dagegen ist auch erdgeschichtlich berechtigt (wegen wirklichen früheren Landzusammenhangs) die Zuzählung mindestens der drei größten Sundainseln zu Asien, der Inseln von Neu-Guinea bis Neu-Kaledonien zu Australien. Dies sind echte **Abgliederungsinseln**. Dagegen die Südsee-Inseln machen als ozeanische Inseln aus geologischem Grunde (§ 11) eigentlich einen selbständigen Inselweltteil aus.

Es fließt also in die Zuzählung der Inseln zu bestimmten Kontinenten notwendig viel Willkür ein.

3) **Die alte Welt.** Der Ostkontinent oder die alte Welt ist dem Umfange nach die größte zusammenhängende Landmasse der Erde. Sie liegt zum größten Teil auf der Nordhälfte der östlichen Halbkugel, nur ein Zehntel von ihr liegt auf der Südhälfte derselben. Das südliche Eismeer ausgenommen bespülen sie alle Ozeane. — Die Gliederung und Küstenentwickelung zeigt sich im ganzen bedeutender als bei dem Westkontinente: ganz eigentümlich aber ist der Ostfeste ein in sie eindringendes großes Binnenmeer, wie es in dieser Weise auf der ganzen Erde nirgends wieder vorkommt. Auf der westlichen Seite des Ostkontinents nämlich drängt sich der **atlantische Ozean** durch die nur 13 km breite Meerenge von Gibraltar (die Griechen erzählten, daß Herakles an beiden Seiten derselben Säulen errichtet, und nannten die Meerenge darum **Säulen des Herakles**) nach dem Innersten des Festlandes hinein. So entsteht das Binnenmeer, welches von seiner Lage das **mittelländische** oder das **Mittelmeer** heißt. Alle drei Teile der alten Welt haben an demselben teil. Die bedeutendsten Ereignisse haben an seinen Ufern gespielt: denken wir nur an Jerusalem, Konstantinopel, Alexandria, Karthago, Athen, Rom!

Im Nordostwinkel wiederholt sich die Hauptbildung zum zweitenmal. Asien nähert sich mit vorgestreckter Halbinsel Europa so weit, daß nur noch der (an der schmalsten Stelle nur 1 km breite) **Hellespont** oder die Meerenge der **Dardanellen** (so genannt nach den türkischen Schlössern an beiden Ufern) sie scheidet; die Ufer ziehen sich wieder zurück, um dem kleinen **Marmarameere** (nach dem Inselchen Marmara benannt) Platz zu machen, dann treten sie wieder zusammen, nur den (an der schmalsten Stelle nur 900 m breiten) **Bosporos** oder die **Straße von Konstantinopel** zwischen sich freilassend. Auf den Bosporos folgt ein Binnenmeer im verkleinerten Maßstabe, das stürmische **Schwarze Meer** (bei den Alten **Pontos Euxeinos** oder auch nur Pontos genannt). Ja, zum drittenmal scheint sich die Abschnürung in der Straße von Kaffa zu wiederholen. Allein in Wahrheit ist das Meer von Asow weiter nichts als der **Liman**, d. h. das Haff (§ 26), des Don.

In der Bodenform sind der Ostfeste ausgedehnte Hochflächen (das Innere von Asien und Süd-Afrika), der § 20 erwähnte Wüstengürtel und die große Erdsenke um das kaspische Meer eigentümlich; der Spiegel des letzteren liegt 26 m unter dem des Ozeans. In der alten Welt finden wir das höchste Gebirge und den höchsten Berg (§ 22), auch den größten Binnensee (§ 28). Eigentümlich ist ihr auch die im allgemeinen westöstliche Richtung der Hauptgebirge. Eine Eigentümlichkeit der Tierwelt gieb nach § 31, die bewohnenden Menschenrassen nach § 33 an.

Für die Geschichte ist die Ostfeste während des Altertums und Mittelalters der alleinige Schauplatz, und selbst nach Entdeckung der neuen Welt übertagt sie diese, wie natürlich, in geschichtlicher Bedeutsamkeit durchaus. Sie enthält die heiligen Städte und Orte des Christentums, der monotheistischen und der verbreitetsten heidnischen Religionen, die mächtigsten und größten Staaten des Erdballs, die maßgebenden Pflegestätten der Wissenschaft und Kunst.

I. Asien.

§ 38.

Woher der Name Asien kommt, ist nicht ausgemacht. Jedoch ist es wahrscheinlich, daß er mit dem assyrischen Worte aßû, d. i. glänzend = Sonnenaufgang, zusammenhängt; Asien würde demnach das Morgenland bedeuten, wie wahrscheinlich Europa (§ 72) das Abendland. Der Name Asien bezeichnete, wie der Afrika, zunächst nur eine römische Provinz (welche den größten Teil von Kleinasien umfaßte);

nach und nach hat man ihn bei uns für die ganze Ländermasse, die wir jetzt so nennen, in Gebrauch genommen.

Asien, der größte Erdteil, 44 Mill. qkm (813 000 OM.) ist von Afrika deutlich geschieden und nur durch die Landenge von Suês (113 km breit, eine wüste und niedrige Felsplatte) mit demselben verbunden; schwerer läßt sich die Westgrenze gegen Europa bestimmen, das auf den ersten Blick nur wie eine nordwestliche Halbinsel Asiens erscheint. Aber schwer wiegende Gründe (§ 72 Anf.) machen Europa zu einem selbständigen Erdteile. Als Übergangsland zwischen Europa und Asien (zu dem es im Mittelalter auch öfter gerechnet ward) kann Rußland gelten.

Zwischen Rußland und Asien bildet die natürliche Grenze im S. der Kaukasus, eine mächtige Gebirgsbrücke zwischen Binnenmeeren — welchen? — mit vielen Schneegipfeln, Gletschern, frischen Viehweiden und reißenden Gebirgsströmen, wie dem Terek und Kuban. Vor dem Nordabhange des Kaukasus, durch die Manitsch=Niederung, ist die politische Grenze zwischen dem europäischen und asiatischen Rußland gezogen, welche zugleich für die Grenzscheide der beiden Erdteile gelten kann. An dem gewaltigen Kasbek vorbei führt der Paßweg von Wladikawkas [wladikaukás] herüber, der also zwei Erdteile verbindet. Noch höher als der Kasbek, bis 5600m, erhebt sich der Elbrus, wie jener ein erloschener Vulkan. Den Alten galt der Kaukasus als das höchste Gebirge der Welt (Sage vom Prometheus). — Das OSO.=Ende des Kaukasus berührt das im Vergleich mit dem Weltmeer wenig salzige kaspische Meer (§ 28), das weiter nach N. zu die Grenze bildet. Obwohl es große Ströme aufnimmt und keinen Abfluß besitzt, verursacht die starke Verdunstung seiner Oberfläche doch ein immer tieferes Sinken seines Wasserspiegels. Am Nordufer ergießt sich in das kaspische Meer der Urál, an welchem hinauf die Grenze weiter zieht, bis das mächtige, 2000 km lange Urálgebirge deutlicher zwischen Europa und Asien auftritt, und Nówaja Semljá gegenüber in das Eismeer abfällt. Sanft absteigend nach beiden Seiten, im S. dicht bewaldet, ist der Ural nirgends viel über 1600 m hoch, aber von großem Reichtum an Metallen, besonders an Eisen, Gold und Platin. Uralfluß und Uralgebirge sieht man als die Westgrenze des Erdteils an.

Auf den übrigen Seiten wird Asien von drei Ozeanen bespült: von welchen? Auch an dem Binnenmeere der Ostfeste (§ 37) hat es im W. seinen Anteil. Die Inselwelt im SO. darf man bis an die Grenze der Meeres=Untiefe, welche Australien und Neu=Guinea verbindet, zu Asien rechnen; desgleichen die östlichen

Inselgruppen (§ 37). Asien ist übrigens der einzige Weltteil, der sich an jeden der vier übrigen Kontinente (von der Landverbindung mit Europa ganz abgesehen) durch Landvorsprünge, Landengen oder Inselkränze nahe heranbrängt, zugleich der einzige, den vier Ozeane berühren (das Mittelmeer als Teil des atlantischen betrachtet).

In seinem Umriß bildet Asien eine so große zusammenhängende Landmasse, wie sie sonst nirgends wieder auf der Erde getroffen wird; es hat auch unter den Nordgliedern der drei Kontinentspaare die geringste Küstenentwickelung (§ 14), wenn es auch die Südglieder derselben bei weitem an Gliederung übertrifft. Die Glieder (das Areal der Inseln und Halbinseln zusammengerechnet) verhalten sich zum Stamm wie 1 zu 3. Im Norden ist Asien am wenigsten gegliedert. Westlich ist die Halbinsel Kleinasien vorgeschoben. Zwischen ihr und Europa das ägäische Meer. Im S. schneiden drei Busen des indischen Ozeans drei Halbinselglieder (§ 13) aus. Der erste, der arabische Meerbusen oder das Rote Meer, drängt sich zwischen Afrika und Asien bis an die Landenge von Suès heran; die Meerenge, die den Busen mit dem Ozean verbindet, Bab-el-Mandeb (d. i. Thor der Bedrängnis), deutet auf Gefahr für die Schiffe: Klippen, Sandbänke und Korallenriffe. Nach N. hin ist das Meer zwiefach in die Buchten von Suès und von Akaba gezipfelt. Der zweite, der persische Meerbusen, wird vom Ozean gleichfalls durch eine Straße (von Ormûs) geschieden. Der dritte, der bengalische Meerbusen, trennt die beiden mächtigen Südost-Halbinseln, Vorder- und Hinter-Indien. Die zwei letztgenannten Golfe, der persische und der bengalische, zeichnen sich durch reiche Perlmuschelbänke aus. Hiergegen ist die Gliederung der Nordseite unbedeutend: an der Ostseite jedoch ragen die ansehnlichen Halbinseln Koréa und Kamtschatka vor, welche der Bogen der japanischen Inseln miteinander verbindet.

In der Bodengestaltung von Asien herrscht mehr als in den übrigen Erdteilen die Form der Hochfläche vor. Im Innern zeigt Asien zwei große Hochländer, ein großes östliches und ein kleineres westliches. Beide hängen durch einen Gebirgszug, der zwischen zwei tief in das Hochland eindringenden Tiefebenen (Turân und Hindostân) aufgetürmt ist, zusammen. Dem großen östlichen Tafellande sind im Westen, Norden, Osten und Süden Tiefländer vorgelagert. Diese werden von den großen Strömen Asiens durchzogen, die an Größe nur von einigen Strömen Amerikas und Afrikas übertroffen werden. Häufig kommen in Asien Doppelströme vor, d. h. große Flüsse, die in ihrem Quellbezirk benachbart, in verschiedenen Richtungen auseinander fließen, sich dann wieder nähern, um vereint oder nahe benachbart in das Meer zu gehen. Ebenso kommen in Asien nicht selten Kontinentalströme (§ 25 E.) vor, d. h. solche, die keinen Ausweg zum Meere finden.

Das westliche Hochland von Asien erfüllt Irân und weiterhin auch Vorderasien, welches Syrien, Armenien, Kleinasien und Arabien umfaßt; jedoch bildet zwischen Iran und Vorderasien das Tiefland von Mesopotamien eine deutliche Scheide.

Der bei weitem größte Teil Asiens, $^3/_4$ des Ganzen, liegt in der gemäßigten Zone; nur ein Teil des sibirischen Tieflandes in der kalten, ein Teil der südlichen Halbinselglieder und der Inselwelt in der heißen, selbst über den Äquator hinaus. Aber in keinem Erdteile ist mehr als in Asien, welches der Erdteil der Gegensätze genannt werden kann, das wirkliche Klima von dem mathematischen verschieden. Die Menge der über die Schneelinie auftragenden Gebirge, die hohe Lage der Hochflächen, der unmöglich gemachte Einfluß mildernder Seewinde: — das alles bewirkt, daß Nord- und Mittel-Asien unter gleichen Breitengraden wie Europa ein bedeutend kälteres Klima hat als dieses. So sind benn auch die Gegensätze des Klimas an den verschiedenen Punkten nirgends so ungeheuer wie in Asien. Während im nördlichen Sibirien oft schon im September das Quecksilber dergestalt gefriert, daß es gehämmert werden kann, herrscht in Arabien glühende Hitze und so trockene Luft, daß polierter Stahl im Freien nicht rostet.

Dieselben Gegensätze treten im Pflanzen- und Tierreiche auf. Die nördlichen Küsten begleiten die oben, in der Tiefe stets gefrorenen Morastflächen der Tundren, welche mit Flechten und Sumpfmoosen bewachsen, streckenweis auch mit Geröll überschüttet sind. Fast nirgends erreicht Baumwuchs das unwirtliche Gestade, und selbst am Abhange des daurischen Gebirges werden die Äpfel nur wie Erbsen groß; aber an dem Südrande Asiens ragen Palmen von 60 m Höhe. Der gemäßigte Landstrich der Mitte ist die Heimat vieler Gewächse, die hernach weit über den Erdboden verbreitet worden sind. Hier sind die meisten unserer Getreidearten zu Hause, ferner der Kirschbaum, der Pfirsich und die Aprikose, die Zitrone und die Orange; nach der griechischen Sage holte Bacchos aus Indien die Weinrebe. Auch die Heimat der meisten Haustiere dürfen wir in Asien suchen; Pferde, Esel, Ziegen sind hier noch im wilden Zustande zu treffen. Sonst treten auch unter den Tieren die größten Gegensätze hervor. Im N. lebt das kleinste Säugetier der Erde, die sibirische Spitzmaus, im S. der indische Elefant. Ausgestorben ist der nordische

Elefant oder das Mammut, welches einst, durch Haarbedeckung vor der Winterkälte geschützt, von Sibirien nach Mitteleuropa verbreitet war und von welchem (wie von keiner anderen Tierart der Vorwelt) schon mehr als ein Exemplar mit Haut und Fleisch erhalten im eisigen Boden Sibiriens gefunden worden ist.

Im Sommer weht, regelmäßigen Regen bringend, der Wind aus SW. vom indischen Ozean, aus S. und SO. vom Stillen Ozean her. Dieser Wind heißt Monsun; er schafft die nötige Feuchtigkeit für ein üppiges Gedeihen der Pflanzen. Daher kommt es, daß in demjenigen Drittel des Erdteils, welches der Monsun bestreicht (dem Monsungürtel) mehr als $9/10$ aller Bewohner Asiens leben, und hier große Städte in Menge sich finden; den übrigen zwei Dritteln des Erdteils aber fehlt es an der zu dichterem Bewohntsein nötigen Feuchtigkeit oder Wärme.

Wir finden in Asien, das, in der Mitte der Erdteile gelegen, mit jedem derselben in nähere Berührung tritt, endlich auch die ältesten Reiche, welche die Geschichte kennt. Das einzige, Ägypten, das die Alten auch zu Asien rechneten, übertrifft sie an Alter. Auch die drei Weltreligionen, Christentum, Judentum und Islam, sind alle in Asien entstanden. In unserer Zeit ist Asien gegen Europa und Amerika geschichtlich zurückgetreten, und viele wichtige Länder Asiens sind fast ganz in den Händen der Europäer.

Die Zahl der Bewohner schätzt man auf 832 Millionen. Den Westen und Südwesten (von Border-Indien ab) hat die kaukasische Rasse inne, den Osten die mongolische, den fernsten Südosten die malaiische. Zu diesen Hauptstämmen kommen im Nordosten noch Polarstämme, die schon Verwandtschaft mit der amerikanischen Rasse zeigen. Der Religion nach sind bei weitem die meisten brahmaistische oder buddhistische Heiden. Etwa der zehnte Teil der Bewohner hängt dem Islam an; auf das Christentum sind etwa 15—16 Mill. zu rechnen.

§ 39.
Übersicht der Bodengestaltung.

1) Das Hochland von Hochasien, das größte der Erde, übertrifft Europa an Umfang fast um das Doppelte. Von Südwesten nach Nordosten gelagert bildet es etwa die Gestalt eines Rechtecks, welches fast von allen Seiten von hohen Gebirgen eingefaßt und im Innern durch hohe Gebirgsketten in einzelne Abteilungen geschieden ist.

Den Südrand bildet der Himâlaja (d. i. Schnee-Wohnung), eine Riesenkette von mehr als 2200 km Länge und 300 km Breite, zwischen Indus und Brahmaputra sich erstreckend. Die Kammhöhe ist so hoch wie der Montblanc, also 4800 m. In ihrer ganzen Großartigkeit erscheinen, von Indien her gesehen, seine gewaltigen Ketten; Reihen von schneebedeckten Bergen erheben sich über die dunkle graugrüne Masse, durch welche sich ungeheure Gletscher in die oberen Thäler hinabziehen. Die höchsten Gipfel liegen etwa zwischen 100 und 106° ö. L.: zunächst der **Dhawalagiri**, 8200 m, der vierthöchste Berg der Erde, etwas östlicher der **Gaurisánkar** (den man vorgeschlagen hat seinem Entdecker zu Ehren „Gaurisankar-Everest" zu nennen), 8839 m hoch, und damit der **höchste Berg des Gebirges und der Erde**; noch östlicher liegt der **Kantschinbschinga**, 8600 m, der dritthöchste Berg der Erde. Östlich vom Brahmaputra ziehen mehrere hohe Gebirgsketten aus dem hier wenig bekannten Innern in die Halbinsel Hinter-Indien hinein.

Den **Ostrand** von Hochasien bilden die **chinesischen Gebirge** und die **Gebirge der Mandschurei**. Mit den letzteren stürzt das Hochland als Steilküste in das japanische Meer. Die beiden Halbinselglieder Kamtschatka und Korea sind von Gebirgsketten durchzogen, die von dem Nordostrande des centralen Hochlandes ausgehen.

Den **Nordrand** bilden im Osten die **ostsibirischen** oder **daurischen** [da-urischen] **Gebirge** im Westen der **Altaï** (d. i. der Goldreiche), nur noch bis 3400 m aufsteigend.

Im **Westen** ist Hochasien durch die gewaltige Hochebene der **Pamir** geschlossen.

Dies die Randhöhen. Im **Innern** des weiten Hochlandes zieht nördlich vom Himalaja 1) der **Karakorúm**, der dem nordwestlichen Himalaja parallel verläuft und, wenn auch weit kürzer als der Himalaja und von geringerer Gipfelhöhe, diesen doch an mittlerer Kammhöhe (7300 m) übertrifft, also das höchste aller Gebirge der Erde ist, und 2) der **Kuénlun**, der ungefähr in gleicher Länge mit dem Karakorum beginnt, nur wenig niedriger ist als dieser und durchweg ostwärts streicht. Um die Erforschung beider Gebirgsketten haben sich die drei Brüder Schlagintweit, deutsche Reisende, große Verdienste erworben, und in der Karakorum-Kette im westlichen Tibet den **Dapsang**, den zweithöchsten Gipfel der Erde, mit 8619 m Höhe aufgefunden.

Zwischen Kuenlun und Altai zieht der **Tiénschan** (d. i. Himmelsgebirge), dessen sanftere Abhänge die Bildung ausgedehnter Schneefelder und Gletscher gestatten. Sein höchster Gipfel, der **Chan Tengri**, mißt 6500 m.

Durch diese inneren Gebirge entstehen in der Westhälfte von Hochasien wieder drei Teile, die wie Stufen übereinander liegen. Die **niedrigste**, zwischen Altai und Tiénschan, begreift die Dsungarei. Sie ist im W. niedrig und offen. Die **zweite**, zwischen Tiénschan und Kuenlun umfaßt Ost=Turkestân. An beide schließt sich in der Osthälfte die Mongolei mit der Wüste Gobi an. Die Gobi wird von dem Churchu=Gebirge durchzogen. Nördlich von diesem nimmt sie mehr und mehr den Charakter einer mit Gras und niedrigem Gesträuch bewachsenen Steppe an, südlich aber ist sie eine wasserlose Sandwüste, unterbrochen von kahlen Klippen und dünenartigen Flugsandhügeln — daher von den Chinesen Schâ=mo (d. i. fliegender Sand) genannt. Die **dritte und höchste Stufe** (an 4500 m), zwischen Kuenlun und Himalaja, enthält Tibet, das aber im Unterschied gegen die niedrigen Stufen von mächtigen Bergketten nicht nur umgeben, sondern auch durchzogen wird.

2) Im Westen ist dem östlichen Hochlande das Tiefland von Turân oder West=Turkestân am Amu und Sir — im Nordwesten das sibirische Tiefland am Ob und Jenisseï — im Osten das chinesische Tiefland am Hoáng=hŏ und Jáng=tse=kjáng — im Süden das Tiefland von Hindostan am Indus und Ganges vorgelagert. Im Süden des indischen Tieflandes erhebt sich als ein isoliertes Hochland die Hochfläche von Dékhan.

3) Das kleinere Hochland von West=Asien unterscheidet sich von dem östlichen durch die größere Durchbrochenheit seiner Masse. Mit dem östlichen Hochlande hängt es durch den erwähnten Gebirgszug des Hindukúsch, 6500 m zusammen, an den von NW. das Tiefland von Turan, von SO. das Tiefland von Hindostan herantritt. Von dieser Zusammenschnürung aus zieht sich die nördliche Gebirgsummauerung des westlichen Hochlandes, als Grenzmauer gegen das Tiefland Turan, bis zu dem kaspischen Meer, an dessen Südküste jenes Randgebirge den Namen Alburs führt und als eine merkwürdige geologische Insel den 5900 m hohen, gewaltigen Vulkankegel des Demawend enthält; weiterhin folgt der uns schon bekannte Kaukasus. — Das Hochland von Armenien verknüpft den östlichen Teil des westasiatischen Hochlandes oder Jrân mit Vorderasien, dem westlichen Teile desselben.

§ 40.
Sibirien.

Sibirien, ein Europa an Größe übertreffendes Land, ist gegen das Ende des 16. Jahrhunderts durch die Russen zu gleicher

Zeit bekannt geworden und in Besitz genommen. Die Osthälfte ist von den Gebirgsverzweigungen gefüllt, welche von dem Nordrande Innerasiens ausgehen; die Westhälfte und die nördliche Abdachung etwa vom Nordpolarkreis an ist Tiefland. Riesenströme durchfluten es: der Ob mit dem Irtisch, auf welchem Ufer? — der Jenisséi, welchem aus dem Baikal (d. i. reicher See), dem größten (35 000 qkm = 580 Q.=M.) und tiefsten (1700 m) Gebirgssee der Erde, die Angára oder obere Tunguska zuströmt; noch weiter im O. die Lena. Um den im Südwesten liegenden Balkasch-See unterbrechen hie und da Getreidefelder und Wälder von Zirbelkiefern die Öde, welche sonst Sibirien charakterisiert; es giebt da große Dörfer, auch Landstraßen. Was dagegen über den 60. Parallelkreis gen N. liegt, vornehmlich im untern Gebiete des Ob und Jenisséi, ist eine schauerliche, moorige oder auch steinige Ebene (Tundra), die selbst im (oft sehr heißen, aber kurzen) Sommer nur ganz an der Oberfläche auftaut, während der Untergrund jahraus jahrein fest gefroren bleibt. Es giebt Gegenden, wo das Eis der Ströme erst Ende Juli bricht; und Ende August kann man schon wieder über sie hingehen. Da ziehen nur elende Jägervölker umher, Samojeden, Ostjaken, Tungusen, Jakuten u. a., die an die russische Krone Pelze als Tribut entrichten, denn Sibirien ist reich an geschätzten Pelztieren: Zobel, Hermelinen, schwarzen und blauen Füchsen, Eichhörnchen u. s. w. — Weiter im S. wohnen die russischen Kolonisten und die „Verschickten"; denn die russische Regierung hat zwar die Todesstrafe für die meisten Verbrechen abgeschafft, dafür aber pflegt sie verbrecherische oder auch verdächtige Personen nach Sibirien transportieren zu lassen. Da müssen sie entweder in den Gold- oder Silberbergwerken arbeiten — und das ist das härteste Los — oder sie erhalten als Kolonisten Häuser und Äcker und müssen mit den kostbaren Pelzen der erlegten Tiere zinsen. Im vergangenen Jahrhundert hat gar oft ein Fürst und Minister (Menzikow) einen Palast mit einer sibirischen Holzhütte vertauschen müssen.

Sibirien wird mit dem Amurgebiet auf 12 Mill. qkm (227 000 Q.=M.) mit 4 Mill. Einwohner berechnet. Neu angelegte Kommunikations- und Telegraphenlinien zeugen von der Wichtigkeit, welche Rußland diesen östlichen Provinzen beilegt. Als Vorläufer der schon begonnenen Eisenbahnverbindung verknüpft die längste aller kontinentalen Telegraphenlinien das europäische Rußland durch Süd-Sibirien mit seiner südöstlichen Besitzung am Amur; seit 1871 ist sogar die telegraphische Verbindung Rußlands mit Japan durch Weiterführung der Amur-Linie erzielt worden.

Sibirien wird in die drei Generalgouvernements West-Sibirien, Jrkutsk und Ost-Sibirien geteilt.

Tomsk ist als Hauptstadt West-Sibiriens zu 37000 E. gelangt; wichtigste Handelsstadt West-Sibiriens, seit 1880 sogar mit einer Universität. Tobolsk, Hauptplatz für den Handel mit Fischen (an denen die westsibirischen Ströme sehr reich), und Hauptniederlage für Pelzwerk. Beresow am untern Ob, einer der härtesten Verbannungsorte (unter 64° n. Br.). Jrkutsk, Hauptstadt des mittleren Sibirien, das „sibirische Paris"; 44000 E.; von St. Petersburg 6000 km, 2200 km von Peking. Hart an der Südgrenze Kjächta, kleine aber wichtige Handelsstadt, der chinesischen Grenzstadt Maimatschin gegenüber, der große Tauschplatz russischer und chinesischer Waren. Nertschinsk, Bergstadt im daurischen Alpenland. Die Hälfte der Einwohner besteht aus Verschickten. Ochotsk am Großen Ozean, wo er nach dieser Stadt Meer von Ochotsk genannt wird. Hier sind die schlimmsten Verbrecher, die in Ketten auf den Straßen arbeiten.

Der Winkel im NO. ist von den ziemlich unabhängigen Tschuktschen bewohnt: Nomaden, die mit den Russen Tauschhandel treiben und sprachlich den Eskimos nahe stehen.

Die Halbinsel Kamtschatka durchziehen hohe Gebirge: in diesen eine Reihe hoher Vulkane, von denen der höchste 4800 m mißt, also dem Montblanc an Höhe gleichkommt. Das Klima ist weit milder als im inneren Sibirien, aber die Zahl der Menschen sehr gering. Die Eingeborenen, die Kamtschadalen, sind ein armselig, unreinlich Volk, das von Fischerei und Jagd lebt und nur Hunde zu Haustieren hat. Sie sterben immer mehr aus und machen den Russen Platz, deren Hauptniederlassung der Hafen Petropaulowsk, 12000 km von St. Petersburg entfernt, ist.

Nördlich von Sibirien liegt im Eismeere der unbewohnbare Archipel Neu-Sibirien. Der Meeresströmung, welche von W. nach O. hier an der Nordküste von Sibirien entlang zieht, folgte der schwedische Polarforscher Nordenskiöld [nordenschöld] und fand so 1879 den Weg vom Nordkap zur Beringstraße und damit die „nordöstliche Durchfahrt".

China hat einen großen Teil der Mandschurei (die ganze Küstengegend und das Gebiet n. des Amur) an Rußland abgetreten. Die Hauptniederlassung ist Nikolajewsk an der Amurmündung, deren Versandung jedoch der Schiffahrt Schwierigkeit bereitet, so daß der Handel den Amur hinab sich nach dem südlicheren Hafenort Wladiwostok, der wichtigsten Stadt in Ost-Sibirien, zieht. Russisch ist auch die langgestreckte, meist von Verschickten bewohnte Insel Sachalin.

§ 41.
Turân oder West-Turkestân.

Die Grenzen von Turan bilden im S. das iranische Randgebirge, im O. die gewaltige Massenerhebung von Innerasien, und zwar deren gebirgiger Rand mit der Hochfläche der Pamir. Gegen das sibirische Tiefland im N. giebt es keine natürliche Grenze: ein niedriger Landrücken wird von einer Reihe von Steppenseeen unterbrochen, die sich vom Aralsee zum mittleren Ob ziehen. Nach W. zu steht es mit den Steppenländern von Europa in Verbindung; diese

Lücke zwischen Ural und Kaukasus ist das große Thor aller Völkerwanderungen aus Asien nach Europa gewesen. Die Stufenländer im O. abgerechnet, welche zu den reizendsten der Erde gehören, ist Turan eine weite, im Sommer afrikanisch heiße, im Winter sibirisch kalte Ebene, ein erst im gegenwärtigen (quartären) Zeitalter der Erdgeschichte trocken gelegter Meeresgrund; großer Regenmangel verursacht die Wüstennatur der turanischen Ebene, welche nur an den Flüssen seßhaft zu bewohnen ist, soweit man durch künstliche Bewässerung aus denselben den Boden fruchtbar macht.

Das kaspische Meer und der Aralsee (auch schwach salzig) sind die Reste des ehemaligen turanischen Meeres, in welches, bevor es ein Schwarzes Meer gab, die Donau mündete. Beide sind infolge starker Verdunstung in beständigem Abnehmen begriffen. Die weite Ebene, welche sich vom Aralsee zum kaspischen Meer herabsenkt und in dessen Umgebung niedriger als der Spiegel des Weltmeeres liegt (§ 37, 3), nennt man die aralokaspische Erdsenke.

Der Aralsee nimmt den Amu auf, der an seiner Mündung ein Delta bildet; in das kaspische Meer, wie man wohl gemeint hat, ist er nie geflossen. Denn das trockene Bett, welches zu dieser Annahme verführt hat, ist vorzeiten dasjenige eines Meeresarmes gewesen. Ebenfalls in den Aralsee fließt der Sir. Die Alten kannten beide Flüsse, den Amu als Oxos [ôxos], den Sir als Jaxartes, und nannten Turan Baktrien und Sogdiana. Nachdem im höchsten Altertum hier bereits das Volk der Iranier, welchem Sonne, Licht und Feuer Bilder des guten Gottes waren, einen Priesterstaat gehabt, wurden jene Länder nach und nach Teile des altpersischen, des parthischen, zuletzt des neupersischen Reiches. Im 5. und 6. Jahrhundert trat in dem bis dahin wesentlich von Iraniern (Persern) bewohnten Lande der Volksstamm der Türken auf, welche sich zu Herren des Landes machten.

Jetzt indessen hat Rußland die ganze Nordhälfte Turans nebst dem Aralsee erobert. Ihm gehorchen die Kirgis-Kaisaken u. vom Sir sowie die Turkmenen am Ostgestade des kaspischen Meeres, ein schweifendes Kriegervolk, das sich in seinen baumlosen Steppen rühmte, weder unter dem Schatten eines Baumes noch unter dem Schutz eines Königs zu ruhen. Selbst die einstige Residenz Timurs, Samarkand, hat Rußland erobert und dadurch seine Herrschaft auch über das fruchtbare Thal des Steppenflusses Serafschan ausgedehnt.

Durch diese Eroberung wurde die Macht des Emirats Bochára (in paradiesischer Gegend an den Zuflüssen des oberen Amu gelegen) bereits gebrochen; in demselben die Residenz des Emirs Bochara, unweit des linken Ufers des Serafschan, 70000 E., Mittelpunkt des Karawanenhandels zwischen Indien und Europa. Auch das Chanat Chiwa am unteren Amu wurde durch die Russen 1873 gedemütigt: in beiden Staaten ist die Sklaverei aufgehoben und überhaupt der Einfluß der Russen maßgebend.

Auch die freien Türkenstämme im S. des Amu hat Rußland gebändigt und die noch weiter südöstlich gelegene Oasengruppe von Merw besetzt. Dadurch hat Persien endlich Ruhe vor den türkischen Raubeinfällen erhalten, und ein friedlicher Verkehr von Turan nach Herat und Afghanistan ist ermöglicht worden. Überdies durchzieht jetzt die „transkaspische" Eisenbahn das Land bis über Samarkand hinaus und eröffnet es der Gesittung des Westens.

Das ganze russische Central=Asien bildet mit den transkaspischen Ländern ein Gebiet von $3^1/_2$ Mill. qkm (63000 O.=M.) mit 5 Mill. Einw. Hauptstadt ist die wichtige Handelsstadt Taschkend unweit des Sir mit 120000 Einw.

§ 42.
Irân.

Wie die Hochebene von Irân im NO. durch den Hindukusch mit dem innern Hoch=Asien zusammenhängt, wie sie im N. von Turan durch den Hindukusch und dessen westliche Fortsetzung geschieden ist, das gieb in genauer Wiederholung nach § 39 an. Im O. wird Iran von Indien durch das Suleimângebirge geschieden. Dasselbe besteht aus zwei Parallelketten, die durch eine Hochebene verbunden sind. In der westlichen liegt der höchste Gipfel, der Kaisargarh (3440 m), während die höchste Erhebung der Ostkette der 60 m niedrigere Salomons=Thron (Takht=i=Suleiman) ist. Nur das Schluchtenthal des Flusses Kâbul, der zwischen dem Hindukusch und diesem Grenzgebirge sich mit dem Indus vereinigt, bildet einen gangbaren Weg aus Iran nach Indien (Khaiber=Paß). Den Südrand von Iran bilden mehrere Parallelketten, die in Stufen zum persischen Meerbusen und zum indischen Ozean abfallen, so daß bloß eine schmale, sandige Niederung zwischen dem Gebirge und dem Meere bleibt. Kein durchbrechendes Querthal gewährt einen Paß in das Innere hinein. Nur schwer wegsame Pfade — Leitern nennt man sie — führen hinauf. Von Zeit zu Zeit trifft man auf größere und weitere Längsthäler, die dann die saftigste und frischeste Vegetation zeigen (Heimat der Pfirsiche). Im NW. hängt Iran durch das Hochgebirge des Alburs, in welchem sich der Vulkan Demawend erhebt, mit dem Hochlande von Armenien zusammen.

Rings also haben wir Randgebirge, die nach N. und O. schwindelnd steil, nach S. und W. in Absätzen abfallen. Sie umziehen das Hochland von Iran, welches gegen $2^3/_4$ Mill. qkm (50000 O.=M.) groß und durchschnittlich gegen 1000 m hoch ist. Dasselbe ist durchaus keine Ebene, sondern ein Faltenland, d. h. ein Gebiet, welches aus Gebirgsketten besteht, die durch starken Seitendruck aufgerichtet sind und vielfache Schichtenstörungen aufweisen. Die Zwischenräume zwischen diesen Ketten sind durch den sich anhäufenden Verwitterungsschutt sehr ausgeebnet, so daß sie meist wie weite Mulden erscheinen. Gegen die Mitte hin ist der Boden, da das gröbere Geröll an den Gebirgen haften bleibt, in der Regel aus Thon und Kies gemengt und salzhaltig, dabei infolge der die Regen zum größten Teil abfangenden Gebirge wasserarm; jedoch wird durch künstliche Bewässerung der Ackerbau möglich und auch erfolgreich gemacht. Indes im NW. und im SO. tritt auf weite Strecken das Salz als weiße Kruste zu Tage, und es breiten sich Salzwüsten mit einzelnen Oasen aus. Über dem ganzen Lande spannt sich ein Himmel aus, der, wenige Wochen im Jahre ausgenommen, immer wolkenlos ist; daher ist die Luft so trocken, daß die Saiten der Instrumente sich nicht verstimmen, das Eisen nicht rostet und Fleisch wohl vertrocknet, aber nicht verfault. Das Klima im Winter ist etwa dem Winter des mittleren Deutschland gleich; im Sommer wird das versengte Land ein wahrer Glühofen. Ausnahmen indes bilden die Stufenlandschaften an den Randgebirgen und die Flußufer. Namentlich der Südrand des kaspischen Meeres, die persische Provinz Masenderân, zeigt fast tropische Üppigkeit der Vegetation: hier gedeiht Zuckerrohr und Feige, und die Weinrebe rankt armesdick bis in die Wipfel der Bäume.

Iran war in der Geschichte hintereinander der Mittelpunkt großer Despotenreiche, die oft noch Turan, ja ganz Vorderasien umfaßten. Gestiftet wurden sie alle von kräftigen Bergvölkern aus den Randgebirgen. Jene schon bei Turan erwähnten Iranier heißen eben danach, daß sie im Altertum ihre Hauptmacht gerade in Iran entfalteten. Zuerst herrschte der im W. wohnhafte Stamm der Meder über die andern Iranier, bis Kyros (oder Koresch) seinen Perser-Stamm an Stelle der Meder zum herrschenden machte, während derselbe vorher nur die schöne SW.-Landschaft um das heutige Schiras inne gehabt hatte. Das somit (559 v. Chr.) gegründete altpersische Reich erweiterte sich (bis 525) über ganz Vorderasien und Ägypten, ward jedoch um 330 in seinem ganzen Umfang von Alexander dem Großen erobert, der sogar bis nach Turan und Indien vordrang. Alexander wollte ein neues Weltreich stiften, welches das Morgen- und Abendland umfassen und verbinden sollte; aber schon 323 starb er. Seine Feldherren stritten sich lange Zeit um die Herrschaft; zuletzt blieben nur ein paar von jenen Kämpfern auf dem Platze und teilten sich in das Reich. Iran wurde ein Teil des syrischen Staates der Seleukiden. Bald aber entstand hier (seit der Zeit um 250) das parthische Reich der Arsakiden, das vom Indus bis zum Euphrat reichte und selbst von den Römern gefürchtet ward. Der Perser Artarerxes, Sassans Sohn, stiftete auf den Trümmern des von ihm zerstörten Partherreiches das neupersische Reich. Die Dynastie der Sassaniden beherrschte von 226 n. Chr. bis 642 dasselbe; dann wurde das besiegte Persien ein Teil des großen Reiches der Kalifen, hernach abwechselnd eine Beute der Mongolen (auch des mongolischen Timur um 1400) und der Turkmenen. Endlich gründete Ismael Sofi um 1500 das noch jetzt bestehende persische Reich. Aber auch dies wurde durch innere Unruhen und Kämpfe nach außen hin geschwächt. Die ganze östliche Hälfte ist jetzt in den Besitz der Afghanen und Belûtschen gekommen; und nach N. und NW. hat Persien an den Russen gefährliche Nachbarn.

§ 43.
Afghânistân und Belutschistân.

1) Die Afghanen, mohammedanische Sunniten und wie die Belûtschen entferntere Verwandte der Perser, stammen wahrscheinlich aus der Gegend des Hindukusch, wo sie lange als Nomaden lebten. Sie sind mohammedanische Sunniten, d. h. sie halten die Sunna, die von den drei ersten Kalifen dem Koran eingefügten Zusätze, für gleichwertig mit diesem, während die Schiiten die Sunna verwerfen. Schon darum leben die Afghanen mit den schiitischen Persern und Belutschen in unversöhnlicher Feindschaft. Um 1700 machten sie sich von dem persischen Reiche unabhängig und vergrößerten dann ihre Herrschaft so, daß Kaschmir und Multan in Indien ihnen gehörten. Aber durch Bürgerkriege und Thronstreitigkeiten sind sie jetzt so heruntergekommen, daß nicht bloß jene Landschaften wieder verloren gegangen, sondern auch die Südhälfte ihres Landes in den Besitz der unabhängigen Belutschen gelangt ist. Öfters hat sich auch England, dem dieses Land, wegen der Nachbarschaft von Indien, sehr wichtig ist, in die Angelegenheiten der Afghanen gemischt. So befindet sich Afghanistan meist in Aufregung und Verwirrung; selten hat das etwa 720 000 qkm (13 000 Q.-M.) mit 4 Mill. Einw. umfassende Land längere Zeit einem Herrscher gehorcht, meistens zerfiel es in mehrere Chanate.

(X.) Das breite Thal des Kabulflusses zum Indus hinab ist der natürliche Handels- und Eroberungsweg von den Hochebenen Irans nach Indien. Hier liegt Kâbul, gegenwärtig der Sitz eines ganz Afghanistan beherrschenden Emirs oder Fürsten, in einer wahrhaft paradiesischen Gegend mit köstlichem Klima. Reichbewässerte Obstgärten tragen Früchte, die getrocknet weithin verführt werden; nicht minder berühmt sind die Weinbeeren. Die

Stadt mit 60000 E. ist durch Handel und Gewerbe äußerst lebhaft. Von Kabul den Fluß hinab folgt die Stadt Dschellalabad, dann ziemlich bis zur Einmündung in den Indus das (schon größtenteils zum britischen Indien gehörige) Land Peschauer. — Südlich von Kabul liegt Ghasna, früher eine starke Festung, ja einst der glänzende Mittelpunkt des Reiches der Ghasnaviden, jetzt klein und nur als mohammedanischer Wallfahrtsort bekannt. Von hier zieht die große Karawanenstraße südwestwärts weiter nach Kandahar, 30000 E., und den Steppenfluß Hilmend hinab.

Ein anderer Arm der im Kabulthal hinanziehenden Karawanenstraße zweigt bald hinter Kabul ab nach Herât, 50000 E., der anmutigen „Stadt mit hunderttausend Gärten", dem Haupthandelsort zwischen Indien und Persien und dem Schlüssel zu Afghanistan von Turan aus; darum Zankapfel zwischen dem von Turan andrängenden Rußland und dem in Indien bedrohten England.

2) **Die Belutschen**, großenteils mohammedanische Schiiten, leben unter Häuptlingen, die, soweit es ihnen gefällt, dem Chan zu Kelat gehorchen. Ein bedeutender Teil ihres sehr gebirgigen, etwa 276000 qkm (5000 Q.-M.) großen Gebietes wird von der schrecklichen Wüste durchzogen, welche im Altertum die Wüste von Gedrosien hieß (Alexanders Rückzug aus Indien). Daher ist das Land nur sehr spärlich bewohnt; nur 1—2 Einw. auf 1 qkm.

Kelat, über 2300 m hoch gelegen, Sitz des Chans, Handelsstadt.

§ 44.
West-Irân oder das persische Reich.

Das Reich, zu dem auch ein Teil des nachher zu schildernden armenischen Hochlandes gehört, zählt auf seinen etwa $1\frac{2}{3}$ Mill. qkm (30000 Q.-M.) noch nicht 8 Millionen Einwohner. Die eigentlichen **Perser** sind Nachkommen der alten, aber durch die vielen Einwanderungen und Fremdherrschaften mit anderen Völkern gemischt; auch ihre Sprache (im Orient verbreitet, wie die französische im Occident) stammt von der altpersischen, ist aber mit arabischen und türkischen Worten vermengt. Die beiden letzteren Sprachen versteht gleichfalls jeder Gebildete. Türkischen Stammes ist etwa der zehnte Teil der Einwohner, darunter mit etwa 800 Prinzen die Familie des ganz despotisch regierenden Herrschers, der den Titel **Schachenschah** führt. Der Religion nach sind die Perser Mohammedaner und zwar Schiiten. Aber auch der alte Feuerdienst des Zendvolkes hat noch seine zerstreuten Anhänger, die man Parsen, Guebern (Ungläubige) oder Feueranbeter nennt. Auch armenische Christen giebt es. Den britten Teil der Bevölkerung bilden Nomadenstämme verschiedener Abkunft. Die Perser sind ein kräftig-gesundes, wohlgebildetes Volk, das in Kleidung und Schmuck den Glanz liebt, aber im ganzen Orient

wegen seiner übertriebenen Komplimente und seiner Lügenhaftigkeit
verrufen ist. Im 13. und 14. Jahrhundert lebten ihre trefflichen
Dichter Saadi und Hafis. Zumal erfreut das Perservolk sich an
der Herrlichkeit der Vorzeit; das Erzählen von Geschichten und Märchen ist hier ein ordentliches Handwerk. Die Perser scheinen höherer
Bildung weit zugänglicher zu sein als die Türken.

Die jetzige Residenz Teheran liegt nicht weit vom nördlichen Randgebirge auf einer gut bebauten Ebene. Der viereckige Palast des Fürsten
nimmt $1/_4$ der ebenfalls viereckigen, ummauerten Stadt ein. Im Winter ist
Teheran mit 210000 E. bevölkert, im Sommer aber spärlicher, weil dann ein
Viertel der Bewohner der Gluthitze der Stadt entflieht und die Landhäuser
am Demawend bezieht oder auch ein vornehmes Nomadenleben unter Zelten
im benachbarten Alburzgebirge führt.

Die frühere Residenz war Ispahan. Sie liegt von der vorigen gegen
S., in einer wohlbewässerten, reizenden Einsenkung. Ispahans Frühling
— so singen persische Dichter — berauscht die Sinne. Der weite Umfang
(40 km) bezeugt ihre frühere Herrlichkeit. Ehemals gab es 137 königliche
Paläste in Ispahan und angeblich 600000 E. — jetzt nur noch 90000 E.

In der alten Stammlandschaft der Perser, in einem schönen Gebirgsthale voll Rosen- und Weingärten liegt Schiras mit 32000 E., die Handel
treiben (z. B. mit Rosenöl und dem in der Nähe quellenden Bergbalsam, einer
Art Bergöl oder Naphtha, die man auch Mumie nennt). Gräber von Saadi
und Hafis. — Nordöstlich von Schiras die großartigen Ruinen der Stadt
Persépolis (des alten Persiens Schatzhaus und Königsgruft), von Alexander verbrannt. Sie heißen Tschihil-Minar (d. i. 40 Säulen). Eine Menge
in Stein gehauener Darstellungen sind noch erhalten, auch Inschriften in der
wundersamen altpersischen Keilschrift.

Eine erst in neuerer Zeit in die Höhe gekommene Stadt ist der in Masenderan am kaspischen Meer gelegene Handelsort Barfurusch, 50000 E.

Während die politische Grenze gegen die asiatische Türkei im W. sich nur
zuweilen dem Rande der Gebirge nähert und die westlichen Stufenlandschaften
zum Teil schon türkisch sind, greift Persien gen NW. nach dem armenischen
Hochland über: hier das wichtige Tabris, eine große Fabrik- und Handelsstadt, mit 170000 E. Für den Nordosten von Persien ist Mescheéd,
70000 E., Haupthandelsplatz und als Grabstätte eines Nachkommen des
Kalifen Ali berühmter Wallfahrtsort der Schiiten. Den südwestlichen
Küstenstreifen mit glühendem Klima haben die Perser, von jeher eine meer-
scheue, seeuntüchtige Nation, meist arabischen Fürsten überlassen, die Tribut
bezahlen. Hier liegt der ungesunde, aber wichtige Handelsplatz Buschir, zu
dem man von Schiras auf sieben „Leitern" hinabsteigt.

§ 45.

Das armenische Hochland und Kaukasien.

Armenien ist die hohe Verbindung von Iran und Kleinasien,
ganz erfüllt von kleineren Hochebenen verschiedener Höhenstufen und

von Gebirgen, welche auch die Ränder des armenischen Hochlandes gegen das kaspische Meer, den Kaukasus und das Schwarze Meer umziehen und südwärts in breiten Stufen gegen Mesopotamien abfallen; diese rauben dem (daher abseits der Gebirge waldlosen) Lande die Feuchtigkeit. Die höchste Erhebung ist der vulkanische Flachkegel des **Ararat** (eigentlich des **Masis** in der Landschaft Ararat), 5163 m hoch, der als Noahberg weitberühmt (vergl. 1. Mos. 8, 4) ist. Er ist nur auf seiner obersten Kegelhöhe von 4200 m ab mit ewigem Schnee bedeckt, da in der trockenen Höhenluft Armeniens der Schnee sehr weit empor im Sommer schmilzt.

Im Norden des Ararat liegt die **Hochebene von Eriwân** (1000 m), durchzogen in weitem Südbogen von dem **Arás**, dem alten Araxes, der sich erst in der transkaukasischen Niederung mit der in Nord-Armenien entspringenden **Kura** vereinigt. Im W. liegt die **Hochfläche von Erserûm** mit dem nördlicheren Quellarm des Euphrat, dem **Frat**. Eine mittlere Höhenlage zwischen diesen beiden Hochflächen halten diejenigen der beiden großen Salzseeen ein: s. w. vom Ararat des **Wân-Sees**, s. ö. des noch größeren **Urmia [ûrmia]-Sees**. Im N. des Wan-Sees entspringt der südlichere Quellarm des Euphrat, der **Murad**, welcher das Quelland des Tigris in enggezogenem Bogen umfließt.

Schon im Altertum nannte man diese Gegenden Armenien. Eigene Könige mußten der Römerherrschaft und eine neue einheimische Königsdynastie im Mittelalter dem Drucke der Mohammedaner weichen. Aber das fleißige, zu kaufmännischen Geschäften wie geborene Volk der **Armenier** hat sich noch ungemischt erhalten und bewohnt nicht nur in überwiegender Anzahl dieses sein Mutterland, sondern wohnt zerstreut im ganzen Orient, in der europäischen Türkei, in Ungarn u. s. w. Die Armenier bilden eine besondere Sekte der griechischen Kirche. Als Nomaden ziehen (besonders auf den Gebirgen) die ihrer Sprache nach den Persern noch näher als die Armenier verwandten **Kurden** umher, von Viehzucht lebend, lieber von Räubereien. Ein Gast jedoch ist ihnen eine Gabe Gottes. Ihre Religion ist ebenso zweifelhaft (zwischen Christus und Mohammed schwankend) wie ihr Oberhaupt; denn wenn auch einmal gedemütigt, fragen sie im Grunde wenig nach den türkischen und persischen Despoten. Schon der Grieche Xénophon, dessen berühmter Rückzug mit den Zehntausend über die armenischen Hochflächen ging, erwähnt das Räubervolk der Karduchen, wie er die Kurden nennt. Man bezeichnet auch öfter das südarmenische Gebirgsland nebst dem iranischen Stufenland, welches zum mittleren Tigris abfällt, als **Kurdistân** d. i. Kurdenland.

Armenien ist an drei Staatsgebiete verteilt, welche sich am Ararat berühren:

1) Der SO. um den Urmia-See ist persisch; hier liegt Täbris (§ 44).

2) Der SW., das Quellgebiet des Euphrat und Tigris sowie die Umgebung des Wan-Sees ist türkisch; hier liegt Erserûm, 60000 E., wichtige Handelsstadt auf der Straße vom Schwarzen Meer (Trapezunt) nach Täbris.

3) Der N. ist russisch und wird daher mit zu Kaukasien gerechnet; hier liegt Eriwan, von dem w. das hochummauerte Kloster Etschmiadsin, das Hauptheiligtum der Armenier, sich befindet.

Der Kaukasus (§ 38), das herrlich anzuschauende „Gebirge der tausend Gipfel", wie es die Morgenländer nennen, war noch zu Anfang unseres Jahrhunderts die Heimat freier Gebirgsvölker, die meist von Jagd und Raub lebten, und dadurch die fast paßlose Gebirgsschranke zwischen Asien und Europa nur noch hemmender machten. Von dem einst auch hier gepredigten Christentum fanden sich nur bei einigen Stämmen noch schwache Spuren. Durch fünfzigjährige Kämpfe beugte Rußland diese gefährliche Freiheit der Kaukasusvölker und gestaltete aus dem Gebirge wie aus dem nördlichen und südlichen Vorland desselben die Statthalterschaft Kaukasien, 472 000 qkm (8400 Q.-M.) groß mit 7 Mill. Einw. Noch immer aber fesselt der Kaukasus durch die merkwürdige Mannigfaltigkeit seiner Völker und Sprachen wie durch die körperliche Schönheit, die mehreren Stämmen eigen ist. Am S.-Abhang des Gebirges wohnen die Georgier, am N.-Abhang im O. die Lesghier, im W. die Reste der fast sämtlich in die Türkei ausgewanderten Tscherkessen. Am mittleren Paßübergang (von Wladikawkas, § 38) finden sich noch heute die im 6. Jahrhundert als Grenzwächter des neupersischen Reiches (§ 42) hierher verpflanzten iranischen Osseten, besonders auf der Nordseite des Gebirges.

Der Kaukasus trennt Kaukasien in eine schönere S.-Hälfte (Transkaukasien) und eine sich an die trocknen südrussischen Steppen anschließende, darum auch weniger dicht bevölkerte N.-Hälfte (Ciskaukasien). In jener liegt die Hauptstadt der ganzen Statthalterschaft, das prächtig gelegene Tiflis an?—, früher Residenz der christlichen Könige von Georgien, 104000 E. In der Nähe württembergische Kolonistendörfer. Auf einer ins kaspische Meer vorspringenden Halbinsel die Stadt Baku, in deren Umgegend der Boden so reich an Naphtha und so sehr durchdrungen mit brennbaren Gasen ist, daß die Natur hier selbst die Stätte für die Anbetung des Feuers bereitet zu haben schien (noch jetzt lebt hier ein einsamer Priester der Feueranbeter oder Guebern). W. von einem das Flußgebiet der Kura abschließenden Gebirgsrücken, welcher den Kaukasus mit Armenien verbindet, das Flußgebiet des Rion (Phasis der Alten) mit der Küstenstadt Poti. Hauptort von Ciskaukasien Stawropol, gleichweit entfernt von der Straße von Kertsch und dem kaspischen Meere.

§ 46.

Die Halbinsel Kleinasien.

Vom westarmenischen Hochland zieht sich eine Reihe von Gebirgskämmen nach SW. (gegen den Busen von Iskenderûn), die man den **Antitauros** nennt. An denselben schließt sich in W.-Richtung der teilweise alpenhohe **Tauros** (bis 3500 m). Seine zum Mittelmeer sich hinabziehenden Thalgründe sind voll üppigen Pflanzenwuchses, nordwärts dacht er sich zu der durchschnittlich 1000 m hohen Hochfläche des inneren Kleinasien ab. Diese trägt einige erloschene Vulkane, wie den 3800 m hohen **Erdschias Dagh**. Einzelne äußerst fruchtbare Thäler abgerechnet (der beste türkische Tabak, Baumwolle, aus dem Milchsafte der Mohnköpfe Opium), ist auch diese Hochfläche mit Graswuchs (Schafweide) bedeckt, zeigt jedoch auch an manchen Stellen sich ähnlich wie Iran steppendürr, mit salzhaltigem Boden, Steppenflüssen und Salzseeen; der Hauptabdachung nach N. folgt der kleinasiatische Hauptfluß, der **Kifil Irmâk**, der Halys der Alten, nach langem Bogenlaufe endlich das **pontische Randgebirge** durchbrechend.

Nicht durch Gebirge verschlossen ist allein Kleinasiens buchtenreiche W.-Küste; mäßig hohe von O. nach W. streichende Gebirgszüge erstrecken sich bis hinein in die westlichen Halbinseln; vielgewundene Flüsse, wie der **Hermos** und der endlos sich krümmende **Mäander**, bewässern nach der See offene Ebenen, über die sich befruchtende Winterregen ergießen. Landsenkung, die in prähistorischen Zeiten stattgefunden hat, ist die Ursache, daß das Meer, in die Thäler der Gebirgszüge eindringend, dieser Küste eine so reiche Gliederung gegeben hat.

In der Geschichte ist Kleinasien — gleichsam die Brücke zwischen Asien und Europa — ein gar wichtiges Land, von jeher der Kampfplatz der sich hier in Krieg und Handel begegnenden Völker. Ehe noch Kyros sein Reich gründete — wann? — war das Reich der Lyder mächtig, und an der Westküste hatten Griechen eine Reihe der reichsten Handelsstädte erbaut, wie denn die ganze Halbinsel eine große Zahl der schönsten Häfen hat. Griechische Bildung erblühte schon sehr früh an Kleinasiens Westküste; hier entstand die griechische Philosophie. Der letzte lydische König **Kroisos** ward von Kyros besiegt. Um die griechischen Städte war zwischen den Persern und europäischen Griechen langer Streit, bis **Alexander** durch seinen Siegeszug auch diese Halbinsel in Besitz nahm. Nach seinem Tode war sie teils eine Provinz des syrischen Reiches, teils entstanden einzelne kleine Königreiche. Die Römer bekamen zuletzt alles, und Kleinasien wurde, als ihr Reich im Anfange des 5. Jahrhunderts n. Chr. in zwei Teile zerfallen war, ein Teil des östlichen Reiches. Um 1400 hatten die Türken ganz Kleinasien erobert, denen es noch immer gehört. Türken, Griechen und Armenier wohnen hier, — aber die einst mit den prachtvollsten Städten besetzte Halbinsel, eines der schönsten Länder der Erde, ist jetzt in einem traurigen Zustande der Verwilderung und Verkommenheit. Überall stößt man auf die Trümmer ehemaliger Städte, aus deren edlen Bruchstücken die schmutzigen Hütten der jetzigen Bewohner zusammengeflickt sind; alles predigt: gewesen!

Der Name Kleinasien ist für das arme Land eigentlich nur bei den Geographen gebräuchlich. Die Türken nennen es Anádoli, Natolien, d. h. das Land gegen den Aufgang. Dasselbe bedeutet der bei den Abendländern häufige Name Levante. Obgleich 550000 qkm (10000 Q.-M.) groß, hat Kleinasien doch nur 7—8 Mill. Einw.; diese sind im Innern osmanische Türken (welche eben hier erst durch Osman zu einem Eroberervolk vereint wurden), im w. Gestadeland aber wie vor alters Griechen. Alle türkischen Besitzungen in Asien, die arabischen eingerechnet, schätzt man auf 1900000 qkm (34000 Q.-M.) mit 12½ Mill. Einw.

1) Auf dem eigentlichen Tafellande, welches als Hauptmasse die alten Landschaften Phrygien, Kappadokien und Lykaonien umfaßt, liegen im O. Siwas, eine lebhafte Handelsstadt, im S. Konia, das alte Ikonion, zur Zeit der Kreuzzüge die Hauptstadt eines Türkenreiches. Ikonion ist der Mittelpunkt aller sich in der Halbinsel kreuzenden Straßen. In dem alten Lande der Gálater, an die Paulus schrieb, Angóra. Merkwürdig, daß in den Umgebungen dieser Stadt (bei dem trocknen Hochlandsklima) viele Vierfüßler statt ihrer sonstigen Bedeckung weiche Seidenhaare tragen, aus denen das berühmte Kämelgarn gesponnen wird: so Katzen, Hunde, Kaninchen (Seidenhasen), vor allen Ziegen (Angoraziegen). Im W. von Angora reiche Gruben von Meerschaum, aus dem die berühmten Pfeifenköpfe geschnitten werden.

2) Die Nordterrasse am Schwarzen Meer zeigt uns zuerst das alte Pontos, vor dessen König Mithridates einst Rom zitterte. Lucullus, der gegen ihn kämpfte, brachte aus Kerasús, dem heutigen Kerasún, den Kirschbaum nach Europa. Die bedeutendste Stadt aber ist Trapezunt, 45000 E., im späteren Mittelalter einmal der Hauptort eines zweiten griechischen Kaisertums, noch jetzt ein sehr wichtiger Handelsplatz. — Weiter nach W. folgt das alte Paphlagónien; Sinópe, Vaterstadt des Diógenes, noch jetzt als Sinub bedeutende Hafenstadt. 1853 Zerstörung der türkischen Flotte durch die Russen. — Die Reihe schließt im W. das alte Bithynien. Nikomedien, am östlichsten Einschnitt des Marmara-Meers, türkisch Ismid, einst die glänzende Residenz Diokletians, jetzt wieder aus der Vergessenheit auftauchend, da es mit dem volkreichen Skutari (100000 E.), einer Art Vorstadt von Konstantinopel, durch eine (schon im Weiterbau nach dem Innern hin begriffene) Eisenbahn verbunden ist. Gen SW. folgt Nikäa, die Stadt der ersten allgemeinen (ökumenischen) Kirchenversammlung von 325, in den

Kreuzzügen starke Festung, jetzt **Isnik** genannt und ganz verkommen; dann **Brussa**, ehemals Residenz der bithynischen Könige, eine Zeitlang Hauptstadt des Türkenreiches (vor der Eroberung Konstantinopels), und noch jetzt, herrlich gelegen am Fuß des von ewigem Schnee bedeckten kleinasiatischen **Olymp**, eine der bedeutenderen Städte Kleinasiens mit 60000 E.

3) Das fruchtbare W.-Gestade am ägäischen Meer, im Altertum die Landschaften **Mysien** im N., **Lydien** in der Mitte, **Karien** im S., am Küstensaume mit reichen griechischen Koloniestädten besetzt; bedeutend jetzt nur **Smyrna** (türk. **Ismir**), einer der wichtigsten Handelsplätze der Welt, mit 187000 E., darunter sehr viele Europäer (oder, wie sie im Orient allgemein genannt werden, Franken), die ein eigenes Stadtviertel bewohnen. Viele andere Punkte sind besonders wegen der Erinnerungen an das Altertum wichtig. So der Fluß **Granikos**, an dem Alexander zuerst die Perser schlug, so die Stelle des alten Troja (Schliemanns Ausgrabungen). Die Stadt **Bergma** erinnert an das alte **Pergamos**, mit seinen Bücherschätzen (Pergament) und seinem Zeusaltar, dessen Reliefs jetzt in Berlin sind; **Manissa** an das alte **Magnesia**, wo der Magnet zuerst beobachtet ist. Die prächtige Hauptstadt Lydiens, **Sardes**, ist als **Sart** ein Aufenthalt schmutziger Türkenfamilien, am Fuße großartiger Ruinen. Von **Ephesos** an der Küste sind nur Trümmer da; desgleichen von **Miletos** an der karischen Küste. Ja, von dem letzteren läßt sich kaum die Stelle bestimmen, da der bei den Alten wegen seiner Krümmungen sprichwörtliche **Mäander**, an dessen einstiger Mündung Milet lag, sein Delta weit in die See vorgeschoben und die durch den Seesieg der Perser über die Jonier 496 v. Chr. berühmte Küsteninsel **Lade** jetzt landfest gemacht hat. Denn seit dem Altertum ist das Meer erheblich von der kleinasiatischen Westküste zurückgetreten.

4) Der Südrand, bei den Alten die Landschaften **Lyzien**, **Pamphylien** und **Kilikien** umfassend und als Sitz von Seeräubern verrufen, ist ein schwer zugängliches Gebirgsland. Wir merken uns nur den kleinen Ort **Selefke**, das alte **Seleukia**, am **Selef** (Kalykadnos), in dessen Flut **Friedrich Barbarossa** 1190 seinen Tod fand, und **Tarsos**, die Vaterstadt des Apostels Paulus, am **Kydnos** (Alexanders Bad und Krankheit).

5) An der vielgegliederten Westküste zieht sich eine Kette sie begleitender Inseln entlang. Wir merken von N. nach S. gehend a) das kleine **Ténedos**, dem alten Troja gegenüber, wichtig wegen seiner Lage am Hellespont und als Rastort für Flotten. b) **Lesbos** (auch **Metelino** nach dem Hauptorte genannt), südlich vom Kap **Baba**, fruchtbar und bevölkert; wichtiger Kriegshafen (Heimat der Dichterin Sappho). c) **Chios** (jetzt Skio), dem Vorsprunge gegenüber, der die Bucht von Smyrna bildet, die reichste und schönste unter allen (Wein, Mastixwälder); im Frühjahr 1881 durch ein furchtbares Erdbeben verwüstet. In derselben Richtung weiter im Meer das Felseninselchen **Ipsára**, durch heldenmütige Verteidigung im griechischen Freiheitskriege berühmt. d) **Samos**, nördlich von der Mündung des Mäander, Heimat des Philosophen Pythágoras und des Tyrannen Polykrates, bildet heute unter der Oberherrschaft der Türkei einen eigenen kleinen Staat mit griechischem Fürstenhause. Hauptprodukt: Muskatwein. Im SW. **Patmos**, jetzt **Palmosa**, Verbannungsort des Johannes, der dort nach der Sage die Offenbarung schrieb. e) Unter den vor Karien liegenden Inseln nennen wir **Kos** (jetzt **Stancho**), das Vaterland des Arztes Hippokrates.

6) Dem südwestlichen Vorsprunge der Halbinsel gegenüber liegt **Rhodos**, bei den Alten einer der mächtigsten Handelsstaaten. Die Hauptstadt lag

im NO.; neben ihrem Hafen stand der 47 m hohe Koloß von Rhodos, eines der sieben Weltwunder, der 222 v. Chr. durch ein Erdbeben umstürzte. — Im Mittelalter hatten Rhodos eine Zeitlang die Johanniter-Ritter im Besitz und schufen die ganze Insel zu einer Festung um (Schiller, Kampf mit dem Drachen). Unter der Türkenherrschaft ist, wie gewöhnlich, alles in Verfall gekommen. Doch ist Rhodos immer noch ein Hauptstandort der türkischen Flotte.

7) Im SW. der Spitze des Busens von Iskenderun liegt das gebirgige Cypern, 9300 qkm (170 Q.-M.) mit 166 000 E., wovon ⅗ Griechen sind. Wenn bei den Alten die Insel der Gottheit des Liebreizes heilig war, so mußte sie wohl dieser Ehre durch Schönheiten aller Art würdig sein. Und in der That ist sie eine der schönsten Erdstellen, reich an den verschiedensten Produkten. Kupfer, Cypressen, Cyperkatzen, Cyperwein haben daher ihren Namen. Von den Türken wurde sie 1571 den Venetianern entrissen. Seitdem verödete das Land; von einer Million Einwohnern blieb kaum ein Fünftel. Seit der 1878 erfolgten Besetzung durch die Engländer nimmt die Insel indes einen, wenn auch nur langsamen Aufschwung. — Hauptort ist Leukosia.

§ 47.

Mesopotamien.

Der Euphrat und der Tigris durchströmen nach ihrem Austritt aus Armenien (§ 45 Anf.) in SO.-Richtung erst gesondert, dann vereint Mesopotamien (d. i. Land zwischen den Flüssen). Dies ist eine sich allmählich zum persischen Meerbusen senkende Ebene, nur durch Winterregen erfrischt, im Sommer bei großer Hitze völlig regenlos, daher Steppe; aber von der Stelle an, wo die beiden Ströme zum erstenmal einander sich nähern, beginnt der Deltaboden mit Dattelpalmhainen und üppigster Fruchtbarkeit, soweit die Bewässerung reicht.

Pfeilschnellen Laufes enteilt der Tigris (d. i. Pfeil) dem Gebirge und führt in geschlossenem Bette seine Wasser ins Meer. Der Euphrat aber, wenn der Schnee in Armenien schmilzt, überschwemmt und befruchtet weithin den Boden. Darum erblühte in diesem Unterland die früheste Kultur Vorderasiens, zuerst die des turanischen Akkâdier-Volkes (welches die Keilschrift erfand), dann die der semitischen Babylonier, welche eine Zeitlang unter der am Mittellauf des Tigris begründeten Säbelherrschaft der ihnen verwandten Assyrier standen. Seit Eroberung Mesopotamiens durch die Araber (im 7. Jahrh.) herrscht daselbst Islam und arabische Sprache; seit der türkischen Eroberung verödete auch dieses Land.

Die Bewässerungskanäle, die „Wasserbäche Babylons", verfielen, die Schöpfräder, welche das Wasser verteilten, verminderten sich, die Schutzdämme stürzten ein. In blinden Läufen verschwendet der Euphrat jetzt sein Wasser großenteils an die Wüste oder führt es Sumpfseeen zu, sodaß die Felder, auf denen das Korn einst 200 fältige Frucht trug, heute auf weite Strecken in Steppe und Sumpf verwandelt sind. Den Rest seines Wassers ergießt der Euphrat heute in den Tigris, der von der Vereinigung an den Namen Schát-el-Aráb empfängt

Die größten Städte lagen stets auf dem Deltaboden, wo auch beide Ströme ab- und aufwärts (nicht wie oberhalb wegen der reißenden Stromgewalt bloß abwärts) zu befahren sind. Das uralte Bábêl (griechisch Babylôn), lag an beiden Seiten des Euphrat und zwar unsern der Stelle größter Annäherung desselben an den Tigris (vor der völligen Vereinigung). Ein ungeheures Mauerquadrat umschloß die 4—500 qkm haltende Fläche dieser größten Stadt der Welt, aus welcher noch Alexander d. Gr. den Mittelpunkt seines Weltreiches machen wollte. Jetzt sind von ihr nur noch Trümmer übrig: unzählige Backsteine und Thonscherben mit Keilschrift decken als Schutt die weite Ebene, aus welcher der zu einem seltsamen Spitzhügel zusammengeschwundene Rest des „Turms von Babel", des ehemals in 8 nach oben stufenweise schmaler werdenden Stockwerken bis zu 200 m ansteigenden Bêl-Tempels, hervorragt. Im WNW. der Ruinenstätte liegt Kerbéla, der heiligste Begräbnisort der Schiiten (§ 43 Anf.), deren Totenkarawanen aus Persien jährlich Tausende von Särgen mit verwesenden Leichnamen durch Maultiere hierher bringen und dadurch häufig den Ausbruch der Pest veranlassen. Die jüngeren Residenzen alle am Tigris, ungefähr n. von Babel: die der Seleukiden Seleukia am r. Ufer, die der Parther Ktésiphôn ihr gegenüber am l. Ufer (auch von den neupersischen Sassaniden benutzt; von ihr steht noch eine prachtvolle Palast-Ruine); wenig oberhalb Bagdád, erst von den arabischen Kalifen erbaut, einstmals der glänzende Herrschersitz Harún-al-Raschíds, auch jetzt noch Sitz des türkischen Pascha, 100000 E. Am Schát-el-Aráb Basra in ganz versumpfter Umgebung, aber durch seine Datteln berühmt. — Am Mittellauf des Tigris, hoch über dem rechten Ufer des Flusses gelegen, gewährt Diárbekr einen malerischen Anblick. Viel größer (57000 E.) ist Mósul (Musseline, feine Baumwollzeuge, hier im Mittelalter zuerst gefertigt und danach benannt) an der Abzweigung eines wichtigen Übergangsweges über das iranische Randgebirge. Daher lag Mosul gegenüber (auf dem l. Ufer) die assyrische Hauptstadt Ninive, deren Königspaläste man ausgegraben hat, und daher fand hier auch die Entscheidungsschlacht von Gaugaméla (dicht bei dem schon 606 durch die Könige von Babylonien und Medien vernichteten Ninive) statt, in welcher Alexander d. Gr. den letzten Perserkönig besiegte.

§ 48.

Syrien.

Südwestlich von Mesopotamien erhebt sich allmählich bis zu 700 m eine Kalkhochfläche der Kreideformation, welche in einer Entfernung von 50 km vom Mittelmeer durch ein großes Längenthal unterbrochen wird. In diesem fließt der Orontes (jetzt Nahr-el-Asi) gen N. und dann ins Mittelmeer, der Jordan nach S. durch die hier viel tiefer eingesenkte Thalung (das sogenannte Ghôr) in das 394 m unter dem Meeresspiegel gelegene Tote Meer. Jenseit dieser Flüsse erhebt sich die Hochfläche zu höherem Gebirge. Der ganz wüste O. wird die syrisch-arabische Wüste, der durch Winterregen besser benetzte W. im allgemeinen Syrien genannt; letzteres zerfällt in eine größere nördliche Hälfte, Syrien im engeren Sinn, und eine kleinere südliche, Palästina; beide, dem türkischen Sultan unterthan, haben eine arabisch redende mohammedanische Bevölkerung, doch ist auch die Zahl der christlichen Einwohner nicht gering: so giebt es allein in Palästina 23000 deutsche Kolonisten.

1) In der nördlichen Hälfte oder Syrien i. e. S., erhebt sich, und zwar w. von dem großen nordsüdlichen Längenthal der Libanon (d. i. Weißes Gebirge) bis 3100 m. Das Gebirge ist stark bewohnt und fleißig bebaut; schon aus der h. Schrift bekannt sind die Zedern des Libanon (jetzt bis auf einen Hain von nicht ganz 400 Bäumen zusammengeschmolzen; den sieben größten Stämmen desselben, welche bei 25 m Höhe in Brusthöhe einen Umfang von 14 $\frac{1}{2}$ m haben, schreibt man ein Alter von 3000 Jahren zu). Den östlichen Rand des Längsthales bildet der breite Hochrücken des viel niedrigeren Antilibanos. — Syrien war stets der Zankapfel der benachbarten Reiche, wie denn namentlich Ägypten von jeher nach seinem Besitze gestrebt hat. Nach Alexander wurde es Mittelpunkt der Monarchie der Seleukiden, dann nacheinander Beute der Römer und Mohammedaner, denen es Europa in den Kreuzzügen vergeblich zu entreißen suchte.

a) Der schmale Küstenstrich im W. des Libanon, durch Winterregen fruchtbar, war im Altertum im Besitz der Phönizier, die eben durch die Enge ihrer Heimat auf das Meer gewiesen wurden. Sie waren die Engländer der alten Welt in Erfindungen und Seefahrten. Ihre glänzenden Hauptstädte Sidon und Tyros sind als Saide und Sur jetzt nur kleine Flecken. — Beirût (Berytus) und Tripoli sind jetzt die wichtigsten Hafenplätze in jener Gegend, besonders Beirut, mit 85000 E. — An der Grenze von Palästina die kleine Feste Akka (im Altertum Accon oder Ptolemaïs genannt), in den Kreuzzügen und von Napoleon belagert.

b) Der Libanon wird besonders von zwei tapferen Gebirgsvölkern bewohnt, die sich von jeder Herrschaft ziemlich unabhängig erhalten: den Drusen, einer monotheïstischen Geheimsekte, und den Maroniten, einer Sekte der griechischen Kirche, die aber jetzt mit Rom vereinigt ist. Ihre Dörfer und zahlreichen Klöster hängen wie Adlernester an den Vorsprüngen und Terrassen des Gebirges. — Zur Zeit der Kreuzzüge aber hauste im Libanon die abscheuliche mohammedanische Schwärmer- und Mördersekte der Assassinen.

c) Das schöne Muldenthal zwischen den gleichlaufenden Gebirgen, schon von den Alten das hohle Syrien, Cölesyrien genannt, in welchem der Orontes nach N. fließt, bis er durch ein Querthal zu dem Mittelmeere durchbricht. Am unteren Orontes liegt Antakije, das alte Antiochia (Apostelgesch. 11, 26), einst eine der größten Städte mit etwa 700000 E., auch für die Geschichte der christlichen Kirche wichtig (hier wurden die Jünger Jesu zuerst **Christen** genannt), jetzt ein öder, verfallener Ort; am oberen **Orontes** ist die größte Handelsstadt **Hamah**; südlich von den Quellen des Orontes liegt **Baalbek**, mit den großartigen Ruinen zweier alter Tempel.

d) **Auf dem eigentlichen Kalkhochlande:** im N. **Haleb oder Aleppo**, wichtig durch seinen Karawanenverkehr mit dem nördlichen Mesopotamien, 110000 E.; im S. **Damaskus**, einst Saladins Residenz und immer noch Syriens Hauptstadt mit 150000 Einw., in einer Oase, welche ein Gebirgsbach des Antilibanos in einen wahren Lustgarten von Platanen und Cypressen, Obst- und Weinpflanzungen verwandelt hat. Um dieser anmutigen Lage willen wird Damaskus das „Auge des Ostens" genannt; blühend durch Handel und Gewerbe, zumal „die Schwertfeger von Damaskus", waren vor Zeiten berühmt.

e) In einer Oase der syrischen Wüste **Tadmor**, das alte **Palmyra**; es wurde besonders merkwürdig, als in den späteren Zeiten des Römerreiches hier ein kühnes Weib, **Zenobia**, sich zur Kaiserin des Ostens aufwarf. Sie wurde endlich besiegt; ihre Stadt, die damals mit Rom wetteiferte, ist jetzt ein armseliges Dorf, inmitten großartiger Ruinen gelegen.

2) **Die südliche Hälfte Syriens, Palästina oder Kanaan** (das gelobte d. i. von Gott dem Volke Israel verheißene Land) ist dem Umfange nach ein so kleines Land — wenig über 22000 qkm (400 Q.-M.) groß — daß die Despoten von Vorderasien es zu gar keiner besonderen Statthalterschaft gemacht, sondern immer nur als Anhängsel von Syrien betrachtet haben. Rings umgeben von den Residenzen der kolossalsten Reiche der alten Welt blieb dies Land und die Hauptstadt in seiner Mitte ziemlich unberührt von ihrem Völkertreiben. In der Geschichte der Religion ist aber das unscheinbare Land das wichtigste der Erde, von allen Monotheisten verehrt und **heiliges Land** genannt. Die Juden haben es besessen bis zur Zerstörung von Jerusalem 70 n. Chr. Es verdiente — denn jetzt ist das wegen Verödung nicht mehr so der Fall — den Ruf eines lieblichen Landes voll trefflicher Weideplätze und reicher Vegetation; seine sogenannten Wüsten waren meist nur Grasflächen ohne Anbau. Darum sprichwörtlich das Land, in welchem Milch und Honig fließt. Fast alle Erzählungen der h. Schrift haben hier ihren Schauplatz; darum kein Wunder, daß von jeher fromme Sehnsucht das Land zu sehen wünschte, daß im Mittelalter die ganze abendländische Christenheit es durch die **Kreuzzüge (1095—1270)** den Mohammedanern abzugewinnen suchte, daß immerfort gelehrte Reisende die Natur von Palästina, wie es in nachchristlicher Zeit genannt ward, näher zu ergründen suchen. —

Der einzige Strom Palästinas ist der **Jordan**. Seine Quellgegend ist am **Hermon**, jetzt **Dschebel-el-Scheich**, einem 2860 m hohen Berge, der mit dem Antilibanos zusammenhängt. Zwei Quellbäche verbinden sich am Fuß dieser majestätischen, den größten Teil des Jahres hindurch mit beschneitem Gipfel weithin leuchtenden Höhe zum Jordan. Dieser durchfließt den schlammigen Schilfsee Merôm, dann den größeren und fischreichen See Genezareth oder See von Tiberias (nach dem gleichnamigen Örtchen am Westufer), auch galiläisches Meer genannt, schon 191 m unter dem Mittelmeerspiegel, mit reizenden Bergufern und klarem, nicht salzigem Wasser. Aus dem See Genezareth strömt der Jordan durch das zur Sommerszeit glühend heiße Ghor, die tiefste Stelle der gegenwärtigen trockenen Erdoberfläche, in das 915 qkm (16½ Q.=M.) messende Tote Meer, einen tief blauen See, im O. und W. von bräunlichen Kalkfelsen umgeben, dessen Wasser, eine gesättigte Salzlake, zu ¼ feste Stoffe, ein Gemenge verschiedener Salzarten, enthält, so daß es widrig bitter schmeckt und die mit dem Jordanwasser hineinschwimmenden Fische sogleich darin sterben. Die südliche Fortsetzung des Ghor, das wieder in überseeischer Höhe gelegene Wâdi el Araba, zieht sich bis zum Roten Meer hin.

Das Land östlich vom Jordan — Peräa (d. i. das jenseitige) genannt —, geht alsbald in die öde Wüste des O. über.

Der westliche Teil beginnt im Norden mit der Hügellandschaft Galiläa, die steil gegen den Jordan und den See Genezareth, gegen S. in die Ebene Jesreel abfällt — der Lieblingsaufenthalt des Heilandes; am Südrande tritt der Tabor hervor, 600 m, nach alter Sage der Berg der Verklärung. An diesem Südrande liegt auch, an der Seite eines weiten Thalkessels amphitheatralisch ansteigend, Nazareth, jetzt En Nasirah, mit dem Marienbrunnen und der Felsengrotte der Verkündigung; auch Cana und Nain sind noch als Dörfer vorhanden.

Im S. von Galiläa treffen wir auf die Ebene Jesreel oder Esdrelon, vom Kison durchströmt, ein Schauplatz vieler Schlachten. Etwas südlich von der Kisonmündung ragt der Karmel, 500 m, wie eine Warte auf das Mittelmeer, mit sehr vielen Klüften, von jeher Zuflucht und Wohnort der Propheten, Einsiedler und Mönche. Auch jetzt liegt auf der Höhe ein Kloster der Karmeliter. Am Fuße des Karmel liegt Kaifa, in herrlicher Lage an der Bucht von Akka sich hinziehend, die größte der deutschen Kolonieen in Palästina, von denen die Araber den Ackerbau lernen. — Im S. der Ebene Jesreel erhebt sich wieder das in einzelne Bergzüge sich scheidende Hochland. Die nördlichen Berge nennt man das Gebirge Ephraim, die spätere Landschaft Samaria, von Samaritern, jenem Mischvolk aus Juden und Heiden, bewohnt, welches mit den Juden keine Gemeinschaft hatte. Die bedeutendste Stadt ist hier jetzt Nablus, das alte Sichem (Joh. 4). Es giebt hier noch eine kleine Samaritergemeinde. —

Im S. folgt das nicht so quellenreiche und weniger fruchtbare Judäa. Hier liegt Jerusalem, von den Arabern El Kuds, d. i. die Heilige, genannt. Es ist in einer kahlen, dürren Gegend auf einer Kalkhochfläche von 760 m Höhe erbaut, die durch Vertiefungen wieder in mehrere Teile zerfällt. Nur im N. geht diese Hochfläche sanft in die sie umgebende Hochebene über; sonst überragt sie, wenn auch nicht hoch, doch allerseits schroff ihre Umgebung.

Einzelne Höhen erheben sich aus dieser Hochfläche; eine derselben ist der Burgberg Davids Zion, auf dessen höchster Erhebung, die den Namen Moria führte, der Tempel lag (jetzt dort eine prachtvolle Moschee). Rings umlagern die Stadt Berggipfel, darunter im O. der Ölberg, 830 m, mit einigen noch erhaltenen, uralten Ölbäumen. Jerusalem hat jetzt 34000 E., zur größeren Hälfte mohammedanische, zur kleineren christliche und jüdische. Die Katholiken, Griechen, Armenier und andere Bekenntnisse haben hier große Klöster, in denen gegen die noch immer, besonders zur Osterzeit heranströmenden Pilger Gastfreiheit geübt wird. In Jerusalem und Umgegend ist jeder Fußtritt heiliger Boden; es giebt nicht ein Haus, das nicht seine fromme Sage hätte, nicht einen Stein, an den sich nicht eine heilige Erinnerung knüpfte, nicht eine Grotte oder Quelle, die nicht der Schauplatz einer heiligen Erzählung wäre. — Das größte Heiligtum der Stadt liegt in dem westlichen (christlichen) Stadtteil: die Kirche des heiligen Grabes, welche in gar nicht einheitlicher Bauweise alle Stätten des Leidens und Auferstehens begreift: das eigentliche Grab ist mit Marmor belegt und in eine besondere Kapelle eingeschlossen. Über dieser Kapelle wölbt sich die große Kuppel der Kirche. Alle Parteien der römischen und griechischen Kirche haben Teile der Kirche inne und ihre Lobgesänge verstummen nicht — aber leider kommt es auch hier unter ihnen mitunter zu traurigem Gezänke. Dies, sowie der stete Lärm und allenthalben sich zeigende gewinnsüchtige Eigennutz, stört dem christlichen Besucher den Eindruck gerührter Andacht, die an jenen Stätten sich mit Allgewalt geltend macht. — Im S. von Jerusalem liegt, 10 km weit, das von Christen bewohnte Bethlehem. Unter einer Kirche die Geburtsgrotte des Herrn, in welcher silberne Lampen brennen. Auf dem Boden ein Stern mit der Unterschrift: Hic de virgine Maria Jesus Christus natus est. Weiter südlich von Jerusalem Hebron mit der Patriarchengruft. In dem üppig fruchtbaren Jordanthale, wo noch die Dattel reift (infolge der tiefen Lage), liegt Jericho, heute ein elend verfallenes Dorf. — Von Jerusalem westwärts kommt man nach Ramla (Arimathia) und steigt dann von der Hochfläche hinunter in die durch ihren Blumenschmuck berühmte Ebene Saron am Meere. An der Küste desselben liegt Jafa, das alte Joppe, dessen ganz ungeschützte Reede mit schwerer Brandung der Haupthafen von Palästina ist. Die Ebene von Saron ist in ihrer südlichen Fortsetzung das Land der Philister, mit denen die Juden so viel zu kämpfen hatten. Von ihren fünf Städten, auch von dem einst festen Gaza, ist wenig mehr als Ruinenhaufen erhalten.

§ 49.
Die arabische Halbinsel.

Das Wadi el Araba trennt von dem eigentlichen Arabien die dreieckige Halbinsel Sinaï, welche von den beiden Nordzipfeln des Roten Meeres, den Busen von Sues und Akaba (§ 38), gabelartig umschlossen wird. Sie trägt in ihrem S. ein isoliertes, mächtiges Gebirge aus Granit und anderem Urgestein, das Sinaigebirge. Es ist ein von tiefen Thälern zerschnittenes, fast völlig vegetationsloses Massengebirge, das in mehreren Zipfeln, darunter dem Horeb, 2830 m hoch steigt.

Die eigentliche Halbinsel Arabien ist etwa 2³/₄ Mill. qkm (50000 Q.-M.) groß. Sie ist eine Hochebene von 500—1000 m Höhe, im N. durchaus mit schwarzgrauem Gestein überdeckt, im S. von einer Wüste losen, rötlichen Sandes eingenommen; in der Mitte liegen fruchtbare Thäler und Gebirgszüge, auch wieder durch Wüstenstreifen voneinander getrennt. An der Küste fassen kahle Berge die Hochfläche ein, denen ein schmaler heißer Küstensaum vorgelagert ist. Ein beständig fließender Fluß findet sich auf der ganzen Halbinsel nicht, sondern bloß Thalrisse, die nur, wenn es regnet (was meistens im Winter vorkommt), Wasser führen. Der Araber nennt sie Wâdis.

Arabien hat in vielfacher Hinsicht, auch in seiner Pflanzen- und Tierwelt, einen **afrikanischen Charakter** (Dattelpalme, einhöckriges Kamel). Seine Wüsten und seine Wasserlosigkeit haben die Araber, ein sehr genügsames Semiten-Volk, von jeher vor fremder Eroberung geschützt. Jahrhunderte hindurch haben sie sogar einen großen Teil der Welt beherrscht. Denn nachdem **Mohámmed** (gestorben 632) in Mekka als Verkündiger einer neuen Lehre aufgetreten und ihm nach schweren Kämpfen die ganze Halbinsel zugefallen war, entflammte das (nicht von Mohammed herrührende) Gebot des Koráns, mit dem Schwerte die neue Religion, den **Islâm** (d. i. Ergebung an Gott), auszubreiten, den Heldenmut der feurigen Araber. Unter den Nachfolgern Mohammeds in der Leitung der Gläubigen (den Kalifen) fiel den Moslim (d. i. den „Gott Ergebenen", den Bekennern des Islam) ein großes Stück Asiens (zähle nach den § 42 und 48 die Länder auf), die Nordküste von Afrika, ja sogar die iberische Halbinsel von Europa in die Hände; erst bei Poitiers 732 konnte Karl Martells Tapferkeit ihrem Vordringen Schranken setzen. Aus jener Zeit rührt es, daß außer in Arabien noch in so vielen Gegenden Asiens und Afrikas Araber wohnen. Die Kalifenherrschaft zerfiel; in vielen Ländern entstanden Türkenstaaten, die eigentliche Halbinsel kehrte in ihren früheren Zustand der Geteiltheit in kleine Gebiete zurück, bis um 1740 die strenge mohammedanische Sekte der **Wahhâbi** von Inner-Arabien aus einen großen Staat zu schaffen begann, der fast die ganze Halbinsel umfaßte und jetzt noch, obgleich mehr in das Innere zurückgedrängt, etwa so groß ist wie Frankreich und das deutsche Kaiserreich zusammen. In ihm führt der Imâm, das geistliche Oberhaupt der Glaubenseifrigen, völlig unbeschränkt auch die weltliche Herrschaft. Ungefähr gleichzeitig entstand im SO. der schon durch seine Lage auf den Handel mit Indien und Afrika hingewiesene **omânische Staat**, welcher den Wahhâbi tributpflichtig ist.

Arabien hat (ohne das türkische Gebiet und den Staat Oman) wenig über 2 Mill. Bewohner. Der größere Teil derselben ist **ansässig** in Dörfern und Städten, der kleinere, **Beduinen** (d. i. Söhne der Wüste) genannt, lebt **nomadisch**. Die Häuptlinge der einzelnen Stämme heißen **Scheiks**; der Fürst eines Staates wird Emir genannt, oder, wenn er zugleich geistliches Oberhaupt ist, Imâm. — Das Leben der Beduinen verläuft in der Zucht ihrer Kamele und ihrer weltberühmten windschnellen, aber wenig zahlreichen Rosse, in gegenseitigen Stammesfehden und damit zusammenhängenden Räubereien. Neben Tapferkeit ziert aber auch Treue, Großmut und Gastlichkeit den schweifenden wie den seßhaften Araber. Uraltes Herkommen ist die Blutrache, d. h. blutige Rächung des Getöteten durch seine Familien- und Stammesgenossen. Im übrigen gilt der Korán, das nach Mohammeds Tode aus seinen Aussprüchen zusammengestellte, aber mit mannigfachen Einschaltungen späterer Zeit versehene, heilige Buch der Moslim, als geistliches und weltliches Gesetzbuch.

1) Der Nordteil der SW.-Küste, **Hedschâs**, ist von der Türkei abhängig. Hier liegen die beiden heiligen Städte der mohammedanischen Welt, zu denen jeder Gläubige, wenn es ihm möglich ist, wenigstens einmal im Leben wallfahren soll; wer den Hadsch (die Wallfahrt) ausgeführt hat, darf sich dann den Ehrentitel Hadschi beilegen. **Medina** (arabisch Medinat-al-Nabi, d. i. Stadt des Propheten, früher Jatreb) am Rande der Wüstenplatte, wo die Gräber Mohammeds und der ersten Kalifen sind, 20000 E. Hierher flüchtete sich Mohammed, als ihm die Mekkaner, seine Landsleute, nachstellten, am 16. Juli 622, und nach dieser Flucht (**Hedschra**) rechnen alle Mohammedaner ihre Jahre. Etwa 300 km südlicher liegt **Mekka** in einem engen, sandigen, von hohen Bergen umgebenen Thale, mit 45000 E. Das Hauptheiligtum ist die große Moschee, ein von Kolonnaden eingefaßter Platz mit einer Anzahl besonders geheiligter Stätten. Die wichtigste derselben ist die **Kaaba** [ka-âba], ein würfelförmiges Gebäude, in dessen eine Außenwand jener heilige schwarze Stein (vielleicht ein Meteorstein) eingemauert ist, welchen der Legende nach der Engel Gabriel Abraham vom Himmel gebracht hat. Die Kaaba ist mit einer Decke von schwarzer Seide behangen; ihr Inneres ist leer, jedoch mit einigen von der Decke herabhängenden Teppichen und Lampen geschmückt. Es zu betreten gehört nicht zu den Pilgervorschriften, deren oberste vielmehr der Umlauf um die Kaaba und das Anhören der Predigt auf dem unweit Mekkas gelegenen Arafatberge sind. — Den Hafen für Mekka bildet **Dschidda**, 30000 E.

2) Die SW.-Ecke oder **Jemen**, jetzt auch von der Türkei abhängig, ist das Vaterland köstlichen Weihrauchs und Balsams; auch gedeiht hier vorzüglich der Kaffeebaum. Der Kaffee wurde früher besonders aus dem Hafen **Mocha** (Mokka) ausgeführt, weshalb man den arabischen Kaffee bei uns Mokka-Kaffee zu nennen pflegt. Jetzt ist der Ort ganz verfallen, und der „Mokka-Kaffee" kommt fast ausschließlich aus der afrikanischen Landschaft Harâr. — Die Engländer haben die Insel **Perim** in der Bab-el-Mandeb-Straße in Besitz genommen und seit 1839 die vulkanische Halbinsel **Aden** (schon an der SO.-Küste), welche sie zu einem arabischen Gibraltar ausge-

baut, und deren Hafen sie zu einem verkehrsreichen Freihafen erhoben haben, so daß die Stadt Aden [áden] (23000 E.) die wichtigste Handelsstadt Arabiens, ja ein Knotenpunkt des Seeverkehrs zwischen Europa, Süd=Asien und Ost=Afrika (vermittelst des Sues=Kanals) geworden ist.

3) Die SO.=Küste nimmt zum Teil das von zahlreichen Beduinenstämmen bewohnte Hadramaut, den Ostsaum Süd=Arabiens aber das Sultanat Omân ein. Letzteres ist der bevölkertste Teil von Arabien, sein Beherrscher wird gewöhnlich Fürst (fälschlich Imâm) von Maskât genannt. Diese lebhafte Handelsstadt mit 20000 E. und vortrefflichem Hafen, gesichert durch einen Kranz kleiner Forts auf den umliegenden Höhen, verdankt ihre Blüte dem Stifter des omanischen Staates, Sejjid Seid, der den handeltreibenden Fremden, besonders den Engländern, freien Zutritt verstattete; er besaß selbst eine nicht unbedeutende Flotte und eroberte von hier aus ein Stück der gegenüberliegenden Küste von Persien und Belutschistan, ja einen Teil der Ostküste Süd=Afrikas mit Stadt und Insel Sánsibar. Seine Söhne indes teilten die Besitzungen unter sich. In Abhängigkeit von Oman standen längere Zeit auch die durch ihre Perlenfischerei berühmten Bahrein=Inseln im persischen Meerbusen; und noch jetzt gehört zu Maskat die wichtige Perleninsel Ormûs.

4) Nêdschêd oder das n. w. Central=Arabien, eine von Felsengebirgen durchzogene Hochebene, eine Wüste voll weizen= und dattelreicher Oasen. Hier ist die Heimat der edelsten Rosse und der schnellsten Kamele; hier schuf Mohámmed Abd=el=Wahhab jene Sekte der Wahhâbi oder Wahhabiten, welche ihre Reformation des Islam nach dem Grundsatz „Glauben oder Tod" mit glühendem Fanatismus ausbreiteten, voll Haß gegen die genußsüchtige Schlaffheit der osmanischen Türken und ihres Sultans. Oman ist ihnen tributpflichtig. Ihre Hauptstadt Deraîje [bera=îje] wurde 1818 durch Ibrahim Pascha von Ägypten zusammengeschossen; bald aber wurde nicht weit davon Er Riâd, 28000 E., als neue Hauptstadt und Residenz des Wahhabi=Imams inmitten zahlreicher, streng verwalteter Provinzen erbaut.

§ 50.
Die vorderindische Halbinsel.

Vorder=Indien bildet ein $3\frac{1}{4}$ Mill. qkm (63000 Q.=M.) großes Viereck, welches durch den Wendekreis in zwei Dreiecke geschieden wird: in ein nördliches, Hindostân (d. i. Hindulaud) und in ein südliches, die Halbinsel Dékhan (d. i. Südland). Der vom Gürtel der Palmen durch den der Nadelwaldung bis in die Höhe des ewigen Schnees reichende Himâlaja bildet eine so gewaltige Schranke gegen Hochasien, daß beide Dreiecke noch enger aufeinander angewiesen sind, und man beide zusammen als die vorderindische Halbinsel bezeichnet.

1) Hindostân ist überwiegend Tiefebene; im W. das heiße und trockne Flußgebiet des Indus, der vom Nordrand des Himalaja im rechtwinkligen Knie nach Indien eingetreten r. den Kabul (§ 43) auf=

nimmt und l. vier zuletzt miteinander vereinte Flüsse, mit denen er das sogenannte Pandschâb (d. i. Fünfstromland) durchströmt. Dies ist eine hügelige, baumlose Fläche, welche in ihrer nördlichen Hälfte von Ackerfeldern eingenommen ist, nach Süden aber immer trockener und heißer wird und endlich in die mit lockeren Sandhügeln und harten Salzkräutern bedeckte Wüste Tharr übergeht. Östlich folgt das eigentliche Hindostân, seit alters der Hauptsitz der Hindus, das heiße, aber durch die sommerlichen Monsunregen gut befeuchtete Flußgebiet des Ganges. Der Ganges entspringt nebst seinem wichtigsten r. Nebenfluß, der Dschamna, auf der indischen Abdachung des Himalaja und vereinigt sich ungefähr in der Mitte seines Laufes mit der Dschamna. Alljährlich überfluten beide die Ebene und verwandeln sie dadurch in ein Gebiet von staunenswerter Üppigkeit und Mannigfaltigkeit der Vegetation. Das Mündungsland des Ganges aber ist sumpfig; seine Mündungsarme verschlingen sich mit denen des Brahmaputra (d. i. Blume des Brahma), welcher aus Tibet kommend ähnlich dem Indus, jedoch in entgegengesetzter Richtung, den Himalaja auf dem tibetanischen Hochland als Dsang-bo umfließt.

2) Dekhan ist eine in das Kap Komorîn auslaufende Hochfläche, hauptsächlich gen O. geneigt, wie die Flüsse zeigen; umgeben wird dieselbe im N. vom Windhia-Gebirge, an den Küsten von den etwas aufgeworfenen Rändern, den Ghâts (d. i. Treppen), und zwar an der ö. oder Koromándel-Küste von den Ost-Ghâts, an der w. oder Málabar-Küste von den höheren West-Ghâts. Sie endigt im S. mit den Nilgiri-Bergen, 2600 m, worauf sich jenseit einer schmalen Senke das isolierte Kardamûm-Gebirge noch bis 2700 m erhebt.

Außer dem Indusgebiet, wo noch die Dattelpalme und das einhöckrige Kamel (sowie der Löwe) vorkommen, Steppe und Wüste vorherrscht, ist Vorder-Indien nebst Zeilon durch den Reichtum seiner Tier- und Pflanzenwelt ausgezeichnet, wie ihm auch ausgiebige Steinkohlenflöze und Edelsteine in seltenster Fülle beschieden sind. Hier hat der Pfau sein Vaterland, hier weiden noch Herden des indischen (d. h. asiatischen) Elefanten, im Dickicht haust der (nach Bengalen benannte) Tiger und die Riesenschlange, in den Flüssen lauern riesige Krokodile (Gaviale). Von wichtigen Nutzgewächsen sind in Vorder-Indien alteinheimisch die Baumwolle, das Zuckerrohr und der (nach Indien den Namen führende) Indigo. Besonders im Ganges-Land, wo zu bereits tropischer Wärme und Regenfülle sich das fette Erdreich des von den Flüssen aufgeschwemmten Bodens gesellt, ist das Pflanzenwachstum von tropischer Großartigkeit; dort schwimmt die unseren Wasserrosen verwandte Lotosblume auf dem Spiegel der Gewässer und die Banjane oder heilige Feige der Hindus bildet mit ihren aus den Ästen senkrecht in den Boden wachsenden Luftwurzeln natürliche Tempelhallen; Palmen gedeihen neben baumhohen Bambusgräsern, und der Reis giebt überreiche und **mehrmalige Ernten im Jahr**. Er ist das Hauptgetreide im ganzen Monsun-Asien d. h. in dem ganzen SO. des Erdteils, soweit er (bis nach Japan hin) durch den feuchten Sommermonsun (§ 17) befruchtet wird. Feucht aber ist dieser, weil er — durch die starke Erhitzung des asiatischen Innern angezogen — vom Meere landeinwärts weht. Ferner gewinnt man unter der indischen Sonne aus den noch unreifen Kapseln des auch bei uns gebauten Mohns (Papáver somníferum) als Milchsaft den Stoff des Opiums; an der Malabar-Küste wächst der kletternde Pfefferstrauch, nach dem Karbamum-Gebirge tragen die aromatischen Ingwerfrüchte (Karbamomen) ihren Namen, auf Zeilon schält man die beste Zimmetrinde von hohen Lorbeerbäumen, und eben dort liefern die Kokoswälder massenhaften Ertrag. Die Engländer erwarben sich in unserem Jahrhundert große Verdienste durch Anpflanzen des Kaffeebaums auf Zeilon und im s. Dekhan, des Thees am Himalaja und durch eine so große Ausdehnung des Baumwollbaus, daß Vorder-Indien jetzt nächst den Vereinigten Staaten von Amerika die meiste Baumwolle liefert.

Nicht weniger als 268 Millionen Menschen bewohnen diese schöne Halbinsel, hauptsächlich dem Volke der **Hindus** angehörend. Aus uralter Zeit stammen die heiligen Religionsbücher desselben, die **Vedas** [wēdas], geschrieben in der heiligen, jetzt nicht mehr im Verkehr gebrauchten **Sanskrit**-Sprache. Die Hindus verehren die dreigeteilte Einheit der Götter Brahma, Wischnu und Schiwa. Der erste Gott **Brahma** ist der Schöpfer. Aus seinem Hauche ging bei der Schöpfung die erste Kaste (eigentlich Farbe, d. h. erblicher Stand) der Hindus hervor: die Weißen oder Brahminen (d. i. Gebet Sprechende); aus seinen Armen die Roten oder Krieger, aus seinen Schenkeln die Gelben oder Ackerbauer und Kaufleute, aus seinen Füßen die Schwarzen oder die Dienenden und Handwerker. Die vier Farben (ungenau Kasten genannt) zerfallen in etwa 40 Unterabteilungen mit bestimmt vorgeschriebener Beschäftigung, streng unter sich geschieden; alle zusammen verabscheuen die sogenannten unreinen Kasten oder richtiger die kastenlosen Menschen. Diese sind durch Mischung der reinen Kasten mit fremden Völkerelementen entstanden oder entstammen den dunkeln Ureinwohnern (den **Dravidas**). Die **Pârias** sind vornehmlich verachtet und gemieden. Der zweite Gott

Wischnu (Erhalter) ist öfter auf Erden erschienen, immer in Tiergestalt. Daher die heilige Scheu, das Leben der Tiere, besonders der Rinder, aber auch unverschämter Affenarten, ja selbst des Ungeziefers anzutasten. Der dritte Gott, Schiwa, stellt die zerstörende, aber zugleich neuschaffende Naturkraft dar; er ist Mahadêwa, „der große Gott", der wiederholt in Menschengestalt unter den Menschen gewandelt hat. Diese drei oberen und eine Menge Untergötter werden von den Hindus mit eifrigem Aberglauben verehrt. Da giebt es unterirdische Höhlentempel, ganze Felsenketten, die zu Tempeln ausgehöhlt sind.

Das sanfte, dichterische, religiös schwärmerische Volk der Hindus hat durch Unterwerfung der Dravidas sich zum Herrn des Landes gemacht, aber nie an Eroberungen nach außen gedacht; darum aber ist es von fremden Eroberern nicht verschont geblieben. Nach Alexander d. Gr. versuchten die Seleukiden Eroberungen in Indien. Am besten gelangen solche seit 1000 n. Chr. mohammedanischen Völkern von türkischem und von mongolischem Stamme. Der letztgenannte Stamm gründete um 1400 ein großes Reich mit der Hauptstadt Déli. Hier residierte der Kaiser, der sogenannte Großmogul. Sein Reich wurde durch allerhand Feinde geschwächt. Aber der Hauptfeind waren die Europäer. Seit Vasco da Gama 1498 den Seeweg nach Ostindien gefunden, kamen in Indien zuerst die Portugiesen zu großer Macht, hernach die Niederländer und die Franzosen; dann gehorchte (seit dem vorigen Jahrhundert) den Engländern der bei weitem größte Teil des Landes, nicht aber unmittelbar der englischen Krone, sondern einer Handelsgesellschaft, der ostindischen Compagnie. Von der Königin Elisabeth 1600 gestiftet, besaß sie 1640 noch keine Scholle Land; vor kurzem aber noch gebot sie durch ihren General-Gouverneur über fast 3 Mill. qkm (60000 Q.-M.), die teils unmittelbar unterworfen, teils tributpflichtigen Fürsten unterthan waren. Im Jahre 1857 brach aber unter den aus Seapoys [spues], d. h. eingeborenen Soldaten, zusammengesetzten Regimentern ein Aufstand gegen die Herrschaft der Compagnie aus, der wichtige Folgen gehabt hat. Um gegründeten Beschwerden und Klagen abzuhelfen, wurde die Herrschaft der Compagnie aufgehoben und Indien 1858 unmittelbar unter die Krone gestellt, die einen Vizekönig eingesetzt hat. Das englische Gebiet in Vorder-Indien, zusammen mit dem englischen Besitz im westlichen Hinter-Indien 1877 zum Kaiserreich Hindostan erhoben, zählt fast 3 Mill. qkm (52000 Q.-M.) mit 212 Mill. E.; dazu kommen noch etwa 800, im wesentlichen auch von England abhängige vorderindische

Staaten unter einheimischen Fürsten, sogenannte englische Schutzstaaten. Franzosen und Portugiesen haben nur noch gering-
fügige Küstenbesitzungen in Dekhan. Neben dem Brahmaismus,
immer noch der Religion von 140 Mill. Hindus, zählt der Islam
etwa 54 Mill. Bekenner, und das Christentum (in protestantischer
und katholischer Kirche) beinahe 2 Mill.

1) Im Himalaja liegt n. w. im obern Indusgebiet das zu den
Schutzstaaten gehörende Kaschmir, ein reizendes, stark bevölkertes Hoch-
thal mit heiterem, mildem Klima. Es zeigt die üppigste Vegetation aller
europäischen Südfrüchte. In der Hauptstadt Srinagar, 150000 E., bereitet man köstliches Rosenöl und die berühmten Kaschmir-Shawls (von dem
Unterhaar besonders einer Ziegenart). — Am Himalaja, im obersten Indusgebiet, Ladák, jetzt zu Kaschmir gehörig; im Gebiet des Ganges und Brahmaputra der Schutzstaat Sikkim und die unabhängigen Staaten Nepál und
Bhután.

2) Im Tieflande des Indus, und zwar im Pandschâb, das den
Engländern unterworfene Land der Sikhs mit der Hauptstadt Lahór,
150000 E. Noch größer Amritsar, 152000 E., die heilige Stadt der Sikhs.
Attok, am Zusammenfluß des Indus und Kábul. — Am unteren Indus das
sandige Küstenland Sind.

3) Im Tieflande des Ganges, dessen O.-Teil Bengalen heißt,
liegen überwiegend unmittelbar britische Besitzungen. Déli, einstige
Residenz des Großmogul, voll prachtvoller Trümmer und herrlicher Gärten:
um 1700 noch größer als London, jetzt auf 173000 E. herabgekommen. Auch
Agra, einst die zweite Stadt des Mogul, ist gegen früher gesunken; seine
160000 E. wohnen noch innerhalb der alten Stadtmauer, aber umgeben von
Schutt und Ruinen. Allahabád am Ganges (wo dieser die Dschamna aufnimmt), der bedeutendste Waffenplatz der Engländer, 150000 E. Diesen Fluß
etwas weiter hinab liegt das heilige Benáres, 200000 E., mehr als tausend Tempel; Hauptwallfahrtsort und uralte Brahminenschule. Unter den
Menschen drängen sich auf der Straße unzählige heilige Tiere umher. Auch
der Ganges, zu dem breite Treppen (Ghâts) hinabführen, wird hier besonders
verehrt; Scharen von Pilgern kommen, um sich hier im heiligen Strom zu
baden, viele ziehen in ihren alten Tagen hierher, um nach ihrem Tode in ihn
geworfen zu werden. Unterhalb Benares am Ganges Patna, 170000 E.,
und an einem linken Gangeszuflusse, im früheren Vasallenstaate Audh,
Laknau, 260000 E. — Am Hugli, dem hier für große Seeschiffe fahrbaren
westlichsten der zahlreichen Mündungsarme des Ganges, liegt ziemlich ungesund (das Mündungsland des Ganges, Nieder-Bengalen, ist die Heimat
der Cholera) die Hauptstadt des britischen Indiens Kalkáta oder Kalkutta,
vor hundert Jahren ein unbedeutender Ort, seit 1773 Sitz des General-Gou-
verneurs, jetzt des Vizekönigs, mit den Vorstädten 700000 E. Die Innen-
stadt besteht (wie dies bei den indischen Städten oft der Fall ist) aus der regelmäßigen Europäerstadt und der schmutzigen engen Hindustadt. Kalkata ist
ganz offen; aber im S. liegt die stärkste Festung Indiens, das Fort William
[uiljäm].

4) Auf der Hochfläche von Dekhan liegen mehrere Tributstaaten. Der
Staat des Nisam von Haidarabád, früher das Reich Golkonda,
durch Diamantenreichtum sprichwörtlich, mit der Hauptstadt Haidarabád,

350000 E. Bei dem Dorfe Ellórah ist ein 15 km langes Gebirge zu unzähligen Tempeln ausgemeißelt. In dem Reiche Maissur mit der Hauptstadt gleiches Namens herrschte einst Tippo Saïb, ein Hauptfeind der Engländer; bedeutender als Maissur ist n. ö. davon Bangalore, 160000 E., auf schwer zu ersteigender Höhe ein Hauptbollwerk der Engländer.

5) **Auf der Küste Málabar**: Suráte, noch immer groß (110000 E.) und durch Handel mit Persien blühend, jedoch neuerer Zeit durch Bombay überholt; Hauptsitz der Tempeltänzerinnen oder Bajaderen. Bombay [bombē] auf einem Küsteneiland, mit dem besten Hafen Indiens, große Fabrikstadt und Hauptstapelplatz des Handels an der W.-Seite Vorder-Indiens, hat sich seit dem Beginn der Baumwollenausfuhr ungemein gehoben, jetzt 770000 E., darunter viele Parsen. In der Nähe die Inseln Salsette und Elephanta, beide mit unterirdischen Höhlentempeln. Bei Kalikat oder Calicut betrat Vasco da Gama den Boden Indiens. Goa, einst die glänzende Hauptstadt des portugiesischen Indiens, jetzt gänzlich in Verfall; fast ebensoviel Kirchen wie Häuser. In gesunderer Lage ist auf einer Küsteninsel mit einem der besten Häfen der ganzen Málabar-Küste Villanóva de Goa (Neu-Goa), die jetzige Hauptstadt des portugiesischen Besitzes in Vorder-Indien, entstanden. — Auf der Küste Malabar finden sich Christengemeinden, die sich Thomaschristen nennen, weil der Apostel Thomas zuerst in Indien das Evangelium verkündigt haben soll. Sie sind teils mit der römischen Kirche vereinigt, teils gehören sie zur Sekte der Nestorianer.

6) **Auf der Küste Koromandel** als wichtigste Handelsstadt Madras, 410000 E., obwohl nur mit einer offenen Reede (denn gute Häfen giebt es an der ganzen Küste nicht). Ponditschérri, Hauptstadt der französischen Niederlassungen.

7) **Die Südspitze** gehört teils den Schutzfürsten von Travánkur, teils unmittelbar den Engländern.

Die vorderindische Halbinsel ist (wie kein anderes Land Asiens) von einem ausgedehnten Eisenbahnnetze überzogen, welches die meisten großen Städte untereinander verbindet.

Wir merken noch zum Schluß einige Inseln und Inselgruppen:

Vor der Küste Malabar liegen die Lakkadiven, eine Menge von Inselchen (keine über 15 qkm groß), arm und meist zum Teil von Mohammedanern unter Häuptlingen bewohnt. Weiter südlich liegen die Malediven, über 12000 Inselchen und Klippen, aber nur 40—50 etwas größer, ebenfalls von Mohammedanern bewohnt. Über sie herrscht ein Sultan, der auf Male residiert. Beide Inselgruppen sind durch Korallenriffe geschützt, beide die Fundorte der Kauris, kleiner Schnecken, deren Gehäuse einige indische und afrikanische Völker als Scheidemünze gebrauchen (sogenanntes Muschelgeld).

Weit wichtiger ist Zeilon oder Seilang, das Taprobáne der Alten, 64000 qkm (fast 1200 Q.-M.) mit gegen 3 Mill. E. Im NW. trennt der Golf von Manaar (wo wichtige Perlenfischerei) und die Palkstraße die Insel vom Festlande; doch verbindet eine Sandbank mit mehreren wie Brückenpfeiler über die Seefläche emporragenden Inseln, die Adamsbrücke, Festland und Insel. An Adam erinnert auch einer der höchsten Berge des S.-Gebirges der Insel, der 2200 m hohe Adams-Pik; auf dem höchsten Gipfel desselben, der nur durch Leitern und zuletzt nur durch lange von der Spitze herabhängende Ketten zugänglich ist, zeigt man den 1⅔ m langen und ⅔ m breiten Fußeindruck Buddhas, der hier vom Himmel auf die Erde gestiegen sein soll; von Zeilon aus hat sich der Buddhismus (§ 34) verbreitet. Die Insel, das an Edelsteinen mannigfaltiger Art reichste Land der Welt, wurde anfangs auch von den Portugiesen beherrscht, dann von den Holländern, seit 1796 von der englischen Krone. Auf den 500 m über das Meer sich erhebenden Hochfläche des Innern liegt die alte Residenz der Sultane, Kandy; im W. die jetzige Hauptstadt Kolambo oder Kolombo (zugleich Hauptausfuhrhafen) mit 110000 E., im SW. Point de Galle [peunt de galle] oder Goll, 50000 E., wichtige Hafenstation für den Verkehr auf dem indischen Ozean.

§ 51.
Die hinterindische Halbinsel.

Hinter=Indien, die Halbinsel zwischen den Busen von Bengalen und Tongking, ungefähr $2^1/_5$ Mill. qkm (40000 Q.=M.) groß, ist eine nicht sehr hohe, von Bergzügen vielfach unterbrochene Hochfläche, deren aufgeworfene, Gebirgszügen ähnliche, dicht bewaldete Ränder zu einem breiten Küstentiefland ziemlich steil abfallen. Ein Gebirgszug indes setzt sich über die Hochfläche hinaus fort und bildet zwischen den Busen von Martabân und Siam den breiten Rücken der Halbinsel Malákka, welche erst in der Nähe des Äquators in dem Kap Buru endigt. Breite, tief eingeschnittene Längsthäler trennen die Höhenzüge voneinander und weisen gewaltigen Strömen den Weg nach S.; in Stromengen und Stromschnellen steigen diese von dem Hochlande herab und münden in weit vorgebauten Deltas: die trübe Jrawadi in den Busen von Martabân, der wasserreiche Menam in den Busen von Siam, der rasche Mekong in das chinesische Meer.

Der Boden Hinter=Indiens ist stellenweis vulkanisch; seine Natur tropisch reich, zumal in dem wohlbewässerten Küstenlande ihre Gaben fast von selbst darbietend; der Mensch lebt daher träge und gedrückt in Despotenstaaten. Die Bevölkerung gehört schon der mongolischen Rasse an (auf der Halbinsel Malakka aber der malaiischen). Ihre Religion ist der Buddhismus, welcher zwar die Götter des Brahmaismus bestehen läßt, aber die Farbeneinteilung verwirft und sein Wesen in die Reinigung der Gesinnung setzt.

1) Die englischen Besitzungen an der W.=Seite. An die Landschaft Assâm (am Brahmapûtra nach dessen Austritt aus Tibet) schließen sich die Landschaften an Hinter=Indiens W.=Küste Arakán, Pegú, Tenásserim, wertvoll durch das für Masten vorzügliche Tiekholz ihrer Gebirgswälder und die ungeheuren Reisernten ihrer Niederungen, besonders auf dem Deltaboden der Jrawadi. Hier liegt die Hafenstadt Rangûn, 130000 E., die Hauptstadt dieser von England dem Reiche Birma abgewonnenen Besitzung, die deshalb Britisch=Birma genannt wird. Die Insel=

reihen der Andamanen und Nikobaren mit argem Fieberklima werden von der englisch=indischen Regierung als Strafkolonie benutzt.

Ebenfalls unter englischer Verwaltung steht der Rest des sogenannten Reiches Birma an der Irawadi. Der wahre Name desselben ist Mran=má, in der Volkssprache Bamá, woraus sich der fehlerhafte Name Birma gebildet hat. Hauptstadt desselben ist Mandalē, 65000 E.; die frühere Amarapûra, verlassen und in Trümmern, wird nur noch von wenig tausend Einwohnern bewohnt.

2) Das Reich Siam — eigentlich Schan — begreift das Gebiet des Menam mit etwa 6 Mill. Einw. Der König, der stolze Herr des siebenfachen weißen Sonnenschirms (welcher als Zeichen des Königtums gilt) nennt sich den „Herrn des weißen Elefanten", da ein solcher, nach der buddhistischen Sage für heilig gehalten, für den Herrscher seiner Rasse gilt. Die Hauptstadt Bangkok, von einigen auf $^1/_2$ Mill. Einw., von andern nur halb so groß geschätzt, an dem Menam nahe der Mündung, umschließt zahllose Tempel, deren vergoldete Türme weithin über die Bäume schimmern. Nördlich von Siam liegen die 6 Staaten von Lao, welche in loser Abhängigkeit von Siam stehen. — Siam ist mit mehreren europäischen Mächten in freundschaftliche Beziehung getreten und scheint sich der Kultur erschließen zu wollen. Chinesen sind hier in Massen heimisch geworden, da sie die ihnen nach Rasse, Sprache und Religion verwandten Eingeborenen an Fleiß weit übertreffen.

3) Das Reich Annam an der O.=Seite, wo die chinesische Bevölkerung ebenfalls durch Zuwanderung beständig wächst, begreift Tongking und den Küstenstreifen Kotschin=China mit der Hauptstadt Huē. Der S. an der Mündung des Mekong ist französische Kolonie; Hauptstadt Saï= gon. Das n. w. von Französisch=Kotschin=China gelegene Kambodscha ist seit 1863, ganz Annam mit Tongking und den in den nördlichen Gebirgen gelegenen Laotse=Staaten seit 1883 teils unter französischer Verwaltung, teils französischer Schutzstaat.

4) Die Halbinsel Malákka voll kleiner mohammedanischer Reiche, im S. wichtig wegen Zinnreichtums und der Malakka=Straße aus dem indischen in den Stillen Ozean. Daher war Malakka der älteste (von den Portugiesen schon 1511 eroberte) indische Marktort der Europäer und gehört jetzt mit zu den englischen Straits Settlements [strēts séttl'ments] (d. i. Straßen=Niederlassungen, nämlich an der festländischen Seite dieser Meer= straße). Weitaus am wichtigsten aber wurde für den Seeverkehr um die SO.=Ecke Asiens der 1819 von den Engländern auf einem Eiland vor der S.=Spitze Malakkas gegründete Freihafen Singapûr, 140000 E., von denen die meisten Chinesen sind.

§ 52.

Indonesien oder die hinterindische Inselwelt.

Die hinterindischen Inseln, der Rest einer Landmasse, die in unendlich ferner Vorzeit Asien und Australien verband, sind zum großen Teil gebirgiger und vulkanischer Natur. An Hinter=Indien und Malakka legt sich eine unterseeische Platte an, deren Ränder steil in die Tiefe des indischen Ozeans abfallen. Die breiten Rand-

§ 52. Indonesien oder die hinterindische Inselwelt.

erhebungen dieser Platte bilden die Inseln Sumâtra, Java mit Bali und Bórneo; das seichte Meer zwischen ihnen ist die Sunda=See. Jenseit einer tiefen unterseeischen Furche folgen dann auf einer nord=südlichen Vulkanreihe die Philippinen und Selêbes, währen die Java durchziehende Vulkanreihe von Lombok an in den Kleinen Sunda=inseln und den Molukken sich fortsetzt. Tropische Hitze und Regenfülle macht die Inseln waldreich und sehr fruchtbar.

Die Bewohner sind vorwiegend Malaien, eingewanderte Chinesen sind jedoch auch hier häufig. Herren des Archipels (der auf etwa 2 Mill. qkm (36000 Q.=M.) gegen 35 Mill. E. zählt) sind für den größten Teil die Holländer; doch haben auch die Spanier, Portugiesen und Engländer hier Besitzungen.

1) Die Großen Sundainseln.

a) Sumâtra, wird in seiner ganzen Länge an der Westküste entlang von dem Barisan, einer Gebirgskette, durchzogen, die in einigen Vulkanen über 3600 m steigt. Die ganze östliche Hälfte ist eine flache Ebene, von der oft weite Strecken unter Wasser liegen; diese heißen Lampong (d. i. unter Wasser schwebend). Inmitten derselben liegt teils auf den beiden Ufern des Musi=Flusses, teils auf großen Flößen in demselben die niederländische Hauptstadt Palembang. Seit der Besiegung der tapferen Atschinesen im N. sind die Holländer Herren der Insel und tragen viel zur Bodenkultur (Reis, Tabak) und zur Civilisierung der nicht untüchtigen, aber trägen Eingeborenen bei. Der Ostküste gegenüber liegen die äußerst zinnreichen, gleichfalls den Holländern gehörigen Inseln Bangka und Bilton.

b) Java oder Dschâwa, 130000 qkm (2300 Q.=M.) mit 22 Mill. E., durch die Sundastraße von der Südostspitze der vorigen getrennt, die schönste der Sundainseln, „die Perle in der Krone der Niederlande", fast viermal so groß als das Mutterland. Ein Hauptherd vulkanischen Feuers (seine 45 Vulkane steigen bis zu 3700 m), hat Java eine herrlich üppige Vegetation, ist aber zugleich unter dem Einfluß der niederländischen Regierung durch die eingeborenen Malaien trefflicher bebaut als irgend eine andere Tropeninsel, namentlich mit Reis, Kaffee und Zuckerrohr. Im W. der N.=Küste liegt Batâvia mit schnurgeraden Straßen und Kanälen in holländischer Manier, lange Zeit die erste Handelsstadt der indischen Meere, 100000 E. (worunter viele Chinesen), Hauptstadt des niederländischen Indien; der General=Gouverneur und viele Reiche wohnen südlich von Batavia in dem höher gelegenen Buitenzorg [beutenforg] (d. i. „ohne Sorge"), weil die heißfeuchte Luft der sumpfigen Niederung Batavias die Europäer arg mit Tropenfieber bedroht. Surabâja, im O. der N.=Küste, mit 130000 E., und das etwas kleinere Surakarta näher der S.=Küste, stehen Batavia an Handelsbedeutung ziemlich gleich.

c) Bórneo, im waldigen Inneren, noch wenig bekannt, da hier das malaiische Volk der Dajaken noch seine ganze Wildheit bewahrt hat: Feindesschädel haben sie als Hauszierde, Feindeszähne als Halsschmuck, Feindeshaare als Wehrgehenk. Die Küsten der größeren S.=Hälfte niederländisch. Englisch dagegen ist die kleinere N.=Hälfte (wenigstens an den Küsten) und die kleine Insel Labuan an der Nordwestküste.

2) **Selébes**, gewöhnlich den Großen Sundainseln als vierte zugezählt, ist mehr gegliedert als die vorigen, ja gleichsam ein Inselskelett, aus vier gebirgigen Halbinseln bestehend (Borneo würde ähnlich aussehen, wenn es bis zum Verschwinden seiner Niederungen ins Meer sänke). Der niederländische Hauptplatz **Makássar**.

3) 1000 km s. w. von der Sundastraße eine Gruppe Koralleninseln, **Keelings [kilings]**- oder **Kokosinseln** genannt. Sie sind als Zwischenstationen zwischen dem Kap und Australien von England in Besitz genommen.

4) Die **Kleinen Sundainseln** schließen sich an das Ostende von Java an. Ihre Reihe beginnt mit **Lombok**. Die Lombok-Straße, welche Bali von Lombok trennt, scheidet zwei große Reiche der Tier- und auch der Pflanzenwelt. Nur bis Bali kommen die Raubtiere aus dem Katzengeschlechte, die großen Dickhäuter, die Affen vor: keins dieser Tiere hat die Lombok-Straße überschritten; vielmehr tritt von Lombok an nunmehr das Beuteltier auf. Drosseln, Spechte, Bartvögel endigen mit Bali; Leierschwänze, Kakadus, Loris beginnen mit Lombok. Ähnlich ist es mit manchen Pflanzen: von Lombok an erscheint die australische Casuarine. Die letzte und größte der Kleinen Sundainseln **Timur** (d. i. Osten) ist in ihrer SW.-Hälfte wie alle übrigen Inseln der Gruppe niederländisch, in ihrer NO.-Hälfte portugiesisch. An ihrer Südseite zeigt die Vegetation schon ausgesprochen australischen Charakter.

5) Die **Molukken** oder **Gewürzinseln**, zwischen Selebes und Neu-Guinea, sind alle den Holländern unmittelbar unterworfen. Die größte, **Halmahéra** (oder **Dschilólo**), ist in ihrer Gestalt das verkleinerte Selebes. Sie lieferten früher allein die Gewürznelken; jetzt jedoch zieht man diese auch in anderen Ländern in gleicher Güte. Muskatnüsse aber gedeihen nur auf der **Banda-Gruppe**. Mehrere Kilometer weit in die See kündigen sich diese Inseln den Seefahrern oft durch liebliche Gerüche an.

6) Die **philippinischen Inseln**, nach Philipp II. von Spanien genannt und noch der Krone Spaniens gehörig, zwischen den Molukken und der chinesischen Küste, durch und durch vulkanisch mit üppig-herrlicher Vegetation. Die Eingeborenen sind ganz überwiegend friedfertige **Tagalen** malaiischer Rasse. Auf der größten Insel, **Luzon [lußón]**, liegt die Hauptstadt **Manila**, 180000 E., bekannt durch seine Zigarren; nach dieser Hauptstadt nennt man auch bisweilen die ganze Insel **Manila**. — Zwischen den Philippinen und Borneo liegen die kleinen **Sulu-Inseln**, ebenfalls spanischer Besitz.

§ 53.

Das chinesische Reich.

Das **chinesische Reich** ist der größte Staat Asiens und mit seinen etwa 400 Mill. E. der **bevölkertste der ganzen Erde**, wenn auch neuere Schätzungen ihm nur 300 Mill. zusprechen wollen. Es umfaßt nahezu das ganze Inner- oder Hochasien und vor allem das kreisförmige, zur Hälfte vom Meer umgebene Land China selbst, zusammen ein Gebiet von 11½ Mill. qkm (200000 O.-M.). Ein Kaiser herrscht über dasselbe; doch ist seine Macht durch das Herkommen sehr beschränkt. Er sowohl (Dynastie Tsing) wie die Großen des Reiches gehören den Mandschu an, die mit den Tungusen verwandt sind. 1644 eroberten die Mandschu China. Sein Titel ist „erhabener Herrscher"; durch den Beinamen „Sohn des Himmels" soll er als der vom Himmel, d. h. vom Schicksal, mit der Regierung Beauftragte bezeichnet werden. Die Beamten heißen Kuan; in Europa jedoch nennt man sie Mandarinen. Einheitsstaat ist China 200 Jahre vor Christi Geburt durch die Vereinigung von sieben Königreichen geworden, deren Sondergeschichte noch um mehrere Jahrtausende weiter zurückreicht. Mehrere wichtige Erfindungen (Porzellan, Schießpulver, Buchdruckerkunst, Kompaß) haben die Chinesen lange vor uns gehabt, ja in einzelnen Gewerben und Künsten sind sie uns noch heute überlegen. Aber bis in die jüngste Zeit haben die Chinesen den Europäern, welche von ihnen verächtlich „rothaarige Barbaren" und „Teufelskinder" genannt werden, und der europäischen Kultur den Eintritt in ihr Reich verwehrt. Erst seit 1860 ist das Land den Fremden geöffnet.

Die chinesische Sprache besteht aus etwa 500 einsilbigen Grundworten, die aber durch verschiedene Accentuierung und durch den Zusammenhang verschiedene Bedeutung erlangen. Eine Buchstabenschrift giebt es nicht, sondern jedes Wort hat sein besonderes Zeichen. Man zählt etwa 25000 Schriftzeichen. Die chinesische Litteratur ist sehr reich, und die Gelehrten bilden einen durch strenge Prüfungen erprobten, sehr geachteten Stand.

Staatsreligion ist die Lehre des Confucius, welche das Schicksal als allwaltend lehrt und Selbsterkenntnis empfiehlt. Ihr Oberpriester ist der Kaiser. Indes die große Masse der niederen Klassen folgt einem ganz rohen Götzendienst. Im Süden hat sich der aus Indien eingeführte Buddhismus, in China Lehre des Fo genannt, weit ausgebreitet. Das Christentum hat schon im Mittelalter in China Bekenner gefunden, und in der neueren Zeit haben katholische, seit dem Anfange unseres Jahrhunderts auch evangelische Missionare hier gearbeitet. Da aber möglichste Absperrung gegen alle Fremden chinesische Reichspolitik war, so verfolgten viele Kaiser das Evangelium und suchten, wenn auch vergebens, es ganz auszutilgen. Durch den von England und Frankreich siegreich mit China geführten Krieg von 1860 sind mehr als zwanzig Häfen dem Fremdenverkehr geöffnet, darunter besonders Canton und Schanghai [schanghé]. In Peking haben Deutschland, England, Frankreich, Rußland, die Vereinigten Staaten u. s. w. ihre Gesandten. Die Fremden dürfen im ganzen Reiche ungehindert reisen, auch das Christentum wird nicht mehr verfolgt. Das Volk zeigt sich meist nicht unfreundlich den Fremden gegenüber; aber der Haß der Mandarinen gegen die „Teufelskinder", die „rothaarigen Barbaren" hat sich kaum vermindert.

Die Chinesen teilen das Reich in drei Hauptteile: 1) Das eigentliche China, „das Reich der Mitte", in welchem auf 4 Mill. qkm (70 000 Q.=M.) 382 Mill. E. leben; 2) die Mandschurei; 3) Innerasien.

1) Das eigentliche China wird im Osten von dem chinesischen Meere bespült und lehnt sich im W. an Hochasien, von wo der Kuenlun bis nahe an die O.-Küste reicht und China in eine durch Löß=Lehm sehr fruchtbare und überwiegend ebene N.=Hälfte und eine gebirgige S.=Hälfte teilt. Zwei Hauptströme durchziehen das Land. Im N. der Hoanghö (d. i. Gelber Fluß), der in starkem Gefälle gelben (Löß=) Schlamm zum Meere führt; daher auch das Meer um seine Mündung Gelbes Meer. In der Mitte von China der größere und ruhigere Ta=kjang (b. i. Großer Fluß), der im Binnenlande Jang=tse=kjang genannt wird; 700 km weit können ihn stromauf selbst Kriegsflotten befahren. „Grenzenlos ist das Meer, grundlos der Kjang", lautet ein chinesisches Sprichwort. Beide Ströme haben viele schiffbare Zuflüsse. Zu diesem Reichtum an natürlichen Wasserstraßen kommen noch Kanäle, deren China noch mehr als Holland und England hat. Der größte, der Kaiser=Kanal, geht von N. nach S. durch den Osten des ganzen Reiches, 1100 km lang, 8—10 m tief, durchweg in Steindämme eingefaßt. Während dieses Riesenwerk zur Verbindung dient, sollte ein anderes im N. das Land vor den rohen Völkern in Nord= und Mittel=Asien schützen: die große Mauer im N., vor 2000 Jahren errichtet, jetzt halb verfallen. Am stärksten und wahrhaft übermäßig ist China in der Mündungsgegend der beiden Ströme bevölkert; dort ist das Land mehr als 700 km weit gleichsam mit einer Stadt bedeckt, jeder Bodenfleck ist benutzt, überhaupt der Ackerbau hoch geehrt. Um Raum zu sparen, wohnen viele auf dem Wasser. 7 Städte haben 1 Mill. Einw. und darüber, 50 haben ½ Mill. E. Für solch Volksgewimmel trägt selbst der fetteste und sorgsamst angebaute Boden nicht genug Reis; deshalb ist die Auswanderung aus China außerordentlich stark, alle Umgebungslande des Stillen Ozeans allmählich bevölkernd, wo die Chinesen indes, da sie Weib und Kind zu Hause lassen und immer wieder in die Heimat zurückzukommen trachten, nur eine unstät hin= und herflutende Bevölkerung darstellen. Der Hauptartikel des chinesischen Handels ist der Thee, seit dem 18. Jahrhundert auch in Europa beliebt: aus chinesischen Häfen kommen trotz der neueren japanischen und vorderindischen Konkurrenz weitaus die größten Theemengen. Die sowohl wildwachsende als angebaute Theestrauch hat weiße Blüten, wie der ihm verwandte Kamelienstrauch. Seine schmalen Blätter werden in verschiedenen Monaten getrocknet. Die besten jungen, im März gepflückten Blätter behalten die Chinesen fast allein für sich; unter den ausgeführten Sorten ist der durch Karawanen nach Nord= und West=Asien geführte Ziegelthee, welcher, vorher einige Zeit in Wasserdampf gehalten, in Tafeln von Backsteinform zusammengepreßt wird, bei den Mongolen fast allein verbreitet; indes der weitaus meiste Thee geht zu Schiff nach Europa (besonders nach England) und Nord=Amerika. Da man indessen annimmt, er leide durch die Seefahrt, so wird der über Land (meist in Kuhhäute verpackt) nach Rußland geschaffte „Karawanenthee" viel höher geschätzt. Thee bildet den

wichtigsten Ausfuhrartikel Chinas (jährlich 131 Mill. kg), der nächst wertvolle ist rohe Seide (jährlich 4,6 Mill. kg).

Die Haupt= und Residenzstadt Peking (d. i. nördliches Hoflager) liegt im N., nicht allzuweit von der Mauer und dem Pétschili=Busen des Gelben Meeres, in welchen der Peïho (und jetzt nach der neuerdings erfolgten Änderung seines untersten Laufes auch der Hoangho) mündet; durch den Kaiser=Kanal steht sie mit den südlichen Provinzen in Verbindung. Aus zwei Städten, der Mandschu= und Chinesenstadt bestehend, hat sie 30 km im Umfang, nach Angabe der Chinesen 1 600 000 E., nach Schätzung der Europäer aber, da große Flächen in der Stadt unbebaut sind, nicht viel über $^1\!/_2$ Mill. E.; Straßen lang, breit, ungepflastert, die größte „Straße der ewigen Ruhe". Die Häuser meist einstöckig, von Holz, mit gelbgefärbten Ziegeln. Gelb ist die heilige Farbe der Chinesen, daher mit dem Reichswappen, dem Drachen, vor allem an dem Palaste des Kaisers zu sehen. Kaufladen an Kaufladen, prächtig aufgeputzt; das Straßengewimmel sehr groß. An der Mündung des Peïho der Hafen von Peking Tientsin, 1 Mill. E. — Jenseit der Mauer, auf dem kühleren Hochlande, die Sommerresidenz Dschehol. — Nanking [nan=king] (d. i. südliches Hoflager), Hauptstadt des Reiches vor Peking (das erst durch die Mandschu=Dynastie Residenz wurde), nahe am Jang=tse=kjang, hat durch den letzten chinesischen Bürgerkrieg viel (auch an Einwohnern) verloren und zählt jetzt nur $^1\!/_2$ Mill. E.; berühmt war der 65 m hohe achteckige Porzellanturm mit Glöckchen (jetzt zerstört). Bekanntes Baumwollenzeug. — Im Mündungslande des Ta=kjang das über Nanking an Reichtum und Größe emporgewachsene Sutschau, 1 Mill. E., und Schanghai [schanghé], 350 000 E., jetzt der Hauptplatz für den chinesisch=europäischen Handel. — Canton, nahe der Nordspitze eines dreieckigen Meerbusens, dessen enge, stark befestigte Einfahrt die Chinesen Fu Mun (d. i. Tigerthor), die Europäer Bocca Tigris (d. i. Tiger=Maul) nach der darin liegenden Tigerinsel nennen. Die Stadt hat 1$^1\!/_2$ Mill. E. (80 000 allein auf Flößen und Kähnen) und ist ein sehr wichtiger Stapelplatz für den Verkehr mit den Nationen Europas. — Makao [makau], Festung mit Hafen auf einem den Portugiesen gehörigen, durch einen Flußarm inselartig abgetrennten Landstück an der Südwestecke jenes Meerbusens, 60 000 E. — Englisch ist seit 1841 die Insel Hongkong mit der Stadt Victoria, 215 000 E., an der Südostecke desselben Meerbusens.

Weiter in das Meer liegen die Inseln: im SW. der Bocca Tigris Hainan, im NO. derselben Formosa, chinesisch Tai=wan genannt.

2) Im NO. von China liegt Tungusien oder die Mandschurei, das Gebiet des Amúr, durchaus gebirgig. Den nördlichen, größten Teil des Ganzen haben die Tungusen inne, den südlichen die Mandschu mit der Hauptstadt Mukden, 170 000 E. Aber fast die ganze Nordhälfte, das Mündungsland des Amur und die Küste südlich bis Korea, desgleichen die Insel Sachalin ist jetzt russisch (§ 40, Ende).

3) Innerasien, dessen ungeheuere Räume durch die umschließenden Randgebirge der Waldwuchs und Fruchtbarkeit fördernden Niederschläge beraubt sind, ist voller Wüsten und Steppen, nur an den es durchziehenden Flüssen seßhaft zu bewohnen, in der S.=Hälfte (s. vom Kuenlun) obendrein der unwirtliche höchst gelegene Teil der ganzen Erde.

a) Das nordöstliche Innerasien oder die Mongolei und Dsungarei. Einen großen Teil des öden und unfreundlichen Innern nimmt die Gobi (§ 39) ein. Ihr Boden ist salzdurchdrungen (weil er abflußlos ist, d. h. nicht zum Meer abwässert). Handelskarawanen zwischen Rußland und China durchziehen sie. Nur am Nord= und Südrande der Mongolei finden sich feste Niederlassungen. Am Nordrande liegt Urga, der heilige Ort des mongolischen Buddhismus, und das kleine Maimatschin mit lebhaftem Handel nach Sibirien — welcher Stadt gegenüber? — Die Gegend um den Gebirgssee Koko=Noor herum, die Kalmückei, das Quelland des Hoangho und Jang=tse=kjang, ist die Heimat des Rhabarbers. Bewohnt wird das Land von den in mehrere Stämme zerfallenden Mongolen. Sie leben meist nomadisch unter Filzzelten oder Jurten und nähren sich von ihrem Vieh. Verschiedene Häuptlinge beherrschen sie, und China sucht dies Verhältnis auf alle Weise aufrecht zu erhalten. Sie haben noch nicht vergessen, daß Mongolen es waren, welche einst ganz China eroberten. Unter Dschingis=Khan und seinen Erben wurden sie im 13. Jahrhundert auch Europa gefähr=lich, und Rußland ist ihnen über 250 Jahre tributpflichtig gewesen. Die glänzende Residenz des Dschingis=Khan, Karakorum, am Nordrande, ist, wie sein Weltreich, wieder von der Erde verschwunden.

b) Das nordwestliche mohammedanische Innerasien, wegen seiner tür=tischen Bewohner Ost=Turkestän (früher die hohe Tatarei genannt) zwi=schen Kuenlun, der w. Bodenschwellung Hochasiens und Tienschan, gen O. geschützt durch die Wüste, hatte sich durch einen blutigen Aufstand von China losgerissen, ist aber 1877 von demselben wieder unterworfen worden. Das Klima ist sehr trocken, das Land daher fast nur Steppe und Wüste, aber an den Flüssen ziehen fruchtbare Streifen entlang, auf denen sich deshalb allein die Ortschaften zusammendrängen. Die beiden bedeutendsten Städte Käsch=gar und Järkand liegen an oder nahe bei den gleichnamigen Flüssen, die den Tarim, den in den Lop=See fließenden größten Steppenfluß Asiens, speisen; über sie zieht die große Karawanenstraße von Turan (West=Turke=stan) nach China.

c) Das südliche Innerasien, Tibet, das höchste Land der Erde, zwischen Kuenlun und Himalaja, ist, weil von Trockenheit und schroffem Wechsel zwischen Hitze und Kälte geplagt, furchtbar öde. Das östliche Ti=bet ist Quelland des Brahmaputra; das westliche begreift den obersten Lauf des Indus. Das ganze Land ist von einem Volk mongolischer Rasse bewohnt und das Hauptheiligtum des Buddhismus oder Lamais=mus; denn die überaus zahlreichen, in viele Ordnungen geteilten Priester sind teils verheiratet, teils leben sie in Klöstern, an deren Spitze gewählte Äbte, Lamas genannt, stehen. Oberste Priester und Stellvertreter des Buddha, des Stifters der Religion, sind der Dálaï=Lama und der Bogda=Lama: in der Nähe der klosterreichen Hauptstadt Lasa wohnt der Dálaï=Lama, in dem Buddhas göttlicher Stellvertreter immer von neuem Mensch wird. Darum ehrt man ihn selbst wie einen Gott. Er beherrscht nur das östliche Tibet, und zwar in Abhängigkeit von China, während West=Tibet jetzt zum Königreich Kaschmir gehört (§ 50, 1). —

Im Süden der Mandschurei streckt sich bis zu einem, der Mün=dung des Gelben Flusses gegenüber liegenden Punkte das Königreich Korea, eine Halbinsel mit Steilküsten im Osten. Um so leichter war das strenge Abschließungssystem gegen Europäer durchzuführen, welchen erst jetzt ein freierer Zutritt zu dem Lande gewährt ist. Die

Einwohner, ein den Japanern näher als den Chinesen verwandtes Volk mongolischer Rasse, stehen unter einem Despoten, der mit dem Herrscher von Japan jährlich Geschenke austauscht und an den Kaiser von China einen unbedeutenden Tribut von Ochsen und Papier entrichtet.

Das Land umfaßt etwas über 220000 qkm (4000 Q.-M.) mit 10½ Mill. Einwohner. Die Hauptstadt Seul [se-ul], in einem weiten Thalkessel gelegen, hat 250000 Einwohner. Der wichtigste Seehafen ist Chemulpo.

§ 54.
Das japanische Reich.

Von Korea bis zur Insel Sachalin zieht sich in der Breitenlage des Mittelmeeres die Gruppe der japanischen Inseln, vier größere und fast viertausend meist sehr kleine, dicht um jene geschart, zusammen 284000 qkm (5200 Q.-M.) mit 39 Mill. E. Das gefährliche japanische Meer, voll von Klippen und Untiefen, trennt sie vom Festland; auch nach der Seite des offenen Ozeans ist das Meer durch furchtbare Wirbelstürme (Teifune) oft beunruhigt, aber gerade nach dieser Seite öffnet sich eine große Anzahl von Buchten mit trefflichen Hafenstellen. Die Inseln sind von waldreichen Gebirgen durchzogen, die meist aus vulkanischen Gesteinarten bestehen; mehrere noch thätige Vulkane erinnern daran, daß sich hier ein Glied der langen Kette vulkanischer Insel- und Küstenländer befindet, welche den Großen Ozean von Süd-Asien bis Süd-Amerika im weiten Halbkreis umgiebt. Der Boden ist fruchtbar und reich bewässert; die Sommerhitze kühlt der Monsun, die Winterkälte mildert der Kuro-Schio (d. i. dunkelblaues Meerwasser), ein warmer Meeresstrom, welcher an Japan vorüberzieht. Daher gedeiht Obst und Getreide, namentlich Reis, vortrefflich; die Ausfuhr des japanischen Thees beginnt schon neben der des chinesischen wichtig zu werden; die Landschaft ist durch das Vorkommen nördlicher und südlicher Pflanzenformen eigentümlich mannigfaltig: auf den Gebirgshöhen Nadelholzwaldung, an den Abhängen immergrüne Sträucher mit schönen, freilich nicht duftenden Blüten (besonders Kamelien), im Süden sogar schon Palmen. Weniger betreibt man Viehzucht; Schafzucht ist eben erst eingeführt.

Die Japaner sind zwar mit den Chinesen verwandt und haben auch von diesen die Schreibkunst und manches andere gelernt; hauptsächlich in zwei Dingen sind sie indessen den Chinesen völlig entgegengesetzt: in ihrer musterhaften Reinlichkeit und in dem Eifer, fremde Kulturfortschritte bei sich einzubürgern. Von Europäern lernten sie zuerst (gegen die Mitte des 16. Jahrhunderts) die Portugiesen kennen, die mit ihnen in Handelsverkehr traten. Seit 1549 predigte ihnen der Jesuit Franz Xaver mit Erfolg das Christentum; unkluge Versuche späterer Jesuiten, sich in die weltlichen Angelegenheiten zu mischen, hatten jedoch zur Folge, daß während der ersten Jahrzehnte des 17. Jahrhunderts das Christentum in blutigen Verfolgungen wieder ausgerottet und allen Fremden das Betreten der Inseln verwehrt wurde. Gleichzeitig begann im Innern ein seltsam tyrannisches Regiment: das Leben eines jeden war je nach seinem Beruf bis auf Wohnung und Kleidung herab an kleinlich beschränkende Vorschriften gebunden, Reisen ins Ausland waren verboten, streng wurde jede Gesetzwidrigkeit bestraft, selbst kleinere Diebstähle mit dem Tode. Unter solchen Umständen herrschte zwar Ruhe und Frieden im Lande, Fürsten und Unterthanen waren gleich vor der unerbittlichen Strenge des Gesetzes; aber in den sonst harmlos gutmütigen Charakter der Japaner mischte sich Heimtücke, Verstellung und Mißtrauen — zumal die Sitte, jeden für das Verhalten seiner Nachbarn mit haften zu lassen, jeden zum Spion seines Nächsten machte —, vor allem war jedoch jede freie Entwickelung unmöglich geworden.

Da vermochten endlich 1854 die Vereinigten Staaten Amerikas die Regierung des seit beinahe drittehalb Jahrhunderten verschlossenen Inselstaates, einige Häfen den Handelsschiffen der Union zu öffnen; europäische Mächte, 1861 auch Preußen, folgten mit Abschluß ähnlicher Handelsverträge dem gegebenen Beispiel. Indessen Unruhen der gegen die zugelassenen Fremden erbitterten Parteien drohten darauf gefährlichen Umsturz; seit 1868 hat sich jedoch alles zum besten gewendet: die engherzigen Verkehrsschranken sind gesunken und die schwersten Schäden der Verfassung abgethan. Die früher übermächtigen Vasallenfürsten oder Daïmios stehen nun unter der Botmäßigkeit des Tennó oder Mikadó (Kaisers), und die Würde des Siogun, der, wenn auch nicht neben, sondern unter dem Kaiser stehend, die ausführende Gewalt in Händen hatte, ist völlig beseitigt.

Das Christentum, zur Zeit noch verboten, hat doch in der Stille wieder Anhänger gewonnen (etwa 40 000). Staatsreligion ist der Sin-syu (d. i. Götterglaube), Verehrung der Sonne und der Ahnen. Daneben zählt auch der Buddhismus zahlreiche Bekenner. Unter der Regierung des jetzigen Kaisers, der das Eindringen europäischer Kultur sehr befördert, nimmt das stark bevölkerte Japan einen großen

Aufschwung; das Land verspricht bei seinen Reichtümern (z. B. an Kupfer) ein gewinnreiches Handelsgebiet zu werden, und das Volk scheint berufen, eine große Rolle in Ost=Asien zu übernehmen, denn es ist fleißig, friedfertig, geschickt seit alters (z. B. in der Kunstgießerei), geistig sehr geweckt, und es bewährt seine sittliche Überlegenheit über alle anderen Völker nicht europäischer Kultur am besten durch die Achtung vor der Frau und die gute Kindererziehung.

Hauptinsel Nippón, etwa so groß wie Großbritannien. Hier liegt die Hauptstadt Tókjo (früher Jédo genannt), im Hintergrund einer tief ein= schneidenden Bucht, von mehreren Flüssen durchzogen, sehr weitläufig gebaut, da jedes Haus in der Regel von einer Familie bewohnt wird; mit den Vor= orten hat es 1½ Mill. Einw. Ohne hohe Türme und voll von Gärten und Parkanlagen verrät die Stadt ihre bedeutende Ausdehnung dem Anlanden= den wenig; prächtig anzuschauen ist der am Westhimmel der Stadt 3769 m aufragende Vulkankegel Fusi=no=jáma. Die Straßen gerade, breit, meist rechtwinklig sich kreuzend, ungepflastert und doch so sauber wie die dicht gereih= ten (der Erdbeben wegen höchstens zweistöckigen) weißgetünchten Holzhäuser mit ihren reinlichen Strohmatten und verschiebbaren Tapetenwänden im In= nern. Die hoch ummauerte Residenz des Kaisers bildet mit ihrer Masse von Gebäuden und Gärten mitten in der Stadt fast eine Stadt für sich. Da grö= ßere Schiffe nicht bis Tokjo genügende Fahrtiefe finden, ist 12 km weiter see= wärts an derselben Bucht die Hafenstadt Jokoháma, 90 000 E., erblüht, seit 1872 durch die erste japanische Eisenbahn mit Tokjo verbunden. — Wo die westliche Verschmälerung der Insel beginnt, liegt in reicher Ebene Kíoto, gewöhnlich Miako (d. i. Residenz) genannt, der frühere Sitz des Mikado, Mittelpunkt der japanischen Industrie und der japanischen Gelehrsamkeit, 250 000 E. Durch den schiffbaren Unterlauf eines Flusses damit verbunden die noch volkreichere Handelsstadt Osaka [ósaka] mit 360 000 E.

Ebenfalls von Japanern bewohnt sind die südlicheren Inseln Sikóku und Kiusiu; auf letzterer in schöner Waldumgebung die Hafenstadt Naga= sáki, 40 000 E., und dicht vor derselben das ganz kleine Inselchen Désima, wo einige Holländer in der Periode der Abgeschlossenheit Japans zu Handels= zwecken sich aufhalten durften.

Die größere nördliche Insel Jéso, mit schon viel rauherem Klima, steht erst seit dem Ende des 17. Jahrhunderts unter japanischer Herrschaft; sie ist in ihrem waldigen Innern fast gänzlich unbekannt und wohl auch kaum be= wohnt, während nach der Küste hin die bärtigen Ureinwohner der Insel, die Ainos, wohnen, die den jetzt hier schon viel zahlreicheren Japanern als Ar= beiter beim Holzfällen und Fischfang dienen. Gewerbfleiß ist dieser Insel noch fremd, so daß über Hakodáte, die einzige größere Stadt der Insel, selbst die Strohsandalen und die für die Pferde bestimmten Strohschuhe eingeführt werden.

Zum Reiche Japan gehören jetzt außer dieser als Kolonie geltenden Insel auch sämtliche (teilweise noch von Ainos bewohnte) Kurilen und die 52 Liu=Kiu (teils vulkanische Bildungen, teils Korallenbauten), wodurch dessen Ausdehnung zwar um etwa 100 000 qkm (fast 1800 Q.=M.), seine Einwohnerzahl aber nur um ⅓ Mill. wächst, da auf diesen nur 5 Menschen auf 1 qkm (in Japan selbst aber 127) wohnen.

II. Afrika.
§ 55.

Afrika, 30 Mill. qkm (540000 Q.-M.) groß, nur durch eine schmale Landenge an Asien gehängt, ist der in sich abgeschlossenste Erdteil der alten Welt. Die umgebenden Meere greifen fast gar nicht in den Erdteil ein; eine Ausnahme bildet nur der Meerbusen von Guinea [ginêa] im W. und der Doppelbusen der beiden Syrten im N. Darum erscheint kein Erdteil so gedrungen und massenhaft, keiner so unzugänglich. Seine Lage zu beiden Seiten des Äquators (bis 37° n. Br. und bis 34° s. Br.) bewirkt, daß volle $^3/_4$ dem heißen Erdgürtel angehören. Die Gliederung Afrikas ist so gering, daß die sämtlichen Glieder nur $^1/_{48}$ des Erdteils ausmachen.

Die alten Völker kannten von Afrika oder Libyen, wie es die Griechen nannten, eigentlich nur den nördlichen Teil, der an das weltgeschichtliche Binnenmeer (§ 37) anstößt; doch haben die Phönizier im Auftrage des ägyptischen Königs Necho bereits Afrika umschifft (um 600 v. Chr.). Die Europäer, namentlich die Portugiesen, fingen erst im 15. Jahrhundert an Entdeckungsreisen an der Westküste Nord-Afrikas zu machen; wunderliche Fabeln über die Gegenden am Äquator hielten sie längere Zeit von weiterem Vordringen zurück. Endlich erreichte Bartholomäus Diaz [bias] 1486 die Südspitze, welche sein König Kap der guten Hoffnung nannte; Vasco da Gama umsegelte sie und kam glücklich von der Ostküste nach Ostindien 1498. An die Erforschung des Innern haben weit später (seit der Gründung der afrikanischen Gesellschaft in London 1788) kühne, für die Wissenschaft begeisterte Männer Gesundheit und Leben gesetzt. Englischen, deutschen, amerikanischen und französischen Forschern danken wir es zumeist, daß gegenwärtig nur noch ein Teil Äquatorial-Afrikas (nördlich vom Kongo) zu den noch völlig unbekannten Teilen des afrikanischen Binnenlandes gehört.

Das ganze Süd-Afrika ist ein ausgedehntes unebenes Hochland, das im S., W. und O. in ungleichen Stufen zu schmalen Küstenebenen abfällt, im Inneren mit weiten muldenförmigen Einsenkungen. Nach N. geht es in das gewaltige Hochland von Central-Afrika über, eine breite Erhebung, welche in ihrer östlichen Hälfte einen ungeheuren Hochrücken von mehr als 1000 m Höhe darstellt, in ihrer westlichen jedoch sich zu einer viel niedrigeren (in der Mitte nur etwa 4—500 m hohen) Hochfläche ausebnet, die von der Rinne des Kongo in großem Bogen durchzogen wird und zu diesem von beiden Seiten sich sanft abdacht, nach der atlantischen Meeresküste zu jedoch, wie die Osthälfte zur Küste des indischen Ozeans, in großen, breiten Stufen, hinabsteigt. — An der Ostseite senkt sich das centrale Afrika zu dem Stufenland des Nil, welches in breiten Absätzen zu Nubien (der Mittelstufe) und zu der fruchtbaren Thalmulde Ägyptens (der Unterstufe) hinabsteigt. Auch das tiefdurchfurchte Alpenland von Abessinien entwässert zum Nil.

Die ganze Breite des Erdteils vom Nilland westwärts nimmt das Hochland von Sudân ein, eine Hochebene mit weiten flachen Einsenkungen (nirgends Tiefland, denn selbst der Tsad=See liegt 244 m über dem Meere). Es wird durchzogen von dem niedrigen, aber langgestreckten Kong (d. i. Gebirge) und senkt sich nach W. in dem Stufenlande von Senegambien zum atlantischen Ozean. Nördlich von Sudan, vom atlantischen Meer bis nach Nubien und Ägypten zieht sich die Wüste Sáhara, deren Oberfläche, so mannigfaltig wie etwa diejenige Deutschlands gestaltet, meist eine von mäßigen Gebirgszügen unterbrochene, öde, wenig über 300 m steigende Hochebene ist. Jenseit derselben, am Gestade des Mittelmeeres, erhebt sich im W. in der Berberei das isolierte Atlas=Gebirge; ein Zipfel der Wüste, die hier zwischen den beiden Syrten bis an das Mittelmeer reicht, trennt davon die verhältnismäßig kleine Hochfläche von Barka ab.

Das heiße Klima und die dem Zenithstand der Sonne gewöhnlich nachfolgenden tropischen Regen befördern in Mittel=Afrika beiderseits bis gegen den 20. Parallelkreis hin (an der O.=Küste bis an das Kapland) große Fruchtbarkeit; wo nicht Wald (mit dem Schimpanse, an der Nieder=Guinea=Küste auch dem Gorilla), ist hochgrasige Savane mit unzähligen Rudeln von Antilopen, Büffeln und Zebras, auch Giraffen und Nashörnern, Löwen, Schakalen, Hyänen. Elefanten (Elephas africanus), Krokodile und Flußpferde fehlen überhaupt in Afrika nur, wo sie der Mensch ausgerottet hat. In den fast regenlosen Wüsten, der Sahara im N. und der mehr steppenartigen Kalahâri im SW. lebt der schnellfüßige Strauß. Die lange N.= wie die viel kürzere S.=Küste wird durch Winterregen befruchtet, welche dem zur Winterzeit schon in diesen niederen Breiten auf die Erdoberfläche treffenden Gegenpassat (§ 17) verdankt werden; jene ähnelt in ihren immergrünen Gewächsen (Ölbaum) den übrigen Küsten des Mittelmeeres, diese hat ein ganz anderes Pflanzenkleid (meistens Heidesträucher), zeitigt aber nun (nach der Verpflanzung) so schönen Weizen und so schöne Südfrüchte wie Sicilien.

Die Bewohner, deren Zahl man auf 204 Mill. schätzt, gehören bis zum Südrand der Sahara der kaukasischen Rasse, in Mittel=

und Süd-Afrika der Negerrasse an (Sudan-Neger und in Süd-Afrika Bântu-Neger, zu denen auch die Kaffern zählen); jedoch leben hie und da im Negerland versprengt Reste der Urbevölkerung, Zwergstämme, meist nur 1,4 m hoch, dunkelbräunlich überwiegend gefärbt, unstäte Jäger; den S. Afrikas aber (Kalahari und Kapland) bewohnten seit alters (bis ins 16. Jahrhundert sogar allein) jagende Buschmänner und der Jagd wie der Viehzucht obliegende Hottentotten, von denen die Buschmänner jenen Zwergvölkern wenigstens sehr nahe stehen. Jetzt ist auf Erden überall (außer in den Ländern des Islam) die Sklaverei abgeschafft, so daß die Neger nicht mehr zwangsweise durch Europäer Afrika entfremdet werden. Daher lenkt jetzt die seßhaft von Viehzucht und Ackerbau lebende Negerrasse (mindestens $3/4$ aller Afrikaner) bei ihrer Fähigkeit das Tropenklima auszuhalten und bei der meist noch ungenutzten Bodenfruchtbarkeit gerade des tropischen Afrika, die Aufmerksamkeit der Kulturvölker auf sich. Denn nur durch Erziehung der Neger zur Arbeit können diese Fruchtbarkeitsschätze der Welt zu gute kommen. — Das Christentum ist in Afrika noch wenig verbreitet, mehr Eingang fand der Islam (im N. durch die arabische Eroberung in der Zeit der Kalifen, von O. her durch den tief ins Innere reichenden arabischen Handel).

§ 56.
Das südliche und centrale Afrika.

Das vorwiegend nordsüdlich ausgedehnte Süd-Afrika ist eine Hochebene von durchschnittlich 1000 m Meereshöhe. Sie wird im W., S. und O. von breiten Gebirgswällen eingefaßt, die wesentlich der Küste parallel ziehen, mit ihren Kämmen jedoch nirgends in die Schneeregion aufragen. Mit gewaltigen Katarakten durchbrechen die großen Ströme Süd-Afrikas diese Randgebirge, um den Weg ins Meer zu finden. Nach N. geht Süd-Afrika unvermerkt in die zunächst wenig niedrigere, dann aber mehr und mehr nordwärts sich senkende Hochfläche des centralen Afrika über, dessen Westhälfte das Gebiet des Kongo bildet, während in der Osthälfte die großen ostafrikanischen Seeen liegen, deren Abflüsse nach S., W. und N. den größten Strömen Afrikas zugehen.

1) Der Ostrand beginnt im N. mit dem Lande der Sómal (Singular: Somáli), also mit dem Osthorn Afrikas, welches von der Straße Bab-el-Mandeb (§ 38, Mitte) anhebt und in das steil abstürzende Kap Guardafui ausgeht. Weiter südlich folgt englisches Gebiet, welches landeinwärts bis zum Victoria-Njansa sich erstreckt, dann das unter englischer Schutzherrschaft stehende Inselreich des Sultans von Sánsibar, dessen Hauptstadt Sansi-

bar (85000 E.) der wichtigste Hafen an der ganzen Ostküste Afrikas ist. Der Insel Madagaskar gegenüber liegen die Küsten Mozambique [mosambike] und Sofála, reich an Goldstaub, zwischen beiden die Mündung des großen aus dem Innern kommenden Sambêsi. Hier portugiesische Niederlassungen, die sich aber meist in elendem Zustande befinden; die wichtigste: Inselchen und Stadt Mozambique. Noch weiter nach S. folgt die Küste der Kaffern (darunter die jetzt unter englischer Herrschaft stehenden Sulu), braunschwarzer, wollhaariger Hirtenvölker der Bántu=Gruppe, welche ihre Wurfspieße (Assegaien) auch mitunter als Stoßwaffe tapfer zu gebrauchen wissen und neben Rinderzucht auch einigen Ackerbau treiben. Eine englische Besitzung an der Kaffernküste ist das aufblühende Land Natál (genannt nach dem Dies natâlis d. h. dem Weihnachtstag 1497, an welchem es Vasco da Gama entdeckte), wo neben dem in fast ganz Afrika gebauten einheimischen Kaffernkorn das (der Durra) nun das altamerikanische Büschelgetreide, der Mais, und Zuckerrohr bestens gedeiht; Hauptorte Durban und PieterMaritzburg. Landeinwärts liegen die Bauernrepubliken aus dem Kaplande ausgewanderter Bauern, d. i. Bauern holländischer Abstammung: der Oranien=fluß=Freistaat (zwischen den beiden Quellarmen des Oranienflusses) und der Südafrikanische Freistaat (beide voneinander getrennt durch den Vaal [fâl], einen Quellarm des Oranienflusses, in dessen Nähe man in neuerer Zeit Diamanten gefunden hat).

2) Der Südrand oder das Kapland besteht aus drei Stufen, in denen Hoch=Afrika zu dem hier einige günstige Hafenbuchten besitzenden Meeresstrande abfällt. Auf der obersten fließt der Oranienfluß, die mittlere nimmt die Steppe Karroo [karru] ein, mit rötlichem Thonboden, fast so hart wie gebrannte Ziegel, nur zur Zeit der Winterregen eine grüne Weide für unzählige Antilopen und die Zuchttiere der Kolonisten. Randgebirge mit tiefen Schluchten (Kloofs [klûfs]) trennen diese beiden Stufen; in ihnen fließt meist nur zur Regenzeit Wasser, und oft sind sie trotz ihrer Steilheit die einzigen Verbindungsstraßen, auf denen die klobigen, meist mit 16 Zugochsen paarweise bespannten Wagen fahren, welche für das niederländisch=englische Süd=Afrika so bezeichnend sind. Die dritte und unterste der Stufen ist das Küstenland. Die Niederländer, welche sich seit 1652 hier niederließen, fanden als Bewohner Hottentotten vor, ein gutmütigträges Hirtenvolk (gelbbraun, mit breiten Backenknochen und kurz filzlockigem Haar), das seine Wurfspieße mehr zur Jagd als zum Kriege verwendete. Die Hütten gleichen Bienenkörben, mehrere zusammen bilden einen Kraal. Weit schlimmere Nachbarn für die Kolonisten waren die bereits von den Hottentotten mehr ins Innere zurückgedrängten Buschmänner, ein häßlicher, magerer Menschenschlag von ähnlicher Hautfarbe und Haareigentümlichkeit wie die Hottentotten, aber ausschließlich von der Jagd und dem Viehraub lebend, mit vergifteten Pfeilen auf Beute lauernd; sie gegen jedermann, und jedermanns Hand wider sie. Das Kapland wurde bald als Station für die Ostindienfahrer den Niederländern sehr wichtig; sie haben es aber 1795 an die Engländer verloren. Diese bilden von der noch geringen Bevölkerung (2 bis 3 Bewohner auf 1 qkm) etwa ein Zehntel; die Urbewohner, von den ins ö. Kapland seit der Zeit um 1600 eingedrungenen Kaffern abgesehen, überwiegend hottentottischer Abstammung, sind durch Vermischung mit den Ansiedlern als Rasse innerhalb der Kolonie fast ganz untergegangen, während die Buschmänner in der Kalahári=Wüste, einer meist mit Buschwerk und Gras bewachsenen, aber sehr wasserarmen Steppe jenseit des Oranienflusses, eine letzte elende Zuflucht

gefunden haben. Die Kapstadt liegt an der Tafelbai am Fuße des Tafelberges, der 1100 m hoch ist und dessen ungeheure Würfelmasse den Seeleuten das ersehnte Zeichen des schützenden Hafens ist.. Gerade, sich in rechten Winkeln kreuzende Straßen, weiße Häuser mit platten Dächern; 60000 E. Im S. der Stadt der Meierhof Konstantia mit dem berühmten Kapwein. Zwischen der Tafelbai und der falschen Bai das eigentliche Kap, d. h. das Kap der guten Hoffnung, von welchem gen OSO. das südlichste Vorgebirge Afrikas gelegen ist, das Kap Agulhas [agúlchas] d. i. Nadel= kap, nach Beobachtungen an der Magnetnadel daselbst von den portugiesischen Entdeckern so genannt. Im östlichen Teile des Kaplandes Port Elisabeth, eine Hafenstadt, deren Handelsverkehr schon den der Kapstadt zu überflügeln beginnt. Kleinere Niederlassungen sind durch das Innere des Landes zer= streut; hier wird wegen seines kostbaren Gefieders auch der Strauß gezüchtet. Der Hauptgewinn im Kapland besteht aber in der Schafwolle; auch die Angoraziege (§ 46, 1) ist mit bestem Erfolg in dem warmtrockenen Lande accli= matisiert worden.

3) Der Westrand ist vom Oranienfluß, der Nordgrenze des Kaplan= des, an eine kahle sandige Küste, hinter welcher sich bis an die Kalahari die Weidegebiete der Nama (Hottentotten) und nördlich von diesen der Heréro (Bantu) erstrecken. Das ganze Land bis zum Kunené hat Deutschland in Besitz genommen; auch die Nama und Herero stehen unter deutschem Schutze. Hauptstation im Binnenlande ist die Kaiser Wilhelmsfeste; Faktoreien an der Sandfischbai und an der Bucht Lüderitzhafen, welche südwärts in Angra pequena [pekéna], d. i. kleine Bucht, ausläuft. Die Walfischbai ist englisch. Im Binnenlande sind Lager goldhaltigen Quarzes gefunden worden.

Nun folgt nördlich bis Kap Lopez [lôpeß] Nieder=Guinea, mit der Mündung des Kongo. Südlich von der letzteren besitzen die Portugiesen die Küstenländer Angóla und Benguela [bengéla] mit der Hauptstadt St. [ßáung] Paolo de Loánda. Dicht am Äquator ein großartiger Natur= hafen: die Bucht von Gabun [gabûn], französischer Besitz.

Endlich nördlich vom Äquator liegt die breite, tief in das Land ein= schneidende Bucht von Kamerun, in welche sich der Mungo und der Wuri ergießen. Nördlich von ihr erhebt sich der vulkanische Götterberg (oder Pico grande) von Kamerun bis 3960 m. An seinem Fuße das Städtchen Victoria. Das ganze Kamerunland ist deutsches Gebiet; der Gouverneur wohnt bei Bellstadt auf dem hohen Südufer der Bucht. Hier hat auch der deutsche Afrikaforscher Gustav Nachtigal seine letzte Ruhestatt gefunden. Zahlreiche Faktoreien. Negerstamm der Dualla. Es ist ein vielversprechendes Land, wo Pisang= und Bananenplantagen die Dörfer umgeben und Kokospalmen die Negerhütten beschatten.

4) Das Innere des südafrikanischen Hochlandes ist erst seit den letzten Jahrzehnten bekannter geworden. So verdanken wir dem rastlosen Erforscher Süd=Afrikas, dem englischen Missionar Livingstone [livingstôn], die Kenntnis des Ngami=Sees n. von der Kalahari=Wüste, den er 1849 erreichte. Dieser immer mehr hinschwindende See, 900 m hoch gelegen, der Rest des großen, einst Süd=Afrika deckenden Gewässers, ist die tiefste Ein= senkung in dem südafrikanischen Hochlande. Auf späteren Reisen, auf welchen Livingstone ganz Süd=Afrika von den westlichen bis zu den östlichen Besitzun= gen der Portugiesen durchschnitt, entdeckte er in dem Liambey den oberen

Lauf des Sambesi mit den prächtigen Victoria=Wasserfällen, in denen sich der Strom, das Randgebirge durchbrechend, von dem Hochlande herunterstürzt, um bald danach den Ausfluß des Njassa=Sees, den Schire, aufzunehmen.

5) Noch später ist das Innere des centralen Afrika bekannt geworden. Das größte Verdienst darum hat der kühne Amerikaner Stanley [stánle], welcher den Lauf des Kongo entdeckte.

Die Westhälfte dieses Innern bildet das Stromgebiet des gewaltigen Kongo, des wasserreichsten unter allen afrikanischen Strömen, der als Lualaba mehrere Seeen durchfließt, den Abfluß des langgestreckten Tanganjika=Sees zur Rechten empfängt, mit den 7 Stanley=Fällen fast unter dem Äquator sich westwärts Bahn bricht und dann in einem langgezogenen Nordbogen sich dem 2. Parallelkreis n. Br. dicht nähert, auf einem durch 32 Katarakten (die Livingstone=Fälle) gefährlichen Unterlauf, nachdem er den Stanley=Pool [pul] gebildet, das w. Randgebirge durchbricht und so seinen Weg zum Meere findet, das er noch weithin mit seinem gelben Schlamme färbt. Auf seinem rechten Ufer liegt nach dem Durchbruche der wichtige Handelsplatz Boma, an seiner Mündung Banána=Point [peunt]. Die größten Nebenflüsse des gewaltigen Stromes sind von r. der Ubangi und der Aruwimi, den er bald nach den Stanley=Fällen, von l. der Kassai, den er nicht weit vor dem Stanley=Pool aufnimmt.

Den größten Teil seines Gebietes umfaßt der Kongo=Staat, 2³/₄ Mill. qkm (50000 Q.=M.) mit (nach Stanleys Schätzung) 26 Mill., nach anderen nur 10 Mill. Einw. Die wichtigsten Stationen desselben sind Leopoldville am Stanley=Pool, Bivi am Ende der Livingstone=Fälle und Boma.

Die Osthälfte des centralen Afrika bildet die Region der ostafrikanischen Seeen. Von diesen hat der Njassa=See, in steile Ufer eingesenkt, seinen Abfluß zum Sambesi. Aus dem Bangweolo=See kommt der Kongo, zu dem auch der langgestreckte Tanganjika=See durch den Lukuga abfließt. Endlich sammeln die Quellflüsse des Nil, von denen der Schimiju bis 5½° s. Br. hinaufreicht, sich in dem Victoria=Njansa. Flache Ufer fassen ihn ein; an seinem Nordufer das mächtige Negerreich Uganda. Er entsendet nach N. den Bahr=el=Dschebel (d. i. Fluß der Berge), den Hauptquellfluß des Nil. Ihm führt, vorüber an dem hohen Ruwenzori, einem erloschenen Vulkane, der Semliki auch die Wasser des dunkelblauen Albert Eduard=Sees, den Stanley entdeckt hat, zu, nachdem sie weiter nordwärts den in steile Ufer eingeschlossenen hellgrünen Albert=See durchflossen haben, in dessen Nordecke der Bahr=el=Dschebel eintritt. So ist der Nil der längste Strom Afrikas.

Im O. des großen Njansa erheben sich die gewaltigen Schneeberge, der zweigipflige Kilima=Ndscharo, ein erloschener Vulkan, 6000 m in der Kaiser Wilhelm=Spitze aufragend, und der nicht viel niedrigere (englische) Kenia. Das ganze Binnenland von der Küste des indischen Ozeans, Sansibar gegenüber, bis zum Tanganjika=See, südwärts bis zum Njassa, nordwärts bis zum Victoria=Njansa reichend und den Kilima=Ndscharo ganz einschließend, ist deutsches Gebiet, wie auch die davor liegende Insel Mafia deutsch ist. Haupthäfen dieses Gebietes sind Tanga, Bagamoio und Dar=es=Salam, wichtigste Station im Innern ist Mpuapua (richtiger Mbambua genannt).

§ 57ª.
Sudan.

Das Land Sudân (d. i. schwarz), eine Hochebene von mannigfaltiger Gestaltung, nimmt so ziemlich die ganze südliche Hälfte von Nord-Afrika ein. Der westlichste Teil erhebt sich zu dem kleinen sudanischen Gebirgslande, welches mitunter Hoch-Sudan genannt wird; ihm entspringen die großen Ströme von West-Sudan. Ohne Zusammenhang mit ihm streicht an der Südküste, etwa 1000 m hoch, das Kong (d. i. Gebirge) entlang. Nach dem Meere zu fällt sowohl nach W. als auch nach S. das Land zu niedrigen Küstenebenen ab.

1) Die Küstenebene des Südens bis zum Kap Palmas heißt Ober-Guinea. Sie enthält hinter der sandigen Küstenlinie weite Lagunen von geringer Tiefe, an welche sich tropisches Marschland anschließt. Das heißfeuchte Klima gilt für sehr ungesund. Die ganze Küste ist im Besitz der Europäer, welche zahlreiche Faktoreien (wichtigster Handelsgegenstand Palmöl) hier angelegt haben. Etwa in der Mitte liegt das deutsche Gebiet Togoland; Sitz der Regierung ist Anehó; jenseit der quer das Gebiet durchziehenden Fetischberge die Station Bismarckburg. Weiter westwärts an der Küste die Ruinen des altbrandenburgischen Forts Groß-Friedrichsburg.

Weiter landeinwärts liegen volkreiche, despotisch regierte Negerstaaten: nordöstlich von Togoland das Reich Dáhome, nordwestlich das der Ashánti mit der Hauptstadt Kumase. Hier, besonders aber in Dáhome (Hauptstadt Abome) gehört die scheußlichste Menschenschlächterei (oft zu Tausenden) zu dem, mit völliger Gleichgültigkeit betrachteten Ceremoniell aller Hoffeste. Die aus 5000 Kriegsweibern bestehende Leibgarde ist dabei besonders thätig. Trotzdem sind diese Lande dicht bevölkert; Abeoluta, die Hauptstadt von Joruba (ö. von Dáhome), soll sogar über 100000 E. zählen. Die europäischen Kaufleute haben an dieser verschieden benannten Küste Handelsfaktoreien angelegt, um die dann die Wohnungen zinspflichtiger Neger herumliegen. Der englische Hauptplatz ist Cape Coast [kêp kôst] auf der Goldküste; Lagos auf der Sklavenküste ist wichtig wegen des Handels mit Palmöl; auf der durch ihr heißfeuchtes Klima besonders ungesunden Küstenstrecke Sierra Leone liegt das von England angelegte Freetown [fritaun] (d. i. Freistadt), eine Niederlassung für Neger, die aus Sklavenschiffen befreit wurden. Ursprünglich gleiche Bestimmung hatte die von Nordamerikanern auf der Pfefferküste angelegte Kolonie Liberia mit dem Hauptorte Monrovia, 1847 zu einer unabhängigen Republik erklärt. Beide liegen nw. von Kap Palmas, in dessen Nähe die Kru-Neger wohnen, welche als Matrosen und Arbeiter sich weithin an der ganzen Westküste Afrikas verdingen.

1) Senegambien, nw. von Ober-Guinea, ist das Gebiet des Senegal und der Gambia, ein flachsumpfiger Küstensaum und dahinter im O. ansteigende Berglandschaften. Hier, zwischen beiden Strömen, der westlichste Punkt von Afrika, das Kap Verde [wêrd] (d. i. das Grüne Vorgebirge). Unter den 30—50 selbst sprachlich verschiedenen Negerstämmen die Jolofs und die Mandingos, während die Fulbe oder Felátah, welche als Eroberer sich weit ausgebreitet haben, zwischen den Berbern und den

Negern, bronzefarben bis braunschwarz, in der Mitte stehen. Die Portugiesen, die Engländer, hauptsächlich aber die Franzosen haben in Senegambien Besitzungen. Hauptplatz der letzteren ist St. Louis, auf einer Insel in der Senegalmündung. Im N. des Senegal ausgedehnte Wälder der Gummi=Akazie, deren Harzausschwitzung das sogenannte arabische Gummi oder Klebgummi liefert (nicht zu verwechseln mit dem auch Gummi genannten Kautschuk, welches aus dem eingedickten Saft tropischer Gewächse zumeist in Ostindien und Süd=Amerika gewonnen wird, am massenhaftesten jedoch im tropischen Afrika, wo die Kautschuk=Liane in den Wäldern sich sehr häufig findet, gewonnen werden könnte).

Die größere Osthälfte von Sudan ist zwar nicht niedriger, aber offener und ebener; daher mitunter Flach=Sudan genannt. Sie gehört im Westen zum Gebiet des Nigir (d. i. der Fluß), der bei den Anwohnern streckenweis Sondernamen wie Dschôliba, Kowâra u. a. führt. Derselbe fließt vom Kong bis Timbuktu nach NO., wendet sich dann nach SSO., empfängt in dem Unterlaufe links den mächtigen Bînuë und mündet dann mit einem zwischen die Buchten von Benin und Biafra vortretenden Delta in den Guinea=Busen. Östlich vom Nigirgebiet setzt sich die sudanische Hochebene, wenig über 300 m ansteigend, ununterbrochen fort. Ihre tiefste Einsenkung ist das weite Becken des besonders in seinem Ostteil sehr inselreichen, von flachen, schilfigen Ufern eingefaßten Tsad=Sees (224 m hoch gelegen), in den von SO. her der große Fluß Schari strömt. Der Umfang des Tsad=Sees ist weit größer im Sommer als im Winter, weil nur im Sommer der Sudan seine Regenzeit hat.

Bewohnt wird Sudan von Negervölkern; in das Nigir=Gebiet sind jedoch während des Mittelalters die Fulbe von N. her eingedrungen und haben daselbst Staaten gegründet, da sie den einheimischen Negern an Thatkraft überlegen waren. Überhaupt giebt es in Sudan ziemlich gut geordnete Staaten mohammedanischen Glaubens; überall wird Getreide (Durra) und Baumwolle gebaut und eine nicht geringe Hausindustrie betrieben. Der Mangel an Salz begründete von jeher einen regen Handelsverkehr mit der großen Wüste im N., die, sonst arm, an nichts so reich ist als an Salz. Untereinander treiben die Sudanesen viel Handel mit Guru= (getrocknet: Kola=) Nüssen vom Aussehen unserer Roßkastanien, da ihnen deren rosarotes Innere, geröstet, den Kaffee ersetzt.

Deutsche Forscher haben uns seit der Mitte dieses Jahrhunderts am besten mit diesem Lande bekannt gemacht: Heinrich Barth, Gerhard Rohlfs, im O. besonders Gustav Nachtigal, im W. Reinhold Lenz.

Am N.=Bogen des Nigir Timbuktú, nächster und darum wichtiger Zielpunkt der Karawanen durch die w. Sahara. Unter den Fulbe=Staaten ragen die nach dem tüchtigen Negervolk der Haússa benannten Haússa-Staaten zwischen Nigir und Binue hervor durch ihren Gewerbfleiß (vorzügliche lederne Wasserschläuche für die Wüstenreise): Handelsstädte Sóloto und Káno. Der wichtigste Sudan-Staat ist Bórnu, w. vom Tsad-See mit der Hauptstadt Kuka (d. i. Tamarindenbaum), der größte Markt von Central-Sudan, 60000 E. Weiter im O. Wadáï, reich an Elfenbein und Straußenfedern, von wo auch noch viele (aus benachbarten Heidenländern geraubte) Neger als Sklaven heimlich verhandelt werden nach dem N. und NO. Afrikas. Am Schari der südwärts an unbekannte Heidenländer grenzende Staat Bágirmi. Weiter östlich folgt Dar Fôr (d. i. Land For) und das schon bis in das Nilgebiet reichende Kordofán; beide Länder gehörten früher zum ägyptischen Reiche, haben aber jetzt unter der Führung des Mahdi sich von demselben losgerissen.

§ 57ᵇ.
Die Wüste Sahara.

Durch einen Gürtel magerer Steppen geht die sudanische Hochebene allmählich in die meist niedrige, jedoch durchaus nicht überall ebene, sondern von mancherlei Gebirgszügen durchsetzte Platte der Wüste Sáhara über, der größten Wüste der Erde, halb so groß wie Europa. Ihre Oberfläche ist so mannigfaltig gestaltet, wie etwa diejenige Deutschlands. Passend nennt sie der Araber, der hier seine Abwaschung mit Sand verrichten muß, Meer ohne Wasser. Sie ist wenigstens teilweise noch in der jüngsten Vergangenheit der Erdgeschichte Meeresboden gewesen: man findet in ihr Schalen von Muschelarten, die noch gegenwärtig im Mittelmeere leben. Jetzt ist sie ein Sandozean, welcher seine Sandatmosphäre, seine Sandwellen und Sandstürme (Gebli oder Smum), seine Klippen und Salzmassen, seine Inseln (Oasen) hat. Auf weiten Strecken hat sie Steppencharakter, bedeckt mit Heidekraut und Salzpflanzen, auf anderen wieder trägt sie massige dunkle Felsengebirge, oder es sieht, zumal in der westlichen Hälfte, der Wanderer nichts über und um sich, als Himmel und Sand oder nackten Felsboden. Aber es fehlt auch nicht an solchen Stellen, wo der Boden so regelmäßig bewässert ist, daß Hirse und Palme gedeiht: das sind die Oasen, welche die Wüste bewohnbar und durchschreitbar machen. Ein Zug solcher Oasen und klippiger Höhen zieht sich etwa unter 15° östl. Länge von Tripolis gegen den Tsad-See und bedingt nebst der größten Annäherung der Mittelmeerküste im Syrtenbusen an den Sudan den wichtigsten Straßenzug für die Karawanen durch die Wüste. Trostlos sind die quellenarmen Teile der Wüste im W. dieses Oasenzuges und auch im O. (in der ganz besonders einem Sandmeere gleichenden libyschen Wüste). Denn weil es höchst selten in der Sahara regnet, ist Anbau von Nutz-

pflanzen durchaus an die Quellen oder Brunnen gebunden, mit deren
Wasser man den Boden berieselt (so daß durch Brunnenöffnung mit=
telst des artesischen (§ 25) Bohrers in dem an sich durchaus frucht=
baren Boden künstlich Oasen erzeugt werden können); das unterirdische
Sickerwasser der Wüste erklärt sich teils durch das weite Fortsickern
von Flüssen der Wüstenränder (hauptsächlich vom Atlas her) durch
den Sandgrund auf thoniger Unterschicht, teils durch den reichlichen
Frühtau. Der eigentliche Lebensbaum der Sahara=Oasen ist die
Dattelpalme; recht durchschreitbar aber wurde die Wüste bei der
oft viele Tagereisen messenden Entfernung der Oasen voneinander
erst in nachchristlicher Zeit durch Einführung des einhöckrigen Ka=
mels aus Südwest=Asien.

Die Sahara ist einer der am spärlichsten bewohnten Erdräume,
weil seßhaftes Leben daselbst nur in den Oasen möglich ist und sonst
nur durch Karawanendienst und Raub, kaum irgendwo durch Vieh=
zucht oder Jagd das Leben gefristet werden kann. Die Bewohner ge=
hören dem **libyschen** oder **hamitischen** Zweige der **kaukasischen
Rasse** an, hauptsächlich dem ritterlichen, aber auch räuberischen Volk
der **Tuâreg** (im mittleren Oasenzug und w. davon). Seit dem Mit=
telalter überschwemmten **arabische** Stämme auch die große Wüste,
wurden darin zum Teil heimisch und vermischten sich an deren W.=
Saum mit den libyschen Vorbewohnern (sogenannte **Mauren**).
Nördlich von Central=Sudan wohnen die ebenfalls der libyschen
Völkergruppe angehörigen, jedoch schon dunkelhäutigen **Tûbu**.

Die **Städte**, natürlich ausschließlich in den Oasen gelegen, sind alle
ganz klein und gegen räuberische Überfälle mit Lehmmauern umzogen. Sie
sind wichtig als Stationen des Karawanenhandels von der N.=Küste oder
dem Nilthal nach Sudan (Oase, vom altägyptischen Wort Uá abgeleitet, heißt
ursprünglich Wüstenstation), einige auch durch Salz= oder Dattelhandel. Auf
dem Weg von Tripolis nach Timbuktu **Ghadâmes**, dem Pascha von Tripo=
lis unterthänig wie das ganze Oasenland **Fessân** mit der Hauptstadt **Mur=
zûk**, beide mit 5000 E. Im Tubuland die salzreiche Oase **Bilma** (n. vom
Tsad=See) und das gebirgige **Tibesti** mit einem vulkanischen Kegelberg von
mindestens 2500 m Höhe. Die östlichen Oasen gehören jetzt wie im hohen
Altertum zum ägyptischen Reich; die berühmteste ist unter ihnen die nörd=
lichste, die von **Siwah**, 30 m unter dem Meeresspiegel, einst von Alexander
d. Gr. besucht wegen des altägyptischen Orakeltempels des **Ammon** (von den
Griechen Zeus Ammon genannt), und so dattelreich, daß von hier jährlich
1½ Mill. kg Datteln nach Unter=Ägypten verhandelt werden.

§ 58.
Die Länder am Nil.

Das östlichste Nilland, **Abessinien** oder **Habesch**, ist ein der
Schweiz ähnlich gestaltetes Hochland, das durch den Gürtel immer=

grüner und wildreicher Tropenwälder zu kühlen Flächen emporsteigt, auf denen zuletzt nur noch Gerste gedeiht, ja ewiger Schnee die höchsten bis 4600 m aufsteigenden Gipfel deckt. Schwer zugänglich ist es besonders von O., denn nach dieser Seite fällt es mauerähnlich zur Küstenebene am Roten Meer ab; auch das Innere erschwert durch schluchtige Zerklüftung den Verkehr, viele der in jähe Hochflächen endenden Berge (Amben genannt) sind natürliche Festungen. Durch den Tana-See fließt der Bâhr-el-ásrek (d. i. Blauer Fluß) dem S.-Rand zu, welchen er in einem gen W. geöffneten Bogen, dem Nil zuströmend, durchbricht; andere Nil-Zuflüsse durchbrechen den NW.-Rand oder entspringen an dessen Außenseite und vereinigen sich im Atbara (átbara).

Der Hauptstrom des Nil ist der Bâhr-el-bschebel (d. i. Fluß der Berge); er verläßt mit dem 4 m hohen Wasserfall, „die Steine" genannt, den Victoria-See (§ 56), durchfließt das NO.-Ende des Albert-Sees, nimmt l. den vielverzweigten Bâhr-el-gasâl (d. i. Gazellen-Fluß) und wenig weiterhin r. den Sobât, beide unter 9° n. Br. auf und heißt nunmehr Bâhr-el-ábiab, d. i. Weißer Fluß. Nachdem jedoch der Bahr-el-asrek sich mit ihm bei der Stadt Chartûm vereinigt hat, heißt er Nil. Der Atbara ist der letzte bedeutendere Zufluß, den er empfängt. Denn die zweite Hälfte seines Laufes liegt ganz im Wüstengürtel: Nubien wird in engerem S-förmig gewundenen Thal vom Nil durchzogen, der hier an Stellen ihn quer durchsetzender Riegel härteren Felsgesteins durch Katarakte oder Stromschnellen die Schiffahrt erschwert. Dicht n. vom Wendekreis mit dem letzten Katarakt erreicht der Nil Ägypten. Es wird von ihm in einem mehrere Stunden breiten Thale nicht nur beruhigten Laufes durchflossen, sondern infolge der den tropischen Regen zu verdankenden alljährlichen regelmäßigen Überschwemmung (vom 20. Juni bis Oktober) auch mit dunkelfarbigem Schlamm immer neu befruchtet. Demnach bedeutet das eigentliche Ägypten nur dieses fruchtbare Thal zwischen der arabischen Wüstenplatte im O., der libyschen im W., welche beide erst die von den Mündungsarmen des Stromes durchschnittene Ebene des Deltas mit seinen großen Strandseeen frei vortreten lassen.

Die Südhälfte des Nilgebietes wird von Negervölkern bewohnt; ohne scharfe Grenzen folgen dann in der Nordhälfte hamitische Völker, jedoch von dunkler Hautfarbe, welche noch in Nubien ein negerähnliches Schwarzbraun ist. Das geschichtlich wichtigste Volk dieser Ost-Hamiten wurde das ägyptische, das seinen alten Typus trotz einiger Vermischung mit arabischem Blut noch heute bewahrt.

Nach Abessinien wanderten in vorchristlicher Zeit dunkelhäutige Südaraber (mit südarabischer, sogenannter äthiopischer Sprache) ein.

1) **Abessinien** ist wie durch seinen Bodenbau, so auch durch seine Sprache und das schon in den ersten Jahrhunderten unserer Zeitrechnung eingeführte Christentum ganz in sich abgeschlossen; ringsum Länder des Islam. Im Inneren herrscht selten für die Dauer Friede, da die Verkehrsschwierigkeit das Fehdewesen begünstigt und zudem die stets kriegslustigen **Gallas** vielfach von S. her das Land bedrängen. Seit der Vereinigung der früheren Teilreiche führt der Beherrscher von Abessinien den Titel Kaiser. Hauptstadt des Landes ist **Dabra Tabor**. Das ganze Reich steht unter der Schutzherrschaft **Italiens**. Das Abessinien vorgelagerte Küstengelände am Roten Meere bildet das italienische Schutzgebiet **Erythrea**, dessen Hauptort die Hafenstadt **Massáua** ist; dazu gehört auch die **Assab=Bai**, wenig nördlich von der Straße **Bab=el=Mandeb**.

2) **Das Reich des (unter türkischer Oberhoheit stehenden) Vizekönigs oder Khedīw [chedīw] von Ägypten.**

a) **Nubien.** Der erste (gen SW. geöffnete) Bogen des Nil umfängt die fast schon wüstengleiche Steppe **Bajûba**, die zweite (gen NO. geöffnete) durchzieht das ob seiner edlen Rosse berühmte Land **Dongola**. Einziger Küstenhafen **Súakin**.

b) **Ägypten** erzog früher als irgend ein anderes Land seine Bewohner zur Gesittung. Die regelmäßigen Nilschwellungen lehrten sie als Ackerbauer reichsten Segen ernten vom Nilschlammboden dieser Flußoase in der Wüste (**Kêmi** genannt, d. i. Schwarzerde). Dadurch wurden die Bewohner zugleich genötigt zu baulichen und verwandten Künsten, zu strengem Gesetzesgehorsam in der bei leichter Ernährung rasch aufwachsenden Menschenfülle (Teilung der Arbeit, Kasten). Es galt künstliche Wohnhügel (Wurten) in dem völlig ebenen Thalboden anzulegen, um nicht von der Überschwemmung (7½ m über dem niedrigsten Wasserstand) bedroht zu werden, durch Dämme die Wurten zu verbinden, durch Kanäle und Schöpfräder das Wasser des Nil möglichst auszubreiten. Den trefflichsten Baustein lieferten die einschließenden Wüstenplatten, namentlich Kalkstein, im S. auch Sandstein, stellenweise Granit. Die in der trocknen Wüstenluft Ägyptens trefflich erhaltenen Denkmäler des alten Ägyptens und seiner mächtigen Könige (Pharaonen) mit ihren nun entzifferten Hieroglyphen reichen mindestens bis in das 37. Jahrhundert v. Chr. zurück. Seit 525 v. Chr. (Schlacht bei Pelusium) persische Provinz, erreichte Ägypten nach Zertrümmerung des Perser=Reiches durch Alexander d. Gr. eine schöne Nachblüte unter der Herrschaft der Wissenschaft und Kunst pflegenden Ptolemäer; im Jahr 30 v. Chr. wurde dann Ägypten römische Provinz. Den schwersten Schlag erlitt das Land durch die arabische Eroberung um die Mitte des 7. Jahrhunderts; die Araber verdrängten das Christentum durch den Islam, bürgerten ihre Sprache ein, und die sich später die Herrschaft aneignenden Mameluken (anfangs nur eine Leibgarde der arabischen Herrscher) peinigten vollends das ägyptische Volk (auch nach 1517, wo Ägypten von den Türken erobert wurde), bis Mehemed Ali im Auftrag des türkischen Sultans dieselben 1811 vernichtete und als sehr selbständiger Statthalter des Sultans sich und seinen Nachkommen daselbst unter Aufhebung der bäuerlichen Leibeigenschaft ein neuägyptisches Reich schuf, das jedoch seit 1882 **faktisch**, wenn auch nicht dem Namen nach, unter **englischer Herrschaft** steht.

8*

§ 58. Die Länder am Nil.

Ägypten ist auch heute wieder das am dichtesten bevölkerte (245 Bewohner auf 1 qkm) Land des festländischen Afrika: es zählt auf 27 000 qkm (500 Q.=M.) 7 Mill. E. (die ebenso große Provinz Rheinland noch nicht 5 Mill.). Nur zum zehnten Teil sind die Bewohner der christlichen Kirche (und zwar derselben altorientalischen Sekte, der auch die abessinischen Christen zugehören) treu geblieben; sie heißen Kopten. Die Fellachen (d. i. eigentlich Pflüger, Ackerbauer), $7/10$ der heutigen Bevölkerung, dürfen ähnlich den Kopten als Nachkommen der alten Ägypter gelten, wiewohl sie, längst zum Islam übergetreten, mit Arabern teilweise sich vermischt haben; außerdem Araber, Türken, Europäer. Der Getreide= und Reisbau, besonders der Gewinn an Baumwolle und Zuckerrohr ist von Bedeutung; bekannt ist auch die Hühnerzucht und die Brutöfen, massenhafte Taubenzucht. Die lichten Haine von Dattelpalmen vermögen freilich den ganz fehlenden Wald nicht zu ersetzen.

Das geschlossene Nilthal Ägyptens (Ober=Ägypten) beginnt dicht am letzten Katarakt mit Assuân (d. i. Pforte), dem alten Syene; dabei die Inseln Philä und Elephantine mit prächtigen Tempeltrümmern. Bei den Dörfern Luxor und Karnak die Ruinen der ältesten Hauptstadt von Ägypten, des hundertthorigen Theben. Die gewaltigsten Reste ägyptischer Baukunst erregen hier das Staunen der Beschauer. Jetzt ist Siut mit 32 000 E. in Ober=Ägypten die größte Stadt. Auf der l. Uferseite begleitet den Nil ein Kanal (Bâhr=Jûsuf von den Arabern benannt), dessen Wasser die alten Ägypter zur Herstellung eines künstlichen Sees in einer Mulde der w. Wüstenplatte, des in einem kleinen Rest noch bestehenden Möris=Sees in der Landschaft Fajûm, benützten. Noch etwas weiter flußabwärts die drei größten Pyramiden auf dem Rande der n.ö. Wüstenplatte unfern des Ortchens Gizeh [dschîseh], die ältesten und nahezu höchsten Bauwerke der Menschheit; die höchste, die des Königs Cheops, muß einst $146^{1}/_{2}$ m hoch gewesen sein, jetzt (wo ihr die Mantelhülle von poliertem Granit längst geraubt ist) mißt ihre ersteigbare Stumpfspitze noch 137 m. In der Nähe die aus dem anstehenden Felsen gehauene und gemauerte riesige Sphinx. Am Fuße der Pyramiden schlug 1798 Napoleon Bonaparte das Heer der Mamelucken (Hieroglyphen=Entzifferer Champollion). Nahe der Spaltung des Nil in seine Mündungsarme lag die uralte Pharaonen=Residenz Memphis, von der fast keine Spur mehr übrig ist. Ihrer Stätte nahe, also gleichfalls am Übergang in die offene Ebene von Unter=Ägypten liegt $1/4$ St. r. vom Nil nun Kairo [káiro], arabisch Mâsr, erst von den Arabern im 10. Jahrhundert gegründet am Fuße des (die Citadelle tragenden) Mokattam, der felsigen NW.=Ecke der arabischen Wüstenplatte. Kairo, mit 375 000 E., Afrikas größte Stadt, Residenz des Khediw, bietet ein höchst lebensvolles Bild einer morgenländischen Weltstadt; mit dem bunten Getümmel verschiedenster Trachten und Rassen in den Gassen kontrastieren die im europäischen Stil angelegten eleganten neuen Straßen und freien Plätze; Flußhafen=Vorstadt Bulâk. Eisenbahnen von Kairo ins Delta, nach Sues und Siut. Hauptort in der Mitte des Deltas Tantâ, wichtig durch seine großen Messen, 34 000 E. An den jetzigen beiden Hauptmündungen des Nil Damiette (ö.) und Rosette (w.). Noch etwas westlicher Abukir, wo der englische Seeheld Nelson [nelsn] 1798 die Flotte der Franzosen vernichtete. Dann Alexandrien, 231 000 E., die berühmte Schöpfung Alexanders d. Gr., die bedeutendste Seehafenstadt auch des heutigen Ägyptens wieder. Im O. der 1869 (unter Lesseps' Leitung) hergestellte hochwichtige interozeanische Kanal von

Sues mit seinen Endpunkten Port Saïd (unweit des alten Pelusium) am Mittelmeer und Sues am Roten Meer; ein Süßwasserkanal bringt aus dem ö. Nilmündungsarm das fehlende Trinkwasser nach den an diesem Kanal belegenen Orten. Durch die Kanal- und Eisenbahnverbindung hat Sues Koseir in Schatten gestellt, den früheren Hauptverkehrshafen Ägyptens mit Arabien über das Rote Meer, dessen Küste hier vom oberen Ägypten (aus der Gegend des alten Theben) am nächsten erreichbar ist.

§ 59.
Die Syrten- und Atlasländer.

Im W. der Hochfläche von Barka schneidet das Mittelmeer ein einziges Mal tiefer in die nordafrikanische Küste ein durch den Doppelbusen der beiden Syrten (im O. die Große Syrte oder Busen von Sidra, im W. die Kleine Syrte oder Busen von Gabes). Darauf folgt das Atlas-Gebirge. Dasselbe besteht 1) aus dem nördlichen Gebirgslande (dem Tell-Atlas), 2) der Steppen-hochfläche der Schotts (Salzseeen), welche zu einem großen Teile mit Halfagras bewachsen ist, und 3) dem Großen oder saharischen Atlas, einem von NO. gen SW. streichenden breitrückigen Gebirge zwischen Mittelmeer und atlantischem Ozean, dessen höchste Höhen, wie der 4500 m hohe Dschebel Aschaschin, bereits Schnee tragen; ein Seitenzweig desselben nach der Meerenge von Gibraltar ist das Rif. Zur Sahara gehen die Atlasländer in einem besonders dattelpalmen-reichen Gürtel über, der darum Bled-el-dschêrid (d. i. Land der Datteln) heißt.

Die ursprünglichen Bewohner waren den Tuareg (§ 57ᵇ) ver-wandte hellfarbige Hamiten, deren Nachkommen noch heute öfters blonde Haare und blaue Augen haben. Frühzeitig gründeten die Phönizier Niederlassungen an dieser Küste, am Syrtenbusen und in Barka dann auch die Griechen (Kyréna u. a.). Die Römer unter-warfen diese Länder in den letzten Jahrhunderten ihrer Republik; da sich aber in den Atlasländern die lateinische Sprache nicht recht ein-bürgerte, sondern die Sprache der Eingeborenen (lingua bárbara) sich erhielt, so entstand für sie und ihre Bewohner der Berber- (Bar-baren-) Name. Die von den Römern hier gegründeten Provinzen (1. das eigentliche Afrika oder Africa própria, das dem ganzen Erd-teil den Namen gegeben hat, ist das heutige Tunis, 2. Numidien, das heutige Algerien, 3. Mauretanien, das heutige Marokko) bildeten 429 bis 534 n. Chr. das Reich der germanischen Vandalen. Seit dem 7. Jahrhundert erfolgte die Eroberung durch die Araber, welche an Stelle des (vom heiligen Augustin einst hier gepredigten)

Christentums den Islam und größtenteils auch die arabische Sprache einführten. Die mit Arabern vermischten Berbern nennt man Mauren (§ 57ᵇ), die unvermischt gebliebenen Kabylen. Im 16. Jahrhundert wurde von den Küsten der Atlasländer arge Seeräuberei getrieben, so daß Kaiser Karl V. die Christenheit durch mehrmalige Züge gegen die „Raubstaaten" der „Barbaresken" zu schützen suchte; in demselben Jahrhundert erfolgte auch die türkische Eroberung, von der jedoch Marokko, der letzte Rest des vormals die ganze nordafrikanische Küste umfassenden Kalifenreichs, nicht berührt wurde.

1) Die O.- und S.-Seite des Syrtenbusens bildet nebst Fessan (§ 57ᵇ) den türkischen Vasallenstaat Tripolis. An der Küste von Barka die Hafenstadt Bengási, 22000 E. Etwas größer ist die Hauptstadt Tripolis, wichtig als Ausgangspunkt der meisten Karawanenstraßen nach dem Sudan (§ 57ᵇ).

2) Tunis, dessen Bei (Fürst) seit 1881 durch die militärische Besetzung des Landes von Frankreich abhängig ist, war bisher ein durch schlechte Regierung verwahrlostes, obgleich an sich sehr fruchtbares Land. Im S. eine umfangreiche Depression (§ 19) des Landes mit großen Salzseeen, die in der trockenen Jahreszeit Salzsümpfe (Sebchas) werden. Zwischen der in das Kap Bôn auslaufenden Landzunge, welche mit Sicilien zusammen die wichtige Verbindungsstraße zwischen dem O.- und dem W.-Becken des Mittelmeers einschließt, und Afrikas nördlichstem Vorsprung (Kap Blanco) liegt die Bai von Tunis. Hier, also an der Vereinigungsstelle dieser beiden Becken, lag einst die größte phönizische Kolonie Karthago. Unfern seiner Ruinenstätte liegt Tunis, 150000 E., Sitz des Beis und größte Stadt der mittleren nordafrikanischen Küste im Hintergrund eines Strandsees, an dessen künstlicher Ausmündung nach dem Meere die Hafenstadt Goletta.

3) Algerien, einer der alten Raubstaaten, seit 1830 von den Franzosen erobert, die aber noch oft mit den die Christen hassenden Eingeborenen zu kämpfen hatten (ihre aus Einheimischen gebildeten leichten Truppen zu Fuß sind die Turcos). Die befestigte Hauptstadt Algier (eigentlich Alger [alsché] d. i. die Inseln), 75000 E., liegt mit meist engen finsteren Straßen, aber blendend weißen Häusern eine Anhöhe hinauf; vom Meere ist ihr Anblick sehr schön; die Umgegend versorgt europäische Märkte mit Blumenkohl und anderen feinen Gemüsen. Östlich von Algier Bôna (das alte Hippo Regius, Bischofssitz des heiligen Augustin), im Tell Constantine (das alte Cirta); westlich Orân. Im S. des Landes wird in der Halfasteppe viel Halfagras (zur Papierfabrikation) gewonnen, auch angebaut.

4) Marokko, das Land des Hohen Atlas, bei den Europäern gewöhnlich ein Kaisertum genannt, zerfällt in zwei Hauptteile (ursprünglich Reiche), deren Hauptstädte abwechselnd die Residenz des Sultans dieses despotisch regierten Reiches sind. Im NO.-Teil Fês, 100 bis 150000 E., mit zahlreichen Juden (die überhaupt seit alters zahlreich in den Atlasländern leben, sich durch Schönheit auszeichnen, aber besonders in Marokko von den fanatischen Moslim arg bedrückt werden); an den nicht geringen Gewerbfleiß erinnern die nach Fes genannten, gewöhnlich roten Hinterkopfmützen der Morgenländer. Im SW.-Teil Marokko, 50000 E., in schöner Lage am Fuße des gerade hier höchsten Atlas; nach ihm ist das Maroquin-Leder benannt. Der Haupthandelshafen Tanger [tánbscher] am w. Eingang der

Gibraltar=Straße; am ö. Eingang derselben **Ceuta** [ßé=uta], einer der vier befestigten Küstenplätze oder **Presidios** [preßídios] der marokkanischen Mittelmeerküste im Besitz der Spanier. — An der atlantischen Küste der Hafen **Mogador**. — Im fernen SO. ist auch das Oasenland **Tuát** abhängig von Marokko; ja selbst das ferne Timbuktú nimmt der marokkanische Sultan als seine Stadt in Anspruch.

§ 60.
Die afrikanischen Inseln.

Sie sind fast ausnahmslos bergig und meistens vulkanischer Entstehung; nur eine einzige zeichnet sich durch Größe aus.

I. **Die westafrikanischen Inseln des atlantischen Ozeans.**

1) **Die Azoren** [aßóren] (d. i. Habichtsinseln), zwei Erdteilen gleich nah, einem dritten nicht viel ferner; von ihren Besitzern, den Portugiesen, zu Europa gerechnet. **Terceira** [terßéira] und **San Miguel** [ßan migél] die größten. Trefflich gedeihen hier die Orangen in ganzen Wäldern; Dampfer bringen von hier ganze Ladungen von Apfelsinen auf den Londoner Markt.

2) Etwa zwischen den Azoren und dem afrikanischen Festlande, in der Mitte **Madeira** [madéira] mit der Hauptstadt **Funchal** [funtschal]; es ist ein einziger mächtiger Felsen aus vulkanischem Gestein, dessen Abhänge von Gießbächen zerfurcht sind. Der Anbau des berühmten feurigen Madeira=Weines war, nachdem mehrere Mißjahre eingetreten, aufgegeben und durch Zuckerrohrbau ersetzt worden, ist aber nun wieder begonnen. Madeira ist Kurort für Brustkranke. Daneben die kleine Insel **Porto Santo** [ßanto]. Beide portugiesisch.

3) Weiter nach S. und unter allen dem afrikanischen Kontinent am nächsten die **kanarischen Inseln**, welche Spanien gehören. Die Alten nannten sie Insulae fortunatae, und sie sind in der That an Klima und Produktenreichtum eine der schönsten Erdstellen. Sie waren allein von allen westafrikanischen Inseln seit alters bewohnt; ihre mit den Berbern verwandten Ureinwohner, die **Guanchen** [guántschen] sind von den Spaniern ausgerottet. Außer Südfrüchten zieht man (für Rotfärberei) die Cochenille=Schildlaus auf den aus Amerika stammenden Nopal=Kaktus. Die Inseln sind auch die Heimat des **Kanarienvogels**, des bekannten (hier aber grün befiederten) Verwandten unserer Sperlings= und Finken=Arten. Die größte Insel **Tenerife** [teneríse] hat den berühmten **Pico de Teide**, einen thätigen, vulkanischen Flachkegel von 3700 m; Hafen **Santa Cruz** [truß]. Über das kleine **Ferro** oder **Hierro** [iérro] vgl. § 8.

4) Die **Inseln des Grünen Vorgebirges** (§ 57ᵃ), oder die kapverdischen Inseln, eine portugiesische Besitzung, leiden an entsetzlicher Dürre, sind daher ganz kahl, dennoch aber für die Seefahrer wertvoll als Anhalteplatz, namentlich zur Aufnahme von Kohlen. Die größte **Santiágo**; bester Hafen jedoch auf der kleineren **St. Vincent**.

5) Die **Guinea=Inseln**, in der Bai von Biafra, liegen vom innersten Winkel des Guinea=Golfes aus von NO. nach SW. ziemlich in gerader Linie, sind fast nur von Negern und ihren Herren, Pflanzern europäischer Abkunft, bewohnt, da ihr heißfeuchtes Klima ungesund ist. **Fernando Po**, dem Festlande zunächst, spanisch; **St. Thomas**, die größte, portugiesisch.

6) Von den Guinea-Inseln noch etwa 2000 km weiter gen SW. die **englische Insel St. Helena**, ein burgartig steiler Felsen im Meer, der Verbannungsort Napoleons I., der 1821 hier starb; wie die Kapverden den Seefahrern wertvoll. Im NW. das fast unbewohnte, gleichfalls **englische Ascension**.

II. **Die ostafrikanischen Inseln des indischen Ozeans.**

1) **Madagaskar**, 600000 qkm (11000 Q.-M.) groß mit 3½ Mill. Einw., zieht sich 1600 km weit von NNO. gen SSW., durch den Kanal von Mozambique vom Festland getrennt, von dem es schon in frühem Erdzeitalter durch Senkung abgegliedert wurde. Der O.-Küste gleichlaufend durchziehen hohe Gebirge das Innere und umschließen eine centrale Hochebene. Da die Regenwinde hier aus östlichen Himmelsrichtungen wehen, sind zwar die westlichen Niederungen steppenartig dürr, die übrigen Teile aber strotzen von tropischer Üppigkeit. Die Eingeborenen sind afrikanischer Herkunft, aufs engste mit den Volksstämmen der Suaheliküste verwandt. Ihr mächtigster Stamm sind die schwarzen **Sakalaven**, welche die Westküste inne haben. Ganz verschieden von allen diesen, Malgaschen genannten Stämmen sind die **Howa**, malaiischer Rasse, von bräunlicher Farbe, welche sich in unserm Jahrhundert zu Herren der ganzen Insel gemacht haben. Sie bewohnen namentlich die centrale Hochebene, wo ihre Hauptstadt **Tananariwo** (b. i. hundert Dörfer), 80000 E., gleich weit von der N.- wie von der S.-Spitze der Insel liegt. Sie werden von einer Königin beherrscht, welche neuerdings das Christentum zur Staatsreligion gemacht hat. Kleine Küsteneilande, wie im N. der O.-Küste **St. Marie**, gehören den Franzosen, welche mehrfach — jedoch bisher erfolglos — versucht haben, sich Madagaskars zu bemächtigen.

2) Im O. Madagaskars die beiden Zuckerinseln **Réunion** (früher Bourbon genannt), **französisch**, und das noch zuckerreichere **Mauritius**, **englisch**, bis 1815 als französische Kolonie Isle de France genannt; sehr dicht bevölkert durch Herbeiziehung von Negern, indischen und chinesischen Kulis (wie man eingeführte Arbeiter aus Asien zu nennen pflegt) u. s. w. seitens der europäischen Pflanzer, welche in unserem Jahrhundert hier den Anbau des Zuckerrohrs auf dem fruchtbaren vulkanischen Boden und in dem echt tropischen Seeklima mehr als irgendwo anders emporgebracht haben.

3) Von Nord-Madagaskar n.w. die **Comoren** (worunter einige französisch), n.n.ö. die **englischen Amiranten** und **Seychellen** [seschéllen], nur von Fischern bewohnt.

4) **Sokótra** vor der O.-Spitze Afrikas, dem arabischen Sultan von Sansibar unterthan, jedoch von England besetzt, berühmt durch seine Aloe [áloë], eine auch auf dem afrikanischen Festland weitverbreitete monokotyle Baumgattung, deren dickfleischige schopfständige Blätter das als Heilmittel vielgebrauchte Aloe-Bitter enthalten.

III. Amerika.

§ 61.

Der Westkontinent Amerika besteht in Wahrheit aus **zwei** nach Süden zugespitzten Erdteilen (§ 37), beide von der Gestalt eines rechtwinkligen Dreiecks, beide den rechten Winkel dem atlantischen Ozean zukehrend. Das Süddreieck oder Süd-Amerika hängt mit dem Nord-dreieck durch dessen isthmusartige Verschmälerung zusammen, die man (das festländische) Mittel=Amerika nennt. Östlich von diesem Isthmus trennt oder verbindet vielmehr das mexicanische und das karibische oder Antillen [antiljen]=Meer (das „Mittelmeer" des Westkontinents) Süd= und Nord=Amerika.

Betrachten wir aber, wie es gewöhnlich geschieht, den ganzen Westkontinent als einen Erdteil, so bildet Amerika nach Asien die größte Landmasse der Erde, 38 Mill. qkm (700000 O.=M.) ohne die Polargebiete; seine und seiner Gebirge Haupterstreckung entspricht aber nicht wie bei diesem den Parallelkreisen, sondern mehr den Meridianen. Kein Erdteil (die vorgelagerten Inselländer eingerechnet) nähert sich so weit dem Nordpol, keiner reicht mit seinem Südende so weit gegen das südliche Eismeer hin. Es durchzieht alle Zonen der Erde bis auf die südliche kalte Zone. — Amerika steht mit keinem der übrigen Erdteile in Verbindung. Am nächsten berührt es sich mit Asien; aber von der Beringstraße ab fliehen die Küsten beider Erdteile einander in divergierender Richtung. Den W.=Küsten der Ostfeste bleibt Amerikas Festland bei der S=förmigen Gestalt des atlantischen Ozeans überall Tausende von Kilometern fern (größte Annäherung, abgesehen von Grönland, zwischen Labrador und Irland wie zwischen Brasilien und Sierra Leone etwa 3000 km).

Amerika besitzt nur auf der dem Großen Ozean zugekehrten West=seite (welche auch fast allein Vulkane trägt) gewaltige, von einem Ende zum anderen reichende Bodenerhebungen. In Süd=Amerika nennt man diese der pacifischen Küste gleichlaufenden Hochlandmassen Kordilleren [kordiljêren] (d. i. Ketten); in Nord=Amerika entbehrt dieses Hochland eines gemeinsamen Namens; hier dehnt es sich wie ein gewaltiger breiter Höhenrücken aus und zeigt nur an seinen Rändern, zumal in dem mittleren Teile, die Natur des Hochgebirges. Ostwärts lagert in beiden Dreiecken eine ungeheure Tiefebene mit niedrigeren Erhebungen nach den atlantischen Küsten zu, von großen Strömen durchzogen, denen mitunter die Wasserscheide fast ganz fehlt.

Die Offenlage gegen die vom atlantischen Meer kommenden Winde und die nicht so große ostwestliche Landbreite machen das Klima in den meisten Teilen feucht, wie denn an Feuchtigkeit wie an Kühle das Klima Amerikas die je unter gleichen Breitengraden ge=legenen Striche der alten Welt auffallend übertrifft. Dies befördert einen umfangreichen Waldwuchs. Im Innern befinden sich zwar auch Grasfluren (meist hochgrasige Savanen, seltener dürftige Steppen); aber nur innerhalb der Gebirgsumrahmung der w. Boden=schwellung Nord=Amerikas und in der Mitte der südamerikanischen

W.-Küste von 4° bis 28° s. Br. giebt es Wüstenstrecken. Die Pflanzen- und Tierwelt ist daher fast überall reich; nur an größeren Säugetieren ist Süd-Amerika auffallend arm. Kakteen und Kolibris gab es ursprünglich nur in Amerika. An Zuchttieren und Nutzgewächsen war die Westfeste der Ostfeste jedoch gar nicht ebenbürtig. Es gab zwar auch in Amerika Baumwolle, Zuckerrohr, Bananen, ja ursprünglich nur hier Mais, Kartoffeln, in Nord-Amerika den Truthahn, in Süd-Amerika die Lamas; dagegen fehlten die ostfestlichen Getreidearten, das Pferd, Rind und Schaf. Die Herstellung von Eisen aus Eisenerzen war selbst den höchstentwickelten Völkern Alt-Amerikas unbekannt geblieben.

Dieses Alt-Amerika (bis zur Zeit des Columbus, der am 12. Oktober 1492 die Westfeste entdeckte oder vielmehr wieder entdeckte) war ausschließlich von der hell- bis dunkelbraunen Indianer-Rasse bewohnt, zu welcher auch der Sprache nach die Eskimo-Stämme im hohen N. als eine Sondergruppe gezählt werden dürfen, während sie nach dem Körperbau den mongolischen Tschuktschen näher verwandt sind. Da, wo man (bei Wild- und Waldarmut) nicht von den ohne Fleiß zu gewinnenden Naturgaben schweifend leben konnte, also auf den waldarmen Teilen der w. Hochlande, gründeten Indianer-Stämme mächtige Kulturstaaten, so die Azteken [astéken] in Mexico, die Quichuas [kítschuas] in Peru.

Die Portugiesen, deren Seefahrer Cabral [kabrál] 1500 Brasilien entdeckte, nachdem freilich das Jahr zuvor schon Spanier unter Hojeda [ochéda] und Amerigo Vespucci [wespútschi] an der Mündung des Amazonenstroms und in Venezuela gewesen waren, setzten sich in Besitz von Brasilien; dagegen die Spanier beherrschten nach der oft so grausamen Eroberung (conquista [konkísta]) im 16. Jahrhundert bis in den Anfang unsers Jahrhunderts den größten Teil des übrigen Amerika. Nord-Amerika fiel jedoch bis zur Nordgrenze Mexicos germanischen Nationen zu (von denen die Normannen sogar bereits im 10. Jahrhundert Grönland und den NO. des festländischen Nord-Amerika entdeckt hatten); bis an diese Grenze herrscht daher jetzt die englische Sprache vor, erst von da ab gen S. die spanische in dem (nun in lauter einzelne Republiken geteilten) früher spanischen Amerika, die portugiesische in Brasilien; das romanische Amerika ist katholisch, das germanische überwiegend protestantisch.

Amerika ist bei seinem natürlichen Reichtum und seiner noch ganz undichten Bevölkerung das Hauptziel der europäischen Auswanderung, besonders der irischen und deutschen. Es wohnen dort nur 123 Millionen Menschen, bei gleichmäßig gedachter Verteilung also nur etwa 3 auf 1 qkm (in Europa dagegen 36). Da die Europäer zum Betrieb ihrer Pflanzungen in dem heißfeuchten tropischen und subtropischen Amerika Negersklaven aus Afrika einführten und diese das dortige Klima bei schweren Arbeiten besser selbst als die Indianer vertrugen, wurde die Neger-Rasse in diesen Teilen ganz heimisch, während die Indianer-Rasse nur da an Zahl überwiegend blieb, wo sie seit alters seßhaft lebte (wie in Mexico und Peru), abgesehen von der durch europäische Ansiedler wenig berührten unwirtlichen S.-Spitze Süd-Amerikas und den Eskimoländern. Man unterscheidet nun in Amerika Weiße und Farbige. Die ersteren nennt man, wenn sie in Amerika geboren sind, im romanischen Anteil Kreolen (d. i. Nachwuchs); zu den letzteren rechnet man außer Indianern und Negern auch die Mischlinge: Mestizen, in Brasilien Mamelucken genannt, Nachkommen von Weißen und Indianern, Mulaten, solche von Weißen und Negern, Zambos [sambos], in Brasilien Cafusos genannt, solche von Indianern und Negern. Der Anteil der Weißen an der Gesamtbevölkerung Amerikas beträgt gegen 60%, der der Indianer nur 7%, während Neger und Mulaten über 20% ausmachen.

§ 62.
Süd-Amerika im allgemeinen.

Das Hochgebirge der Korbilleren begleitet ohne Unterbrechung die W.-Küste Süd-Amerikas. Seine Hauptmasse besteht aus nichtvulkanischem Gestein, zum Teil aus Granit; aber die erhabensten Dom- und Kegelgipfel, welche sich über dieser Gebirgsmasse wie über einem Sockel erheben, sind fast alle vulkanischen Ursprungs, einige noch jetzt thätige Vulkane; sie überragen das übrige Gebirge so sehr, daß sie selbst in der heißen Zone ewigen Schnee tragen.

Das noch nicht so hohe Südstück der Korbilleren ist durch den beständigen Niederschlag, welchen der aus NW. wehende Gegenpassat bewirkt, arg verwittert und zerschnitten. Das äußerste Südende ist durch Einsinken der früheren Gebirgsthäler ins Meer zur Inselgruppe Feuerland geworden (jenseit der Magalhães [magaljânsch]- oder Magellan-Straße). Ähnlich ist eine niedrigere einstmalige Küstenkorbillere zu der patagonischen Halbinsel- und Inselreihe umgestaltet. In der südlichsten dieser Halbinseln erreicht Amerika mit dem Trutzkap (englisch: cape froward [kêp frôuörd]) sein festländisches Südende, im Kap Hoorn, auf einer Vorinsel des Feuerlandes, sein insulares.

Der ganze übrige Teil der Kordilleren liegt im Bereich des Passats, der die W.-Seite des Gebirges nur als trockener Wind überzieht; denn der Südost-Passat schlägt seine Feuchtigkeit auf dem Ostabhang der Kordilleren nieder; dazu wirkt auch der antarktische Meeresstrom, die kalte Humboldt-Strömung, ein. Auf dieser lagert eine schwere Luftschicht; die Kordillerenwand aber verhindert, daß die etwa im Kontinente aufgelockerte Luftschicht eine Anziehungskraft auf jene mit Feuchtigkeit gesättigten Luftmassen ausübt, welche westwärts von der Humboldt-Strömung über dem Meere lagern. Daher ist die Küste von $28°$ s. Br. an völlig regenarm (auch unzerrissen) und waldlos, bis zu dem $4°$ s. Br. (Golf von Guayaquil [guajakíl], wo der antarktische Meeresstrom gen W. abbiegt.

Die erste der Riesenhöhen der Kordilleren liegt noch außerhalb der Tropen: der vulkanische Kegel des Aconcagua [akonkágwa], 6970 m hoch. Am breitesten dehnt sich das Gebirge und am höchsten steigen die Gipfel da, wo die Ausbiegung der Küste beginnt: hier teilt es sich in die gewaltige Königskordillere im O. und in die ebenso hohen Anden (d. i. Kupferberge) im W., zwischen denen die Spiegelfläche des Titicáca-Sees (3800 m) die gewaltige Höhe der eingelagerten Hochfläche bezeichnet; ö. von ihm erhebt sich der Illampu [iljámpu] oder Nevádo (d. i. Schneegipfel) von Soráta als höchster Berg der Königskordillere bis 6550 m; westlich in den Anden (der Kordillere von Peru) der Vulkan Saháma bis 6400 m; weiterhin umschließen wieder parallele Randketten eine schmalere, durch Querketten mehrfach durchsetzte Hochfläche und tragen nahe bem Äquator im W. den Chimborazo [tschimborásso], 6300 m, im O. den Cotopaxi [kotopaksi], 5900 m, welcher noch in unserem Jahrhundert furchtbare Ausbrüche gehabt hat. Jenen bestieg Alexander v. Humboldt 1802 bis einige hundert Meter unter dem Gipfel; den Gipfel selbst erreichte 1880 der kühne englische Reisende Edward Whymper; aber den Gipfel des Cotopaxi, des höchsten aller thätigen Vulkane auf der Erde, hat 1873 mit nicht geringerer Kühnheit zuerst der deutsche Reisende Wilhelm Reiß erstiegen.

Auf der Landenge von Panama erreichen die Kordilleren ihr Ende. Die nach den andern Küsten hin gelegenen Gebirge sind alle viel niedriger.

1) Der am weitesten ostwärts sich krümmende Kordillerenzinken endigt am Thale des Barquisimeto, eines Zuflusses des Orinoco. Östlich von diesem Thale erhebt sich das karibische Gebirge, an der Küste von Venezuela [weneßuéla] entlang streichend.

2) Dagegen im N. jenes Zinken liegt die fast bis 5000 m aufsteigende **Sierra Nevada de Santa Marta** am karibischen Meer, unfern von dem golfähnlichen Süßwassersee von **Maracaibo**. Auf ihrem Gipfel trägt sie einen kleinen Gletscher. An der Südseite ist das Gebirge mit Savanen überkleidet, an der Nordseite aber von so dichtem Waldwuchs bedeckt, daß erst in größerer Höhe sich Ansiedelungen von Eingeborenen finden.

3) Das **Gebirgsland von Guayana** [gwajâna] mit dem breiteren und höheren von **Parime** ist eine Hochfläche mit einzelnen Gebirgsketten meist in der Richtung der NO.=Küste.

4) Von den beiden **brasilianischen Gebirgen** durchzieht das eine zwischen den Flüssen Tocantins und Parana, 2300 m hoch, das flache Tafelland des inneren Brasiliens, das andere streicht in größerer Ausdehnung, 2700 m hoch, an der Küste entlang. An dieser erreicht Amerika seinen östlichen Vorsprung im **Kap Branco**.

Die große südamerikanische Tiefebene wird von drei Hauptströmen durchzogen:

1) Die **Llanos** [ljânos] (d. i. Ebenen, spanisch), eine nur durch tropische Sommerregen befruchtete Savane, durchflossen vom **Orinoco**, welcher im Gebirgsland von Guayana entspringt, dasselbe im weiten Bogen umfließt und zwischen ihm und der Küstenkette von Venezuela mit einem großen Delta mündet.

2) Die **Urwaldregion des Amazonenstroms**, wo Hitze und stete Befeuchtung die größte Mannigfaltigkeit und Pflanzenfülle der Erde nährt in einem einzigen ewig grünenden, blühenden und fruchtenden, durch Unterholz und Schlingpflanzen fast unduchdringlichen Urwald. Der Amazonenstrom hat seine weitverzweigten Quellströme in den äquatorialen Kordilleren, seine Hauptquellflüsse durchziehen Längsthäler der letzteren gen NW.; im O.=Lauf durch die große Ebene (im spitzen Winkel mit dem Äquator) nimmt er l. den **Rio Negro** auf (der durch die Gabelung des Casiquiare [kasikiâre] mit dem Orinoco verbunden ist), r. den **Rio Madeira** [madêira] und mündet als wasserreichster Strom der Erde **ohne Delta** zwischen dem Gebirgslande von Guayana und Brasilien.

3) Die **Pampas** (d. i. Ebenen, indianisch), die für Waldwuchs ungenügend befeuchteten s. Steppen, bedeckt von büscheligem Rasen und Krautpflanzen, durchflossen gen S. vom **Paraná**, der an seiner fast rechtwinkligen Knickung r. den **Paraguay** [paragwâi] aufnimmt und zusammen mit dem **Uruguay** [urugwâi] (l.) in den **Rio de La Plata** (d. i. Silberstrom) mündet; dieser ist zwar ein Meerbusen,

wird jedoch ein Strom (Rio) genannt, weil er von dem gelbschlammigen Süßwasser jener Ströme ganz überdeckt wird.

Der einzige größere Strom mit N.-Richtung ist der reißende **Magdalenen-Strom**; er durchfließt nebst einem l. Nebenfluß Längsthäler der zuletzt fächerartig auseinander tretenden Kordilleren und mündet w. vom Santa-Marta-Gebirge ins karibische Meer.

Süd-Amerika ist in noch höherem Grade als Afrika ungegliedert; bei ihm beträgt die gesamte Gliederung nur $1/80$ des Ganzen. Es ist wie Afrika größtenteils in der heißen Zone gelegen; auch besitzt es in dem waldlosen mittleren Hauptteil seiner W.-Seite eine vom Wendekreis durchschnittene, jedoch kurze und schmale Wüste, die durch ihre Salpeterlager nützliche **Wüste von Atacáma**. Die Kordilleren sind reich an Gold und Silber, in ihrem Anden genannten Teile auch an Kupfer; sie allein beherbergen die Vertreter der Kamele in Amerika, die **Lamas** (eigentlich Llama [ljama]), sowohl das als Lastträger geschätzte Lama als das durch seine feine Wolle nützende **Vicuña** [wikunja], desgleichen den größten aller Geier, den schwarzen **Kondór**, der mit seinen fast 3 m spannenden Fittichen sich noch über die höchsten Gipfel zu erheben vermag und auf Schafe und Kälber stößt. Heimisch ist hier ferner der **China-** (d. i. Rinden-)**Baum**, aus dessen Rinde das Chinín, das beste Mittel gegen das Fieber, gewonnen wird.

Die Palmen, deren meiste Arten in Süd-Amerika heimisch sind, schmücken (innerhalb des Wendekreises) auch bereits die Kordilleren bis auf die durch Dürre baumlosen Teile und die **Páramos** d. h. die kalten Hochgegenden des Gebirges; eine derselben, die himmelhohe **Wachspalme** ist dort sogar bis an die Grenze des Hochwaldes (bei 3000 m) verbreitet. Das ganze Füllhorn der Flora aber, samt dem mannigfaltigsten Schmuck der schlanken Palmensäulen mit ihrem leicht beweglichen Blätterschopf und der noch zierlicher diese „Schopfvegetation" vertretenden niedrigeren Farnbäume, ist über die **Hyläa** (d. i. Wälderflur) des Ostens ausgeschüttet. Hier steht, auf weiten Räumen noch unberührt, echter **Urwald**, in welchem nie der Schall der Holzaxt ertönte, nie eine menschliche Hand Samen zur Anlegung eines Forstes ausstreute: über den Trümmern der morsch gewordenen und umgestürzten Riesenstämme erheben sich in üppigem Wuchse neue Pflanzengeschlechter; Schlingpflanzen (Lianen) verstricken die Stämme, ersteigen die höchsten Wipfel, verbinden wie schwebende Guirlanden entfernte Äste und mischen leuchtende Blumenpracht in das sonst nicht häufig von Blumenreiz geschmückte Grün des Dickichts.

Unter das alles mischt sich eine bunte, schillernde und vielstimmige Tierwelt. In den Zweigen schreien die bunten Papageien, zahlreiche Affengeschlechter schwingen sich von Ast zu Ast, während das Faultier um den Stamm geklammert hängt; um die Blumen gaukeln um die Wette Schmetterlinge (bis über Fußlänge groß und die unsrigen an Farbenpracht weit überstrahlend) und Kolibris, „die lebendigen Edelsteine der Luft", die ihren nabelfeinen Schnabel in die Blütenkelche tauchen; durch das Gras schleichen gleißendschöne Reptilien, schwirren Käfer, die wie Edelsteine glänzen; nach Sonnenuntergang wird es still, nur die Brüllaffen konzertieren weiter, und die reißenden Katzen beginnen ihren mörderischen Gang, der Jaguar und der Puma (kleinere und dem Menschen minder gefährliche Abbilder der so viel gewaltigeren ostfestlichen Raubtiere, jener des Tigers, dieser des Löwen). Auch die Ströme Süd-Amerikas haben ein reiches Tierleben; die Krokodile Afrikas sind durch die Kaimans ersetzt, und im Orinoco leben ganze Scharen von Schildkröten, die ihre ölreichen Eier auf den Flußinseln absetzen. Den Llanos und Pampas fehlen freilich die Antilopen-Geschwader Afrikas gänzlich; sie wurden erst in der Neuzeit der Tummelplatz unzähliger Rinder und Pferde der europäischen Ansiedler. Und zu den stets in der Freiheit lebenden Herden dieser Steppen erwuchs ein eigenes Geschlecht von berittenen freiheitsstolzen Hirten, die den Lasso, d. h. den Schlingriemen, zum Einfangen der Weidetiere trefflich zu führen wissen (die Llaneros [ljanêros] in den Llanos, die Gauchos [gautschos] in den Pampas). Im fernen S., bis in die steinigen Öden der O.-Ebene Patagoniens, lebt herdenweis der Rhêa-Strauß und das Guanáco, ein hirschähnlicher Genosse der Lama-Sippe, beide von den berittenen Indianern der Steppe eifrig gejagt.

Der Mensch mit seinen Werken tritt in Süd-Amerika mehr als in anderen Erdteilen zurück hinter der meist noch ungebändigten Größe der Natur. Man zählt nur 35 Mill. E. (noch nicht $3/4$ der Bewohner des Deutschen Reiches) auf $17^1/_2$ Mill. qkm (320 000 Q.-M), mithin nicht mehr als 2 Bewohner (im Deutschen Reiche 91) auf 1 qkm.

§ 63.
Die Staaten Süd-Amerikas.

Im Laufe des 16. Jahrhunderts eroberten die nach Edelmetall lüsternen Spanier ungefähr die Hälfte von Süd-Amerika. Als aber Napoleon I. 1809 die alte spanische Dynastie vom Throne entfernte und seinen Bruder Joseph zum Könige von Spanien und Inbien machte, verjagten die Kolonieen in Amerika die Statthalter Josephs und setzten Regierungsausschüsse ein, welche im Namen ihres alten Königs die Regierung führten. Dennoch ward ihnen nachher die Gleichberechtigung mit Spanien versagt. Da brach denn allerorten die Unzufriedenheit offen zutage: seit 1811 erklärten sich die Kolonieen, eine nach der andern, für frei und mußten sich (von England unterstützt) gegen Spanien in langwierigem Kampfe zu behaupten. In dem Kampfe zeichnete sich auf amerikanischer Seite besonders der General Simon Bolivar [bolíwar] aus, aber erst 1830 wurden die letzten spanischen Truppen aus Süd-Amerika vertrieben. Allein der Ehrgeiz der Führer und das Vordrängen der Farbigen führten zu ewigen Unruhen, welche eine kräftige Entwickelung in den meisten der neu entstandenen Republiken so sehr hemmen, daß die Kultur seit dem Aufhören der spanischen Herrschaft in ihnen zurückgegangen ist.

Die Portugiesen nahmen gleichzeitig mit den Spaniern von dem östlichen Teil, namentlich von dem urwaldbedeckten Niederungsgebiet des Amazonenstroms Besitz, dem Lande, „des heiligen Kreuzes", das später den Namen Brasilien erhielt. Brasilien erklärte sich 1822 auch für unabhängig von seinem Mutterlande (Portugal), ein Prinz des portugiesischen Königshauses wurde zum Kaiser erhoben, der dafür auf die portugiesische Königskrone Verzicht leistete, damit Brasilien stets von Portugal getrennt bliebe. Indes 1889 wurde auch in Brasilien die Monarchie gestürzt und die Republik proklamiert.

Nur an der Guayana-Küste behaupteten die Niederländer, Franzosen und Engländer ihre alten Besitzungen.

1) **Die neun Republiken (des früher spanischen Süd-Amerika):**

a) **Venezuela** [weneßuéla], eine Föderativrepublik von 8 Staaten genannt von dem Orte Venezuela, d. i. Klein-Venedig, weil auf Pfählen erbaut. Der Ort liegt am östlichen Eingange des Sees von Maracáibo. Weiter nach O. der Hafen **Puerto Cabello** [kabéljo]; dann die lebhafte Hafenstadt **La Guayra** [gwa=íra]. Landeinwärts am Abhange des Küstengebirges **Carácas**, die Hauptstadt der Republik, fast 1000 m über dem Meere, schön gebaut, 71000 E.; durch ein entsetzliches Erdbeben 1812 fast ganz zerstört; auch jetzt noch viele, zum Teil malerisch schöne Ruinen. Noch weiter nach O. die Handelsstadt **Cumaná**. Im Innern: **Varinas** [warinas] mit den berühmten Tabakspflanzungen. An dieser Nordküste ist die eigentliche Heimat dieses Krautes, welches ursprünglich die Eingeborenen gegen die Mücken (Moskitos) rauchten. Am oberen Orinoco viele Indianerstämme. Am unteren Orinoco **Angostúra** oder **Ciudad-Bolivar** [ßiudád bolíwar], eine wichtige Handelsstadt.

b) **Colómbia**, das Nordwestküstenland an und auf den Kordilleren, eine Föderativrepublik von 9 Staaten. Die Hauptstadt **Bogotá** 84000 Einw.

Nördlich davon macht der Fluß gleiches Namens einen Fall von 170 m. An der See im N. liegt das befestigte **Cartagena** [kartachéna]. Auf der Landenge der durch seine Lage wichtige Staat **Istmo**, oder **Panamá**. Hauptstadt **Panamá**, am westlichen Ozean, an der über die Landenge nach **Colón** führenden und beide Ozeane verbindenden **Eisenbahn** (man fährt 4 Stunden), neben der man nun einen interozeanischen Kanal (entsprechend dem Sues=Kanal) anzulegen versucht.

c) **Ecuadór** (von der Lage unter dem Äquator so genannt), wie die drei folgenden Staaten eine einheitliche Republik, bestehend aus einem schon vor Ankunft der Europäer Städte tragenden kultivierten Hochgebirgsteil und einem meist noch den Jagdindianern überlassenen Anteil an der Ebene des Amazonenstromgebietes. Auf der Hochebene von Quito die Hauptstadt **Quito** [kíto] am Fuße des Vulkan **Pichincha** [pitschíntscha] ganz nahe am Äquator, mit schönen Palästen und Kirchen, 80000 E. Am westlichen Küstensaum die Handelsstadt **Guayaquil** [gwajakíl], 40000 E., unweit der Mündung des schiffbaren Flusses gleiches Namens. Der Republik gehören auch die **Galápagos= oder Schildkröten=Inseln**.

d) **Perú**, meist hohes Gebirgsland, die Heimat der Fieberrinde, welche man jetzt auch auf Zeilon und am Himalaja acclimatisiert hat. Als die Spanier unter dem rohen **Franz Pizarro** [pißárro] 1531 nach Peru drangen, fanden sie ein sanftes, ziemlich kultiviertes Volk und ein geordnetes Reich. Ein himmlischer Ahnherr, **Manko Kapák**, der auf einer Insel im See **Titicáca** auftrat, hatte es dem Dienst der Sonne gelehrt, die nicht an Menschenopfern, sondern an Tieren, Früchten und Werken des Kunstfleißes Gefallen finde. Die Nachkommen jenes Manko Kapak bildeten das königliche Geschlecht der **Incas**, d. i. **Sonnenkinder**. Ihr Reich, (zu dem auch das heutige Quito und Bolivia gehörten) wurde eine Beute der Spanier, die hier besonders grausam und treulos auftraten. Die Residenz der Incas und der berühmte mit Gold überdeckte Tempel der Sonne waren in **Cuzco** [kúßko], einer Stadt, die, jetzt noch nicht 20000 E. zählend, in einem reizenden Hochlande gelegen ist. Hauptstadt ist die von Pizarro angelegte spanische Handelsstadt **Lima**, 100000 E. (ein Drittel Weiße); sie liegt in der Mitte üppiger Gärten, ist regelmäßig gebaut, hat viele prächtige Kirchen, aber wegen der Erdbeben meist nur einstöckige Häuser. 10 km von Lima dessen Seehafen **Callao** [kaljáo]. An Schönheit kommt der Hauptstadt nur noch nahe das im S. gelegene **Arequipa** [arekípa]. — Auf den drei kleinen **Chincha** [tschíntscha]=**Inseln** an der peruanischen Küste der meiste und beste **Guano** (seit alters aufgehäufter Seevögelmist), weit und breit als Dünger versandt; indes jetzt sind die Inseln ziemlich abgeräumt.

e) **Bolivia**, benannt nach **Bolivar**, eins der höchsten Länder der Erde, mit der Hochebene des **Titicáca**; als Teil des ehemals auch Bolivia mit umfassenden spanischen Provinziallandes Peru oder auch **Ober=Peru** genannt. Keine Stadt erreicht auch nur 30000 E. Hauptstadt ist **Sucre**; wichtiger das wegen seiner Gold= und Silbergruben berühmte **Potosí** [potoßí], 4000 m über dem Meere.

f) **Chile** [tschíle], die geordnetste von allen Republiken Süd=Amerikas, ein schmales Küstenland, zu dem auch die ganze **Atacama=Wüste** gehört. Die Hauptstadt **Santiágo**, mit 190000 E., liegt am Fuße der Kordilleren, 150 km vom Meere; seine Hafenstadt **Valparaíso** [walparaíßo], 100000 E. Jenseit eines vom Meer bis zur Kordillere reichenden Streifens im S., welcher dem mit der Republik im Frieden lebenden (ihr nicht eigentlich unterworfenen)

Daniels Lehrb. d. Geogr. 9

tapfern Indianerstamm der Araukaner gehört, liegt Baldivia [waldiwia], die kleine Hafenstadt S.-Chiles, dessen Kultur seit 1850 durch deutsche Einwanderer begründet wurde. Im S. der Republik die zu ihr gehörige Insel Chiloé [tschiloé] mit kleinen Inseln ringsum, die man den Archipel von Chiloe nennt. Viel weiter in das offene Meer hinaus das felsige Inselchen Juan Fernandez [chuán fernándes], wo 1705 bis 1709 ein englischer, von den Seinen hier zurückgelassener Matrose, Alexander Selkirk, längere Zeit sein Leben fristete. Dies nach gewöhnlicher, aber fälschlicher Angabe, der Ausgangspunkt der Erzählung von Robinson.

g) **Argentina**, ein Bund von 14 Freistaaten. Hauptstadt **Buenos-Aires** [buénos äires] (d. i. gute Lüfte) am rechten Ufer des hier 60 km breiten „Silber-Stromes", 550000 E. (darunter mehrere tausend Deutsche), eine gut gebaute und überaus lebhafte Handelsstadt. Die zahllosen Rinderherden der Pampas liefern jetzt den nach Europa massenhaft exportierten Fleischextrakt.

Das südlichste Stück der Halbinsel, **Patagonien** genannt, ist zwischen Argentina und Chile der Länge nach geteilt, es wird jedoch bis auf einige kleine Niederlassungen nur von eingeborenen Völkern bewohnt, die man sonst für ein Riesengeschlecht ausgab. Sie sind auch oft 2 m groß. Ihr Land ist stürmisch rauh, bei weitem mehr noch die im S. vorgelagerten Inseln, zusammen das **Feuerland** genannt, weil dessen armselige Bewohner, die Pescheräfs, in dem ewigen Regen- und Schneeklima schwer Feuer durch Reiben von Hölzern entzünden konnten, daher leise brennende Scheite, selbst in ihren Canoes, bei sich führten. Zwischen dem Festland und den feuerländischen Inseln, meist zwischen Felsenufern, zieht sich die gewundene, 600 km lange **Magalhães-Straße** durch, so genannt nach ihrem Entdecker (1520), dem Portugiesen Ferdinand Magellan, portugiesisch Magalhães [magaljángsch], dem ersten Weltumsegler. Die Seefahrer benutzen sie, um den Stürmen, welche die äußerste Südspitze des Feuerlandes, das **Kap Hoorn**, umtosen, auszuweichen.

Vom Feuerlande gegen NO. in das Meer hinein liegen die **Malwinen** oder **Falklands** [fallländ]-Inseln, nackt und rauh, denn die Stürme lassen weder Baum noch Strauch aufkommen. Aber es giebt dort gute Weide, Gemüse und Kräuter, vor allem eine Unzahl fetter, unbeholfener Seevögel (**Pinguine**). Daher haben die Engländer diese Inseln in Besitz genommen, damit englische Walfischfänger und Kriegsschiffe hier Proviant und Schiffsmaterial finden.

h) **Uruguay** [urugwäi], am linken Ufer des La Plata, im W. durch den Uruguay begrenzt. Hauptstadt **Montevideo** am nördlichen Eingange der La Plata-Mündung; lebhafte Handelsstadt, 200000 E. Oberhalb der Uruguay-Mündung **Fray Bentos** [fräi wéntos], Hauptbereitungsort des Liebigschen Fleischextraktes.

i) **Paraguay** [paragwäi], stößt zwar nicht an das Meer, liegt aber größtenteils in der Gabel des Paraguay und Parana und wird dadurch zugänglich. Im 17. Jahrhundert hatten hier Jesuiten unter den Eingeborenen das Christentum gepredigt, zugleich aber auch eine Art von Priesterreich gegründet, dessen Existenz den Kronen Spanien und Portugal lange ein Geheimnis blieb. Sie wichen nach geschehener Entdeckung nur der Gewalt, und dieser Vorfall trug nicht wenig zu dem Mißtrauen der katholischen Regenten bei, das 1773 die Aufhebung des Ordens veranlaßte. — Die Hauptstadt **Asuncion** [asunzión] liegt am westlichen Flusse, also am ? — 24000 E. Ein Hauptausfuhrartikel ist der Mate, die getrockneten Blätter einer Art Ilex, welche fast in ganz Süd-Amerika die Stelle des chinesischen Thees vertreten.

2) Die vereinigten Staaten von Brasilien, ein Bund von 20 Republiken: Brasilien, 8⅓ Mill. qkm (150000 Q.-M.), 14 Mill. E. Benannt nach dem für Rotfärberei dienenden Brasilholz, ist Brasilien gegenwärtig das größte Kaffee-Produktionsland. Im noch wenig bekannten Inneren streifen noch die Jagdindianer (darunter die nach dem Botoque, d. h. dem hölzernen Stöpsel in ihrer Unterlippe, benannten Botokuden). Für den Anbau von Zuckerrohr, Kaffee und Baumwolle wurden Massen von Negersklaven eingeführt, so daß man auf Neger und Mulaten jetzt etwa 7—8 Mill. rechnet. In den außertropischen Südprovinzen des Reiches Kolonieen von zahlreich eingewanderten Deutschen, wie Blumenau (im Staate Rio Grande do Sul).

Die Lage der Hauptstadt Rio de Janeiro [riu de dschanéiru] oder bloß Rio (fast unter dem Wendekreise des Steinbocks) ist reizend. Zwischen zwei nackten Granitfelsen, die stark befestigt sind, öffnet sich der Eingang in die herrliche Bai von Rio, den geräumigsten und sichersten Hafen der Erde, in dem die Kriegsschiffe aller Nationen ankern könnten. Die bergigen Ufer sind überaus malerisch. Im SW. der Bai auf vorspringenden Landzungen liegt Rio, in die Alt- und Neustadt geteilt. Dem prächtigen Anblick von außen entspricht das Innere nicht völlig: es fehlt an ansehnlichen, geschmackvollen Gebäuden. Die Zahl der Einw. beträgt 466000; darunter giebt es viele Schwarze, Farbige und Ausländer, auch viele Deutsche. Die frühere Hauptstadt Brasiliens war Bahia [ba-ía] 1300 km nordöstlich von Rio, an der Allerheiligen-Bai, 140000 E. Wieder 650 km im NO. von Bahia liegt Recife oder Pernambuco, 130000 E., von wo aus das meiste Brasilholz ausgeführt wird (daher auch Fernambukholz genannt). Nahe dem Äquator der Insel Marajo [marascho] (keiner Deltainsel des Amazonenstroms, § 26) gegenüber liegt Pará, von wo viel Kautschuk (eingedickter Saft gewisser tropischer Bäume) in den Handel kommt. — Im N. von Rio der gold- und diamantenreiche Staat Minas Geraes [minás scheráes].

3) Die Kolonialgebiete der Guayana-Küste, wo die herrlichste der Wasserrosen, die Victoria regia ("Wasserteller" der Indianer) mit kreisförmigen Schildblättern bis zu 2 m im Durchmesser auf den Wasserflächen schwimmt, alle tropischen Kulturgewächse bestens gedeihen, namentlich auch der in Amerika ureinheimische Kakaobaum, das heißfeuchte Klima jedoch den Europäern nicht zusagt.

Französisch ist Cayenne, mit der gleichnamigen Stadt auf einer Insel an der Mündung des gleichnamigen Flusses, Verbannungsort. (Das Land, "wo der Pfeffer wächst.")

Niederländisch ist Paramáribo an der Mündung des Surinam, (danach auch wohl die ganze Kolonie genannt); die Stadt Paramaribo, von Kanälen und Baumalleeen durchschnitten, ist wie ein großer Garten. Ein Zehntel Weiße, neun Zehntel freigelassene Schwarze.

Englisch sind die Kolonieen Berbice [börbiß], Demeráry (Stadt Georgetown [dschördschtaun]) und Essequibo [eßekibo], jede an einem gleichnamigen Flusse angelegt.

§ 64.
Mittel-Amerika und Westindien.

1) Nord- und Süd-Amerika hängen nicht, wie Asien und Afrika, durch eine kurze Landenge zusammen; eine Landbrücke

von 2000 km, die nach NO. sich in zwei Vorsprünge (Honduras [onbúras] und Yukatán) erweitert, verbindet beide Hälften. Man nennt diese Landbrücke [etwa ½ Mill. qkm (9000 O.=M.)] **Mittel- oder Central-Amerika**. Die südamerikanischen Kordilleren enden vor dem Isthmus von Panama; nur eine Hügelkette von etwa 200 m Höhe zieht sich über jene Landenge. Dann erhebt sich das auch hier (längs der Küste der Südsee) an Vulkanen überaus reiche Gebirge wieder zu beträchtlicher Höhe, in einigen Spitzen bis zu 4500 m, ist aber auf der Landbrücke dreimal unterbrochen und von den nordamerikanischen Gebirgen entschieden getrennt. Man kann also **drei Gruppen** unterscheiden, bei denen man sich gleich die Lage der Landschaften merke. 1) Die südlichen Gebirge und breiten Höhenrücken von **Costa Rica**. Sie fallen im N. zu dem 8600 qkm (156 O.=M.) großen **See von Nicaragua** [nikarágwa] ab, der überaus malerische Gebirgsufer hat. Aus ihm geht der Fluß **San Juan** [san chuán] zum östlichen Meere. 2) Die Gebirge und breiten Höhenrücken von **Honduras** im N. des Sees. Jenseit einer die Landbrücke quer durchsetzenden Senke erheben sich 3) die Gebirge und breiten Höhenrücken von **Guatemala** [gwatemála], die ausgedehntesten unter allen. Sie fallen im NW. zum Isthmus von **Tehuantepec** [tewantepéc] ab, wo man gewöhnlich erst Nord-Amerika beginnt. Den Fuß der Gebirge umgiebt, besonders nach dem atlantischen Meere zu, fruchtbarer (weil reich benetzter) Boden. Neben anderen Produkten, die Central-Amerika mit anderen Tropen-Gegenden teilt, gedeiht hier in vorzüglicher Güte der **Indigo** und die Zucht der **Cochenille** (diese Schildlaus nämlich wird auf dem Nopal oder Opuntien-Kaktus förmlich gezogen, und liefert gedörrt und dann zerstoßen eine schöne rote Farbe; 150000 Insekten gehören zu einem Kilogramm); Hauptausfuhrgegenstand aber ist der **Kaffee**.

In früherer Zeit machte Mittel-Amerika die spanische Statthalterschaft Guatemala aus. Jetzt bestehen (neben dem englischen Honduras-Bezirk) **5 Republiken**, zusammen 450000 qkm (8000 O.=M.) mit 2¾ Mill. E., von denen drei Viertel von indianischer Rasse sind.

a) **Costa Rica**. b) **Nicaragua** [nikarágwa] mit der Handelsstadt **Greytown** [grétaun] und Golddistrikten. c) **Honduras**, wonach der Meereinschnitt zwischen den beiden östlichen Halbinseln die **Honduras-Bai**. Die Küste am östlichen Meere nennt man von dem hier wohnenden indianischen Volke der **Moscos** die **Moskitoküste**. Auf der Westseite der Honduras-Bai haben die Engländer seit langer Zeit den sogenannten **Honduras-Holzdistrikt**, aus dem jährlich ½ Mill. Centner Mahagoniholz ausgeführt wird, mit dem Hauptorte **Balize** [walihs]. d) **San Salvador** [san sal-

§ 64. **Mittel-Amerika und Westindien.**

wadôr]. e) **Guatemala** am Stillen Ozean mit der größten Stadt des festländischen Central-Amerika **Guatemala**, 66 000 E.

2) Von dem tiefen, inselleeren mexicanischen Busen bis vor die Orinoco-Mündung zieht sich um das gleichfalls tiefe und fast inselleere karibische Meer eine Inselreihe auf einer ausgedehnten unterseeischen Platte, die man Westindien nennt. Es sind die Reste eines größtenteils versunkenen Festlandraums, der wahrscheinlich mit Süd-Amerika einstens zusammenhing. Die bis n. vom Wendekreis reichende Gruppe der **Bahamá-Inseln** besteht nur aus kleinen Flachinseln von Korallenkalk, welche auf einer großen unterseeischen Bank ruhen. Über diese Bank tritt wie ein Vorposten ostwärts die **Watlings** [uótlings]-**Insel** heraus, zugleich höher als die übrigen, bis zu 43 m aufragend. Wahrscheinlich ist sie die von den Eingeborenen **Guanahani** [gwanahani] genannte Insel, auf welcher am 12. Oktober 1492 Columbus landete. — Die **Großen Antillen** [antiljen] sind die Hauptreste jenes eingesunkenen Landraums. (Cuba mit Gebirgen bis 2300 m); die **Kleinen Antillen** sind größtenteils vulkanische Bildungen.

Die Spanier bemächtigten sich zuerst allein dieser Inseln und trugen das meiste zur Ausrottung der eingeborenen Indianer bei (auch der Kariben, der von Süd-Amerika erobernd eingedrungenen kühnen Seefahrer); später suchten auch die übrigen seefahrenden Nationen Europas Anteil zu gewinnen an diesen leicht erreichbaren und höchst fruchtbaren Inseln (nach den westindischen Kolonieen heißen daher Kaffee, Zucker u. s. w. Kolonialwaren). Neben Mahagoniholz ist der auf den Großen Antillen heimische Nelken- oder Piment-Pfeffer Gegenstand der Ausfuhr, viel mehr aber Zucker und Tabak. Von der Bevölkerung kommen auf Neger und Mulaten gut $2/3$.

1) Die **Bahamá-Inseln**, bestehend aus 20 bewohnten Eilanden und mehreren Hunderten unbewohnter Inselchen, zusammen 14 500 qkm (260 Q.-M.). Sie sind fruchtbar, aber wasserarm, stehen unter englischer Hoheit. Auf der Insel **New-Providence** [nju prówidenß], im nördlichen Teile der Gruppe, wohnt der Statthalter; hier Stadt und Fort **Nassau**.

2) Die vier Großen Antillen.
a) Die nordwestliche und bei weitem größte ist das spanische **Cuba**, 118 000 qkm (2100 Q.-M.) und 1,5 Mill. Einw., gegenwärtig das Hauptproduktionsland von Rohrzucker. Langgezogen sich hinstreckend, hat Cuba an seinen beiden Enden breite Kanten. An der südöstlichen, welche Jamaica und Haiti zugekehrt ist, ragt der Hauptstock der die Insel durchziehenden Gebirgskette am höchsten. An der nordwestlichen Kante, zwischen Yukatan und Florida, liegt im NO. die Hauptstadt **La Habana** [awána], an dem engen Eingange einer Bai, die einen so geräumigen Hafen bildet, daß 1000 der größten Schiffe darin liegen können. Die andere Seite des Eingangs decken die stärksten Befestigungen; auch von der Landseite ist das wichtige

Habana befestigt. 200000 E. Im Dome die Asche des Columbus. — Die Wichtigkeit der herrlichen, fruchtbaren und für den Welthandel (Tabak neben Zucker) so günstig gelegenen Insel Cuba ist von Spanien erst recht gewürdigt, seitdem es seine Besitzungen auf dem festländischen Amerika verlor. Die Bevölkerung und der Anbau der Insel haben sich seit der Zeit ungemein gehoben. Wichtigster Hafen an der Südküste: **Santiago de Cuba.**

b) **Jamaica**, **englisch**, 10900 qkm (197 Q.-M.) mit ½ Mill. E., im Innern von zerklüfteten Gebirgen durchzogen, an den Küsten gut angebaut (Kaffee, Zucker, aus den Rückständen des auf seinen Zuckersaft verarbeiteten Rohrs der Jamaica-Rum), aber auch sehr ungesund. Der Sitz der obersten Behörde ist das kleine Städtchen **Spanish Town** [spänisch taun]: die größte Stadt ist **Kingstone** [kingst'n] mit 40000 E., beide im SO. der Insel.

c) Die große Insel im O. von Cuba, 77000 qkm (1400 Q.-M.), wurde von Columbus **Española** [espanjola], latinisiert **Hispaniola**, hernach **St. Domingo** [sankto domingo] genannt. Sie ist zerrissener als die vorigen, aber so fruchtbar wie Cuba. Früher besaßen das **westliche** Drittel die **Franzosen**, die zwei **östlichen** Drittel die **Spanier**. Aber 1794 brach ein Aufstand der Neger gegen die Europäer aus; ihr Anführer wurde der Neger **Toussaint** (genannt **l'Ouverture**, d. i. Eröffnung, nämlich der Freiheit), der es wagte, „als der Erste der Schwarzen an den Ersten der Weißen" (Napoleon I.) zu schreiben. Das Land erklärte sich unter dem bei den Urbewohnern einst üblichen Namen **Haïti** [aiti] (d. i. Gebirgsland) für frei. Die Franzosen führten zwar Toussaint gefangen nach Europa, aber neue Parteihäupter warfen sich auf und nahmen sogar den Kaisertitel an: die Insel zerfiel in einzelne Negerreiche.

Der **westliche** Teil der Insel bildet jetzt die Negerrepublik **Haïti** (mit französischer Sprache). Unter der ½ Mill. (kathol.) Einwohner nur wenig Weiße. In der Spitze des westlichen Meerbusens liegt die (früher französ.) Hauptstadt **Port au Prince**, 60000 E.

Der **östliche** Teil der Insel bildet die **Dominikanische Republik** mit spanischer Sprache. Die 600000 E. sind meist Mulaten. **St. Domingo**, die Hauptstadt, ist die älteste von Europäern in Amerika angelegte Stadt.

Unter den kleinen Inseln um Haïti nennen wir im Norden **Tortuga**, wo im 17. Jahrhundert die gräßliche Abenteurer- und Seeräuberbande der **Flibustier** ihr Hauptnest hatte.

d) **Puerto Rico** (oft fälschlich Porto Rico genannt), ein längliches Rechteck, 9000 qkm (166 Q.-M.), **spanisch**, auch sehr fruchtbar (Tabak) und die gesundeste der Antillen. Die Hauptstadt **S. Juan** [ßan chuän] **de Puerto Rico**.

3) Im O. von Puerto-Rico liegt die Gruppe der **Jungfern-** (**Virginien-**) **Inseln**, 7 größere und zahlreiche kleinere, teils **spanisch**, teils **englisch**, teils **dänisch**. Dänisch sind die drei größten: **St. Croix**, **St. John** und **St. Thomas**, ein wichtiger Handelsplatz und Station für die Dampfschiffahrt zwischen Europa und Mittel-Amerika.

4) Die **Kleinen Antillen**, alle zusammen nur 11000 qkm (205 Q.-M.) groß, teilt man nach dem regelmäßig hier wehenden Ostwinde in die **Inseln über dem Winde** oder gegen den Wind von Puerto Rico bis Grenada — und **Inseln unter dem Winde**, von Trinidad die Küste von Venezuela entlang.

a) **Inseln über dem Winde:**
Englisch: Barbados, die volkreichste der Kleinen Antillen, Stadt Bridgetown [bridschtaun]. St. Christoph, Nevis [niwis], Montserrat [montßérret]. Dominica, St. Lucia, St. Vincent [ßent winßent], mit dem thätigsten Vulkane, Grenáda, Antigua [antigwa].
Französisch: Guadeloupe, eine der größten (durch zwei einander entgegenkommende Buchten in zwei Halbinseln geschieden: Grandeterre im NO. mit der Hafenstadt Pointe a Pitre und Basseterre im SW.), Martinique mit der Hauptstadt Fort Royal und dem volkreicheren St. Pierre, der bedeutendsten Handelsstadt der Kleinen Antillen, und St. Barthelemy.
Niederländisch: St. Eustach und St. Martin.
b) **Die Inseln unter dem Winde.** Außer einigen, die zu Venezuela gehören, nennen wir
α) Tabágo, englisch. β) Trinidád, die größte der Kleinen Antillen, der Schlüssel zum mexicanischen Busen, englisch. γ) Weit davon nach W., doch noch im O. des Busens von Maracaibo Curaçāo [kurahāung], ein durch Fleiß kultivierter Felsen, niederländisch.

§ 65.
Nord-Amerika im allgemeinen.

In Bezug auf Umriß und Bodengestalt ist die nördliche größere ($4/7$) Hälfte des amerikanischen Kontinents der südlichen kleineren ($3/7$) vielfach ähnlich. Auch hier tritt die Form des rechtwinkligen Dreiecks auf; die Hypotenuse ist dem Stillen, die beiden Katheten dem atlantischen und Polar-Meere zugekehrt. Ferner liegt in Nord- wie in Süd-Amerika das Hauptgebirge im W., im O. isolierte Gebirgssysteme, zwischen beiden große Tiefländer. Die meisten großen Ströme ziehen hier nach NO. oder S. Dagegen unterscheidet sich Nord-Amerika deutlich von Süd-Amerika durch seine Gliederung: die Glieder betragen in Nord-Amerika (ohne Grönland) $1/9$, dagegen in Süd-Amerika nur $1/80$ des Ganzen. In dem Stillen Ozean erstreckt sich im S. die Halbinsel Kalifornien, vom Stamme durch den Busen von Kalifornien getrennt; im NW. zieht sich zu dem mit Asien verbindenden Inselkranze der Aleuten [ale-uten] die Halbinsel Alaska; den mexicanischen Busen schließt im O. die Halbinsel Florida. Am reichsten wird die Gliederung in dem Europa zugekehrten Nordosten. Hier giebt es viele einschneidende Buchten, Häfen und weite Flußmündungen Das größte Halbinselglied ist Labradór, durch die Hudson [hådß'n]-Bai — in ihrem südlichsten Winkel James [dschēms]-Bai genannt — vom Stamme des Erdteils geschieden. Wie der Nordostküste von Süd-Amerika, so ist auch derjenigen von Nord-Amerika eine Menge von Inseln vorgelagert, die sich ziemlich weit gegen den Nordpol zu erstrecken; die östlichste und größte derselben, freilich mehr ein Kontinent als eine Insel, ist das ö. der **Baffin** [bäffin] **=Bai** und ihrer weiteren Fortsetzung (**Smith=Sund, Robeson=Kanal**) gelegene **Grönland**.

Nördlich von der Bucht von Tehuantepec erhebt sich die ausgedehnte 2240 m hohe, mit Seeen und Vulkanen besetzte Hochfläche von **Anahuac** [ana-uák], die nach beiden Ozeanen in ungleichen Stufen abfällt. An ihrem Ostrand ragt der 5549 m hohe, nicht mehr thätige, schneebedeckte Vulkan **Citlaltepetl** [ßitlaltépetl] (d. i. weiße Frau) empor, gewöhnlich **Pik** von **Orizaba** [oriẞába] genannt. Erheblich niedriger (5341 m) ist der westlicher gelegene, jedoch noch thätige Vulkan **Popokatépetl** (d. i. Rauchberg).

In der Gegend von **Guanajuato** [gwanachuâto] beginnt eine noch ausgedehntere Hochfläche, die von **Neu=Mexico**, in deren äußerstem Norden der **Rio Grande del Norte** entspringt. Er durchbricht das östliche Randgebirge derselben, und an diese Durchbruchsstelle schließt sich die nordostwärts ziehende **Sierra von Texas** an, welche in den niedrigen **Ozark** [osárk] **=Bergen** erst bei dem Zusammenfluß von **Missouri** [missúri] und **Mississippi** endigt. Die Hochfläche von **Neu=Mexico** bildet mit derjenigen von **Anahuac** zusammen die große Hochfläche von **Neu=Spanien**.

Wo sich in der Quellgegend des Rio grande das östliche und westliche Randgebirge von **Neu=Mexico** vereinigen, fängt das östliche Randgebirge der noch umfangreicheren Hochebene an, die durch den Westen der Vereinigten Staaten bis in das britische Nord=Amerika reicht. In diesem östlichen, erst an der **Mackenzie** [mäckénsi] **=Mündung** am Eismeergestade endenden Randgebirge, den **Rocky=Mountains** [rocki máuntens] (d. i. Felsengebirge), liegt bei den Quellen des Columbia eine ganze Anzahl ziemlich gleich hoher Gipfel beisammen, unter denen bald der eine, bald der andere — gegenwärtig der **Mount Brown** [maunt braun] mit etwas über 4900 m Höhe — für den höchsten gilt.

Das westliche Randgebirge, **Sierra Nevada** und **Kaskadengebirge**, mit zum Teil vulkanischen Gipfeln bis 4600 m, zieht unfern der Meeresküste und ihr parallel. An der Küste des Stillen Ozeans selbst streichen von der Südspitze der Halbinsel Kalifornien aus die südlichen **Seealpen**, welche sich auf der Insel **Vancouver** [wänkûw'r] und den nördlicheren Inselgruppen fortsetzen. Dafür tritt das Kaskadengebirge nördlich von der Insel Vancouver an die Seeküste und führt nun mitunter den Namen der **nordamerikanischen Seealpen**; die Amerikaner freilich dehnen den Namen des Kaskadengebirges bis an das Ende des Gebirges aus, wiewohl es ihn nur von den Kaskaden des Columbia trägt. Da, wo die Küste sich entschieden gegen W. wendet, unter 60° n. Br., ragt der nur noch 4120 m hohe **Mount Elias** empor, der lange Zeit für den höchsten Berg Nord-Amerikas gegolten hat. Es ist dies vielmehr der **Mount Wrangel** in Alaska, welcher sogar den Citlaltepetl noch überragt.

Auf den weiten Hochebenen zwischen dem Felsengebirge einer- und der Sierra Nevada und dem Kaskadengebirge anderseits entwickeln sich bedeutende Ströme, die sich dann durch die westlichen Gebirge den Weg nach dem Meere bahnen. Der **Colorado** geht in den kalifornischen Busen, der **Columbia** und **Oregon** [òregon] in den Stillen Ozean.

Von diesen Gebirgen der Westseite durch die ganze Breite des Erdteils getrennt liegt ein völlig isoliertes Gebirgssystem, das von SW. nach NO. der Küste des atlantischen Ozeans parallel zieht: die **Alleghanies** [älligĕnis] (d. i. die Endlosen) oder die **Apalachen** [apalatschen], in ihren höchsten Spitzen wenig über 2000 m, meist nur halb so hoch; sie bestehen aus mehreren gleichlaufenden Zügen, die wie lange Erdfalten erscheinen, die westlichen flach und weit voneinander, die östlichen rasch sich folgend und steil aufgerichtet, reich an Eisen und Steinkohlen. Gegen den atlantischen Ozean fallen sie mit sanften Vorstufen zu einer 2—300 km breiten, öfter sumpfigen Küstenebene ab; zu Buchten desselben strömen die kurzen, aber wasserreichen Ströme: **Connecticut** [konnéttikat], **Hudson** [hådß'n], welcher die ganze Kette durchbricht, **Delaware** [déla-uär], **Susquehannah** [saßquihänna], **Potomac** u. a.

Im W. liegt zwischen den Alleghanies und den Rocky-Mountains das weite Becken des **Mississippi** (d. i. der Vater der Gewässer, indianisch). In seinem Oberlaufe fließt der Mississippi nach SD. Der Strom hat hier Wasserfälle und Stromschnellen, und an seinen Ufern mächtige Urwälder, die in seinem weiteren Verlauf nur ö. von ihm einst bis ans atlantische Meer ergrünten, seit hundert Jahren größtenteils in Kulturboden umgewandelt. Der Mittel- und Unterlauf hat nämlich rechts die ungeheuren **Prärieen** von Nord-Amerika, gegen $2^3/_4$ Mill. qkm (50000 Q.-M.) groß, zur Seite, wo je weiter gen W. hin auf der schräg zum Felsengebirge ansteigenden Ebene der Baumwuchs infolge mehr und mehr verringerter Niederschlagsmenge immer unmöglicher wird. Zuletzt durchzieht der oft aus seinen Ufern tretende Strom in breitem, inselreichem Bette eine sumpfige Tiefebene und baut endlich immer weiter ins Meer hinaus sein schlammiges, mit riesenhaften

Bäumen und Schilfpflanzen bewachsenes Delta. Unter den Zuflüssen **rechts** — woher müssen diese kommen? — ist der größte der reißende, trübe **Missouri** [missûri], welcher an Wasserreichtum den Mississippi bei weitem übertrifft und in Wahrheit als der Oberlauf des vereinigten Stromes anzusehen ist — weiter nach S. der **Arkansas** [arkänsas] und der **Red River** [red riw'r] (d. i. Roter Fluß). Woher kommen die Zuflüsse **links**? Die bedeutendsten sind der **Illinois**, der **Ohio** [oheio], der „amerikanische Rhein", mit dem **Tenessee** [tenneßi].

Man sieht, daß Wasserreichtum eben so sehr zum Charakter des nördlichen wie des südlichen Amerika gehört; nur zwischen den Randgebirgen der w. Hochflächen, denen die Feuchtigkeit der hereinziehenden Luft durch letztere entzogen wird, ist echtes Wiesenklima teilweise vorhanden, Waldmangel aber durchweg fühlbar. Auffallend ist auch die (wiederum Süd-Amerika ähnliche) Unbestimmtheit der Wasserscheide. Die Quellen der Flüsse sind oft so dicht benachbart und der Zwischenraum zwischen ihnen so völlig eben, daß man die Fahrzeuge über die Wasserscheide **tragen** kann; daher heißen solche Stellen Tragplätze (portages [pórtedsches]). Damit hängt denn auch die entweder beständig oder nur zu gewissen Jahreszeiten stattfindende Verbindung oder das natürliche Kanalsystem zusammen, welches oft verschiedene Stromsysteme verbindet. In der Regenzeit stehen z. B. Illinois und Ohio mit den nördlichen großen Seen in Verbindung.

Diese fünf großen **canadischen Seen**, welche mehr als die Hälfte alles süßen Wassers auf dem Festlande enthalten, heißen: der **obere See** (bei weitem der größte und tiefste, der größte Süßwassersee der Erde) mit reichen Kupfer- und Silberlagern an seinen Ufern, der **Huron-See** [jûrōn], der **Michigan-See** [mischigän], der **Erie-See** [iri], der **Ontario-See**, zusammen 240000 qkm (5400 ☐.-M.). Sie liegen in Stufen übereinander, doch so, daß Huron- und Michigan-See zusammen auf derselben Stufe liegen. In Stromschnellen und Wasserfällen stürzen die Wassermassen des einen in den andern. Unter den Fällen ist der berühmteste der des **Niágara**, des Verbindungsflusses zwischen Erie- und Ontario-See. Eine Wassermasse von fast 1300 m Breite, doch durch eine Insel in zwei Teile getrennt, stürzt über eine Felsenbank 49 m herab. Eine Eisenbahn zieht in einer Höhe von 65 m über den Fall weg. Aus dem Ontario-See endlich tritt der klare **St. Lorenz**, der gewaltige Sohn aller jener Seeen. Schon 500 km oberhalb seiner Mündung erreicht er eine Breite von fast 15 km; die Mündung selbst öffnet sich breit und für die größten Seeschiffe fahrbar in den St. Lorenz-Busen.

Wiederum nur ein unbedeutender Höhenzug, der an den Küsten von Labrador endigt, trennt das Gebiet der großen Seeen von der arktischen Felsen- und Seeenplatte, der weiten Fläche der fast unzählbaren amerikanischen Polarseeen und Ströme, die nur noch von unbedeutenden Klippenzügen durchsetzt wird. Die größten Wasserbehälter, der Athabasca [äthabäßla]-Sklaven- und Bären-See schicken ihren Vorrat zu dem schon genannten Mackenzie. Ein anderer See, der Winnipeg [uínnipeg], in den der große Strom Saskátschewan mündet, entläßt Nelson [nélß'n] und Sévern zur Hudson-Bai. Merkwürdig, daß diese größten Seeen vom Bären-See an bis zum Ontario in ziemlich gerader Linie von NW. nach SO. aufeinander folgen. Im O. des Mackenzie-Delta mündet der Kupferminenfluß, in der Geschichte der älteren Nordpol-Expeditionen häufig genannt. Die Flüsse und Seeen dieser weiten Polarebene stehen meist untereinander und mit dem Gebiete des St. Lorenz in Verbindung. Wie in Sibirien bedeckten diesen ganzen Norden bis an das schon waldlose Eismeergestade unabsehbare Nadelholzwälder.

§ 66.
Die Republik Mexico.

Zwischen den waldbedeckten, weil von Niederschlägen der Seeluft reicher befruchteten Küstenterrassen des mexicanischen Busens und des Stillen Ozeans liegt die nur von sommerlichen Tropenregen benetzte, daher mehr von Kakteen als von Wäldern bestandene Hochfläche von Mexico in ewiger Sommermilde. Hier bestand ähnlich wie auf den Hochflächen der mittleren Kordilleren (§ 63, 1 d) im späteren Mittelalter der Staat der Azteken [aßtēken], welche durch massenhafte Menschenopfer ihre Herrschaft über die unterworfenen Indianerstämme aufrecht erhielten. Ihm machte mit kühner Tapferkeit Ferdinand Cortez [kortéß], angelockt durch den absonderlichen Reichtum an Gold und mehr noch an Silber, ein Ende und unterwarf ihn 1521 der spanischen Herrschaft. Indes drei Jahrhunderte später machte gleichzeitig mit den übrigen spanischen Besitzungen auf dem amerikanischen Festlande sich auch Mexico unabhängig und wurde eine Bundes-Republik, welche jetzt 2 Mill. qkm (35000 □-M.) mit $11^{1}/_{2}$ Mill. Einw. umfaßt, von denen auf Europäer und Kreolen nur 2 Mill. kommen; so sehr überwiegen

Indianer, Mestizen und Neger. Doch ist die spanische Sprache die herrschende geblieben. Alle Versuche indes, in Mexico die Monarchie wiederherzustellen, sind vergeblich gewesen; den letzten derselben büßte der edle Erzherzog Maximilian von Österreich 1867 mit dem Leben.

Noch immer besteht der Hauptschatz Mexicos in Edelmetall, namentlich in Silber. Sein Boden ist unter der schlimmen Einwirkung ewiger Revolutionen seit der Unabhängigkeitserklärung wenig angebaut, die Bevölkerung daher arm. Eigentümliche Erzeugnisse auf der Hochfläche (tierra fria d. i. kühles Land) Cochenille, ferner tropische Früchte und Hölzer auf der oberen und unteren Hälfte der Küstenterrassen (tierra templáda und tierra caliénte d. i. gemäßigtes und heißes Land), so besonders Vanille, die duftenden Fruchthüllen einer Orchidee, Kakao, Samen eines ursprünglich nur im tropischen Amerika heimischen Baumes („Schokolade" von dem indianischen cacaoatle = Kakao-Wasser), Mahagoni- und Farbholz.

Die Hauptstadt Mexico liegt in der 2240 m hohen, mit vulkanischen Gebirgsriesen umsetzten Seeenmulde von Anahuac, im Thale Tenochtitlan [tenotschtitlán], wie man ehedem diese alte Aztekenhauptstadt selbst nannte. Letztere nahm einen weit größeren Raum ein und lag, durch Dämme mit dem Lande verbunden, auf Inseln im See Tezcuco [teßküko], den teils Natur, teils Kunst seitdem weiter von der Stadt entfernt haben. Das heutige Mexico, die schönste und prächtigste Stadt in Amerika, bildet ein regelmäßiges Viereck, ist von mehreren Kanälen durchflossen, hat breite, gut gepflasterte Straßen mit Trottoirs, die sich rechtwinklig schneiden. Unter den Plätzen ist der „große Platz" der größte und schönste; an ihm die Kathedrale, die prächtigste Kirche des Erdteils, die von Gold, Silber und Diamanten starrt. Mexico, ziemlich im Mittelpunkte des Landes gelegen (370 km von Vera Cruz, 310 von Acapulco), ist Haupthandelsort. 350000 E.

Das Land Mexico hat noch 17 Städte, die über 20000 E. haben. Sie liegen alle in der tierra fria und nicht an den ungesunden Küstensäumen; nur 4 von ihnen haben über 50000 E.: s.ö. von Mexico Puébla, 79000 E., früher Hauptsitz der in diesem Land alteinheimischen Baumwollen-Handweberei, n.w. von Mexico Guanajuato [gwanachuáto], 52000 E., Guabalajara [gwadalachára], 83000 E., und Zacatecas, 60000 E., alle drei durch Bergbau in ihrer Umgebung wichtig. Halbwegs von Mexico nach Guanajuato liegt Queretaro [kerétaro], wo Kaiser Maximilian erschossen wurde.

Der mit Lagunen und Klippen umgebene Küstensaum des atlantischen Ozeans hat keine guten Häfen, sondern nur unsichere Reeden. Gerade an Cortez Landungspunkte in höchst ungesunder Gegend Vera Cruz [wéra truß]; auf einer nahen Insel das starke Fort San Juan de Ulúa.

Am Stillen Meer das furchtbar heiß und ungesund gelegene Acapulco, zur spanischen Zeit trotzdem der einzige dem Handel geöffnete Hafen an der pacifischen Seite; weit bedeutender jetzt die nördliche Hafenstadt Mazatlan [maßatlán].

Auf der Halbinsel (Unter- oder Alt-) Kalifornien, einem sandigen, unfruchtbaren Lande, das nur von wenig zahlreichen Indianerstämmen bewohnt wird, giebt es keine Städte, sondern nur **Missionsplätze** und **Soldatenplätze** (Presidios).

Zu Mexico gehört auch die Halbinsel **Yukatán** mit dem Hafen **Campeche** [kampétsche] und der Binnenstadt **Mérida**.

§ 67.
Die Vereinigten Staaten von Amerika (die Union).

Das Gebiet der Vereinigten Staaten von Amerika, an Größe dem **Erdteil Europa** fast gleichkommend, erstreckt sich in seiner Hauptmasse von der Grenze Mexicos und der Küste des mexicanischen Meerbusens bis zum 49. Parallelkreis und (im NO.) bis an die canadischen Seeen. Im äußersten NW. des Festlandes gehört zu demselben auch das Territorium Alaska. Auf diesen 9 Mill. qkm (170000 O.-M.) wohnen jetzt 63 Mill. Einw. (davon etwa 55 Mill. Weiße), also weit mehr als in jedem anderen Staatsgebiet Amerikas, dessen machtvollster Teil eben die Union ist.

Ein im englischen Dienste stehender Venetianer **Johann Caboto** entdeckte 1497 die Ostküste von Nord-Amerika (Neufundland, d. i. neu gefundenes Land); sein Sohn **Sebastian** später auch größere Strecken der Festlandsküste. Da aber hier kein Gold und Silber lockte, achteten die europäischen Völker auf diese Gegenden lange Zeit gar nicht. Fast hundert Jahre später, als Elisabeth auf dem englischen Throne saß, gründete man die der „jungfräulichen" Königin zu Ehren genannte Niederlassung **Virginien**, aus der später **Maryland** [märiländ] und (Nord- und Süd-) **Carolina** ausgeschieden wurden. Bis 1640 entstanden nacheinander die Kolonieen: **Massachusetts** [mässätschüßets], **New-Hampshire** [nju hämschir], **Connecticut** [konnéttikat], **Rhode-Island** [rōb eiländ]. Ganz anders war das Verhältnis dieser Niederlassungen, als das der spanischen und portugiesischen in Süd- und Mittel-Amerika. Die englischen Kolonisten fanden unwirtbare, bewaldete Küstenländer vor, von einem kriegerischen und wilden Volke bewohnt. Diese mehr gelblich als rötlich braunen Indianer von Nord-Amerika zerfielen in eine große Anzahl von Stämmen. Jagd und Fischerei war der Männer Handwerk; der Weiber Los ein schwerer Dienst. Krieg war unter den Stämmen fast beständig, und wurde listig und grausam geführt. Wilde Kriegstänze kündigten ihn an; die Farben der tättowierten Haut wurden glänzender und schrecklicher aufgetragen, mit entsetzlichem Geheul stürzte man sich aufeinander. Hatte der Wilde den Feind mit der steinernen Streitaxt, dem Tomahawk, getötet, so skalpierte er ihn, „mit dem Messer, scharf geschliffen, das vom Feindeskopf rasch in drei geschickten Griffen schälte Haut und Schopf", und befestigte den Skalp am Gürtel. Schrecklich war das Schicksal derjenigen Kriegsgefangenen, welche am Marterpfahle zu Tode gepeinigt wurden; und doch sangen sie — von Kindesbeinen her an würdiges, lautloses Ertragen von Schmerzen gewöhnt — unter der ausgesuchtesten Qual einen mutigen, der Feinde spottenden Totengesang. Zum Zeichen geschlossenen Friedens wurde der Tomahawk begraben, und unter den Streitenden die Friedenspfeife geraucht. Diese Pfeife ging auch in den Versammlungen der Häuptlinge am Beratungsfeuer von Munde zu Munde, und eine ganz eigentümlich kräftige, in erhabener Bildersprache kühn sich bewegende Rede stand jenen Söhnen der Natur zu Gebote. Auch in ihren Religionsbegriffen war etwas Großes und Einfaches. Sie verehrten einen großen Geist als den Beschützer aller Tapfern und Guten, sie glaubten an ein glückliches Leben im Jenseits: „wo mit Vögeln alle Sträucher, wo der Wald mit Wild, wo mit Fischen alle Teiche lustig sind gefüllt." Dies frei in seinen ungeheuren Wäldern umherziehende Geschlecht der Rothäute sah nun mit Erstaunen die „bleichen Gesichter" über den „großen Salzsee" kommen. Für die Gaben einer ihnen fremden Welt, besonders für das berauschende Feuerwasser, verkauften sie ihnen Striche an der Küste, welche von den Kolonisten nun gegen den oft wechselnden, immer nach Beute und Skalpen gierigen Sinn der Wilden behauptet werden mußten. Ausroden der Wälder, Fischerei und Pelzhandel mit den Indianern beschäftigte sie.

So erwuchs in diesen Niederlassungen ein kräftiges abgehärtetes Volk. Im 16. und 17. Jahrhundert mehrte es sich vornehmlich infolge der religiösen Streitigkeiten im Muttererdteil. Verfolgte Katholiken, besonders Irländer, deutsche Protestanten aus der Pfalz, Anhänger der in England so zahlreichen Sekten, alle suchten in Amerika Ruhe und Duldung. So gründete der Quäker William [uiljem] Penn 1681 Pennsylvanien. Auch durch Eroberungen mehrte sich der Engländer Gebiet; den Holländern wurde das später so genannte New-York [nju jork], den Schweden ihre Niederlassungen Delaware und New-Jersey [nju dschörsé] abgenommen. Um 1700 war der ganze 6600 km lange Küstensaum der Alleghanies in Besitz genommen, und nach der Anlegung von Georgien die Reihe der dreizehn alten Kolonieen und Staaten geschlossen. Da die Einwanderungen aus Europa auch im 18. Jahrhundert sich immer mehrten, wurden die Indianer über das Alleghanies-Gebirge zurückgedrängt, und einzelne Niederlassungen an den Zuflüssen des Mississippi gegründet.

Inzwischen hatten auch andere europäische Nationen Kolonieen in Nord-Amerika gegründet, welche lange Zeit die **englischen** überflügelten. Dies gilt weniger von dem **spanischen Florida**, als von den **französischen Besitzungen**. Am St. Lorenz war Canada eine blühende französische Kolonialprovinz, französisch war auch die Halbinsel rechts von der Lorenzmündung, Akadien genannt, sowie die Insel Neufundland (Terre neuve). Das Wichtigste aber war, daß der Franzose La Salle, welcher zuerst den Mississippi bis zur Mündung befahren, von dem ganzen ungeheuren Stromgebiete 1682 für Frankreich Besitz ergriffen hatte; seinem Könige Ludwig XIV. zu Ehren hatte er es **Louisiana** genannt. So reichten also bis an das Felsengebirge die französischen Besitzungen. Aber da in Europa im 18. Jahrhundert Frankreich und England sich fast immer feindselig gegenüber standen, so wurde zwischen ihnen der Kampf auch oft in den amerikanischen Kolonieen geführt. So wurde während des spanischen Erbfolgekrieges 1700 bis 1713, wie des Siebenjährigen Krieges 1756—63 zugleich in den Thälern der Alleghanies und an den canadischen Seeen gefochten; es handelte sich besonders um den Besitz einzelner Kastelle und Forts, welche beide Nationen in noch streitigen Landschaften angelegt hatten. Die Indianerstämme ergriffen auch Partei, sei es für den einen oder für den anderen der beiden streitenden Teile, und ihre Teilnahme brachte in die Kämpfe einen blutigen und wilden Charakter (Cooper: Der letzte Mohikaner). Am Ende verlor Frankreich alle Kolonieen um den St. Lorenz an England: Akadien und Neufundland schon 1713, Canada 1763; das ungeheure Gebiet von Louisiana trat es zudem 1762 an Spanien ab. Doch für die neuen Erwerbungen sollten die britischen Sieger bald ihre alten Niederlassungen auf der Alleghanies-Terrasse einbüßen.

Eingriffe in die altverbriefte Handelsfreiheit von seiten Englands führten 1773 einen Aufstand in der Hauptstadt von Massachusetts, Boston [bost'n], herbei, aus welchem sich, nachdem die 13 Kolonieen am 4. Juli 1776 sich für **unabhängig** erklärt hatten, der allgemeine **nordamerikanische Freiheitskrieg** entwickelte. Auf nordamerikanischer Seite zeichnete sich George Washington [uóschingt'n] aus, Benjamin Franklin [fränklin] wußte seinen Landsleuten Freunde in Europa zu erwerben, und wirklich fochten am Ende Frankreich, Spanien und die Niederlande mit ihnen gegen das Mutterland. Nach lange unentschieden hin und her schwankendem Kampfe erkannte England im Frieden von 1783 die Unabhängigkeit der Vereinigten Staaten von Amerika an, die damals noch nicht ganz 4 Mill. E. hatten.

Nach manchen Streitigkeiten über ihre neue Verfassung wurde bestimmt, daß jeder einzelne Staat der Union ein für sich bestehendes Ganze mit eigentümlicher Verfassung und Verwaltung bilde. Jeder Staat zerfällt in Grafschaften (Counties [kauntis]); jede Grafschaft in Townships [taunschips] oder Stadtgebiete. Die Hauptstädte der Staaten sind oft nicht die größten Wohnplätze, aber die Sitze der Behörden. Alle gemeinsamen Angelegenheiten besorgt ein Kongreß, der aus zwei Abteilungen, dem Senate und dem Repräsentantenhause besteht und sich jedes Jahr in der Bundesstadt Washington versammelt. Die vollziehende Gewalt ruht in der Hand des Präsidenten, der alle 4 Jahre neu gewählt wird. Die Zahl der einzelnen Staaten beträgt jetzt 44. Sobald nämlich ein Landstrich 60000 Männer über 25 Jahre hat, kann er als besonderer Staat anerkannt, oder von einem schon vorhandenen Staate abgetrennt werden. Jedesmal erhält dann die Flagge der Union einen neuen Stern. Landstriche, welche die angegebene Bewohnerzahl nicht erreichen, nennt man Gebiete oder Territorien (gegenwärtig 4) Auf diese Gebietsteile haben Präsident und Kongreß größeren und unmittelbaren Einfluß. Dazu kommt der „neutralisierte" Bundesdistrikt Columbia. Dagegen das Indianer-Gebiet (am mittleren Arkansas) wird nicht mit zur Union gerechnet.

Überraschend und in manchen Beziehungen ganz ohnegleichen ist der riesenhafte Aufschwung, den der neue Staat seit seiner Entstehung genommen hat. Die großartigste Erwerbung war die von Louisiana vom Mississippi bis zum Felsengebirge, welches die Union 1803 von Frankreich, das es unlängst Spanien wieder abgenommen hatte, kaufte; nur ein ganz geringer Teil davon ist der heutige Staat Louisiana. — Die Zahl der Einwohner, die bis auf diesen Augenblick durch beständige Einwanderungen aus Europa sich mehrt (allein aus Deutschland wanderten von 1820—1888 etwa $4\frac{1}{3}$ Millionen ein), beträgt mehr als das Sechzehnfache der Zahl von 1783, darunter $6\frac{1}{2}$ Mill. Neger (und Mulaten) im SD., über 300000 Indianer, mehrere Hunderttausend (fortwährend wechselnde) Chinesen, die übrigen Weiße. Der Abkunft nach sind etwa 40% Irländer, 12% Deutsche; nur 20% kann man als Abkömmlinge der alten (meist englischen) Einwanderer betrachten. Die letzteren sind zu einer eigentümlichen neuen Nationalität geworden, die man die Anglo=Amerikaner oder (nach einem ursprünglichen Spottnamen) Yankees [jänkis] nennt; dieselbe hat die meiste Ähnlichkeit mit der englischen Nationalität, bedient sich der englischen Sprache und hängt auch meist der reformierten Kirche an.

Von Jahr zu Jahr schreitet Civilisation und Ackerbau immer mehr von Osten nach Westen vorwärts, immer mehr Wald wird gerodet, immer mehr Städte werden angelegt, denen das Andenken an die europäische Heimat oft die lieben vaterländischen Namen beilegt. Für die innere Verbindung der ungeheuren Räume ist durch Kanäle und Eisenbahnen viel geschehen. Die erste Pacific=Eisenbahn von Omaha am Missouri nach San Francisco wurde 1869 vollendet; jetzt verbinden vier Eisenbahnlinien den atlantischen und Stillen Ozean; das ganze Eisenbahnnetz der Union (dessen Länge von 260000 km die fünffache Länge des Erdumfangs übersteigt) nähert sich demjenigen von ganz Europa an Ausdehnung. Auf dem Mississippi und seinen Zuflüssen ist die lebendigste Dampfschiffahrt. Alle Dampfverbindungen sind durch den ungeheuren Reichtum an Steinkohle und Eisen sehr begünstigt. Immer mehr blühen die Gewerbe, steigt der Handel mit allen Teilen der Erde, besonders mit dem der hafenreichsten NO.=Seite der Union so nahe gelegenen Europa. Die Baumwollen=Produktion im SO. liefert dem Welthandel die allergrößte Masse dieses wichtigsten Webstoffs, und durch das vorzügliche Kanal= und Eisenbahnsystem gelangt der große Überschuß des Landes an Getreide, Erzeugnissen der Viehzucht (besonders Schinken und Speck, auch schon lebendiges Schlachtvieh), Petroleum u. s. w. aufs billigste an die Küste zur Ausfuhr. Sehr bedeutend ist auch die Produktion von Edelmetallen; an Silber wurden 1888 gewonnen etwa für 50 Mill. Dollars [doller], (1 Dollar = 4,$_{25}$ M.), an Gold etwa für 33.

Neben den Lichtseiten der Vereinigten Staaten, zumal der unermüdlichen Schaffenslust ihrer Bewohner auf allen praktischen Lebensgebieten, zeigen sich freilich dem unparteiischen Auge auch genug Schattenseiten. Der Handelsgeist der ernsten, besonnenen und kalten Amerikaner artet oft in eine so unverhohlene Überschätzung des Mammons aus, daß wohl Spötter bemerkt haben: trotz ihrer strengen Religiosität (die sich z. B. in übertrieben strenger Sonntagsfeier ausspricht) sei ihr eigentlicher Gott der Dollar. Wissenschaft und Kunst werden streng nach dem Nutzen gemessen. Die Liebe zur Freiheit und Ungebundenheit erscheint dem an europäische Sitten Gewöhnten im Verkehr des täglichen Lebens als ungezogene Rücksichtslosigkeit.

Weit schlimmer ist es, daß die Obrigkeit nicht die wilden Ausbrüche der Volkswut zurückhalten kann, welche von Zeit zu Zeit in den angesehensten Städten der Union vorkommen. Ebenso ist es ein Zeichen eines ungeordneten Zustandes, daß der Pöbel, vornehmlich in den südlichen und westlichen Staaten, öfters an wirklichen, zuweilen auch an vermeintlichen Verbrechern blutige Selbstgerechtigkeit übt (Lynchgerichte).

Der Gegensatz zwischen den **nördlichen** und **südlichen** Staaten der Union ist in Charakter, Lebensart, politischer Denkweise ein so bedeutender, daß er nach langjährigen Reibungen 1861 zu einem mit Ingrimm von beiden Seiten geführten Bürgerkriege geführt hat. Vorwand war die Sklavenfrage. Allmählich neigte sich das Übergewicht den Nordstaaten zu: sie **hoben am 31. Januar 1865 die Sklaverei auf dem ganzen Gebiete der Union auf** und errangen in demselben Jahre den vollständigen Sieg über die „Konföderation" der zehn Südstaaten.

Die Staaten der Union werden in Amerika selbst nach ihrer Lage und ihren wirtschaftlichen Eigentümlichkeiten amtlich in **sechs** Gruppen zusammengefaßt; diese sind:

A. Die Neu=England=Staaten (der Nordosten).
(Handel und Industrie.)

1) **Maine** [mēn].

2) **New=Hampshire** [nju hämschir].

3) **Vermont** [wérmont], der einzige nicht an den Ozean stoßende Staat dieser Terrasse, genannt nach den Grünen Bergen, einem Teile der Alleghanies.

4) **Massachusetts** [mässätschŭßets] — in Hinsicht auf Ackerbau, Viehzucht, Fabriken, Gewerbe, wissenschaftliche Anstalten **der erste Staat der Union**. Hauptstadt **Boston** [bŏst'n], „die Wiege der Union", 500000 Einw.; der Geburtsort Franklins.

5) **Rhode=Island** [rŏd eiländ], der kleinste Staat der Union, benannt nach der Insel Rhode. Stadt **Providence** [prŏwidenß].

6) **Connecticut** [konnéttikat] — woher der Name?

B. Die mittleren Staaten (zu beiden Seiten der Alleghanies bis zum atlantischen Ozean). (Handel, Industrie und Ackerbau).

7) **Neu=York** oder **New=York** [nju jŏrk], durch Volkszahl, Handel und Wohlstand allen anderen Staaten der Union voranstehend, berührt das Meer nur mit seiner SO.=Ecke, dehnt sich aber dafür bis an den Ontario- und Erie=See aus. Die Stadt **New=York** liegt auf einer Insel in der Mündung des Hudson, 1500000 E. (wovon 150000 Deutsche), die bevölkertste Stadt und die größte Handelsstadt des Erdteils. Dicht bei Neu York auf der Westspitze von Long=Island [eiländ], **Brooklyn** [brúllin], das, durch eine eiserne Hängebrücke mit Neu York verbunden, zu einer Vorstadt desselben geworden ist, 800000 E. Am rechten Ufer des Hudson, Neu

York gegenüber, liegen Jersey=City [dschörse=hitti] und Hoboken, auch nicht viel mehr als Vorstädte von Neu York, so daß man mit Hinzurechnung dieser Nachbarstädte die Einwohnerzahl der Riesenstadt auf 2½ Mill. annehmen kann. Die schönen Ufer des Hudson hinauf kommt man nach der kleineren Hauptstadt Albany [ólbäni]; von hier auf dem Eriekanal nach der aufblühenden Handelsstadt Buffalo [bǎffällo] am Erie=See, nicht weit vom Niagarafall, 250000 E., die Hälfte Deutsche. Der Binnensee Champlain [tschämplēn].

8) Pennsylvanien, ein viereckiger Binnenstaat, zwischen dem untern Delaware und dem Erie=See, „das amerikanische Deutschland", wegen der vielen deutschen Bewohner. Hauptstadt Philadelphia am? 1100000 E. (worunter über 100000 Deutsche), sehr regelmäßig gebaut, mit vielen öffentlichen Plätzen. Hier die Nationalbank und ein berühmtes Zuchthaus, wo das amerikanische Strafsystem in Anwendung gebracht wird (Entziehung aller Gesellschaft.) Universität. Da, wo der Ohio aus zwei Quellflüssen zusammenströmt, Pittsburg, bedeutende Handels= und Fabrikstadt, 230000 E.

9) New=Jersey [nju dschörse], östlich vom Delaware und seiner Mündungs=Bai. Newark (njŭärk]. 175000 E.

10) Delaware [déla=uär], die Hälfte der Halbinsel zwischen der Delaware= und der Chesapeat [tschesapit]=Bai, in welche der Susquehannafluß [saßquihänna] mündet.

11) Maryland [märiländ], zu Ehren der Gemahlin Karls I. von England genannt, auf beiden Seiten der Chesapeak=Bai. Unter den Bewohnern schon ein Drittel Neger. Der größte Ort Baltimore [bôltimör], 450000 E.; bedeutende Handelsstadt.

Maryland und Virginien schenkten 1790 der Union einen Landstrich am Fluß Potomac zum Bundesdistrikt. Derselbe erhielt den Namen Columbia und gehört als ein von den übrigen Bundesstaaten abgesonderter Distrikt diesen zusammen; darin entstand die allgemeine Bundesstadt Washington [uóschingt'n], jetzt mit 240000 E., nach einem kolossalen Plane entworfen, der schwerlich je in seiner ganzen Ausdehnung zur Ausführung kommen wird. Der Kongreß versammelt sich in dem prächtigen Kapitol. Von ihm, als dem Mittelpunkte, sollen alle Hauptstraßen der Stadt, jetzt meist erst Alleeen, auslaufen. Der Präsident wohnt im „Weißen Hause."

Die Küste der genannten Staaten reich an guten und sichern Hafenstellen. Die Handelsplätze dieser Ufer haben deshalb den weitaus größten Teil des gesamten Seehandels der Union in Händen.

12) Ohio [oheió], zwischen dem Erie=See und dem Ohio. Hauptstadt Columbus. Bedeutender die Handelsstadt Cincinnati [ßinßinnēti] am Ohio, 330000 E., darunter über 50000 Deutsche; wegen der wissenschaftlichen und Wohlthätigkeits=Anstalten das „westliche Philadelphia", wegen des beträchtlichen Handels mit Schweinefleisch im Scherz „Porcópolis" genannt.

C. Die Centralstaaten (ein breiter Streifen vom atlantischen Ozean bis an die Prärieen).
(Ackerbau überwiegt, daneben mannigfaltige Gewerbthätigkeit.)

13) Ost=Virginien. Woher der Name? Ausgedehnter Tabaksbau. Hier schon ein Drittel Farbige. Hauptstadt Richmond [ritschmond]. 83000 E. Washingtons Landgut Mount Vernon [maunt wérnon], wo er 1799

starb. In neuerer Zeit sind in Virginien (wie in Pennsylvanien, am Ohio und in Canada) reiche Petroleumquellen entdeckt.

14) West=Virginien.

15) Nord=Carolina, nach Karl II. genannt. Von hier an Reis und Baumwolle gebaut.

16) Kentucky [kentäkki], südlich vom untern Ohio, zwischen Mississippi und welchem Staate? — benannt nach einem Nebenflusse des Ohio. Handelsstadt Louisville [lūwill] am Ohio, 200000 E.

17) Tennessee [tenneßi], südlich von Kentucky, zwischen Mississippi und den Carolinas, von einem Nebenfluß des Ohio benannt, der in den Alleghanies ein großes Längenthal bildet.

18) Missouri [mißûri], wo sich Missouri und Mississippi vereinigen — welchem Staate gegenüber? — St. Louis [ßent lūis], Handelsstadt am Mississippi, über den hier eine großartige Brücke führt: 450000 E., davon $1/5$ Deutsche. Mittelpunkt einer außerordentlich regen Binnenschiffahrt und des Verkehrs nach den westlichen Teilen der Vereinigten Staaten; Durchschnittspunkt aller größeren Eisenbahnlinien.

19) Arkansas [arkänßas], nach einem rechten Zuflusse des Mississippi benannt.

D. Die Plantagenstaaten (die SO.=Ecke am atlantischen Ozean und am mexikanischen Golf).
(Die Großgüterwirtschaft überwiegt. Zucker, Reis, Tabak, vor allem aber Baumwolle sind die Hauptprodukte.)

20) Süd=Carolina der einzige Staat, wo die Zahl der Farbigen die der Weißen übersteigt; Hauptstadt Charleston [tschärl'st'n], 60000 E. Hauptmarkt für Baumwolle.

21) Georgien, zu Ehren Georgs II. genannt. Handelsort Savannah [ßawänna]. — Im Innern dieses Staates die größte und bekannteste vorindianische Erdfestung. Durch die ganzen Staaten ziehen sich nämlich sogenannte Mounds [maunts], Befestigungswerke, Felsen mit Inschriften und Götzenbildern, Gräber u. s. w., die, zum Teil uralt, zum Teil aber auch erst zu Verteidigungszwecken vor wenigen Jahrhunderten errichtet worden sind.

22) Florida, 1821 den Spaniern abgekauft. Das Innere dieses überaus fruchtbaren Landes ist fast noch gar nicht angebaut: auf eine merkwürdige Art vermengt sich in den Wäldern nordische und tropische Vegetation, zu den Bäumen der nördlichen Wälder treten hier Palmen und Magnolien. Teilung in Ost=Florida (Hafenstadt St. Augustin) und West=Florida (Kriegshafen Pensacóla).

23) Alabama, nach einem Zufluß des mexikanischen Busens benannt. Hafenstadt Mobile [mobîl], Handel mit Baumwolle.

24) Mississippi, westlich von Alabama bis zum Strome Natchez [nätsches] am Mississippi. Vicksburg [wicksbörg].

25) Louisiana im Mississippi=Delta. Das Klima wegen der vielen Sümpfe ungesund. 180 km oberhalb der Mündung, durch Dämme gegen Überschwemmungen geschützt, die wichtigste Handelsstadt New=Orleans [nju ôrliäns], 250000 E.; die Hälfte Farbige. Die Stadt ist der Ausfuhrhafen der Erzeugnisse des größten und fruchtbarsten nordamerikanischen Stromgebietes, welches zugleich einen unerschöpflichen Reichtum an Holz,

§ 67. Die Vereinigten Staaten von Amerika (die Union).   149

Steinkohlen und Metallen besitzt. Sie führt fast die Hälfte der zur Ausfuhr bestimmten Baumwolle aus.

26) Texas, das Küstenland zwischen Louisiana, dem Rio Grande del Norte und dem atlantischen Ozean. Das Land, größtenteils noch aus unangebauten Grasfluren bestehend, ist fruchtbar (Zucker, Baumwolle, Reis). Die beiden bedeutendsten Orte sind: Austin, eigentlich San Felipe de Austin, Sitz der Regierung, und der Haupthafen und Handelsort Galveston [galwst'n]. Deutsche Kolonieen Neu=Braunsfeld, Friedrichsburg.

E. Die nordwestlichen Staaten.
(Sie treiben fast ausschließlich Ackerbau; zum Teil in zerstreuten Farmen; jedoch im gebirgigen Westen Bergbau.)

27) Michigan [mischigän], Halbinsel zwischen Michigan=, Huron= und Erie=See. Wichtige Handelsstadt Detroit [detröit], 240000 E.

28) Indiána, zwischen Michigan=See und Ohio.

29) Illinóis, in der Gabel des Mississippi, Wabash [uóbäsch] und Ohio. Am Michigan=See die rasch aufblühende Stadt Chicago [schikágo], die als wichtiger Getreidemarkt und Zwischenhandelsplatz zwischen dem Osten und Westen der Union 100000 Deutsche unter ihren Bürgern zählt. Der furchtbare Brand der Stadt im Oktober 1871 machte mehr als 100000 Bewohner obdachlos, aber noch während die Trümmer rauchten, begann rüstig der Wiederaufbau der zerstörten Stadtteile. 1870: 300000 E., jetzt 850000.

30) Wisconsin [uißtónsin], zwischen dem Michigan=See und dem obern Mississippi. Milwaukee [miluóki], in einer noch um die Mitte unseres Jahrhunderts völlig unbewohnten Wildnis gegründet, jetzt 210000 E., die am meisten deutsche Stadt der Union.

31) Minnesota [minnesóta], westlich von Wisconsin.

32) Jowa [éiowa], Illinois gegenüber am rechten Ufer des obern Mississippi.

33) Kansas [känsaß], zwischen Nebraska und dem Indianer=Gebiete, mit der aufblühenden Stadt Humboldt.

34) Colorádo, an beiden Seiten des Felsengebirges, reich an Gold und Silber.

35) Nebráska am Plattefluß, einem Zufluß des Missouri, nördl. von Kansas. Omáha, Ausgangspunkt der ältesten Pacific=Bahn.

36) Süd=Dakóta, nördlich von Nebraska, vom Missouri durchströmt.

37) Nord=Dakóta.

38) Montána, am Yellowstone.

39) Wyoming [uaióming], im Felsengebirge.

40) Idaho [eidahó], auf dem Westabhange des Felsengebirges.

F. Die pacifischen Staaten (der äußerste Westen).
(Handel, Ackerbau, Bergbau.)

41) Washington.

42) Oregon [óregon], der Raum zwischen dem Felsengebirge, dem Stillen Ozean und dem Oregon. Ort Astória, durch die Agenten des berühmten Pelzhändlers Astor (eines Deutschen aus der Pfalz) gegründet, unweit der Oregonmündung.

43) Kalifornien (Ober= oder Neu=). Dies früher wenig besuchte Land gehörte bis 1848 zu Mexico und ward erst seit seiner Abtretung an die

Union, wegen seines ungeheuren Goldreichtums das Ziel der Auswanderungen aus Europa und China. Man erhält das ersehnte Metall teils durch nasse Ausgrabungen, aus dem Sande der Flüsse, besonders des Sacramento — teils durch trockene, d. h. man gräbt und hackt es aus dem Felsenboden, wo sich oft sehr ansehnliche Goldnester vorfinden. Von 1849 bis 1866 hat die Gesamtausbeute etwa 1000 Mill. Dollars betragen und gegenwärtig beläuft sie sich Jahr für Jahr auf ungefähr 20 Mill. Dollars. Auch an Silber, Kupfer, Quecksilber ist Kalifornien reich; mehr aber als aller Metallgewinn bringt jetzt der schwungvoll betriebene Weizenbau ein. Hauptstadt Sacramento [sakraménto]; aber viel bedeutender sind die Städte, welche an den Küsten der Bai von San Francisco (dem besten amerikanischen Hafen am Stillen Ozean) entstanden sind. Darunter San Francisco selbst, an der Mündung des Sacramento, 320 000 E. von allen Rassen, so daß (außer Singapur) kaum eine andere Stadt der Erde ein so buntes Gemisch von Bevölkerung darbietet. Die zahlreichen Chinesen wohnen großenteils in vier Stockwerke tiefen Erdhöhlen.

44) Nevada. Am Carson-Flusse sind reiche Gold- und Silberlager entdeckt. Die aufblühende Stadt Virginia-City.

Die Territorien (schieben sich in einem breiten Streifen zwischen die pacifische Staatengruppe und zwischen die 4. und 5. ein).

Werfen wir auf die ungeheuren Strecken, welche die Territorien mit den ihnen benachbarten jüngsten Staaten ausmachen, einen näheren Blick, weil sich in ihnen öfter diejenigen Auswanderer, welche als Landwirte (Farmer) in Amerika leben wollen, niederlassen.

Einen großen Teil des westlichen und nordwestlichen Gebietes nimmt noch immer der Urwald ein. Die Waldungen Nord-Amerikas unterscheiden sich von den unserigen, unter gleicher Breite gelegenen, namentlich dadurch, daß in ihnen nicht eine Baumart vorherrscht, sondern eine reiche Abwechselung von 20—30 Baumarten stattfindet. Daher die Färbung der Blätter im Herbste so wunderbar mannigfach. Es giebt allein 26 Eichenarten, während z. B. Deutschland nur 3 hat. Andere Bäume, wie der merkwürdige Tulpenbaum (Liriodéndron tulipífera), viele Arten des Ahorn, der Akazie und Gleditschie. Der prächtigste Baum jener Wälder ist aber die Weymouthskiefer (Pinus Strobus), welche an 65 m hoch wird, in einzelnen Fällen über 1000 Jahresringe zeigt und wertvolles Bau- und Mastenholz liefert. Sie wird von der Wellingtonia gigantea, einer gegen 100 m Höhe erreichenden Koniferenart Ober-Kaliforniens, noch übertroffen. Von reißenden und gefährlichen Tieren sind die Wälder, etwa Klapperschlangen abgerechnet, nicht gefüllt; häufig ist das Eichhörnchen, das Opossum oder die virginische Beutelratte (auch als Leckerbissen verspeist), das Stinktier, der hier einheimische Truthahn u. a. Von diesen Wäldern wird nun bei steigendem Anbau immer mehr in Ackerland verwandelt. Die Wegsucher oder Pfadfinder, kühne Jäger, dem Hunger und dem Wetter trotzend, bringen in das Innere der Wälder, bauen sich Hütten von Zweigen und verweilen oft lange Zeit unter den Indianern. Haben nun die Jäger einen günstigen Platz zum Anbau gefunden, so rücken die Ansiedler nach und bauen zuerst ein Blockhaus, wo kein Nagel, selbst das Schloß und die Angel nicht, von Eisen ist; dabei eine Umfriedigung für das Vieh. Die Bäume zu roden, wäre viel zu beschwerlich; man nimmt ihnen unten die Rinde, so daß sie absterben. Der Pflug geht dann um ihre Stümpfe herum. Ohne Düngung trägt der Boden

30 Jahre ungemein reichlich; an 100—150 a hat eine Familie genug. Da von Obrigkeit und Rechtszustand in solchen Revieren noch keine Rede ist, fehlt es unter den Ansiedlern nicht an Streit; mitunter zerstören auch die Indianer die Blockhäuser und führen das Vieh mit sich fort. Ist nun eine Gegend von vielen Ansiedlern besetzt, so wird sie von der Regierung zum Territorium erhoben. Es erscheinen von ihrer Seite Feldmesser, welche die Grenzen absteden, das Ganze in große Quadrate (Townships [taunschips]) teilen und diese benennen. Der 16. Teil der Townships wird mit seinen Einkünften für den öffentlichen Unterricht bestimmt. Nun kommen höhere Beamte, welche zuerst auch keine andere Residenz als ein Blockhaus haben. Die Anlagepunkte für die Städte werden genau bestimmt, die Pläne entworfen und auf dem Papiere ist eine Stadt mit Straßen, Plätzen und Kirchen fertig, die in Wirklichkeit noch kaum zu sehen ist. Manche solche neue Städte wachsen dann sehr rasch; ein großes Gasthaus wird gebaut, es siedeln sich Handwerker jeder Art an, es entsteht Buchdruckerei und Zeitung, und die neue Stadt ist fertig.

Ein anderes Verhältnis tritt für die Prärieen am Mississippi und Missouri ein. Man unterscheidet niedrige und hohe Prärieen. Die ersteren, unmittelbar an den Strömen gelegenen, sind ungemein fruchtbar, aber wegen der vielen Sumpfstrecken und Lachen höchst ungesund. Unter den hohen giebt es zwar auch gut bewässerte, fruchtbare Flecke, aber ihrer bei weitem größten Ausdehnung nach sind es holz= und wasserlose Flächen mit einer auf Graswuchs beschränkten Vegetation, wo der Reisende tagelang den Horizont auf allen Seiten in einem ungeheuren Gras= und Sandmeere verloren sieht. Vereinzelte Baumgruppen sind selten, Wald fehlt natürlich ganz. Zahllose Herden von Bisons oder amerikanischen Auerochsen (unrichtig Büffel genannt) trieben sich einst in diesen Räumen umher, sind aber durch den Fortschritt der Ansiedelung jetzt ganz zusammengeschwunden; frühere Reisende haben öfters die ganze Steppe schwarz und an 10000 bei einander gesehen. Sie schlagen immer dieselbe Richtung bei ihren Zügen durch das Land ein, so daß dadurch tief ausgetretene Straßen entstanden sind, die stets nach den sichersten Gebirgspässen wie nach den brauchbarsten Furten der Flüsse führen. Vom Bison ist alles gut zu gebrauchen, Haut, Haare, Talg; sein Fleisch ist schmackhaft, und besonders sein Höcker ein Leckerbissen. Darum war die Bisonjagd Hauptbeschäftigung der Indianerstämme der Sioux [siuks], Pawnees [pänis] u. a.; aber auch aus den östlichen Staaten kamen Jäger in die Prärieen. Jetzt aber sind die Bisons seltener geworden und den Indianern ist ein bestimmtes Gebiet am mittleren Arkansas angewiesen, so daß die alte Romantik rasch verschwindet.

Die Territorien sind:
1) Neu=Mexico nordwestlich von Texas.
2) Arizona [arißóna], im W. von Neu=Mexico.
3) Utah [jútä], von der schwärmerischen Sekte der Mormonen bewohnt. An dem Großen Salzsee, in den sich ein Jordan ergießt, liegt ihre Hauptstadt Mormon City oder Great Saltlake City [grēt ßáltlēk ßitti], welche ihnen als Neu=Jerusalem gilt. In neuerer Zeit haben sich auch Nichtmormonen oder „Heiden" angesiedelt, und die Mormonen sind neuerdings in Konflikt mit der Regierung von Washington gekommen, welche den „Heiligen des jüngsten Tages" die Vielweiberei verboten hat.
4) Lincoln [linkon], an der Nordgrenze der Vereinigten Staaten ans Meer stoßend.

Ihnen kann man auch **Alaska** zuzählen, der Beringstraße gegenüber, ein kaltes, ödes Land von 1½ Mill. qkm (27000 Q.=M.) mit 30000 E. (fast zur Hälfte Eskimos), für den Pelzhandel wichtig. Hauptort **Neu-Archangelsk** auf **Sitka**. Dazu gehören die nach Kamschatka hinüberziehenden **Aleuten** [ale-úten].

§ 68.
Das britische Nord-Amerika.

Während die ältesten und ursprünglich englischen Kolonieen in Nord-Amerika der britischen Krone verloren gegangen sind, hat sich diese im Besitz des ursprünglich französischen Nordens erhalten. Gerade die verschiedene Abstammung, Sprache und Konfession hielt die Bewohner dieser Striche davon ab, an dem Freiheitskriege seit 1773 teilzunehmen. Überhaupt sieht England alles für sein Eigentum an, was von den Grenzen der Vereinigten Staaten gegen den Pol hin liegt. Nur im äußersten NO. hat man den Dänen **Grönland** unbestritten gelassen. Eigentlich wertvoll ist freilich nur der wäldertragende festländische Teil, in welchem auch noch Ackerbau getrieben werden kann, besonders der südöstlichste mit sogar vorzüglichem Ackerboden und reichen Steinkohlen- und Eisenerzlagern. Der ganze öde **arktische Archipel** im hohen Norden, durch Senkung des einst weiter gen Norden reichenden Festlandes entstanden, w. der Baffin-Bai (die vielmehr eine Meerenge darstellt), ist durch äußerste Kälte ganz unwirtlich, den größten Teil des Jahres durch Eis zu einem Ganzen verbunden.

Die Eingeborenen gehören teils noch zur Indianer-Rasse, nach den Küsten des Eismeeres hin aber schon zu dem Polarvolk der Eskimos, das den Indianern todfeind ist. In allen britischen Besitzungen in Nord-Amerika, deren Areal demjenigen der Vereinigten Staaten nicht viel nachsteht, lebt noch nicht der 12. Teil der Bewohner der Union, nur 5 Mill., größtenteils Nachkommen europäischer Einwanderer. Am dichtesten ist die Bevölkerung im SO.; je weiter nach N. und NW., desto spärlicher wird die Zahl der Weißen, die hier nur zerstreute Forts und Faktoreien inne haben.

1. Die Herrschaft Canada.
(7 Provinzen.)

Der bei weitem wichtigste Teil derselben, das **alte Canada**, so groß wie Frankreich, jetzt die Provinzen Quebec und Ontario umfassend, die in vieler Beziehung sehr verschieden sind, enthält mehr als ⅔ der Gesamtbevölkerung.

1) **Quebec (Unter-Canada),** der Strich am St. Lorenz, ist am dichtesten bevölkert und zählt überwiegend Bewohner französischer Abkunft und

Sprache und katholischen Glaubens. Nur den vierten Teil etwa machen Bewohner englischen Stammes aus. Quebec [kwebék], 65000 E., hat eine malerische Lage und besteht aus der untern Stadt am Strome und aus der obern auf der Höhe; auf dem höchsten Punkte steht die Citadelle, die für uneinnehmbar gilt, der Schlüssel von Canada. Montreal [montriól] auf einem schönen, vom St. Lorenz und seinem linken Zuflusse Ottawa [óttawa] gebildeten Werder; befestigt, 190000 E.

2) Ontario (Ober=Canada) im SW. des Ottawa, das nördliche Ufer der großen Seeen, besonders die Halbinsel zwischen Huron=, Erie= und Ontario=See. Das Klima ist bei weitem nicht so rauh und der Boden weit fruchtbarer, als in Unter=Canada. Die englische Bevölkerung überwiegt bei weitem die französische. Hier liegt die blühende Handels= und Universitätsstadt Toronto, 120000 E., am Ontario=See — an demselben, aber weiter nach NO., Kingston [kingst'n]. Am obern See Fort William [uíljem], Hauptstapelplatz des gesamten Pelzhandels. Jährlich vom Mai bis August großer Pelzmarkt. Die aufblühende Stadt Ottawa, an der Grenze von Ober= und Unter=Canada.

3) Das Land rechts von der Lorenzmündung, zwischen dem Meere und dem Staate Maine, ist die Provinz Neu=Braunschweig mit zahlreichen Flüssen und Seeen und dichten Wäldern. Hauptstadt und Sitz des Gouverneurs Fredericton; größte Stadt St. John [sént dschón].

4) Die vielfach ausgezackte Halbinsel, welche sich durch eine Landenge an Neu=Braunschweig anhängt, bildet die Provinz Neu=Schottland, mit dem vorhergehenden das eigentliche alte Arkadien (§ 67). Hauptstadt Halifax [hälifäx], 40000 E., nächst den canadischen Orten die größte im britischen Nord=Amerika und befestigter Freihafen. — Zu dieser Provinz gehört auch die im NO. der Halbinsel gelegene Insel Kap Breton [brit'n], gleichfalls mit vielfach zerrissenen Ufern und guten Hafenstellen.

5) Im Westen von Kap Breton liegt die fruchtbare Prinz=Edwards=Insel, eine Provinz für sich. Hauptstadt Charlottetown [schárlottaun].

6) Manitoba [männitóba] zwischen dem Winnipeg=See und den Vereinigten Staaten, trotz der empfindlichsten Winterkälte zum Weizenbau trefflich geeignet. Hauptstadt Winnipeg [uinnipeg].

7) Britisch Columbia liegt zwischen den Rocky Mountains und dem Stillen Ozean und hat durch die am Fraser [freser]=Fluß entdeckten Goldlager große Bedeutung bekommen. An diesem Flusse ist auch die rasch aufblühende Hauptstadt New=Westminster [nju uéstminster] angelegt. Die Vancouver [wänküw'r]=Insel, 33000 qkm (600 Q.=M.), ist noch ein fast zusammenhängender Fichtenwald. An den Küsten Ansiedelungen, darunter die wachsende Handelsstadt Victoria. Die nördlichsten Striche von Britisch Columbia sind unter dem Namen der Stikin Region [stikin ridsch'n] zu einer besonderen Kolonie erhoben. Auch hier Reichtum an Gold.

Die Hudson=Bai=Länder oder das Nordwestterritorium umfassen die nördlichsten Striche. Sie stehen zwar unter der Oberaufsicht des Gouverneurs von Quebec, aber die Regierung hält sie weder militärisch besetzt, noch sind bis jetzt Niederlassungen gegründet. Zum Schutz des Handels sind Forts und Faktoreien in allen Teilen des Landes gegründet. In den nördlichsten ist im Oktober bis Mitte Mai die Kälte fast unerträglich; in den geheizten Zimmern der Faktoreien gefriert der Branntwein, und die Wände sind mit dicker Eisrinde überzogen. Neben den Handelsfaktoreien giebt es aber auch, besonders auf Labrador, Missionsstationen der Herrenhuter.

II. **Neufundland** (zwischen Kap Breton und der Südostspitze von Labrador) bewirkt, daß der St. Lorenz in einen Meerbusen strömt, der von Neu-Schottland, Kap Breton und Neufundland bis auf drei Meerengen geschlossen wird. Der östlichste Punkt, Kap Race [rēs], ist der Europa (und zwar dem Kap Clear [klīr] in Irland) nächst gelegene, doch immer noch 3000 km entfernte Punkt. Darum wurde zwischen diesen Punkten das erste der unterseeischen Telegraphen-Kabel zur Verbindung der beiden Erdteile (1866) gelegt. Neufundland ist ein von tiefen Busen durchschnittenes, hafenreiches, aber sonst unwirtbares Land voller Waldungen, Seeen und Moräste, nur an den Küsten etwas angebaut, aber noch unendlich wichtiger durch den Reichtum an Robben und Fischen, hauptsächlich Kabeljauen (Stockfisch), welche auf der großen Bank von Neufundland, besonders vom April bis Oktober, gefangen werden. Dieser Fang allein ist so wichtig, daß er zwischen Frankreich und England öfters Ursache zum Kriege ward, und bei der Abtretung der großen Insel behielten sich die Franzosen die kleinen im S. gelegenen Inselchen St. Pierre und Miquelon vor. Sie haben etwa 3000 bleibende Einwohner, aber jährlich kommen gegen 360 französische Schiffe an. Auch die Nordamerikaner ließen sich 1783 neben ihrer Unabhängigkeit das Recht versichern, hier fischen zu dürfen. Sonst wird hier keiner zugelassen. Hauptstadt von Neufundland der Freihafen St. Johns [sßnt dschŏns] im O. In 7—9 Tagen legt man von hier auf Dampfschiffen den Weg nach Europa zurück.

Einen überaus bequemen und wichtigen Ruhe- und Vermittelungspunkt zwischen diesen nördlichen Besitzungen Englands und seinen westindischen Kolonieen bildet die Gruppe der **Bermuda-Inseln**. Sie liegen von der Bahamagruppe so weit als von Neu-Schottland und etwa 1100 km von der Küste der Vereinigten Staaten. Es sind 430 kleine, nackte und dürre Eilande, eben nur als Schiffsstation wichtig. In der befestigten Stadt Georgetown [dschŏrdschtaun] wohnt der Gouverneur.

§ 69.
Grönland und die Polarländer.

Bereits im 10. Jahrhundert entdeckten Normannen, von Island aus nach W. fahrend, ein Land, welches sie grüner Grasflächen halber **Grönland** nannten. Es bestand eine bedeutende Kolonie mit gegen 200 Wohnplätzen und eigenem Bischof; sie lag auf der westlichen Küste Grönlands, da dessen O.-Küste durch den ununterbrochen an ihr gen S. ziehenden Packeisstrom völlig unwirtlich, ja kaum nahbar ist. Seit der zweiten Hälfte des 14. Jahrhunderts hörte man von dieser Kolonie gar nichts mehr; sie war durch die Angriffe der von W. her kommenden Eskimos und durch die Verheerungen des „Schwarzen Todes" zu Grunde gegangen. Erzählungen von jener alten Niederlassung und herzliches Mitleid mit

den armen schmutzigen Heiden trieben 1721 den norwegischen Pre=
diger Hans Egede als Missionar in dies Eisland zu ziehen: ihm
schlossen sich einige Dänen und Norweger zu Handelszwecken an.
So entstanden im Laufe des 18. Jahrhunderts neue **dänische Ko=
lonieen auf der Westküste** an der **Davis** [dēwis]=**Straße** und
Baffin=Bai, wie **Friedrichsthal** u. a.; die südlichste und beste
Julianehaab [juliânehōb]. Alle zusammen haben gegen 10000
Einw., darunter nur wenige Hundert Europäer, überwiegend (durch
Herrenhuter) bekehrte Eskimos.

Durch englische und holländische Seefahrer waren im Laufe
des 16. und 17. Jahrhunderts auch Landstrecken Grönland gegen=
über, im W. der Baffin= und im N. der Hudson=Bai aufgefunden.
Man hielt sie für Teile des amerikanischen Festlandes, sowie Grön=
land für eine Halbinsel desselben, was nicht zutrifft. Überall herrscht
in diesen Strichen traurige Öde, welche sich aber in der kurzen
Sommerzeit in lebhaften Verkehr verwandelt; dann kommen Tau=
sende von europäischen Walfischfängern, um die hier zahlreichen und
großen Wale zu harpunieren.

Aber auch für die Wissenschaft haben diese Polarländer ein
großes Interesse. **Giebt es eine nordwestliche Durchfahrt?**
d. h. kann man um Amerikas Nordküste herum durch die **Bering=
straße** in den Stillen Ozean fahren? Diese Frage beschäftigte vor
allen die Engländer, und das Parlament setzte schon im vorigen
Jahrhundert eine Belohnung von 420000 Mark für den kühnen
Entdecker der Nordwestpassage aus. Die Hoffnung stieg, als **Alexan=
der Mackenzie** [mäkénsi] 1789 vom Festlande aus den nach ihm
benannten Fluß bis zu seiner Mündung befuhr, und es klar wurde,
daß Amerika nicht, wie man geglaubt, ein zusammenhängendes Land
bis zum Pol bilde, sondern schon unter 70⁰ eine vom nördlichen Eis=
meer begrenzte Nordküste darbiete, und daß Grönland nicht mit dem
amerikanischen Festland zusammenhänge. Seit 1818 haben dann zu
verschiedenen Malen besonders die Kapitäne **Roß, Franklin** [fránk=
lin], **Parry** [pérri] mit großer Beherztheit und Ausdauer das ge=
wünschte Ziel zu erreichen gesucht; der letzte wollte sogar auf Schlitten
den Nordpol erreichen. Indes die Anstrengungen blieben ohne Er=
folg; die letzte Expedition Franklins endete mit dem Untergange des
kühnen Seefahrers. Erst im Sommer 1850 hat der englische Kapi=
tän **Mac Clure** [mak klûr] die **Nordwestpassage wirklich auf=
gefunden**.

Den **Nordpol zu erreichen**, ist bis jetzt noch keiner der aus=
gesandten Expeditionen gelungen. Doch ist (durch den **Smith=Sund**

und Robeson-Kanal) der 83.° n. B. schon überschritten worden (§ 15, 1). Allein die Erwartung, das Polarmeer offen zu finden, hat sich bisher nicht bestätigt.

Alle im N. von Amerika liegenden Polarinseln sind fast gleich öde und schrecklich. Am großartigsten erscheint die polare Natur in Grönland. Der Norweger Fridtjof Nansen ist der erste Europäer, welchem es gelungen ist, von der Ostküste quer durch Grönland hindurch zur Westküste (auf Schneeschuhen) vorzudringen. Die Hochfläche des Innern dieses insularen Kontinents ist ganz mit Gletschern bedeckt, aus denen vereinzelte kahle Felsgipfel aufragen. Nach der Ostseite zu reihen sich diese zu einem eisbedeckten Gebirge von Alpenhöhe, während die sehr zerrissenen Küsten in schroffen Fjorden (§ 14) zum Meere abfallen. Neun Monate hindurch ist selbst in den nicht übergletscherten Gegenden (nämlich denjenigen an der Küste) der Boden so fest wie Stein gefroren und hoch mit Schnee bedeckt; der kurze Sommer ist zu ohnmächtig, um für die Vegetation viel thun zu können. Zwergweiden, verkrüppelte Sträucher, Moose und Flechten sind der ganze Reichtum, darum das Treibholz, das die Meeresströme herbeiführen, ein köstlicher Schatz. So dürftig der Pflanzenwuchs auch ist, so ist doch das Tierreich nicht ganz so arm. Das Wasser ist mit Fischen, Speck- und Thrantieren (Walfische, Walrosse, Seehunde u. s. w.) angefüllt; die Zahl der Seevögel, besonders der gierigen Möwen und Alken, ist ungeheuer. Landtiere sind das Renntier (hier jedoch nicht gezähmt, also weder als Melktier noch zum Ziehen gebraucht) und der Moschus- oder Bisamochse, durch ein außerordentlich dichtes Haar- und Wollkleid gegen die Kälte geschützt. Ein grimmiger Feind aller übrigen Kreaturen, weit größer und stärker als der braune Landbär, ist der Eisbär, mit dem die Seefahrer oft harte Kämpfe zu bestehen haben. Auf Eisschollen treibt er oft mehrere hundert Kilometer in die See hinaus, verfolgt die Robben und scheut sich kaum vor den spitzen Hauern des Walrosses. Unter und zum großen Teil lediglich von diesen Tieren lebt noch bis fast an den 80. Parallelkreis das halbnomadische Volk der Eskimos (d. i. Rohfleischesser), die sich selbst Innuit (d. i. Menschen) nennen, mittelgroß von Figur, schmutzig und gefräßig, aber gutmütig, von großem Geschick in der Anfertigung ihrer Kleider, Schlitten, Kähne u. s. w. Im Sommer wohnen sie in Zelten von Tierhäuten, im Winter in niederen Hütten, immer aber (der Nahrung wegen) nahe der Küste. Zur Zimmerung und (neben Stein und Knochen) zu Gerät benutzen sie das von Meeresströmen angetriebene Flößholz; nicht durch Öfen, sondern durch eigene Körperwärme und die in der langen, kaum unterbrochenen Winternacht nicht erlöschende Thranlampe erwärmen sie ihre Hütte. Jagd und Fischerei geben den Lebensunterhalt: sind sie unergiebig, so wird gehungert, bei gutem Fange mehr geschlungen als gespeist. Und doch fühlt sich auch das ärmliche Volk in seinem Eise, ja gerade hier allein glücklich. Ein paar Eskimos, die man nach Kopenhagen gebracht hatte und alle Genüsse der Civilisation kosten ließ, wurden schwermütig und kränkelten. Man brachte sie nach Grönland zurück. Dort in ihren Schmutzhütten, bei gedörrten oder verfaulten Fischen und Seehundsthran wurde ihnen wieder wohl; sie griffen nach ihren Bogen, Pfeilen und Harpunen, fuhren auf ihren Hundeschlitten auf der Eisrinde dem offenen Meere zu und wagten sich, wie früher, in ihren kleinen, mit Fischbein zusammengebundenen und mit Robbenfellen überzogenen Kähnen (Kajaks) keck in die sturmbewegte See.

IV. Australien und Polynesien.

§ 70.

Der Erdteil Australien besteht aus dem Festland und der Reihe gebirgiger und langgestreckter Inseln von Neu=Guinea [ginêa] bis Neu=Seeland. Eine Inselwelt für sich, nur ziemlich willkürlich (§ 36) dem Erdteile Australien zugerechnet, bildet Polynesien, bestehend aus den unzähligen kleinen Eilanden, welche durch den Großen Ozean oder die Südsee zwischen den Wendekreisen zerstreut sind; sie werden im engeren Sinn Südsee=Inseln genannt.

Die Kenntnis dieser neuesten Welt begann erst 1521, als Ferdinand Magellan oder Magalhães [magaljângisch] die Inselgruppe der Marianen entdeckte. Im ganzen 16. und 17. Jahrhundert wurden aber nur wenige Teile Australiens und Polynesiens bekannt, das übrige hauptsächlich erst durch die großen Seefahrten des englischen Weltumseglers Cook [kuk] (1768 bis 1779), den die beiden deutschen Gelehrten Forster, Vater und Sohn, auf der zweiten begleiteten.

Australien liegt in der Mitte der Wasserhalbkugel, wie Europa in der Mitte der Landhalbkugel (§ 12). Wir teilen dasselbe in das kontinentale und in das insulare. Der Austral=Kontinent, mit der zugehörigen Insel Tasmánia, $7^2/_3$ Mill. qkm (140000 Q.=M.) groß, liegt mit dem kleineren Teile in der heißen, mit dem größeren in der südlichen gemäßigten Zone. Die äußersten Punkte des Kontinents sind: im Norden Kap York, 10° S. Br., im Süden Kap Wilson [ulß'n] 39° S. Br.; im Osten Kap Sandy [sändi] 153° O.L., im Westen Kap Steep [stip] 114° O.L.

Das insulare Australien, d. h. die in ihrer Pflanzen= und Tiernatur dem australischen Festland einigermaßen (wenn auch nicht so nahe wie Tasmania) verwandten Inseln von Neu=Guinea bis Neu=Kaledonien, haben in früheren Zeitaltern der Erdgeschichte, wie man vermutet, den Außenrand eines ehedem viel weiter nordostwärts reichenden Australiens gebildet, was namentlich für die nördlicheren dieser Inseln auch durch die jetzt zum Teil in beträchtlicher Tiefe befindlichen Korallenkalkmassen des „Korallenmeers" bezeugt wird (§ 12), während Neu=Seeland wahrscheinlich der Rest eines eigenen Festlandes ist, welches dem australischen ziemlich nahe lag.

Polynesiens Inselwolken breiten sich fast ausschließlich zwischen den beiden Wendekreisen durch den Großen Ozean aus. Die ungezählten Tausende der hierzu gehörigen Inseln, von denen nur drei über 5500 qkm oder 100 Q.=M., die meisten noch lange nicht 55 qkm oder 1 Q.=M. groß sind, bestehen aus den letzten über= seeischen Spuren des in der Vorzeit untergesunkenen pacifischen (§ 11) Erdteils. Zum kleineren Teil sind es wirkliche Kuppenreste dieses ehemaligen Erdteils, welche vermutlich durch das vulkanische Emporbrängen ihres Untergrundes vor dem Versinken geschützt wurden (hohe Inseln, sämtlich aus dunklem, vulkanischem Ge= stein), zum weitaus größten Teil aber sind es Korallenbauten, also (§ 12 und 18) niedere Inseln (Atolls genannt), welche ringförmig oder elliptisch, öfter lückenhaft oder ganz zusammenhän= gend eine Lagune umschließen.

Australien und Polynesien enthalten zusammen etwa 9 Mill. qkm (160 000 Q.=M.); davon beträgt der Austral=Kontinent fast $^6/_7$, die australischen und polynesischen Inseln wenig über $^1/_7$. In dem Kontinente selbst verhalten sich die Glieder zum Stamm wie 1 : 36. Neu=Seeland und die größere südliche Hälfte des Konti= nents ausgenommen, liegt das übrige in der heißen Zone. Das ge= bogen viereckige, nur durch den Carpentária=Golf im N. tiefer und durch den Austral=Busen (mit dem Spencer Golfe) im S. flacher eingeschnittene Festland Australien ist das älteste und zu= gleich das niedrigste aller Festlande. Das Innere ist Tiefebene oder mäßige Hochebene, welche dadurch, daß die im SO. aufragenden Austral=Alpen (höchster Gipfel der Mount Clarke [maunt klärk], 2200 m), dem SO.=Passat seine Seefeuchtigkeit vorzeitig entziehen, zu erheblichem Teile in Steppe und Wüste bis an die W.=Küste ver= wandelt wird. In Bezug auf Pflanzen= und Tierwelt steht fest, daß Kontinent und Inseln (ganz besonders die polynesischen) einen merkwürdig verschiedenen Charakter tragen. Auf den letzte= ren finden sich neben der Pisangstaube oder Banane die näh= renden Bäume: Kokos=, Sagopalme oder Brotbaum, auch nährende Wurzeln, wie die Damswurzel [jäms]. Frische, prächtige Waldungen bilden den Hauptschmuck dieser Inseln; sie bergen in ihrem Düster keine reißenden Tiere oder giftige Schlangen. Die Ar= mut der Südsee=Inseln an einheimischen Säugetieren (nur durch Fledermäuse vertreten!) ist besonders auffallend; auch die einheimische Insektenwelt entwickelt nicht eine den Menschen peinigende Fülle. Am zahlreichsten sind die Arten der Vögel. Die Pflanzen= und Tier= welt des Kontinents ist hingegen eigentümlich und seltsam; vor allem ist der Austral=Kontinent die Hauptheimat der merkwürdigen Säuge= tierordnung der Beuteltiere, die (bis auf wenige amerikanische Arten) den übrigen Erdteilen gänzlich fehlt.

Die 5 Mill. Einwohner (wovon gegen 3 Mill. auf dem festländischen Australien) zerfallen in Eingeborene und Eingewanderte. Die Eingeborenen teilen wir in drei Stämme: 1) Die **Australneger**, auf dem Austral=Kontinent, dunkelbraun, mit rauhem, schwarzem, büscheligem Haar und breiter, eingedrückter Nase, stehen auf der untersten Stufe der Gesittung und leben in Horden oder auch nur in Familien zerstreut meist ohne staatlichen Zusammenhang; ohne Ackerbau und Viehzucht, da sie weder Nutzgewächse noch Nutztiere besaßen, fristeten sie seit unvordenklichen Zeiten das elendeste Dasein und sind jetzt bis auf die Zahl von etwa 55 000 zusammengeschwunden. 2) Die (allein noch zahlreichen) **Melanesier**, auf den australischen Inseln mit Ausnahme von Neu=Seeland, in Hautfarbe und Haar den Australnegern ähnlich, nur noch mehr dunkelfarbig, mit mehr vortretender Nase und mit eigentümlich krausem Haar, das sie gern zu einer fast wollsackartig den Kopf umgebenden mächtigen Haarkrone aufarbeiten (daher auf Neu=Guinea **Papūas**, d. i. Krausköpfe genannt). Sie sind besser genährt, ziehen Früchte und treiben etwas Handel; die auf Neu=Guinea bewohnen vielfach Pfahlbauten im Wasser. 3) Die **Polynesier**, auf Neu=Seeland und den polynesischen Inseln, hellbraun, mit weicherem, schwarzem Haar und schmaler, wenig hervortretender Nase, öfters von schöner Gestalt und geistig gut beanlagt. Gestalt, Sprache, Sitten und Künste, die mitgebrachten Haustiere und Nutzpflanzen deuten auf eine Abstammung aus Südost=Asien und zwar von den **Malaien**.

Von den europäischen See= und Kolonialstaaten wurde Australien und die Südsee=Welt längere Zeit nicht sehr beachtet; bis 1820 gab es — von den spanischen Marianen abgesehen — keine andere europäische Niederlassung dort, als die englische Strafkolonie in Australien. Seit jener Zeit hat sich die Sachlage sehr verändert. Engländer, Franzosen und Nordamerikaner, zuletzt auch Deutsche suchten wetteifernd möglichst viele Teile Polynesiens in Besitz zu nehmen und die Missionare der protestantischen wie der katholischen Kirche entfalteten eine erfolgreiche Thätigkeit. Allein die Berührung mit europäischer Civilisation bringt auch die polynesischen Stämme dem Erlöschen immer näher (die europäischen Krankheiten, z. B. die Masern, wirken hier gefährlicher, oft wirkt auch die plötzliche Annahme europäischer Kleidung durch Hemmung der freien Ausdünstung schädlich). Die Zahl der eingewanderten Europäer beträgt schon jetzt weit über 2 Millionen. Auch viele Chinesen sind eingewandert.

1) Der **Austral-Kontinent** wird auch **Neu-Holland** genannt, weil es Holländer waren, welche in der ersten Hälfte des 17. Jahrhunderts viele Küstenstriche aufnahmen und benannten. Hernach bekümmerte man sich lange Zeit nicht um das Land. Erst 1770 besuchte **Cook** die Ostküste, nahm sie unter dem Namen **Neu-Süd-Wales** [uēls] für die englische Krone in Besitz und schlug eine Bai, die er **Botany-Bai** [bótäni bē] genannt, zur Anlegung einer Verbrecherkolonie vor. Diese ward auch 1788, doch etwas nördlich von der Botany-Bai, am **Port Jackson** [pŏrt dschäck'n], angelegt. Die Kolonie blühte auf; man fing an, auch Streifzüge in das Innere zu unternehmen und überstieg 1814 die nächste Bergkette, die **Blauen Berge**, etwa 1000 m hoch. Immer eifriger suchte man nun das Innere zu erforschen und unternahm sogar in späteren Jahren wiederholt kühne Züge (meist von S. nach N.) quer durch das ganze Land. Jetzt verbindet ein Überland-Telegraph bereits quer durch das Innere Nord- und Südküste.

Einförmig ist der Charakter Australiens. Wüste und besserer, mit Gras bedeckter Boden wechseln ab; das Land ist mehr zur Viehzucht (Schafe) als zum Ackerbau geeignet. Die Flüsse versiegen meist in der trocknen Zeit, so daß sie dann nur vereinzelte Wassertümpel im Flußbett zeigen; solche Flüsse nennt der englische Ansiedler **Creek** [krīk]. Der größte Fluß, zugleich einer der wenigen immer fließenden, findet sich im SO., auf den höchsten Bodenerhebungen des Festlandes entspringend: der **Murray** [mŭrrē], von N. her das weitverzweigte System des **Darling** aufnehmend. Wasser- und Regenmangel plagen das ganze Innere. Da regnet es bisweilen ein Jahr und darüber nicht. Pflanzen- und Tierwelt ist, trotz der Ausdehnung durch so viele Breitengrade, an den verschiedensten Küsten sich gleich, aber höchst eigentümlich. Es giebt da Vögel, welche haarförmige Federn und kein Flugvermögen haben (Emu oder australischer Kasuar); man findet einen Vierfüßler mit Entenschnabel (das Schnabeltier), weiße Adler und schwarze Schwäne. Die Bäume (die Eukalypten, vier Fünftel der lichten Waldungen bildend) stehen in den schattenarmen Wäldern oft weit auseinander, zwischen ihnen statt des Unterholzes hohes Gras; mit den Jahreszeiten wechselt die Rinde der Bäume, aber nicht die harten, lederartigen Blätter. Undurchdringliches Gestrüpp (**Scrub** [skrŏb] genannt) hemmt dagegen anderwärts nicht selten das Fortkommen. Der größte Vierfüßler ist das abenteuerlich gestaltete große, springende Beuteltier, das **Känguruh**. Indessen hat man jetzt mit günstigem Erfolge europäische Tiere und Gewächse zu acclimatisieren gesucht: Pferd, Rind und Schaf, unsere Getreide- und Obstarten sowie unser Wein gedeihen vortrefflich. Die großartige Wollausfuhr lohnt hauptsächlich den Fleiß der Kolonisten.

Das **Festland Australien** nebst der dazu nächstgehörigen Insel **Tasmania** ist **englisches Kolonialgebiet**, eingeteilt in 6 Staaten:

a) Die erste und älteste englische Niederlassung ist **Neu-Süd-Wales**. Hauptstadt ist **Sydney** [ßidne], 383 000 E., mit vorzüglichem Hafen.

b) Nördlich von Neu-Süd-Wales **Queensland** [kwīnßländ], durch gute Benetzung seiner Küstenterrassen und tropische Sonne zum Anbau von Mais, Zuckerrohr u. s. w. gut geeignet; im SO. die Hauptstadt **Brisbane** [brĭßbēn], 100 000 E.

c) **Nordterritorium**, erst sehr schwach besiedelt.

d) **Victoria**, die bevölkertste australische Kolonie, mit 1 Mill. E., darunter viele Deutsche. Hauptstadt **Melbourne** [mĕlbörn], 458 000 E.

(1851: etwas über 20000 E.), an der ausgezeichneten Hafenbai **Port Philipp**. Das außerordentlich schnelle Aufblühen der Kolonie begann 1851 mit der Entdeckung der großen (in ganz Ost-Australien vorkommenden) **Goldschätze** des Bodens, welche Kolonisten in Masse herbeizog.

e) **Süd-Australien**, an Weizen und Wolle reich. **Adelaide** [ä́deleïd], 120000 E.

f) **West-Australien**, am **Schwanenflusse**, noch bis 1868 Deportations-Kolonie und bei der Dürre des Klimas noch sehr dürftig bevölkert. Hauptstadt **Perth** [pörß].

Die Insel **Tasmania** (früher **Van Diemens-Land** genannt), 68000 qkm (1200 Q.-M.), von der Südostecke Australiens durch die **Baßstraße** geschieden, gebirgig. Die Wollerzeugung hier ebenfalls sehr bedeutend; mit seinem milden Seeklima ist Tasmanien aber vor allem Australiens bestes Obstland. Im SO. **Hobart**, 36000 E., mit einem der vorzüglichsten Häfen der Welt. Die Eingeborenen sind auf Tasmania ausgestorben; die letzte Tasmanierin, Trucanini, starb 1876.

2) **Das insulare Australien.**

Es beginnt im NW. mit dem Insellande **Neu-Guinea** und schließt im SO. mit der Doppelinsel **Neu-Seeland**. Dazwischen liegen der **Bismarck-Archipel**, die **Salomons-Inseln**, die **Neuen Hebriden**, **Neu-Kaledonien**. Die letztgenannte Insel ist von den Franzosen besetzt und wird von ihnen als Strafkolonie benutzt.

Neu-Guinea [ginéa], mit $^3/_4$ Mill. qkm (14000 Q.-M.) die größte Insel der Erde (§ 18), liegt dem Carpentaria-Busen gerade gegenüber, durch die wegen ihrer Korallenriffe gefährliche **Torresstraße** von Australien geschieden. Die Insel ähnelt einer Schildkröte mit ausgestrecktem Hals, indem zwei ungleich große Teile durch eine Landenge verbunden sind: der nordwestliche (unter allen australischen Ländern am frühesten entdeckt) weist nach der Insel Halmahèra (Dschilólo), der südöstliche nach Neu-Kaledonien hin. Heimat der **Paradiesvögel**. Das Innere wird von einer waldreichen Gebirgskette durchzogen, welche im **Owen-Stanley** [óen-stánle] bis 4024 m aufsteigt. Im S. ist dem Gebirge ein ausgedehntes Tiefland mit wasserreichen, schiffbaren Flüssen vorgelagert; die Nordküste dagegen ist schmaler, meist hebt sie mit einem ebenen, fruchtbaren Vorlande an; dann folgt dichter Wald, während das Hinterland desselben ein buschiges Gebiet, mit Grasflächen untermischt, darstellt. Vielfach bis an das Meer vordringend, bilden die Ausläufer des Gebirges gute, tief in das Land hineinführende Häfen. Von der Osthälfte der Insel ist die Nordseite **deutsch**, **Kaiser Wilhelmsland** genannt, Hauptstationen: **Stephansort** und **Finschhafen**; die Südseite ist **englisch**. Der Westen der Insel ist **niederländisch**.

Nordöstlich von Kaiser Wilhelmsland liegt der gleichfalls **deutsche** gebirgige **Bismarck-Archipel**. Die größte Insel desselben ist **Neu-Pommern**, welche mehrere thätige Vulkane (den „Vater" mit zwei „Söhnen", die „Mutter" mit zwei „Töchtern") trägt und die fruchtbare **Gazellenhalbinsel** der nächst größten Insel **Neu-Mecklenburg** entgegenstreckt. Zwischen diesen beiden großen und gebirgigen Inseln liegt die Inselgruppe **Neu-Lauenburg**, welche aus einer Anzahl kleiner und niedriger Inseln besteht.

Demnächst folgen nach SO. die gleichfalls gebirgigen **Salomons-Inseln**, welche die Grenze des deutschen und englischen Machtgebietes so durchschneidet, daß die Nordhälfte der Gruppe (**Bougainville** [buschängwil],

Choiseul [schoasöl] und Isabella, sowie 8 kleinere Inseln umfassend) deutsch ist.

Neu-Seeland endlich, „das australische Großbritannien", besteht aus zwei durch die Cookstraße getrennten Inseln, zusammen $^1/_4$ Mill. qkm (fast 5000 Q.-M.). Ein hohes gletscherführendes Alpengebirge, dessen höchste Erhebung der Mount Cook [maunt kut] mit 3700 m ist, begleitet die NW.-Küste der südlicheren Insel. Auf der Nordinsel ist das Gebirge nur halb so hoch; sie zeigt zahlreiche vulkanische Spuren (kleine Krater und aufsteigende Gase). Das Klima ist gemäßigt und gesund. Viele nur hier vorkommende Bäume, wie die das wertvolle Dammara-Harz liefernde Kaurifichte, Dámmara australis, von 60 m Höhe, ferner der ausgezeichnete neuseeländische Flachs (eine Lilienpflanze), merkwürdige flügellose Vögel (der riesige Moa ist ausgestorben), jedoch auch hier fast kein einziges einheimisches Säugetier. Die Ureinwohner polynesischen Stammes, Maoris genannt, kräftig und kriegslustig, aber bis 1843 dem Kannibalismus ergeben. Zu ihnen kamen seit 1814 englische Missionare; ihre Arbeit hatte Fortgang. 1840 ist mit Bewilligung der Häuptlinge die englische Oberherrschaft eingesetzt. Auf der Nordinsel, und zwar in deren N. Auckland [öklánd], 60000 E.; im S. der Regierungssitz des (nach Art der australischen Kolonieen selbständigen) englisch-neuseeländischen Kolonialstaates: Wellington [uéllingt'n], 33000 E. Auf der Südinsel die (infolge auch hier aufgefundener Goldfelder) rasch aufblühende Hafenstadt Dunedin [bjunédin], 46000 E. Die europäische Bevölkerung Neu-Seelands beträgt über 550000; die Maoris zählen nur noch 41500 Köpfe und gehen völligem Aussterben entgegen. Nur den Kolonisten gehört also auch hier die Zukunft; unser Getreide und Zuchtvieh gedeiht in dem herrlichen Inselklima vortrefflich, so daß in der Wollerzeugung das Land mit Australien wetteifert und ihm (zumal für Jahre der Dürre) bei seiner vollgenügenden Benetzung eine unschätzbare Kornkammer geworden ist. — Wichtig für die Dampfschiffahrt der steinkohlenarmen südlichen Erdhalbkugel und für die Entfaltung der Industrie dieser Länder ist auch die Auffindung von Steinkohlenlagern auf Neu-Seeland (wie im s. ö. Australien).

3) Die polynesischen Inseln oder die im engeren Sinn sogenannten Südsee-Inseln.

Den Philippinen parallel liegen im N. die Marianen oder Labronen, zwei von Spaniern besetzt, die übrigen unbewohnt. Im S. die durch freundliche Sanftmut ihrer Bewohner bekannten Palau-Inseln, im O. davon die Karolinen und der deutsche Archipel der Marschall-Inseln, welcher durchweg nur niedrige und kleine Koralleninseln in sich schließt. Südlich von ihnen unter dem Äquator liegt die deutsche Insel Nauru, die an landschaftlicher Schönheit fast mit Tahiti wetteifert.

S. vom Äquator folgen von W. nach O. die fruchtbaren, jetzt unter englischer Hoheit getretenen Fidschi-Inseln, die Tonga-Inseln (mit der Hauptinsel Tongatabú), die Sámoa-Inseln (Mittelpunkt des deutschen Handels in der Südsee), die Gesellschafts-Inseln (mit dem reizenden Gebirgseiland Tahiti, endlich die beiden Archipele der Marquesas [markésas]- und der sehr zahlreichen Tuamotu- oder Perlen-Inseln. Die letztgenannten drei Archipele sind französische Besitzung.

Ganz vereinsamt liegt im N. ziemlich unter dem Wendekreise des Krebses der hawaiischen oder Sandwich [sänduitsch]-Archipel, aus lauter hohen Inseln bestehend und wichtig als Station für die Schiffahrt zwischen Nord-Amerika einerseits, Ost-Asien und Australien andererseits. Die größte Insel der Gruppe (nach welcher man dieselbe das Königreich Hawaii nennt) ist Hawaii, mit dem 4250 m hohen erloschenen, oft schneebedeckten Vulkane Mauna-Kea (d. i. weißer Berg) und dem fast ebenso hohen und noch fortdauernd thätigen Vulkane Mauna-Loa (d. i. großer Berg), an dessen Seite sich der Kratersee Kilauea, gefüllt mit wogender, flüssiger Lava, befindet. Viel kleiner, aber ebenso bevölkert als die Hauptinsel ist Oahu. Cook entdeckte sie und fand hier durch die Indianer den Tod 1779. Durch späteren Verkehr mit Europäern wurden die Eingeborenen immer kultivierter und ihre natürliche Lust zu Handel und Gewerbe entwickelte sich. Jedoch auch hier ist die eingeborene Bevölkerung seit Cooks Zeit auf ein Fünftel gesunken. Sie bildet von der jetzigen Bevölkerung des Königreichs (87000) nur noch kaum die Hälfte; die andere Hälfte verteilt sich zu ziemlich gleichen Teilen einerseits auf Chinesen, anderseits auf Nordamerikaner und Europäer. Dem Christentum gehört auch mehr als die Hälfte der Eingeborenen an. Der König residiert in Honolulu auf Oahu. Diese Stadt, welche immer mehr ein europäisches Ansehen annimmt, hat 20000 Einw. und einen sehr besuchten Hafen.

Ungefähr ebenso weit Süd-Amerika genähert wie die hawaiische Gruppe Nord-Amerika, liegt südlich vom Wendekreis des Steinbocks die kleine vulkanische Osterinsel, wo sehr interessante Denkmäler früherer Bewohner (kolossale Götzenbilder u. a.) entdeckt sind, und noch 450 km östlicher der kahle Felsen Sala y Gomez [i gomés]. (Chamissos „Drei Schiefertafeln.")

Gegenwärtig ist der Südsee-Handel infolge der Verdienste deutscher Kaufleute überwiegend deutsch. Haupthandelsgegenstand ist die Kopra, der getrocknete Kern der Kokosnuß.

Drittes Buch.
V. Europa.

§ 71.
Von den Landkarten.

Wollen wir irgend ein Stück der Erdoberfläche abbilden, ein Land oder gar einen Erdteil, so kann dies nur in sehr starker Verkleinerung geschehen. Der Grad dieser Verkleinerung wird auf den Abbildungen entweder durch einen gezeichneten Maßstab ausgedrückt oder als Bruch in Ziffern angegeben. Im ersten Falle ist die Benutzung an sich klar; im zweiten Falle muß jede Entfernung auf der Karte mit dem Nenner des Maßstabbruches multipliziert und durch den Zähler desselben dividiert werden, wenn man den wirklichen Betrag der Entfernung erhalten soll. Es ist demnach, wenn zwei Karten gleiche Größe haben, dasjenige Land das **größere**, dessen Maßstab der **kleinere** ist.

Ist der Maßstab größer als $1/1000$, so nennt man die geographische Abbildung einen Grundriß; ist er kleiner als $1/1000$, aber größer als $1/20000$, einen Plan; ist er kleiner als $1/20000$, eine Landkarte. Allein bei einem so kleinen Maßstabe können die Länder nicht mehr abgebildet werden; nur durch Zeichen kann noch die Lage der Gegenstände angedeutet werden, etwa durch einen Punkt oder kleinen Kreis die Städte, durch einen Strich die Laufsrichtung der Flüsse u. s. w. Zudem muß alles, was nicht sehr wichtig ist, ganz fortgelassen werden. Landkarten sind also nicht wahrheitsgetreue Abbildungen von Ländern, sondern Zusammenstellungen zweckmäßiger Zeichen, **durch welche die Lage der Gegenstände auf der Erdoberfläche und zu einander angedeutet wird.**

In dem richtigen Verhältnisse zu einander können aber die Gegenstände der Erdoberfläche nur auf einem Globus angedeutet werden. Denn nur dieser giebt die Kugelgestalt der Erde wirklich wieder, nur auf ihm schneiden sich wie auf der Erde die Meridiane und die Parallelkreise unter rechten Winkeln. Aber auch der größte Globus verlangt so starke Generalisierung (Weglassung allen Details) und so starke Überhöhung (Übertreibung aller Erhebungen), daß dies Erdabbild doch nur in ganz allgemeinen Zügen als richtig gelten kann (§ 24). Entbehrlich werden durch einen Globus die Landkarten nicht gemacht.

Bei der Konstruktion der Landkarten liegt aber die Schwierigkeit wieder darin, Länder, welche doch Teile einer Kugeloberfläche sind, in einer Ebene darzustellen: eine Schwierigkeit, welche natürlich mit der Größe der Länder d. h. mit der Stärke der Abweichung des Kugeloberflächen-Abschnittes von der Ebene wächst. Man hat daher, um diese Schwierigkeit zu mildern und selbst mehr als eine Halbkugel-Oberfläche in der Ebene darstellen zu können, künstliche Methoden erdacht, welche Projektionen heißen. Die wichtigsten derselben sind:

1) **Perspektivische Projektionen.**

Bei der orthographischen Projektion wird das Auge des Zeichners senkrecht über der Zeichenebene in unendlicher Entfernung befindlich gedacht.

Bei der stereographischen Projektion dagegen wird eine die Erde halbierende Ebene als Zeichenebene gedacht und das Auge des Zeichners als in dem Mittelpunkte derjenigen Halbkugel befindlich angenommen, welche nicht dargestellt werden soll.

Beide Projektionsarten werden in polare, äquatoriale und horizontale unterschieden, je nachdem als Mittelpunkt der Zeichnung ein Pol, ein Punkt des Äquators oder ein Punkt zwischen Pol und Äquator angenommen wird. So sind in den Atlanten die Planigloben der alten und neuen Welt äquatorial, die Halbkugeln der größten Land- und Wassermasse dagegen horizontal gezeichnet.

2) **Cylinder-Projektionen.**

Bei Mercators Projektion denkt man sich die Erdoberfläche als den Mantel eines Cylinders, welcher die Erdkugel im Äquator berührt. Wird nun dieser Mantel abgewickelt, so erscheint das Erdbild als ein Rechteck, in dem sich zwar die Gradlinien rechtwinklig schneiden, die Länderumrisse aber mit steigender Breite immer weiter auseinander gezerrt erscheinen. In dieser Projektion sind in der Regel die Seekarten entworfen. Zuerst (1569) hat sie zur Darstellung der gesamten Erdoberfläche in einer Karte der deutsche Geograph Gerhard Kremer, genannt Mercator, in Anwendung gebracht.

Zu ihrer Verwendung bedarf die Mercators-Projektion eines Maßstabes, der für jeden Breitengrad vom Äquator bis zum Pol ein anderer ist. Dies wird jedoch vermieden, wenn man die Erdkarte so zeichnet, daß zwar die Parallelkreise als gerade Linien erscheinen, die Meridiane aber in richtigen Abständen auf dem Äquator durch beide Polpunkte bogenförmig zieht. Dann erscheint das Erdbild nicht rechteckig, sondern wie eine breit ausgezogene Ellipse. Diese Projektion nennt man die **homalographische**.

3) **Kegel-Projektionen.**

Denkt man sich an denjenigen Parallelkreis, welcher das darzustellende Land in der Mitte durchschneidet, einen Kegel gelegt und dann auf dessen Mantel das Land gezeichnet, so erhält man eine Karte, auf welcher die Meridiane als konvergierende Linien, die Parallelkreise aber als Bögen erscheinen.

Bei dieser Kegel-Projektion ist jedoch eine starke Verzerrung der Karte am Nord- und Südrande nicht zu vermeiden. Um diesem Übelstande zu entgehen, ist für die Karten des deutschen Generalstabes die **Polyeder-Projektion** gewählt worden, bei welcher der Kegelmantel nicht als eine einzige krumme Fläche aufgefaßt wird, sondern als zusammengesetzt aus ebenen Trapezen von $1/2$ Grad Länge und $1/4$ Grad Breite. Dadurch wird die Verzerrung außerordentlich vermindert, aber die einzelnen Kartenblätter, welche je ein solches Trapez darstellen, passen, in der Ebene aneinander gelegt, natürlich nicht ganz genau aneinander, so daß die vielen Einzelkarten **nicht eine einheitliche Gesamtkarte** ergeben.

Beispiele für diese verschiedenen Projektionsarten bietet fast jeder Atlas. Doch giebt es noch eine erhebliche Zahl anderer, welche seltener angewendet werden. Im allgemeinen aber ist festzuhalten, daß Karten kleiner Abschnitte der Erdoberfläche zuverlässiger sind als Karten großer Abschnitte, und daß auf jeder Landkarte die **Zuverlässigkeit von der Mitte nach den Rändern zu abnimmt**.

§ 72.

Europa im allgemeinen.

Indem wir zu dem Erdteile Europa übergehen, fragen wir zuerst: woher hat Europa seinen Namen? Eine sichere Antwort ist darauf nicht zu geben; jedoch möchte am wahrscheinlichsten die Ableitung von dem phönizischen Worte Ereb (d. i. Abend) sein. Die reisenden Phönizier nannten unsern Erdteil das Abendland, wie wir umgekehrt Vorderasien die Levante (d. i. Morgenland). Weit wichtiger indes ist die geographische Abgrenzung. Dem flüchtigen Blick auf die Karte will nämlich Europa gar nicht als besonderer Erdteil erscheinen, sondern nur als eine Halbinsel Asiens. Allein seine ganze

Natur unterscheidet es so sehr von Asien, daß es als ein gesonderter Erdteil aufgefaßt werden muß. Eigenartig vornehmlich ist 1) die Verteilung von Land und Wasser um Europa, so daß sich von ihm aus nach allen Richtungen für den Völkerverkehr wichtige Wasserwege eröffnen, 2) die Lage ganz in der gemäßigten Zone, den erschlaffenden Tropen ebenso fern wie den erstarrenden Polarregionen (§ 32, Ende), 3) die Gestaltung des Umrisses wie der Oberfläche, durch welche es wie kein anderer Erdteil die Völker sich zu bewegen gelehrt hat. So erscheint die Berechtigung Europas, als besonderer Erdteil zu gelten, wohl begründet; ja für die Geschichte der Menschheit ist Europa überhaupt der erste aller Erdteile.

Wiederhole, was § 38, Anf. über die genauere **Grenzscheibe zwischen Asien und Europa** bestimmt ist, desgl. nach § 37, 3 die Bemerkungen über das **Mittelmeer** und seine **einzelnen Teile**. Dies wichtige Binnenmeer greift in den Körper Europas tiefer hinein als in die beiden anderen Ufererbteile. Die mittlere der drei großen südeuropäischen Halbinseln, Italien, streckt sich von NW. nach SD. weit aus, und da die vorgelagerte Insel Sicilien der afrikanischen Küste nicht allzufern ist, so entsteht ein **westliches** und **östliches Mittelmeer**. Das westliche bildet in den europäischen Körper hinein den Golfe du Lion und den Meerbusen von Genua; das Meer zwischen Italien und seinen drei großen Inseln nennt man das **tyrrhenische**. Das östliche Mittelmeer heißt im S. von Italien **ionisches Meer**, bringt als **adriatisches Meer**, endend in die Istrien umfangenden Busen von Triest und Quarnero [kuarnéro] (oder Fiume), zwischen Italien und die griechische Halbinsel ein und nimmt zwischen dieser und der kleinasiatischen Küste den Namen des **ägäischen Meeres** an. Wie im SW. sich Europa in der bekannten Meerenge Afrika zum zweitenmal und noch weit mehr nähert, auf früheren Zusammenhang deutend, siehe § 37, 3.

Die ganze Westseite des Erdteils bespült der **atlantische Ozean**, der sich hier in einigen äußerst merkwürdigen Bildungen entfaltet und zur Zerschneidung der Erdteilmasse nicht wenig beiträgt. Schon da, wo die westliche der drei südlichen Halbinseln, die pyrenäische, sich unter einem rechten Winkel an den Rumpf des Erdteils ansetzt, entsteht ein Busen, der nach angrenzenden Landschaften der von Biscaya [wißkája] oder Gascogne genannt wird. Weiter nach N. streckt sich, dem Südarme Italien entsprechend, ein Nordwestarm von dem Erdteile aus, einst im Zusammenhang mit dem Hauptkörper, jetzt als Insel Großbritannien, durch eine Meerenge vom Erdteile getrennt, welche die Franzosen die Straße von Calais, die Engländer die von Dover nennen. Sie führt nach NO. in einen schon binnenmeerartigen Ausschnitt des atlantischen Ozeans, die Nordsee. Durch eine kleinere, vom Hauptkörper nach N. laufende, mit Großbritannien parallele Halbinsel Jütland und durch die dänischen Inseln, welche zwischen dieser und der großen Halbinsel Skandinavien liegen, wird von der Nordsee die Ostsee getrennt. Den Teil der Nordsee zwischen Jütland und Norwegen nennt man das Skåger-Rak, den Meerbusen zwischen Jütland und Schweden das Kattegat. Beides sind böse und gefährliche Meere, jenes durch Strömungen, dieses durch Untiefen. Zwischen Jütland, den Inseln und Schweden führen drei Meerengen, der Kleine und Große Belt und der Sund in die Ostsee. Die Ostsee (die nur in Büchern als baltisches Meer vorkommt) ist ein ganz eigentümliches Binnenmeer, das durch die Menge der einmündenden Flüsse, bei einer gewissen Entferntheit vom großen Weltwasser und einer nicht allzugroßen Ausdehnung fast einem Süßwassersee ähnlich ist (schwacher Salzgehalt, fast keine Ebbe und Flut, leichteres Zufrieren). Kein Erdteil hat eine ähnliche Meererscheinung aufzuweisen; am ähnlichsten wäre in mancher Beziehung das Schwarze Meer, aber das ist Europa nicht allein eigen und bildet auch nicht so viele und große Busen als die Ostsee (bottnischer, finnischer, rigascher Busen). Dies reiche Durcheinander von Land und Wasser gehört eben mit zu dem Charakter Europas. Das Eismeer an Europas Nordküste greift als Weißes Meer in die Küste und gliedert dieselbe weit mehr als die Nordküste Asiens.

Auch an Inseln verschiedener Art ist Europa reich, und sie sind mehr als die asiatischen und afrikanischen Inseln wichtige Stationen für den Verkehr und die Ausbreitung der Kultur. Letzteres gilt vor allem von der größten europäischen Insel, von Großbritannien. Zu Europa zählt man auch das von hier aus bevölkerte Island, ferner die von hier aus entdeckten unbewohnten polaren Inselgruppen Spitzbergen (zwischen 76 bis 80° nördlicher Breite, durch eine breite unterseeische Platte mit Europa verbunden) und (weit n. von Nowaja Semljá) die allernördlichste bis über den 83.° n. Br. hinausreichende Inselgruppe Franz-Joseph-Land (§ 15, 1).

Die Größe des Erdteils beträgt 9 696 429 qkm; rechnet man indes die polaren Gebiete mit: 9 940 500 qkm (180 530 Q.=M.). In der Gestaltung tritt, wie schon oft bemerkt, eine ungemein starke Küstenentwickelung, Gliederung und damit auch Zugänglichkeit als charakteristisch hervor. Der eigentliche Stamm bildet ungefähr ein rechtwinkliges Dreieck, dessen rechtwinklige Ecke au

OSO.-Ende des Kaukasus liegt und dessen Hypotenuse sich vom innersten Teile des Busens von Biscaya nach dem Nordende des Ural erstreckt. Da auf die Inseln Europas ungefähr 470000 qkm (8500 O.-M.), auf die Halbinseln (Finnland dazu gerechnet) 2700000 qkm (49000 O.-M.) kommen, so betragen die sämtlichen Glieder des Erdteils so viel als die Hälfte des Stammes, so daß Europa der **gegliedertste aller Erdteile ist.** Dabei lassen wir die polaren Gebiete Nowaja Semlja, Spitzbergen, Franz-Joseph-Land und Island überdies noch ganz außer Ansatz.

Wie in Europa die vielseitigste Berührung von Land und Meer stattfindet, so gehört auch Abwechselung aller Hauptformen der Bodenbildung zum Charakter dieses Erdteils. Im ganzen nimmt die Form des Tieflandes $^2/_3$, diejenige des Hochlandes $^1/_3$ des Erdteils ein. Im Stamme Europas herrscht die Tiefebene nur dadurch vor, daß eine Fortsetzung des asiatischen Tieflandes, die sarmatische Ebene, den ganzen Osten erfüllt; eine vom OSO.-Ende des Kaukasus an den Teutoburger Wald gezogene Linie trennt Hoch- und Tiefland des Stammes so, daß die eine Oberflächenbildung auf dem Gebiete der anderen nur in äußerst kleinen Verhältnissen auftritt. Die drei südlichen Halbinseln sind fast lauter Gebirgsland. Die Gebirge, welche das Gebirgs- oder Hochlandsdreieck des Rumpfes erfüllen, sind: a) das östliche oder die Karpaten, b) das mitteleuropäische mit der mächtigen Südbasis der Alpen, c) das westliche oder französische. — Das westliche Tiefland umzieht das Gebirgsdreieck im Süden der Ostsee und der Nordsee und an der Küste des atlantischen Meeres. Es besteht aus Tertiärbildungen und Alluvium, gehört also den jüngsten geologischen Zeiten an. An seiner Ostgrenze geht dies **deutsch-französische** Tiefland unmerklich in das geologisch viel ältere (meist der Trias-Zeit angehörende) **sarmatische Tiefland** über. Dies östliche Tiefland ist weit größer als das westliche und hat eine vierfache Abdachung: im NW. zur Ostsee, im SO. zum kaspischen, im S. zum Schwarzen, im N. zum Eismeer; an der Ostsee und dem Schwarzen Meer ziehen sich niedrige flache Küstenerhebungen hin, welche etwa 100 m höher liegen als die Binnenebene; an der Grenze gegen die aus krystallinischem Gestein gebildete Halbinsel Finnland hin ist dieser Gürtel mit einer Unzahl größerer und kleinerer Seeen besetzt, unter ihnen der Ladogasee, der größte des Erdteils.

Auch bei den Gebirgen zeigt sich, was bei den Flüssen, Pflanzen- und Tierformen als entschiedener Charakter Europas hervortritt: **das Einhalten eines gewissen Mittelmaßes.** Die Naturformen sind in Europa nicht so kolossal und gewaltig wie in andern Kontinenten. Was bedeutet das höchste Gebirge Europas, die Alpen, mit dem Montblanc, der nur 4810 m hoch ist, gegen Himalaja und Kordilleren? Dennoch gehören von den 400 Bergen, welche Europa von mehr als 2600 m Höhe hat, allein 300 zu dem Alpensystem: ein Beweis, daß fast alle übrigen Gebirge sich unter dieser Höhe halten. Das Innere birgt wenig edle Metalle; Eisen, das nützlichste der Metalle, kommt dagegen sehr häufig vor. Herde unterirdischen Feuers fehlen nicht. Quer durch das Mittelmeer zieht sich die Vulkan=reihe Vesuv, Strómboli, Ätna; und besonders die drei süd=lichen Halbinseln werden von Erdbeben nicht selten heimgesucht. Von dieser Vulkanreihe geschieden liegt die Insel Thera und unter dem Polarkreis Island, auf dem gar noch sieben Vulkane thätig sind. Spuren erloschener Feuerspeier kommen auch außerhalb der süd=lichen Halbinseln und Inseln vor, z. B. in Deutschland (Eifel) und in Frankreich (Auvergne).

Die Flüsse zeigen, wie schon bemerkt, ebenfalls nicht die groß=artigen Erscheinungen anderer Erdteile; ja sie können sich verhältnis=mäßig noch weniger mit den fremden Riesenströmen messen, als die Gebirge ihrerseits mit den fremden Höhenzügen. Schon die Zer=spaltung der Landmasse macht die Bildung von Stromsystemen in kolossalen Dimensionen unmöglich. Der größte europäische Strom, die Wolga, 3183 km lang, fließt schon in dem Übergangsgliede zu Asien und wird von etwa einem Dutzend Strömen in anderen Erd=teilen an Länge und Wasserfülle übertroffen. Die europäische Be=wässerung hat dagegen das Eigentümliche, daß sie gleichmäßiger nach allen Richtungen verteilt ist, als in andern Kontinenten. Alle europäischen Flüsse lassen sich bequem also einteilen: 1) Flüsse, welche in den Halbinselgliedern fließen. 2) Flüsse, welche im Stamme des Erdteils und zwar in dem kontinentalen Gebirgsbreieck fließen. Unter ihnen befindet sich der mächtigste Fluß des inneren Europa, welcher den Körper des Kontinents wie eine gewaltige Schlagader durchzieht, die Donau, mit 2745 km langem Stromlauf. Ihr unterer Lauf geht zwar durch die größten Ebenen des Gebirgsbreiecks, erreicht aber doch nur im Mündungs=gebiete das östliche Tiefland. 3) Flüsse, welche im Gebirgs=breiecke entspringen, mit dem Unter= oder auch Mittel=laufe aber dem nordwestlichen Tieflande angehören. An den Durchbruchstellen haben sie meist überaus malerische Ufer. Zu ihnen gehört der Rhein mit 1300 km langem Stromlauf, Seine, Loire u. a. 4) Flüsse, welche, am Rande des Gebirgsbreiecks entsprungen, im Tieflande strömen: Oder, Weichsel, Dnjestr. 5) Flüsse, welche im Tiefland selbst aus unbedeutenden Bodenanschwellungen entstehen oder sich aus Seeen entwickeln.

Die klimatischen Verhältnisse anlangend, so ist Europa der einzige Erdteil, der nirgends die heiße Zone berührt. Das Kap Tarifa, der südlichste Punkt des europäischen Festlandes, ist von derselben noch fast 1400 km entfernt. Da nun auch nur ein kleiner Teil 500 km weit in die nördliche kalte Zone hineinragt, so gehört das große Ganze der gemäßigten Zone an. Dabei ist die Temperatur Europas durchweg eine höhere als sie diesen Breiten im Durchschnitt zustände (Getreidebau bis zum Nordkap hin!) ein Vorzug, welchen unser Erdteil hauptsächlich dem Golfstrom (§ 16, Ende) verdankt. An der ganzen NW.-Seite herrscht See-Klima (mäßig warme Sommer, mäßig kalte Winter), je ferner von der Seeküste, d. h. je tiefer in den breit ausgedehnten Osten, desto stärker macht sich das Kontinental-Klima geltend (heiße Sommer, sehr kalte Winter). Im allgemeinen gilt daher für Europa die Regel: Je weiter nach O., desto schroffer der Unterschied zwischen Sommerhitze und Winterkälte, je weiter nach W., desto geringer dieser Unterschied. Das Klima der drei südlichen Halbinseln ist das allgemein mittelmeerische (mediterrane): einem regenarmen Sommer folgt ein milder Regenwinter, da der regenbringende gegenpassatische SW. nur zur Winterzeit bereits von den Mittelmeer-Breiten ab die Erdoberfläche bestreicht (§ 17, Anf., § 55, Mitte).

Die südeuropäische Flora (d. h. die der drei großen Süd-Halbinseln) ist ausgezeichnet durch immergrüne Gewächse, besonders durch den Ölbaum (die Olive); hier gedeihen neben der Feige und dem vorzüglichsten Wein auch die aus Süd-Asien eingeführten Südfrüchte, wie Orangen (Apfelsinen), Citronen, Mandel- und Johannisbrotbäume, desgleichen die amerikanische Agave (einer stammlosen Aloe ähnelnd) und der Nopal-Kaktus (§ 64, Anf.). Das übrige Europa ist der Raum der sommergrünen Laubwälder und der Nadelholzwälder, welche letzteren im hohen Norden (nur noch mit der Birke zusammen) allein noch vorkommen. Im milden Klima der britischen Inseln lassen sich sogar einige südeuropäische immergrüne Gewächse ziehen (der Lorbeer in Irland, die Myrte noch in Schottland); bem Wein oder gar bem Ölbaum ist aber der dortige Himmel zu trübe und regnerisch. Die Verkürzung einer milderen Temperatur auf weniger als fünf Monate schließt die schöne Rotbuche aus dem ö. Europa aus; sie wächst nicht weiter als bis ins s.w. Skandinavien und ins s.w. Rußland. Europa besitzt (als einziger aller Erdteile) **keine Wüste**, eine (bis auf die Flußufer) völlig baumlose **Steppe nur in S.- und SD.-Rußland**.

Auch in der **Fauna** fehlen die kolossalen Formen wie in der Flora. In der (bereits vom Menschen miterlebten) Eiszeit reichte jedoch das Verbreitungsgebiet nicht nur des Renntiers, sondern auch des wollhaarigen Rhinoceros und des Mammut (§ 38, Mitte) von Sibirien herein bis an die Alpen und nach Frankreich. Der Löwe hauste in vorchristlichen Zeiten noch in der griechischen Halbinsel. Jetzt sind die gefährlichen Raubtiere fast auf Bär, Luchs und Wolf beschränkt.

Die Zahl der Bewohner beträgt 351 Mill., also beinahe ein Viertel aller Menschen auf der Erde, die man auf etwas mehr als $1^1/_2$ Milliarden schätzt. Mithin wohnen durchschnittlich 36 Menschen auf 1 qkm, wie in keinem andern Erdteil; in dem nächstdicht bevölkerten Asien kommen nur halb so viel auf 1 qkm. Die Dichtigkeit der Bevölkerung Europas nimmt entschieden von O. nach W. zu.

a) Den bei weitem größten Raum Europas hat die **kaukasische** Rasse inne, welche sich in folgende Zweige teilt:

1) **Germanen**, in Mitteleuropa, Großbritannien, Skandinavien und Dänemark, zerstreut auch in den russischen Ostsee-Provinzen, in Irland und in Ungarn, 112 Mill. Zu ihnen gehören a) die Deutschen, b) die Niederländer, c) die Engländer, d) die Dänen und die Norweger, e) die Schweden.

2) Die **romanischen Völker**, Nachkommen der alten Römer, mit anderen Völkerbestandteilen gemischt, auf der apenninischen und der iberischen Halbinsel, in Frankreich, S.-Belgien, der SW.-Schweiz, Rumänien, SD.-Ungarn, 105 Mill. Zu ihnen gehören a) die Italiener, b) die Spanier, c) die Portugiesen, d) die Provençalen, e) die Franzosen, f) die Rätoromanen, g) die Dakoromanen.

3) **Slaven**, im großen osteuropäischen Tieflande, teilweise auch im ö. Mitteleuropa, im Donau-Tieflande und auf der Balkan-Halbinsel, 101 Mill. Dahin gehören a) Nordslaven (Russen, Polen, Böhmen, Mähren, Slovaken, Wenden), b) Südslaven (Slovenen, Kroaten, Serben, Bulgaren).

4) Die **Kelten** oder **Gallier**, die alten Bewohner von Nord-Italien, Gallien, den britischen Inseln, durch die Eroberungen der Römer und später der Germanen verdrängt oder mit anderen Stämmen gemischt; jetzt noch in dem westlichsten Vorsprunge Frankreichs,

der Bretagne, in Wales [uëls], Irland und Nord-Schottland, etwa 2 Mill., mit eigentümlichen Sprachen.

5) Die **Griechen** auf der griechischen Halbinsel südlich vom Balkan und den Inseln des ägäischen Meeres, 3¼ Mill.

6) Der dem slavischen nächstverwandte **litauische** Stamm, die **Litauer** (am Njémen, sowohl dies- als jenseit der russischen Grenze) und die **Letten** (in Kurland und dem s. Livland) umfassend, 3¼ Mill.

7) Die **Albanesen** (Nachkommen der alten Illyrer) in der Westhälfte der griechischen Halbinsel, 1½ Mill.

8) Die **Basken**, Nachkommen der alten Iberer, der Urbewohner Spaniens, in den westlichen Pyrenäen, ½ Mill.

9) Die **Zigeuner**, besonders in Ost-Europa vagabondierend, fast ½ Mill.

Alle bis jetzt genannten Völker, über ¹⁵⁄₁₆ der europäischen Bevölkerung, reden Sprachen, die (mit Ausnahme der baskischen) zum großen **indogermanischen** Sprachstamme gehören.

b) zur **mongolischen** Rasse gehören: 10) der **finnische** Stamm; dahin die **Finnen** in Finnland und Nord-Skandinavien, die **Esthen** in Esthland, die **Liven** im n. Livland, die **Lappen**, **Samojeden** und andere Völker am Eismeere, die **Ungarn** oder **Magyaren** [madjáren] im Donau-Tieflande, 12 Mill. Doch haben durch Vermischung mit Slaven und Germanen die Magyaren fast durchaus kaukasischen Typus gewonnen.

11) **Türken** oder **Tataren** auf der griechischen Halbinsel (Osmanen) und im südöstlichen Rußland, 4¾ Mill. —

Außer diesen dem Islam zugethanen Völkern türkischen Stammes, den etwa 6 Mill. meist durch Europa zerstreuten **Juden** und etwa ½ Mill. Heiden am Eismeere herrscht durch ganz Europa das Christentum, das hier fast ¾ seiner Bekenner hat. Die Bildung und Gesittung der europäischen Völker, ihr entscheidender Einfluß auf den übrigen Erdkreis steht damit in notwendiger Wechselbeziehung. Jede der verschiedenen großen christlichen Kirchenformen hat im ganzen und großen gesprochen, ein Revier des Weltteils inne: die **griechisch-katholische** Kirche, 88 Mill., den Osten — die **protestantische**, 84 Mill., den Norden — die **römisch-katholische**, 166 Mill., den Süden und Südosten.

Der kleinste unter den Erdteilen der alten Welt ist materiell und geistig der Beherrscher der Erdkugel, eine Stellung, die ihm vorläufig schwerlich wird streitig gemacht werden. Denn sie beruht nicht etwa auf zufälligen geschichtlichen Entwickelungen, sondern zunächst auf der Notwendigkeit überaus glücklicher und bevorzugter Naturverhältnisse. Europa liegt in der Mitte der kontinentalen Landwelt, wie das australische Südland im Centrum der südlichen Wasserwelt. In der zusammengedrängtesten kontinentalsten Masse der Erde bildet Europa die Mitte. So durch einen merkwürdigen Ring von Kontinenten eingefaßt, sollte Europa allen gleich nahe stehen, mit allen in Wechselwirkung, Austausch und Verkehr treten. Aber bei weitem nicht allein in diesen glücklichen physischen Verhältnissen ruht Europas hohe Weltherrschaft. Seine Obermacht ist geistiger Natur. Die begabteste Rasse hat fast ganz Europa inne, und die zur Weltreligion berufene Religion, die christliche, in Europa ihr Hauptgebiet.

Europa zerfällt in 27 voneinander unabhängige (souveräne) Staaten. Dem Range (und der Einwohnerzahl) nach giebt es:

3 Kaiserreiche: Rußland, das Deutsche Reich, Österreich;

1 Großsultanat: die Türkei;

13 Königreiche: Großbritannien mit Irland, Italien, Spanien, Ungarn mit seinen Nebenländern, Belgien, Rumänien, Schweden, Portugal, Niederlande, Dänemark, Griechenland, Serbien, Norwegen;

1 Großherzogtum: Luxemburg;

1 Großfürstentum: Finnland;

4 Fürstentümer: Bulgarien, Montenegro, Monaco, Liechtenstein;

4 Republiken: Frankreich, die Schweizer Eidgenossenschaft, San Marino, Andorra. —

Von diesen 27 Staaten sind indes mehrere durch Personal-Union, d. h. durch Gemeinsamkeit des Herrschers, miteinander verbunden: so Schweden mit Norwegen, Rußland mit Finnland; das Kaiserreich Österreich bildet zusammen mit den Ländern der ungarischen Krone die österreich-ungarische Monarchie.

An Größe und Bevölkerung sind die europäischen Staaten unter sich gar verschieden. Wie verschieden von dem russischen Reiche, das halb Europa umfaßt, ist das Fürstentum Monaco mit 22 qkm ($^2/_5$ Q.-M.)! Natürlich ist dann auch die Macht dieser Staaten sehr verschieden. Die sechs mächtigsten Staaten Europas sind die Großmächte: Rußland, das Deutsche Reich, Österreich-Ungarn, Frankreich, England, Italien. Sie umfassen über $^3/_4$ der Oberfläche und über $^4/_5$ der Bevölkerung und üben gemeinschaftlich einen überwiegenden Einfluß auf die politischen Verhältnisse des Erdteils aus.

Je nachdem der Staat auf den Landbesitz diesseit des Weltmeers beschränkt ist oder auch überseeischen Besitz mit umfaßt, unterscheidet man die Landmächte von den See- und Kolonialmächten. Bei den Seemächten (England und Niederlande) fällt das Hauptgewicht des Staates auf die Flotte und den überseeischen Besitz. Unter den **nordischen Mächten** versteht man Rußland, Schweden und Norwegen, Dänemark; unter den **Westmächten** Frankreich und England.

I. Die drei südlichen Halbinseln.

§ 73.
Die iberische oder pyrenäische Halbinsel im allgemeinen.

Die **westlichste von den drei südlichen Halbinseln Europas**, wie eine gewaltige Vormauer in den Ozean hineingeschoben, ist 590000 qkm (11000 Q.-M.) groß. Sie hängt auf einer kürzeren Landstrecke mit dem Hauptkörper des Erdteils zusammen, als die italische und die griechische Halbinsel, und hat deshalb einen fast inselhaften Charakter. Zwei Meere bespülen ihre sehr wenig gegliederten, meist felsigen, besonders gen N. steil abstürzenden Küsten. Das Kap da Roca ist der westlichste, das Kap. St. Vincent der südwestlichste, das Kap Tarifa der südlichste Punkt der Halbinsel sowie des europäischen Festlandes. Die beiden Vorgebirge Finisterre und Vares [wáres] sind Vorsprünge im NW. der Halbinsel. Das Ganze gleicht einem etwas schiefen Viereck, das im SO. mehrfach ausgeschweift ist.

Das nördliche Hoch- und Grenzgebirge gegen Frankreich, die **Pyrenäen** (spanisch: los pirineos, von dem keltischen Worte pira d. i. Gebirge), zieht von dem Grenzflusse Bidasoa bis zum Kap de Creus [kre-ûs]. Sie zerfallen in drei sehr verschiedene Teile: in die West-Pyrenäen, die Hoch-Pyrenäen und die Ost-Pyrenäen. Die Hoch-Pyrenäen (vom Fratithal bis zum Col de la Perche) sind mit 2500 m Kammhöhe der weitaus höchste Teil, mauerartig (wie in den Alpen die Tauern) und wenig gangbar aufgebaut. In ihnen liegen, genau der Wasserscheide folgend, alle Hauptgipfel. Die beiden höchsten derselben sind der **Pic de Nethou**, 3400 m, aus der Malabetta-Gruppe aufragend, und der Pic Posets von fast gleicher Höhe; dann folgt von ihnen westwärts der **Mont Perdu**, 3300 m; hier in der Mitte des Gebirges giebt es auch Gletscher. Pässe übersteigen die Westkette wie die Ostkette; über den Kamm der Hoch-Pyrenäen giebt es nur Saumpfade. Das Thal Roncevalles (im W.) und die Rolandsbresche am Mont Perdu erinnern an Karls des Großen Zeit.

Die übrigen Gebirgssysteme der Halbinsel haben mit dem eben genannten Grenzgebirge keinen Zusammenhang. Man nennt sie in Spanien Sierras, in Portugal Serras. Von Gebirgsketten umgeben (und durch sie der Feuchtigkeit der hereinziehenden Luft beraubt) breiten sich weite Tafelländer aus; sie machen die Hauptmasse des Innern der Halbinsel aus, sind wald- und wasserarm, ihr Klima ist im Winter ebenso schneidend kalt, wie im Sommer trocken und heiß. Tiefland dagegen findet sich nur am untern Ebro (Aragon), in der Umgegend von Valencia und am untern Guadalquivir [gwadalkiwir] (Andalusien).

Am besten merkt man sich Gebirge und Flüsse zusammen nach den beiden Meeren, denen die letzteren zugehen. Ihre Namen erinnern oft daran, daß einst Araber im Lande wohnten, denn das vielfach vorkommende Guadal besteht aus dem arabischen Worte Wâdi (Guadi, d. i. Fluß) und dem arabischen Artikel al. Die Wasserscheide zwischen dem größeren Gebiete des atlantischen und dem kleineren des mittelländischen Meeres bildet auf der Halbinsel einen weiten, gen W. offenen Bogen, ungefähr einen Kreisbogen zum 15. Meridian als Sehne; ziemlich in derselben Richtung verläuft eine Reihe von Gebirgszügen oder Sierren, welche weiter nichts als der Rand der großen inneren Tafelländer sind, dem zwei unregelmäßige Gebirgsgruppen aufgesetzt sind.

Im S. bildet die Wasserscheide das südliche Hochgebirge, welches Spanien gegen das Meer abschließt, wie die Pyrenäen gegen den Kontinent, die Sierra Nevâda (d. i. Schneegebirge) mit den tief eingeschnittenen Thälern der Alpujarras [alpuchárras] und dem höchsten Punkte der Halbinsel, dem Mulahacen [mulahaßén], 3545 m hoch, der also die höchsten Pyrenäengipfel noch überragt. An ihm lagert der südlichste Gletscher von Europa, aus welchem der Jenil [chenîl], der Hauptnebenfluß des Guadalquivir, hervorbricht. Der schmale Südrand, den die Sierra Nevada übrig läßt, hat völlig afrikanisches Klima (der Wind Leveche [lewétsche], vom nahen Afrika herüberwehend, dörrt hier bisweilen in wenigen Stunden die Gewächse), aber auch afrikanische Produkte. Auch die Zucht der Cochenille (§ 64, Anf.) gedeiht hier seit einigen Jahrzehnten. Im küstennahen Südteil der Halbinsel überhaupt gedeihen Wein und Südfrüchte vorzüglich, stellenweise auch Dattelpalmen, jedoch ohne ihre Frucht recht auszureifen. Für Flüsse zum Mittelmeer bleibt nach den geschilderten Verhältnissen wenig Raum, besonders im S. und SO., wo nur Küstenflüsse. Im NO. aber bietet das östliche Tiefland von Aragon Raum für den Ebro; sein Bett ist indessen so flach, daß im Interesse der Schiffahrt zu beiden Seiten lange Kanäle haben angelegt werden müssen.

Gehen wir nun zu der atlantischen Abdachung, so setzt im W. der Bidasoa das kantabrische Gebirge ein, das nördliche schön bewaldete Randgebirge, welches das centrale Hochland im Norden umwallt. Unter verschiedenen Namen zieht es, bis 2650 m ansteigend, nach W., in den zahlreichen Kriegen, die auf der Halbinsel geführt sind, gewöhnlich die letzte Zuflucht der Besiegten. An dem Westende verliert es den Charakter eines Kammgebirges und wird zu einem verzweigten Hochlande, das den westlichsten Teil von Léon, Galicia [galißia] und die zwei nördlichen Provinzen von Portugal erfüllt. Zwischen jenen Zweigen das Gebiet des Minho [minjo]. Hauptrichtung? — Südlich vom kantabrischen Gebirge folgt die nördliche Hälfte der centralen Hochebene, das Tafelland von Alt=Castilien, 800 m hoch, nach SW. abgedacht; hier der Duēro, port. Douro [dōïro], mit raschem Lauf. Südlich lehnt sich an dieses Tafelland das Castilianische Scheidegebirge, welches das gesamte centrale Tafelland in eine nördliche und südliche Hälfte teilt: die wichtigsten Teile jenes Scheidegebirges sind die schneebedeckte Sierra de Guadarrāma, die imposante Sierra de Grēdos (bis 2650 m) und die durch Portugal ziehende Serra de Estrella [estrelja], die dann steil in das Meer stürzt. Dann folgt die südliche Hälfte des centralen Hochlandes, das etwas niedrigere, aber noch ausgedehntere Tafelland von Neu=Castilien, durch die niedrigen Berge von Tolēdo in zwei Hälften geschieden, durchschnittlich 650 m hoch. Im Norden dieser Berge ist das tief ausgefurchte Thal des gelben, reißenden Tajo [tācho], portugiesisch Tejo [tēju]. Im Süden der Berge von Toledo die weite, öde, staubige Ebene La Mancha [mantscha], das Vaterland des sinnreichen Junkers Don Quixote [don kichōte], das Quellland des Guadiana [gwadiāna].

Die Hochfläche der beiden Castilien schließt das südliche Randgebirge, die Sierra Morēna (d. i. Schwarzes Gebirge), so genannt nach ihrem, meist nur gebüschartigen Wald von dunkel immergrünem Laub. Zwischen ihr und den Schneegebirgen am Südrande das südliche Tiefland, Andalusien, das herrliche Thal des Guadalquivir (d. i. Großer Fluß). Alle spanischen Ströme sind verhältnismäßig wasserarm (besonders im regenarmen Sommer), haben starkes Gefälle und sind für die Schiffahrt wenig brauchbar. Das gut bewässerte Tiefland Andalusiens und der mit Dampfschiffen bis Sevilla [ßewilja] befahrene „Große Fluß" machen eine Ausnahme. Hier liebliches Klima, reiche Produkte, alle voll südlichen Feuers. Hier gilt am meisten des Dichters Wort: „Spanien, das schöne Land des Weins und der Gesänge."

Wir können jetzt überschauen, mit welchem Rechte der iberischen Halbinsel eine sehr gleichmäßige Bodenbildung zugeschrieben wird. Die Hauptmasse bildet ein **centrales Hochland**. Dasselbe wird im N. und S. von zwei Randgebirgen eingefaßt, in der Mitte aber durch ein **Scheibegebirge** in zwei Hochebenen geschieden. Es schließen sich daran zwei Tiefländer, ein östliches und ein südliches; und die Nord- und Südgrenze der Tiefländer bilden zwei Hochgebirge, Pyrenäen und Sierra Nevada.

Die in ältester Zeit von den Iberern bewohnte Halbinsel lockte schon früh durch ihren Silberreichtum (seit der Entdeckung der neuen Welt wenig ausgebeutet) fremde Völker an. Kolonieen der Phönizier. Später streiten sich Karthager und Römer um das Land; die letzteren siegen nach langwierigem Kampfe gegen fast unbezwingliche Gebirgsvölker. Untergang der Heldenstadt Numantia am Duero. Seit 415 n. Chr. nahmen die Westgoten die damals unlängst von den Römern aufgegebene und von germanischen Stämmen besetzte Provinz in Besitz: christliches westgotisches Reich bis 711. In diesem Jahre kamen Araber unter Tarik über die Meerenge. Damals erhielt der neben dieser liegende Fels den Namen Gibraltar (Gibel al Tarik d. i. Felsen des Tarik), wie das Kap Tarifa nach dem maurischen Oberfeldherrn, dem Emir Musa Tarif-ben-Malek, benannt wurde. Sie unterwarfen fast ganz Spanien, das anfangs von den Kalifen im Orient abhängig, dann selbständig war. Seit 1091 wurden die arabischen Kalifen zu Corboba von nordafrikanischen Mohammedanern oder Mauren (§ 59) gestürzt. Nur im N., im kantabrischen Gebirge, hatte sich nach der Auflösung des westgotischen Reiches ein kleiner Christenstaat erhalten; er vergrößert sich allmählich, es entstehen auch andere und entreißen durch das Mittelalter hindurch den Mauren Stück für Stück in ritterlich-mannhaftem Kampfe (der Cid [ßid]). Solche christliche Staaten waren z. B. León, Aragon, Castilien u. a.; von dem letzteren Lande aus wurde die Grafschaft Portugal um 1100 gegründet, die hernach zum Königreich ausgedehnt ward, bis zum Kap St. Vincent. Bei Tolosa 1212 am Passe der Sierra Morena war die Entscheidungsschlacht. Von den 7 Emiraten, in welche das Kalifat von Corboba zerfallen war, wurden durch das christliche Heer 6 vernichtet: nur Granâda behauptete sich. Doch mit der fortschreitenden Vereinigung der kleinen christlichen Reiche erſtärkte die Macht des Kreuzes. Gegen Ende des 15. Jahrhunderts kam durch die Vereinigung von Castilien und Aragon ganz Spanien unter eine Regierung. Nun ſank auch (1492) das letzte Reich der Mauren, das blühende Granada, nach langwieriger Belagerung. Seitdem giebt es nur zwei Reiche auf der Halbinſel: Portugal (als Küſtenſtaat mehr auf die See hingewieſen als auf das ſpaniſche Hinterland, mit dem es keine Freundſchaft ſchließen mag) und Spanien. Die Abkömmlinge der einſtigen arabiſchen Herren, Moriscos genannt, wurden ſpäter ganz aus Spanien vertrieben oder wenigſtens in die Abgeſchiedenheit der Alpujarras gedrängt.

§ 74.
Spanien und Portugal.
a) Portugal.

Das ausgehende Mittelalter iſt Portugals Blütezeit, die Zeit der Seefahrten und Entdeckungen. Vasco da Gama (von dem Dichter Camões [kamöängſch] in den „Luſiaden" beſungen) findet 1498 den Seeweg nach Oſtindien, das mit ſeiner reichen Inſelwelt eine Zeit lang Portugal allein aufgeſchloſſen blieb. Erzähle von den portugieſiſchen Entdeckungen und Kolonieen nach § 50, Mitte u. Ende; 53, 1; 56, 1; 60, I, 1 u. 2; 61, Mitte; 63, Anf. — Portugal, damals der erſte Handelsſtaat der Welt. Aber ſchon gegen Ende des 16ten Jahrhunderts wurde alles anders. Das alte Regentenhaus ſtarb aus und Portugal kam (1580—1640) unter die verhaßte ſpaniſche Herrſchaft. Feinde Spaniens, die zu mächtigen Handelsvölkern gewordenen Engländer und Niederländer, vernichteten auch Portugals Handel, eroberten ſeine Kolonieen. Endlich riß ſich Portugal von Spanien los; ein eingeborenes Geſchlecht, Bragança (nach einem Örtchen im NO. Portugals benannt), beſtieg den Thron. Aber doch war das ſpätere Portugal nur ein Schatten des früheren; in neuerer Zeit haben anhaltende Bürgerkriege das Land noch mehr geſchwächt. König Ludwig. Stände (Cortes) ſtehen dem Könige in zwei Kammern zur Seite. Von ſeinen Kolonieen beſitzt Portugal nur noch wenig; reihe ſie nach den Erdteilen zuſammen.

Portugal, das Stammland, zu dem indeſſen außer den kontinentalen Gebieten auch die Azoren und Madeira gehören, hat auf 92 000 qkm (1600 Q.-M.) $4^{3}/_{4}$ Mill. römiſch-katholiſche Einwohner. Beſchreibe die Grenzen, die Geſtalt nach der Karte — die Bodengeſtalt und die Flüſſe nach § 73! Eingeteilt wird das Land in 17 Distrikte; die südlichsten derselben (auf dem Festlande) umfassen das alte Königreich Algarve [algárwe] (d. i. Land im Abend), von dem übrigen durch einen Gebirgszug, die **Serra de Monchique** [montschíke] (die südwestliche Fortsetzung der Sierra Morena) getrennt, ein früheres maurisches Königreich. Unter den Städten sind zwei Großstädte (über 100 000 E.); alle übrigen erreichen höchstens 20 000 E.; Mittelstädte (von 20—100 000 E.) fehlen also ganz. Des Landes Hauptfestung Elvas [elwas] erinnert mit ihrem Fort La Lippe daran, daß im vorigen Jahrhundert ein **deutscher Graf, Wilhelm von Lippe**, sich große Verdienste um die Hebung des sehr heruntergekommenen portugiesischen Kriegswesens erworben hat. Außer Elvas — welchen Ort hatten wir außerdem schon? — merken wir folgende:

Lissabon (portugiesisch Lisbóa), 250 000 E., hat mit Stockholm und Konstantinopel die schönste Lage unter den Hauptstädten Europas. Portugiesisches Sprichwort: Wer Lissabon nicht gesehen, hat nichts gesehen. Der Tejo erweitert sich vor seiner Mündung seeartig; am nördlichen Ufer ragen Hügel, welche den Fluß an der eigentlichen Mündung wieder etwas einengen. Wo diese Einengung beginnt, liegt Lissabon amphitheatralisch die Anhöhen hinauf, ohne Mauern und Thore. Im Innern kein so erfreulicher Anblick als von weitem; viele Straßen eng, krumm und schmutzig. Gedränge fremder Nationen, viele Neger. Handel nach allen Weltteilen; zum Hafen dient die Tejomündung, an beiden Seiten mit Ortschaften nnd Kastellen besetzt. Unter jene gehört **Belem** (d. i. Bethlehem) mit Lissabon verbunden; im Kloster früherer Begräbnisort des Königshauses. Erdbeben am 1. November 1755.

Im NW. von Lissabon die Abhänge des Gebirges, hier (nach der kleinen Stadt Cintra [schintra]) **Serra de Cintra** genannt, eine romantische, mit königlichen Schlössern und Landhäusern der Vornehmen besetzte Gegend.

Die größte Stadt nach Lissabon ist **Oporto** oder **Porto**. 100 000 E., am Ausflusse des? — auf welchem Ufer? — Auch diese bedeutende Handelsstadt liegt amphitheatralisch die Hügel hinauf. Von hier wird der **Portwein** ausgeführt, der 70 km weiter hinauf am rechten Stromufer wächst. Der schwarze Schieferboden der Gebirgsabhänge, der die Sonnenglut am meisten einsaugt, giebt ihm sein Feuer; er wird besonders nach England ausgeführt. — Universitätsstadt **Coïmbra**.

b) Spanien.

Auch bei dem aus der Vereinigung von Castilien und Aragon eben entstandenen Spanien kamen um 1500 viele Umstände zusammen, um es groß und reich zu machen. Durch Heirat wurde aus dem spanischen und österreichischen Hause eins. Karl V., des Kaisers Maximilian Enkel, trug neben der spanischen Königskrone die römisch-deutsche Kaiserkrone und war Herr der österreichischen Erblande. Und während er in Europa siegreich auftrat, eroberten in dem von Spanien aus durch Columbus entdeckten Amerika kühne Helden für ihr Vaterland ganze Kaiserreiche, voll von Silber und Gold (§ 63, 1, e; 66, Anf.). Aus diesen Zeiten besonders schreibt sich der ungemeine Nationalstolz her, der noch jetzt den Spanier beseelt und sich selbst in seiner majestätisch klingenden Sprache ausspricht. Fast ein ganzer neuer Weltteil huldigte Karl und dessen Sohne Philipp II., dem der Vater, 1556 dem Throne entsagend, außer den österreichischen Stammlanden alles übergab, und der noch Portugal hinzuerwarb: in ihrem Reiche ging die Sonne nicht unter. Und doch begann schon unter Philipp II. Spaniens Glückssonne sich zu verdunkeln. Die Niederländer fielen ab, Engländer und Niederländer knickten die Handelsblüte; der Anbau des Mutterlandes ward vernachlässigt; selbst die Silberflotten aus Amerika wirkten sehr unheilvoll. Die Nachfolger Philipps waren schwache Regenten; 1700 starb ihr Geschlecht aus. Der darauf beginnende spanische Erbfolgekrieg (1701—1714) beraubte Spanien seiner europäischen Nebenländer und brachte einen Zweig des französischen Hauses Bourbon auf den Thron. Noch schrecklichere Zeit kam ein Jahrhundert später über das Land. Napoleon griff seit 1808 mit breitester Faust in Spaniens Angelegenheit ein, sein Bruder Joseph ward König (über den hierauf erfolgten Verlust sämtlicher Besitzungen auf dem amerikanischen Festland vergl. § 63, Anf.; 64, Anf.; 66, Anf.). Aber gegen die Fremdherrschaft wehrten sich die Spanier, ihres alten Ruhmes wert, wie die Löwen; indes als der einheimische König 1814 zurückgekommen war, brachen bald innere Unruhen über die Verfassung und über die Erbfolge aus. Die Königin Isabella II. wurde durch die Revolution von 1868 entthront, und Spanien schwankte nun einige Zeit, ob es eine republikanische oder (unter neuer Dynastie) wieder eine monarchische Verfassung annehmen sollte. Zuerst entschied es sich für letzteres. Der neu erkorene König Amadéus, der Sohn des Königs Victor Emanuel von Italien, legte jedoch nach kurzer Regierung die Krone freiwillig nieder, da er sich bei der Schwächung des Staates durch fortdauernde Parteiumtriebe nicht imstande fühlte, eine starke Monarchie aufzurichten; die darauf (1873) errichtete Republik brachte nur neue Bürgerkriege. Erst seit Ende 1874 ist Spanien wieder ein Königreich und hat ruhigere Zeiten gefunden. König Alfons XIII., der Enkel Isabellas. Den Rest der spanischen Besitzungen außerhalb Europas suche nach § 52, 6; 59, 4; 60, I; 64, 2; 70, 3.

Das Königreich Spanien hat in Europa 500000 qkm (9088 Q.-M.) Die Zahl der Einwohner beträgt 17 Mill. Die

herrschende Kirche ist die römisch-katholische, für deren Sicher=
stellung früher das Inquisitions=Gericht eiferte, ja Unzählige
auf den Scheiterhaufen brachte (Autos da Fe, d. i. Glaubens=
handlungen, bei welchen der stolzeste Adel, die Granden von
Spanien, es sich zur Ehre rechnete, hilfreich zu sein). Zur Ehre
der Kirche muß aber bemerkt werden, daß die Inquisition ebensosehr
ein Werkzeug weltlicher Despotie, wie der für ihre Herrschaft eifern=
den Kirche gewesen ist. In den oben erwähnten Stürmen ist die
Inquisition aufgehoben und der Reichtum der Kirche sehr ver=
mindert worden. Auch die Einteilung des Landes ist gegen früher
geändert, man zählt 48, meist nach ihren Hauptstädten benannte
Provinzen. (Die kanarischen Inseln, welche die Spanier zu
Europa rechnen, gelten als die 49ste.) Allein für die Geschichte haben
die Namen der alten Provinzen allein Bedeutung, haben sich auch
im Sprachgebrauch des spanischen Volkes bis heute erhalten. Wir
wollen daher bei ihnen bleiben, indem wir zugleich die Länder der
Krone Castilien und der Krone Aragon unterscheiden.

1. **Die Länder der Krone Castilien.**

a) **Neu=Castilien, die Kern= und Centrallandschaft von Spanien.**
— **Gieb die Bodengestalt bei diesem Königreiche wie später bei
jedem andern nach § 73 an!**

Madrid, fast in der Mitte der Halbinsel, einst ein armseliger Flecken,
seit Karl V. und Philipp II. Hauptstadt und Regierungssitz von ganz Spanien
in einer einförmigen, dürren und wenig angebauten Ebene, ringsum blaue
Gebirge, 600 m über dem Meere, die höchstgelegene große Stadt von Europa.
Ein mit hohen Mauern umgebenes Viereck, 3½ Stunden im Umfange; an
der westlichen Seite fließt der Bach Manzanares [manßanáres] (zum Tajo=
gebiet), unter zwei stolze Brücken gefaßt. Meist breite und gerade Straßen
(die schönste die von Alcalá), gutgebaute Häuser, viele öffentliche Plätze. Im
O. das königliche Schloß. Der Prado, ein öffentlicher Spaziergang. 500000
E. Etwa 40 km nach S.: Aranjuez [aranchués], in der Gabel des Tajo und
eines Seitenflusses, Städtchen und Lustschloß. Herrliche Gärten und Wasser=
künste. Einst Residenz der Könige in den ersten Sommermonaten. Es war
nämlich am spanischen Hofe, wo die strengste Etikette herrschte, genau bestimmt,
wie lange der Hof in jedem der genannten oder zu nennenden Schlösser sich
aufzuhalten hatte. Im NW. von Madrid am Fuß der Sierra de Guadarrama
das königliche Schloß Escoriál; als Philipp II. am Tage des heiligen Lau=
rentius den großen Sieg von St. Quentin gewonnen, führte er zu Ehren des
Märtyrers, der auf dem Roste gebraten worden ist, dieses kolossale Gebäude
in Form eines Rostes auf. Den Namen Escorial, d. i. Schlackengrube, trägt
es von den Schlacken benachbarter Bergwerke. Kloster und Königsburg wur=
den in riesenhafter Ausdehnung hier vereinigt. Große Bibliothek. Unter der
prachtvollen Klosterkirche die Königsgruft. Ebenfalls am Abhange der Sierra
de Guadarrama, 59 km von Madrid, liegt das Lustschloß La Granja oder
San Ildefonso.

§ 74. b) Spanien. 183

Den Tajo, 72 km hinab — an welchem Ufer? — Tolédo, die alte Hauptstadt Spaniens, noch genauer als Madrid in der räumlichen Mitte der Halbinsel (nahe dem dieselbe halbierenden 40. Parallelkreis), am steilen Abhange eines Berges. Der alte maurische Königspalast Alcazar [alkáßar] jetzt ein Hospital. Noch residiert hier der erste Erzbischof des Landes, aber die Einwohnerzahl von 200000, die man der Stadt im Mittelalter zuschrieb, ist auf 20000 herabgegangen. Toledoklingen.

Ähnlich zu einer kleinen Stadt herabgesunken ist Alcalá, etwas östlich von Madrid, wohin seine ehemals berühmte Universität verlegt worden ist. Hier ward auch der berühmte spanische Schriftsteller Cervantes [ßerwántes] geboren (Verfasser des Don Quixote).

In der Sierra Morena das große Quecksilber-Bergwerk Almadén.

b) Alt-Castilien, in einer kleinen Strecke an das Meer rührend; wo Santander, befestigter Hafen, Handel. Auf den weiten, unangebauten Grasflächen dieser Hochebene ziehen die meisten Merinoherden umher, d. h. wandernde, beständig im Freien bleibende Schafherden, die den Winter in wärmeren Provinzen zubringen. Ihre Wolle ist trefflich, aber das erst neuerdings aufgehobene Vorrecht der Mesta (d. h. des alten Vereins der Herdenbesitzer), die Schafe auf fremdem Grund und Boden weiden zu lassen, hat dem Ackerbau Spaniens großen Schaden gethan. Größere Städte giebt es in dem volkarmen Alt-Castilien nicht; auch das alte Burgos zählt nur 30000 E. (in der herrlichen Kathedrale eine alte Fürstengruft; in einem Kloster nahe dabei ruht der Cid). Segovia [ßegówia] mit einem von Trajan angelegten Aquädukt.

c) Asturien, der Ausgangspunkt der neuen spanischen Monarchie (§ 73, Ende), von dem der Thronerbe den Namen führte (die übrigen Prinzen Infanten, d. i. Kinder von Spanien), gut angebaut, aber ohne große Städte. Hauptstadt Oviédo.

d) Galicia [galißia], auch fleißig angebaut. Da aber die Natur nicht genug spendet, wandern viele arme Gallegos [galjégos] aus, wie die Savoyarden und arbeiten bei ihren Landsleuten und den Portugiesen als Schnitter, Wasserträger u. s. w. Hier Coruña [korunja] und Ferrol, wichtige Kriegshäfen, und im Innern Santiago (de Compostela), berühmter Wallfahrtsort, Universität. Die Spanier glauben nämlich, der Apostel Jacobus (Jago) der Ältere habe ihren Vorfahren das Christentum gepredigt und liege hier begraben.

e) Die baskischen Provinzen: Alava [álawa], Guipúzcoa, Biscaya, an dem nach der letzteren benannten Meerbusen. Hier und noch über die Pyrenäen hinaus wohnen die Basken, ein Rest der alten Iberer mit eigener Sprache. Sie sind arbeitsam und tapfer, stolz auf ihre Nationalität, höchst eifersüchtig auf ihre alten Vorrechte (Fueros), welche die spanische Regierung wiederholt zu schmälern suchte. Von Frankreich und Spanien spricht der Baske wie von fremden Ländern. Sprichwörter: „Flink wie ein Baske" — „jeder Baske ein geborener Hidalgo" [idálgo] (d. i. Edelmann). Binnenorte Vittória und Bilbao, der Grenzort Irun am? — die Seefestung San Sebastian [ßán ßebastián].

f) Navarra, auch mit baskischer Bevölkerung, die jedoch hier ihre alte Sprache mit dem Spanischen vertauscht hat; befestigte Hauptstadt Pamplona.

g) León, darin Valladolid [waljabolíd], einst die Residenz der castilischen Könige, 60000 E. Salamanca [ßalamánka], altberühmte Universität.

h) **Estremadura**, nur teilweise fruchtbar, trocken, oft vier bis fünf Monate kein Regen, wenig angebaut. Merke die starke Grenzfestung **Badajoz** [badachóß] am — gegenüber welcher portugiesischen? Weiter den Strom aufwärts **Mérida**, jetzt klein, aber als **Emérita Augusta** zur Römerzeit blühend. Viele römische Altertümer. Manche Häuser sind ganz aus Schäften und Kapitälen alter Säulen u. dergl. gebaut. Auch im Mittelalter noch bedeutend. — In der Nordostecke der Provinz das Kloster **San Geronimo** [cherónimo] de **Yuste** [juste], bei welchem das Landhaus stand, in dem Karl V. seine letzten Tage verlebte.

i) **Andalusien**, die gesegnetste und bevölkertste Provinz der Monarchie. Hauptstadt **Sevilla** [sewilja], einst **Hispalis**, am linken Ufer des Guadalquivir, dem Umfange nach die größte Stadt Spaniens, 140000 E. (einst dreimal so volkreich). Die Straßen eng, die meisten Häuser morgenländisch gebaut. Kathedrale mit dem Turme **Giralda** [chiralda], dem höchsten in Sevilla. Aquädukt aus der Römer-, Königspalast (**Alcazar** [alkáßar]) aus der Maurenzeit. Besuchte Universität. Früher Lehrschule für die beliebten **Stiergefechte** (**Matadóres** = Töter, die dem Stier den Todesstoß versetzen). Die größte Tabaks- und Zigarrenfabrik in Europa (Cigarro, ein spanisches Wort = Rolle). Handel. Spanisches Sprichwort: Wer Sevilla nicht gesehen, der hat nichts Merkwürdiges gesehen.

Den Strom hinauf, am rechten Ufer liegt **Cordoba** [kórdowa], einstmals die weltberühmte Residenz der arabischen Kalifen, mit einer damals vor allen anderen ausgezeichneten Hochschule; jetzt 60000 E. Kathedrale (einst Hauptmoschee) mit 100 Kapellen und 1000 bunten Marmorsäulen; alter maurischer Königspalast, jetzt Gestüt für die bekannten andalusischen Pferde. Fabriken für Leder (Corduan). Vaterstadt der römischen Schriftsteller **Seneca** und **Lucan**.

Nach der Südspitze zu **Jerez** [chereß] de la Frontéra, 65000 E., Weinbau (bei uns der Jerez-Wein **Sherry** [scherri] genannt), Schlacht 711 zwischen Goten und Arabern (§ 73, Ende).

An der Küste merken wir das Hafenstädtchen **Palos**, von dem Columbus (Colon) aussegelte, und die wichtige **Isla de Leon**, durch einen schmalen Meeresarm vom Festlande getrennt. Auf dieser Insel liegt erstens die Seestadt gleiches Namens, dann aber auf einer im NW. weit vorspringenden Landzunge **Cadiz** [kádis], das phönizische **Gades**, bedeutende Handelsstadt, Freihafen, eine der stärksten Festungen der Welt, oft mit Ruhm verteidigt. Ringsumher an den Küsten der Insel und des Festlandes deckende Forts (Trocadéros). Die Stadt regelmäßig, nett und reinlich, wie aus dem Meere aufsteigend, die weißen Häuser fast gleichmäßig gebaut, mit platten Dächern und viereckigen innern Höfen und Cisternen, da Trinkwasser fehlt. Unter den 62000 Bewohnern viele Fremde.

Im SO. das Kap **Trafalgar**, in dessen Nähe 1805 der englische Admiral **Nelson** [nels'n] über die französische Flotte siegte und starb.

k) **Granáda** (sonst auch Ober-Andalusien genannt), an Glut und Produktion das europäische Afrika (§ 73). Die Hauptstadt **Granada**, auf einer reizenden Bergebene, 75000 E., zur Maurenzeit 400000; Universität. Die Bauart ist noch ganz maurisch. Auf einer Anhöhe der Stadtteil **Alhambra**, darin der verfallende Palast der alten Maurenkönige gleiches Namens, mit schlanken Säulenwäldern, prächtigen Säulen und Höfen (der Löwenhof). Von dieser Höhe eine der herrlichsten Aussichten der Welt.

Am Meere **Málaga**, Hafen und Handelsstadt, 130000 E. Ausfuhr von Südfrüchten und Wein, der auf dem Thonschiefer der Südküste vortrefflich gedeiht. In dem Stadtgebiete 7000 Weinberge.

l) **Murcia** [múrßia], die Hauptseidenprovinz. Binnenstadt **Murcia**, 100000 E.: **Cartagena** [kartachéna], befestigte Seestadt und Kriegshafen, einst von Hasdrubal als **Neu-Karthago** zur Hauptstadt aller karthagischen Kolonieen bestimmt, 80000 E.

II. Die Länder der Krone Aragon.

m) **Aragón** oder **Aragonien**, auf beiden Seiten des —? **Zaragoza** [ßaragéßa], auf dem rechten Ebrouser, 90000 E.; Universität. Wallfahrtsbild der Madonna vom Pfeiler (del Pilar). In dem napoleonischen Kriege wehrte sich die nur schwach besetzte Stadt 60 Tage gegen die Franzosen, die Straße für Straße, Haus für Haus erobern mußten. Die Spanier sind überhaupt die besten Festungsverteidiger, wegen ihrer tapfern, hartnäckigen Ausdauer, dann wegen ihrer großen Mäßigkeit. Sprichwort: „Oliven, Salat und Radieschen sind Speisen eines Ritters." Der Name Trunkenbold ist das beleidigendste Schimpfwort.

n) **Catalónien**, stark bevölkert. Die Bewohner sind, weil das Land als Vorstufe der Pyrenäen nicht genug Getreide erzeugt, auf Handel und Industrie angewiesen.

Barcelona [barßelóna], bedeutende Festung und Handelsstadt, auch Universität, 270000 E. Sie liegt halbmondförmig am Meere; im O. die Citadelle, im W. auf steiler Höhe das Fort Montjouy. Beide bestreichen den zwar sichern, aber etwas flachen Hafen. Die Stadt ist gut gebaut, besonders die Vorstadt **Barceloneta** [barßelonéta]. Barcelona ist der Hauptsitz der spanischen Industrie.

Landeinwärts, 45 km nach NW. liegt der **Montserrát** (d. i. der zersägte Berg) 1200 m. Ganz einzeln auf der Ebene dastehend, das Haupt oft in den Wolken des Himmels, scheint er zu einem heiligen Berge wie gemacht. Ungefähr in der Mitte das Hauptkloster. Dann die rauhen Felsenzacken hinauf 13 Einsiedeleien. Die auf der Spitze ward immer von dem jüngsten Einsiedler bewohnt, der, wenn einer seiner untern Brüder starb, nachrückte; so kamen die Alten dem Kloster immer näher. Wallfahrtsort. Jetzt ist das Kloster sehr heruntergekommen, die Einsiedeleien stehen leer.

An der Meeresküste, nordöstlich von Barcelona, liegt die Handelsstadt **Mataró**, s. s. w. **Reus** [rä-us], mit dem Hafen **Salon** [ßalón], zu Anfang unseres Jahrhunderts noch ein Dorf, jetzt auch durch Handel blühend. Um so mehr hat sich aber der Verkehr von dem Reus nahe gelegenen **Tarragona** (Tarraco) weggewendet, das einst bedeutend genug war, um zur Römerzeit diesem östlichsten Teile Hispaniens den Namen des tarraconensischen zu verleihen.

Unter den vielen Festungen der Provinz nach der französischen Grenze zu merke **Gerona** [cheróna].

Dicht an der französischen Grenze in einem rings umschlossenen Hochgebirgsthal der Pyrenäen die kleine Republik **Andorra**, welche, aus einigen Dörfern und Weilern bestehend, seit den Tagen Karls des Großen unter spanischem und französischem Schutz ihre Freiheit bewahrt hat.

o) **Valencia** [walénßia], ein reizendes, fruchtbares Küstenland, „das spanische Paradies." Die schöne Stadt **Valencia**, 170000 E., liegt in einer paradiesischen Gegend, die man den Garten von Valencia nennt. In der

Kathedrale der Hochaltar aus 18½ Kubikmeter massiven Silbers. Universität. Große Fabriken in Sammet und Seide. Schöne Alaméda, d. h. mit Baumreihen bepflanzter Spaziergang. Solche Alamedas giebt es bei allen größeren spanischen Orten; auf ihnen an den frischen Abenden reges Leben der Bewohner. Da klingt das Getön der im Süden heimischen Instrumente, der Guitarre und der Castagnetten, da kann man wohl auch den Nationaltanz, den Fandango, unter reger Teilnahme der Zuschauer tanzen sehen. — Im S. der Stadt der Küstensee Albufera, mit reicher Jagd und Fischfang. Zweimal im Jahre ist dort für die Einwohner von Valencia freie Jagd. Großes Volksfest.

Weiter nach S. an der Küste Alicante, Hafen, Handel. In der Umgegend Südfrüchte und Wein.

p) Der Provinz Valencia gegenüber liegt die zu Spanien gehörige Inselgruppe der Balearen (d. i. Schleuderer=Inseln, weil ihre Einwohner in den Heeren der Alten die besten Schleuderer waren).

Wir merken die drei großen Inseln, wie sie vom Lande aus nach NO. zu folgen. Sie sind alle sehr gebirgig.

Iviza, 90 km von der Küste.

Mallorca [maljórka] oder Majorca, mit der festen Stadt Palma, 60 000 E.

Menorca, darauf Festung Mahon [maón] mit einem der vorzüglichsten Häfen des Mittelmeeres.

Noch merken wir einen seit 1704 den Engländern gehörenden Ort. Am östlichen Ende der großen Meerenge von Gibraltar hängt durch eine sandige Niederung, den sogenannten neutralen Boden, mit dem Festlande eine 400 m hoch getürmte, felsige Landzunge zusammen. Eine Stunde läuft sie von N. nach S. ins Meer, eine halbe Stunde ist sie breit. Im N. und O. kann man das Kalksteingebirge gar nicht ersteigen, im W. ist an den Felsen die Stadt Gibraltar, 26 000 E., gelehnt oder fast hineingehauen, was wenigstens von den sich bis 300 m hinaufziehenden Festungswerken gilt. Sie ist, wie die Erfahrung der hitzigsten Belagerungen gezeigt hat, uneinnehmbar. Mit Recht gilt sie für den Schlüssel zum Mittelmeer.

§ 75.

Die Alpen.

Das europäische Hauptgebirge, der Gebirgskern des Erdteils, die Alpen (d. i. die Weißen, keltisch), liegt fast genau in der Mitte zwischen Äquator und Nordpol, etwas nördlicher als der Kaukasus und die Pyrenäen. Im SW. berühren die Alpen das Mittelmeer ungefähr da, wo der Küstenfluß Var mündet. Von dort umzieht ein Gebirgsflügel den Meerbusen von Genua, in welchem die Beschaffenheit seines Gesteins (Schiefer und Serpentin) einen Ausläufer der Alpen erkennen läßt. Man nennt ihn aber den ligurischen Apennin und rechnet ihn damit dem großen italienischen Gebirgszuge zu, obwohl das Kalkgebirge der Apenninen erst an der Trebbia anhebt. Im O. erreichen die Alpen einerseits die Donau bei Wien, andererseits das Nordende des adriatischen Meeres; jenes Nordostende berührt beinahe die Karpaten, dieses Südostende geht allmählich in die dinarischen Alpen der griechischen Halbinsel über. Faßt man die Alpen in ihrer Gesamtausdehnung ins Auge, so bilden sie die Form eines Füllhorns, dessen gebogene Spitze am Mittelmeer liegt und dessen Öffnung nach der ungarischen Tiefebene gerichtet ist. Im allgemeinen nimmt die Höhe der Alpen von ihrer höchsten Erhebung im Montblanc gegen S. und gegen O. ab, dagegen die Breite und Gespaltenheit zu. Die Länge des ganzen Zuges beträgt über 1000 km, die von ihm bedeckte Fläche 220 000 qkm (4000 Q.-M.). Dazu gehören 1) von Italien die Landschaft Piemont, der Nordrand der Lombardei und Venetiens; 2) von Frankreich: Nizza, Savoyen, Provence und Dauphiné; 3) der Alpenteil der Schweiz, Bayerns und Österreichs.

Die Alpen sind kein Kettengebirge, sondern sie bestehen aus einer großen Zahl von Gebirgsmassivs, welche an- und ineinander geschoben erscheinen und von kürzeren, in verschiedenen Richtungen streichenden Höhenzügen begleitet und durchzogen werden. Diese kettenartig gestalteten Bergzüge sind die ältesten Bestandteile des Gebirges. Sie bestehen an der ganzen Außenseite des großen Alpenbogens aus Kalkgestein, ebenso an der Innenseite vom Lago maggiore [madschôre] an ostwärts; in der Mitte zwischen beiden bestehen sie dagegen aus Schiefer. Diese geschichteten Gesteine sind nun an sehr vielen Stellen von krystallinischen Gesteinmassen durchbrochen, so daß sie teils emporgehoben, teils steil aufgerichtet, teils zurückgedrängt sind. Die durchbrechenden krystallinischen Gesteine wieder haben sich teils pyramidal aufgebaut, teils ihre Felsmassen fächerartig auseinander gelegt. Solcher Massivs mit krystallinischem Kerne zählt man über 30. Daher die unregelmäßige Lage der Hochgipfel, die ungleichmäßige Massenverteilung im Gebirge, die Zerstörung der Regelmäßigkeit in den Streichungslinien, aber auch die Wegsamkeit des Alpengebirges. Erst im östlichen Drittel unterscheidet man deutlich eine Mittelkette mit den höchsten Gipfeln (Centralalpen) von einer nördlichen und einer südlichen Kette, in denen aber auch noch echt hochalpine Erhebungen vorkommen.

Nach ihrer Höhe unterscheidet man 1) Voralpen, bis 1500 m, die Zone der Waldungen und Frühlingsweiden fast ausschließlich auf der Nordseite. Sie bestehen aus tertiären Bildungen, besonders der Molasse, einer Art Sandstein, dessen schräg gegen die eigentlichen Alpen gehobene Schichten beweisen, daß die Hebung der krystallinischen Gesteine aus dem Erdenschoß der nachtertiären, also der jüngsten Periode der Erdgeschichte angehört (§ 24 A). Die Voralpen (nicht zu verwechseln mit dem breiteren Gürtel der Kalkalpen, welche ihrer Höhe nach durchaus nicht zu den Voralpen gehören) umlagern den Alpenhalbmond besonders auf seiner dem Stamme Europas zugekehrten Seite und bergen bevölkerte Thäler und Dörfer, Flecken und Städte. 2) Mittelalpen, bis 2500 m, etwa von der Grenze des Baumwuchses bis zum ewigen Schnee; sie enthalten die Alpentriften mit den alpinen Kräutern und Blumen, welche an die Polarzone erinnern und die höchsten Sommerweiden schmücken; sie sind die Heimat der dem Alpenlande eigentümlichen Tiere wie Gemse, Steinbock, Murmeltier. 3) Die Hochalpen oder die Region des ewigen Schnees, über 2500 m; sie haben scharf gekantete Joche, schmale Felsenkämme und Firste, steile Wände, tiefe Schluchten; die Gipfel stellen sich meist als schroffe Hörner oder spitzige Zacken und Nadeln dar. Da die Grenze des ewigen Schnees in den Alpen an der Nordseite in 2700 m Höhe, an der Südseite in 2860 m Höhe liegt, so sind die Hochalpen, wo nicht zu steile Abstürze in grauer Nacktheit dazwischen treten, mit ewigem Schnee (Firn) bedeckt. Es ist derselbe nicht flockig, sondern feinkörnig, blendend weiß und fest.

Unter der Schneegrenze lagern Gletscher, nach der Verschiedenheit der Gegend auch Ferner (Kees), französisch Glaciers, italienisch Vedrette (Singular Vedretta) genannt. Einzelne mehr wagerechte Gletscher hat man Eismeere genannt. Diese Gletscher sind gepreßte Schneemassen, welche durch Auspressung der Luft eisähnlich werden; wie gefrorene Ströme ziehen sie sich von den Höhen des ewigen Schnees in den Hochgebirgsthälern hinab, der Grindelwaldgletscher reicht sogar bis 983 m herab. An ihrem unteren Ende geben sie abtauend einem meist trüben Alpenwasser den Ursprung. Man zählt in den Alpen über 600 Gletscher und schätzt die von ihnen bedeckte Fläche auf 4000 qkm (70 Q.-M.).

In den wildesten Teilen der Hochalpen sind gewaltige Gebirgsmassen noch von keinem Menschenfuße betreten und erheben namenlose Hörner in die Luft, die nie eines Menschen Stimme, nur der sausende Flügelschlag eines Bartgeiers berührt hat. Manches in den zerrissenen Armen der Hochalpen ruhende Thal ist kaum von eines Jägers Fuße betreten und unbekannter als die Küste der entlegensten Inselgruppen oder das Uferland des Nil und Mississippi. Indes verringert sich von Jahr zu Jahr der Umfang dieser terra incognita durch den Eifer der Alpen-Klubs.

Die Riesenmassen von Schnee und Eis, welche gerade im höchsten Sommer den meisten Wasservorrat liefern, verbunden mit dem ungeheuren Niederschlag auf dem Hochgebirge, erklären den überaus großen Wasserreichtum der Alpen. Tausend kleinere Gebirge, in denen sich der Reisende über den spärlichen, erst aufgesammelten Wasserfall freut, könnten von den Alpen verschwenderisch ausgestattet werden. Nicht aber bloß der üppige Reichtum an Seeen, Flüssen, Wasserfällen u. s. w. entzückt, sondern auch die herrliche grüne Farbe, welche die klaren und durchsichtigen Gewässer auszeichnet.

Die obere Rhone, der obere Rhein, der Inn von Landeck an, die obere Enns einerseits, und andererseits die Mienz und die Drau durchziehen die großen Längsthäler der Alpen, welche innerhalb des großen Ostflügels der Alpen die nördlichen und südlichen Kalkalpen von den Centralalpen scheiden. Zahlreiche Querthäler, das Gebirge durchsetzend, münden in sie ein. So entstehen von Thal zu Thal Straßen für Heere oder wandernde Völker. Den Übergang einer Straße aus dem einen Hauptthale in ein anderes auf dem entgegengesetzten Alpenabhange bilden die tiefsten Einsenkungen des Kammes oder die Alpenpässe, teils Saumpfade, teils die großartigsten Wunderwerke des Wegebaues. Die Pässe sind in den Alpen, im Vergleich mit andern Hochgebirgen, am zahlreichsten (über 30), am tiefsten und bequemsten; am niedrigsten in den Ostalpen. Von andern Hochgebirgen (Kaukasus, Kordilleren, Himalaja) unterscheiden sich die Alpen überhaupt durch ihre größere Zugänglichkeit, Anbaufähigkeit und Bewohnbarkeit.

Den bei weitem größten Teil der Alpen, ihren ganzen weitgedehnten Nordabhang haben Deutsche inne, die hier für die Freiheit ihrer Berge oft mannhaft gestritten. Am West- und Südfuße leben Romanen (Franzosen und Italiener), in einigen Thälern der Ostalpen Slaven. Obwohl in den Thälern der höheren Alpen von Getreidebau kaum mehr die Rede ist, so ist das Gebirge doch im ganzen stark bewohnt. Es ist ein kräftiges, rüstiges Volk; in einigen Thälern giebt es aber auch Cretins, arme, halbblödsinnige Menschen mit Kröpfen. Viehzucht und Benutzung der Milch macht im eigentlichen Hochgebirge die Hauptbeschäftigung aus. Aber Stallfütterung kennt man nur im Winter. Im Sommer weidet das Vieh 12—14 Wochen auf der Alp oder Alm, zieht im festlichen Zuge aus und kommt ebenso festlich zurück. Diese Alpen oder Almen sind mit Gras und Kräutern bewachsene Hochflächen oberhalb der Waldgrenze, jedoch noch unterhalb des letzten Anstiegs zu den höchsten, firnbedeckten Kämmen. Die Hirten oder Sennen (in den östlichen Alpen mehr Sennerinnen) wohnen in Hütten, die aus übereinander gelegten Balken errichtet sind, das Dach mit großen Steinen gegen die Gewalt des Windes beschwert. Zu diesen Hütten kehrt das Vieh, dem reichen Besitzer im Thale gehörig, am Abend heim und wird gemolken. Wie fett und wohlschmeckend, was an Milch, Rahm und Käse gewonnen wird! (Butterbereitung nur in den östlichen Alpen.) Andere Alpenbewohner beschäftigen sich mit der Jagd. Bären und gar Steinböcke sind große Seltenheiten; meist macht man sich auf, den „flüchtigen Gemsbock zu jagen", und das unter großen Gefahren. Noch auf gar manche Weise versucht der arme Älpler sich durchzuhelfen. Bald ist er Holz=, Horn= und Knochen=schnitzer, bald geschickt in allerlei Flechtarbeit, bald durchzieht er mit seinen Waren das Tiefland oder läßt in der Fremde seine Alpenge=sänge hören. Viele lassen sich als Konditoren in größeren Städten nieder. Aber immer zieht es den Schweizer unwiderstehlich nach der Heimat. Zwar geht es ihm hier oft kümmerlich; zwar bedrohen ihn manche Gefahren: wie die zumal im Frühjahr oft schreckliche Ver=wüstungen anrichtenden Schneestürze oder Lawinen, seltener eigent=liche Bergstürze — aber doch fühlt sich das Kind der Alpen nirgends anders recht glücklich, und man hat die Erscheinung des Heimwehs nie ergreifender beobachtet, als wenn z. B. ein Schweizer, fern von der Heimat, die Melodie des unter seinen Sennen üblichen Kuh=reigens gehört hat.

Aber auch die Bewohner der ringsum liegenden Länder fühlen sich unwiderstehlich zu den Alpen hingezogen, welche einen unaus=löschlichen Eindruck der Erhabenheit und Majestät in der Seele des Beschauers zurücklassen. Die Alpen sind jährlich das Ziel einer Unzahl von Reisenden. Schwer ist zu sagen, was am meisten er=greift, erhebt und entzückt, ob der Anblick einer gezackten, weißschim=mernden Alpenkette aus der Ferne — ob das Glühen der Alpen am Morgen und Abend — ob die Alpenflüsse und Alpenseeen, mit ihren bald schroffen und wilden, bald sanfteren Ufern, die großartigen Wasserfälle der Alpenbäche — ob die frischgrünen Alpen mit ihrem reichen, kurzgestielten Blumenflor, „wo, von der Genziane und Anemon' umblüht, auf seidnem Rasenplane die Alpenrose glüht" — ob der Gegensatz des Schrecklichen und Lieblichen, die sich hier oft in unmittelbarer Nähe berühren, — ob die reine, frische Bergluft — ob die bald lieblichen, bald erhabenen Aussichten. Manche Ausländer freilich treibt nicht Andacht, sondern fade Modelust in diesen Tempel der Natur, den sie nicht verstehen, — sie sind es auch besonders, die

durch ihren Luxus und ihre Gelüste hie und da die Natur der Alpen=
bewohner in Habsucht und Üppigkeit verkehrt haben.

Man kann in dem ganzen Alpenzuge zwei **Hauptflügel** unter=
scheiden, von denen der Westflügel die **Westalpen**, der Ostflügel die
Mittelgruppe und die **Ostalpen** umfaßt. Die auf den Landkarten
üblichen, zum Teil schon aus den Römerzeiten herrührenden Namen
einzelner Alpenteile sind den Alpenbewohnern selbst meist ganz
unbekannt. Wir wollen daher das Gebirge nach den Linien einteilen, welche die großen Thäler durch dasselbe ziehen. Zugleich merken
wir uns dabei die wichtigsten **fahrbaren** Alpenstraßen; die nur für
den Fußgänger oder den sichern Tritt der Maultiere oder Saumrosse
geeignet sind, nennt man **Saumwege**. „Im Nebel sucht das Maul=
tier seinen Weg."

I. Der Westflügel.

Die **Westalpen** ziehen vom Mittelmeer bis zum Montblanc, im
ganzen mit **nördlicher** Richtung, mit steilem Abfall nach O., weil an dieser
Seite ihnen keine Kalkalpen vorgelagert sind, mit sanfterem nach W. Gen O.
wohnen Italiener, gen W. Franzosen.

1) Die **Seealpen**, schon bei den Alten Alpes maritimae, vom Paß
Col di Tenda, wo der ligurische Apennin beginnt, bis zum Monte
Viso, 3800 m, zwischen Nizza, Piemont und Provence. Die Thäler der
Durance und des obern Po bilden die Grenze.

2) Die **cottischen Alpen** (bei den Römern von einem Tributkönige
Cottius, einem Zeitgenossen des Augustus, genannt) vom Monte Viso in
einem nach W. ausgeschweiften Bogen über die Gruppe des Mont Velvour
mit dem **Mont Genèvre** bis zum **Mont Cenis**, 3600 m, zwischen Pie=
mont und Dauphiné. Seit 1871 ist durch einen 12 km langen Tunnel=Durch=
bruch s. w. von Mont Cenis, der einen kühnen Eisenbahnbau von der ita=
lienischen Ostseite mit einem eben solchen von der französischen Westseite herauf
in Verbindung gesetzt hat, Italien mit Frankreich durch diese Felsmauer der
cottischen Alpen verbunden (sogenannte **Mont Cenis=Bahn**). — Die cot=
tischen Alpen sind meist Hochalpen; die an der Westseite ihnen breit bis zur
Rhone vorgelagerten Kalkalpen sind die westlichsten Zweige des ganzen
Alpenzuges.

3) Die **grajischen Alpen** vom Mont Cenis in einem Bogen nach O.
nördlich vom Montblanc, zwischen Piemont und Savoyen. In ihnen der
Mont Iseran, 4000 m, und der **Kleine St. Bernhard**, über welchen
wahrscheinlich Hannibal den berühmten Übergang machte. Die Thäler der
Arve und der Dora Baltea bezeichnen ihre Grenze. Die grajischen Alpen
sind auch meist Hochalpen; nur im W. sinken sie in die Mittel= und Vor=
alpenregion.

II. Der Ostflügel.

A. Die **westliche Hälfte** des Ostflügels (die **Mittelgruppe der Alpen**)
erstreckt sich von den Thälern der Arve und Dora Baltea, die vom Mont=
blanc herabsteigen, bis zum Engadin, dem Thale des obern Inn. Sie ist
vorwiegend von Deutschen bewohnt.

a. Die Centralalpen der Mittelgruppe.

An der westlichen Ecke der Mittelalpen ragt der höchste Berg der Alpen und des ganzen Erdteils, der Montblanc, 4810 m. Er erhebt sich zwischen dem vielbesuchten savoyischen Thale von Chamonix (der Arve) und dem piemontesischen Thale von Bani (der Dora Baltea) als eine ungeheure Eis- und Schneepyramide, die nach S. fast senkrecht abgeschnittene Felswände zeigt. An seinem Gipfel, der von ONO. angesehen wie ein Kamelbuckel aussieht und drei Spitzen hat, reiht sich eine Kette spitzer Granitfelsen, Aiguilles genannt; unter den vier größeren und zwei kleineren Gletschern, die vom Montblanc in das Chamonixthal herabbringen, ist der besuchteste das berühmte Eismeer (mer de glace). Überhaupt umlagern 23 Gletscher den Bergriesen. Erstiegen ist der Montblanc zuerst 1786 durch Poccard, 1787 durch den Naturforscher Saussure, hernach öfters, besonders auch in den letzten Jahren. Man unternimmt die Fahrt meist von dem lieblichen Thale von Chamonix aus. Die Aussicht erstreckt sich weithin über die Alpenketten.

Vom Montblanc ziehen sich zwischen Piemont und dem Schweizercanton Wallis die Walliser Alpen, auch wohl die penninischen (von dem keltischen Worte penn d. i. Spitze) genannt. In ihrem Zuge liegt der Große St. Bernhard; zwischen seinen beiden Gipfeln geht eine Hauptstraße von Piemont nach Wallis; auf der Höhe des Überganges, in einer Art Schlucht, aber doch noch 2500 m hoch, steht ein Kloster, in dem 12 Bernhardinermönche wohnen. „Der Hohlweg senkt sich tiefer, durch Felsenzacken blickt des Klosters dunkler Schiefer, mit weißem Kreuz geschmückt." Der Beruf dieser Väter ist, Reisende zu bewirten, zu pflegen (wofür sie nur von den Reicheren Geschenke annehmen) — besonders auch in Schnee und Sturm Verunglückte aufzusuchen und zu retten. Dazu sind ihnen die treuen und verständigen Hunde behilflich, welche in gefährlicher Zeit suchend in der Umgegend umherspüren, ein Brötchen und ein Fläschchen Wein für Verschmachtete am Halse. Der Hund Barry (jetzt ausgestopft im Museum in Bern) hat während seiner Dienstzeit 40 Menschen aufgefunden und gerettet. Die alte Rasse ist indessen ausgestorben; Abkömmlinge von ihr sind die Leonberger. Jährlich kehren etwa 20000 Reisende im Hospiz ein. Von diesem Passe etwa 45 km nach O. liegen das kühn aufragende Matterhorn, 4500 m, und der 1803 zuerst erstiegene Monte Rosa, 4600 m, der aus einer Gruppe kranzförmig liegender Hochgipfel besteht, steiler und malerischer, von S. her geschaut, als der Montblanc. Im O. endigen die Walliser Alpen, der höchste und wildeste Teil des Gebirges, bei dem Simplon- (deutsch Simpeln-) Paß. Hier führt die Simplonstraße über die Alpen, ein Bau Napoleons I. Von dem wallisischen Ort Brieg an bis zum piemontesischen Domo d'Ossola (óssola) ist sie 14 Stunden lang und ersteigt eine Höhe von 2000 m. Um dies zu erreichen, hat man Gänge, Galerieen, durch die Felsen sprengen müssen; die längste ist die von Gondo, fast 700 Schritt lang, durch den härtesten Granit gehauen, in der wildesten Gegend des Passes, zwischen den prächtigsten Wasserstürzen. Auch an dieser Straße liegt ein Hospiz.

Ein schmaler, aber hoher Gebirgsrücken führt zu der zerrissenen, vielgipfligen Felsmasse des St. Gotthard hinüber, einem gewaltigen Felsenrücken mit vielen kleinen Seeen und Gletschern, von welchem nach allen Himmelsgegenden Alpenzüge ausstrahlen und mächtige Gewässer strömen. Über ihn führt aus dem Thale der Reuß in das Thal des Tessin eine uralte Handelsstraße von Deutschland nach Italien; aber seitdem die Eisenbahn mit einem 15 km langen Tunnel den Berg von Göschenen nach Airolo durchbohrt hat, nimmt der große Verkehr seinen Weg durch den Berg hindurch.

Vom Simplonpasse zieht sich ostwärts ein mächtiger Gebirgsstock, dessen Hauptteil die Graubündener Alpen sind, den Walliser Alpen ähnlich, doch weniger gedrängt und von geringerer Höhe. Man nennt ihn auch wohl die lepontinischen Alpen nach dem keltischen Gebirgsvolke der Lepontier (im W.) und die rätischen Alpen nach dem alten Rätien (im O.). Sein Ende bezeichnet das Engadin. Hinüber führt aus dem Thale des Hinterrhein durch die Via mala über den Splügen zum Comersee der Splügen=Paß. Beim Septimer, an der Westseite des oberen Engadin, wendet der Gebirgszug sich nach NO. bis gegen Landeck hin.

b. Die nördlichen Kalkalpen der Mittelgruppe.

Den ganzen Raum vom Querthal der Rhone, in dem sie sich dem Genfer See zuwendet, bis zum obern Lech erfüllen die nördlichen Kalkalpen der Mittelgruppe, welche wir eingehender in § 86 betrachten wollen. Ihre Teile sind:

1) Die Berner Alpen. In sie bringt ein Gebiet schiefrigen und krystallinischen Gesteins (Protogin, Gneis und Glimmerschiefer) ein, das Rhonethal nordwärts überschreitend. Daher kommt es, daß die Berge des Berner Oberlandes eine Mächtigkeit erreichen, welche derjenigen der Walliser Alpen nahe kommt. Die höchsten Gipfel sind das gletscherumstarrte Finsteraarhorn, 4300 m, und die in einen flimmernden Schneemantel gehüllte, wenig niedrigere Jungfrau, von welcher der größte Gletscher Europas, der 20 km lange und 2 km breite Aletschgletscher nach dem Rhonethal zu hinabsteigt. Das westliche Ende dieses Gebietes bezeichnet der im Zickzack steil hinabführende Saumpfad der Gemmi, die tiefste Einsenkung der Saumpfad der Grimsel.

2) Die Vierwaldstätter Alpen, nördlich vom Brienzer See, schieben nach N. den wunderbar gezackten Pilatus vor.

3) Die Glarner Alpen östlich vom Haslithal. Auch in sie erstreckt sich das krystallinische Gebiet hinein bis zu dem dreigipfligen Tödi, der darum noch bis zu einer Höhe von 3600 m aufsteigen kann.

4) Die Schwyzer Alpen, ostwärts der Reuß, drängen sich ähnlich mit dem mächtigen Gebirgsstock des Rigi, 1800 m, in den Vierwaldstätter See hinein.

5) Die Appenzeller Alpen, mächtig mit den Churfirsten aus dem Wallensee ansteigend, reichen bis an den Rhein.

6) Die Vorarlberger und Algäuer Alpen erfüllen den Raum vom Bodensee bis zum Lech. Sie sind dem Rhätikon und dem Silvretta=Gebirge vorgelagert, über welches der Fluela=Paß in das obere Engadin hinabführt. Der 10 km lange Arlberger Tunnel durchbohrt sie zur Verbindung des Rhein= mit dem Innthale.

c. Die südlichen Kalkalpen der Mittelgruppe.

An der Südseite fehlen der Mittelgruppe, wie dem ganzen Westflügel an seiner östlichen Seite, die Kalkalpen völlig. Sie beginnen erst mit dem tiefen Spalt des Langensees und reichen bis zum Comersee hinüber. In zackig gewundener Linie sondern sie sich von dem krystallinischen Gebiete ab: daher die wunderliche Gestalt des Luganer Sees, welcher den trennenden Spalt ausfüllt.

B. Die östliche Hälfte des Ostflügels (die Ost-Alpen).

Östlich vom Engadin fehlt den Alpen zunächst jede Kettenbildung. Bis zu der Einsenkung des Brenner Passes bestehen sie aus einzelnen mächtigen, zum Teil weitverzweigten Gebirgsstöcken. Erst im Osten des Brenner hebt eine Kettenbildung wieder an. Bewohnt sind die Ost-Alpen überwiegend von **Deutschen**, doch haben zumal in den ostwärts gerichteten Längsthälern sich **Slaven** weit hinaufgezogen.

a. Die Centralalpen der Ostgruppe.

Am Südende des Engadin erhebt sich der Granitkoloß des **Bernina**, dessen höchste Spitze der **Piz Bernina** über 4000 m aufsteigt. Der aussichtsreiche, leicht zu ersteigende **Piz Languard**, 3300 m.

Durch das Thal der Abba wird von ihm getrennt der gegen SO. abgerückte **Monte Adamello**, gleichfalls ein Granitstock, 3600 m.

Die Abba entquillt der **Ortles-Gruppe**, welche der Trias-Formation angehört. Wie eine Insel liegt sie innerhalb des krystallinischen Gebietes, dem sie nicht angehört. Strahlenförmig gehen niedrigere Ketten nach allen Seiten von der gewaltigen, 3900 m hohen, mit Schnee und Eisfeldern umgebenen Pyramide des **Ortles** aus. An seinen Gletschern führt eine prachtvolle Kunststraße aus Tirol nach Bormio (Worms) in der Lombardei. Die Straße über dieses Stilfser Joch, öfters auch Wormser Joch genannt, war im Bau noch schwieriger als die Simplonstraße und ist die höchste fahrbare Straße in Europa. In 52 Windungen steigt sie aus Tirol auf die Höhe von 2800 m und in 38 nach Italien hinab. Auch hier Galerieen und Zufluchtshäuser (Cantonièras): zur Seite das majestätische Haupt des Ortles.

Nördlich von dem Ortles und dem Thale der obern Etsch, dem Vintschgau, liegen in dem großen Winkel des Inn die **Tiroler Alpen**. Sie bilden einen gewaltigen Gebirgsstock, dessen höchste Erhebung im S. über den Ötzthaler Fernern liegt, von wo er sich nordwärts in langen Zügen mit tief eingerissenen Thälern verflacht.

Ihr Ostende bezeichnet die Einsenkung des **Brenner Passes** aus dem Thale der Sill (zum Inn) in das Thal des Eisack (zur Etsch). Wegen seiner geringen Höhe von nur 1352 m wurde derselbe von alten Zeiten her als der bequemste Übergang über die Alpen, als die gewöhnlichste Verbindungsstraße zwischen Süd und Nord benutzt, wie jetzt die Eisenbahn über ihn hinweg Innsbruck und Bozen verbindet (deshalb **Brenner-Bahn** genannt).

Östlich von der Brennersenke kommt es noch einmal zu einer Kettenbildung zwischen den Längsthälern der Salzach und Enns im N., der Drau im S. Da, wo die Kette mauerartig ungetrennt ist, nennt man sie die **Hohen Tauern**; hier ragen die höchsten Gipfel, so der **Groß-Glockner**, 3800 m. Weiter ostwärts, wo sie durch die Längsthäler der Mur und der ihr entgegenfließenden Mürz gespalten wird, nennt man sie **steirische Alpen**; hier überragt kein Gipfel mehr die Schneelinie.

b. Die nördlichen Kalkalpen der Ostgruppe.

1) Die **bayrischen Alpen** nördlich vom Inn mit der **Zugspitze**, 2960 m.

2) Die **Salzburger Alpen** mit dem **Waßmann**, 2700 m, sind durch Seeen und Flußthäler in mehrere inselartige Hochmassen geschieden.

3) Das **Salzkammergut**, das Gebiet der obern Traun, ist ähnlich gestaltet. Daher die Fülle malerischer Reize. **Dachstein, 3000 m.**

4) Die **österreichischen Alpen** setzen sich bis zur Donau fort. Ihr letzter Ausläufer der **Wiener Wald**.

c. **Die südlichen Kalkalpen der Ostgruppe.**

1) Die **Trientiner Alpen**, östlich von der Etsch, bilden ein unregelmäßiges Gebirgsland, den Salzburger ähnlich. Von großartigem Reize sind die phantastisch geformten Dolomiten, besonders des Ampezzothales.

2) Die **karnischen Alpen** bis zum Triglav (d. i. Dreikopf), 2900 m. Ihre östlich gerichtete Fortsetzung sind die **Karawanka**.

3) Die **julischen Alpen** bis gegen den Busen von Fiume hin. Ihnen ist nach der Halbinsel Istrien zu die zerrissene Hochfläche des **Karst** vorgelagert. Dieser Teil der Ost-Alpen besteht aus einem leicht durch das einsickernde Regenwasser auflösbaren Kalkstein, ist daher voll von Höhlen, oberirdischen Einsenkungen von flacher Trichterform (**Dollinen**) und unterirdischen Kanälen, in denen die Gewässer sich wieder verlieren, andere wie mächtige Ströme hervortreten. So hat der in den Busen von Triest mündende Timavo einen Lauf von einer Viertelstunde, trägt aber die größten Seeschiffe, da dieser Fluß (nach kurzem oberirdischen Lauf) bis dahin eine weite Strecke unterirdisch geflossen ist und sich dabei hinreichend mit Wasser gefüllt hat.

Die Alpen und ihre Vorketten sind im N. und S. durch zahlreiche und größere **Alpenseen** ausgezeichnet. Sie haben den reichsten Wechsel und den größten Reichtum an Naturschönheiten und sind auch die vornehmsten Sammelplätze der Bevölkerung. Wie nun die Gletscher die ersten, im innersten Gebirge verborgenen Vorratskammern der Wasserschätze sind, so sind am Rande der Gebirge die Seeen die Sammelbehälter und Läuterungsbecken der Alpengewässer, die „Kehrichtmagazine" der Alpen. Wild tobend und bis dahin oft nur zerstörend stürzt sich mit noch unklaren Gewässern der Alpenstrom hinein: geläutert, mit prächtigem Smaragdgrün, und mehr geordneten, Segen spendenden Ganges geht aus dem See hervor der Lauf weiter.

§ 76.
Die italische oder die Apenninen-Halbinsel.

Dem großen Alpenbogen fehlen an der Innenseite vom ligurischen Apennin bis zum Langensee vorlagernde Kalkalpen gänzlich. Daher fallen die Alpen am steilsten und tiefsten nach Italien ab. Daher steigen auch fast alle Pässe, die nach der Halbinsel führen, auf französischer oder deutscher Seite sanfter an, senken sich dagegen nach der italienischen rasch ab und erleichtern so einfallenden Völkern von W. und N. her den Zugang. Während sich an den nördlichen Alpenfuß Hochebenen ansetzen, steht der Südfuß fast unmittelbar auf einer Tiefebene. Dies ist **Nord-Italien, das italische Niederland**, nach O. zum Adriameer sanft geneigt, der ebene Kriegsschauplatz, auf welchem die Schicksale Italiens so oft in großen Schlachten entschieden sind. Weil es im S. durch den Apennin fast ganz abgeschlossen und vom eigentlichen Apenninenland (Mittel- und Unter-Italien) so verschieden ist, infolge der Einwanderung keltischer (gallischer) Völker aber, welche die Alpen überstiegen, ehedem noch verschiedener von jenem milderen Südland sich zeigte als heute, ward es von den Römern nicht zu Italien gerechnet und Gallia cisalpina genannt. Auch Napoleon I., ein Italiener, pflegte nicht unpassend das kontinentale Italien von dem eigentlichen Italien zu unterscheiden. Mit dem ersteren beschäftigen wir uns zuerst.

1) Das oberitalische Tiefland, nach dem Hauptbestandteile auch wohl das lombardische genannt, ist, einige isolierte Erhebungen abgerechnet, eine fast ebene, ostwärts sich abdachende Fläche, einst der Boden eines bis an die West-Alpen reichenden Golfes des adriatischen Meeres, dessen fjordenartige Reste — nicht Flußausspülungen — die lombardischen Seen sind. Jetzt ist die Ebene das Gebiet eines großen Alpenstromes, des Po (lateinisch: Padus), der mit seinen jetzigen Nebenflüssen und der Etsch (seinem ehemaligen Nebenfluß) zusammen erst jenen Golf durch Flußsand und Flußschlamm zugeschüttet hat und damit noch heute durch Vorschieben der Ostküste der Ebene fortfährt. Quelle des Po am Monte Viso; die rechten wasserärmeren Nebenflüsse kommen von dem Apennin: merke Tanaro, Trebbia (an der Hannibal die Römer schlug), Reno; links kommen aus den Alpen wasserreiche Zuflüsse, welche zuerst kurze Längsthäler am Fuße der Hochalpen, in denen sie entspringen, durchziehen, dann in langen, tiefen und engen Querthälern die Mittel- und Voralpen durchbrechen und die an den Thalausgängen liegenden Seen durchfließen. So kommt die Dora Ripária aus dem innersten Winkel der cottischen Alpen, die Dora Báltea aus dem Thal von Vani am Montblanc, die Sêsia vom Monte Rosa, der Tessin (ital. Ticino [titschino], bei den Römern Ticinus — erster Sieg Hannibals über Rom!), von welchem Berge? Zuerst Schweizer Gebiet durchfließend, ergießt er sich in den 210 qkm großen, schönen Langensee (ital. Lago maggiore [madschóre]; hohe Berge umgeben den See im N., sanftere Hügel im S. Die Wildheit der Alpenwelt vereinigt sich mit aller Lieblichkeit des italienischen Himmels; die Ufergegend ist überall reich angebaut. In einer Einbuchtung des Sees liegen die Borromēischen Inseln, von der Familie Borromēo genannt, die an den Seeufern reiche Güter hat und zwei dieser felsigen Inseln (Isola [ísola] bella und Isola madre) mit Erde bedecken und in terrassierte Orangeriegärten, mit Marmorbildern und Laubengängen geschmückt, umwandeln ließ.

Etwas östlich und mit dem vorigen durch einen Abfluß verbunden liegt der wunderlich unregelmäßig gestaltete Luganer See (§ 75, II, A, c.). Wiederum nach O. folgt der dreizipflige Comersee (ein Zipfel gegen die Alpen, zwei gegen die Ebene), schon bei den Alten als Lacus Larius wegen seiner reizenden Ufer berühmt; sie waren damals wie jetzt mit Landhäusern übersäet. Bellagio [belládscho] auf dem Vorgebirge, welches die beiden Arme des Sees teilt, der schönste Punkt. In den Nordzipfel fließt aus dem Thale Veltlin die Abba, die an der Westseite des Stilfser Joches entspringt; aus dem südöstlichen Zipfel tritt sie wieder heraus und führt dem Po eine so große Wassermasse zu, daß er von da ab für größere Schiffe fahrbar wird. Durch den Iseosee fließt dem Po der Oglio [óljo] zu. Der größte der italienischen Alpenseen ist der Garbasee, mit besonders schöner, von S. nach N. vom tiefsten Grün zum schönsten Blau übergehender durchsichtiger Flut und regelmäßigen, die Seefahrt erleichternden Winden. Die Ufer, besonders nach N. zu, wild und erhaben, aber auch reich angebaut; Wein-, Oliven-, besonders auf dem Westufer reiche Zitronengärten. Auf der Halbinsel Sermióne (lat. Sirmio), die sich vom Südufer in den See streckt, hatte der römische Dichter Catull ein Landhaus: als aller Halbinseln schönste preist er sie. Aus dem Garbasee fließt der Mincio [mintscho] zum Po. Die Umgebungen aller dieser größeren und einiger kleineren Seeen gehören zu den reizendsten und fruchtbarsten Landschaften Italiens und haben wegen der gegen die Nordwinde durch die Alpenmauer geschützten Lage ein weit wärmeres Klima und südlichere Pflanzen als die Ebene am Po, in welcher bei Wintern von fast deutscher Härte wohl Weinbau, aber kein Anbau von Oliven oder gar von Südfrüchten möglich ist.

Weiter gen O. folgt die Etsch (ital. Adige [ádidsche]); sie muß auch als Zufluß des Po-Delta angesehen werden, unterscheidet sich aber durch ihre Größe wie durch ihr weit in die Alpen eingreifendes Thal von den übrigen. Ihre Quelle liegt tief in den Alpen zwischen dem Stilfser Joch und den Fernern des Innthales. Die entscheidende Richtung des Flusses nach SSW. beginnt mit dem Einfluß des Eisack, der vom Brenner mit sehr starkem Gefälle herabstürzt. Der vereinigte Strom drängt sich im S. zwischen Trientiner und Ortler Alpen in einer tiefen, engen Querspalte (Kluse, § 27 E.) hindurch und schlägt dann im Tieflande entschieden die Richtung nach SO. und O., parallel erst mit der Abba, dann mit dem Po, ein.

Das Tiefland nun ist durch die reiche, natürliche Bewässerung, zu der auch eine Menge von Kanälen kommt, eine der fruchtbarsten

Erdstellen. Wiesen werden dort sechsmal im Jahre gemäht, Weizen, Mais, Reis (in sumpfigen und der Überschwemmung ausgesetzten Gegenden) gedeiht in Menge; der Mais wird gewöhnlich erst nach dem Winterweizen auf die abgeernteten Äcker gesäet und reift doch noch. Leider giebt es aber weder hier, noch in Italien überhaupt viele kleine freie Grundbesitzer, sondern meist große Grundherren. Diese zerteilen ihren Acker in eine Menge kleiner Pachtungen. Daher die Menge kleiner Wirtschaften (eben solcher Pächter) trotz des überwiegenden Großgrundbesitzes. Die Grenze bilden Maulbeerbäume und Ulmen; an ihnen rankt man die Weinrebe empor und zieht sie in Guirlanden von Wipfel zu Wipfel. Verbunden mit den in Alleeen oder in Fünfergruppen gepflanzten Pappeln giebt das dem Lande oft das Ansehen eines Parkes.

Die oberitalienische Küste des adriatischen Meeres verdient noch besondere Betrachtung, denn sie gehört unter die veränderlichsten, die es giebt. Der Po mit allen seinen Zuflüssen, die Etsch, die Küstenflüsse im Norden derselben (Brenta aus den Trientiner, Piave und Tagliamento [taljamento] aus den karnischen Alpen, Isonzo vom Triglav) treiben ihr altes Werk des Absetzens von Gebirgsschutt und Schlamm noch heute fort. Ihr Bett erhebt sich dadurch gegen die Ufergegenden immer mehr: die Umgegend muß daher durch Dämme vor ihren Überschwemmungen geschützt werden. Die ganze Küste zeigt sumpfige, fast nur zur Reiskultur geeignete Deltabildungen; der Po selbst mündet in sieben Armen, unter welchen der Po Grande der breiteste, der Po della Gnocca der befahrenste ist. Kanäle setzen Etsch und Brenta mit seinem Delta in Verbindung. Eigentümlich sind demselben und der ganzen Adriaküste bis zur Isonzomündung die Lagunen. Aus einem Gewirre von Sümpfen, Wiesenflächen und seichten Strandseeen bestehend, scheiden sie in einer Breite von 3—10 km See und Festland. Gegen die See ziehen sich als Grenze lange mit Dünen besetzte Landstreifen, die sogenannten Lidi (Singular Lido), bisweilen durch Verbindungen der Lagune mit dem Meer in reihenartig gruppierte Schmalinseln zertrennt. Immer mehr verwandelt sich an jeder Küste das Meer in festes Land. Die Stadt Adria lag zur Römerzeit am Meere, jetzt 15 km davon. Die Lagunen gehen immer mehr dem endlichen Austrocknen entgegen. Venedig wird einst ebenso sicher eine Stadt im Binnenland werden, wie Ravenna zu Anfang unserer Zeitrechnung eine Lagunenstadt nach Art des heutigen Venedig war.

2) Das eigentliche Italien, die Halbinsel, ist fast durchweg Gebirgsland. Das Tiefland verteilt sich auf vier kleine

Küstenebenen: die toscanische, römische, campanische und apulische. Die Gestaltung der Halbinsel ist ganz durch den Gebirgszug des vorwiegend aus grauem Kalkstein bestehenden Apennin mit seinen Verästungen bedingt; man kann ihn in den **nördlichen, mittleren und südlichen** zerlegen. An der Westseite ist ihm der Subapennin vorgelagert, meist aus Sandstein und Mergelschichten bestehend, der an vielen Stellen Spuren vulkanischer Thätigkeit (Schwefellager, heiße Quellen, zusammengestürzte Krater, selbst offene Feueressen) zeigt.

A. Der **nördliche oder ligurische Apennin** gehört vielleicht mit größerem Rechte (§ 75 Anf.) den Alpen an. Er schließt sich am Col di Tenda an die See-Alpen und krümmt sich dann als flacher Bogen in nackten und rauhen, meist aus Granit bestehenden Bergen, um den Meerbusen von Genua oder das ligurische Meer herum. Dieser Teil ist schmal und hat eine mittlere Höhe von 1000 m. Steil ist der Abfall besonders zum genuesischen Busen; der schmale, von lieblichen Buchten eingerissene Küstensaum, das alte Ligurien, vor den Nordstürmen geschützt und den anprallenden Sonnenstrahlen wie ein Treibhaus ausgesetzt, hat die Produkte südlicherer Breiten, z. B. die fächerblättrige (mehr strauchartige) Zwergpalme, an einer Stelle sogar die Dattelpalme. Gegen Norden ist das Bergland von Montferrat vorgelagert. Paß Bocchetta [bokétta] von Piemont nach Genua.

B. Der **mittlere Apennin**, die längste Abteilung, beginnt mit dem toscanischen oder etrurischen Apennin und zieht in südöstlicher Richtung bis in die Quellgegend des Volturno; in ihm herrscht durchaus harter Kreidekalk vor. Der schmale Kamm verbreitert sich allmählich im SD. zu der wilden Gebirgslandschaft, die jetzt die Abruzzen heißt. So ist die Hochebene des jetzt fast ganz trocken gelegten Sees von Celano [tschelâno] (Lacus Fúcinus) schon mit Bergen von 2300 m umsetzt. Die höchsten Gipfel liegen östlich von der Hochebene von Aquila: wie der alle andern überragende Gran Sasso b'Italia, 2900 m. Eine alte, jetzt landfest gewordene Insel an der Ostseite ist das Kalkgebirge des Monte Gárgano, 1500 m. Denn es hält sich der Gebirgszug der Apenninen im ganzen dem Adriameere so nahe, daß auf der Ostküste (bei den Alten Umbrien und Picênum) sich weder Raum für selbständige Berggruppen noch für größere Flußsysteme findet. Meist eilen da nur Bergflüsse mit raschem Gefäll in Querthälern dem Meere zu.

Ganz anders ist das Verhältnis auf der Westseite des toscanischen und mittleren Apennin, die sich auch klimatisch von der östlichen unterscheidet (mehr warm und feucht). Hier bleibt er dem tyrrhenischen oder tuscischen Meere verhältnismäßig ferner. Den Zwischenraum erfüllt hier wie weiter südwärts mit seinen Höhenzügen und weiten Verzweigungen der Subapennin. Daher giebt es auf dieser breiten Küste (bei den Alten im N. Etrurien, im S. Latium), auch größere Flüsse, die freilich gegen die Alpenflüsse, namentlich im Sommer, wasserarm zu nennen und nicht weit hinauf schiffbar sind. Denn der Apennin selbst ist ein meist waldloses, dürres Gebirge, und es macht sich hier schon weit mehr als in der Po-Ebene der sommerliche Regenmangel der Mittelmeergegend geltend (§ 72, Mitte). Der toscanische Subapennin (vulkanische Spuren!) beginnt im N. mit den Marmorbrüchen von Carrara. Weiter südwärts durchfließt ihn, aus dem Apennin kommend, der Arno, dessen Ufer mit Olivenhainen bedeckt sind; im Oberlaufe ein weiter Bogen nach S., durch den Chianakanal mit der Chiana [kiāna], einem Nebenflusse des obern Tiber, verbunden, im untern Laufe ein weites Thalbecken, das wie ein großer üppiger Garten anzusehen ist. Im S. des Arno verflacht sich der Subapennin zu der Hochfläche von Toscana, die mit einzelnen hervortretenden Berggruppen bis zum Küstenfluß Ombróne reicht. Die Seeküste ist hier sumpfig und ungesund (die Maremmen), nur im Winter bewohnbar und zur Weide benutzt. Auch Büffel hausen hier, wie in den übrigen Sumpfgegenden der Westküste. Zwischen Ombrone und Tiber nimmt der Subapennin wieder mehr Gebirgsgestalt an und steigt in mehreren Berggruppen zu ansehnlicher Höhe empor. Hier liegt, dem Apennin nahe gerückt, der letzte Rest des ehemals ganz von Wasser erfüllten Chianathales, der See von Perugia [perūdscha], der Lacus Trasimēnus der Alten, der größte der Halbinsel, von düster malerischem Charakter (Hannibal und Flaminius); weiter nach S. der See von Bolséna, rings von Höhen, den Kraterwänden eines erloschenen Vulkans, umgürtet.

Die Furche zwischen dem Apennin und dem Subapennin durchfließt der Tiber (ital. Tévere), der längste und größte Fluß der eigentlichen Halbinsel, (aber doch nur 375 km lang), durch Rom weltberühmt. Quelle unweit der Arnoquelle. Hauptrichtung nach S., jedoch mit Bogen nach W. und O.; das Wasser trübe (flavus Tiberis), öfter Überschwemmungen. Ein Nebenfluß schon erwähnt. Auf dem linken Ufer die Nera (Nar) und dicht vor dem Eintritt in Rom der Teverōne (Anio). Die Sabinerberge, aus denen der Anio in schönen

Kaskaben herabstürzt, gehören dem latinischen Subapennin an; ebenso südlich vom Anio das Albaner Gebirge, wegen seiner malerischen und reizenden Partieen das Entzücken der Maler, ein mächtiger, nach W. eingestürzter Krater, in dessen Grunde der reizende See von Albano liegt, während der nahe, nicht minder schöne See von Nemi einen Seitenkrater füllt. Zu den Füßen dieser Berge dehnt sich die einsame, nur stellenweis angebaute, durch ihre nächtlichen Fieberdünste ungesundene Ebene hin, in welcher Rom liegt, die Campagna [kampanja] di Roma. An der Küste bis zur Ecke des Kap Circello [tschirtschello] Sumpfstrecken, nach einer alten Stadt Pometia die pomtinischen oder pontinischen genannt, eine Tagereise lang, von vielen Kanälen durchkreuzt, mit herrlicher Winterviehweide. Außer ihnen und der toscanischen Niederung giebt es in Mittel-Italien kein Tiefland. Die Abruzzen senden den bedeutenden Garigliano [gariljáno], den Liris der Alten, zum Meer, das hier den Meerbusen von Gaëta bildet. Sie bilden mit den umgrenzenden westlichen Ketten (Heimat der alten Sabeller oder Samniten) die wahre Festung und Akropolis von Italien; ohne ihren Besitz kein ruhiges Regiment über die Halbinsel.

C. Der südliche Apennin, mit Gipfeln, die selten 2000 m überragen, schließt sich an die höhere und breite Gebirgsmasse an, mit welcher der mittlere endigt. Die Kettenbildung macht freierer Gruppenbildung Platz. Östlich liegt hier, südlich vom Monte Gargano, die steppenartige Küstenebene Apulien — westlich die Küstenebene Campanien, in welcher der auch hier in zahlreichen Gestaltungen dem Gebirge vorgelagerte Subapennin mannigfache Spuren noch jetzt thätiger vulkanischer Kraft zeigt. Am Rande des Meerbusens von Neapel erhebt sich isoliert der Vesuv. Weiter nach Süden nimmt das Gebirge wieder die Gestalt eines hohen Rückens an und zieht weiter nach Südosten bis dahin, wo die Halbinsel, durch den Busen von Târanto eingerissen, sich zu gabeln anfängt. Nicht so aber gabelt sich auch der Apennin. In die östliche, kleinere Gabelzinke (das alte Calabrien, heute Apulien genannt), welche mit dem Kap St. Maria di Leuca endigt, zieht sich nur eine unbedeutende Hügelkette — allein in der längeren westlichen Halbinsel, welche heute Calabrien heißt, dem alten Lucanien und Bruttium, zieht das Gebirge weiter, doch nicht ununterbrochen. Der südlichste Teil ist da, wo von zwei Seiten Meerbusen einschneiben, durch einen förmlichen Einschnitt, der auf seinem höchsten Punkte nur gegen 300 m hoch ist, von dem nördlichen getrennt. Es endigt auf dem Festlande mit dem Aspromonte bei dem Kap Spartivento. — Nur unbedeutende

Flüsse eilen dem tyrrhenischen, adriatischen und ionischen Meere zu. Nur die Küsten des letzteren sind flach, während sonst im südlichsten Italien die Form des Tieflandes gar nicht vorhanden ist.

Süd-Italien hat in Klima und Pflanzenwelt schon eine fast afrikanische Natur. Während in Ober-Italien mitunter wochenlang Schnee liegt, schneit es schon in Neapel nur selten, und der Schnee bleibt nicht liegen; noch weiter nach S. kennt man ihn nur in einigen Monaten auf dem Gebirge. Die sommerliche Trockenheit macht die Hitze hier besonders unerträglich, und beides erreicht seine höchste Steigerung durch den afrikanischen Glutwind Scirocco [schirocko]. Das Reich der eigentlichen Südfrüchte (Zitronen und Orangen) beginnt etwa am Ende der pontinischen Sümpfe, bei Terracina (terratschina). „Breitblättrige Feigen«, dunkelgrüne Zitronenbäume, Granaten mit feuerroter Blüte, saftige Ranken der indischen Stechfeige (Cactus Opuntia), die Aloe Amerikas (d. h. die Agave) und, sparsamer aufragend, die hohe afrikanische Palme bilden zusammen einen dichten schattigen Hain und über demselben, von Myrten- und Olivenwaldungen umgeben, liegt Terracina." Nach diesem Eingange in die Gärten der Hesperiden trifft man diese herrlichen Bäume frei wachsend in Wäldern überall, und in dieser Südhälfte ist Italien im eigentlichen Sinne das Land, „wo die Zitronen blüh'n, im dunklen Laub die Goldorangen glüh'n, ein sanfter Wind vom blauen Himmel weht, die Myrte still und hoch der Lorbeer steht." — Lies nach, wie herrlich Virgil sein Italien gepriesen hat (Georgic. 2, 140—176)!

3) Die Gestalt der ganzen Halbinsel, welche unter den drei südlichen bei weitem die schmalste und kleinste ist, hat man nach einer ungefähren Ähnlichkeit wohl mit einem Reiterstiefel verglichen. — Wie überaus günstig die Lage Italiens in dem weiten Becken des Mittelmeeres sei, bedarf kaum der Andeutung. Bequem und leicht ist Handel und Verkehr mit allen Ländern Süd-Europas, mit Nord-Afrika und West-Asien. Von Natur ist Italien der Vereinigungspunkt aller Mittelmeerküsten, ihr natürlicher Beherrscher, wie es für Italien selbst die Stelle ist, wo Rom liegt.

4) Darum ist denn auch für die Weltgeschichte Italien ein überaus wichtiges Land. Zweimal, im Altertum und im Mittelalter, hat es fast die ganze damals bekannte Welt beherrscht; jedesmal auf verschiedene Weise, aber beide Male von der Stadt Rom aus. Als das Gründungsjahr Roms nimmt man, jedenfalls zu spät, das Jahr 753 v. Chr. an. Anfangs von Königen beherrscht (von dem Gründer Romulus bis Tarquinius Superbus, bis 510 v. Chr.), dann ein Freistaat, seit Augustus 31 v. Chr. eine Mo-

narchie, die man seit dem 16. Januar des Jahres 27 v. Chr. ein Kaiserreich nennen kann, hat es sich von unscheinbarem Anfange zu einer ungeheuren Macht erhoben. In Europa, Asien und Afrika gehorchten ihm alle Küstenländer des Mittelmeeres. Von den Katarakten des Nil bis nach Schottland, vom Atlas bis zum Euphrat reichte die Herrschaft der tapferen und beharrlichen, oft aber auch harten und grausamen Römer. Neue Völker, meist deutschen Stammes, traten dann auf und besonders in den Völkerzügen seit dem Ende des 4. Jahrhunderts n. Chr., welche man die Völkerwanderung zu nennen pflegt, wurde eine Provinz nach der andern vom römischen Reiche abgerissen. Dazu kam, daß das Reich zwar nicht 395 geteilt wurde, wie man irrtümlich annimmt, sondern daß es seit der Ermordung Stilichos 408 thatsächlich in zwei, sich meist feindlich gesinnte Reiche, das oströmische und das weströmische, zerfiel. Das westliche ging 476 ganz zu Ende. Überhaupt gab es damals für Italien böse Zeiten. Die Ostgoten (Theodorich), das oströmische Reich (Kaiser Justinian), die Langobarden, die Araber stritten sich in der schönen Halbinsel um die Herrschaft. Karl dem Großen gehorchte um 800 Italiens größter Teil; er nahm in Rom die Würde eines römischen Kaisers an. Diese Würde und die Oberherrschaft über Italien ging seit Otto dem Großen 962 an die Könige der Deutschen über. Besonders die großen italienischen Städte im Norden wollten sich aber nur ungern der deutschen Herrschaft fügen, und die feindliche Partei der Welfen oder Schwarzen war meist stärker als die kaiserliche der Ghibellinen oder Weißen. Wirklich war um 1500 der Einfluß der Deutschen sehr vermindert; nun wollten sich in Welschland (so hieß namentlich Italien bei den Deutschen) auch Spanier und Franzosen zu Herren machen; alle drei Völker stritten sich darum. Wo bleibt bei solchen Umständen — so könnte man fragen — die zweite Weltherrschaft Roms?

Unter dem Kaiser Augustus wurde Jesus Christus, der Heiland der Welt, geboren und unter dessen Nachfolger, Tiberius, gekreuzigt. Dennoch vermehrte sich, trotz aller Verfolgungen, die Zahl derer, die an ihn glaubten. In vielen römischen Städten gab es Christengemeinden; an ihrer Spitze standen geistliche Vorsteher, Bischöfe genannt. In Rom hatten dem frommen Glauben nach die Apostel Petrus und Paulus selbst ihre Lehre mit ihrem Blute besiegelt, Petrus als erster Bischof die christliche Gemeinde geleitet; die römische Gemeinde und der römische Bischof standen daher in besonderem Ansehen. Dies stieg noch im Laufe der Jahrhunderte. Der Bischof von Rom oder der Papst (d. i. Vater), wurde als der

Nachfolger Petri, von allen als der erste Bischof der christlichen Kirche anerkannt. Durch eine Schenkung des Frankenkönigs Pipin wurde 756 der Papst auch weltlicher Fürst. Im Mittelalter stieg die Gewalt der Päpste auf den höchsten Gipfel. Könige wurden von ihnen ein- und abgesetzt, Kaiser hielten ihnen den Steigbügel. Hernach ist zwar die Macht der Päpste sehr verringert worden; es hatten schon die Griechen (d. h. das oströmische Reich) sich von ihnen losgesagt; mit dem Beginne der Neuzeit wurde ihnen auch durch die Reformation ein großer Teil der anderen christlichen Länder entrissen. Auch die weltliche Herrschaft ist in unsern Zeiten ihnen wieder verloren gegangen. Aber noch ist der Papst das geistliche Oberhaupt nicht bloß des fast völlig katholisch gebliebenen Italiens, sondern der 233 Millionen Katholiken auf der ganzen Erde, und Rom der Mittelpunkt der römisch-katholischen Kirche.

Indes auch auf vielen anderen Gebieten noch zeigt sich der Einfluß des alten und neuen Italiens. Die Sprache der alten Römer, die lateinische, ist bei den katholischen Christen Kirchensprache, in welcher alle wichtigen Gebräuche verrichtet werden; sie ist die Sprache der Gelehrten allenthalben und wegen ihrer Vollkommenheit sowie der in ihr geschriebenen Werke ein Haupt-Bildungsmittel auf den Gelehrtenschulen. Ferner: das Recht der alten Römer hat die Gesetzgebungen neuerer Völker stark beeinflußt und wird noch heute von den Rechtsgelehrten eifrig studiert. Das heutige Italien ist noch immer eine Heimat der schönen Künste. Als große Dichter glänzen Dante, Petrarca, Ariosto, Tasso und andere; eine gewisse dichterische Anlage ist Besitztum des ganzen Volkes (Stegreifdichter, Improvisatoren). Unsere Maler ziehen noch immer nach Italien und studieren die Werke eines Leonardo da Vinci [wintschi], Raffael, Michel Angelo [mikel ándschelo], Tizian, Correggio [korrédscho] und vieler anderer Künstler. Die Musik endlich (wie schon ihre Kunstausdrücke beweisen) ist in Italien erst recht zu Hause. Keine Sprache schmiegt sich den Tönen besser und schmeichelnder an als die italienische mit ihrem Wohllaut; am reinsten wird sie in Toscana gesprochen.

So haben die Italiener für den Verlust ihrer Weltherrschaft reichen Ersatz. Noch immer strömt alljährlich eine große Anzahl von Reisenden über die Alpen, um unter Italiens heiterem, tiefblauem Himmel die herrlichen Gegenden, die ehrwürdigen Reste des Altertums (Antiken), die erhabenen Schöpfungen der neueren Kunst zu bewundern. Italien ist und bleibt das Ziel der Sehnsucht für das übrige Europa. Doch haben sich auch Italienfahrer vernehmen lassen, die aus einem ganz anderen Tone sprechen. Sie fanden die italienischen Landschaften kahl, versengt und farblos, litten viel von Schmutz, Flöhen und anderem Ungeziefer, wurden von betrügerischen Wirten geprellt, von unzuverlässigen Lohnkutschern angeführt, wohl gar von Raubgesindel beunruhigt; sie klagen überhaupt die Italiener als ein verschmitztes, geld- und rachgieriges, faules, zu Betteleien geneigtes, in allem tief gesunkenes Volk an. Nun ist es richtig, unsere frisch saftigen Waldungen hat Italien nicht; von holländischer Reinlichkeit hat wenigstens der Süditaliener keine Ahnung und das italienische dolce [doltsche] far niente (das süße Nichtsthun) ist zum Sprichwort geworden. Wer aber bedenkt, daß in dem italienischen Volke die schönen und edlen Charakterzüge denn doch stark überwiegen, wer erwägt, daß man jedes Land in der ihm eigentümlichen Schönheit bewundern muß, wem das Herz offen ist für Italiens historische, wissenschaftliche, künstlerische Bedeutung, der kann zwar in jene Klagen, die nicht immer ganz unberechtigt sind, in verdrießlichen Augenblicken wohl einmal mit einstimmen, wird sich aber den ganzen, herrlichen Genuß dadurch nicht verkümmern lassen.

§ 77.
Das Königreich Italien (festländischer Teil).

Daß Italien heute als ein einiges Königreich stark und geachtet dasteht, verdankt es dem früheren Königreich Sardinien. Dies hatte seinen Ausgang von der Landschaft Savoyen (§ 75, I, 3) genommen. Hier herrschte ein von Abkunft deutsches Grafengeschlecht, das auch Piemont erwarb und um 1400 den Herzogstitel bekam. In den vielen italienischen Kriegen haben später die Herzöge von Savoyen, namentlich durch ihre von den fremden Mächten sehr gesuchte Unterstützung, so klug die Umstände zu benutzen verstanden, daß sie ihr Gebiet um das Doppelte vergrößerten und auch 1720 mit der Insel Sardinien den Königstitel erlangten. Nachher haben sie mehrere Stücke von Mailand erworben; auch das Herzogtum Montferrat fiel ihnen zu. Dazu kam nach Napoleons I. Sturze noch das Gebiet der früheren Republik Genua. Neue Vergrößerung brachte das Jahr 1859: Österreich trat nach einem gegen Frankreich und Sardinien unglücklich geführten Kriege an Frankreich die Lombardei ab. Frankreich gab sie an Sardinien und dies dafür (1860) Savoyen und Nizza an Frankreich. Jetzt hielt es der Staat für seine Aufgabe, den von den Italienern heiß gehegten Wunsch, wie eine Nation, so auch ein Reich zu bilden, zur Wahrheit zu machen. Toscana, Parma,

Modena, die Romagna (der nördliche Teil des Kirchenstaates) hatten sich schon während des Krieges 1859 von ihren Beherrschern losgerissen, um mit Sardinien zu einem italienischen Reiche vereinigt zu werden. 1860 ward auch Neapel mit Sicilien erworben und 1861 das neue Königreich Italien unter König Victor Emanuel proklamiert. 1866 unternahm Italien, mit Preußen verbündet, einen neuen Krieg gegen Österreich und erlangte infolge des preußischen Sieges bei Königgrätz die Landschaft Venetien, endlich 1870, als Kaiser Napoleon III., welcher bisher Rom beschützt hatte, den siegreichen Waffen der Deutschen bei Sedan erlegen war, gewann es den Rest des Kirchenstaates mit der nun zur Hauptstadt des Königreichs erhobenen Stadt Rom.

So ist gegenwärtig Italien (mit Ausnahme von Monaco, San Marino, dem päpstlichen Gebiete, Nizza-Savoyen, Corsica und den maltesischen Inseln) zu einem einzigen Königreich von 287000 qkm (5381 Q.-M.) mit 31 Mill. Einw. vereint. König: Humbert.

In Afrika hat Italien die Landschaft Erythrea besetzt und außerdem Abessinien unter seine Schutzherrschaft genommen (§ 58, 1).

Italien wird in 69 Provinzen geteilt, welche in 16 Landschaften zusammengefaßt werden, die teils den natürlichen, teils den historischen Verhältnissen entsprechend gebildet sind.

I. Ober-Italien.

1) Das Fürstentum Piemont (Pedemontium, am Fuße der Berge) ist das Land der Festungen und der Alpenpässe. Die einstmalige Hauptstadt des sardinischen Königreichs, Turin (ital. Torino, Augusta Taurinorum), die von 1861 bis 1865 auch Hauptstadt des neu gegründeten Königreichs Italien war, liegt am linken Po-Ufer, südlich von der Mündung der Dora Ripera (D. Riparia). Sie ist eine offene, regelmäßige, schöne Stadt, die regelmäßigste in Italien, mit geraden, sich rechtwinklig schneidenden Straßen, schönen Plätzen, einer starken Citadelle und einer Universität; 300000 E.; schöne Umgegend, Alpenansichten. Im Alpenthal der Dora Ripera die Festung Susa, der Schlüssel zu der Straße über den Mont Genèvre und Mont Cenis, — südöstlich von Susa und südwestlich von Turin Pignerolo [pinjerólo], früher als fester Platz berühmt: in engen Alpenthälern zwischen hier und dem Monte Viso wohnen einige Gemeinden Waldenser, eine Sekte, die im 12. und 13. Jahrhundert gegen die römische Kirche eiferte, blutig verfolgt ward, sich aber in diesen Resten (20000 Seelen) erhalten, neuerdings auch Freiheit ihres Kultus erlangt hat und z. B. in Turin und Genua Kirchen besitzt. Von der Festung Coni führt eine Straße über den Col di Tenda (§ 75, I, 1). Im N. des Po: Aosta, im Thal der Dora Baltea. Teilungspunkt der Straßen über den Großen und Kleinen St. Bernhard. Ruinen aus der Römerzeit: Vercelli [wertschélli] an? — In der Ebene ringsum, damals Campi raudii genannt, wurden die Kimbern von

Marius und Catulus geschlagen. Am Südfuße des Monte Rosa **deutsche Gemeinden**.

In dem von Sardinien einverleibten Herzogtum **Montferrat** die Festung **Casále** am Po (in der Umgegend berühmte Trüffeln) und **Acqui** mit warmen Bädern.

Das schon in Friedensschlüssen des 18. Jahrhunderts an Sardinien ge= kommene Stück des **Mailändischen** erstreckt sich am **Langensee** und **Tessin** hinab. Im Gebirge **Domo d'Ossola** [óssola] (§ 75, II, A, a), am See **Aróna** mit einer kolossalen Bildsäule des heiligen Karl Borroméo; im Kopfe können vier Personen an einem Tische sitzen. Die **Borromëischen Inseln** (§ 76, Anf.). Weiter nach S. die Festung **Novára**, Seidenfabriken. 1849 Sieg der Österreicher über die Sardinier. Am Tanaro **Alessándria**, in den Kriegen der lombardischen Städte gegen Kaiser Friedrich Barbarossa von den ersteren erbaut und dem Papst **Alexander III.**, ihrem Verbünde= ten, zu Ehren benannt, 65000 E. Besuchte Messen, Seidenhandel. Unweit der Stadt im O. **Marengo**, wo Napoleon I. einen seiner glänzendsten Siege über die Österreicher erfocht (1800).

2) **Ligurien.** Der schmale Raum zwischen dem Apennin und dem ligurischen Meer war bis zur französischen Revolutionszeit das Gebiet der **Republik Genua.** (An der Spitze ein **Doge** [dódsche], ihm zur Seite der Rat der Vornehmen, die **Nóbili**, die **Signoría** [ßinjoría].) So lange der Seeweg nach Ostindien nicht gefunden war, so lange die große Handelsstraße durch das Mittelmeer nach Italien und dann weiter über die Alpen ging, war die Apenninen=Halbinsel das Haupthandelsland unseres Erdteils und voll der blühendsten und mächtigsten Handelsstädte. (Daher in der Geschäfts= sprache unserer Kaufleute so viele italienische Ausdrücke). Die **Genuesen**, schon durch die Natur ihres Landes auf das Meer gewiesen, standen nur den Venetianern nach. Sie hatten Besitzungen im Mittelmeer und bis an die Küsten der Krym: ein verschlagenes, geldgieriges Krämervolk. In Genua ist die erste Bank angelegt und, wie man sagt, das Lotto erfunden. Sowohl die Veränderung des Handelszuges, als auch die Ausbreitung des Türkenreiches that ihnen großen Abbruch — dazu kamen innere Zerwürfnisse (**Fiescos Verschwörung**). In den Stürmen der Revolutionszeit wurde Genua ein Teil des französischen Kaisertums und ist auch hernach nicht wieder unabhängig geworden.

Die Stadt **Génua** am gleichnamigen Meerbusen (ital. Genova [dschè= nowa]), von den Italienern „la superba", die Prächtige genannt, macht vom Meere und dem schönen, durch zwei hervorspringende Dämme (Molen) ein= gefaßten Hafen aus gesehen, einen majestätischen Eindruck. Die Stadt zieht sich vom Meeresufer amphitheatralisch mit unbedeutende Höhen hinauf, und viele nach dem Innern zu liegende Berggipfel sind mit Schlössern, Kirchen u. s. w. gekrönt; ganz in der Ferne die Schneehäupter der Alpen. Im Innern sind die Straßen krumm und eng, enthalten aber herrliche Kirchen und Paläste, von denen viele, vom Grunde bis zum Dache, aus Marmor sind. Die Haupt= straße Balbi mit ihren Fortsetzungen, die einzige, die man mit Wagen be= fahren kann, hat viele Prachtgebäude. „Die Stadt trägt den Charakter des Massenhaften. Wie in einem großen Warenspeicher die Ballen, so sind hier die Häuser übereinander geschichtet: Straßen oft nicht breiter, als daß man sie mit den Armen abreichen kann, und dabei nicht selten Häuser von 8—9 Stock= werk Höhe." 200000 E. Der Handel und Schiffsverkehr ist sehr beträchtlich, da Genua zum Freihafen erklärt ist. Unweit der Flecken **Cogoleto** [kogolétto], der wahrscheinliche Geburtsort des Columbus. — Im äußersten Osten der genuesischen Küste der schöne und heitere Golf von Spezzia [spéddsia] mit der Stadt gleiches Namens; wichtiger Kriegshafen. —

An der ligurischen Küste liegt das Fürstentum Monaco, der kleinste Staat Europas (22 qkm, 13000 E.), ganz von französischem Gebiet auf der Landseite umschlossen. Es steht unter dem Schutze Italiens.

3) Die Lombardei hat ihren Namen von dem deutschen Stamme der Langobarden, die unter Alboin 569 ihr Reich in Italien gründeten. Karl der Große machte demselben ein Ende: um welche Zeit also? — Der Bund der lombardischen Städte kämpfte im Mittelalter am eifrigsten gegen die deutschen Kaiser. Hernach entstanden einzelne Herzogtümer, das größte und stärkste Mailand. Als die einheimischen Herrschergeschlechter ausstarben, kämpften fremde Völker um ihren Besitz.

Die Hauptstadt Mailand (ital. Milâno), genannt „la grande" [grande], ist ziemlich kreisrund gebaut und durch Kanäle mit Tessin und Abda verbunden. Unter den Thoren ist der von Napoleon aufgeführte Triumphbogen, hernach Friedensbogen genannt, an welchem die große vom Simplon kommende Straße endigt. Der breiten und geraden Straßen sind wenige, doch hat Mailand viele schöne Gebäude. Sehenswert vor allem der Dom, in der Mitte der Stadt, nach der Peterskirche in Rom die größte Kirche Italiens, von außen und innen mit weißem Marmor belegt. Auf dem Dache ein wahrer Marmorwald von Türmchen und Bildsäulen. In einer unterirdischen Kapelle das reich verzierte Grab Karl Borromeos, der in Mailand Erzbischof war; der eigentliche Schutzheilige ist aber ein Erzbischof aus älterer Zeit, Ambrosius. In dem Speisezimmer eines Dominikanerklosters wird auch das fast verblichene Wandgemälde des Leonardo da Vinci [wintschi], das „Abendmahl", gezeigt, das unzählige Mal nachgebildet ist. Die Zahl der Einwohner beträgt (mit der Vorstadt der Corpi Santi) 400000.

In der nächsten Umgebung von Mailand das Landhaus Casa Simonetta mit einem Echo, das 50—60mal wiederhallt; weiter die kleine Stadt Monza [mondsa]. Hier wird die eiserne Krone aufbewahrt, mit welcher die lombardischen Könige gekrönt wurden. Sie ist von Gold, enthält aber einen eisernen Reifen, der von einem Nagel des Kreuzes Christi gefertigt sein soll. W. von Mailand Magenta [madschénta] (erster Sieg der Franzosen und Sardinier über die Österreicher im Feldzug von 1859) und zwischen Mailand und Lodi der Flecken Melegnano [melenjáno], früher Marignano [marinjáno] genannt. (Schlacht 1515 zwischen Franzosen und Schweizern.)

Zwischen Abda und Mincio Brescia [bréscha], Fabrikstadt, römische Altertümer, 70000 E.; sodann Solferino (s. w. von der Festung Peschiera [peskiéra]), wo 1859 die Österreicher mit den Franzosen und Sardiniern unglücklich kämpften; unterhalb der Abda=Mündung Cremona, 7 km im Umfang, aber nur 30000 E.; berühmt die Cremoneser Geigen.

Am Mincio, oder vielmehr in einem von ihm gebildeten See, liegt Mantua, durch Brücken und Dämme mit den Vorstädten am Seeufer verbunden, an der einzigen zugänglichen Seite durch Moräste geschützt. Eine der stärksten Festungen von Europa. Denkmal Virgils, der 1 Stunde von hier geboren ist. Näher liegt dem deutschen Herzen eine andere Erinnerung: „Zu Mantua in Banden der treue Hofer war u. s. w." 30000 E. — Südlich vom Po Gonzaga [gondsåga], Stammort der Familie, die einst über Mantua herrschte.

Das Thal der oberen Abda bis zum Comersee, das Veltlin oder Val Tollina [wall tellina], gehörte früher zur Schweiz und ist überhaupt ein rechter Zankapfel gewesen. Von Bormio (deutsch Worms) führt das Stilfser Joch (§ 75, II, B, a), von Chiavenna [kiawénna], (deutsch Cläven, d. i. Schlüsselburg) die Splügenstraße (§ 75, II, A, a), über die Alpen. Das Thal also Schlüssel zu Italien. Merkwürdig durch ungeheure Bergstürze, die hier öfter stattfinden; durch den bekanntesten von 1618 ging der Flecken Plürs völlig unter. — An dem Westzipfel des Sees in reizender Lage Como. Von Como aus gingen früher durch ganz Europa Leute mit Fern- und Wettergläsern hausieren. Geburtsort des Naturforschers Volta [wolta]. — An einem Zuflusse der Abda Bérgamo, 40000 E., Hauptstapelplatz für Seide, große Messe im Sommer. Bergamotten. An der Abda Lodi. Die Erstürmung der Brücke 1796 eine Hauptthat Napoleons I. In Lodi und Umgegend wird der Parmesankäse gewonnen und weithin ausgeführt.

Am Tessin liegt Pavia, die Hauptstadt der alten Langobardenkönige, 30000 E., Universität. In der Nähe ein berühmtes Karthäuserkloster la Certosa [tschertósa]. Schlacht 1525, in welcher Franz I. von Frankreich von den Spaniern besiegt und gefangen genommen wurde.

4) **Venetien.**

Die Hauptstadt Benedig (ital. Venezia [wenédsia] genannt „la dominante"), ist eine der merkwürdigsten Städte der Welt. Sie wurde von Leuten angelegt, die vor den in Italien einbrechenden Langobarden im 6. Jahrhundert n. Chr. in die Lagunen flohen. Der neue Ort wurde bald zu einer großen Handelsstadt und behauptete gegen jedermann seine Freiheit. Die vornehmsten Geschlechter, die Nobili, in dem „goldenen" Buche verzeichnet, bildeten den hohen Rat der Republik, die Signoria. An der Spitze stand ein auf Lebenszeit gewähltes Oberhaupt, der Doge (d. i. Herzog, dux). Aber auch er war dem Gesetz unterthan, das mit unerbittlicher Strenge vollzogen ward und selbst in der größten Verborgenheit seine Opfer zu finden wußte. Doch wurde Venedig bei dieser Verfassung groß und mächtig, ja der erste Handelsstaat der mittelalterlichen Welt. Um 1400 gehörte der Republik das noch jetzt sogenannte venetianische Gebiet, ferner Dalmatien, Kreta, Cypern und viele Plätze auf der griechischen Halbinsel, ja um 1700 einige Zeit auch Morea. Es war keine leere Ceremonie, wenn alljährlich am Himmelfahrtstage der Doge in einem prächtigen Schiffe, dem Bucentoro [butschentóro], in das adriatische Meer hinausfuhr, einen Ring hineinwarf und sich und in seiner Person Venedig mit demselben immer von neuem vermählte. Auf allen südlichen Meeren flatterte das Banner des geflügelten Löwen von St. Markus; denn diesen Evangelisten, der einen Löwen zum Attribut hat, wählte sich die Republik im späteren Mittelalter zum Schutzpatron. Dieselben Umstände, die Genua sinken machten, ließen auch Venedigs Stern erbleichen. Der Staat sank und starb schon durch die letzten Jahrhunderte hindurch. Als Bonaparte in Ober-Italien die Österreicher bekriegte und im venetianischen Gebiete ein Aufstand gegen die Franzosen ausbrach, schlug Venedigs Todesstunde 1797. Nach mannigfachem Wechsel blieb sein damaliges Gebiet von 1814 bis 1866 Bestandteil der österreichischen Monarchie, bis es italienisch wurde.

Die Stadt Venedig hat eine in ihrer Art einzige Lage, 9 km vom Festlande, auf einer Menge von Inseln, die voneinander nur durch schmale

Kanäle getrennt sind. Der größte derselben, Canale grande [kanále gránde], durchzieht die Stadt in Form eines S.; über ihn führt auch die schönste der 450 Brücken, der Ponte Rialto. So scheint dem von O. Kommenden die Stadt mit ihren Türmen und Marmorpalästen geradezu aus den Wogen zu steigen. Die Häuser auf Pfählen, die man aber nicht bemerkt, da sie unterirdisch das Fundament tragen, eingerammt in der Tiefe auf festem Grunde. Im Innern kann man zwar vermittelst schmaler, an den Häusern hinlaufender Stege fast zu jeder Stelle trockenen Fußes gelangen (Wagen und Pferde sind hier nicht zu gebrauchen), doch bedient man sich meistens der langen, schwarz angestrichenen Gondeln, welche der Gondoliere auch im größten Gedränge geschickt zu lenken versteht. Der Glanzpunkt der ganzen Stadt mit dem größten Menschengewühl ist der mit Bogengängen umgebene und mit großen Quadern gepflasterte Markusplatz. Dicht daran stößt ein kleiner Platz, die Piazetta [piadsétta], die unmittelbar von dem großen Kanal bespült wird. Die Seiten dieser Plätze sind lauter Prachtgebäude, z. B. die alte, wunderbar gebaute, im Innern überreiche Markuskirche, mit dem schwerfällig-unschön gebauten, sehr hohen, von der Kirche (wie in Italien oft) getrennten Glockenturm, Campanile; der alte Dogenpalast; der königliche Palast. Auf dem Portal der Markuskirche die vier berühmten ehernen Rosse, ein Werk des griechischen Künstlers Lysippus, die ursprünglich in Chios aufgestellt, nach Rom gebracht, von Konstantin nach Konstantinopel geschafft, 1204 von den Venetianern für die Stadt erbeutet, 1797 von Napoleon entführt worden und 1815 wieder nach Venedig zurückgeführt sind. Eine andere Merkwürdigkeit ist das riesenhafte Arsenal. Gegen früher ist Venedig freilich zurückgegangen, aber es zählt doch wieder 160000 E. Neues Leben hat der Stadt die Eisenbahn gebracht, welche vermittelst eines großartigen Brückenbaues über die Lagunen das feste Land erreicht, und in noch höherem Maße die Rückkehr zu Italien nach langer Fremdherrschaft. Von der Meerseite her droht Gefahr durch die steigende Versandung und Verschlammung der Lagunen mit den von den Flüssen herbeigeführten Sinkstoffen (§ 76, 1, Ende). Schon im vorigen Jahrhundert führte man gegen die See ungeheure Steindämme oder Murazzi [murádssi] auf (die stolze Inschrift: ausu Romano, aere Veneto), welche aber noch nicht völlig ihren Zweck erfüllen. — Auf einer Laguneninsel dicht n. von Venedig das Städtchen Murano mit bedeutenden Spiegelglasfabriken.

Die drei größten Städte im Venetianischen nach Venedig sind Padua, 80000 E., Vicenza [witschénza], 40000 E. und Verona [weróna] an? — 70000 E., — freilich auch nur Schatten früherer Größe. Sie haben alle ein altertümliches Ansehen, hohe Häuser, enge Straßen mit Bogengängen (Arkaden) zur Seite, eine Menge der prächtigsten Kirchen und Marmorpaläste. Jede hat noch ihre besonderen Merkwürdigkeiten. Verona hat ein Amphitheater aus der Römerzeit, auf dessen 45 marmornen Stufenreihen 25000 Zuschauer sitzen, mehr als die doppelte Anzahl stehen konnten; eine Festung ersten Ranges, war es der Hauptwaffenplatz Österreichs in Italien. Etwas westlich von Verona Custozza [kustódsa], wo die Österreicher 1848 und 1866 über die Italiener siegten. — Verona ist Geburtsort der römischen Schriftsteller Nepos, Catull, Plinius des Älteren und Schauplatz der Geschichte von Romeo und Julia. — Padua, Geburtsort des römischen Geschichtsschreibers Livius, berühmte Universität; Kirche des heiligen Antonius von Padua, eines Franziskanermönches. Südwestlich von Padua die isolierten euganeïschen Hügel, bis 400 m hoch. — Vicenza enthält besonders viele Meisterwerke des hier gebornen Baumeisters Palladio. In der Nähe, nach N. zu, sieben deutsche Gemeinden, nicht Reste der Kimbern, die Marius schlug, sondern eine mittelalterliche Kolonie aus Schwaben oder Bayern. Die deutsche Sprache verschwindet immer mehr.

Noch merken wir Udine [údine], 30000 E.; im NO. in der Landschaft Friaul, in der Nähe das Landhaus Campo Formio, wo 1797 zwischen Frankreich und Österreich Friede geschlossen ward. — Este, an den euganeischen Hügeln, der Stammort der Familie Este. Adria zwischen Etsch und Po (§ 76, 1, Ende). Rivoli [rívoli] in der Gegend von Verona, Sieg Napoleons 1797.

5) Die Emilia hat ihren Namen nach der alten Via Aemilia, die über Piacenza, Parma, Modena, Bologna an das Meer ging. Sie umfaßt die früheren Herzogtümer Modena und Parma und den nördlichsten (ältesten) Teil des früheren Kirchenstaates, die Romagna [románja]. — In Modena regierte vordem eine jüngere Linie des Hauses Habsburg-Lothringen, in Parma des Hauses Bourbon.

Módena, 60000 E. Reggio [rèddscho] „in der Emilia", 50000 E., ist der Geburtsort des Ariost; im SW., wo der Apennin beginnt, das zerfallene Schloß Canossa (Heinrichs IV. Buße 1077). Im NO. von Reggio Correggio [korrèddscho], Vaterstadt des danach benannten Malers. — Am Meere Carrára: prächtige Gegend, berühmter Marmor (§ 76, 2, B). —

Parma, mit vielen herrlichen Bauten, 45000 E. — im RW. am Po das große, aber für seinen Umfang nicht bevölkerte Piacenza [piadschénza], 35000 E.

Ferrára, an einem Arme des ? — einst die glänzende Residenz eigner Herzöge aus dem Hause Este und der Vereinigungspunkt der größten Dichter (Tasso, Ariost), damals 100000 E., jetzt ist es etwas zurückgegangen. Im S. von Ferrara, nach dem Gebirge zu, Bologna [bolónja], genannt la dotta (die gelehrte), eine sehr umfangreiche Stadt, 140000 E., mit prächtigen Gebäuden und einer altberühmten Universität. (Bologneser Hunde.) — Nach dem Meere zu Ravenna, einst Haupthafen der Römer, dann Residenz der Ostgotenkönige, jetzt 8 km vom Meere, von Reis- und Flachsfeldern umgeben, eine stille Stadt mit etwas über 20000 E., jedoch unter Hinzurechnung der Umgebung mit 60000 E. Einer von den kleinen Flüssen, die südlich von Ravenna münden, ist der Rúbico der Alten, in dem einst Cäsar die Grenze seiner gallischen Provinz überschritt, um gegen Pompejus zu kämpfen: „der Würfel sei geworfen!"

Von Ravenna gen SSO. liegt am Nordabhang des Apennin die kleine Republik San Marino, die seit 469 n. Chr., in ihrer Unbedeutendheit unangefochten, unter dem Schutze des Königreichs Italien besteht. Das Gebiet dieses ältesten Staates Europas (59 qkm mit 8000 E.), begreift nur einen hohen Berg mit dem kleinen Hauptort gleiches Namens auf dessen Höhe.

II. Mittel-Italien.

6) Toscana, das frühere Großherzogtum Toscana und das Herzogtum Lucca umfassend, dem Umfange nach nicht völlig das Land der Etrusker (deren Grenze der Tiber), im Mittelalter Tuscien und ein Hauptschauplatz italienischer Städtezwiste. Damals demütigte das welfische Florenz das ghibellinische Pisa, verlor aber gegen die Mitte des 16. Jahrhunderts seine

eigene Freiheit, da Kaiser Karl V. das florentinische, reiche Kaufmannsgeschlecht der Medici [medítschi] zu Großherzögen von Toscana erhob, die als eifrige Gönner der Künste und Wissenschaften sich einen Namen gemacht. Gegen die Mitte des 18. Jahrhunderts starb der Stamm aus, und Toscana kam an Franz, Herzog von Lothringen, den Gemahl Maria Theresias von Österreich. So regierte denn auch hier eine Secundogenitur dieses Kaiserhauses. — Physische Geographie nach § 76, 2, B. Das Land gehörte zu den am besten verwalteten im früheren Italien.

Im reizenden Arnothal, auf beiden Seiten des ungefähr vierzig Schritt breiten Flusses, zwischen anmutigen Hügeln, über welche man höhere Gipfel der Apenninen hervorragen sieht, liegt die Hauptstadt Florenz (ital. Firenze [firéndse]), mit Recht „la bella" genannt, 180000 E., das Ziel unzähliger Reisenden, die sich an der lieblichen Gegend, dem milden Klima, den Prachtbauten (Dom mit majestätischer Kuppel, von innen und außen mit Marmor getäfelt; Kreuzkirche mit berühmten Grabdenkmälern u. a.) — an den überreichen Kunstschätzen in den Uffizien (Venus von Medici, Gruppe der Niobiden u. a.) und dem Palast Pitti — an dem gebildeten, freundlichen Sinne der Bewohner erfreuen. Hier Dante geboren.

Merke mehrere von Florenz auslaufende Straßen (jetzt zugleich Eisenbahnen): a. Am Arno hinunter, nach Pisa, das jetzt 8 km vom Ausflusse liegt. Im Mittelalter so prächtig wie Genua und Venedig, jetzt 55000 E. Alle Herrlichkeit des alten Pisa ist auf dem Domplatze zusammengedrängt: der Dom, die Taufkirche, der Campo Santo, ein länglich viereckiger Gottesacker mit bedeckten Galerieen umgeben; in ihnen Freskogemälde berühmter Meister. Der schiefe Turm, der mit seiner Spitze über 3 m von der lotrechten Linie abweicht. Vaterstadt Galiléis. Universität. Nördlich die heißen Bäder von Pisa. Im W. am Meere eine Meierei, seit den Kreuzzügen mit einem Kamelgestüt. An der Mündung des Arno Quecksilbergruben. b. Nach N. über Pistoja, das alte Pistoria, wo Catilina fiel, über den Hauptkamm des Apennin nach Modena. c. Nach NO. auch über den Hauptkamm durch den Paß Piétra mála nach Bologna. d. Nach SO. am Arno hinauf nach Arezzo [areddso], (Mäcenas und Petrarca geboren, Guido [gido] von Arezzo, der Erfinder der Noten), nach Perugia und Rom. e. Nach S. über das Plateau von Toscana nach Siéna, das selbst auf mehreren Hügeln liegt; auch hier prächtiger Marmordom, aber wie Pisa ist die im Mittelalter durch schwunghaften Handelsbetrieb volkreiche Stadt zurückgegangen und zählt jetzt nur 23000 E. Gen SO. läuft der viel eingeschlagene Weg weiter nach Rom; wo er sich der Grenze von Toscana nähert, liegt der wilde Paß von Radicófani, das auf einem Bergzacken darüber hängt. Zwischen d. und e. an der Grenze Chiusi [kiusi], einst Clusium (Porsena, Gallier). Nördlich von Pisa liegt Lucca in herrlicher Gegend; bedeutende Seidenfabriken, 70000 E. In der Nähe besuchte Bäder. Südwärts an der Küste die Maremmen (§ 76, 2, B).

Unter den Seeorten bei weitem der bedeutendste das befestigte Livorno [livórno] 100000 E. (ein Drittel Juden, früher hier wie einst in allen italienischen Orten, in einem besonderen Stadtteile, Ghetto [getto], lebend; auch Griechen und Armenier), ein Haupthandelsplatz des Mittelmeeres, seit dem 16. Jahrhundert emporgekommen. Seebäder. —

Zu Toscana gehört die Insel Elba, mit turmhoher Steilküste, unerschöpflichen Eisengruben und reichem Thunfischfang. Darauf die Orte Porto Ferrajo und Porto Longone. Die Insel wurde als souveränes Besitztum

1814 dem besiegten Napoleon I. angewiesen; zehn Monate weilte er dort und entwich dann nach Frankreich, seinem Schicksal entgegeneilend. — Die Spitze des festen Landes, Elba gegenüber, ist das Fürstentum Piombino.

7) **Latium** oder **Provinz Rom**, den größten Teil des früheren Kirchenstaates umfassend. Physische Geographie nach § 76, 2, B.

Erzähle nach § 76, 4 vom Papste und wie derselbe zu einem **weltlichen Gebiete** gekommen! Nachdem früher einzelne Päpste mit großem Eifer an dessen Vergrößerung gearbeitet — nachdem es Napoleon I. ganz mit dem französischen Reiche vereinigt und Pius VII. dasselbe von den Verbündeten wieder erhalten hatte, bestand es 1814 bis 1859 in nicht beträchtlichem Umfange (die Romagna und ganz Mittel=Italien außer Toscana befassend) fort. Seitdem aber die italienische Nation der gewaltige Drang nach dem „einigen Italien" ergriffen hatte, ging auch von dem Kirchenstaate ein Stück nach dem andern (von Norden nach Süden) an den werdenden Gesamtstaat verloren, zuletzt Rom selbst und seine Umgebung. Als **souveräner Besitz** blieb dem Papste nur 1) in Rom: der vatikanische Palast und die Kirche St. Johann im Lateran. 2) in den Albaner Bergen: das Lustschloß Castell Gandolfo.

Der in seiner geistlichen Herrschaft unverkürzte und in Rom residierende Papst wird jedesmal vom Kollegium der **Kardinäle** erkoren. Diese selbst aber werden vom Papste erwählt und entweder sogleich verkündet oder noch einige Zeit in petto, d. h. in der Brust stillschweigend behalten. Die höchste Zahl ist 70; die Kardinäle sollen womöglich aus allen katholischen Völkern gewählt werden, aber sind meist Italiener (Titel: Eminenz. Rote Kleidung). Sobald ein Papst gestorben, gehen sie in das **Konklave** zur Wahl. Der Erwählte ändert seinen Vornamen, nimmt einen beliebigen andern an und wird mit großer Pracht in der Peterskirche gekrönt (dreifache Krone. Titel: Heiligkeit. Fußkuß). Seine größeren Erlasse in geistlichen Dingen heißen **Bullen**, in der Geschichte nach den Anfangsworten benannt — die kleineren **Breven**; seine Gesandten an verschiedenen katholischen Höfen **Nuntien**. Jetziger Papst Leo XIII.

Das **alte Rom** lag 25 km vom Ausfluß des Tiber, zum bei weitem größten Teile auf dem linken Ufer. Am besten merkt man sich die Ortslage der einzelnen Stadtteile nach den Windungen des Flusses. Es macht derselbe einen Bogen nach W.: in ihm lag der **Campus Martius**. Dann folgt eine entsprechende Ausbeugung nach O.: hier lag auf dem rechten Ufer ein kleiner Stadtteil, auf dem linken gerade an dem östlichsten Punkte, den der Tiber in Rom erreicht, der **Mons Capitolinus** mit dem Kapitol und der **Mons Palatinus**, der Sage nach der am frühesten bewohnte Stadtteil. Entlang dem Nordostrand des Palatinus führte die **Via sacra** nach dem **Forum** am Ostabhang des capitolinischen Hügels. Die dritte Ausbeugung des Tiber ist wieder nach W.: in ihr lag der **Mons Aventinus**. Östlich mehr landeinwärts lag ein vierter Berg, welcher vier Hügelzungen, die an der Wurzel zusammenhingen, den drei genannten Bergen entgegenstreckte: die nördlichste: **Collis Quirinalis**, dann **Collis Viminalis**, am östlichsten **Mons Esquilinus**, am südöstlichsten **Mons Cälius**. Daher Siebenhügelstadt. Unter den Thoren führte die **Porta Flaminia** am Nordende auf der gleichbenannten Heerstraße nach Nord=Italien, — die **Porta Capena** am Südende auf der **Via Appia** nach Süd=Italien. Zur Zeit seiner größten Blüte, d. h. im Beginn der Kaiserzeit, hat Rom etwa $1^{1}/_{3}$ Mill. E.

gehabt. Im Mittelalter aber, wo es längere Zeit nicht einmal mehr Residenz des Papstes war, kam es tief herab.

Das neue Rom, seit dem Januar 1871 die Hauptstadt des Königreichs Italien und seitdem stark modernisiert, umfaßt mit seiner Ringmauer den Raum des alten; dieser Raum ist jedoch bei weitem nicht überall mit Häusern bedeckt, sondern zum großen Teil mit Villen und Gärten, besonders im O. und S. Durch diese Teile laufen wohl bis zu den Thoren einsame Straßen, aber der eigentliche Kern der Stadt liegt zwischen dem Capitolinus und Quirinalis und an dem früher unbebauten Campus Martius; diesem gegenüber, auf der rechten Tiberseite, von der nur die Felsenhöhe des Janiculus zum alten Rom gezogen war, liegt der transtiberinische Stadtteil. Kommt man zur alten Porta Flaminia, jetzt Porta del Pópolo, herein, so laufen drei Hauptstraßen in das Innere. α) Die westliche hält sich in der Nähe des Tiber. Überschreitet man diesen auf der Engelsbrücke, so trifft man auf Roms Citadelle, die Engelsburg; ihrer eigentlichen Grundlage nach das Grabmal des Kaisers Hadrian. Von da führt eine Straße auf den herrlichen Petersplatz; er ist von Säulengängen eingefaßt, mit einem Obelisken und zwei Springbrunnen geziert. An seinem westlichen Ende die Peterskirche, nicht nur die größte unter den 364 Kirchen Roms, sondern die größte der Welt, 187 m lang, 150 m (mit dem Kreuz) hoch, an der viele Päpste mit ungeheuren Kosten gebaut. Sie ist in neuer italienischer Bauweise aufgeführt, aber alles in kolossalen Dimensionen. Unter einem Bronzebaldachin, den vier 39 m hohe Bronzesäulen tragen, befindet sich der Hochaltar, vor welchem nur der Papst zu Weihnachten, Ostern, Peter Paul und bei einer Heiligsprechung (Kanonisation) das Hochamt hält: unter demselben die Gräber der Apostel Petrus und Paulus; über ihm wölbt sich die berühmte von Michel Angelo [mikel ándschelo] geschaffene Hauptkuppel: „und ein zweiter Himmel in den Himmel steigt St. Peters wunderbarer Dom." Doch hat schon manchem Reisenden ein ehrwürdiger deutscher Dom besser zugesagt. An die Kirche stößt der Vatikan [watikän], gegenwärtig der Residenzpalast des Papstes, mit ungeheurem Gelaß, berühmter Bibliothek und herrlichen Antiken. (Apoll von Belvedere [belwedère], Laokoon u. s. w.). β) Die mittlere Hauptstraße, der Korso, führt von der Porta del Popolo schnurgerade in die Umgebungen des alten Kapitols; auch jetzt noch hier schöne Paläste und Kirchen, reiche Kunstsammlungen (Venus vom Kapitol); das Forum aber, früher Campo Vaccino [waktschino] (d. i. Kuhfeld) genannt, jetzt wieder aufgedeckt, ist eine Stätte der Ruinen. Zwischen α) und β) das von Marcus Agrippa, Augustus' Feldherrn, erbaute Pantheon (die Rotonda), ein großartiger Kuppelbau, der nur durch die Öffnung der Kuppel Licht erhält, jetzt eine Kirche mit dem Grabmal Raffaels und des Königs Victor Emanuel. γ) Die östliche Straße führt in der Richtung auf den Quirinal zu. Östlich von β das Forum des Trajan mit der Siegessäule dieses Kaisers. In den spärlicher bewohnten Teilen der Stadt, zwischen Palatin, Esquilin, Cälius, der Triumphbogen des Titus, das noch zum Teil erhaltene Kolosseum, ein Amphitheater, das 100 000 Menschen faßte, — ganz im SO. am Ende der Stadt die eigentliche Pfarrkirche des Papstes, St. Johann im Lateran, mit einem gleichbenannten, aber nicht mehr zur Residenz benutzten päpstlichen Palast. Unter einem großen Teile der Stadt ziehen sich die Katakomben hin, unterirdische Gänge und Klüfte, seit Einführung des Christentums in Rom zum Bestatten der Toten bestimmt, oft auch Versammlungsort der ersten Christen.

Rom hat 410000 E., die zum großen Teil von den Fremden leben, welche entweder als Maler, sonstige Künstler u. s. w. in der „ewigen Stadt" einen längeren Aufenthalt nehmen, oder als eigentliche Reisende eine kürzere Zeit hier verweilen. Besonders zahlreich kommen die letztgenannten vor dem Osterfeste an, um die kirchlichen Ceremonieen dieser Festzeit mit anzusehen. (Austeilung der Palmen am Palmensonntag, das Miserere in der sixtinischen Kapelle, das Fußwaschen vom Papste an zwölf Greisen vorgenommen, der Segen vom Balkon der Peterskirche am Ostertage, die Beleuchtung der Peterskuppel, insonderheit die Girandola [dschiràndola], eine aus der Engels=burg aufsprühende Garbe von Raketen.) Am leersten ist die Stadt im August und September, wo die „böse" Luft Malária (gefährliches Sumpffieber) hervorruft. Diese Luft durchzieht die ganze Campagna di Roma (§ 76, 2, B) und macht besonders die Seeküste, z. B. die elenden Reste von Ostia — von Ancus Marcius an der Tibermündung angelegt —, fast ganz unbewohnbar.

Wer es vermag, der zieht sich dann in die reizenden Vorketten des Apennin zurück, welche gen O. und N. Rom umkränzen. Am weitesten gen N. vorgeschoben ist der heilige Berg, oberhalb des Zusammenflusses von Tiber und Teveróne, 7 km von der Stadt. (Secossio plebis, Volkstribunen.) In den Sabiner Bergen (§ 76, 2, B) liegt 29 km von Rom Tivoli, das alte Tibur, am Teverone, der hier prächtige Fälle bildet. Viele Reste des Altertums, Villen aus alter und neuer Römerzeit der äußerst angenehmen Umgebung; Landhäuser des Horaz und Mäcenas. Nach S. zu Palestrina, das alte Pränefte. In den Albaner Bergen, 21 km von Rom, liegt Frascati, das alte Tusculum (Ciceros Villa); das alte Alba Longa lag wahrscheinlich unterhalb des heutigen Fleckens Rocca di Papa an der Nordostseite des Albaner Sees, aus dem noch immer ein altes Römerwerk die überflüssigen Wasser ins Meer führt, jener Emissar oder Abzugskanal, der infolge eines Götterspruchs während der Belagerung von Veji (406 bis 396 v. Chr.) angelegt worden sein soll. Am Ufer des Albaner Sees liegt das päpstliche Lustschloß Castell Gandolfo. Anmutiger noch als der Albaner See ist der kleine See von Nemi in der Gegend des alten Aricia.

In der Küstenlandschaft am tyrrhenischen Meer ist der einzige bedeutende Seehafen das befestigte Cività Vecchia [tschiwitá wékkia], mit Rom durch Eisenbahn verbunden. An der von Florenz bei Radicófani vorbei nach Rom führenden Straße liegt unweit des Sees von Bolsena das durch seinen Wein berühmte Montefiascóne (Est, est!), dann Viterbo [witérbo]. Den Tiber überschreitet diese Straße nicht weit von Rom auf dem Ponte Molle (Pons Mulvius). Der Weg von Rom nach Neapel führt auf der ziemlich erhaltenen Via Appia nach Albano, dann durch die pontinischen Sümpfe (§ 76, 2, B) nach Terracina [terratschina].

8) Die Marken umfassen den Nordostabhang des römischen Apennin. Hier der kleine Meßort Sinigaglia [ßinigálja]. Weiter gen OSO. Ancona (d. i. Ellbogenstadt, weil sie an der hervorspringenden Ecke der Halbinsel liegt), bedeutende Handelsstadt, mit einem der besten Häfen an der Westküste des adriatischen Meeres, befestigt und noch außerdem durch eine Citadelle geschützt. 50000 E. Nicht weit davon nach Süden Loréto, ein berühmter Wallfahrtsort der katholischen Welt. Eine prächtige Kirche schließt, wie man glaubt, das Wohnhaus der Maria ein, das von Engeln von Nazareth über das Meer getragen und hier niedergelassen sein soll. Reicher Kirchenschatz. Mehr landeinwärts an dem Ostabhange des Apennin Urbino, Raffaels Geburtsort.

9) **Umbrien** liegt südwestlich davon um den Mittellauf des Tiber. An der vom toscanischen Arezzo hier hindurch nach Rom führenden Eisenbahn liegen: **Perugia** [perúdscha], 50000 E.; darauf **Assisi**, der Geburtsort des Ordensstifters Franciscus; dann **Spoleto**, im Thale des krystallhellen Baches, den die Alten Clitumnus nannten. Hinter Spoleto geht es durch einen Gebirgspaß in das Thal der **Nera**, in welche sich unweit **Terni** der Velina [welina] mit brausendem Falle herabstürzt. Weiter geht es das enge und wilde Thal der Nera entlang bei **Narni** vorbei, bis man in das Tiberthal einbiegt. Hiernach biegt die Straße bei **Nevi** in die Straße von Florenz nach Rom über Rabicófani ein.

10) **Abruzzen und Molise** auf und an dem Apennin (§ 76, 2, B) mit der Abdachung nach dem adriatischen Meere, einst das Land der kriegerischen **Samniten**. Nur kleine Städte; Hauptort **Aquila**.

III. Unter-Italien.

Unter-Italien bildete früher mit Einschluß der Abruzzen und Molises das **Königreich beider Sicilien** (oft bloß **Neapel** genannt). Wie schon der Name andeutet, bestand dieser Staat eigentlich aus zwei Königreichen. Das größere, auf der eigentlichen Halbinsel, diesseit der Meerenge — welcher? — oder das eigentliche Neapel hieß im Altertum **Groß-Griechenland**, wegen der vielen griechischen Kolonieen. Bis zur Zeit Karls des Großen teilte das Land das allgemeine Schicksal Italiens (§ 76, 4); hernach kämpften um diese reichen und blühenden Striche die Deutschen, die Griechen, die Araber. Endlich gründeten um das Jahr 1000 wandernde **Normannen** ein Reich, das auch Sicilien umfaßte: etwa 200 Jahre später kam dasselbe durch Heirat an das Kaiserhaus **Hohenstaufen**. Als dieser Stamm im Kampfe mit den Päpsten unterging, suchte der letzte Sprößling, der unglückliche Konrad, den die Italiener **Conradino** nannten, dies Reich, das seine Väter vor allen andern lieb gehabt, dem französischen Eindringling **Karl von Anjou** wieder zu entreißen. Conradino ward besiegt und in Neapel hingerichtet 1268. Nur die Sicilianer verjagten vierzehn Jahre später durch ein schreckliches Blutbad (**sicilianische Vesper**) die Franzosen von der Insel und ergaben sich einem Verwandten Conradinos, dem König von **Aragon**. Spanien erwarb nachher auch Neapel, und obwohl durch die späteren großen europäischen Kriege, namentlich auch in der napoleonischen Zeit, das Reich noch öfter seinen Herrn wechselte, so behauptete sich doch seit 1815 das bourbonische Königshaus, eine Seitenlinie der spanischen Bourbonen, bis zu den neuesten Umwälzungen im Besitz des Reiches. Die natürliche Beschaffenheit des eigentlichen Neapel nach § 76, 2, C.

11) **Campanien**, zwischen Apennin und Westküste, von den Alten ein Wettstreit der Ceres und des Bacchus, noch heute das „glückliche" genannt. Und in dem schönen Lande das Schönste ist der **Golf von Neapel**; daher die Aussprüche: „Ein Stück Himmel auf die Erde gefallen" — „Neapel sehen und sterben." Dieser Golf, dessen Spitzen etwa 30 km voneinander sind, schneidet als ein unregelmäßiges Viereck in das Land; man kann eine Nordküste, eine Nordostküste und Südostküste unterscheiden. Vor der Nordwestspitze, dem alten Vorgebirge **Misēnum** (große Flottenstation der Römer), liegen die reizenden Inseln **Procida** [prótschida] und **Ischia** [ískia]. Die Nordküste selbst ist wieder durch einen kleineren Golf ausgezackt, der nach **Pozzuoli** [poddsuóli] (Pozzolanerde) benannt wird. Dieser kleine Ausschnitt ist für die alte Geographie eine der wichtigsten Erdstellen. Hier lag das

üppige Bajä, der Römer berühmter Badeort (Horaz: Kein Meerbusen der Welt strahlt anmutsvoller denn Bajä); hier der Averner See, an den die alten Dichter den Eingang der Unterwelt verlegten, der aber heute nicht im geringsten schauerlich erscheint; an ihm die Höhle der kumäischen Sibylle; von der nahe gelegenen, alten griechischen Kolonie Kumä. Der wegen seiner Fische und wegen seiner Austern bei den römischen Leckermäulern berühmte Lucriner See ist durch eine vulkanische Revolution im 16. Jahrhundert zu einem bloßen Sumpfe geworden, aus dem damals sich der Monte nuóvo erhob. Dies alles in der westlichen Umgegend von Pozzuoli. Nach O. zu kommt man an die Solfatára, ein von Hügeln umgebenes, vulkanisch glühendes Becken, aus dem beständig Schwefeldämpfe steigen. Durchaus vulkanischer Natur ist auch (zwischen Pozzuoli und Neapel) der runde See Agnano [anjáno], der beständig Blasen wirft; unweit davon die Hundsgrotte, in der Kohlensäure-Gas bis etwa zu 30—40 cm Höhe ausströmt und kleine Tiere, wie Hunde u. s. w., tötet. Noch weiter nach O. folgt der malerische, mit üppiger Vegetation bedeckte Berg Posilippo; durch ihn ist eine $1/4$ Stunde lange Grotte gehauen, durch welche früher der einzige Weg von Pozzuoli nach Neapel ging. Am Ausgange nach Neapel zeigt man das von Lorbeeren umschattete Grabmal des Virgil. Die Stadt Neapel selbst liegt da, wo die Nordküste des großen Golfes sich an dessen Nordostküste anlehnt. Über der mit Ortschaften dicht besäeten Ostküste ragt die Krone der ganzen Landschaft, der isolierte vulkanische Kegel des Vesuv, 1300 m, dessen Gipfel noch etwas höher ist als die sogenannte Somma, der noch erhaltene oberste Rand des ehemaligen Vesuv, aus dessen Krater die heutige Spitze des ganzen Kegels erst hervorging. Da uralte vorgeschichtliche Ausbrüche — wenn überhaupt der Mensch ihr Zeuge gewesen — längst vergessen waren, galt der Vesuv nämlich für einen ganz ungefährlichen Berg, bis er plötzlich im Jahre 79 n. Chr., unter Kaiser Titus, wieder Feuer zu speien anfing; bis jetzt seitdem mehr als dreißig große Ausbrüche. Fürchterliche Aschenregen verschütteten bei jenem Wiedererwachen der Auswurfsthätigkeit vom Vesuv die Städte Herculaneum, Pompeji, Stabä und zwei kleinere. Die Asche verdunkelte noch zu Rom die Sonne und soll vom Sturme bis Ägypten und Syrien geführt sein. Bei dem Graben eines Brunnens stieß man 1713 auf einen Teil der erstgenannten Stadt und begann sie auszugraben; doch mußte man damit einhalten, da die neuen Orte Resina und Portici [pórtitschi] darüber stehen. Pompeji (weiter nach S.) fand man 1755 beim Umgraben eines Ackers; bis jetzt etwa zur Hälfte aufgedeckt, giebt es ein deutliches Bild einer altrömischen Stadt bis auf das Kleinste herab. „Nichts ist verloren, getreu hat es die Erde bewahrt." So bietet sich denn auch die Ostküste dem Reisenden überaus viel Merkwürdiges. Den Vesuv besteigt man gewöhnlich mit Wagen von Neapel oder Resina aus; an dem letzten steilen Anstieg führt eine Drahtseilbahn bis unter den Gipfel. Dann geht es auf mäßig steilen Schlangenpfaden bis zum Krater. Ist der Vulkan in dem Zustande vollkommener Ruhe, so kann man sogar eine Strecke in den Krater hineinsteigen. An dem Anstieg des Berges wuchs früher der vielgefeierte Lacrimä Christi. Die Lavaströme indes haben alle Weinberge zerstört bis auf wenige, die im Besitze der Jesuiten sind. — Auf der Südostküste des Golfs liegt Sorrénto, Tassos Geburtsort; vor seiner südlichen Pforte die reizende Felseninsel Capri, einst von Tiberius zum Versteck seiner Greuel gesucht, jetzt von Reisenden häufig besucht und bewundert (die blaue Grotte, von dem deutschen Dichter Kopisch entdeckt). Dies eine kurze Schilderung des neapolitanischen Golfes.

Die ganze Gegend vereinigt die Reize des Himmels mit den Schrecken einer unterirdischen Welt. Der Mittelpunkt Neapel (ital. Nápoli) — einst Parthénope, die volkreichste und lebensvollste Stadt der Halbinsel, auch Universität, 500000 E. (7000 Deutsche), durch mehrere Kastelle am Hafen und eins auf einer benachbarten Höhe geschützt — zieht sich vom reizenden Seestrande die benachbarten Anhöhen hinauf ohne Mauern und Thore. Die Straßen (die Straba di Roma, früher Toledo-Straße, ist die schönste und belebteste) sind eng und mit Lava gepflastert, beständig von dem Getümmel des lärmenden Volkes erfüllt, das mehr vor als in den Häusern lebt. Unter den Kirchen enthält der Dom das Wunderblut des heiligen Januarius (ital. Gennaro [dschennáro]), des Patrons der Stadt; aber nicht in Kunstwerken und Kunstschätzen liegt das Blendende von Neapel, sondern in seiner Lage und seinem ewig regen Volksleben. Der genügsame Südländer hat es in dieser bereits an echten Südfrüchten (Apfelsinen u. s. w.) reichen Natur leicht, sein Leben zu fristen; gewandt in jeder Hantierung, besonders aber für den Kleinhandel geschickt, verdient sich der Neapolitaner gar bald seine Maccheroni [makkeróni] (die einfache Nationalkost des Süditalieners), und seitdem man nicht mehr die Faulheit mit Almosen belohnt, ist auch die einst so große Masse obdachloser Tagediebe (Lazzaroni [ladsaróni]) so ziemlich verschwunden.

Im NW. des neapolitanischen Golfes folgt ein weniger tief ins Land einschneidender Golf, der von Gaéta. Die Festung Gaeta, nach welcher er den Namen führt, liegt an seinem n. w. Ende auf steilem, mit dem Lande nur durch eine schmale Enge verbundenen Felsenvorsprung und ist durch ihre heldenmütige Verteidigung zu wiederholten Malen, so noch 1860 und 1861 als letzte Zuflucht König Franz des II. von Neapel, berühmt geworden. — Im SO. dagegen folgt, wieder tief einschneidend, der Golf von Salerno. An ihm Amalfi, wo der Kompaß erfunden, dann Salerno selbst, wo im Mittelalter eine berühmte Hochschule der Medizin war; berühmte Messe: im Dome Gregor VII. begraben. Weiter südwärts an der Küste desselben Golfes Ruinen des alten Pästum, durch seine Tempel und Rosen berühmt. — Im Innern: nahe dem Garigliano unweit der früheren Grenze gegen den Kirchenstaat Arpino, wo Marius und Cicero geboren; auf einem steilen Berge s. ö. davon das Benediktinerkloster Monte Cassíno, das älteste im westlichen Europa; die Festung Cápua am Volturno (das alte Capua lag etwas östlicher und ist wegen seines üppigen Wohllebens, wodurch es das hannibalische Heer im dortigen Winterlager verweichlichte, sprichwörtlich geworden); die Stadt Benevént.

12) Apulien, die Küste des adriatischen Meeres vom Monte Gárgano an (§ 76, 2, B). Hier Brindisi, das einst so glänzende Brundúsium, eine Hauptstation der römischen Flotte und bis in die Kreuzzüge Überfahrtsort, nach langer Verödung sich nun von neuem belebend, weil es bei seinem trefflichen Hafen und seiner günstigen Lage im beinahe fernsten SO. der ganzen Halbinsel der Ort geworden ist, wo sich an die große, von Ober-Italien aus an der Küste des adriatischen Meeres entlang gebaute Eisenbahn die Überfahrtslinien nach dem Orient (besonders über Ägypten nach Indien) anschließen. Ferner Táranto, das alte Tarént, jene von Sparta aus gegründete, einst blühende und üppige Handelsstadt, die gegen Rom den Pyrrhus herüberrief, 35000 E. (In der Umgegend die Tarantelspinne; von den Wirkungen ihres Bisses erzählte man sonst viel Übertriebenes.) Bari, Hafenstadt, 65000 E. Im Innern liegen Lecce [létsche] und Foggia [fódscha].

Bei der letzteren Stadt das Schlachtfeld von Cannä. In dem südöstlichen Teile der Halbinsel wohnen viele Griechen, hier Otranto [ótranto] am Eingange des adriatischen Meeres, wichtige Festung.

13) Die **Basilicata**, zwischen Apulien und Calabrien, ohne bedeutende Städte. Starke Schafzucht.

14) **Calabrien**, die Halbinsel zwischen dem tyrrhenischen und ionischen Meere, ein Gebiet vulkanischer Erschütterungen, doch ein reich gesegnetes Land, freilich in seinem Innern zum Teil verwildert, zum Teil noch nie von der Kultur recht berührt. Letzteres gilt namentlich von dem Granitgebirge des finstern Sila=Waldes und seinen räuberischen Bewohnern, im breitesten Teil der Halbinsel ostwärts von Cosenza gelegen, wo sich der Busento (Alarichs Grab) in den Crati ergießt. Sicilien gegenüber die Handelsstadt Reggio „in Calabria" [reddscho], 40000 E.; an den Küsten Trümmer griechischer Kolonialstädte; so am Busen von Tarent die des weichlichen Sybaris, dessen Bewohner z. B. schon ein Rosenblatt auf dem Lager im Schlafe stören konnte, wie wenigstens erzählt wurde.

§ 78.
Die italischen Inseln.

1) Die größte, **Sicilien**, 26000 qkm (450 Q.=M.), ist von der Südspitze der Halbinsel, mit welcher sie einst zusammenhing, nur durch die 3½ km breite Meerenge von Messina geschieden. Sie hat die Gestalt eines Dreiecks: die Nordseite dem tyrrhenischen, die Ostseite dem ionischen Meere, die Südwestseite der afrikanischen Küste zugekehrt. Darum lautete ihr älterer Name zu Homers Zeit Trinakria (d. i. die dreispitzige); der Dichter versetzt hierher die heiligen Stiere des Sonnengottes, auf eine kleine Insel an der Küste das gesetzlose Riesengeschlecht der Kyklopen und an den Meeressund zwei scheußliche Ungeheuer, die Scylla an italischer und die Charybbis an sicilischer Seite, welche die Schiffe in den Grund ziehen oder einen Teil der Schiffsleute sich zum Fraße nehmen (Incidit in Scyllam, qui vult vitare Charybdin). Indessen diese durch die Sage berühmten Wirbel, Strudel und Felsen (auch Schillers Taucher hat hier seinen Schauplatz) sind jetzt fast ganz ungefährlich. Besonders häufig in diesem Sunde ist die Naturerscheinung der Fata Morgana beobachtet. Schon die späteren Griechen kannten Sicilien nicht mehr als das Land der Fabeln, sondern legten an seiner schönen Küste zahlreiche Kolonieen an. Auch die Karthager wollten die Insel besitzen und bemächtigten sich der Westhälfte. Ihre Bestrebungen auf Sicilien brachten sie aber mit den Römern in feindliche Berührung. In dem zweiten punischen Kriege wurde Sicilien Roms erste Provinz, schon seit alters seine versorgende Kornkammer. Die weiteren Schicksale der Insel erzähle nach § 77, III! Sicilien bildet jetzt einen

Teil des Königreichs Italien als 15. Landschaft. Gegen die Zeiten des Altertums ist, obgleich an sich keineswegs unbedeutend, Anbau, Verkehr und Bevölkerung ($3^1/_4$ Millionen) gering.

Die ganze Insel bildet eine wellenförmige, etwa 500 m hohe Hochebene mit schmalen Küstensäumen. Einzelne Bergzüge, dem Kalkapennin ähnlich, erheben sich über die Hochfläche; am höchsten, bis 2000 m, sind die Berge im O.-Teile des Nordrandes. Der Ätna ist eine noch höhere, ganz isolierte Masse. Sicilien hat (im S.-W.) die reichsten Schwefelberge der Erde.

a) An der Nordwestspitze, dem alten Kap Lilybäum, liegen die ägatischen Inseln (Lutatius Catulus endigte hier durch seinen Seesieg den ersten punischen Krieg, wann?) — auf der Nordküste erinnert Trápani an die alten Festungen Drépanum (Sichel, von des Vorgebirges Gestalt) und den Mons Eryx — weiter nach O. hin die Stelle des alten Segésta, dann in prachtvoller Lage, in der Fruchtebene der Conca d'oro (d. i. Goldmuschel), Palermo, 270000 E., die jetzige Hauptstadt, schon von Phöniziern angelegt, das griechische Panormos. Sie bildet ein regelmäßiges Viereck, von zwei sich kreuzenden, schmalen Hauptstraßen in vier Viertel geteilt. In der Kathedrale die Gräber der (im einbalsamierten Zustand noch erhaltenen) hohenstaufischen Kaiser Heinrichs VI. und Friedrichs II. Palmen und der saracenische Baustil der Gebäude geben der Stadt ein fast orientalisches Aussehen. Unweit der Stadt erhebt sich der eigentümlich gestaltete Monte Pellegrino (d. i. Pilgerberg), welcher der Stadt den Namen Panormos (d. i. großer Fels, phönizisch) gegeben hat. Hier herrliche Aussicht auf den Hafen und eine vielbesuchte Kapelle und Grotte der heiligen Rosalie, der Schutzpatronin von Palermo. Zu ihrem auch durch pomphafte Umgänge gefeierten Feste strömen die meisten Fremden nach Palermo. Östlich von Palermo schweift sich die Nordküste etwas nach S. aus; am östlichen Ende dieser Ausbeugung Melazzo [meladdso], das alte Mylä, wo die Römer ihren ersten Seesieg unter Duilius errangen. Von Melazzo nach N. liegt die vulkanische, aber fruchtbare Gruppe der liparischen Inseln. Die größte Lipari; die nördlichste Strómboli, mit einem thätigen Vulkan.

b) An der Ostküste treffen wir zuerst auf das befestigte Messina, das alte Messána, seit dem Erdbeben von 1783 schöner wieder aufgebaut, mit schönem Hafen und nicht unbedeutendem Handel (Südfrüchte), 130000 E. Weiter nach SW. erhebt sich, von allen Bergzügen der Insel gesondert, der 3300 m hohe Ätna, von den Sicilianern Monte Gibello [bschibello] genannt; in der alten Fabel die Werkstätte der Kyklopen, welche dem Jupiter die Donnerkeile schmiedeten. Der Fuß des gewaltigen, seit undenklichen Zeiten thätigen Vulkans, der sich aus einer Gruppe kleinerer, erloschener Vulkankegel erhebt, beträgt über 100 km im Umfang; trotz der drohenden Gefahr sind diese Abhänge die bebautesten und bevölkertsten Striche in Sicilien. Die Besteigung wird am besten von Catánia aus unternommen, einer ansehnlichen Seestadt, 110000 E., die schon oft und viel durch die Eruptionen des Ätna gelitten hat: öfters überstieg die Lava die Mauern. Von hier rechnet man auf den Gipfel 9 Stunden, übernachtet aber meist in Nicolósi; dieser Ort liegt noch in der untern, mit Oliven und Weingärten bedeckten Region des Berges, ist aber durch die Lavaströme schon wiederholt sehr gefährdet gewesen. Früh in der Nacht bricht man auf, durchschneidet die Waldregion und betritt die „nackte" Region; schon über 2900 m hoch liegt das englische Haus, ein Zufluchtsort für Reisende. Der eigentliche Aschenkegel erhebt sich noch 300 m höher, ist aber nicht so steil, wie der des Vesuv, der Krater hat etwa 700 m im Durchmesser. Die Aussicht von der Ätnaspitze ist herrlich und großartig: ganz Sicilien hat man wie eine Landkarte unter sich, Calabrien, die liparischen Inseln und das unendliche Meer; nur der Blick vom Pik auf Tenerife (§ 60, I, 3) soll sich in Bezug auf die Meeresaussicht damit messen können. Daher ein Dichter: „Schön ist's, von Ätnas Haupt des Meeres Plan voll grüner Eiland' und die Fabelau'n Siciliens und Strombolis Vulkan, beglänzt von Phöbus erstem Strahl zu schauen." — Nicht weit von der Südspitze, an einem Vorsprunge, lag die alte Hauptstadt Siciliens, das von Griechen dorischen Stammes angelegte Syrakus. Es hatte im Altertum vielleicht über 1 Mill. E. und wagte den Kampf mit Karthago, Athen (im peloponnesischen Kriege) und Rom (Belagerung durch Marcellus; Archimedes). Von seinen fünf blühenden Stadtteilen nimmt das heutige, etwas befestigte, weinreiche Siracusa, mit 25 000 E., nur einen, die kleine „Insel", ein. Der Hafen ist immer noch einer der besten auf der Insel nächst dem von Messina. Die Ufer sind mit Trümmern vergangener Herrlichkeit bedeckt: man zeigt dem Fremden besonders die grausen Steinbrüche und Steinklüfte, in welche die Syracuser Kriegsgefangene und Missethäter einzusperren pflegten. (Das Ohr des Dionys.) Kriege, Erdbeben und die alles umgestaltende Zeit haben die Änderungen hervorgebracht. Südlich von Siracusa ist die einzige Stelle, wo in Europa die ägyptische Papyrusstaude (Cyperus Papyrus) vorkommt. Platens Grab.

c) Ungefähr in der Mitte der Südwestküste mündet einer der größten Flüsse, jetzt Salso, einst Himera genannt. Noch weiter nach NW. liegt Girgenti [dschirdschenti], 20 000 E., als Agrigentum, griechisch Akragas, einst Siciliens zweite Stadt mit angeblich 200 000 E. Viele prächtige Ruinen. In der Nähe die bedeutendsten Schwefelgruben und die merkwürdigen Macaluben, kleine, nicht über 1 m hohe kegelförmige Schlammvulkane, welche aus ihrer Krateröffnung salzige, zähflüssige Thonmassen austreten lassen, öfter unter mäßig starkem Knall, also in kleinen Explosionen. Noch weiter gegen die Westspitze hin die Stelle des alten Selinūs.

d) Im Innern der Insel lagen im Altertume keine bedeutenden Orte. Die Ebenen um Enna — ziemlich in der Mitte — waren als anmutige, blumenreiche Fluren berühmt; hier sollte Pluto die Proserpina geraubt haben. Jetzt liegen im Innern einige bedeutendere Orte, wie Caltanisetta, Calatagirone [kalatadschirōne] u. a. — Auf der ganzen Insel haben unter den sehr zahlreichen Städten nur sieben über 20 000 E.; Palermo, Messina und Catania sind von diesen bei weitem die größten.

2) Von der Südspitze Siciliens südwestlich 75 km in das Meer liegen drei Inseln: Gózzo [gobdso], Comino und Malta, die größte, 275 qkm (5 Q.-M.). Verwitterte, mergelartige Kalksteinfelsen, in denen sich eine Menge Grotten und Höhlen finden, bilden dieser Eilande nackte Oberfläche; die Ufer meist Steilküsten.

Wechselnd ein Besitz der Phönizier, Karthager, Römer und Araber, ward Malta endlich mit Sicilien verbunden, aber 1530 von Karl V. dem Orden der Johanniter geschenkt, die kurz vorher von den Türken aus ihrem früheren Besitz verdrängt waren (§ 46, 6). Diese, von nun an auch wohl

Malteser genannt, durch ihre Gelübde zu beständigem Kampf mit den Ungläubigen verpflichtet, schufen ganz Malta, das nur an der Nordküste Landungsplätze hat, in eine Felsenfestung um und wußten sich gegen überlegene Heere ihrer Feinde zu halten. Am berühmtesten ist die Belagerung von 1565; nach dem damaligen heldenmütigen Großmeister heißt die stark befestigte Hauptstadt La Baletta (Kastell St. Elmo), 80000 E. Je mehr die Macht der Türken sank, desto schneller verlor der Orden seine alte Bedeutung und Kraft, und so konnte Napoleon, als er 1798 nach Ägypten fuhr, sich durch einen Handstreich der Insel bemächtigten. Bald jedoch nahmen sie die Engländer den Franzosen weg und sind bis jetzt im Besitz geblieben. Die Insel ist ihnen in derselben Beziehung wichtig, als sie es nach den Worten eines alten Geschichtschreibers schon den Phöniziern war. „Sie hatten die Insel, die gute und bequeme Häfen darbietet und mitten im Meere liegt, zu einer Zufluchtsstätte." Der kleine Raum der Insel ist stark bevölkert, 150000 E., welche (außer der englischen) eine seltsame Mischsprache von Italienisch, Arabisch und Phönizisch reden. Durch aus Sicilien geholte Erde ist Malta auch fruchtbar gemacht und erzeugt Getreide, Wein, Baumwolle und die schönsten Orangen in Europa. Die Insel ist sowohl eine große Waffenniederlage Englands, als ein Hauptmarkt für den Verkehr mit Nord=Afrika und dem östlichen Becken des Mittelmeeres.

Die beiden Inseln Sardinien, 24000 qkm (443 Q.=M.), und Corsica, 9000 qkm (161 Q.=M.), durch die Straße von St. Bonifacio [bonifátscho] geschieden, sind von Gebirgen erfüllt, welche eine andere Natur zeigen, als die italischen. In Sardinien (zum Königreich Italien als 16. Landschaft gehörig) füllen sie besonders den östlichen Teil und steigen bis ungefähr 1900 m. Die Insel ist nacheinander in den Händen der Karthager, Römer — die sie als Verbannungsort benutzten — Araber, Pisaner, Spanier gewesen. Durch Tausch kam sie an Savoyen, das daher seinen Königstitel annahm. Das schwach bevölkerte Land (mit kaum 700000 E.) gehört zu den gesegnetsten, aber auch zu den unbekanntesten Ländern Europas.

Sardiniens Hauptstadt Cagliari [káljari], an dem in den S. der Insel einschneidenden und nach ihr benannten Busen, 40000 E.; fast ebenso groß im NW. Sássari.

Noch weit gebirgiger und rauher als Sardinien ist Corsica (Monte Cinto 2710 m); doch liefert der steinige Boden Getreide, Wein und Südfrüchte. Das Bergvolk der Korsen, 270000 an Zahl, hat einfache, rohe, zum Teil wilde Sitten (Blutrache); aber Tapferkeit, Freiheitssinn und Gastfreundschaft ist ihm nicht abzusprechen. Nachdem die Korsen mit den Sarden gleiches Schicksal gehabt, kamen sie unter das nicht leichte Joch der Republik Genua, die dieser Insel wegen eine Königskrone in ihrem Wappenschilde führte. Im 18. Jahrhundert kam es zu blutigen Aufständen auf der Insel, die Korsen wählten einen westfälischen Edelmann, Theo=

bor von Neuhof, zu ihrem König, der sich aber nicht behaupten konnte. Nach langen Wirren nahmen die Franzosen von der Insel Besitz; sie bildet jetzt ein Departement von Frankreich.

Die größte Stadt Corsicas Bastia, noch nicht ganz 20000 E., liegt auf der Ostküste, an dem schmalen, gen N. vorspringenden Streifen; die schönere Hauptstadt, an einem Busen der Westküste, ist Ajaccio [ital.: ajátscho]. Hier ward wahrscheinlich 1768 (nicht 1769) Napoleone Buonaparte (französiert: Napoléon Bonaparte) geboren.

§ 79.
Die griechische oder die Balkan-Halbinsel.

Die dritte der südlichen Halbinseln von Europa, beinahe $1/2$ Mill. qkm (9000 Q.-M.) mit $13^{1}/_{2}$ Mill. Einw. umfassend, legt sich in langer Linie an den Stamm von Europa zwischen dem adriatischen und dem Schwarzen Meere an. Nach S. zu schmaler werdend, streckt sie ein langgezogenes Vorland nach Asien hinüber, so daß nur die schmale Straße von Konstantinopel die beiden Erdteile voneinander scheidet. Von hier aus bildet das Marmara- und das ägäische Meer die Südgrenze der Halbinsel bis zu dem Meerbusen von Saloniki hin. Nur das westliche Drittel setzt sich von hier aus weiter nach S. fort, in der Gestalt eines Rhombus mit vielfach eingeschnittenen Rändern das ägäische Meer von dem ionischen trennend. Durch die schmale Landenge von Korinth fügt sich ihm die Peloponnes oder die Halbinsel Morea an, welche dreizipflig nach S. ausläuft.

Das Innere der griechischen Halbinsel bilden ausgedehnte Hochflächen von verschiedener Erhebung. Infolge gewaltiger Verschiebungen, welche diese bis in die jüngsten Erdperioden erfahren haben, sind einerseits einzelne Teile zu Massengebirgen aufgetürmt worden, wie das Rhódope-Gebirge, andererseits Becken in den Hochflächen entstanden, welche so lange von Seeen erfüllt waren, bis die Flüsse sich selbst einen Abfluß gegraben hatten.

An der Westseite ist den inneren Hochflächen ein faltenreiches Kalkgebirge in 100—150 km Breite vorgelagert, welches in Gestalt zerrissener Hochflächen zu den westlichen Meeren abfällt. Die nördliche Hälfte desselben führt den Namen illyrische Alpen, die südliche (in Griechenland) Pindos. Im N. schließt es sich unmittelbar an die julischen Alpen an, im S. endigt es mit dem Kap Matapan. Seine höchste Erhebung erreicht es im Dormitor, 2500 m, in Montenegro.

Auch den Nordostrand der inneren Hochflächen begleitet ein Kalk- und Kreidegebirge, aus dem sich zahlreiche flache Kuppen aus krystallinischen Gesteinen bis 2000 m erheben. Es ist der Hämus der Alten, von den Türken Balkân (d. i. Gebirge, türkisch) genannt. Es zieht als eine einfache Kette vom Timok bis zum Paß des eisernen Thores, wo es sich dreifach teilt und bis ans Schwarze Meer hin nur noch 1000 m Erhebung hat. An der Nordseite ist ihm die bulgarische Hochebene vorgelagert, welche steil zur Donau abfällt.

Die Höhenzüge der Halbinsel setzen sich vielfach insularisch fort: daher die rings um die Halbinsel zerstreuten, durchaus gebirgigen Inseln.

Die auf ein Drittel verschmälerte Südhälfte der Halbinsel, das alte Griechenland, ist das am meisten gegliederte Land der Erde; zweimal schneiden Meerbusen unter derselben Breite von O. und W. her tief ein, so daß der Vergleich mit Schottland nahe liegt. Suche die Vergleichungspunkte und gieb die umgebenden Meere nach der Karte und nach § 72 Anf. an! Das Ineinandergreifen von Meer und Land bewirkt nicht bloß eine reizvolle Mannigfaltigkeit, sondern vornehmlich ein schönes, gemäßigtes Klima. Denn im breiten N. schließt der rauhe Winter immergrüne Gewächse aus, die Wälder bestehen aus nur sommerlich belaubten Baumarten, und es fällt im heißen Sommer genug Regen, um den Feldern reiche Ernten abzugewinnen. Erst in dem verschmälerten S. herrscht echtes Mittelmeer-Klima (§ 72 Mitte); der vorwiegend kalkige Boden bietet hier zwar nicht die Gaben fetter Getreideländer dar, aber herrlich gedeiht die Olive, nach der Sage der alten Griechen einer Göttin Geschenk, herrlich die Feigen und würziger glühender Wein. Das Schönste aber, was — in grellem Gegensatz zu den heutigen Verhältnissen — dieser Boden vordem gezeitigt hat, ist die Wissenschaft und Kunst der alten Griechen.

Die alten Griechen oder Hellenen bewohnten eigentlich nur diese reichgegliederte Südhälfte der ganzen Halbinsel bis zum 40. Parallel und die umliegenden Inseln. Im N. wohnten Barbaren (so nämlich nannten jene alle nichtgriechischen Völker). Aber von jeher lockte die Hellenen das Meer: in ihrer wilden Zeit zur Seeräuberei, später zum Handel und zur Gründung zahlreicher Kolonieen. Wo haben wir solche schon erwähnt? Aus der griechischen Vorzeit hören wir von gewaltigen Helden (Heroen), welche das Land von Ungetümen und Scheusalen der Tier- und Menschenwelt säuberten (Hērakles); wir vernehmen auch von großen Abenteuern und Kriegsunternehmungen, durch welche die vereinzelten griechischen Stämme wenigstens auf einige Zeit vereinigt wurden. So holte die Heldengesellschaft der Argonauten aus Kolchis (wo?) das Golbene Vlies, und zur Zeit der folgenden Generation belagerte Agamemnon zehn Jahre lang mit vielen fürstlichen Genossen Ilios oder Troja, Priamos Stadt, des lanzenkundigen Königs (§ 46, 3). Der unsterbliche Homer hat in seiner Ilias einundfünfzig Tage aus diesem Kampfe und seine Helden Achilleus und Hektor, Aias, den Salaminier, u. a. besungen — und die gefahrvolle Rückkehr des Odysseus in der Odyssee verherrlicht. In der eigentlich geschichtlichen Zeit treffen Hellas und Asien wieder zusammen; die Kämpfe der Hellenen mit den Persern machen die Glanzseite ihrer Geschichte aus: merke die Landschlacht bei Márathon 490, die Verteidigung der Thermopylen durch den spartanischen König Leonidas und die Seeschlacht bei Sálamis 480 als die herrlichsten Zeugnisse griechischer Tapferkeit. Aber, nachdem jene Gefahr glücklich abgewandt, fingen die Hellenen an, unter sich uneins zu werden. Besonders herrschte Eifersucht zwischen den beiden mächtigsten Städten und Staaten: Athen, dem Solon, und Sparta, dem Lykurg Gesetze gegeben. Endlich kam es sogar zwischen ihnen und ihren Bundesgenossen zu dem peloponnesischen Kriege 431 bis 404. Beide Staaten sind hernach geschwächt; um so leichter erhebt sich Theben durch seine großen Männer Epameinondas und Pelopidas eine Zeit lang zur ersten Macht. Unterdessen hat Philipp, König von Makedonien, seine Macht immer mehr verstärkt und besiegt endlich die Griechen bei Chároneia 338. Von seinem großen Nachfolger Alexander erzähle nach § 46, 3 u. 4; § 47, Ende; § 42, Mitte! Nach seinem Tode suchten sich die Griechen wieder zu befreien, und es bildeten sich zwei große Vereine, der acháische und ätolische Bund. Endlich mischten sich auch hier die Römer ein, machten dem makedonischen Reiche ein Ende, behandelten aber hernach auch die Griechen so herrisch, daß diese zur verzweifelten Gegenwehr schritten. Doch der Sieg ward ihnen nicht. Ihre damalige Hauptstadt Korinth wurde 146 zerstört, und ihr Land unter dem Namen Achája später römische Provinz.

In einer andern Beziehung blieben aber die Griechen Sieger. Die Römer bildeten sich nach ihrer Litteratur, nach ihren Kunstwerken; die Sprache der Griechen verbreitete sich in der ganzen Osthälfte des römischen Reiches, mit ihr war im ganzen Umfang des Reiches jeder Gebildete vertraut. Nach dem dauernden Auseinanderfall des römischen Reiches seit 408 wurde die östliche Halbinsel mit der Stadt Konstantinopel (Byzanz) der Mittelpunkt des oströmischen, byzantinischen oder auch griechischen Kaisertums. Unter dessen unkräftiger Gegenwehr drangen nunmehr von N. die **Slaven** ein, die noch jetzt die Hauptmasse der Bevölkerung in der Nordhälfte der Halbinsel bilden, aber auch in der Südhälfte in ansehnlicher Zahl vorhanden sind. Die Kreuzzüge brachten dem Reiche keinen Gewinn; im Gegenteil eroberten die Pilger des vierten Kreuzzuges 1204 statt Jerusalem Konstantinopel und gründeten dort das **lateinische Kaisertum**. Gewannen nun auch die Griechen 1261 den Thron ihres zusammengeschmolzenen Reiches wieder, so konnten sie sich doch immer weniger gegen die ein Jahrhundert später andrängenden **Türken** halten. Woher kamen diese unter ihrem ersten Führer **Osman**? (§ 46 Anf.) Um 1400 hatten diese osmanischen Türken schon einen großen Teil der Halbinsel inne. Am 29. Mai 1453 eroberte ihr Sultan **Mohámmed II.** Konstantinopel, das sich seit dem 6. April gewehrt: der letzte Kaiser aus der Familie der **Paläologen, Konstantin IX.**, starb den Heldentod. Aber der rohe Eroberer, lange nicht zufrieden, drohte seine Rosse sogar in der Peterskirche zu füttern. Wirklich überschwemmten die Türken unter ihm und seinen Nachfolgern, besonders unter **Soliman dem Prächtigen, 1520 bis 1566**, große Teile von Ungarn, streiften in die deutschen Donauländer (Belagerung von Wien 1529), bemächtigten sich Niederungarns sowie der Nordküste des Schwarzen Meeres mit der Krym und nahmen den Genuesen und Venetianern die meisten ihrer Besitzungen im Orient. Ganz Europa zitterte damals vor den Türken; dreimal wurden des Tages die Glocken angeschlagen, um zum eifrigen Gebet gegen den Erbfeind der Christenheit aufzufordern.

Mit dem Beginn des 17. Jahrhunderts sank jedoch die Türkenmacht von jener gefährlichen Höhe rasch herunter. Die Sultane wuchsen nicht mehr im Feldlager auf und weilten nicht mehr am liebsten in der Mitte ihrer Kerntruppen, der Janitscharen, sondern verweichlichten, wurden unter Weibern im Harém erzogen und bekümmerten sich nicht mehr um den Krieg. Zwar kamen die Türken **1683** noch einmal vor Wien, das von **Stahremberg** tapfer verteidigt und von dem deutschen Reichsheere unter dem Herzoge von Lothringen, zu dessen Unterstützung auch der Polenkönig **Johann Sobieski** herbeigezogen war, befreit ward; und von da ab haben Deutsche und Ungarn sie in glänzenden Siegen die Donau immer weiter hinunter gedrängt („Prinz Eugenius, der edle Ritter").

Von einer andern Seite her traten seit **Peter dem Großen** die **Russen** erobernd auf; die türkische Grenze wich nach und nach vom Don bis zum Prut. Dazu kam in den Provinzen Aufstand der Statthalter; in der Hauptstadt häufiger, regelloser, oft blutiger

Thronwechsel, meist durch Frechheit der Janitscharen herbeigeführt. Da beschloß in userm Jahrhundert **Mahmud II.** sein Volk durch Annäherung an europäische Kultur und Sitte wieder empor zu bringen. Das Corps der Janitscharen, in einem schrecklichen Blutbade fast ganz vertilgt, wich einem auf europäische Weise eingerichteten Kriegsheere; viele Veränderungen im gleichen Sinne folgten nach. Aber doch mußte dieser Sultan es geschehen lassen, daß Ägypten sich immer unabhängiger stellte, und daß der Aufstand der Griechen seit 1821 zur Entstehung eines neuen Königreichs Griechenland führte. Die Türken verdanken das Bestehen ihrer Herrschaft in ganz Europa nur der gegenseitigen Eifersucht der europäischen Mächte. Aber unter ihnen selbst geht die alte Volkssage, daß ihr Zeichen, der Halbmond, dem Kreuze einst wieder würde Platz machen müssen, und reiche Türken haben sich deshalb von jeher gern auf asiatischem Grund und Boden begraben lassen. Jetziger Sultân (oder Padischah): **Abdul Hamid.**

Obgleich infolge des letzten russisch-türkischen Krieges (1877/78) **Rumänien** und **Serbien** gänzlich von der Türkei losgelöst worden, das neugeschaffene Fürstentum **Bulgarien** derselben nur noch tributpflichtig, und das Königreich Griechenland über seine bisherige N.-Grenze hinaus erweitert ist, obgleich ferner Bosnien mit Novipasâr in den faktischen Besitz Österreichs, Cypern in denjenigen Englands, Tunis in denjenigen Frankreichs gekommen ist: befaßt das heutige türkische Reich in zwei Erdteilen immer noch 2 Mill. qkm (37000 Q.-M.) mit 17 Mill. Einw.:

1) in **Europa** die Provinzen: **Rumelien** und **Albanien**, sowie mehrere Inseln im ägäischen Meer, deren größte Kreta ist; als Vasallenstaat das Fürstentum **Bulgarien**, mit welchem sich die früher „selbständige" Provinz **Ostrumelien** vereinigt hat.

2) in **Asien**: Kleinasien, einen Teil von Armenien, Syrien mit Palästina, die Ebene des Euphrat und Tigris und die Küste von Arabien am Roten Meer; als Vasallenstaat die Insel **Samos**.

Endlich in **Afrika** steht der Vasallenstaat Tripolis (mit Barka und Fessan) und das ägyptische Reich nur noch dem Namen nach unter der türkischen Oberherrschaft.

Die einzelnen Landteile werden durch **Paschas** verwaltet, deren Rang durch die Roßschweife, die ihnen vorgetragen werden, bezeichnet wird: die mit drei Roßschweifen sind die höchsten. An der Spitze der ganzen Verwaltung steht der **Divan** [dīwan], in welchem der erste Minister und Feldherr, der **Großvezier** [wesīr], als Vertreter des Padischah in weltlichen Angelegenheiten den Vorsitz führt. Der Defterbar-Effendi ist der Minister der Finanzen, der Reis-Effendi verhandelt mit den fremden Mächten (Drágomans = Dolmetscher), der Kapudan-Pascha befestigt die Seemacht. Die höchste Gewalt ist aber bei dem Sultan, worin auch die dem Reiche vor einigen Jahren erteilte Verfassung nicht viel geändert hat. Über Leben und Tod, über Habe und Gut aller seiner Unterthanen kann er verfügen; früher küßte selbst der Großvezier in Demut die ihm vom Sultan zugesandte seidene Schnur und ließ sich pflichtschuldigst erdrosseln. Doch war dieser Despotismus der Sultane immer durch Gewohnheit und Herkommen sehr beschränkt; ein Verstoß dagegen hätte dem Herrscher selbst das Leben gekostet. In neuerer Zeit ist freilich vieles anders geworden. Europäisches Wesen verbreitet sich am Hofe und in der Hauptstadt immer mehr. Am meisten muß noch auf den Glauben des Volkes Rücksicht genommen werden. An der Spitze der mohammedanischen Geistlichkeit, der Ulemas, steht der Scheich ül Islam, auch Mufti genannt, der Vertreter des Padischah in geistlichen Angelegenheiten. Er umgürtet den Sultan bei der Thronbesteigung mit dem Schwerte Mohámmeds; seine Gutachten sind von großer Bedeutung. Imame heißen die Vorsteher der einzelnen Gotteshäuser oder Moscheeen; von ihren schlanken Türmen, den Minarets, rufen die Muezzins, Ausrufer, die Gläubigen zu dem fünfmaligen täglichen Gebet. Der heilige Wochentag ist der Freitag, das höchste Fest das Beïramfest, das auf den Fastenmonat Ramasan folgt. Derwische sind die mohammedanischen Mönche, welche in verschiedene Gesellschaften oder Orden zerfallen. Da übrigens das heilige Buch der Moslims, der Korân, nicht bloß die Quelle der Religion, sondern auch des Rechts ist (die Ulemas erklären ihn), da ferner der Sultan als Nachfolger der Kalifen (§ 49 Anf.) als weltlicher und geistlicher Beherrscher der Gläubigen gilt, so ist weltliches und geistliches Regiment bei den Türken auf eigentümliche Weise verflochten. Die im türkischen Gebiete lebenden Juden und Christen, zusammen Rajah [râdschah] (d. i. Herde) genannt, waren sonst in einem fast rechtlosen Zustande, sind aber in neuester Zeit in Bezug auf Rechte und Lasten den Türken gleichgestellt.

1) Die (europäische) Türkei.

Sie umfaßt 175 000 qkm (3000 □.-M.) mit 4$^1/_2$ Mill. Einw., davon sind Türken 1$^1/_2$ Mill. Fast ebenso zahlreich sind die Albanesen und mehr noch die Griechen, welche überhaupt das bedeutendste aufstrebende Bevölkerungselement der Halbinsel darstellen, weswegen es angemessener erscheint, nach ihnen als nach dem Randgebirge des Balkan die Halbinsel zu benennen.

Die Türkei wird in Statthalterschaften oder Vilajets geteilt, deren Grenzen indes oft wechseln. Wir halten uns daher an die alte Einteilung in die Provinzen Rumelien und Albanien.

a. **Rumelien** (das alte Thrakien und Makedonien) wird an seiner ganzen Südküste von dem ägäischen Meere bespült. Im NO. dieses Meeres tritt eine Landzunge der griechischen Halbinsel, bei den Alten **thrakischer Chersonēs** genannt, so dicht an die vorspringende kleinasiatische Küste, daß eine 60 km lange, an der engsten Stelle nur 800 m breite Meerenge entsteht. Die Alten nannten sie **Hellespónt**; auf europäischer Seite lag **Sestos**, auf asiatischer **Abȳdos** (Brücke des Xerxes, Hero und Leander); auch der Ziegenfluß (Ágos Potamós) floß hier, wo Lysander am Ende des peloponnesischen Krieges die Athener gänzlich besiegte. Jetzt heißt die Enge **Straße der Dardanellen**. Die alten Dardanellenschlösser liegen ziemlich an der Stelle der genannten alten Städte: durch eine Kette kann hier die Meerstraße gesperrt werden. Die neuen liegen am südlichen Eingange.

Da, wo der Hellespont, bei der Hafenstadt **Gallipoli**, 30000 E., aufhört, läuft das europäische Ufer gen NO. weiter, das asiatische aber zieht eine Strecke entschieden nach O., dann erst nach N., wo es zum zweitenmal mit Europa zusammentrifft. Hierdurch entsteht das kleine Meer, das die Alten **Propontis** nannten; jetzt **Mármarameer**. Warum? (§ 37, 3). Gegen den nördlichen Ausgang hin liegen die reizenden **Prinzen-Inseln**.

Die zweite Meerstraße, der **Bósporos** oder die **Straße von Konstantinopel**, ist 30 km lang und nur an den breitesten Stellen 4 km, an den schmalsten noch nicht 1 km breit, so daß Plinius nicht nur recht hat mit seiner Behauptung, man höre die Hunde von der asiatischen Seite herüberbellen, sondern sogar der Gesang vernehmbar herüberklingt, wie ihn noch gegenwärtig die schönen Griechinnen in stiller Nacht wohl anstimmen. Wir nennen die Meerenge nach der türkischen Hauptstadt, die Alten **Bosporos**. Dieser Name wie der des Hellesponts erklärt sich aus der griechischen Mythologie.

An dem südlichen Ende des Bosporos — da, wo durch eine 8 km ins europäische Ufer eindringende Bucht, das sogenannte **Goldene Horn**, eine dreieckige Halbinsel ausgeschnitten wird, stand das alte **Byzantion**, eine blühende Handelsstadt; denn jene Bucht bildet einen der schönsten und begünstigtsten Häfen der Welt. Nach wechselnden Schicksalen baute 330 der erste christliche Kaiser Konstantin Byzantion zu seiner prächtigen Residenz aus; er nannte es **Neu-Rom**, das Volk **Konstantinsstadt, Konstantinopel**. Die Türken nennen es **Stámbul** oder **Istambul**. Wie kommt die Stadt zu diesem Namen? Der Türke fragt den nur griechisch redenden Byzantiner nach dem Namen der Stadt, und dieser antwortet εἰς τὴν πόλιν, d. h. in die Stadt; denn es nennen die Griechen noch jetzt Konstantinopel kurzweg die Stadt, πόλις, und pflegen Ortsbezeichnungen ohne weiteres die Präposition εἰς vorzusetzen. In neugriechischer Aussprache aber lauten jene Worte is tin polin oder, zusammengedrängt, stimpol, was die Türken Stambul aussprechen. In derselben Weise sind auch die türkischen Namen von Nikomedien, Nikäa, Smyrna u. a. (§ 46, 2 u. 3) zu erklären.

Die eigentliche Stadt hat mehr als 20 km im Umfange und nimmt die vorher beschriebene dreieckige Halbinsel ein. Von zwei Seiten wird sie von den Meeresfluten begrenzt, im S. vom Marmarameer, im N. vom Goldenen Horn. An der W.-Seite ist sie durch eine dreifache Mauer vom Binnenlande getrennt. An der O.-Spitze des Dreiecks, gerade da, wo sich das Marmarameer zum Bosporos verengt, liegt das **Seráï (Serail)**, früher des Sultans Residenz, ein eigener zum Teil noch mit starken Mauern umgebener Stadtteil, über 1 Stunde im Umfange mit vielen, aber vernachlässigten Palästen, Gärten u. s. w. Dicht bei dem Serai liegt das Gebäude des Staatsministerium§, die sogenannte **Hohe Pforte**, wonach oft das ganze türkische Reich benannt wird, und das merkwürdigste Gebäude der Stadt, die herrliche **Sophien-Kirche**, welche Kaiser **Justinian** Christo als der göttlichen Weisheit (σοφία) erbauen ließ. Sie ist seit 1453 eine Hauptmoschee; prächtige Kuppel. Am Südwestende der Stadt liegt das verfallene Schloß der sieben Türme, eine ehemalige Citadelle für Staatsgefangene; sonst wurden hier auch die Gesandten derjenigen Mächte eingesteckt, mit denen die Pforte gerade im Kriege war. Am Goldenen Horn liegt der **Fanar**, wo früher die reichsten und vornehmsten Griechen (daher Fanarioten genannt) wohnten, noch jetzt Sitz des griechischen Patriarchen und der obersten griechischen Geistlichkeit überhaupt.

Das eigentliche Konstantinopel gewährt, vom Meere aus gesehen, einen prachtvollen, in mancher Beziehung einzigen Anblick; nur Lissabon und Neapel können in die Schranken treten. Die in schönen Hügeln sich hebenden Ufer zweier Weltteile, die vom Meere aus auf sieben Höhen aufsteigende Stadt, die Menge der Moscheeen und Minarets mit vergoldeten Halbmonden, der immer von Schiffen gefüllte Hafen geben ein reiches, herrliches Bild. Von der Landseite her ist die Umgegend still und öde. Im Innern der Stadt enge, schmutzige Straßen, voller Unrat und sehr dreister Hunde, meist hölzerne Häuser (daher die großen Feuersbrünste). Unter den Einwohnern befinden sich viele Griechen, Armenier, Juden. Das Volksgetümmel ist daher in den bewohnteren Stadtteilen recht bunt und äußerst lebhaft. Alle Geschäfte und Handwerke werden an oder auf der Straße betrieben; statt der Wagen drängen sich Züge von Lasttieren mit Steinen, Brettern, Holz durch die Menge; Wasserträger, Zuckerwarenhändler, Trödler aller Art schreien ihre Waren aus; durch all dieses Geräusch, vermehrt vom lautesten Gezänk der Menschen und dem Geheule der Hunde, wogt zu Fuß und zu Pferd der Menschenstrom auf und nieder; die vielfarbigen Kostüme der Orientalen stechen dabei grell ab von der einfacheren Kleidung der Europäer, wie der raschere und festere Tritt des „Franken" von dem schlürfenden Gang des trägen Türken mit dem langen Kaftan, im roten Fes oder Turban.

Jenseit des Hafens, d. h. n. vom Goldenen Horn liegt **Péra** mit **Galata**, wo die fremden Gesandten und die meisten Franken, d. h. Europäer, sich aufhalten. Weiterhin, etwa ½ Stunde vom Eingang ins Goldene Horn, **Dolmabaghtsche-Seraï**, die gegenwärtige Residenz des Sultans, auch am Ufer des Bosporos. **Skútari**, auf dem asiatischen Ufer, 100000 E., nimmt sich wie eine Vorstadt von Konstantinopel aus, dem es gerade gegenüber liegt (§ 46, 2); Cypressenhaine und Totenäcker umgeben es. Die ganze Uferstrecke des Bosporos ist mit reizend gelegenen Ortschaften besäet, in denen reiche Türken und Griechen, auch fremde Gesandte Landhäuser haben: **Therapia**, **Bujúkdéré** u. s. w. Die Einwohnerzahl Konstantinopels beträgt zusammen mit derjenigen aller dieser Orte 875000.

Die Provinz **Rumelien** oder **Rúmili** hat von den Romäern ihren Namen, wie die Türken die hier besonders zahlreich wohnenden Griechen nennen. Ihre östliche Hälfte befaßt hauptsächlich das alte **Thrakien**, das Gebiet der schiffbaren **Marítza**, des größten Flusses der Halbinsel. Das Innere galt den Griechen als ein rauhes, von rohen Barbaren bewohntes Land; an den Küsten hatten sie Kolonieen, wie **Abdéra**, das wegen der Wunderlichkeit seiner Bewohner verrufen war. Jetzt ist die größte Stadt an dem genannten Flusse **Adrianopel** (türkisch **Edirné**), über 8 km im Umfange, bis 1453 der Sultane Residenz, in reizenden Cypressen- und Rosengärten (Rosenöl) gelegen. Friede mit den Russen 1829, der Griechenland frei machte. Unter den 70000 E. ist ein beträchtlicher Teil Griechen.

Die westliche Hälfte von Rumelien bis zum Pindos ist das alte **Macedonien**, durch eine Seitenkette des Pindos von Thessalien getrennt, an deren Ostende sich südwärts der Olympos, der Götterberg, 3000 m, anschließt. Die Könige Macedoniens residierten in der Binnenstadt Pella, aber die wichtigsten und reichsten Städte, meist griechische Kolonieen, lagen auch hier an der Küste, besonders auf der Halbinsel **Chalkidike**, welche nach SO. gestreckt wieder in drei Zinken ausläuft; der östliche trägt auf seinem Vorsprunge den isolierten **Athos**, über 1600 m, an dem einst die Flotte der Perser scheiterte. Kam man aus Thrakien, so traf man zuerst auf **Philippoi** (Brutus und Cassius, Cäsars Mörder, besiegt 42 v. Chr. — Brief Pauli an die Philipper), dann auf **Amphipolis**. Zwischen dem westlichen und mittleren Zinken der Chalkidike lag das blühende Olynth, da, wo sich der westliche abtrennt, **Potidäa**. Alle diese Orte werden im peloponnesischen Kriege und in den Kriegen Philipps oft genannt. Wo die Chalkidike sich im W. abtrennt, in einer reizenden Seelandschaft, lag **Thessalonike**, an dessen Gemeinde Paulus schrieb. Diese Stadt ist noch jetzt als **Saloniki** vorhanden und die Hauptstadt der namentlich durch Ackerbau (Tabak, Baumwolle) reichen Provinz mit bedeutendem Handel, 150000 Einw. Der Busen zwischen dem Festlande und der Halbinsel von Makedonien ist jetzt nach ihr benannt, und eine wichtige Eisenbahn führt von ihr aus seit kurzem im Thale des **Wardar** (des alten Axiós) quer durch die Halbinsel nach dem Donauthale hinüber. Auf dem **Athos** (darum Hagion Oros genannt) 21 griechische Klöster (ehedem die einzigen Kirchen, welche im Türkenreiche Glocken haben durften), zu denen weither gewallfahrtet wird. Hauptsitz der griechischen Gelehrsamkeit (viele Bücher und Manuskripte) und Bildungsanstalt für griechische Priester.

b) Auf der Westseite der Halbinsel liegt die Provinz **Albanien** oder **Arnaut**, das Gebiet der alten Länder Illyrien und Epeiros. Als die Türken eindrangen, wehrte sich hier bis an seinen Tod heldenmütig der Fürst **Georg Kastriota**, von den Türken **Skanderbeg** genannt, d. i. Fürst Alexander. Die **Arnauten** oder **Albanesen** (Nachkommen der alten Illyrer) sind überhaupt ein kräftiger, kriegerischer Menschenschlag; nichts übertrifft ihre grausame Wildheit gegen Feinde; einige ihrer Stämme sind mohammedanisch, andere römisch-katholisch. Die Hauptstadt des nördlichen Albaniens ist **Skutari**, die des südlichen **Janina** am gleichnamigen, äußerst schön gelegenen See auf einer Hochebene. Gar nicht weit von Janina lag im Altertum in einem Eichenhaine das berühmte Orakel **Dodóna**. Im SW. Janinas lebte in romantischer Bergwildnis an einem schwarzen, reißenden Gebirgswasser, dem alten Acheron [áchéron], das kleine Volk der **Sulioten**, aus Griechen und Arnauten gemischt, durch Tapferkeit gegen die Türken berühmt. Es wanderte 1822 auf griechisches Gebiet aus. An der Küste, noch eine gute Strecke nördlich von dem am westlichsten (nach Italiens Hacken) vorspringenden **Kap Linguetta** (akrokeraunisches Vorgebirge), liegt **Durazzo** [durábbjo], als Dyrrháchion und Epidamnos in der alten Geschichte bekannt. — Der SO. des alten Epeiros gehört bis zu einer vom Golf von Arta n. zum Pindos ziehenden Grenzlinie jetzt zum Königreich Griechenland.

c) Unter den Inseln, die noch zur europäischen Türkei gehören, ist die bei weitem größte und wichtigste das alte **Kreta**, 8600 qkm (160 □.-M.)

welches, da sowohl nach der griechischen als kleinasiatischen Halbinsel zu kleinere Inseln liegen, das ägäische Meer im S. förmlich zuschließt. Eine hohe Gebirgskette durchzieht die von O. nach W. zu gestreckte Insel; der höchste Berg, ziemlich in der Mitte, 2400 m, hieß bei den Alten **Ida**; der Göttervater selbst sollte dort erzogen sein. Nach S. fällt das Gebirge ziemlich steil zum Meere, nach N. zu sind schöne fruchtbare Abdachungen. Schon in der ältesten griechischen Zeit bestand hier das Königreich des weisen **Minos**; seine Gesetzgebung war durch Hellas weit berühmt. Zwei Städte lagen am Nordabhange: im W. **Kydonia** (woher die Quitten ihren Namen haben), im O. **Knossos**, Minos' Residenz. Am Südabhange lag **Gortyn** mit dem Labyrinthe, in dem einst nach der Sage das Ungetüm **Minotaur** hauste. In der Zeit um Christi Geburt, wie schon die Römer Herren der Insel waren, müssen die Kretenser gegen früher ausgeartete Leute gewesen sein. Der Apostel spricht mit den Worten eines kretensischen Dichters: „Die Kreter sind immer Lügner, böse Tiere und faule Bäuche" (Titus 1, 12). Im Mittelalter war Kreta nacheinander in den Händen der Byzantiner, Araber und Venetianer; die letzteren haben es erst gegen Ende des 17. Jahrhunderts an die Türken verloren. Seitdem verwilderte Kreta. Es zählt 280000 E., wovon ³/₄ Christen sind. Die jetzige Hauptstadt **Candia** (nach welcher die Venetianer die ganze Insel nannten) liegt auf der Nordseite, ziemlich in der Mitte.

Im nördlichen ägäischen Meere, zwischen der Chalkidike und Kleinasien, seitwärts der thrakischen Küste, merken wir noch die kleineren Inseln: **Thasos**, ehedem durch seine Goldbergwerke berühmt — **Samothrake**, im Altertum der Sitz eines berühmten Geheimgottesdienstes — am wichtigsten das alte, dem Vulkan gehörige **Lemnos**, auf das er, aus dem Himmel geschleudert, herabfiel. Jetzt sind hier keine thätigen Feuerspeier mehr. Berühmt ist die lemnische Ziegelerde (eine Art Bolus).

2) Das Königreich Hellas (Griechenland).

Die Geschichte der Griechen ist oben bis 1453 fortgeführt. Die heutigen Griechen, die sogenannten **Neu-Griechen**, sind mit Slaven und Albanesen vermischte Nachkommen der alten Hellenen. Mehr als die Mischung mit fremdem Blut mußte die lange Periode schmachvollen Druckes während der Türkenzeit nachteilig auf die Gesinnung des Volkes wirken. Die neugriechische Sprache hat, namentlich als Schriftsprache die vollste Ähnlichkeit mit der altgriechischen. Mit einem Heldenmute, der althellenischer Tapferkeit würdig ist, haben sich die Neugriechen seit 1821 ihre Freiheit von den Türken zu erkämpfen gewußt. Durch scheußliche Grausamkeit suchten die letzteren sie einzuschüchtern; am Osterfeste jenes Jahres wurde der griechische Patriarch zu Konstantinopel an der Thür seiner Hauptkirche aufgehängt, eine Unzahl Griechen geköpft, gespießt u. s. w. Die Namen der Seehelden **Miaulis** und **Kanaris**, die suliotischen Brüder **Bozzaris** u. a. zieren den griechischen Freiheitskampf. Die Völker Europas waren schon lange für die griechische Sache begeistert; endlich schritten auch die Regierungen ein, um dem Gemetzel ein Ende zu machen. Engländer, Russen, Franzosen zerstörten die Türkenflotte 1827 bei **Navarino** (Pylos); die letztgenannten vertrieben die Ägypter aus der Peloponnes. Endlich mußte die Pforte im Frieden zu Adrianopel 1829 die Unabhängigkeit des Teiles der griechischen Halbinsel südlich von der Verbindungslinie der Busen von Arta und Volo unter dem Namen **Königreich Hellas (Griechenland)** anerkennen. Das neue Königreich wurde aber öfter durch Revolutionen beunruhigt: sein erster König Otto (ein bayrischer Prinz) wurde nach dreißigjähriger Regierung durch Aufruhr genötigt nach Bayern zurückzufehren. Ein dänischer Prinz bestieg danach unter dem Namen Georg I. den Thron. Der Staat umfaßt seit der 1881 erfolgten Erweiterung über den SO. von Epeiros und über Thessalien 65000 qkm (1180 Q.-M.) und 2 Mill. E., wovon ½ Mill. auf den Inseln. An die moderne Einteilung in Nomarchieen kehren wir uns nicht, sondern betrachten nach historischen Landschaften das griechische Festland, die Halbinsel Peloponnes und die Inseln, wobei wir der alten Zeit möglichst eingedenk sind.

a) **Thessalien**, der rechteckige Gebirgskessel im SW. von Makedonien, vom Pindos bis zu dem am ägäischen Meer hinziehenden Gebirge Pélion und Ossa (gegenüber dem noch beim türkischen Gebiet belassenen Olymp). Nur im NO. hat der thessalische Gebirgskessel Massenabfluß nach dem Meer: hier zwischen Olymp und Ossa das malerische Tempethal, durch welches der Hauptfluß Peneiós (früher Salamvriás) den Durchgang zum Meer sich erzwungen hat. Die alte Hauptstadt Lárisa ist noch jetzt bedeutend. Ziemlich in der Mitte die Stelle des alten Phársalos, wo Cäsar 48 den Pompejus schlug. Die Küste im SO. durch mehrere Busen eingeschnitten; an dem größten, dem Busen von Volo, lag Jolcos, von wo die Argonauten aussegelten.

b) **Livadien**, bei den Alten das eigentliche Hellas genannt, spärlich bevölkert, enthält von W. nach O. folgende Landschaften:

α) **Akarnanien**, von Albanien durch den Busen von Arta, (einst von Ambrakia) geschieden. An der Südseite seines engen Einganges lag Aktion, wo Oktavian 31 v. Chr. den Antonius besiegte.

β) **Ätolien**, von der vorigen durch den Achelóos (früher Aspropótamo) geschieden. Jetzt an der Küste die Festung Mesolongion (türk. Missolunghi), durch die tapferste Verteidigung im Freiheitskriege berühmt. Die Türken fanden am Eroberungstage, Palmsonntag 1826, nur einen Trümmerhaufen. Hier starb 1824 der englische Dichter Byron [bei'rn], der eifrige Griechenfreund.

γ) **Lokris**. Hier die alte Stadt Naúpaktos (früher Lepánto) unweit der Stelle, wo Livadien sich der Küste der südlichen Halbinsel so nähert, daß nur eine enge Durchfahrt bleibt. So zerfällt der trennende Meerbusen in zwei Teile; der westliche, offene, heißt Busen von Paträ, — der größere, östliche, geschlossene Busen von Korinth. Seesieg der Christen über die Türken 1571. Ein getrenntes Stück von Lokris lag der Insel Euboia gegenüber.

δ) **Doris**, eine ganz kleine Landschaft auf dem Gebirge, welches sich hier in zwei Gabeln spaltet, die parallel miteinander den südöstlichen Vorsprung der Halbinsel durchziehen und meist aus höhlenreichem Kalk zusammengesetzt sind.

ε) **Phokis**. Hier in dem westlichen Zuge der höchste Gipfel dieser Gegenden, der Parnasós, 2500 m, den alten Griechen ein heiliger Berg. Auf seinem Gipfel wurden Apollon und Bakchos in ausgelassenen Festen verehrt, heilige Quellen stürzten den Abhang herunter, darunter die kastalische, den Musen geweiht. Am Südwestfuße des Berges aber lag das berühmte Orakel der Griechen, Delphoi, von dem aus der Parnaß zweigipflig erschien. In einem prachtvollen Tempel stand dort über einer Erdspalte, aus der stets ein eisig kalter Hauch empordrang, ein goldener Dreifuß; ihn bestieg Apollons Priesterin, die Pythia, und aus ihren abgebrochenen Lauten machten die zuhörenden Priester für den Fragenden einen Antwort-Vers.

Die Ruinen der alten Herrlichkeit, noch tief verschüttet, liegen in der Nähe des ärmlichen Dörfchens Kastri.

Da, wo der östliche Zug zwischen sich und einem Sumpfstreifen am Meere nur eine Wagenbreite übrig ließ — denn jetzt hat sich auch hier die Küste verändert — führte der Paß der Thermopylen, nach warmen Schwefelquellen benannt, aus dem Euboia gegenüberliegenden Stücke von Lokris nach Thessalien und ist weltberühmt durch Leonidas und seine 300 Spartaner, die hier im Kampfe gegen persische Macht starben, Spartas Gesetzen gehorchend.

ς) Boiotien, ein Tiefland zwischen beiden Gebirgsgabeln; in der westlichen hier der Helikōn und Kithärōn. Der erste von diesen Bergen war den Musen — Quelle Hippokrēne, durch den Hufschlag des Pégasos entstanden — der zweite dem Bakchos heilig. Bei der kesselartigen Bodenbildung der Landschaft ergießen sich die meisten Flüsse in das im Inneren gelegene Becken des altberühmten Kopaïs-Sees, der jedoch durch Abzugsgräben jetzt fast ganz trocken gelegt und in Wiesen und Ackerland verwandelt ist. Im SO. dieses Seebeckens liegt Theben, jetzt ein kleines Landstädtchen, im W. Liwadiá, das alte Lebadeia. Die ganze Landschaft nannten die alten Griechen eine „Orchestra (d. i. Tanzplatz) des Kriegsgottes", weil so viele Schlachten darin geliefert sind, z. B. die von Plataä und Chärōneia. Den Bewohnern warf man Stumpfsinn und Schwerfälligkeit vor.

η) Attika, der südöstliche breiedige Zipfel, bis zum Kap Kolonnäs, bei den Alten Sūnion. Nur 2200 qkm (40 Q.-M.) groß, zwar gesund, aber spärlich bewässert, vielfach gebirgig und steinig, nur für den Bau der Olive gut geeignet, ist es doch in der Weltgeschichte hoch berühmt: so viel vermochte der Geist seiner alten Bewohner über die Kargheit der Natur. An der Westküste der Landschaft öffnet sich eine Uferebene, im SO. von dem durch seinen Honig berühmten Hymēttós (1000 m) geschlossen. Auf dieser Ebene springt ein niedriges Vorgebirge hervor und bildet drei Häfen: den sichern, geschlossenen Haupthafen Peiräeús [neugriechisch gesprochen pirävs; lateinisch: Piräus] und die kleineren, fast kreisrunden Einbuchtungen von Zéa und Munýchia. Östlich von diesen liegt der nur eine offene Reede darstellende Hafen Phálēron. Von diesen Häfen streckt sich die Ebene 6 km nach NO., dann geht sie in die flachen Bergthäler der Bäche Kephisós und Ilissós über. Zwischen diesen Thälern am Ende des Blachfeldes erhebt sich eine Hochfläche von ovaler Form, an 300 m von W. nach O. lang und halb so breit, zu einer Höhe von 150 m; es ist nur von W. her leicht zu ersteigen, nach allen andern Seiten fallen seine Felswände steil ab. Diese Höhe war die Burg des alten Athen, die Akrópolis. Auf ihr lag der berühmte Parthenón, der Tempel der Schutzgöttin Athene, mit vielen herrlichen Kunstwerken. Aus der Stadt führte (von W. her) der Prachtbau der Propyläen in fünf Durchgängen hinauf. Besonders um den Nordfuß der Burg war die alte Stadt (wie die ganze heutige) gelagert; zwei lange Mauern (nach dem Meere zu weiter voneinander tretend, daher „Schenkel" genannt) verbanden sie mit dem Peiräeus, eine dritte führte nach dem Phaleron; diese Mauern bewahrten die Stadt davor, von ihren Häfen abgeschnitten zu werden. Alles zusammen hatte zur Zeit der Blüte wohl 400000 E. Das heutige Athen, jetzt Hauptstadt und Residenz des Königreichs, auch Universität, bietet freilich ein ganz anderes Bild, hat sich aber nun wieder auf 100000 E. erhoben. Die Akropolis, von den Türken lange als Festung benutzt, zeigt nur noch herrliche Ruinen der alten Zeit, die jetzt sorgfältig erhalten werden; die Stadt war unter der Türkenherrschaft ein Haufen elender Hütten zwischen Trümmern, fängt jedoch in der Gegenwart an sich zu verschönern. Unter den drei Häfen ist der **Peiräeus** wieder ein lebhafter Hafenort mit 20000 E. — Merkwürdig im alten Attika waren noch: im NW. **Eleusis**, wo der Erdgöttin (Demêter) ein Geheimgottesdienst gefeiert ward (**eleusinische Mysterien**); im N. der Berg **Pentélikon**, durch Marmor berühmt; an der Ostküste in einem sumpfigen Striche **Márathon**.

ϑ) **Mégaris**, ein Ländchen, welches schon auf der Landbrücke zur Halbinsel Peloponnes liegt; noch jetzt besteht als Hauptort desselben **Mégara**.

c) Die **Peloponnes**, früher **Morêa** genannt, oft mit einem Platanenblatte verglichen, hängt durch den Isthmus von Korinth mit dem Festlande zusammen. Der Gebirgszug des Festlandes bricht auf dieser Enge plötzlich ab, also daß der Boden an einigen Stellen kaum voll 40 m über dem Meere bleibt. Die Breite des eigentlichen Isthmus erreicht nur 7 km. Ein Kanal für Seeschiffe wird jetzt hindurchgegraben. In der Mitte der Halbinsel erhebt sich ein Tafelland mit hohen Gebirgen am Rande umsetzt und von niedrigen Bergzügen durchzogen. Von seinem Rande schießen gleichsam Gebirgsstrahlen nach der Küste hin, die vielfach gebuchtet ist. Die südlichen Strahlen enthalten die höchsten Gipfel. Wir merken folgende Landschaften:

α) **Arkadien**, das Tafelland der Mitte, nur nach W. zu offen, wo der **Alpheiós** zur Küste geht. An der Nordgrenze die Hochgipfel des **Kyllênê** und **Erýmanthos**. Was eine gewisse Periode der Dichtkunst vom arkadischen Schäferleben erträumt hat, entspricht nicht der Wahrheit. Die alten Arkader gingen in Felle gekleidet und waren ein rauhes Volk — jetzt trifft man schmutzige Hirten walachischer Abkunft, das Haar wild um den Kopf hangend, umgeben von einer Schar bissiger, halbwilder Hunde, denen man sich nur ungern nähert. — Unter den alten Städten waren **Mantinéa** und das durch Epameinondas erbaute **Megalópolis** bedeutend. — **Tripolitza** oder **Tripolis** war unter der Türkenherrschaft die Hauptstadt von Morea.

β) **Achaja**, der Abhang der nordarkadischen Gebirge zum Meer, am Busen von ? Unter den Gießbächen, welche zwischen den Gebirgszacken hervorkommen, ist auch die **Styx**. In einer schauerlichen Wildnis rinnt über schwarzen Felsabhang ein dunkler Wasserstreifen. Noch die jetzigen Griechen erzählen Spukhaftes von diesem unheimlichen Wasser. In alter Zeit war der Bund der achäischen Städte berühmt, und Rom nannte das ganze unterworfene Griechenland **Achaja**. Jetzt merke **Páträ**, 25000 E., eine schöne neue Hafenstadt mit Citadelle; in der Umgebung die besten Korinthen, die von Paträ aus hauptsächlich über See gehen.

γ) **Elis**, das westliche Vorland von Arkadien, das Mündungsland des Alpheios. An seinen Ufern **Olympia**, d. h. ein mit heiligen Hainen, Tempeln u. s. w. bedeckter Raum, in welchem die größten Kampfspiele der alten Griechen begangen wurden; durch das **Deutsche Reich** sind hier jüngst herrliche Überreste antiker Bau- und Bildwerke (Hermes-Statue des Praxiteles) aus dem Schutt der Jahrtausende aufgegraben worden.

δ) Der südwestlichste Teil der Halbinsel ist das Land der **Messenier**, von den Spartanern nach zwei blutigen Kriegen unterworfen. Im ersten messenischer Held **Aristodêmos**, Belagerung der Bergfeste **Ithômê**; im zweiten der Messenier **Aristomenes** und Belagerung der Feste **Eira**.

Um die erstgenannte Feste baute Epameinondas auch hier eine neue Stadt **Messéne**. Berühmt für die alte Zeit war auch **Pýlos** am Westufer, der Sitz des reisigen Nestor, dann aber als wichtiger Seeplatz oft in der Kriegsgeschichte genannt. Die geräumige Bucht, an der es liegt, wird durch eine langgestreckte Insel **Sphaktéria**, jetzt **Sphagia**, vom Meere getrennt. Der an dieser Bucht liegende Ort **Navarino** heißt heute wieder, obgleich nicht auf der gleichen Stelle gelegen, **Pýlos**. Andere Städte und Festungen sind **Modon**, das alte **Methone**, östlich davon **Korone**, an dem westlichen der in die südliche Peloponnes einschneidende Busen, jetzt von Korone, bei den Alten von **Messenien** genannt.

ε) **Lakonien**, der südöstliche Zipfel, durch den lakonischen Busen eingeschnitten, 440 qkm (80 Q.=M.) groß. Der südwestliche Vorsprung, bei den Alten **Tänaron**, ein vermeinter Eingang der Unterwelt, jetzt **Kap Mátapan** — der südöstliche, durch Stürme verrufen, **Maléa**, jetzt **Kap Mália**. Das ganze Land ist eigentlich nur das Gebirgsthal des **Eurótas**, welcher vor seiner Mündung einen niedrigeren, sein Thal seewärts abschließenden Gebirgsriegel durchsägt hat. Rechts und links mächtige Gebirgszüge; im W. der schroffe, romantische **Taygetos** mit Gipfeln bis über 2400 m. Die wildesten Gebirgsgegenden im S. heißen jetzt die **Maina**; hier hausen die **Mainoten**, ein wildes, tapferes Völkchen, bei dem Kriegs= und Räuberleben immer Hand in Hand gehen und das in seiner Sprache noch merkwürdige Anklänge an die alt=dorische Mundart zeigt. Die Reisenden, welche in diese Landschaft kommen, suchen natürlich vor allem die Stätte auf, wo am rechten Ufer des Eurotas mauerlos und mit wenigen ansehnlicheren Gebäuden geschmückt das alte **Sparta** lag, und wo nun wieder ein **Neu=Sparta** gebaut ist, das 6000 E. zählt. An der Ostküste der ö. Landzunge die Inselfeste **Monembasia** [monemwasia], in der überwiegend italienischen Sprache des levantinischen Handelsverkehrs (der lingua franca) **Malvasia** genannt; weil von hier der feurige südgriechische Wein seit dem Mittelalter in den Handel kam, nannte man diesen (schon im 15. Jahrhundert auch nach Madeira verpflanzten) Wein **Malvasier**.

ζ) Die östliche Peloponnes, mit einer Halbinsel, die der attischen ziemlich parallel läuft, hieß bei den Alten **Argolis**, von der Hauptstadt **Argos**. **Mykéne** und **Tiryns** waren Orte, die in der ältesten griechischen Geschichte von Wichtigkeit sind. Sehr wichtige Ausgrabungen an beiden Orten durch Schliemann. Jetzt ist hier die bedeutendste Stadt **Nauplia**, der Hafen des alten Argos.

η) Wir kommen auf unserer Rundreise wieder zum Isthmus und treffen hier auf eine der früher bedeutendsten griechischen Städte. Die Gebirge der Halbinsel stürzen auf der Landbrücke steil mit dem Berge ab, der auf seiner Breite das feste **Akrokorinth** trug. Darunter lag, nach dem korinthischen Busen zu, das durch Welthandel reiche, aber auch üppige und ausschweifende **Korinth** mit etwa ½ Mill. E. Am korinthischen Busen lag der eine, nahe Hafen, am ägäischen Meere der andere, entfernter. Jetzt stehen an der auch durch Erdbeben und Fieber stark heimgesuchten Stelle der alten Stadt nur die wenigen Häuser des Dorfes **Alt=Korinth**; nachdem ein Erdbeben 1858 dies fast ganz zerstört hatte, ist an der alten Hafenstätte am korinthischen Meerbusen ein **Neu=Korinth** entstanden, ein kleiner aufblühender Handelsort. Auch die an der Stelle von Akrokorinth angelegte Citadelle ist verfallen, nur die Aussicht von dieser altberühmten steilen Höhe auf die hellenischen Länder und Meere bewahrt mit Recht ihren Ruf. Der Weinbau der

Umgegend noch bedeutend; aber die Erzeugung der von hier gerade benannten Korinthen (gedörrter kleiner Beeren), eine wichtige Einnahmequelle Griechenlands, ist gegenwärtig in fast allen anderen Teilen der Peloponnes beträchtlicher.

d) **Die griechischen Inseln.**

α) Bei weitem die größte ist **Euboia** (neugriechisch ausgesprochen évvia, früher auch **Negroponte** genannt). Lang und schmal dahingestreckt, läuft sie mit dem griechischen Festlande parallel, nur durch einen Meeresarm davon getrennt. Ja, etwa vor der Mitte der Insel ist derselbe so schmal, daß die dort liegende Hauptstadt **Chalkis** durch eine Zugbrücke mit dem Kontinent verbunden ist. Diese Enge hieß bei den Alten **Euripos** und ist durch ein sehr unregelmäßiges Auf- und Abströmen des Meeres merkwürdig. Ein hohes, bewaldetes Gebirge durchzieht die ganze Insel, die aber auch viele fruchtbare Stellen hat (einst Athens Kornkammer). Auf dem Vorgebirge im NO. der Insel lag das Heiligtum der Artemis, das **Artemision**, vor welchem die persische und griechische Flotte miteinander kämpften.

β) In dem Meerbusen zwischen Argolis und Attika, den die Alten den **saronischen** nannten, liegt das kleine **Sálamis**; in der Enge zwischen ihr und der attischen Küste die wichtige Seeschlacht. Südlich davon, nach der argolischen Küste zu, liegt **Ägina** [altgriech. ägina, neugriech. ägina], im Altertum einige Zeit mit Athen wetteifernd und an Kunstwerken reich.

γ) Noch näher an der argolischen Küste liegen drei Inseln, welche in neueren Zeiten bei weitem größere Wichtigkeit haben, als dies im Altertum der Fall war. **Poros** (im Altertum **Kalauria**, mit berühmtem Tempel des Meergottes) ist durch Handel und Schiffahrt blühend. **Hydra**, mit Stadt gleiches Namens, wasserlos und so felsig, daß man oft nicht Erde genug zum Begraben der Toten hat, trotzdem aber stark bewohnt. Die Hydrioten und die Bewohner von **Spétsia** haben den Türken zur See den meisten Abbruch gethan. Die Hydrioten stellten allein 400 Schiffe (Wilhelm Müller: „Der kleine Hydriot").

δ u. ε) Unter den weiter in das Meer hinein gelegenen Inseln unterschieden die Alten zwei Gruppen. Die **Kykladen** (d. i. Kreisinseln) sollten so ziemlich im Kreise um **Delos** gelagert sein — außerhalb dieses Kreises lagen dann die **Sporaden** (d. i. die Zerstreuten).

Unter die Kykladen, welche insulare Fortsetzungen der Gebirge von Euboia und Attika sind, gehören von NW. nach NO.: **Andros, Tenos, Mykonos**. Westlich davon lag das kleine **Delos**, das einstens nach der Sage auf dem Meere schwamm, bis es Poseidon für die umherirrende, von der Hera verfolgte Leto befestigte. Hier nun gebar diese Geliebte des Zeus den Apollon und die Artemis; beiden Gottheiten war die Insel geweiht. Ein prachtvoller Apollontempel schmückte sie, der allen Griechen als größtes Heiligtum galt. Jetzt als **Mikra Delos** unbewohnt, nur mit Trümmern bedeckt. Noch weiter westlich liegt **Syra** mit lebhaftem Handelsverkehr; die Hauptstadt **Hermúpolis**, die größte Stadt auf den Inseln, 20000 E. In der Reihe nach SO. folgen weiter **Paros** und **Naxos**, die größten der Kykladen. Die erste, im Altertum durch köstlichen Marmor berühmt (die Brüche und Stollen noch vorhanden), hat im W. noch eine kleine Vorinsel **Antiparos** mit einer merkwürdigen Tropfsteinhöhle — die zweite, im Altertum dem Bakchos geweiht, ist schön und fruchtbar, aber doch nicht sehr bewohnt. Die vornehmen Familien stammen meist aus französischem oder venetianischem Blute, überhaupt erinnert noch vieles an die Zeit des lateinischen Kaisertums.

Die Reihe der Sporaden, mehr von W. nach O. streichend, enthält insulare Fortsetzungen der Gebirge von Argolis; in ihnen tritt vulkanische Natur, besonders deutlich in den größten, Melos und Thera (früher Santorin) hervor. Auf Melos, das ein alter halbeingestürzter Krater ist, wurde die weltberühmte Statue der Aphrodite von Melos (Venus von Milo) — jetzt in Paris — gefunden. Bei Thera haben sich noch in der jüngsten Zeit Inseln durch vulkanische Thätigkeit aus dem Meere gehoben.

Bei weitem die meisten Kykladen und Sporaden sind an Fruchtbarkeit und Bevölkerung nicht mehr das, was sie bei den alten Griechen waren. Viele sind waldleer und damit wasserarm geworden und haben darum ein kahles Aussehen. Die Römer benutzten einige zu Verbannungsorten.

ζ) Mit der Thronbesteigung Georgs I. wurde dem Königreich Griechenland die vormalige, unter englischem Schutze stehende Republik der sieben ionischen Inseln zugefügt. Diese Inseln haben zusammen 2400 qkm (44 Q.=M.) mit $^1/_4$ Mill. E., teils italienischen, vorherrschend aber griechischen Blutes. Obgleich alle gebirgig, sind sie doch überaus fruchtbar an Produkten der so nahen griechischen Küste, vor allem an Oliven und Wein, dessen Beeren auch hier zu Rosinen gedörrt werden. Sie gehörten bis in die Stürme der französischen Revolution zur Republik Venedig, wurden hernach wechselnd von verschiedenen Nationen besetzt, bis 1815 die Engländer die Schutzherrschaft über dieselben übernahmen.

Die nördlichste und wichtigste Insel ist Corfú, mit dem breiten Nordende der albanesischen Küste sehr nahe, dann keilförmig sich gegen SO. zuspitzend. Im Altertum bildete die noch jetzt wunderschöne Insel den bedeutenden Seestaat Kérkyra (120 Kriegsschiffe im peloponnesischen Kriege), bei den Römern hieß sie Corcyra. — Die neuere Hauptstadt Corfú, mehr italienischen Charakters, liegt an einem Vorsprunge der Ostküste, ist noch stark befestigt und galt früher für eine der stärksten Festungen in Europa.

Leukas (früher Santa Maura genannt) ist durch einen seichten, von den alten Korinthern ausgeführten Durchstich) von Akarnanien getrennt; das leukadische Vorgebirge im SW., von dem sich nach der Sage die Dichterin Sappho in das Meer stürzte.

Itháke [lat.: Ithäca], die Insel des Odysseus, ist kaum 100 qkm (2 Q.=M.) groß. Telemach, der die vom Menelaos geschenkten Rosse ablehnt, schildert seine heimische Insel (und die griechischen überhaupt) also:

— In Ithake fehlt's an geräumigem Plan und an Grasflur,
Ziegenweide nur giebt es — mir lieber als Weide der Rosse.
Keines der Meereiland' ist mutigen Rossen zur Rennbahn
Oder zur Weide bequem: und Ithake minder denn alle.

Auf der von NW. nach SO. gestreckten Insel sucht man die Örtlichkeiten der Odyssee: an der Nordküste den Hafen Phorkys, wo die Phäaken den Odysseus aussetzten, im N. den Berg Neriton, an der Ostküste in einer tiefen Bucht den Hafen Rheithron; im Hintergrunde derselben die Stadt Ithake; im S. der Insel das Gebirge Neïon. Allein keine der Örtlichkeiten ist bisher glaubhaft nachgewiesen. Jetzt heißt der Hauptort Wathý.

Nur durch schmalen Meerarm ist von Ithake Kephallenia, die größte der ionischen Inseln, getrennt, mit trefflichen Matrosen und einer zahlreichen Handelsflotte.

Dem Nordwestvorsprunge der Peloponnes gegenüber liegt Zákynthos (früher Zante), von den Italienern wegen seiner Fruchtbarkeit und Schönheit Fiore di Levante (d. i. Blume des Ostens) benannt, — die bevölkertste unter allen. Die gleichnamige Hauptstadt liegt im NO. der Insel.

Ganz von den übrigen getrennt liegt Kýthēra (früher Cerigo [tscherigo] genannt), etwas südwestlich vom Kap Mália — also vor welcher Landschaft der Peloponnes? Bei den Alten galt sie für die Geburtsstätte der Liebesgöttin.

3) Das Schutz-Fürstentum Bulgarien,

nördlich von Rumelien zwischen Balkan und Donau. Von den 2 Mill. Bewohnern sind ⅔ Bulgaren. Diese sind ein fleißiges Slavenvolk, ebenso tüchtige Ackerbauer als Handwerker (berühmt ihre Teppichweberei), aber bis vor kurzem ächzten sie unter dem Türkenjoch. Hauptstadt Sófia, 30000 E., nahe der wichtigen Straße, welche im Isker-Thale über den Balkan nach dem Thale der oberen Maritza führt. Etwas kleiner sind die Städte Schumla (am Balkan), Rustschuk (an der Donau) und die Hafenstadt Warna am Schwarzen Meer, mit Rustschuk durch Eisenbahn verbunden.

Zur Zeit ist mit Bulgarien die südlich angrenzende „autonome" Provinz Ostrumelien vereinigt, welche, 36000 qkm (650 □.=M.) groß, 1 Mill. Einw. zählt, von denen mehr als ⅔ christliche Bulgaren (Slaven) sind. — Die Hauptstadt Philippopel, einst von dem Makedonier Philipp angelegt, liegt an der oberen Maritza; 33000 Einw.

4) Das Königreich Serbien,

das ganze Flußgebiet der Mórawa umfassend, zwischen Bulgarien und Bosnien. Seine Bewohner (2 Mill.), dem kriegerischen und dichterischen Slavenstamm der Serben (oder Raizen) angehörig, erkämpften sich seit 1804 allmählich die Freiheit von der Türkei; Königreich seit 1882. Die Residenz des Königs ist Kragújewatz, ungefähr in der Mitte des Landes, unweit der Morawa. Viel bedeutender ist, gelegen am Zusammenfluß von Save und Donau — gegenüber von? — die berühmte Festung Belgrad, 42000 E.

5) Bosnien mit der Herzegówina und Novipasár,

westlich von Serbien, nordwärts bis zur Save reichend, als Hauptflußgebiet das der Bosna befassend. Im S. des letzteren, dem herzegowinischen Nebenland schon nahe, die Hauptstadt Serájewo, 26000 E. In der Herzegówina Mostar. Dieses ganze Bergland, bisher der nordwestlichste Teil der Türkei, steht jetzt mit dem zwischen Serbien und Montenegro gelegenen Distrikt Novipasár unter österreichischer Verwaltung, und ist also nur noch dem Namen nach eine türkische Provinz; die Bewohner gehören demselben Slavenvolk an, wie die des benachbarten Serbien, sind jedoch nicht alle wie diese dem Christentum treu geblieben, sondern teilweise zum Islam übergetreten.

6) Das Fürstentum Montenegro,

zwischen Bosnien und Albanien gelegen, das (jetzt bis ans Meer ausgedehnte) „Land der Schwarzen Berge", slavisch Czernagora [tschernagóra], ebenfalls von Serben (¼ Mill.) bewohnt, die aber Freiheit und Christentum von jeher hier tapfer gegen die Türken verteidigt haben, worüber freilich die blutigen Fehden nie ein Ende nahmen. Hauptstadt ist Nikschitsch.

7) Das Königreich Dalmatien,

das (gleichfalls von serbischen Slaven, in den Küstenorten auch von Italienern bewohnte) inselreiche Küstenland am adriatischen Meer, ein Stück aus dem venetianischen Vermächtnis (§ 77, I, 4), jetzt eine Provinz der österreichischen Monarchie, 12800 qkm (230 Q.-M.), mit ½ Mill. E. Dalmatien ist erfüllt von den dem Karst (§ 75, II, B, c) ähnlich zerklüfteten, wasserarmen binarischen Kalkalpen, welche ein Teil der illyrischen Alpen sind; oft erhebt sich die dalmatische Küste mit ihren weißen Kalksteinmassen wie eine Mauer aus dem Meere. Gebirgsflüsse stürzen hier und da in mächtigen Wasserfällen zur vielfach eingeschnittenen Küste, die an Hafenstellen reich ist.

In der Nordhälfte liegt die Hauptstadt Zara, 25000 E., und Spalato, 15000 E., welches in den Umkreis eines Palastes des Kaisers Diokletian hineingebaut ist. Südlicher liegt Ragûsa, früher eine eigene kleine Republik; am südlichsten, im Hintergrunde eines weiten, mehrere Buchten bildenden Meerbusens, der aber einen engen befestigten Eingang hat, die wichtige Festung Cáttaro, dicht an der Grenze der Montenegriner.

Unter den Inseln die größten; Brázza, Lésina, Cúrzola, Meleda, Lissa (Sieg der österreichischen Flotte über die italienische 1866).

II. Binnen-Europa.

§ 80.
Das Donau-Tiefland.

Der von W. nach O. fließende Hauptstrom des binnenländischen Europa, die Donau, gehört in seinem obern Lauf dem deutschen Lande an, das er bei Preßburg verläßt, um nunmehr in das ungarische Tiefland einzutreten. Man redet deshalb von einem deutschen Donau-Hochlande und einem außerdeutschen Donau-Tieflande. Dies Tiefland ist aber nicht als ein völlig ununterbrochenes zu denken. Es wird durch Gebirgszweige und Hochländer vielmehr in drei Tiefebenen zerschnitten, die sich natürlich wie drei Stufen flußabwärts senken. Das alles wird sich aber besser übersehen lassen, wenn wir erst auf die Gebirge einen Blick werfen, welche dies Tiefland im S. u. N. gürten, im W. aber vom Donau-Hochlande absondern.

Den Südrand des Donau-Tieflandes bildet der Nordrand der griechischen oder Balkan-Halbinsel, also die sehr bergigen Hochebenen von Bosnien und Serbien und die bulgarische Hochfläche, welche dem Nordfuße des Balkan vorgelagert ist. — Das nördliche Gebirge ist der Zug der Karpaten. Sie krümmen sich von dem Punkte an, wo der Mittellauf der Donau beginnt, in einem großen Bogen von 1200 km Länge, dessen offene Seite der Donau zugekehrt ist, und berühren diesen Strom noch einmal da, wo sein Unterlauf beginnt, den Verzweigungen der südlichen Gebirge gerade gegenüber. Sie verzweigen sich nach N., nach der östlichen Tiefebene zu, nur wenig; mehr aber gegen das Donaubecken hin. Man zerlegt die Karpaten in vier Teile: a) Die Kleinen Karpaten, von der Donau bis zu der breiten Neustadtler Senke, nicht viel über 650 m hoch, bilden die Grenze zwischen dem deutschen Lande und dem Donau-Tieflande. b) Von der Senke an türmt sich das Gebirge allmählich zu dreifacher Höhe in dem gewaltigen Knoten der West-Beskiden auf und richtet zugleich sich ostwärts. Über ihre Mitte führt der Jablunka=Paß. Dann folgt wieder eine breite Senke, die nur 600 m hohe Neumarkter Hochfläche. Jenseit derselben folgen c) die Ost=Beskiden und das karpatische Waldgebirge, der Länge nach der ausgedehnteste Teil, 350 km weit nach SO. ziehend, aber auch der niedrigste, im O. mehr ein breiter Höhenrücken (Sandstein) von etwa 1000 m Kammhöhe ohne sehr hohe Gipfel. Hier, an den Quellen der Theiß, liegen die tiefen, nur spärlich bewohnten Wälder der Marmaros [mármarosch]. d) Im SO. hebt sich der Zug wieder bedeutend und umgürtet das viereckige Hochland Siebenbürgen. Im O. und S. zieht die eigentliche Hauptkette, welche im S. und SO., meist aus Gneis bestehend, der Höhe der Tatra nahekommt. Die Nordseite Siebenbürgens ist die offenste, und auch im W. trennt das siebenbürgische Erzgebirge nur unvollständig von der ungarischen Tiefebene. Das Innere, durchschnittlich 480 m hoch, ist durch niedrigere Bergzüge geteilt, so daß die Gewässer teils gen N., teils gen W., teils gen S. abfließen. Die Verbindungswege nach Ungarn sind zahlreich und bequem, nach der Walachei giebt es nur einen tiefer eingeschnittenen Paß, den des Roten Turmes, nach der Moldau keinen solchen. Das ganze Karpatengebirge ist reich an Metallen: in dem ungarischen und siebenbürgischen Erzgebirge wird das meiste Gold in Europa gefunden; sowohl am Nord= als am Südabhange giebt es reiche Steinsalzlager.

Der zwischen b und c bezeichneten Lücke, der Neumarkter Hochfläche, ist nun aber südwärts der mächtige Wall der Tatra vorgelagert. Die Beschaffenheit seines Gesteins sondert ihn deutlich von den Karpaten: diese bestehen überwiegend aus Sandstein, die Tatra dagegen, 90 km lang, ist ein inselartiger Hochgebirgskamm aus Granit und Gneis. Steil wie eine gewaltige Mauer hebt sie sich aus den Hochebenen rings empor bis über die Waldgrenze und zeigt im Kamme und den über diesen aufragenden Gipfeln gezackte und eckige Formen wie die Alpen: eine öde, fast unbewohnte Gebirgswildnis. Der Kryvan im Westen, die Lomnitzer und die noch höhere **Gerlsdorfer Spitze** (2660 m) im Osten sind die bedeutendsten Erhebungen und bieten herrliche Gebirgsrundsichten. Eigentümlich sind der Tatra kleine 1300 bis 1900 m hoch gelegene Seen mit schwärzlich-grünem Wasser, deren Eisrinde erst im Sommer springt, Meeraugen genannt. — Im S. der Tatra liegen mannigfache Gebirgszüge, welche man unter dem Namen des **ungarischen Erzgebirges** zusammenfaßt. Der östlichste derselben ist die **Hegyallya** [hébjallja], an deren Südspitze, nahe der Theiß, der feurige **Tokaier** wächst.

Wir kehren nun zur Betrachtung des mittleren und unteren Donaulaufes zurück.

Da, wo die Kleinen Karpaten im SW. anheben, treten ihnen von der andern Seite die letzten Zweige der Ost-Alpen entgegen (§ 75, II, B, b, 4), von einem Donauzuflusse das **Leithagebirge** genannt. Zwischen diesen Bergzügen tritt die Donau bei Preßburg in ihren Mittellauf und in den ersten Abschnitt des Donau-Tieflandes a) in die **kleine Ebene von Ober-Ungarn**. Sie durchfließt dieselbe von W. nach O., hin und wieder große Inseln mit ihren Armen umschlingend. Links kommen ihr starke Karpatenflüsse wie Waag und Gran zu, welche breite Thäler in das sich hier weit vordrängende Gebirge schneiden, rechts strömt von den Alpen die Raab. Auf der rechten Seite dehnt sich die Ebene freier aus, und hier liegt in morastiger Umgebung der ganz flache **Neusiedler See**, der jetzt nur noch in regenreicheren Jahren, namentlich durch Rückstauung des Wassers der benachbarten Raab, im tiefer gelegenen Teil seines Beckens gefüllt wird, in den Jahren 1865 bis 1870 (einzelne Lachen ausgenommen) schon so ausgetrocknet war, daß man auf dem früheren Seeboden Ackerwirtschaft zu treiben und Kolonieen anzulegen begann.

Von neuem treten links Teile des ungarischen Erzgebirges, rechts der **Bákony** [bákonj]-Wald an den Strom, der in scharfer Ecke bei Waitzen sich plötzlich umbiegt und 300 km von N. nach S. b) durch die **große Ebene von Nieder-Ungarn** fließt. Während aber bei der oberungarischen Ebene das rechte Ufer das eigentlich ebene war, so ist es hier umgekehrt. Die Umgebung des tiefen **Platten-Sees** (d. i. Baláton- oder Sumpf-See), so wie die Gegenden zwischen den beiden mächtigen, aus deutschen Landen kommenden Donauflüssen Drau und Save, sind Hügelland — aber links dehnt sich die Ebene unabsehbar und besteht nicht selten aus öden, baumleeren, im Sommer ganz verbrannten Sand- und Heidestrecken, wo der Flugsand hie und da niedrige Hügel aufwirft, aus steppenartigen Grasfluren oder Weidestrecken (Pußten) und Sumpfstrecken, mit dichtem Röhricht bewachsen. Weiße, starke Rinder und leichte, schnelle Pferde weiden darin. Dörfer und Märkte sind selten, aber desto größer. Die Bestellung der Felder geschieht teils von den Wirtschaftshöfen aus, welche jeder Landmann in der Mitte seiner Grundstücke erbaut, teils von den diesen ähnlichen, aber umfangreicheren abligen Vorwerken, die oft einem ansehnlichen Dorfe gleichen.

Durch die Ebene hindurch schleicht in vielen Windungen, auf dem untern Laufe mit der Donau parallel und so mit dem Hauptstrome „das ungarische Mesopotamien" bildend, die fischreiche Theiß (Sprichwort: „die Theiß ist $^2/_3$ Wasser, $^1/_3$ Fische"). Sie ist 450 km weit schiffbar. Gieb die wechselnde Richtung ihres Laufes an! Ihr gehen aus Siebenbürgen die ansehnlichen Flüsse Samosch, Körösch, Marosch zu. Während die Donau die Drau, Theiß und Save aufnimmt, schlägt sie ihre eigentliche Hauptrichtung nach O. wieder ein, wird aber sodann unterhalb der Morawa-Einmündung, ärger als es in ihrem ganzen Laufe geschehen, noch einmal von Felsengebirgen eingezwängt, da hier etwa auf einer Strecke von 150 km die Gebirge Serbiens und Fortsetzungen derjenigen Siebenbürgens beiderseits dicht an den Strom herantreten. Gegen Ende dieses Felsenthales ist die Stromenge von Orsowa [órschowa] oder das eiserne Thor. Hier wird der Strom, der vorher 1170 m breit war, bis auf 100 m eingeengt. Man könnte diese Strecke die Donauengen nennen.

Nun tritt die Donau, von den Alten auf diesem ihrem Unterlaufe Ister genannt, c) in die dritte Tiefebene, die rumänische, wo sie links die Alúta empfängt, welche durch den Paß des Roten Turmes aus Siebenbürgen austritt. Schon hat der Strom sich dem Meere bis auf eine Entfernung von 60 km genähert, da wird er durch die von der bulgarischen Hochfläche auslaufende hügelige Hochebene der Dobrudscha genötigt, sich gegen N. zu wenden, nimmt auf dem nördlichsten Punkte dieser Seitenbiegung den Prut (vom Nordostabhang des karpatischen Waldgebirges) auf und schlägt nun, durch das Entgegentreten der bessarabischen Steppenplatte genötigt, wieder die Richtung nach O. ein. Jetzt bildet die Donau ein Delta, in dem man drei Hauptmündungen unterscheidet, ein unabsehbares, grünes Meer von reichlich 3 m hohem Schilfwald, von Flußarmen, Seeen und Lachen durchschnitten, Scharen von Seevögeln ein beliebter Aufenthalt, Büffelherden ein Versteck, aber auch den nachfolgenden Wölfen ein bergender Schlupfwinkel. Die Mündungsarme sind der Versandung ausgesetzt; der mittlere, Sulina [ßúlina], ist allein für Seeschiffe gangbar gemacht.

Die ganze Donau ist von Donauwörth an bis zur Mündung mit Dampfschiffen zu befahren, und es findet somit ein lebhafter Verkehr der Donauländer mit dem Orient statt, der unter den Schutz der europäischen Großmächte gestellt ist. Die aus den Kommissarien derselben gebildete Dampfschiffahrts-Kommission hat in Galatz ihren Sitz.

Das Donau-Tiefland ist reich an Produkten. Seine Ebenen gehören zu den fruchtbarsten Weizenstrichen und reichsten Obstländern des Erdteils. Der ungarische Wein ist viel gepriesen. Die Eichenwälder Slavoniens würden, wie man behauptet, ausreichen „für die mächtigsten Flotten, für die Schwellen von Welteisenbahnen und für die Fässer aller Weinländer des Erdteils."

Die Bewohner des Donau-Tieflandes gehören durchaus nicht zu einem Volksstamme; die vorwiegenden sind Magyaren (§ 72 Mitte), Slaven, Rumänen (die östlichsten Romanen). Sie gehören auch nicht zu einem Staate: der bei weitem größere Teil des Donau-Tieflandes steht mit der österreichischen Monarchie in staatlichem Verbande, der kleinere (an der unteren Donau) bildet das Königreich Rumänien.

1. Länder der ungarischen Krone.
(Transleithanischer Teil der österreichisch-ungarischen Monarchie.)

Das Gebiet der mittleren Donau bildete die römischen Provinzen Pannonien und Dacien. Hier hausten nach dem Zusammenbruche der römischen Herrschaft die Hunnen; gegen 900 aber zog hier das Nomadenvolk der Ungarn oder Magyaren [madjáren] aus der südrussischen Ebene ein, sprachlich verwandt mit den finnischen Stämmen. Nachdem sie durch ihre Raubzüge namentlich den Deutschen sehr lästig gewesen, aber von diesen endlich besiegt worden waren (durch Heinrich I. auf dem Unstrutriede 933, durch Otto I. auf dem Lechfelde 955), führte um 1000 die Pflanzung des Christentums eine mildere Zeit herbei. Herzog Stephan, der Apostel (nachher der Schutzheilige) seines Volkes, aus dem Stamme der Arpaden, erhielt vom Papste den Titel apostolischer König, den die Kaiser von Österreich als Könige von Ungarn noch jetzt führen. Nach seinen Zeiten dehnte sich Ungarn öfters über das ganze Donau-Tiefland aus, wurde aber nachher durch die Türken wieder verkleinert. Damals war Ungarn die Vormacht Europas gegen den Islam. Nach dem Aussterben des Arpadenstammes 1301 wurde Ungarn ein Wahlreich, bis durch Erbvertrag 1526 das Haus der österreichischen Habsburger in den Besitz der Krone kam. Der ungarische Reichstag teilte sich in zwei Tafeln: die Magnatentafel (Prälaten und der hohe Adel), und die Deputiertentafel, d. h. die Abgesandten des niederen Adels und der sogenannten königlichen Freistädte. Auf Gesetzgebung und Besteuerung hatten diese Stände den größten Einfluß. Bei den Verhandlungen erschien man bewaffnet. Die Geschäftssprache war meist die **lateinische**, welche überhaupt in Ungarn, wenn auch nicht immer mit Ciceros Worten, vielfach im Verkehr des amtlichen Lebens gebraucht wurde. Durch wiederholte Aufstände suchten die Ungarn eine selbständige Stellung zu erringen, doch erst 1867 hat Ungarn mit seinen Nebenländern eine besondere Verfassung und selbständige Verwaltung erhalten. Es bildet jetzt die **transleithanische** (östlich von der Leitha gelegene) Hälfte der österreichisch-ungarischen Monarchie und zählt auf 325000 qkm (5900 O.-M.) 17 Mill. Einwohner.

a) Das **Königreich Ungarn mit Siebenbürgen**, die große Kernmasse des Ganzen, 283000 qkm (4100 O.-M.), im Donau- und Theißgebiet. Von 15 Mill. Bewohnern sind nur zwei Fünftel **Magyaren**. Sie bewohnen die mittleren, ebenen Teile; den Gebirgen sind sie abgeneigt. Das alte Nomadenblut verleugnet sich noch jetzt nicht in ihrem Widerwillen gegen das Stadtleben und den Handelsbetrieb — den zahlreiche Juden willig übernehmen — in ihrer Vorliebe für ihre leichten Rosse, für ein möglichst ungezwungenes Leben. Ihre Nationaltracht hat ein malerisches und kriegerisches Aussehen; der allgemein getragene Schnurrbart erhöht dies letztere noch (die **Husaren** sind der ungarischen leichten Reiterei nachgebildet). Pelzwerk spielt bei dem ganzen Kostüm eine große Rolle und wird Sommer und Winter getragen. — Einen großen Teil der Bevölkerung machen **Slaven** aus; auch 2 Mill. **Deutsche** giebt es, besonders im W. und im ungarischen Erzgebirge; von kleineren Völkerschaften, wie von den hier besonders zahlreichen **Zigeunern** (§ 72 Ende) nicht zu reden. Von den Bewohnern sind ³/₅ römisch-katholisch, ¹/₅ protestantisch, die übrigen gehören meist der griechischen Kirche an.

Ungarn und Siebenbürgen werden in 65 Komitate oder Gespanschaften geteilt, neben denen noch einzelne Distrikte und sogenannte Stühle bestehen. Es giebt verhältnismäßig viel größere Städte. In der Mitte zwischen den Städten und Dörfern stehen die Märkte, welche zum Teil größer und volkreicher sind als die kleineren Städte, namentlich finden sich im südlichen Ungarn in großer Anzahl Märkte mit mehr als 10000 Einwohnern.

Wir merken die wichtigsten Ortschaften nach den physischen Verhältnissen.

1) **Städte an der Donau.** An der westlichen Eingangspforte, am linken Donauufer, liegt das schöngebaute **Preßburg**, 50000 E. Hier wurde früher der Reichstag gehalten und der König gekrönt, was jetzt in der Hauptstadt des Königreichs geschieht. Vor der Krönung aber ritt der zum König Erkorene in ungarischer Tracht auf den Königshügel und schwang St. Stephans Schwert nach den vier Gegenden der Welt, zum Zeichen, daß er das Land gegen die ganze Welt schützen wolle. Vom Preßburger Schloßberg auf dem letzten Ausläufer der Kleinen Karpaten reizende Aussicht über die **Ebene von Ober-Ungarn**. Wie Preßburg am Anfange der Donauinsel **Schütt** liegt, so am Ende **Komorn**, die stärkste Festung von Ungarn. Am Einflusse der Raab in einen Donauarm **Raab**. **Gran**, Residenz des ersten Erzbischofs des Landes (Primas Regni), mit prächtigem Dom.

In der Ebene von Nieder-Ungarn liegen sich, etwas südlich von dem Donauknie bei Waitzen, die getrennt von einander entstandenen Städte **Ofen** (magyarisch **Buda**) und **Pest** gegenüber, durch die 390 m lange Kettenbrücke und mehrere andere Brücken mit einander verbunden. Ofen, die Stadt der Beamten und des Militärs, die Stadt der „Österreicher oder Deutschen", liegt auf dem westlichen, hohen, weinreichen Thalrande des Stroms, und bietet, besonders vom königlichen Schlosse aus, eine weite Aussicht. Bergfestung, um die in den Türkenkriegen viel Blut geflossen. Viel volkreicher ist die Schwesterstadt **Pest**, die ganz in der Ebene liegt und den Überschwemmungen preisgegeben ist. Pest ist eine regelmäßig gebaute und äußerst lebendige Handelsstadt, „Ungarisch-Leipzig", zugleich Universität. Pest ist überhaupt der Mittelpunkt des geistigen und politischen Lebens, des Handels und der Schiffahrt für Ungarn. Jetzt zu einer Stadtgemeinde vereinigt zählt **Budapest** 466 000 E. **Neusatz**, ansehnliche Handelsstadt. Da, wo die Ausläufer der siebenbürgischen Karpaten die Donauenge bilden helfen, die kleine Festung **Alt-Orsova** [órschowa]. N. von letzterem, in einem Seitenthal der Donau, die schon zur Römerzeit berühmten **Herkulesbäder von Mehádia**.

2) **Rechts von der Donau**. **Ödenburg** am Neusiedler-See, 27 000 E. Starker Weinbau, wie auch im benachbarten **Rust**. **Stuhlweißenburg**. Nach der slavonischen Grenze zu **Szigeth** [ßiget], durch den Heldentod Zrinys im Jahre 1566 bekannt, jetzt verfallen. **Mohács** [móhátsch], Schlacht 1526 und 1687.

3) **In den Gebirgslandschaften an den Karpaten.** Im ungarischen Erzgebirge liegen die altberühmten Bergstädte **Schemnitz** und **Kremnitz** (Kremnitzer Dukaten). Die Bergknappen und Hüttenverwalter sind meistens Deutsche. In Schemnitz eine Bergakademie. **Kaschau**, 35 000 E. S. davon an der obern Theiß der berühmte Weindistrikt **Tokai**, am Abhange des Hegyalljagebirges. Hiervon n. ö. **Munkács** [múnkátsch] mit festem Bergschloß, das oft als Staatsgefängnis gedient hat (Ypsilanti).

4) **Zwischen Donau und Theiß: Erlau**, Sitz eines Erzbischofs. **Kecskemét** [kétschkemét], ein weit über die Ebene zerstreuter Marktort, 50 000 E. **Theresiopel** oder **Maria-Theresienstadt**, 65 000 E.

5) **An der Theiß: Szegedin** [ßégedin], gegenüber der Einmündung von ? — mit 77 000 E. die zweite Stadt des ungarischen Reiches, im Frühjahr 1879 durch eine furchtbare Überschwemmung der Theiß fast der Vernichtung preisgegeben.

6) **Östlich von der Theiß: Großwardein**, 33 000 E. **Debreczin** [débretzin], 57 000 E., fast nur von Magyaren bewohnt und echt magyarisch, ist nach Bauart, Sitte und Gewerbe der Einwohner keine eigentliche Stadt, Ackerbau der Hauptnahrungszweig; mit seinen dorfähnlichen breiten Straßen, niedrigen Häusern, nationalen Sitten bildet es einen auffallenden Gegensatz besonders zu Budapest mit dessen Prachtstraßen und großstädtischem Leben. (Sprichwort: Wer die Weinlese in der Hegyallya und den Debrecziner Jahrmarkt nicht gesehen hat, hat in Ungarn nichts gesehen). **Arad**, Festung am Marosch, 39 000 E. **Temesvár** [témeschwár], starke Festung, in Sümpfen, 38 000 E.

7) **Siebenbürgen** (ungarisch Erdely orszag [érdelj orßág], d. i. lateinisch Transsilvania), seiner natürlichen Beschaffenheit nach schon oben (§ 80, Anf.) beschrieben. Die Bevölkerung gehört sehr verschiedenen Stämmen an. Die **Rumänen** machen etwas über die Hälfte der Bevölkerung aus und finden sich, ohne eine Stadt zu besitzen, am dichtesten in den westlichen Teilen des Landes. Zwischen ihnen und bis in die Mitte des Landes verbreitet wohnen die **Ungarn oder Magyaren**. Die östlichen Gegenden bewohnen ziemlich unvermischt die **Szekler** [ßékler] (d. i. Grenzwächter), ein gleichfalls

magyarischer Stamm. Die **Sachsen** (über 200000) sind Nachkommen mittelalterlicher Einwanderer aus dem n. w. Deutschland. Sie haben deutsche Art und Liebe zum großen deutschen Vaterlande treu bewahrt. Ihre Städte und Dörfer, namentlich im S. des Landes gelegen, sind durch Solidität und Sauberkeit vor den magyarischen und rumänischen ausgezeichnet. Doch sind sie seit der Einverleibung Siebenbürgens in Ungarn in ihrer Nationalität sehr ernstlich gefährdet.

Im Gebiete der Ungarn, dem bei weitem größten: **Klausenburg**, 32000 E. — Im Lande der Sachsen und zwar im westlichen, größern Stück **Hermannstadt**, gut gebaut, mit 20000 fast nur protestantischen Einwohnern. Von hier führt die 40 km lange Karolinenstraße in das Thal der Aluta zum stark befestigten **Roten-Turmpaß**. — In dem kleineren, östlichen Teile des Sachsenlandes **Kronstadt**, 31000 E., in tiefem Gebirgsthal und doch noch 400 m über dem Meere.

b) Die Königreiche Kroatien und Slavonien,

zwischen der Drau, der Donau und Save, bilden zusammen ein Kronland von 43000 qkm (800 Q.=M.) mit 2 Mill. Einwohnern fast ausschließlich slavischen (und zwar serbischen) Stammes und überwiegend römisch-katholisch.

Die Hauptstadt von Kroatien ist **Agram**, etwas nördlich von der Save, 30000 E., Universität.

Die Hauptstadt von Slavonien ist das viel kleinere **Esseg**, Festung an ? —

Die sogenannte **Militärgrenze**, d. h. der mit lauter Soldatenkolonieen erfüllte Grenzstreifen gegen die Türkei, welcher von der Küste des adriatischen Meeres bis nach Siebenbürgen sich ausdehnte und die Abwehr räuberischer Einfälle sowie der Pest (durch strengste Quarantäne) bezweckte, ist nun ganz unter die Civilverwaltung der angrenzenden Landesteile gestellt, folglich als besonderer Verwaltungsbezirk aufgehoben. In dem kroatisch-slavonischen Anteil der früheren Militärgrenze (am linken Ufer der Save bis zu deren Mündung hinziehend) liegen an der Donau die Festung **Peterwardein**, gegenüber von Neusatz, etwas weiter abwärts das kleine **Karlowitz** (Waffenstillstand von 1699), oberhalb der Savemündung die Handelsstadt **Semlin** [sämlin], gegenüber der serbischen Festung Belgrad.

c) Die königliche Freistadt Fiume.

Die sehr belebte Seestadt **Fiume**, 22000 E., an einem oben (§ 75, II. B, c, 3) schon erwähnten Busen des Adriameeres, bildet mit ihrer nächsten Umgebung ein von der Krone Kroatien abgesondertes Gebiet der ungarischen Monarchie (das ungarische Litorale).

2. Das Königreich Rumänien.
130000 qkm (2400 Q.=M.), 5,₅ Mill. E.

Rumänien besteht aus der **Walachei**, von der südsiebenbürgischen Gebirgsmauer bis zur Donau, der **Moldau**, von der ostsiebenbürgischen Gebirgsmauer bis zum Prut, ferner (infolge des russisch-türkischen Krieges von 1877/78) aus dem Donau-**Delta** und der **Dobrudscha** nebst dem an letztere angrenzenden Landstreifen, welcher bis zu einer von Silistria ostwärts nach dem Schwarzen Meer gehenden Linie reicht. Es sind fast durchweg fruchtbare Länder, die Getreide in Fülle hervorbringen, jedoch ist der Anbau noch meist mangelhaft. Die Bewohner sind ein Mischvolk von Daciern und Römern, welche einst Trajan als Kolonie in diese Teile des alten Daciens führte. Sie nennen sich auch selbst Romuni, Rumänen (d. i. Römer), und ihre Sprache ähnelt in etwas dem Italienischen. Der weitaus größte Teil der Bevölkerung besteht aus Bauern; und da diese erst 1862 aus der Leibeigenschaft befreit wurden, so sind sie noch weit in der Kultur zurück. Die herrschende Kirche ist die griechische. Früher ernannte die Pforte aus den vornehmen Griechen Konstantinopels, aus den Fanarioten (§ 79, 1, a), die Fürsten oder Hospodare der Walachei und der Moldau. Jetzt sind aber beide Fürstentümer vereinigt; 1866 beriefen sie zu ihrem Fürsten den Prinzen Karl (aus dem Hause Hohenzollern-Sigmaringen). Tapfer kämpften die Rumänen an der Seite der Russen 1877 gegen die Türken, erlangten die völlige Unabhängigkeit von der Türkei und erhoben 1881 ihr Fürstentum unter dem Hohenzollern Karl zum Königreich.

Die Hauptstadt Rumäniens ist die frühere Hauptstadt der Walachei **Bukarest** (rumänisch: Bukureschti); mit Ausnahme der innern Stadt stehen alle Häuser in einem weiten Hof oder Garten, unberührt vom Nachbargebäude. Große Miethäuser kennt man nicht. Daher ist der ansehnliche Umfang der Stadt (die ungefähr 7 km im Durchmesser hat) stellenweis nur spärlich gefüllt, 220000 E. **Jasin** [jáschi], Hauptstadt der Moldau, 10 km vom Prut, 90000 E. An der Donau in der Südostecke die Handelsstadt **Galátz**, 80000 E., und das schnell aufblühende **Bráila**. Weiter abwärts die kleine Festung **Ismail**.

III. West-Europa.

§ 81.
Frankreich.

Gehen wir von dem Donau-Tieflande nach W., so kommen wir in das Herz Europas, in das deutsche Land. Da uns dieses aber im vierten Buch ausschließlich beschäftigen wird, so schreiten wir gleich hindurch an den westlichen Flügel Europas, nach Frankreich, und fragen zuerst nach seinen natürlichen Grenzen und Verhältnissen.

Am deutlichsten springen sogleich die beiden Meere in das Auge, zwischen denen Frankreich, der schmalste Teil des Stammes von Europa, überaus günstig mitten inne liegt. Die Küste des **Mittelmeeres**, welches durch den Golfe du Lion (nach dem norditalischen Volke der Ligger, welches im Altertum die Küste inne hatte, benannt) in das Land schneidet, ist die bei weitem kürzere — wenigstens viermal ausgedehnter, auch hafenreicher ist die des **atlantischen Ozeans**, in den Frankreich mit einem bedeutenden nordwestlichen Vorsprunge sich hinausbeugt. Merke zwei große Busen. Der eine, sehr tief einschneidende zwischen diesem Nordwestende Frankreichs und dem spanischen Kap Finisterre der Busen von **Gascogne** oder **Biscaya** [wißkája] (§ 72 Anf.). Der zweite

Busen wird dadurch hervorgebracht, daß der französischen Nordwestküste die Südküste Großbritanniens im ganzen parallel läuft, bis sich beide in der Meerenge, welche die Franzosen Pas de Calais, die Engländer Straße von Dover nennen, bis auf 28 km nähern. Den Meeresteil zwischen Frankreich und England nennen die Franzosen La Manche (Ärmelmeer) von der Gestalt, die Engländer und Deutschen den Kanal. Seine englische Küste ähnelt mit ihren weißen Kreibefelsen der französischen so überaus, daß der frühere Zusammenhang beider Länder über die noch jetzt so seichte Straße von Dover hinüber schon dadurch wahrscheinlich ist, wie er sich denn anderweitig ganz sicher bestätigt.

Dies die Meerumgrenzung. Nun zu den beiden Gebirgen, welche Frankreich von zwei südlichen Halbinseln trennen. Jedem derselben entquillt einer der französischen Hauptströme.

Die Pyrenäen lernten wir schon bei Spanien kennen. Wiederhole nach § 73 Anf., was dort über die Natur des Ganzen, die höchsten Gipfel, die Pässe u. s. w. vorgekommen ist! Nach Frankreich ranken sie nicht weit hinein, entsenden aber eine Menge Gewässer (Gaven nennt man die kleineren Schluchtenflüßchen), welche in meist kurzen, aber herrlichen Gebirgsthälern ihren obersten Lauf haben. Die größten sind der Adour, der einen Bogen nach N., und die Garonne, die alte Garumna, welche einen Bogen nach O. beschreibt; dann wendet sich diese entschieden nach NW. An den östlichsten Punkt der Garonne schließt sich der berühmte, über 200 km lange Kanal von Languedoc oder du Midi an, welcher den Strom mit dem Mittelmeer verbindet. Die größten Zuflüsse erhält die Garonne alle rechts von den mittelfranzösischen Gebirgen: Tarn, Lot, Dordogne. Der letztgenannte, der bedeutendste, fließt nicht allzuweit von der Mündung ein. Die Garonne erweitert sich von da ab bedeutend und nimmt den Namen Gironde an.

Von der Halbinsel Italien trennen Frankreich die West-Alpen (See-Alpen, cottische Alpen, grajische Alpen (§ 75, I). Einer der bedeutendsten Alpenströme, die Rhone (der alte Rhobanus, französisch le Rhône), entspringt in der Schweiz aus dem prachtvollen Rhonegletscher an der Furka, westlich vom St. Gotthard, fließt, hier Rodden genannt, im Gebirgsthale Wallis zwischen den Berner und den Walliser Alpen nach SW., bricht aber bei Martigny mit rascher nordwestlicher Biegung zwischen den Berner Alpen und der Montblanc-Gruppe zum Genfer See (Lac Leman) hindurch. Dies halbmondförmige Wasserbecken von 573 qkm (fast 10½ Q.-M.) Größe hat die wechselreichsten Gestade; im S., am savoyschen Ufer, sind sie wild und erhaben, am nördlichen lachend und anmutig. Dazu bietet das nördliche Gestade die Aussicht über die im S. sich türmenden Alpenberge, über welche der mächtige, von manchen Standpunkten sichtbare Montblanc hinausragt. In wunderbarer Bläue entströmt die Rhone bei Genf dem sich golfartig verengenden See, nimmt vom Montblanc die Arve auf und durchbricht nun in einer engen und steilen Thalspalte den Jura. Eine ziemliche Strecke muß sie sich, auf etwa 5 m zusammengepreßt, in felsigem Bette durch Engen hindurchwinden, ja zweimal sucht der Strom den Weg unter den hemmenden Felsen und strömt eine Zeit lang unterirdisch (la perte du Rhône). Vom Genfer See aus fließt der Fluß nach SW., beugt sich dann nach W. und empfängt nun seinen größten, ihn selbst fast übertreffenden Zufluß, die Saône (Arar), welche sich durch den seltsam gewundenen Doubs (vom Jura) verstärkt hat. Beide Ströme sind sehr verschieden: die Rhone heftig und ungestüm, die Saône sanft und ruhig, incredibili lenitate, wie Cäsar sagt. Dennoch fügt sich die Wilde der Sanften, giebt die bisherige Richtung von O. nach W. auf und lenkt entschieden nach S. um. Auf dem rechten Ufer, wo die mittelfranzösischen Gebirge zu nahe herantreten, kann der Strom keine bedeutenden Zuflüsse empfangen: links fallen ihm noch die reißenden Alpenflüsse Isère und Durance zu. An der Mündung in den Golfe du Lion bildet er ein Delta, das einzige, welches Frankreichs Küsten zeigen.

Die natürliche Grenze gegen das deutsche Land ist es, die wir jetzt aufsuchen und verfolgen müssen. Von dem Genfer See bis in die Gegend von Basel, oder von dem Durchbruch der Rhone bis zum Durchbruch des Rheins, bildet sie auf eine Strecke von 300 km ganz entschieden der eigentliche oder Schweizer Jura, als hoher, undurchbrochener Gebirgswall zwischen Rhone und Rhein, geeignet, nicht bloß eine Wasserscheide zu sein, sondern auch Völker und Staaten abzugrenzen. Er besteht aus mehreren parallelen Bergzügen, die schroff gegen die Schweiz, in Terrassen nach Frankreich abfallen; das vorherrschende Gestein ist ein zerklüftetes Kalkgebilde, das man geradezu Jurakalk genannt hat. Wie sich der Jura über den Rhein hinaus tief in das Innere von Deutschland fortsetzt, sehen wir später. Für jetzt merken wir als höchste Kuppe des eigentlichen Jura die Crêt de la Neige (w. n. w. von Genf), 1700 m. Der Jura, „von der Natur gleichsam als Schaugerüste vor die Alpen gestellt", bietet die ausgedehnteste und schönste Rundsicht auf die Alpen. Vom Nordostende des Jura bis zum Südende des Wasgau, dem welschen Belchen, bildet die Wasserscheide zwischen Rhein und Rhone die Grenze. Sie besteht aus unbedeutenden Höhenzügen, weshalb auch ein Kanal (der Rhein=Rhone=Kanal) den Doubs mit der Ill, einem Rheinzuflusse, leicht verbinden konnte. Von dem Belchen aber krümmen sich die nur 500 m hohen Montagnes Faucilles (d. i. Sichelberge), von denen die Saône herabfließt, sichelförmig zu dem Plateau von Langres hinüber, an dem die Maas entspringt. Diesen Fluß begleitet von jenem Plateau an auf dem linken Ufer der niedrige Zug der Argonnen, der von nun an Frankreichs natürliche Nordostgrenze bildet. Da, wo die Maas anfängt sich nach NO. zu drehen, verläßt er den Strom und setzt sich, immer mehr in niedrige Hügel fortlaufend, die jenen ursprünglichen Namen nicht mehr führen, bis zur Enge von Calais fort. In diesen Gegenden trennt er das Gebiet der Schelde von dem der Seine und der Küstenflüsse des Kanals.

Vergleiche nun mit diesem natürlichen Grenzzuge nach der Karte genau die politischen Grenzen. Wo bleiben sie noch hinter den natürlichen zurück? Wo reichen sie über dieselben hinaus?

Gehen wir jetzt von den Grenzen in das Innere, so treffen wir auf die mittelfranzösischen Gebirge, welche isoliert dem Westflügel des mitteleuropäischen Gebirges (§ 72 Mitte) vorgelagert sind. Man nennt die von demselben erfüllten Gegenden, zwischen der obern Garonne, der obern Loire und untern Rhone, nicht unpassend Hoch=Frankreich. Ursprünglich eine einzige steil vom Bette der Rhone sich erhebende Hochfläche (§ 23 Ende), ist es von Vulkanausbrüchen durchbrochen, von langen Lavaströmen durchzogen, von breiten Flußthälern eingeschnitten. Infolgedessen erscheint es jetzt wie eine strahlige Gliederung von Bergketten. Die Mitte bildet die Hochfläche von Gevaudan. Von ihr zweigt sich nach SW. der Zug der Cevennen ab, in einzelnen Gipfeln gegen 1800 m hoch. Tarn und Lot eilen von ihrem Westabhange zur? In der Geschichte der Religionskriege hat dies Gebirge eine blutige Bedeutung; verfolgte Bekenner der reformierten Lehre (Camisarden) erhoben unter Ludwig XIV. in seinen Schluchten die Fahne des Aufruhrs gegen ihre Peiniger. Am Nordostrande der Cevennen entspringt Frankreichs größter Strom, die Loire (Ligeris), auch ihr größter Nebenfluß, der Allier, mit gleich langer Stromentwickelung.

Nach N. lösen sich drei Gebirgszüge von der centralen Hochfläche: 1) Der westliche Zinken bildet das merkwürdige Gebirgsland der Auvergne mit den Gipfeln Puy de Dome, Cantal und Mont Dore, dem höchsten, 1900 m. Alles läßt in der Auvergne ein weites Gebiet erloschener vulkanischer Thätigkeit erkennen: die abgestumpften Bergkegel, die napfförmigen Mulden auf ihren Gipfeln, das Vorherrschen des Basaltes. Die Dordogne geht zur? Cher und Vienne zur Loire. 2) **Der mittlere Zinken**, die Gebirge von Forez, trennen den obern Allier von dem tief eingeschnittenen oberen Loirethal. 3) **Der östliche Zinken** hält sich in der Nähe der Rhone, dann der Saône, bekommt nach den verschiedenen Landschaften, die er durchzieht, verschiedene Namen; gewöhnlich wird er Gebirge von Lyonnais genannt. Das nördlichste Ende, die Côte d'or, mit berühmtem Weinwuchs (Burgunderwein), schließt sich an die Hochebene von Langres da an, wo auf dieser die Seine (Séquana) entspringt. Ebenda führt durch die Senke zwischen beiden der Kanal von Burgund, welcher Seine und Saône verbindet. Das System der Seine ist auch mit dem des Rheins durch den wichtigen **Rhein-Marne-Kanal** verbunden, welcher (teilweise unterirdisch) den Wasgau durchsetzt und bei Kehl in den Rhein mündet.

Zu beiden Seiten von Hoch-Frankreich breiten sich Tiefländer aus: a) Im SO. **das kleine Tiefland der untern Rhone** oder **die provençalische Tiefebene**. b) Im W. **das große, etwa 220000 qkm (4000 □.-M.) umfassende eigentliche französische Tiefland**. Man hat sich darunter indessen keine wagerechte, wenig über dem Meeresufer liegende Fläche zu denken; es ist vielmehr ein wellenförmiges Gebiet mit vereinzelten hügeligen Gegenden, im Mittel 100 m über dem Meeresspiegel. Die Ströme haben hier ein tief gefurchtes Bett, durch den Einfluß der Ebbe und Flut des Ozeans golfartig ausgeweitete Mündungen und sind in den untern Strecken selbst für Seeschiffe fahrbar. Die Loire — gieb ihre wechselnde Richtung an! — durchfließt so recht das Mittelstück der gallischen Ebene, die fruchtbarsten und bestangebauten Striche des Landes, die man ebensowohl die Kornkammer, als die „Gärten Frankreichs" nennen könnte. Hier erscheint die gallische Niederung als eine förmliche Ebene, während sie anderwärts, z. B. im oberen Seinegebiet, von Hügelreihen und Hügelgruppen vielfach unterbrochen ist. Die Seine empfängt ihre größten Zuflüsse Aube, Marne, Oise von der rechten Seite. Sümpfe und Seeen kommen nur in den Sandstrecken der Heiden (les Landes) zwischen Garonne- und Adourmündung vor.

Ganz isoliert liegt in der nordwestlich vorspringenden Ecke, der Bretagne, ein kleines Gebirgssystem, die **Montagnes d'Arrée**, kaum 300 m hoch.

Frankreich, mit 536000 qkm (9730 Q.-M.) Flächeninhalt, ist nach seiner Lage und Natur eines der reichsten Länder von Europa. Nur wenige Strecken (etwa 15% des Bodens) sind des Anbaues unfähig, und ein mildes Klima, das den Übergang vom mittel= zum südeuropäischen bildet, ist dem Gedeihen der Gewächse günstig. Frank=reich ist das vorzüglichste Obstland unseres Erdteils; und von seinen Weinen heißt es bei einem unserer berühmtesten Dichter: „Man kann nicht stets das Fremde meiden, das Gute liegt uns oft so fern. Ein echter deutscher Mann mag keinen Franzen leiden, doch seine Weine trinkt er gern." 25000 qkm (450 Q.-M.) sind in Frankreich der Kultur der Rebe gewidmet; indes sinkt diese Zahl von Jahr zu Jahr, so daß jetzt schon 6 mal soviel Wein in Frankreich eingeführt, als aus=geführt wird. In den südöstlichsten Strichen gedeiht in vorzüglicher Güte die Olive; hier blüht auch die Zucht der Seidenraupe. Der Me=tallreichtum ist dagegen nicht sehr bedeutend. Zum Handel liegt Frankreich äußerst bequem und hat im Innern ausgezeichnete Kanal=verbindungen zwischen allen Strömen, die früh schiffbar werden, viele Eisenbahnstrecken und Chausseen. Gewerbe und Fabriken sind in großer Blüte.

Unter 38,2 Mill. Einw. (fast sämtlich römisch=katholisch, nur etwas über 1/2 Mill. protestantisch, und zwar reformiert) giebt es an den westlichen Pyrenäen nur noch wenige Basken (§ 72 Ende), in der Bretagne Kelten, in den West-Alpen Italiener, in den Land=strichen im O. der Argonnen Deutsche, gegen die belgische Grenze hin Flamänder — aber die große Hauptmasse (35 Mill.) sind eigentliche Franzosen. Was Cäsar vor fast 2000 Jahren von den alten Galliern sagte, daß sie „lebhaft, rasch auflodernd in Liebe und Zorn, doch unschwer zu besänftigen, veränderlich in ihren Neigungen, tapfer, besonders stürmisch im Angriff" seien — das gilt auch von ihren französischen Nachkommen, die weniger mit Deutschen als mit Römern so gemischt sind, daß wir sie in der allgemeinen Übersicht zu dem romanischen Stamme rechnen mußten. Daher zeigt auch die französische Sprache vielfache Verwandtschaft mit der la=teinischen. Sie zerfällt in zwei große Mundarten: die langue d'oui im N., langue d'oc im S. Die erstere ist Schriftsprache und wegen ihrer geschmackvollen Leichtigkeit die allgemeine Verständigungssprache der Gebildeten verschiedener Nationen. Sie hat in dieser Beziehung auch für den Verkehr der Staatsmänner oder Diplomaten das Latein verdrängt, das bis ins 16. Jahrhundert diese Stelle einnahm.

Mehr noch als durch die Sprache beherrscht Frankreich die höhe=ren Stände aller Nationen durch seine Mode, d. h. durch die mehr nach dem Übereinkommen der Fabrikanten als nach den Launen der Hauptstadt wechselnde (und auswärts begierig nachgeahmte) Form der Kleidung. Feinheit, Artigkeit, wohlthuende Gewandtheit, das alles ist bei den Franzosen zu finden, dabei ein lebhafter Sinn für Ruhm, bewährte Tapferkeit und ein geschickter Nachahmungstrieb. Fast in allen Wissenschaften, besonders in Mathematik und Naturwissenschaften, haben sie tüchtige Männer; aber die Bildung ist weit weniger als bei uns ein Gemeingut des Volkes, so daß z. B. mindestens der dritte Teil der Franzosen weder schreiben noch lesen kann. Zu den Schattenseiten des französischen Charakters gehört eine oft kindische Eitelkeit und Großthuerei; die Sucht durch geistreiche Phrasen zu glänzen und ein oft grenzenloser Leichtsinn, dem Übermut und Grausamkeit nicht fern liegen, sehr verschieden von dem Ernste und der Ruhe des Deutschen. Übrigens zeigen der N. und S. Frankreichs, wie auch die einzelnen Provinzen, auffallende Verschiedenheiten. „Der überfeinerte Pariser kontrastiert gewaltig mit dem frommen, aber rohen Bewohner von Poitou, der quecksilbrige Gascogner mit dem plumpen Auvergner, der zweideutige Normanne mit dem treuen Burgunder."

Zur Römerzeit hieß das Land Gallia, und zwar transalpina. Wo lag cisalpina? Cäsar, der Gallia transalpina von 58 bis 52 v. Chr. zu einer römischen Provinz machte, hat seine Kriege und die Sitten der Gallier selbst beschrieben. In der Völkerwanderung breitete sich das germanische Volk der Franken vom Niederrhein hier aus und dehnte unter Chlodwig (um 500 nach Chr.) seine Herrschaft über das ganze Land aus, das nun nach den fränkischen Eroberern seinen Namen erhielt. Die späteren Frankenkönige erweiterten ihr Reich selbst über die Grenzen des alten Galliens hinaus. Karl der Große, 768 bis 814, vereinte alle germanischen Stämme des europäischen Festlandes: er herrschte im NO. bis zur Elbe und Eider, im SO. bis zur Raab, in Spanien bis zum Ebro, in Italien bis zum Tiber. Und am 25. Dezember des Jahres 800 machte er sich in Rom zum römischen Kaiser. Nach seiner Zeit aber kam bald der Verfall. Seine drei Enkel teilten 843 zu Verdun das große Reich. Der älteste, Lothar bekam die Kaiserwürde, Italien und den ganzen Strich zwischen Alpen, Aare und Rhein auf der einen, Rhone, Saône, Maas und Schelde auf der andern Seite. Der andere Sohn, Ludwig, erhielt das eigentliche Deutschland östlich vom Rhein; der dritte, Karl der Kahle, das eigentliche Frankreich im W. von Maas und Rhone. Jetzt ist also erst von einem französischen Reiche die Rede. Indes das Gebiet Lothars blieb nicht beisammen: von seinen Söhnen bekam Ludwig II. Italien und den gebirgigen Süden des Gebiets, aus welchem später das Königreich Burgund wurde; dagegen bekam Lothar II. die Nordhälfte des väterlichen Gebiets, die nach ihm Lothringen genannt wurde. Lothringen nun teilten nach Lothars II. Tode die beiden Nachbarn Deutschland und Frankreich 870 zunächst unter sich, aber bald nahm Deutschland das ganze, und Burgund wurde 1032 mit Deutschland durch Personalunion verbunden. Dadurch wurde Frankreichs Grenze weit zurückgeschoben und der französische Staat blieb auch ziemlich unmächtig. Dem Stamm des großen Karl folgte 987 die Linie der Capetinger bis 1328, wo der Seitenzweig der Valois zur Regierung kam. Aber die französischen Könige, im eigenen Lande durch übermächtige Vasallen bedrängt, waren fast zu Schattenkönigen geworden, bis es ihnen gelang, die Länder ihrer mächtigsten Vasallen selbst zu erwerben. Am schwersten wurde ihnen dies dadurch, daß unter diesen übermächtigen Lehnsleuten die Könige Englands waren, denen zuletzt die ganze Westhälfte Frankreichs gehörte. Hiernach machten die Engländer gar Erbrechte auf den französischen Thron geltend. Das 14. und 15. Jahrhundert sind daher mit den Kriegen zwischen Engländern und Franzosen erfüllt; lange Zeit waren die Waffen der letzteren unglücklich, bis die Jungfrau von Orleans ihres Landes Retterin ward. Wohl fiel sie zuletzt den Engländern in die Hände und ward 1431 zu Rouen als Hexe verbrannt; aber das Glück war von diesen gewichen, und sie verloren alle französischen Besitzungen auf dem Festlande bis auf Calais, das bis in die Mitte des 16. Jahrhunderts englisch blieb. (Bis in unser Jahrhundert führten Englands Könige drei goldene Lilien im blauen Felde, Frankreichs Wappen, im Schilde). So fing erst gegen das Ende des Mittelalters Frankreich an bedeutend zu steigen; besonders der verschlagene und grausame Ludwig XI. brach die inzwischen schon geschwächte Macht der Vasallen vollends. Zwar die Pläne seiner Nachfolger, in Italien Besitzungen zu gewinnen, gelangen nicht (§ 76, 4), ja im 16. Jahrhundert wurde Frankreich selbst durch Religions- und Bürgerkrieg zerrüttet, bis 1589 die Linie Bourbon (mit der frühern verwandt) mit Heinrich IV. auf den Thron kam; aber die Schwäche und Uneinigkeit Deutschlands lockten die französischen Könige zu dreisten Übergriffen an. Sie brachten schon im 16. Jahrhundert Metz, Toul und Verdun in ihre Hände; ihre Teilnahme am 30 jährigen Kriege trug ihnen im westfälischen Frieden das Elsaß ein, wenn auch noch ohne die darin liegenden freien Reichsstädte. Aber dann folgte die glänzende Regierung Ludwigs XIV. (bis 1715), glänzend nicht bloß durch die Blüte der Litteratur (Trauerspielbichter Corneille und Racine, Lustspieldichter Molière u. a.), sondern auch durch geschickte Minister (Colbert, Louvois) und Feldherrn (Turenne, Vendôme). Diese unterstützten durch ihr Talent die ungerechten Vergrößerungspläne des Königs. Artois, Flandern, die Franche Comté wurden erworben; Straßburg mitten im Frieden besetzt. Grenzenlose Schmach hat damals unser Vaterland von den Franzosen erduldet, welche am Oberrhein wie Mordbrenner hausten, in Speier, nach Schätzen wühlend, die Särge unserer Kaiser sogar erbrachen. Im 18. Jahrhundert, unter der langen Regierung des schwachen Ludwig XV., erwarb Frankreich doch noch (1735) das wichtige Lothringen, wenn es auch im 7jährigen Kriege sich nicht mit Ruhm bedeckte.

Aber bei all diesen äußeren Triumphen war der innere Zustand ein beklagenswerter. Die Stände des Reiches wurden nicht mehr berufen; am Hofe herrschte Üppigkeit und tolle Verschwendung; zuletzt ward die Schuldenlast ungeheuer, und doch lasteten die Abgaben fast nur auf dem „dritten Stande", dem der Bürger und Bauern. Viel gelesene Schriftsteller (wie Voltaire) brachten alle diese Übelstände der Menge zum Bewußtsein; der Vorgang Nord=Amerikas (§ 67 Anf.) war auch nicht ohne Einfluß. Aber am meisten drängte das unerträgliche Elend der untern Volksklassen. So brach unter dem gutherzigen, aber schwachen Ludwig XVI. 1789 die französische Revolution aus. Alle alten Verhältnisse wurden nun plötzlich und gewaltsam umgestürzt. Frankreich wurde Republik und der König selbst starb 1793 unter der Guillotine. Diese Zeit des Schreckens und Entsetzens hatte Schiller im Auge, als er schrieb: „Freiheit und Gleichheit hört man schallen, der ruh'ge Bürger greift zur Wehr; die Straßen füllen sich, die Hallen, und Würgerbanden ziehn umher. Da werden Weiber zu Hyänen, und treiben mit Entsetzen Scherz; noch zuckend, mit des Panthers Zähnen, zerreißen sie des Feindes Herz." Nur die den widerstreitenden Interessen entspringende Uneinigkeit der Gegner machte es der jungen Republik möglich, sich mühsam gegen die verbündeten Mächte Europas zu behaupten, bis endlich nach vielfachem Wechsel der Verfassung sich der Italiener (§ 78 Ende) Napoleon Bonaparte zuerst als Konsul, seit 1804 als Kaiser an die Spitze Frankreichs stellte. Erzähle nach § 58, 2 und § 77, 1, 3 und 4 von seinen Siegen vor 1804!

Frankreich trat durch seines Kaisers Talent auf etliche Jahre herrschend an die Spitze Europas. Das französische Kaiserreich umfaßte 14000 Q.=M. (770000 qkm); Rom im S. und Lübeck im N. waren französische Städte. Die übrigen europäischen Staaten (Eng=

land und Rußland ausgenommen) waren von Napoleon mehr oder weniger abhängig oder gar von seinen Verwandten beherrscht. 1812 zog Napoleon aus, um auch das russische Reich zu bezwingen. Doch von seinem glänzenden Heere kamen nur elende Trümmer zurück: zumeist der Mangel an Disziplin, dann auch die russischen Waffen und zuletzt die grimme Kälte des russischen Winters hatten es vernichtet. Nun erhoben sich die geknechteten Völker, Preußen voran, zu einem großen Bündnis gegen Napoleon, und die **Schlacht bei Leipzig am 16., 18. und 19. Oktober 1813** entschied für die Verbündeten, welche am 31. März 1814 siegreich in Paris einzogen. Napoleon erhielt die Insel Elba (§ 77, II, 6) angewiesen, und Ludwig XVIII., der Bruder des hingerichteten Königs, kehrte auf den Thron seiner Ahnen zurück. Bald mußte er aber vor dem von Elba zurückkehrenden Napoleon fliehen, der indes (18. Juni 1815) von Preußen und Engländern bei **Belle-Alliance** besiegt wurde und, als Verbannter Europas, nach St. Helena gebracht, hier (§ 60, I, 6) 1821 starb.

Indes das Volk war mit den zurückgekehrten Bourbons nicht zufrieden, und unter Ludwigs XVIII. Nachfolger, Karl X., brach im Juli 1830 eine zweite Revolution aus, gewöhnlich die Juli-Revolution genannt. Die ältere Linie des Hauses Bourbon wurde wiederum vertrieben und das Haupt der jüngeren Linie Orleans, Louis Philippe, auf den Thron gesetzt. Der neue König nannte sich nicht mehr, wie seine Vorgänger, König von **Frankreich und Navarra**, sondern König der **Franzosen**. Der Thronerbe hieß nicht mehr wie früher Dauphin. Die Lilien verschwanden aus dem Wappen. Die sonst weiße Nationalfarbe machte beim Banner der Revolution, der Trikolore, Platz (Blau, Weiß, Rot). Eine dritte Revolution im Februar 1848 vertrieb auch das Haus Orleans, und Frankreich wurde wieder Republik. Der Präsident der Republik, Louis Napoleon (Neffe Napoleons I.), machte sich aber im Dezember 1852 zum Kaiser als Napoleon III., und erst seine ebenso grundlose wie unbesonnene Kriegserklärung an Preußen (19. Juli 1870), zu der ihn freilich die französische Nation nötigte, führte seinen Sturz herbei. Die Franzosen schoben die Schuld ihrer Niederlagen durch die Deutschen auf ihren Kaiser und, als sich dieser infolge der Schlacht von Sedan (1. Sept. 1870) den Feinden am 2. Sept. hatte gefangen geben müssen, erklärten sie ihn für abgesetzt und riefen wieder die Republik aus. So ist Frankreich mit Einschluß der Schutzstaaten seit dem 4. September 1870 zum drittenmal Republik und wird gegenwärtig regiert von einer Nationalversammlung gewählter Volksvertreter, einem Senat und dem Präsidenten der Republik.

Die Besitzungen in den fremden Weltteilen, fast 3 Mill. qkm (50000 Q.-M.) mit 31 Mill. E., stelle nach § 50, 6; 51, 3; 56, 3; 57°, 2; 59, 3; 60, II, 2 u. 3; 63, 3; 64, 2, 4, a; 68, II; 70, 2 u. 3, sowie nach § 51, 3 und § 59, 2 zusammen.

Wie in den Zeiten der ersten Revolution alles verändert wurde, so auch die alte Einteilung des Reiches in Landschaften und Provinzen. Gerade um diese alte Einteilung in Vergessenheit zu bringen, schuf man neue, kleinere Departements, die nach Flüssen, Gebirgen, seltener nach anderen natürlichen Verhältnissen benannt wurden. Heute zählt man 86 Departements (darunter das schon beschriebene Corsica § 78, 3). Da für die Geschichte jene älteren Provinzen indessen wichtiger sind und ihre Namen auch jetzt noch häufig gebraucht werden, so folgen wir der älteren Einteilung und fügen nur bei den großen Städten das Departement hinzu. **Bei jeder Landschaft muß nach der gegebenen Übersicht und der Karte die physische Geographie wiederholt werden.**

I. **Isle de France**, die Gegend, welche zuerst Francia hieß, das alte Stammgut der Capetinger.

1) Seine und Marne vereinigen sich hier; die erstere, einige Inseln umschließend, durchschneidet hierauf eine Kalkschicht, welche als **Montmartre** im N. einen steilen Thalrand bildet (Kampf um Paris 1814). Hier im **Departement der Seine** liegt **Paris**. Es besteht aus mehreren Teilen: a) Auf zwei Seine-Inseln liegt die Altstadt, la Cité, von der schon Cäsar sagt: Lutetia est oppidum Parisiorum positum in insula fluminis Sequanae. Unter den verbindenden Brücken **Pont Neuf**, mit der Statue Heinrichs IV. In der Cité die schöne altgotische Kathedrale von **Notre Dame**. Die sonst engstraßige schmutzige Cité besteht jetzt fast ganz aus Neubauten. b) Auf dem rechten Ufer die eigentliche Stadt, la **Ville**. An den **Quais** (Uferstraßen) unterhalb der Inseln der Glanzpunkt der Stadt. Hier stand früher der Palast der **Tuilerien** mit einem parkartigen Garten, unter der Regierung Napoleons III. durch bedeutende Neubauten mit dem **Louvre** verbunden, in dem früher die Könige residierten, dann großartige wissenschaftliche und Kunstsammlungen ihre Stätte erhielten. Indes durch den greuelvollen Aufstand der Kommune 1871 wurden die Tuilerien großenteils niedergebrannt und sind jetzt abgetragen. Im W. schließt an den Garten der Tuilerien die **Place de la Concorde**, der größte Platz der Stadt, mit einem Obelisken von Luxor geschmückt (§ 58, 2). Hinrichtungsplatz Ludwigs XVI. Noch weiter die Seine hinunter die Baumanlage der **elysäischen Felder**, im äußersten W. der prächtige Triumphbogen de l'étoile. Am entgegengesetzten Ostende der Stadt erinnert der **Bastilleplatz** an die gleich zu Anfang der Revolution zerstörte Bastille, einst ein festes Schloß für Staatsgefangene. Jetzt steht auf dem Platze die 42 m hohe Julisäule von Bronze, zum Andenken an die Opfer der Juli-Revolution. Andere Merkwürdigkeiten dieser Stadtseite sind das **Palais Royal**, nicht weit vom Louvre, von einem der berühmtesten französischen Minister, Richelieu, erbaut. Es vereinigt in sich Palast und glänzende Kaufhalle unter den Arkaden des inneren Hofes. c) Der Teil auf dem linken Ufer heißt l'**Université**, auch wohl

quartier latin, weil hier die Gebäude der Universität und vieler Schulanstalten liegen, auch der bekannte Garten mit Menagerie, Jardin des plantes, der **Dom der Invaliden** (hier ruhen Turenne, Vauban, der Erbauer vieler französischen Festungen, und seit 1840 Napoleon I.). Am äußersten Westende an der Seine das Marsfeld, ein ungeheurer Platz, zu Truppenübungen, Volksfesten, 1867 und 1878 zur Weltausstellung benutzt. — Um la Ville und l'Université ziehen sich die Boulevards, die in Alleeenstraßen verwandelten Wälle und Gräben der mittelalterlichen Festung Paris; auf den Boulevards des Capuzines und des Italiens wogt stets das regste und lärmendste Leben. d) Rings um die Boulevards liegen die vierzehn inneren Vorstädte, Faubourgs, von einer Einfassung umschlossen, aus der 58 Barrieren führen. Schon das bisher angeführte hat an 40 km im Umfange. Aber auch noch jenseit jener Einfassung hat sich die Riesenstadt ausgedehnt, eine Menge früherer Dörfer bilden jetzt die äußeren Vorstädte. Der ganze Stadtkoloß, in dem diese äußern Vorstädte mit befassenden Umfang, ist befestigt; sein Schutz besteht aus einer festen Ringmauer und 16 außerhalb derselben liegenden Forts, z. B. im W. der Mont Valérion. — Sehr viel geschah unter der den Luxus in jeder Weise befördernden Regierung Napoleons III. für die Verschönerung der Stadt: unschöne Straßen wurden weggebrochen, neue Straßen, ja neue Stadtviertel entstanden. Ein Centralboulevard, der Boulevard von Sebastopol, 30 m breit und 3575 m lang, in seiner südlichen Hälfte Boulevard St. Michel genannt, durchzieht ganz Paris von Norden nach Süden, Nordstadt, Insel und Südstadt. Das „kaiserliche" Paris, eine schöne glänzende Stadt, wurde der alten schmutzigen Stadt immer unähnlicher und mit seinen breiten Straßen und mächtigen Kasernen für Volksaufstände immer unbequemer; die Schreckenstage der Kommune blieben Paris aber trotzdem nicht erspart, sie haben dem prächtigen Stadtbild ihre Spuren in düsteren Ruinen als Folgen gräßlicher Feuerverheerung viel dauernder hinterlassen als die erst zuletzt zum Bombardement gesteigerte Belagerung durch die Deutschen (September 1870 bis Januar 1871). Am besten übersieht man die ungeheure Stadt vom Montmartre oder der dem Marsfeld gerade gegenüberliegenden rasengrünen Höhe des Trocadéro: wie ein Häusermeer, aus dem einzelne Kirchtürme und Kuppeln und unzählige sehr hohe Schornsteine hervorragen, liegt sie unter dem Betrachter. Die Bewohnerzahl beträgt 2½ Million.

Paris ist noch in ganz anderem Sinne Hauptstadt des Landes, als dies bei den Hauptstädten anderer Länder der Fall ist; es ist Mittelpunkt des wissenschaftlichen, gewerblichen, politischen Lebens. Paris hat in ganz Frankreich die einzige, nach unsern Begriffen vollständige Universität mit vier Fakultäten, die zu den ältesten neben Bologna und Salerno (§ 77, I, 5 und III, 11) gehört, außerdem mehrere Akademieen, ungeheure Bibliotheken und Kunstsammlungen, die aus allen Teilen des Reiches dorthin (vielfach durch Raub) zusammengebracht sind. Paris ist ferner unbedingt die erste Fabrik- und Handelsstadt in Frankreich (einzig in ihrer Art die Fabriken der Gobelins, d. i. gewebte Gemäldetapeten). Für die politischen Zustände ist Paris durchaus tonangebend; alle großen Umwälzungen haben sich hier zugetragen, und die Geschichte von Paris ist auch die Geschichte von Frankreich.

Merkwürdige Orte in der nächsten Umgebung der Stadt sind:] Im N. St. Denis mit einer uralten Abtei, dem Schutzpatron Frankreichs, Denis (Dionysius) geweiht, der zuerst das Evangelium gepredigt haben soll (Apostelgeschichte 17, 34). Hier ward im Mittelalter die Reichsfahne, die Oriflamme,

17*

bewahrt, hier sind die Gräber der früheren Könige von Frankreich. Im Süd= osten von Paris das feste Schloß Vincennes. Im Westen das von den Franzosen selbst (während der Pariser Belagerung) 1870 in Brand geschossene frühere königliche Schloß St. Cloud; die Seine hinab Neuilly. Zwischen beiden das Dorf Boulogne mit einem mehr berühmten als schönen Gehölz.

18 km von Paris nach WSW., Versailles 50000 E., erst von Ludwig XIV. aus einem Dorfe zu der glänzenden Residenz gemacht, die es bis 1789 blieb. Das prachtvolle Schloß mit seiner Gemäldegalerie und seinem großen Park wird uns Deutschen stets darum im Gedächtnis bleiben, weil König Wilhelm am 18. Januar 1871 die Krone des neuen deutschen Kaiser= reichs eben hier (in der Spiegel=Galerie) annahm, wo Ludwig XIV. einst unserm alten Reich so oft schmähliche Heimsuchung geplant hatte. Ringsum noch viele Lustschlösser. Im N. an der Seine St. Germain, Friede zwischen Ludwig XIV. und dem Großen Kurfürsten 1679. An der Seine, 59 km ober= halb Paris, Fontainebleau, auch mit prachtvollem Schloß und Forst, in der Geschichte oft genannt. Schloß und Stadt Compiègne an der Oise im N. — Im obern Oisegebiet mehrere ebenfalls geschichtlich merkwürdige Orte: Soissons (Chlodwig und Syagrius 486). St. Quentin, an der Somme und einem Kanal, der Schelde und Oise verbindet, Sieg der Spanier über die Franzosen 1557, der Deutschen über die französische Nordarmee im Januar 1871. Laon, auf einem Berge, Sieg Blüchers 1814.

II. Landschaften am Kanal.

2) Französisch Flandern und Hennegau, außerhalb der natür= lichen Grenzen Frankreichs, im Schelde= und Maasgebiet, voll von Festungen, die ja überall Frankreich umgürten. Die größte und stärkste, Vaubans Meisterwerk, Lille, deutsch Ryssel, 190000 E. Andere feste Plätze, z. B. Douay, Valenciennes, Cambray, alle südlich von Lille; an der Nord= see die früher bedeutende Seefestung Dünkirchen; Roubaix, Industrie= stadt, 100000 E.

3) Artois, ein Stück der Niederlande, Hauptstadt und starke Festung Arras. Calais, an der 28 km breiten Meerenge. Jährlich landen hier Tausende von Engländern, welche die Reise nach dem Kontinent machen wollen; die Stadt hat englischen Charakter; warum? Im S. davon Bou= logne, von wo wie von Calais täglich Dampfer nach England hinüberfahren. Bei dem Dorfe Azincourt Niederlage der Franzosen 1415. — Artois und Flandern sind gewerbsame Provinzen und haben treffliche Fabriken für Spitzen, Leinwand und Batist.

4) Picardie, eine fruchtbare, wohlangebaute Provinz, von dem Küstenfluß Somme durchströmt. An diesem die Hauptstadt Amiens, 80000 E., mit schönem Dom. (Peter von Amiens, der Prediger des ersten Kreuzzuges.) Weiter den Fluß hinab die Festung Abbeville. Nörd= lich davon, gegen die Grenze von Artois hin, Crecy oder Cressy, wo die Franzosen von den Engländern 1346 geschlagen wurden.

5) Normandie, benannt nach den Normannen, die unter Rollo hier landeten. Ihr Führer empfing 911 die Taufe und von dem französischen Könige Karl dem Einfältigen diesen schönen Landstrich als Lehnsherzogtum. Einer seiner Nachkommen, Wilhelm der Eroberer, wurde 1066 auch König von England. Die Hauptstadt Rouen (Departement der niedern Seine) am rechten Seineufer, mit prächtiger Kathedrale, aber sonst häßlich. Bedeutende Handelsstadt mit 110000 E. Was ist schon von ihr dagewesen?

92 km davon, an der eigentlichen Seinemündung, der große Handels- und Kriegshafen Le Havre oder Havre, 110000 E. Besonders lebhafter Verkehr mit Nord-Amerika. Noch wichtiger und fester ist der Kriegshafen Cherbourg, auf der in den Kanal vorspringenden Halbinsel Cotentin, an den Napoleon I. und III. viele Millionen gewandt. Dieppe, nordöstlich von der Seinemündung, ist auch eine lebhafte Hafenstadt. Seebäder. Unter den Binnenorten ist nach Rouen der größte das schöne Caen. In wüster, rauher Gegend das Kloster la Trappe, das Stammkloster des strengsten Mönchsordens, der Trappisten.

III. Landschaften am atlantischen Ozean.

6) **Bretagne**, der nordwestliche Vorsprung, von aus Britannien vor Angeln und Sachsen hierhergeflüchteten Briten benannt, Hauptstadt **Nantes** (Departement der niederen Loire), 64 km von der See, am rechten Ufer der Loire, gut gebaut, 130000 E., bedeutende Handelsstadt. Der Hafen von Nantes ist **St. Nazaire**. — Im N. der Bretagne der feste Hafen **St. Malo**, im äußersten W. **Brest**, Kriegshafen, 70000 E., im S. die feste Seestadt **Lorient**. Im Innern die frühere Hauptstadt **Rennes**, 60000 E.

7) **Poitou**, mit einigen kleineren Landschaften. Im Innern **Poitiers**, alte Stadt, auf einem Berge. Die Ebene ringsum ein Schlachtenfeld: Karl Martell und die Araber 732; Sieg der Engländer 1356. An der See die befestigten Seestädte **La Rochelle** (in den Religionskriegen eine Hauptfestung der Hugenotten, wie man damals die französischen Protestanten nannte) und **Rochefort**. — Die Gegend zwischen La Rochelle und Nantes ist ein in den Revolutionszeiten berühmt gewordener Landstrich, die **Vendée**. Die Anhänger des Königtums und des alten Glaubens wehrten sich hier, lange unbesiegt, gegen die Republikaner, und das von Hügeln, Schluchten und Hecken durchsetzte, mit kleinen Buschhölzern bewachsene Terrain erleichterte ihren Kampf.

8) **Guienne und Gascogne**, das alte Aquitanien. Die Gascogner als Aufschneider verschrieen. Die alte Hauptstadt **Bordeaux** (Burdigala), die vierte Stadt Frankreichs, im Departement der Gironde, liegt am linken Ufer des hier ³/₄ Stunden breiten Stromes, 240000 E. Bedeutender Handel, besonders mit Wein, der den linken Ufer des Stromes entlang in vorzüglicher Güte gedeiht; stromauf **Barsac**, stromab **Medoc**. Im Innern, am Tarn, **Montauban**, mit reformierter Akademie.

9) **Die Landschaften an den West-Pyrenäen**. Unmittelbar am Meere das französische (Nieder-) **Navarra und Bearn** (vergl. § 74 b, I, f), durch Heinrich IV., der ursprünglich König von Navarra war, mit Frankreich vereinigt. Er selbst in der Hauptstadt **Pau** geboren. An der Mündung des Adour **Bayonne**, stark befestigt (Bayonner Schinken, Bayonette). Berühmte Straße nach Spanien über den Bidasoa (§ 73 Anf.). 10 km von Bayonne Seebad **Biarritz**. In den Pyrenäen **Bagnères und Barèges**, berühmte Brunnenorte. Hinter dem ersteren Orte, tief im Gebirge, das schöne **Campaner Thal**.

IV. Die Landschaften am Mittelmeere.

10) **Die Landschaften an den Ost-Pyrenäen, Foix und Roussillon**. Festung **Perpignan**.

11) **Languedoc**, lange Zeit das Eigentum der mächtigen Grafen von Toulouse. Diese ihre Hauptstadt (Departement der obern Garonne) an der Garonne, am Anfange des Südkanals, 150000 E., blüht durch Handel und Wissenschaft, wie schon im Mittelalter. Aus dieser Zeit noch stammt die Académie des jeux floreaux, deren Preise in goldenen und silbernen Blumen bestehen. Schrecklich wütete im Mittelalter in diesen Gegenden der Vernichtungskrieg gegen die Sekte der Albigenser (von **Albi** am Tarn). Nach der See hin liegt **Narbonne**, das römische Narbo, mit vielen Altertümern. Nach ihm nannten die Römer den von ihnen zuerst (schon um 120 v. Chr.) gewonnenen Südstreifen Galliens zwischen den See-Alpen und den Pyrenäen Gallia Narbonensis. Weiter nach NO., nördlich vom Strandsee **Thau**, in dem der Südkanal endigt, liegt in prangender Gartenumgebung **Montpellier**, 57000 E., dessen Klima jedoch unter dem von den Gebirgen her oft plötzlich einfallenden eiskalten **Mistral** leidet; alte Universität, deren medizinische Schule noch von den Arabern begründet wurde. **Cette**, eine Handelsstadt auf der Nehrung zwischen See Thau und dem Meer. Näher nach der Rhone **Nimes**, das römische Nemausus, 70000 E., Seidenfabriken. Unter den römischen Ruinen, deren Nimes und Rom die meisten haben, ein für 17000 Zuschauer berechnetes Amphitheater und in (der Umgegend der **Pont du Gard**, der wohlerhaltene Rest einer römischen Wasserleitung über das 58 m tiefe Thal des Gard, eines Rhonezuflusses. An der Rhone **Beaucaire** mit der berühmtesten Messe in Frankreich.

12) **Provence**, der s. ö. Teil jenes von den Römern zuerst unterworfenen, d. h. zur **Provinz** (provincia) gemachten narbonensischen Galliens, ein herrliches Südland mit mildem, schönem Klima, — durch Ausrottung der Wälder in neuerer Zeit heiß und trocken; im Mittelalter die eigentliche Heimat der Troubadours oder **provençalischen Dichter**, die den Hof der kunstsinnigen Grafen von Provence verherrlichten. Die Hauptstadt und der Größe nach dritte Stadt von Frankreich ist (im Departement der Rhonemündungen) **Marseille**, als Massilia von kleinasiatischen Griechen angelegt, die vor Cyrus flüchteten, 40 km östlich vom Rhonedelta. Marseille liegt hufeisenförmig um den Hafen, der — ein Meisterwerk der Natur und Kunst! — über 1000 Schiffe faßt. Wichtiger Handel nach Italien, Afrika und der Levante. 380000 E. Die Umgegend ist entzückend und mit Tausenden von weißen Landhäusern besät, besonders nach dem 29 km nach N. gelegenen **Aix** zu, als römischer Badeort Aquae Sextiae, Sieg des Marius über die Teutonen 102. 67 km o. s. ö. von Marseille liegt **Toulon**, 70000 E., der wichtigste Kriegshafen am Mittelmeer, mit Arsenal, Schiffswerften, einem Bagno (banjo), d. h. Gefängnis der Galeerensträflinge, deren es an 4000 dort giebt. Die **hyerischen Inseln** zeichnen sich durch mildes Klima und schöne südliche Vegetation aus. Noch weiter gegen den **Var**, den früheren Grenzfluß gegen Italien, hin liegen die kleinen **lerinischen Inseln**; auf einer derselben saß unter Ludwig XIV. ein rätselhafter Staatsgefangener, der **Mann mit der eisernen Maske**. Im Innern liegt an der Rhone **Arles**, als Arelate einst groß und mächtig, so daß das an der Saône und Rhone gegründete Königreich Burgund danach eine Zeit lang das arelatische Königreich genannt ward. Da es hernach mit Deutschland durch Personalunion verbunden wurde, so heißt noch jetzt der ganze Strich im Munde des Volks l'empire. Nördlich von der Durance liegen die Landschaften **Avignon** und **Venaissin**, bis zur Revolution dem Papste gehörig. In Avignon selbst wohnten die Päpste von 1305 bis 1378. Östlich von Avignon ist das

romantische Thal Vaucluse, durch den Aufenthalt und die Lieder des italienischen Dichters Petrarca berühmt. Von Orange (Arausio), im N. von Avignon, hat eine Linie des deutschen Hauses Nassau, die dies Fürstentum durch Erbschaft bekam, aber nachher wieder verlor, den Namen angenommen.

13) Im Süden der See=Alpen liegt die von Sardinien abgetretene Grafschaft Nizza. Die Hauptstadt gleiches Namens (französisch Nice) am Meere, 80000 Einw., zwischen Orangen= und Limonenwäldern, ist wegen ihres milden Klimas ein Zufluchtsort für Kranke, besonders für Lungenkranke; mehr Gewähr günstigen Erfolges bietet indessen das weiter östlich, an der Grenze Italiens gelegene Küstenörtchen Mentône, weil Mentone, nicht aber Nizza, gegen den Mistrâl geschützt liegt.

V. Die östlichen und nördlichen Grenzlandschaften.

14) Das von Sardinien (§ 77 Anf.) abgetretene, in zwei Departements geteilte Savoyen ist ein rauhes, armes Gebirgsland, das nicht alle Bewohner zu nähren vermag. Viele Savoyarden suchten besonders früher als Schornsteinfeger, Schuhputzer, Führer von Murmeltieren ihr Brot in der Fremde, besonders in Paris. Wenn sie ein Sümmchen erworben haben, kehren sie in die liebe Heimat zurück. Hauptstadt Chambéry, an einem Zuflusse der Rhone, eng und düster. Von hier führt gen SW. über das Grenzstädtchen Les Echelles eine berühmte, durch Felsen gehauene Alpenstraße von Savoyen in die nördl. Dauphiné und nach Lyon. Annecy an einem Rhonezufluß. Chamonix, Dorf im Thal der Arve (§ 75, II, A, a), am Fuße des Montblanc.

15) Dauphiné, im Mittelalter von Grafen beherrscht, welche den Namen Delphini oder Dauphins hatten. Der letzte vermachte sein Land der französischen Krone unter der Bedingung, daß immer der Thronerbe den Titel Dauphin führen sollte. — Die stark befestigte Hauptstadt Grenoble an? — 52000 E. Einige Stunden davon nördlich in die Alpen hinein liegt in einer öden rauhen Gegend die große Karthause, das Mutterkloster des strengen Karthäuserordens. An der Rhone Vienne, zu Römerzeiten eine sehr blühende Stadt.

16) Burgund (Bourgogne), ein Stück aus dem reichen Nachlasse des letzten Herzogs von Burgund, Karl des Kühnen, das 1477 an Frankreich gekommen ist. Hauptstadt Dijon, 60000 E. Mittelpunkt des Handels mit Burgunderwein.

17) Franche Comté, die Freigrafschaft Burgund. Hauptstadt Besançon (deutsch: Bisanz), starke Festung, an? — 57000 E., das Vesontio Cäsars (De bell. Gall. I, 38).

Hieran stößt der 1871 französisch gebliebene Rest des Elsaß mit der sehr starken Festung Belfort in der Lücke zwischen Jura und Wasgau. Zwischen Belfort und Mömpelgard (Montbeliard) an der Lisaine die dreitägigen siegreichen Kämpfe der Deutschen unter General Werder gegen die dreifach stärkeren Franzosen unter Bourbaki (15. bis 17. Januar 1871).

18) Lothringen (Lorraine). Von diesem früher in seinem ganzen Umfang deutschen Herzogtum (dem letzten Rest des einst viel größeren gleichnamigen Herzogtums) ist 1871 nur der n. ö. Teil, etwa $^1/_5$ des Ganzen, wieder deutsch geworden. Die eigentliche Hauptstadt Nancy (deutsch: Nanzig) ist ein schön gebauter Ort, mit 84000 E. Hier fiel Karl der Kühne gegen die Schweizer 1477. Im SO. von Nancy Lunéville, wo Deutschland in

schmachvollem Frieden 1801 das linke Rheinufer verlor. — Festung **Toul** (deutsch: Tull) an? — Festung **Verdun** (deutsch: Vierten) an? — Teilungs=
vertrag von 843. Südlich von **Verdun**, an der Maas, die Heimat der Jung=
frau von Orleans, der Jeanne Darc (nicht d'Arc), „nur eines Hirten niede=
rer Tochter aus ihres Königs Flecken Dom Remy, der in dem Kirchen=
sprengel liegt von Toul." —

19) **Champagne**, im westlichen Teile, besonders um **Epernay**, auf Kalk= und Kreideboden den weltberühmten Wein erzeugend, aus welchem zuerst Schaumwein fabriziert wurde, so daß man jetzt jeden französischen Schaumwein Champagner nennt. Der mittlere Teil der Provinz heißt wegen des schlechten Bodens die „lausige" Champagne (pouilleuse). In ihr ist der einzige größere Ort **Troyes** an? — 50000 E. Im N. davon **Reims** mit alt=ehrwürdigem Dom, 100000 E. Hier taufte der Bischof Remigius den Frankenkönig Chlodwig, den der erfreute Papst darauf den erstgebore=
nen Sohn der Kirche und den allerchristlichsten König nannte (christianissi-
mus, très-chrétien), Titel, welche jahrhundertelang auch seine Nachfolger geführt haben. Diese wurden in Reims gekrönt und aus einem Ölfläschchen gesalbt, das der Sage nach eine Taube zu Chlodwigs Taufe vom Himmel ge=
bracht haben sollte (la sainte ampoule). **Chalons an der Marne** (Schlacht auf dem catalaunischen Gefilde 451). Die Champagne war zu verschiedenen Zeiten der Schauplatz entscheidender Kämpfe, so wieder 1870 durch die Schlacht bei der kleinen (jetzt als Festung aufgegebenen) Maasstadt **Sedan**.

VI. Die Binnenlandschaften, welche weder das Meer, noch die politische Landgrenze berühren.

20) **Maine, Anjou und Touraine** (der Garten von Frankreich). Fabrikstädte: **Tours** 60000 E., **Angers** 73000 E., und mit beiden ein gleichseitiges Dreieck (als dessen Nordspitze) bildend **Le Mans**, 58000 E. Bei Le Mans vernichteten im Januar 1871 die Deutschen unter Prinz Friedrich Karl das Heer Chanzys. Das in Tours gesprochene Französisch gilt in Frankreich für das beste.

21) **Orléannais**, auch einer der bevölkertsten und angebautesten Striche; Canal de Briare, zwischen Loire und Seine. **Orléans** an? — 60000 E., einst durch die Jungfrau von englischer Belagerung befreit, so daß man ihr nach dieser ihrer ersten und glänzendsten Heldenthat den Bei=
namen stiftete; in der Stadt ihr Standbild. Auch 1870 hat Orléans seine Be=
deutung für die Verbindung von NO.= mit SW.=Frankreich bewiesen (im Oktober von den Bayern unter General von der Tann erstürmt, im November durch französische Übermacht wieder genommen, Anfang Dezember durch die vereinten Preußen und Bayern zurückerobert). Wichtige Fabrikstadt (Wolle und Baumwolle). Nordwestlich **Chartres** mit berühmtem Dom.

22) **Berry, Bourbonnais und Nivernais**, gerade in der Mitte von Frankreich. **Bourges** mit schönem Dom.

23) **Auvergne mit dem Limousin und der Marche. Clermont**, nicht weit vom Puy de Dome; Kirchenversammlung 1095.

24) **Lyonnais**, darin **Lyon**, die zweite Stadt Frankreichs, als Lug=
dunum schon den Römern so wichtig, daß sie einen Teil Galliens danach be=
nannten. Die Stadt zerfällt in zwei Teile: die Saônestadt, auf dem rechten Ufer der Saône, alt und häßlich, und die Rhonestadt auf der Gabelungsstelle zwischen beiden Strömen. Beide haben mit den Vorstädten 400000 E. und sind, außer den Quais an den Strömen, nicht schön zu nennen. Der Handel

der Stadt ist bedeutend, ebenso die Fabriken für Seide und Sammet; in den Seidenfabriken werden mehr als 100000 Arbeiter beschäftigt. Im SW. St. Etienne, das französische Birmingham, 120000 E., eine rasch aufgeblühte Fabrikstadt, die um die Mitte des vorigen Jahrhunderts erst 10000 Einw. zählte.

§ 82.
Großbritannien und Irland.

Schräg der Stelle gegenüber, wo die Apenninenhalbinsel sich dem Stamme Europas ansetzt, zieht sich die 900 km lange Insel Großbritannien in das nördliche atlantische Meer. Über die Meerenge, die sie vom Kontinente trennt, über ihre mit Kreidefelsen gegürtete Küste, welche in ihren Formen der französischen Kanalküste entspricht — über das damit angedeutete vorgeschichtliche Verhältnis zu Frankreich vgl. § 81 Anf. Die Insel, deren ältester Name Albion war, erreicht ihre größte Breite im S., die schmalsten Stellen im N. Eine Verschmälerung bis auf 100 km findet sich bereits da, wo das südliche Reich England an das nördliche Reich Schottland anstößt, und weiter nach N. folgen noch zwei stärkere Einschnürungen durch tief eindringende Meerbusen, welche von den entgegengesetzten Küsten gleichsam aufeinander zustreben. Der fast ganz mit (nicht hohen) Gebirgen gefüllten, dem Ozean zugekehrten Seite Großbritanniens liegt eine kleinere Insel, Irland, gegenüber. Sie nähert sich an ihrer Nordostküste Schottland eine Strecke weit auf etwa 40 km im Nordkanal, im SO. England auf 30 km im St. Georgskanal. Das zwischen beiden liegende Meer heißt die irische See. Kleinere Inseln und Inselgruppen sind hier und da den größeren vorgelagert; alle zusammen 315000 qkm (5700 Q.-M.) mit 38 $\frac{1}{8}$ Mill. E. Eine bedeutende Küstenentwickelung, eine Menge von sichern Buchten und guten Häfen, eine reiche Inselbildung, insbesondere jene mehrmalige isthmische Verengung sind der Insel Großbritannien eigentümlich.

Bis in diese (ebenso wie Frankreich) von Kelten bewohnten Gegenden drang die Römerherrschaft. England und der Süden von Schottland wurde besonders durch die Feldzüge Agricolas (um 80 n. Chr.) als Britannia zu einer Provinz der Römer gemacht, welche an zwei Stellen Schutzmauern gegen die wilden Gebirgsvölker im N. aufführten. Das Christentum hatte sich seit dem 3. Jahrhundert ausgebreitet. Als aber im Anfange des 5. Jahrhunderts die Römer die Insel aufgeben mußten, da konnten sich die Briten jener nördlichen Pikten und Skoten nicht mehr erwehren und riefen die Stämme der germanischen Sachsen und der (wahrscheinlich normannischen) Angeln zu Hilfe. Diese setzten während der ersten Hälfte des 5. Jahrhunderts in fortdauernd wiederholten Expeditionen nach der britischen Insel über: aber aus den Beschützern wurden bald Herren. Die heidnischen Germanen gründeten in Britannien eine Anzahl kleiner Reiche, deren wichtigste: Essex, Sussex [ßäßex], Wessex, Kent, Mercia, Ostangeln, Northumberland [norß̣hámberländ] sind; die Briten flohen in die westlichen Gebirge und nach der Bretagne hinüber. Aus den kleinen Reichen, die das von neuem gepredigte Christentum nach und nach annahmen, wurde 827 eins, das nun Angelland oder England hieß, wie denn auch die Sprache der Ansiedler zu einer einzigen angelsächsischen Sprache verschmolzen war (König Älfred der Große um 900, zugleich Klassiker der angelsächsischen Litteratur). Im Jahre 1066 eroberte der siegreiche Normannenherzog Wilhelm (darum der Eroberer genannt) durch die Schlacht bei Hastings [hēstings] das angelsächsische Reich (§ 81, II, 5), und seine Ritter brachten, da sie auf französischem Boden ihre nordisch=germanische Muttersprache gegen die damalige französische vertauscht hatten, viele französische Worte in die angelsächsische Sprache (wodurch das Englische entstand.) Schon im 12. Jahrhundert folgte seinem Geschlecht das französische Haus Plantagenet=Anjou, das bis gegen Ende des Mittelalters regierte und viele tüchtige Regenten aufzuzeigen hat. Gleich der erste, Heinrich II., eroberte 1171 Irland, das an England stets einen gewaltthätigen und habgierigen Herrn gehabt hat; seinem Sohne, dem schwachen Johann „ohne Land", bringen die englischen Barone 1215 die Magna charta ab, das erste Grundgesetz der englischen Verfassung. Das 14. und 15. Jahrhundert zeigt uns die Könige Englands gegen die Franzosen siegreich, zuerst Eduard III. (den Stifter des höchsten englischen Ordens vom Hosenbande); aber dann ward das Land durch blutigen Erbstreit zwischen zwei Linien des Königshauses, Lancaster [länkast'r] und York, zerrüttet (der Krieg der roten und weißen Rose). Die neuere Geschichte findet seit 1485 ein neues Geschlecht, eine Seitenlinie des vorigen, Tudor, auf dem Throne; unter ihm ist England groß geworden. Heinrich VIII. riß England vom Papste los; unter ihm und seinen Nachfolgern entstand die englische Nationalkirche. Mit Elisabeth, 1558 bis 1603, beginnt Englands Blütezeit. Es erwehrt sich nicht bloß feindlicher Angriffe (Spaniens unüberwindlicher Flotte), sondern wird auch jetzt entschieden Seemacht und Kolonialmacht (§ 72 Ende), während im Mittelalter der deutsche Städtebund der Hansa die erste Seemacht des Erdteils gewesen war. Englands größter Dichter,

William Shakespeare [uílfem fhêkfpīr] hat auch unter Elisabeth geblüht, gestorben ist er unter deren Nachfolger. Dies war Elisabeths nächster Erbe, Jakob Stuart, König von Schottland. Seit der Zeit ist England, Schottland und Irland vereinigt.

Das folgende 17. Jahrhundert ist eine sehr unruhige Periode in der Geschichte der drei Reiche. Jakobs Sohn, Karl I., verfeindete sich mit seinem Volke: es kam zum Bürgerkriege, zur Hinrichtung des Königs 1649, zur Einführung der Republik. So lange Oliver Cromwell als im In- und Auslande gefürchteter, kluger Machthaber an der Spitze stand, hielt sich die von ihm geschaffene Soldatenherrschaft. Bald nach seinem Tode (1658) indes kehrte das Haus Stuart auf den Thron zurück (Restauration von 1660), um 1688 von neuem vertrieben zu werden. Der Schwiegersohn des vertriebenen Königs, Wilhelm von Nassau-Oranien, bestieg den Thron. Im Jahre 1714 folgte das mit den Stuarts verwandte deutsche Kurhaus von Hannover, welches noch regiert. Die jetzige Königin ist Victoria, welche mit dem Prinzen Albert von Sachsen-Coburg vermählt war.

Im Laufe des 18. und 19. Jahrhunderts hat sich das britische Reich zu dem Range der ersten Handelsmacht emporgeschwungen, eine Stellung, welche auf der Größe seiner Handelsmarine, der Ausbreitung des englischen Kreditwesens, auf der Menge seiner Kolonieen, die mit dem Mutterlande in stetem Wechselverkehre bleiben, und auf dem geschäftlichen Entgegenkommen der englischen Großhändler beruht, aber jetzt durch den gewaltigen Aufschwung des deutschen Handels schon ernstlich bedroht wird. Ebenso hat sich England zur ersten Seemacht auf dem Erdball emporgeschwungen; seine Flagge weht auf allen Meeren. Schon in Europa besitzt es zwei wichtige Stationen im Mittelmeere (§ 74 Ende, § 78, 2). Rechne die Besitzungen in den fremden Weltteilen zusammen nach § 46, 7; 49, 2; 50; 51; 52; 53, 1; 56; 57*; 60; 63, 1 g u. 3; 64; 68; 70.

Das englische Reich umfaßt in allen fünf Erdteilen 24 Mill. qkm (über 400000 Q.-M.) mit 319 Mill. E. ($^1/_6$ der nicht vom Meere bedeckten Erdoberfläche und mehr als $^1/_5$ aller Menschen auf der Erde). Die englische Handelsflotte (abgesehen von den englischen Kolonieen) besteht aus 22000 Schiffen (darunter 6800 Dampfer) mit einem Tonnengehalt von $7^1/_2$ Millionen (d. h. einer Tragfähigkeit von 150 Millionen Zoll-Centner), die Kriegsflotte aus 733 Kriegsfahrzeugen (darunter 70 Panzerschiffe).

Wohl ist daher dem Briten der Stolz auf sein Alt-England („Old-England", wie er es mit Liebe nennt) zu verzeihen, so lange dieses Nationalgefühl nicht in Überhebung und anmaßliches Wesen Fremden gegenüber ausartet. Er selbst leitet gern Englands Größe aus seiner Verfassung her, die im Laufe der Jahrhunderte entstanden und erprobt, am weisesten die Macht zwischen König und Volk teilen soll. Dem König oder der Königin (denn nicht herrscht in England das salische Gesetz, das Frauen vom Throne ausschließt) steht das **Parlament** zur Seite, das in zwei Häuser zerfällt. In dem **Oberhause** sitzen die Erzbischöfe und Bischöfe der englischen Kirche und der hohe Adel — zusammen die Peers [pīrs] des Reiches — im **Unterhause** die vom Volke erwählten Deputierten der Städte und Grafschaften aus allen drei Reichen. Die Geldbewilligungen gehen vom Unterhause aus; Gesetzesvorschläge (Bills) haben nur Gültigkeit, wenn sie von beiden Häusern und dem Könige genehmigt sind. —

Wir gehen nun die drei Reiche einzeln durch.

I. **England mit Wales** [uēls], 151000 qkm (2700 Q.=M.), hat an der Westküste zwei tiefe Einschnitte, denen weniger tiefe an der Ostküste so ziemlich entsprechen. Diese sich zu merken, ist nicht bloß für richtige Zeichnung der Umrisse, sondern auch für das Behalten der englischen Flüsse wichtig, die meist in solche Einschnitte münden. Sie verdanken ihre Schiffbarkeit nicht der Nahrung von den Gebirgen her, sondern dem weiten Hinaufsteigen der Meeresflut, welche selbst kleine Küstenflüsse periodisch in ansehnliche Ströme und ihre Mündungen in Meerbusen umwandelt. Die **Severn**, der westliche Hauptfluß des mittleren England, geht in den am tiefsten einbringenden **Kanal von Bristol** [brißt'l]. Durch ihn entsteht im S. die lange Halbinsel **Cornwall** [kŏrnuŏl], die in die Kaps **Lizard** [lĭserd] und **Landsend** [ländsend] ausläuft. Ziemlich unter gleicher Breite mit der Severn mündet der östliche Hauptfluß des mittleren Englands, die **Themse**: nur ist der Busen, in den sie geht, kleiner, wie auch der im S. liegende Vorsprung, die Landschaft **Kent**, kleiner, als Cornwall. Vergleiche Themse und Severn in ihrem Laufe miteinander! — Etwa 200 km vom Kanal von Bristol nördlich folgt wiederum ein viereckiger Meereinschnitt, ein Teil der irischen See; Süd- und Ostküste sind noch englisch, die Nordküste, wo er noch besonders tief einschneidet, schon schottisch. An der offenen Seeseite liegt, nur durch einen schmalen Sund vom Land getrennt und durch den kühnen Eisenbahnbau der Britanniabrücke mit demselben verbunden, die Insel **Anglesea** [ănglĭſī]; in derselben Richtung, weiter in das Meer hinaus **Man** [män]. In der südlichen Ecke der großen Bucht der **Mersey** [mŏrſe] mit kurzem Lauf, aber breiter

Mündung. Zwischen dem Kanal von Bristol und dem oben geschilderten Busen die Halbinsel Wales. Ihr entspricht auf der Ostseite ein bauchiger Landvorsprung im N. der Themsemündung, die Landschaften Norfolk [nórfok] und Suffolk [sáffok]. Im N. wird er von der Hauptmasse durch einen viereckigen Busen Wash [uósch] getrennt. Vergleiche denselben mit dem großen westlichen Ausschnitt! Einen nicht bedeutenden Einschnitt bildet endlich (mit dem Mersey ziemlich unter gleicher Breite) der Humber [hámb'r], eine große gemeinschaftliche Mündung verschiedener Flüsse: die Ouse [ûs] von NW. und der Trent von S. sind die größten.

Für die **Bodengestalt** merke man den Hauptsatz: Die westlichen Halbinseln, der Westen und Nordwesten sind gebirgig, der Osten eben. a) Die wellenförmige, durch Hügel und kleine Thäler anmutige Ebene hat Ähnlichkeit mit der nordfranzösischen. Der nebelige und feuchte Himmel Englands (§ 72 Mitte) ruft ein so frisches, saftiges Grün hervor, wie man es sonst kaum kennt. Das Wiesenland beträgt seinem Umfang nach noch etwas über die Hälfte des Ackerlandes; so in Flor ist die Viehzucht. Ochsen von 14—16 Centner sind eben keine Seltenheit, und von einer tüchtigen Kuh verlangt man täglich 35 Liter Milch (Käse von Chester [tschést'r] u. a.). Die englischen Pferde und Hunde (Doggen) sind bekannt. Der Anbau des Getreides, insonderheit des Weizens, steht zwar auf hoher Stufe, reicht aber für den Bedarf des Landes nicht aus. Die zahlreichen Schlösser und Parks erinnern an den Reichtum des grundbesitzenden Adels; aber auch die reichlich gesäeten Dörfer und Gehöfte haben ein reinliches und wohlhäbiges Aussehen; an einen solchen Unterschied zwischen Stadt und Land, wie wir ihn uns gewöhnlich vorstellen, ist bei der vielfachen und raschen, durch den flachen Boden so begünstigten Kommunikation überhaupt nicht zu denken. England hat Kanäle mit einer Gesamtlänge von 4580 km; einer geht gerade durch die Mitte von der Themse bis zur Mündung des Mersey, mit vielen Zweigen zur Rechten und Linken. Dazu 32000 km Eisenbahnen.

b) Die Gebirge im W. und N. zerfallen in folgende Gruppen. α) Das Bergland der Halbinsel Cornwall [kôrnuôl] und Devon [déw'n], steigt nur an einem Punkt bis 500 m, ist aber reich an Kupfer, Blei und Zinn, sehr ähnlich dem Berglande der Bretagne (§ 81 Mitte). β) Das Hochland von Wales erreicht im Snowdon [snôb'n] 1100 m. γ) Das nordenglische oder Peak [pik]-Gebirge bildet die Wasserscheide zwischen Nordsee und irischer See und verzweigt sich südlich in die Berglandschaften von York und Derby [bărbi]. Der höchste Punkt 900 m. δ) Das Bergland von Cumberland [kămberländ] und Westmoreland [uéstmorländ], an dem viereckigen Meeresausschnitt an Schottlands Grenze, mit Gipfeln bis zu 1000 m. In diesem öden Gebirge giebt es reizende Gebirgsseeen und Berglandschaften. ε) Das schottische Grenzgebirge oder die Cheviot [tschĭwiot]=Berge trennt Englands nordöstliche Landschaft Northumberland [norßhămberländ] von Schottland; die letzte Strecke bis zur Nordsee bildet der Tweed [tuĭd] die Grenze. Der Mineralreichtum Englands ist überaus groß, besonders an Steinkohlen, Eisen, Kupfer, Zinn und Blei.

Die Zahl der Einwohner beträgt 29 Millionen. Außer den Bewohnern von Wales, welche größtenteils keltischer Abkunft sind und auch noch zu etwa $^3/_4$ keltisch reden, ist die Hauptmasse der eigentlichen Engländer germanischer Abkunft, denn auch die Normannen waren von Abstammung Germanen. Die englische Sprache ist ein Gemisch von Niederdeutsch und Französisch; wie die Sprache vieler Küstenbewohner hat sie etwas Zischendes und Lispelndes, weshalb sie Karl V. die Sprache der Vögel nannte. Sie ist unter allen Sprachen der Erde die am meisten verbreitete. Das Volk hat in seinem Charakter offenbar ganz überwiegend germanische Elemente: es ist derb und kräftig wie seine Nationalgerichte (Plumpudding, Roastbeef [rōstbif], Beefsteak [bifstek], Porter und Ale [ēl]) und manche seiner Sitten und Spiele (Boxen „the noble and manly art of boxing", Wettrennen zu Pferd, Regattas b. h. Bootwettfahrten), es hat ungemeinen Sinn für Häuslichkeit, für eine nette, saubere, bequeme Einrichtung der häuslichen Verhältnisse (Komfort), dabei aber auch großartigen Unternehmungsgeist und ein reges Gefühl für sein Vaterland. In den letzten Jahrhunderten hat sich, begünstigt durch die insulare Lage, die vorzüglichen Häfen und günstigen Flußmündungen, besonders aber den erwähnten Steinkohlen= und Eisenreichtum, bestimmter der eigentliche Industrie= und Handelsgeist ausgebildet, der als allgemeine Lust zum Wetten und Wagen durch das ganze Volk verbreitet ist und gar oft den Briten engherzig und eigensüchtig erscheinen läßt — denn in seiner Ausartung, wie jemand bitter bemerkt, das Einmaleins höher liegt als Menschenwohl und Menschenglück. Dem Fremden schließt sich der Engländer nicht leicht an; seine Art ist für Fremdes so ungefügig, daß englische Reisende, welche scharenweise die schönen Gegenden des Kontinents bereisen, meist sogleich an ihrem sonderbaren Wesen erkannt werden. Überhaupt giebt es unter keiner Nation so viele wunderliche Sonderlinge; der englische Spleen [splīn], eine Art schwermütigen Tiefsinns, ist verrufen genug. Nach dem Bekenntnis, dessen Vorschriften der Engländer mit Strenge wahrt (Sonntagsfeier!) gehört das Volk zu mehr als $^3/_4$ der **anglikanischen oder bischöflichen Kirche** an. Diese ist in ihren Lehren reformiert; in ihrer Verfassung und in ihrem Kultus hat sie manches Ähnliche mit der **römisch=katholischen**. Auch diese letztere hat in England zahlreiche Bekenner. Dazu kommen dann Protestanten der verschiedensten Bekenntnisse und eine Menge von Sekten, z. B. die Quäker. Alle nicht der anglikanischen Kirche angehörenden Engländer heißen im allgemeinen **Dissenters**; sie sind zu Gunsten der herrschenden Staatskirche immer noch mancher drückenden Beschränkung unterworfen.

Man teilt das eigentliche England in 40, Wales in 12 Grafschaften oder **Shires** [schirs]. Einige davon sind gelegentlich bei der natürlichen Geographie vorgekommen — wiederhole sie! — andere werden weiter unten noch erwähnt. Die Namen aller zu merken ist unnötig, wohl ist aber von Wichtigkeit für die Geschichte, die Bezeichnung der alten angelsächsischen Reiche oder Landschaften mit aufzuführen. Der Beschäftigung nach kann man England in das ackerbauende und in das gewerbliche einteilen; jenes, die größere Hälfte, umfaßt den Südosten, dieses den Nordwesten des Landes. Kein Land hat ferner so viele Konzentrationspunkte großer städtischer Bevölkerung (22 Städte mit mehr als 100000 Einw.). London und die 5 größten Provinzialstädte haben zusammen 7 Mill. Einw., also den vierten Teil der gesamten englischen Bevölkerung, mehr als die ganze skandinavische Halbinsel. Die bedeutendsten Handelsstädte liegen meist an den Flußmündungen, während man die Buchten, welche keine oder nur unbedeutende Flüsse aufnehmen und daher weniger der Versandung ausgesetzt sind, vorzugsweise für Kriegshäfen auswählte; so namentlich an der Südküste, welche keinen Fluß, aber viele tiefe Buchten aufzuweisen hat.

1) Die Hauptstadt des ganzen britischen Reiches, **Lóndon** (d. i. Schiffsstadt), die größte Stadt der Erde, liegt an der hier etwa 400 m breiten Themse, welche innerhalb der Stadt einen großen nach SO. geöffneten, dann einen kleineren nach SW. geöffneten Bogen beschreibt und 70 km unterhalb in das Meer geht. Die Flut dringt trotz dieser Entfernung noch bis nach London hinein. Der bei weitem größte Teil der Stadt liegt in der Grafschaft **Middlesex** [middlßex], am linken Themseufer. Hier dehnt sich als Mittelstück des Ganzen die **City** [ßitti] und im W. von ihr **Westminster** [ueßtminster] aus. Auf dem rechten Stromufer, schon in der Grafschaft **Surrey** [ßárre], liegt der Stadtteil **Southwark** [ßödörk]. Am linken Themseufer ziehen sich die **Quais** (Uferstraßen) hin. Beide Ufer sind gegenwärtig durch 18 Brücken (wovon 5 Eisenbahnbrücken) und eine Eisenbahn unter der Themse (durch den gasbeleuchteten **Tunnel**) verbunden. Eisenbahnen durchziehen alle Teile dieser Riesenstadt, teils auf Dämmen, teils auf Bogen=Viadukten, welche die umliegenden Häuser überragen; außerdem verbindet eine unterirdische Eisenbahn unter den Straßen hinweg die wichtigsten Bahnhöfe auf der Nordseite der Themse. Ein großartiges System unterirdischer Kloaken befördert den Unrat beider Stadtseiten in den Fluß und trägt somit wesentlich zur Erhaltung der Gesundheit der Bewohner bei. Das Ganze bedeckt 300 qkm (5 bis 6 □.=M.): Paris hat 3mal, Berlin 5mal,

in London Play. Die Zahl der Bewohner beträgt jetzt 4½ Mill. (im Jahre 1631 erst 130000, zu Anfang unseres Jahrhunderts noch nicht ganz 1 Mill.), wiegt also die manches Königreichs auf. Nur einige Stadtteile sind regelmäßig angelegt und schön gebaut. Überhaupt ist der erste Eindruck, den London auf den Fremden macht, zwar wegen des ungeheuren Menschengewühls immer ein großartiger, aber auch zugleich ein unfreundlicher. Die Häuser sind einfach und einförmig, meist nur drei Fenster breit und von Kohlendampf geschwärzt: die ganze Atmosphäre ist allzu oft rauchig und neblig, so daß man zuzeiten auch bei Tage Licht brennen muß. Bei Licht oder am Abend nimmt sich die Stadt am schönsten aus, denn die Gasbeleuchtung ist reich und prachtvoll, besonders ziehen die wie ein Lichtmeer hinter großen Schaufenstern von Spiegelglas sich ausbreitenden Kaufläden der Fremden Aufmerksamkeit auf sich. Besondere Merkwürdigkeiten sind: a) in der City, dem ältesten und winkligsten Teile der Stadt, dem Sitze des Großhandels und der wohlhabenden Bürgerklasse: die Paulskirche fast in der Mitte der Stadt, nach dem großen Brande von 1666 erbaut, nach der Peterskirche die größte in Europa. Ganz am Ostende der City der Tower [tau'r], an der Themse, früher Königsschloß, dann Staatsgefängnis, der Schauplatz vieler blutigen Thaten — die Bank von England, die Börse. b) In Westminster oder Westend [uéstend], der regelmäßigen Stadt des Hofes, der Vornehmen und Reichen, mit schönen Squares [skwärs] (mit Bäumen und Sträuchern bepflanzte Plätze, meist mit einem umgitterten Rasenplatz in der Mitte), merken wir zuerst die Westminsterabtei, eine herrliche, gotische Kirche aus dem Mittelalter mit vielen Grabdenkmälern berühmter Personen: gegenüber liegt Westminsterhall [uéstminsterhâl], bestehend aus einem einzigen Riesensaal, in dem z. B. die Könige gekrönt werden, jetzt ein Teil der neuen prachtvollen, im gotischen Stil aufgeführten Parlamentshäuser; dann der in eine Kapelle verwandelte Bankettsaal des Palastes von Whitehall [ueit=hâl], aus dessen Fenstern Karl I. aufs Schaffot stieg. Am Südwestende von Westminster liegt der unansehnliche, jetzt wenig mehr gebrauchte Königspalast St. James [sent dschêms]; um ihn herum der Jamespark, der Greenpark [grînpark], weiter n. w. der Hydepark [heidpark], große unregelmäßig mit Bäumen besetzte Wiesen, zum Teil durch ausgedehnte Wasserbecken unterbrochen; ihr Hauptschmuck (wie der aller englischen Parks und Gärten) bleibt das unvergleichliche Rasengrün, nur durch das feuchte Klima und die sorgsamste Pflege ermöglicht. c) Nördlich von Westminster der Regentspark [rídschentspark] mit dem größten zoologischen Garten der Welt und um ihn herum die neuen und eleganten Straßen des n. w. London: wieder mehr s. o. davon, gegen das Stadtinnere hin, die London=Universität und das britische Museum mit seinen weltberühmten Altertümern, besonders aus der griechischen und orientalischen Vorzeit. d) Am nordöstlichen Ende der Stadt der Victoriapark.

Das Ostende der Stadt, Eastend [îstend], ist die Schiffahrts= und Seestadt. Hier liegen die Docks, d. h. künstliche Wasserbecken mit schmalen Zugängen von der Themse her, welche zur Zeit der höchsten Flut geschlossen werden, so daß die hier zum Ausladen und Befrachten wie zur Ausbesserung liegenden Schiffe auch bei seemäßigem Tiefgange nie aufs Trockne geraten. London ist die erste Handelsstadt der Welt. Jährlich laufen etwa 30000 Schiffe aus und ein, die Themse ist fast immer mit einem Walde von Masten bedeckt. London allein entrichtet von seinem überseeischen Handel an den Staat jährlich über 200 Millionen Mark.

2) Die Umgegend von London ist mit Städten und Dörfern besäet; selbst die (nachts erleuchteten) Chausseen sind oft noch weithin mit Häusern besetzt. Stromabwärts an der Themse der Stadtteil Greenwich [grinnitsch], berühmt durch seine Sternwarte (§ 8) und sein Hospital für invalide Seeleute. Woolwich [wullitsch], Hauptort der englischen Artillerie-Einrichtungen; Arsenal. Oberhalb, am rechten Ufer, der weltberühmte botanische Garten beim Dorfe Kew [kjû]; etwa dreifach so weit w., bei der Stadt gleiches Namens, das berühmte Schloß Windsor [uindsor], die gewöhnliche Sommerresidenz der königl. Familie, mit herrlichem Park; gegenüber am linken Themseufer, Eton [it'n], die berühmteste gelehrte Schule Englands. Das ganze Themseufer zwischen hier und London voller Landsitze. Südlich von Southwark auf einem Hügel bei Sydenham [sid'nhäm] der zur ersten (Londoner) Industrie-Ausstellung (von 1851) erbaute „Krystallpalast" aus Eisen und Glas, der, ursprünglich im Hydepark errichtet, danach hierher versetzt und zu einem dauernden geographischen Museum lehrreichster Art umgestaltet worden ist.

3) Im südlichen England, im S. des Kanals von Bristol und der Themse (Wessex, Sussex [häsex], Kent): Canterbury [känterböri] in Kent mit der Kathedrale des ersten Erzbischofs der englischen Kirche — am Kanal Dover [dów'r] (§ 81 Anf.), weiter nach SW. das Seebad Brighton [breit'n], mit einem königlichen Schlosse im orientalischen Geschmack, 120000 Einw. — weiterhin Portsmouth [pörtsmuß], 140000 E., Hauptkriegshafen und Hauptfestung auf einem Inselchen am Eingange eines Meerbusens, der die ganze Seemacht von England aufnehmen kann, am westlichen Eingange desselben die Stadt Gosport. Zwischen beiden Orten und der hier vorliegenden Insel Wight [ueit] die berühmte Reede von Spithead [spit-heb]. Für alles, was zur Schiffsrüstung gehört, finden sich in den Seestädten die großartigsten Anstalten. Im Hintergrunde eines von hier aus gen NW. führenden schmalen Meereinschnitts Southampton [ßaußhämt'n], Handelsstadt und Hauptstation der Dampfschiffe, 60000 E. — Weiter gegen das Südwestende, auch an einem tiefen und sichern Meerbusen liegt das feste Plymouth [plimmuß], 78000 E., mit der Schwesterstadt Devonport [déw'npórt], zusammen 127000 E.; südwärts vom Hafen auf einer Klippe im Meer steht der Leuchtturm Eddystone [éddistön], jetzt schon der dritte Bau, der, mit ungeheuren Kosten aufgeführt, der Wut der Elemente trotzt. — Bristol [brißt'l], 229000 E., nicht weit von dem nach der Stadt benannten Busen. Etwas landeinwärts die bergige Stadt Bath [baß], Englands glänzendster Badeort. Nicht weit vom Kap Landsend liegt Falmouth [fólmuß], Handelsstadt mit befestigtem Hafen; die Gruppe der Scilly [ßilli]-Inseln hielt man bisher irrtümlich für die von den Phöniziern besuchten Kassiteriden oder Zinninseln, während unter den letzteren die britischen Inseln überhaupt zu verstehen sind. Ganz der französischen Küste nahe liegen die normannischen Inseln, der Rest der englischen Besitzungen im französischen Gebiet (§ 81 Mitte); Jersey [dschörse] und Guernsey [görnsi] sind die größten.

4) Im mittlern England zwischen Themse, Severn, Humber und Mersey (Mercia und Ostangeln): An der Themse Oxford — von da nach NO. Cambridge [kémbridsch], die beiden alten englischen Universitäten. Von Harwich [härritsch], im östlichen Vorsprunge, fährt man nach Antwerpen, Rotterdam, Hamburg und Schweden. Nördlich davon Norwich [nórritsch], 94000 E., Wollenmanufakturen.

In **Wales**, wovon der Thronerbe den Titel führt, ist die größte Stadt **Cardiff**, 109000 E., Kohlengruben, nächstdem **Swansea** [ßuónßi], 66000 E., zugleich besuchter Badeort. Die Walliser gedenken gern der alten Zeiten und sind den Engländern, welche von ihnen **Sachsen** genannt werden, nicht sehr gewogen.

In der Mitte von England sind die großen Fabrik- und Arbeiterdistrikte, soweit die mächtigen (im NO. von England fehlenden) Steinkohlenlager reichen; da ist das Land der Hütten- und Hammerwerke und Maschinen; da liegen große Städte, die noch zu Anfang dieses Jahrhunderts zu den Kleinstädten gehörten, ewig in Rauch gehüllt, mit Fabrikschornsteinen, die oft höher sind als Kirchtürme. Um des weit besseren Verdienstes willen ziehen sich daher hierher die Arbeiter aus dem vorwiegend Ackerbau treibenden SO., wo manche Gegend im Laufe unseres Jahrhunderts somit an Einwohnerzahl verloren hat. — Ziemlich in der Mitte von England liegt **Birmingham** [börmingham], 455000 E., der Mittelpunkt des einen großen Industriebezirks für Metallwaren. Von ähnlicher Bedeutung das von da nordwestlich gelegene **Wolverhampton** [wulwerhämt'n], 82000 E. — Nördlich **Sheffield** [schéffild], 327000 Einw., der Hauptplatz der Stahlwaren (Messer von 2½ Pence [pens] = 21 Pf. bis zu 5 Guineen = 105 Mark).

5) **Im nördlichen England** oder dem alten Reiche **Northumberland** [northhämberländ]: An der Küste am Humber **Hull** [hall] mit 208000 Einw., Haupteinfuhrhafen für die Rohprodukte aus Deutschland und Nordeuropa (Wolle, Flachs, Holz) — nordwestlicher ins Land **York** an? das zweite Erzbistum des Landes, — an der See, weiter nach N. **Hartlepool** [hárt'lpūl], aufblühende Handelsstadt, nördlicher **Sunderland** [ßänderländ], 132000 E., mit großen Schiffswerften; nordwestlich davon oberhalb der seeartig erweiterten Mündung des Tyne [teïn] **Newcastle** [njūkäß't'l], 161000 Einw. (mit einigen ganz nahe gelegenen Vororten 227000 E.) „im Lande der schwarzen Diamanten", mit den größten Steinkohlenwerken der Welt, welche, wie man berechnet hat, ganz Europa 1000 Jahre mit Brennmaterial versorgen könnten. Über das tiefe Thal des Flusses Tyne geht eine riesige Doppelbrücke, die untere für den gewöhnlichen Verkehr, die in der Höhe für die Eisenbahn.

Von Newcastle führt eine Eisenbahn w. (nahe den Resten des alten Piktenwalls) nach **Carlisle** [karleil], an dem Westabhang des Peak-Gebirges. Geht man von hier die Küste nach S., so trifft man auf **Preston** [prést'n], 103000 E., und südlich auf den Busen, in welchen der Mersey mündet. Unfern der Mündung liegt **Liverpool** [liw'rpūl], jetzt Englands lebhafteste, wenn auch nicht größte Handelsstadt, mit Docks, welche an Großartigkeit die Londoner noch übertreffen; 613000 E. (1801: 77000 E.). 35 km von Liverpool **Manchester** [mäntschest'r], Hauptsitz der Baumwollenmanufakturen und Mittelpunkt eines mit Fabrikstädten übersäeten zweiten Industriebezirks für Baumwolle, mit dem dicht dabei liegenden **Salford** [ßálford] 596000 Einw.; 1801 hatte Manchester erst 94000 E. Der **Bridgewater** [bridschuōter]-Kanal, einer der kunstvollsten in England, soll den Transport der Steinkohlen aus den Gruben bis Manchester und Liverpool erleichtern. Er ist 49 km lang und geht eine Strecke unter der Erde. — Die Fabrikdistrikte, in welchen Liverpool und Manchester liegen, bilden die bevölkertste Gegend von Europa. Man rechnet gegen 500 Menschen auf 1 qkm. Nordöstlich von Manchester gegen York zu **Leeds** [līds], 357000 E., der Mittelpunkt eines dritten großen

Fabrikdistrikts in **Wolle** und **Linnen**. Westlich von Leeds **Bradford** [brádford], 235000 E., südwestlich **Huddersfield** [hábbersfīld], rasch anwachsende Stadt, beide durch Woll= und Baumwollfabrikation bedeutend.

6) Nur geschichtlich merkwürdig sind: **Hastings** [hēstings] am Kanal, zwischen Brighton und Dover, wo Wilhelm der Eroberer siegte. **Bosworth** [bóswŏrß], fast genau in der Mitte zwischen Liverpool und London (w. von **Leicester** [léśt'r], wo der erste Tudor, Heinrich von Richmond [ritśchmond], den letzten Plantagenet, Richard III., besiegte. Dorf **Marstonmoor** [márßtn'mūr], nördlich von York, und **Naseby** [nēsbi], zwischen Cambridge und Birmingham, sind Schlachtplätze in den siegreichen Kämpfen des Parlamentsheeres gegen die Königlichen von 1644 und 1645. Bei **Worcester** [wúster], an der mittlern Severn, ward der Sohn Karls I. 1651 geschlagen. Beinahe 40 km östlich davon liegt **Stratford** [strátford], Shakespeares Geburtsort.

II. **Schottland**, 79000 qkm (1400 D.=M.), ein vom Meere vielfach eingeschnittenes Gebirgsland, mit kurzen, aber wasserreichen Strömen, ein Land, in welchem Meerbusen, Berge, Seeen (Lochs [lóchs]) einen merkwürdig gleichen Zug von SW. nach NO. haben, zerfällt in drei natürliche Abteilungen. a) Das **südliche Schottland**, von der Grenze bis zum Busen **Forth** [fŏrß] im O. und dem Busen des **Clyde** [kleid] im W.; beide verbindet in einer quer durchgehenden Vertiefung' der **Glasgow** [glásgo]=Kanal. Süd-Schottland ist von Bergen erfüllt, die mit dem Grenzgebirge zusammenhängen. b) In **Mittel=Schottland** erhebt sich jenseit des Glasgow=Kanals das **Grampian** [grámpian]=Gebirge in Parallelketten. Sie sind durch tiefe Senken, die kaum 30 m über den Seespiegel erhaben und mit schmalen, langgezogenen Seeen besetzt sind, voneinander geschieden. Unweit der Westküste **Ben Nevis** [nīwis], 1300 m, der höchste Berg in Großbritannien. Schöne Gebirgsseeen **Tay** [tē], **Lomond** [lŏmond] und **Katrine** [kätrīn]. Die Rundsichten von den Gipfeln der Grampianberge, Land=, See= und Meeransichten, werden von den Dichtern sehr gepriesen. c) An dem Nordwestabhange der Berge von Inverneß folgt wieder eine Thalspalte, in der sich zwei langgezogene Seeen, Neß und **Lochy** [lótschi], hinstrecken. Sie sind durch den kaledonischen Kanal unter sich und mit dem Meere verbunden, so daß man aus dem **Moray** [mári]=Busen, der dreieckig in die flache Nordostküste von Schottland einschneidet, quer hindurch bis an die felsige Südwestseite segeln kann. Jenseit des Kanals in Nordwest=Schottland folgen nun die eigentlichen **schottischen Hochlande** mit dem **nordkaledonischen Gebirge**, in dem aber kein Gipfel mehr 1300 m erreicht. Sie sind meist nackt und kahl; weite Heiden und Moore ziehen hindurch. Das nördliche wie das mittlere Schottland sind weit geringer bevölkert als

Süd-Schottland, welches sich durch seinen Reichtum an Eisenerz und Steinkohle auszeichnet.

Die Bevölkerung beträgt 4 Mill. Darunter sind die Schotten in Süd- und Mittel-Schottland zwar eigentlich auch Kelten und mit den Engländern nicht gleiches Stammes; aber seit einer Reihe von Jahrhunderten haben englische Sprache und Sitte, vereinigt mit zahlreicher Einwanderung aus England, diesen Unterschied fast ganz verwischt. Durch größere Bildung, besonders in den untern Volksklassen, durch Sittenstrenge und größere Freundlichkeit gegen Fremde zeichnen sich die Schotten aus. Die Bewohner der Hochlande, die Hochländer oder Bergschotten, sind noch Kelten (und zwar die keltischen Iren Gäelen). Ihre alte Einteilung in Stämme oder Clans ist noch nicht ganz erloschen. Auch die gäelische Sprache wird, obwohl im Absterben, doch noch gebraucht. Im vorigen Jahrhundert wollte man Gesänge eines alten gäelischen Sängers, Ossian, entdeckt haben, den viele dem Homer an die Seite stellten. Obgleich sie sich nachmals als nur teilweise echt erwiesen, sind diese Lieder Ossians von den Thaten seines Vaters Fingal doch von eigenartigem Reize: die nebligen Heiden, den brausenden Meeresstrand, die umschäumten Klippen — das sieht man beim Lesen derselben wie vor Augen. Krieg und Räuberleben war überhaupt sonst der Hochländer liebstes Treiben; jetzt beschäftigen sie sich dafür mit Jagd, Fischerei und Viehzucht. Getrocknete Fische, Käse und Haferbrot machen ihre Nahrung aus, der Whisky (Gerstenbranntwein) das Lieblingsgetränk. Ihre alte Nationaltracht tragen sie nur noch selten (Jacke, Rock statt der Hosen, kleiner Mantel oder Plaid [pléd] von gewürfeltem Zeug). — Dem religiösen Bekenntnis nach sind die Schotten der Mehrzahl nach Presbyterianer, d. h. Reformierte, welche eine Art republikanischer Kirchenverfassung haben. An der Spitze jeder Gemeinde stehen die Geistlichen und Älteste (πρεσβύτεροι).

Schottland zerfällt in 33 Grafschaften; wir folgen indes den natürlichen Abteilungen des Landes.

1) In Süd-Schottland liegen die bevölkertsten Städte. Die Hauptstadt Edinburg, ½ Stunde vom Südufer des Forth, hat eine ganz eigentümliche Lage. Drei, ziemlich von W. nach O. parallel laufende Stadtteile sind durch Thäler voneinander getrennt. Am nördlichsten zieht sich die regelmäßige, elegante Neustadt hin, in der Mitte die Altstadt mit vielen engen und krummen Gassen und 11-, ja 13stöckigen Häusern; im S. St. Leonhardshill (d. i. St. Leonhards-Berg), ist nicht durch ein so tiefes Thal, wie zwischen Alt- und Neustadt sich hinzieht, sondern durch eine geringe Vertiefung von der Altstadt getrennt. Die mittlere Stadt nun hat zwei gerade und breite Straßen, die eine von W. nach O., die andere von N. nach S. Die letztere zieht sich mit zwei Brücken, die an beiden Seiten mit Häusern besetzt sind, auch

in die andern Stadtteile weiter. Die Nordbrücke ist über 360 m lang; unter der Südbrücke läuft eine Querstraße im Thal. Am Ostende der Altstadt liegt das alte Schloß Holyrood [hóllirüd], in welchem noch manches an die unglückliche Königin Maria Stuart (Mutter Jakobs I.) erinnert. (Die ältesten Könige residierten in Stirling [störling] am obern Forth.) In der südlichen Stadt liegt das Gebäude der besuchten und für Medizin und Naturwissenschaft besonders tüchtigen Universität. Mit der Hafenstadt Leith [lith] am Forth hat Edinburg 342000 E. Edinburg entspricht dem Westende von London, Leith der City. Handel mit den Ostseehäfen und Amerika. — Nach der Westküste hinüber, in der Nähe reicher Steinkohlenlager, liegt die volkreichste Stadt in Schottland, Glasgow [glásgo], 528000 Einw. (1800 erst 86000), am gleichnamigen Kanal. Glasgow hat auch wie Edinburg eine Universität, blüht aber besonders durch Handel nach allen Teilen der Erde, zahlreiche Fabriken und Schiffsbau. Der höchste Punkt ist nicht der Turm der schönen Kathedrale, sondern der 160 m hohe Schornstein einer chemischen Fabrik. Die größeren Schiffe laden bei Greenock [grinóck] am Meere aus. — Ganz nahe im SW. von Glasgow liegt die Fabrikstadt Paisley [pésle].

2) In Mittel=Schottland liegt an der Nordsee von S. nach N. St. Andrews [ßent ándrus], vor der Reformation der Sitz des ersten Erzbischofs im Lande. Eine Menge zerstörter Kirchen und Kapellen zeugen von ihrer vormaligen Größe. In N. mündet der Fluß Tay [té], der größte in Schottland; auf der Nordseite des von einer langen, turmhohen Eisenbahnbrücke überspannten Mündungsbusens Dundee [dandí], 142000 E. — 22 km von der Mündung des Tay steht auf einem Felsen, welcher nur zur Ebbezeit drei bis vier Stunden lang aus dem Wasser hervorragt, Großbritanniens berühmtester Leuchtturm, Bell Rock (d. i. Glockenfels). Er ist 37 m hoch; bis 23 m ist keine Öffnung, dann kommt der Eingang, nur durch Strickleitern und Winden zugänglich. Eine Strecke nordwärts von der Taymündung liegen Alt= und Neu=Aberdeen [äberdín] bei einander, auch mit einer Universität: die neue Stadt ist bedeutende Handelsstadt mit 105000 E. Unweit der Mündung des Tay in seinen Busen Perth [pörß], immer noch bedeutend, im Mittelalter die Hauptstadt Schottlands. Scone [skön] war der Krönungsort der alten schottischen Könige. Im Hintergrund eines tief in die Westküste eindringenden schmalen Meerbusens Inverary [inverári].

3) In Nord=Schottland Inverneß, am Ende des kaledonischen Kanals; nordöstlich davon zeigt man die Reste von Macbeths Schloß Cawdor [kôd'r]. Unweit Inverneß auch Cullóden, wo 1746 der letzte Stuart, der nach der Krone seiner Ahnen griff, geschlagen ward.

4) Die Westküste von Schottland ist von mehreren Inselgruppen begleitet, welche man zusammen die Hebriden nennt. Alle sind voll kahler, nur mit Heidekraut bewachsener Berge. Die Einwohner leben von Viehzucht, Fischerei und daneben von den hier häufig nistenden Eidervögeln (Anas mollissima). Diese hängen ihre Nester an Klippen und Felsen und füttern sie mit ihren Dunen aus. Oft mit Lebensgefahr holt man die kostbaren Federn; dreimal polstert die Mutter unverdrossen das Nest von neuem aus; werden auch dann wieder ihr die Federn genommen, so verläßt sie es. Die größten Inseln sind Lewis [lúis], Mull [mall], Isla [eile], Skye [skei] — die merkwürdigste ist das kleine, felsige Staffa [ßtáffa], westlich von Mull. Denn Staffa besteht aus einer Basaltmasse, in welche sich die berühmte Fingals=Höhle hineinzieht. Über 65 m geht diese in das Innere; zum Estrich hat sie das eindringende Meer, das sich mit wunderbarem Getön an den Ba=

faltklippen bricht. — Solche Basaltbildungen kommen noch auf andern im S. liegenden Inseln vor; ihnen entsprechen die Basaltformationen auf der Nordküste von Irland.

Die Orkney [órkne] = Inseln oder Orkaden, vor der äußersten Nordostspitze von Schottland, haben mit den Hebriden im ganzen gleiche Natur. Hauptinsel Pomona.

Noch weiter in das Meer hinaus liegen die Shetland [schétländ]= Inseln, von denen sich ein Gleiches sagen läßt. Die nördlichste Insel liegt von Schottland und Norwegen ziemlich gleich weit entfernt; zu Norwegen hat auch die Gruppe längere Zeit gehört und ist von da aus bevölkert worden; daher nennen sich die Bewohner noch heute Norweger und reden eine der norwegischen nahe verwandte nordische Sprache. Hauptinsel Mainland [ménländ].

III. Irland [írlánd], 84000 qkm (1500 Q.-M.), ist im Innern zu $8/9$ Tiefebene, die nirgends mehr als 100 m über das Meer sich erhebt; dagegen an den Rändern treten einzelne isolierte Bergketten auf; im SW. sind die höchsten, mit wilden Formen. Hier erhebt sich, mit Felszacken und Klippen steil emporsteigend, der langgestreckte Rücken des Carrantuohill bis 1040 m. Im allgemeinen ist Irland, wie England, im O. niedriger als im W. Unter den zahlreichen Seeen ist der Lough Neagh [loch nê] im NO. der größte, der See von Killarney [killárne] im SW. wegen seiner schönen Umgebungen der besuchteste. Dazu kommen zahlreiche, oft tief eindringende Meerbusen. Der Hauptfluß Shannon [schänn'n] fließt durch eine Kette von Seeen und endet in einer 90 km langen, sehr breiten Wasserstraße, die man Flußmündung oder Meerbusen nennen kann. An welcher Küste? Mit dem entgegengesetzten Meere ist der Shannon durch einen Kanal verbunden. Einen großen Teil der Insel nehmen die Sumpfstrecken und Moore ein. Das Klima ist feuchter und nebliger als auf der Nachbarinsel, darum aber das Grün auch noch frischer und saftiger. Nirgends wuchert z. B. der Epheu so üppig als in Irland: fast keine Ruine — und deren giebt es in Irland sehr viele — ist ohne solche dichte Hülle von Epheu. Mit Vorliebe nennt der Ire seine Heimat die grüne Insel, die Smaragdinsel. Die Bevölkerung indes wird durch massenhafte Auswanderung nach Amerika sehr vermindert. Sie betrug vor einem halben Jahrhundert noch 8 Millionen, jetzt nicht mehr $4^{3}/_{4}$ Mill. Unter diesen sind die bei weitem meisten Iren, d. h. Kelten mit noch gälischer Sprache. Der heilige Patrik hat ihnen im 5. Jahrhundert das Christentum gebracht; damals war Irland mächtig und selbständig. Wann kam es unter England? Als die Iren nach der Reformation Katholiken blieben, wurden sie von englischer Seite hart geknechtet. Die ganze Insel ward in anglikanische Kirchspiele geteilt, und neben seinen eigenen Priestern hatte das Volk noch viele anglikanische Bischöfe und Pfarrer (oft ganz ohne Gemeinden) zu unterhalten. Im Jahre 1869 ist in diesen Verhältnissen vieles zum Bessern verändert: die protestantisch=irische Kirche gilt nicht mehr als Staatskirche, und ihr ungeheures Vermögen dient nicht mehr allein den Prälaten. Doch fehlt es in Irland, von den kirchlichen Verhältnissen abgesehen, auch sonst nicht an Ursachen dauernder Unzufriedenheit. Der Geheimbund der Fenier (namentlich in Amerika lebender Iren) erstrebt durch Gewalt und Blut Irlands Befreiung. Dem Bekenntnis nach sind mehr als $^3/_4$ der Iren katholisch. Das gemeine Volk lebt in größter Armut. Kartoffeln und Buttermilch sind jahraus jahrein das einzige, was sie haben, und wenn sie das immer haben, sagen sie von Glück. In den großen See= und Handelsstädten herrscht dagegen Wohlhabenheit.

Irland zerfällt in 32 Grafschaften, welche 4 größere Landschaften bilden: **Leinster** [lénster], England gegenüber, **Munster** [mänst'r], die südlichste **Connaught** [konnôt], die elendeste und ärmste, am atlantischen Ozean, **Ulster** [álster], Schottland gegenüber, wo die meisten Protestanten wohnen. Gieb bei jeder Stadt, die genannt wird, die betreffende Landschaft an!

Die Hauptstadt **Dublin** [dáblin] liegt im Hintergrunde eines kleinen Meerbusens, unweit des Meeres, durch den Fluß Liffy in zwei Teile geschieden. Fast kreisförmig gebaut, wird sie von einer schönen Allee umgeben; 353 000 Einw. Der westliche Halbkreis ist alt und unschön; der östliche neu und geschmackvoll mit einer Menge von Prachtbauten. Universität. Bedeutender Handel. — Im NO. liegt am Meer die Handelsstadt **Belfast**, 230 000 E.; von der nordöstlichsten Spitze erstreckt sich der Riesendamm ins Meer, bei niedrigem Wasser 190 m lang. Er besteht aus Basaltsäulen von verschiedener Länge und steht in genauer Beziehung zu den Basaltmassen der Hebriden. — Im SW. liegen drei bedeutendere Städte: **Waterford** [uôterford], **Cork** und **Limerick** an der Shannonmündung. Alle drei sind wichtige Handelsplätze, und ihre Häfen — meist im Hintergrunde tiefer Meereinschnitte — sind befestigt. Cork führt so viel gesalzenes Rindfleisch aus, daß es den Namen des irländischen Schlachthauses trägt.

Vor der südwestlichen Küste Irlands liegt das Inselchen **Valentia** [wälénschiä]. Auf diesem der westlichste Hafen von Europa, **Valentia Harbour** [hárb'r]. Von hier geht das 3000 km lange unterseeische Kabel nach Neufundland (§ 68, II).

IV. Nord=Europa.

§ 83.
Die skandinavische Halbinsel und Dänemark.
a) Die skandinavische Halbinsel.

Diese 776 000 qkm (13 800 O.=M.) große Halbinsel, im O. **Schweden** ($^4/_7$), im W. **Norwegen** ($^3/_7$) genannt, lagert sich von SW. nach NO. vor die Ostsee, welche dadurch zum Binnenmeer ge=

macht wird. Mehr und mehr zieht sich aber das Meer von der schwedischen Küste zurück. So liefen 1620 in den Hafen von Torneå [tórneo] die größten Seeschiffe ein; jetzt bleiben die kleinsten Fahrzeuge sitzen. Einzelne Fischerdörfer haben in einem Zeitraume von 60 Jahren dreimal dem weichenden Meeresufer nachrücken müssen. Dies Zurückweichen ist so bedeutend, daß, wie fortgesetzte Messungen lehren, der Niveau-Unterschied in einem Jahrhundert $1\frac{1}{8}$ m beträgt. Man glaubt als Ursache dafür eine säkulare Hebung des Landes voraussetzen zu müssen; allein es hat mehr für sich, eine säkulare Senkung des Meeresbodens des bottnischen Meerbusens anzunehmen (§ 11).

Die Südspitze der Halbinsel zeigt dagegen ein Vordringen des Meeres: sie befindet sich sicher in säkularer Senkung. Mit ihr bleibt die skandinavische Halbinsel nur einen Breitengrad von Deutschland entfernt, im N. rührt sie an das Eismeer; 1850 km beträgt ihre Länge; ihre größte Breite aber nur 500 km.

Wenn diese größte aller europäischen Halbinseln nur von $6\frac{3}{4}$ Millionen Menschen bewohnt wird, so ist der Grund weniger in der nördlichen Lage als darin zu suchen, daß die Natur hier so vorherrschend in wilder und rauher Gestalt auftritt, daß der Raum für die Menschen sehr beschränkt wird. Schroffe Gebirge, Seeen und Sümpfe nehmen den größten Teil der Halbinsel ein; etwa $\frac{9}{10}$ des Bodens sind für den Ackerbau unbrauchbar. Die Halbinsel erhält ihre Bodengestaltung, wie die italische, durch eine Meridian-Gebirgsmasse, für welche man oft den Gesamtnamen der skandinavischen Alpen gebraucht; diese aus den ältesten Gesteinarten, wie Urgneis u. a., aufgebaut, sind kein Kammgebirge, sondern bestehen zum größten Teil aus wellenförmigen Hochflächen (Fjelde), die im südlichen Norwegen oft bis zu 1000 km breit sind und ansehnliche Seeen auf ihrem Scheitel tragen. Sie haben 600 bis 1200 m Höhe, und auf diesen Untergestellen erheben sich dann inselartig die höchsten Bergspitzen oder Tinde. Die Höhe der Fjelde und Berge nimmt von N. nach S. zu. Man zerlegt das Gebirge in eine nördliche Hauptmasse, die bei geringer Breite einem Kettengebirge noch mehr ähnelt, und eine südliche mehr verzweigte, die in einzelne Gebirgsgruppen auseinander geht. Der nördliche Teil besteht wieder aus drei Unterteilen: den lappländischen Alpen, die am niedrigsten sind, dem nordbrontheimschen Gebirge*) mit dem Sulitelma, 1900 m, und

---

*) Den Namen Kjölen hat man früher irrtümlich für den Namen des skandinavischen oder nordskandinavischen Gebirges gehalten; er bedeutet aber nichts weiter als „der Kiel", d. h. den Rücken der höchsten Erhebung des Felsengebirges zwischen der Steilküste im W. und der östlichen Abflachung.

dem Dovrefjeld [dōwrefjĕll] mit der Snehätta (d. i. Schneehaube), 2300 m. Südlich vom 62. Parallelkreis beginnt die Gruppenteilung, welche das südliche Norwegen anfüllt. In derjenigen dieser Gebirgsgruppen, die man die Jotunfjelde (d. i. Riesengebirge) genannt hat, erhebt sich unweit der innersten Verzweigungen des Sognefjords [ßónjefjōr] der Skagastölstind [tinn] mit 2400 m und der Galdhöpigg, der mit seinen 2500 m die höchste Erhebung der ganzen Halbinsel bildet.

Der Abfall nach O. und W. ist sehr verschieden: nach W. stürzt das Gebirge schroff zum Meer; oft wandert man weit und breit auf einem Fjeld, bis man plötzlich an seinem Rande steht, von dem es, mitunter in senkrechten Felswänden von mehreren hundert Metern, unmittelbar in das Meer stürzt. Aus demselben steigt das Gebirge insularisch wieder hervor; eine Menge begleitender Gebirgsinseln ziehen sich an der Küste von Norwegen entlang, unter welchen der Lofot=Archipel am bedeutendsten ist. Dafür bringt der Ozean in tief einschneidenden Zungen, Fjorden, zuweilen bis 70 km weit in das Land ein. Oft ist man verleitet, diese Meeresteile für Flüsse oder Binnenseeen zu halten und bewegt sich in dem Wirrwarr von Inseln, Landzungen und Landengen wie in den Irrgängen eines Labyrinthes. Die wilde Natur des Hochgebirges, die Gletscher, Seeen und die großartigen Wasserstürze hat Norwegen mit ähnlichen Gebirgsgegenden gemein; aber eigentümlich sind die ausgedehnten Felder ewigen Schnees, welche auf der ganzen Halbinsel beinahe 20000 qkm (über 350 O.=M.) einnehmen, sowie das großartige Bilder schaffende Ineinandergreifen des Ozeans und so hoher wilder Gebirgsmassen. Die Zahl in Norwegen reisender Ausländer nimmt nicht ohne Grund alljährlich zu; sie gefallen sich unter dem treuherzigen, einfachen Volke sehr wohl, das zwischen seinen Bergen sich ein frisches, freies und frommes Herz bewahrt hat.

Nach Osten, also nach Schweden zu, dacht sich das Gebirge in breiten Stufen allmählich zum bottnischen Busen ab, zu dem eine Menge meist parallel laufender Flüsse oder Elfen herabgehen, die jedoch wegen ihres starken Gefälles, ihrer Wasserfälle, wenn sie nach einer Strecke ruhigen Laufes zu der nächsten Stufe sich herabstürzen, und ihrer Klippen für die Schiffahrt nicht brauchbar sind. Einer der bedeutendsten ist der Dal Elf, welcher aus Oster= und Wester=Dal Elf zusammenströmt. Er macht noch an der Mündung einen 10 m hohen Wasserfall. Die Küste ist auch hier von einer Reihe kleiner Felseninselchen und Klippen begleitet, welche man Schären nennt, daher eine Abteilung der schwedischen Flotte die Schärenflotte.

Außer dieser östlichen Abdachung hat aber das Gebirge noch eine südliche gegen die Kette großer Seeen, die vor seinem Südrande liegen. Der größte und westlichste ist der Wener=See, 6240 qkm (113 Q.-M.), aus welchem der Göta [jöta] Elf zum Kattegat geht. Etwas südöstlich liegt der ⅓ so große Wetter=See. Nordöstlich von beiden der Hjelmarsee [jélmarsee] und der langgestreckte Mälarsee, der, von reizenden Ufern eingefaßt, mit der Ostsee in Verbindung steht und über 1300 Inselchen (Holme) in sich schließt. Alle diese Seeen liegen in einer tiefen Senkung der Halbinsel: in ihr führt der Göta-Kanal mit Benutzung der Flüsse und Seeen aus der Nordsee in die Ostsee. Im S. jener Senke dehnt sich das nur von welligen Höhen, kaum bis zu 300 m durchsetzte Flachland von Süd=Schweden. Fruchtbare Dammerde ist demselben nur in dünner Schicht aufgelagert; der eigentliche Grund ist auch hier felsig, und an vielen Stellen steht das Fels= und Steingerölle zu Tage: Umstände, welche den Ackerbau sehr erschweren. Auch die Natur der Flüsse warnt uns, nicht etwa an ein eigentliches Tiefland zu denken. Sie sind fast alle wegen starken Gefälles, wegen ihrer Wasserstürze und Klippen nicht für die Schiffahrt zu gebrauchen. Selbst von den größten gilt das. Auf dem Göta Elf ist an einzelnen Stellen, besonders bei den Trollhätta (d. i. Teufelshut)=Fällen, die Schiffahrt unmöglich, so daß ihnen zur Seite mit großen Kosten der Trollhätta=Kanal geführt werden mußte. Noch merken wir, daß auch bei dem skandinavischen Flußsystem öfters eine Unentschiedenheit der Wasserscheide vorkommt; Flüsse verschiedener Gebiete stehen bei hohem Wasserstande miteinander in Verbindung, derselbe See entsendet zu verschiedenen Systemen Gewässer (§ 62 Mitte).

Die Schweden wie die Norweger sind germanischen Stammes, meist kraftvolle Leute mit blauen Augen und blonden Haaren, dabei bieder, gastfrei, fest wie das Eisen ihrer Länder. Noch viele alte Gebräuche und Volksfeste haben sich erhalten: das Frühlingsfest am 1. Mai, der Johannis= oder Mittsommertag, vor allen das Jul= oder Weihnachtsfest. Ist man zu Weihnachten treulich zu der oft viele Kilometer entfernten Kirche gewandert, so überläßt man sich heiterm Fest= und Wohlleben. Zwölf Tage hindurch steht bei dem reichen Bauer der Tisch auch für jeden Gast, sei er bekannt oder fremd, gedeckt. Selbst den Vögeln des Himmels wird auf hoher Stange eine Korngarbe aufgestellt.

Den äußersten Norden der Halbinsel, noch bis in das russische Gebiet, bewohnt der Stamm der Lappen (§ 72 Ende), oder wie sie selbst genannt sein wollen, Samen, noch 26000 Köpfe stark, meist zum Christentum bekehrt. Die Fischerlappen haben feste Wohnungen. Die Renntierlappen ziehen nomadisch mit ihren Tieren umher, die ihnen Nahrung und Kleidung geben, Last- und Zugtiere, mit einem Wort ihr Ein und Alles sind. Einen reichen Lappen schätzt man nach Renntieren, wie bei uns den Reichen nach Geld. Übrigens droht der Genuß des Branntweins, dem die Lappen mit übermäßiger Lüsternheit zugethan sind, dem ganzen schon sehr verringerten Stamme den Untergang. Auch ausgewanderte eigentliche **Finnen** oder **Quänen** wohnen in etwas größerer Zahl als die Lappen im äußersten Norden.

In alten Zeiten bestanden auf der skandinavischen Halbinsel verschiedene kleine Reiche, die erst nach und nach in zwei, **Norwegen** und **Schweden**, zusammenschmolzen. Der Hauptgott der Skandinavier war **Odhinn**, der deutsche **Wuotan**; von ihm und seiner Gemahlin **Frigga** stammen die übrigen Götter, das Geschlecht der **Asen**, z. B. der Donnergott **Thorr** mit seinem alles zermalmenden Hammer u. a. Sie wohnen zusammen in silbernen Palästen in der Götterstadt **Asgard**. Hochgeehrte Sänger, **Skalden**, sangen der Götter Preis. In **Walhalla** wandeln die Seelen tapferer Krieger. Um das Jahr 1000 indessen hatte das Christentum hier Wurzel gefaßt, das schon im 9. Jahrhundert geprebigt war. Mit dem Evangelium war auch hier mildere Gesittung gekommen und Europa hatte nicht länger von den Plünderungszügen der Normannen zu leiden (normannische Kolonieen § 77, III; 81, II, 5). Von Norwegen aus wurde die Kirche Christi auf den Färöern, auf Island und Grönland gepflanzt (§ 69), von Schweden aus in dem gegenüber liegenden Finnland.

Im Jahre 1397 gelang es der Königin **Margarete von Dänemark**, in der **Union von Kalmar** die Kronen von Dänemark, Schweden und Norwegen auf ihrem Haupte zu vereinigen. Nach ihr regierten über ein Jahrhundert lang Unionskönige. Aber die drei nordischen Völker, obwohl sich in vieler Hinsicht nahe verwandt, waren durch eine bestimmte Abneigung voneinander geschieden. Namentlich gilt das von den Schweden gegenüber den Dänen und Norwegern. Unter dem grausamen **Christian II.**, der 1520 im **Stockholmer Blutbade** sich der ihm abgeneigten schwedischen Adelshäupter entledigen wollte, brach in Schweden der offene Aufstand aus. **Gustav Wasa**, der Sohn eines in jener Metzelei Gefallenen, wurde nach mannigfacher Gefahr der Befreier seiner Landsleute und der Gründer einer neuen Königsdynastie. Mit dem neuen König wurde das Land 1524 lutherisch, doch die bischöfliche

Verfassung beibehalten. Damals war Schweden ein unbedeutendes Reich, dem das einzige Lübeck als Haupt des deutschen Hansabundes, mit Erfolg gebieten konnte. Norwegen und das südliche Schweden waren damals dänisch; dafür war aber Finnland noch schwedisch. Zuerst wurde das Reich mächtig durch Gustav II. Adolf, der mit großem Erfolge in den 30jährigen Krieg eingriff; er fiel am 6./16. November 1632 auf deutscher Erde bei Lützen. Im westfälischen Frieden setzte Schweden auf deutschem Boden sich fest; es bekam zwar nicht den größten, aber den fruchtbarsten Teil von Pommern (Vorpommern), ferner die Stadt Wismar, die Gebiete Bremen und Verden zwischen Weser- und Elbmündung. Die Tochter Gustav Adolfs, Christine, ist bekannt durch ihre Gelehrsamkeit, ihre Thronentsagung und ihren Übertritt zur katholischen Kirche. Nach ihr bestieg ein mit den Wasas verwandtes deutsches Haus, Pfalz-Zweibrücken, den Thron und setzte die Eroberungen noch glücklicher fort. Gegen Ende des 17. Jahrhunderts gehörten zum Reiche ganz Schweden, Finnland, Ingermanland, Esthland, Livland und die vorhin genannten deutschen Lande. Schweden war eine europäische Großmacht, von Dänemark, Rußland, Polen zugleich beneidet und gefürchtet. Als diese drei Feinde hintereinander gegen den jungen König Karl XII. losbrachen, begann der zweite nordische Krieg (1700—1721). Karl trat im Anfange wie ein zweiter Alexander der Große auf; überall war er siegreich, schlug die Dänen, die Russen, die Polen und verfolgte den König August den Starken von Polen, der zugleich Kurfürst von Sachsen war, bis nach Deutschland hinein. Aber der Rückschlag folgte bald. Er verlor 1709 gegen Peter den Großen von Rußland die Schlacht von Poltawa [poltáwa] und lebte dann mehrere Jahre unter den Türken, die seine Tapferkeit ebensogut wie seine Eisenköpfigkeit erkannten. Unterdessen waren seine Länder von allen Seiten bedroht. Daher kehrte Karl zurück, fiel aber nach einigen Jahren (1718) vor der nie eingenommenen norwegischen Felsenfestung Frederiksteen. Im Verlaufe des 18. Jahrhunderts sank Schweden, wo das Haus Holstein-Gottorp den Thron bestiegen hatte, immer mehr; auch an inneren Unruhen fehlte es nicht. König Gustav IV. Adolf wurde 1809 entsetzt, seine Kinder wurden auch des Thrones für verlustig erklärt, den sein kinderloser Oheim bestieg. Dieser wählte sich einen Marschall Napoleons I., Bernadotte, zum Nachfolger, dessen Enkel Oskar II. jetzt auf dem Throne sitzt. Das schwedische Staatsgebiet war um diese Zeit auf das eigentliche Schweden und Vorpommern bis an die Peene beschränkt. In dem Völkerkriege gegen

Napoleon I. verlor Dänemark, zur Strafe für seine Anhänglichkeit an Frankreich, Norwegen (doch ohne dessen Nebenländer, d. h. Island und die Färöer) an Schweden, das ihm seinen (dann an Preußen abgetretenen) Anteil an Pommern überließ. Die einzige Entschädigung, die Dänemark erhielt, bestand in dem kleinen Herzogtum Lauenburg. Seit 1814 stehen Schweden und Norwegen in Personalunion, d. h. sie haben denselben Herrscher, aber besondere Verfassung und Verwaltung.

Über Spitzbergen beansprucht Schweden die Oberhoheit.

I. Das Königreich Schweden, 450000 qkm (8000 Q.-M.) mit $4^3/_4$ Mill. Einw., ist im NO. vom russischen Gebiete zuerst durch den Torne Elf, dann durch einen linken Zufluß desselben, den Muonio Elf, geschieden. Nach der Verfassung bedarf der König zu vielen wichtigen Dingen der Zustimmung des Reichstages, der früher aus Adel, Geistlichkeit, Bürgern und Bauern bestand und nicht nach Köpfen, sondern nach Ständen stimmte. Jetzt besteht der Reichstag, wie in konstitutionellen Staaten gewöhnlich, aus zwei Kammern. Das Land zerfällt in drei Hauptteile: den südlichen, Gotland, auf welchen $3/_5$ der Einwohnerzahl des ganzen Königreichs kommen; den mittleren, Svealand; den nördlichen, Norrland, welcher an Flächeninhalt doppelt so groß als die beiden andern Teile zusammen, aber natürlich am spärlichsten bevölkert ist: nur 2 bis 3 Menschen auf 1 qkm. Eingeteilt wird das Königreich in 24 Läne. Wir halten uns aber an die Hauptabteilungen Svealand, Gotland, Norrland, und prägen uns gelegentlich die geschichtlich wichtigsten Namen aus der alten Landschaftseinteilung ein.

1) In Svealand umgiebt die angebauteste und wichtigste Gegend den schönen Mälarsee; an sie stoßen die Landschaften Upland, Södermanland u. a. Die Hauptstadt Stockholm liegt da, wo der See sich durch zwei enge Ausgänge in einen Busen der Ostsee ergießt. Auf einer nur mäßig großen Insel, welche Süßwassersee und Salzsee (bis auf jene beiden schmalen Verbindungen) scheidet, liegt die alte, eigentliche Stadt, dicht gebaut, mit schmalen Straßen, aber einem schönen Königsschlosse. Von ihm führt eine Brücke auf das nördliche Seeufer, in den Stadtteil Normalm, 12 mal größer als die eigentliche Stadt, mit schönen breiten und ebenen Straßen. Auch auf dem Südufer liegt ein Stadtteil, Södermalm, aber nicht so schön als der nördliche, namentlich sehr uneben. Auf dem kleinen, dicht hinter der eigentlichen Stadt im Mälar gelegenen Ridderholm (b. i. Ritterinsel) befinden sich in der Ridderholmkirche die Gräber Gustavs II., Adolf und Karls XII. Nach vieler Urteil hat Stockholm unter allen Hauptstädten die schönste Lage, weil nur hier gerade eine solche Mannigfaltigkeit der Umgebung, eine solche Vereinigung großstädtischen Treibens mit reizender, ländlicher Einfachheit gefunden werde. Straße, Feld und Wald grenzen oft unmittelbar aneinander. Die Stadt hat 235000 Einw. und treibt bedeutenden Handel. Von der See-

seite her schützen Kastelle den schönen Hafen. In den Umgebungen Lust=
schlösser, wie Drottningholm, Gripsholm u. a. — 66 km n. n. w.
Upsala [úpsála] mit einer Universität und dem Erzbischofssitze des Reichs.
Ehrwürdiger Dom mit dem Grabe Linnés und Gustav Wasas. Um
Upsala her liegen Schwedens Hauptbergwerke. Eine Strecke nördlich Danne=
mora mit seinen Eisengruben, die jährlich 270000 Centner liefern —
nach NW. das silberreiche Sala [sála]; in derselben Richtung weiter in
das Gebirge Fálun mit Kupferbergwerken, am Oster=Dal Elf. Das
Gebirgsland des Dal Elf, Dálarne (d. i. die Thäler), bei uns gewöhnlich
Dalekarlien genannt, wird von einem besonders kraftvollen und treu=
herzigen Menschenschlage, den Dalkarlar (d. i. Thalmännern), bewohnt.
Der Dalkarl redet selbst seinen König mit Du an, aber er setzt auch in Gefahr
für ihn Gut und Leben ein.

2) In Gotland am Kattegat, an der Mündung des Göta Elf, liegt die
größte Stadt nach Stockholm, Gotenburg (schwed. Göteborg [jöteborj],
100000 E., Handels= und Fabrikstadt. An der Ostsee liegt die befestigte Haupt=
stadt Kalmar. Historisches? Ihr gegenüber die lange schmale Insel Öland,
weiter nach NO. in das Meer hinein die größere Gotland mit der einst mäch=
tigen und als einer der wichtigsten Handelsplätze Europas im Mittelalter
blühenden Stadt Wisby [wisbü]. Nördlich von Kalmar Norrköping
[norrtjöping] am Mótala Elf; Handelsstadt mit 31000 Einw.

Die südlichsten Landschaften heißen Blekingen und Schonen; die
letztgenannte hat Überfluß an Getreide. Hier am Sunde, der dänischen
Insel Seeland und im besondern der Stadt Helsingör gegenüber, die Stadt
Helsingborg. Malmö, 46000 E. und Ystad [üstad] sind Ostseehäfen,
die durch Dampfschiffe mit der deutschen Ostseeküste in regem Verkehr stehen.
Von Ystad fährt man in 8 Stunden nach Stralsund. Karlskrona ist
Schwedens befestigter Kriegshafen, 20000 E. Binnenstadt ist Lund [lunn],
die zweite Landesuniversität, im 9. und 10. Jahrhundert das erste Erzbistum
des Landes, von dem alle Missionen im höheren Norden ausgingen.

Zu dieser Landschaft gehören auch die Inseln Öland und Gotland.

3) In Norrland ist beiweitem die größte Stadt Gefle [jewle], unweit
der Dal Elf=Mündung, 22000 E., wichtig als Hafen der benachbarten Berg=
werksbezirke. — Je weiter nach N., je dünner ist die Bevölkerung gesäet, je
öder wird die Natur. In Lappland gedeiht nur noch spärlicher Hafer hier
und da; von Bäumen sieht man nur noch die Fichte und Zwergbirke. Fisch=
fang und Renntierzucht bieten den Lebensbedarf. Das Hafer= und Gersten=
mehl untermischt man auch in guten Jahren mit zerhackten Halmen, Wurzeln
(besonders von Caltha palustris), selbst mit Fichtenrinde. Die Kirchspiele
umfassen, wie im nördlichen Norwegen, oft 1000 bis 1500 qkm (20 bis
30 Q.=M.), und viele Gemeindeglieder kommen nur im Winter, wo auf
Schlitten weite Entfernungen in unglaublich kurzer Zeit zurückgelegt werden,
zur Kirche. An der Mündung des Torne Elf, der Grenze gegen Rußland,
geht die Sonne am längsten Tage fast nicht unter und am kürzesten Tage fast
nicht auf. Dort liegt, der russischen Stadt Torneå gegenüber, dem Polarkreis
nahe, Haparánda, eine wichtige Station für Witterungs=Beobachtungen.

II. Das Königreich Norwegen, 325000 qkm (5800
Q.=M.) mit 2 Mill. Einw., hat eine noch freiere Verfassung als
Schweden, und sein Reichstag (Storthing [stúrthing]) noch grö=
ßere Rechte. Das Reich ist in sechs Stifter geteilt.

1—3) Die Stifter **Kristiania** und **Kristiansand** liegen im S. am **Skåger=Rak**, das Stift **Hamar** dagegen n. von ersterem im Binnenland. Für diese südlichen Teile, wie für Süd=Schweden, gilt das, was oben (§ 72 Mitte) vom Klima gesagt ist; in geschützten Thälern kommen sogar noch Weintrauben und Aprikosen fort. Beide Stifter machen den fruchtbarsten und bevölkertsten Teil des Königreichs aus; auf einem Viertel des norwegischen Flächenraums wohnen zwei Drittel der Bevölkerung. Die Hauptstadt **Kristiania** liegt im Hintergrund des 90 km langen Kristianiafjord, dessen Ufer mit kleinen Städten, Dörfern und Landhäusern besetzt sind. Die Lage der Stadt ist schön, ihre Bauart regelmäßig, ihr Handel sehr ausgebreitet. Landesuniversität, 138000 Einw. — Geht man von der Mündung des Kristianiafjord nach O., so trifft man auf die Mündung des Glommen, des größten norwegischen Flusses, der 20 Fälle macht, und s. s. ö. davon, hart an der schwedischen Grenze auf die Festung **Frederiksteen** unweit der Stadt **Frederikshald** [frederikshall]. Etwas westlich vom Kristianiafjord liegt **Kongsberg** mit Silberbergwerk, unweit des Kap **Lindesnäs** **Kristiansand**. **Stavanger**, 24000 E., schon an der Küste des offenen Ozeans und am Eingang zum Stavanger Fjord.

4) Das Stift **Bergen** hat auch noch ein ziemlich mildes, aber dabei überaus regnerisches Klima. An seiner Küste fällt (nächst einem Teile der W.=Küste Nord=Englands) der meiste Regen in Europa. **Bergen** selbst, 47000 E., durch und durch Handelsstadt, das norwegische Hamburg. Besonders ist hier der Hauptplatz für den Fischhandel, der in ungeheurer Ausdehnung an der Norweger Küste getrieben wird. Nach ganz Süd=Europa hin werden von hier Hummer und Fische gesandt, besonders Stockfische und Heringe. Die Heringe erscheinen hier in Schichten, die oft mehrere Kilometer lang und breit und mehrere Klafter tief sind, und drängen sich in dichtem Gewimmel in die langen Fjorde. Die nach dieser Speise gierigen Wale lagern sich vor den oft sehr schmalen Eingängen; darum der bequeme und reichliche Fang, in guten Jahren etwa 600000 Hektoliter.

5) **Drontheim**, die Hauptstadt des fünften Stifts, liegt am Südufer eines tiefen Fjord, hat 24000 E. und war die Residenz= und Krönungsstadt der alten Könige. Darum stand auch hier ein herrlicher Dom, von dem jetzt noch das Chor die Hauptkirche der Stadt ausmacht. — Im Innern liegt die Bergstadt **Röraas** [rörōs], 700 m über dem Meere, mit reichen Kupfergruben, aber auch immerwährendem Winter.

6) **Tromsö**, das nördlichste Stift. Im Innern Lappen und Quänen, an der Küste Norweger, die hier aber fast ganz auf den Fischfang angewiesen sind. Denn hier sieht es schlimm aus mit dem Klima. Auf den Lofot=Inseln lassen Sturm und Kälte keinen Baum aufkommen, ein furchtbar tobender Ozean umgiebt sie. Unter den Wirbeln und Strudeln ist der **Mahlstrom**, ziemlich im S. der Gruppe, am verrufensten, da selten ein Jahr ganz ohne Unglücksfälle hingeht. Gerade zwischen diesen gefährlichen Inseln drängen sich übrigens die meisten Fische zusammen. Im Februar und März versammeln sich zwischen den Inseln Ost= und West=Vaage [wōge] gegen 3 bis 4000 Böte, und jedes Boot fängt im Durchschnitt mindestens 3000 Kabeljaue (§ 68, II).

Die Hauptstadt **Tromsö**, auf einer kleinen Küsteninsel schon nahe dem 70. Parallelkreis, hat noch 6000 E. Auf der Insel **Qualöe** liegt noch jenseit des 70. Parallelkreises der keineswegs unbedeutende Hafen **Hammerfest**, 3000 E., der Handel nach England und Rußland treibt. Das **Nordkap** ist die nördliche Spitze der wüsten Insel Magerö, eine steile, 300 m hohe, breitköpfige Felswand. Das Klima ist hier auffallend mild. Die Nordspitze des Festlandes ist das Kap Nordkyn. Südöstlich von diesen Punkten liegt auf einem Inselchen der kleine Handelshafen Vardöhuus [wardöhüs]. Furchtbare Stürme wüten in diesen Gegenden. Die Kälte steigt im Binnenlande bis 40° R., während infolge des bis in diesen hohen Norden noch segensreich wirkenden Golfstroms (§ 16 Ende) an der Küste selbst im Winter nur vorübergehend geringe Frostgrade verspürt werden.

Die skandinavische Halbinsel ist durchaus nicht ein Land der Städte, sondern mehr der zerstreuten Dorfschaften und einzelnen Gehöfte. In beiden Reichen zusammen giebt es nur 6 Städte, die über 25 000 Einwohner haben. Dazu findet man nur in Stockholm, Gotenburg, Kristiania, Bergen im Durchschnitt massive Häuser; sonst ist der Holzbau und die Schindelbedeckung ganz allgemein, und das Volk hat darin große Kunstfertigkeit. In Norwegen giebt es z. B. künstlich gearbeitete Holzkirchen aus uralter Zeit. Eine derselben hat der König Friedrich Wilhelm IV. von Preußen in das schlesische Gebirgsdorf Brückenberg unweit der Schneekoppe versetzen lassen.

b) Dänemark.

Dänemark besteht aus der zwischen Kattegat und Ostsee, Sund und Kleinem Belt gelegenen dänischen Inselgruppe, welche durch den Großen Belt halbiert wird, und aus Jütland, d. h. dem breiteren Nordteil der jütischen Halbinsel (bis zur Königsaue als Südgrenze).

Der Boden ist fast durchweg eben. Auf den dänischen Inseln zeichnet er sich durch große Fruchtbarkeit aus, da er aus mergligem (d. h. kalkhaltigem) Lehm besteht; hier verschönern die herrlichsten Buchenwälder die Landschaft, an einigen Stellen ragen auch Kreidefelsen auf, so im O. der Insel Möen [mön] Möens Klint 140 m. Jütland hingegen hat nur an seiner, zugleich mehr gegliederten und allein hafenreichen Ostküste besseren Boden und noch einigen Wald; in diesem O. wird es wie die deutschen Ostseegestade von dem baltischen Landrücken durchzogen (§ 93, 3); wo dieser sich in allmählicher Senkung nach W. verliert, herrscht Moor und endlich dürrer Sand vor, auf dem kein Wald gedeiht. Ein ganz seichter Meeresarm, der Limfjord [limfjör], trennt das in die 10 m hohe Sanddüne des Kap Skagen oder Skagens Horn auslaufende Nordstück Jütlands völlig inselartig ab, seitdem durch die Sturmflut vom Februar 1825 der letzte Dünenrest zerstört wurde, welcher den Limfjord im W. noch von der Nordsee bis zu dieser Zeit getrennt hatte. — Das Klima ist in ganz Dänemark durch die überall nahe See außerordentlich mild; Frost ist selbst mitten im Winter nicht häufig und niemals lang anhaltend.

Die Bewohner der dänischen Inseln, die sich erst später in die vorher von dem deutschen Stamm der Jüten bewohnte und darum noch nach diesen benannte Halbinsel verbreiteten, gehören demselben nordischen Zweige der Germanen an wie die Schweden und Norweger. Mit letzteren teilen sie noch jetzt die Sprache und wurden ursprünglich wie diese als Normannen (d. i. Nordmänner) bezeichnet und waren auch wie diese ob ihrer Raubzüge zur See gefürchtet. Das seit dem 9. Jahrhundert unter ihnen gepredigte Christentum schlug erst um das Jahr 1000 feste Wurzel; aber schon früher schmolzen mehrere kleine Reiche zu dem einen Staate Dänemark zusammen. Kanut der Große fügte sogar England und Norwegen hinzu; doch gingen diese nach ihm wieder verloren. Von der Union zu Kalmar und ihrer Auflösung erzähle nach S. 283! Als 1448 das alte Regentenhaus ausstarb, wurde Christian I. von Oldenburg zum König gewählt. Er erhielt auch die Herzogtümer Schleswig-Holstein, welche bis zum Wiener Frieden 1864 mit Dänemark vereinigt blieben (§ 98, 8). Christian IX. herrscht nur noch über das eigentliche Königreich Dänemark, 38000 qkm (700 Q.-M.) mit $2,_1$ Mill. lutherischen E., und die Nebenländer: Island, die Färöer, Grönland und die westindischen Inseln St. Thomas, St. John, St. Croix (§ 64, 3). Das ganze dänische Reich hat mit Grönland, soweit dessen gletscherfreie Westküste mit den dänischen Niederlassungen sich ausdehnt, 233000 qkm (4200 Q.-M.) mit $2,_2$ Mill. E.

a) Jütland zerfällt in die Stifter Aalborg [ölborg], Aarhuus [ôrhûs], Viborg [wiborg] und Ribe, benannt nach ihren Hauptstädten, unter welchen Aarhuus (mit 25000 E.) die größte ist. Fridericia, der Insel Fünen gegenüber, ist eine Festung, wo Zoll am Kleinen Belt erhoben wird. Skagen liegt in dem äußersten nördlichen Haken der Halbinsel. Das alte Skagen lag westlich von dem neuen, der Meersand hat dasselbe völlig verschüttet; von der Kirche ragt nur der Turm heraus und wird als Wahrzeichen für Seefahrer erhalten.

b) Die Inseln zerfallen in drei Stifter, Laaland [lölland], Fünen (Hauptort Odense, 21000 E.), Seeland. Wir brauchen uns bloß mit dem letzteren Stifte zu beschäftigen, zu welchem auch die 150 km entfernte, der schwedischen Küste weit näher liegende Insel Bornholm und außerdem die Insel Möen, an der Südspitze von Seeland, gerechnet wird.

Auf der Insel Seeland liegt da, wo derselben das Inselchen Amager [ámäger] vorgelagert ist, Dänemarks Hauptstadt Kopenhagen, zuerst ein Fischerdorf, dann ein Handelshafen, seit 1443 Residenz. Zwei Stadtteile, Altstadt und Neustadt oder Friedrichsstadt, befinden sich auf Seeland, ein dritter, Kristianshavn, auf Amager. Der Meerarm zwischen beiden Inseln bildet den trefflichen Kriegshafen, der 500 Schiffe faßt, und den Handelshafen, von dem vorigen durch ein Pfahlwerk geschieden. Die Stadt ist schön und regelmäßig gebaut, kann sich aber an Großartigkeit und Schönheit, an Menschengewühl nicht mit anderen Großstädten messen. Ein viel gereister Mann vergleicht andere Residenzen mit prächtig geschmückten Damen,

Kopenhagen mit einer einfach züchtigen Hausfrau. Besonders schön ist es aber, wie jeder Schritt aus der Stadt uns gleich in die üppige, frische Vegetation führt, die den dänischen Inseln eigentümlich ist. Bedeutende Handelsstadt und Universität. Die Einwohnerzahl mit Einrechnung der Vororte beträgt 376000. In der Nähe viele Lustschlösser: Friedensburg, das liebliche Sorgenfrei, das noch schönere Friedrichsberg. 60 km von Kopenhagen liegt Helsingör, und dabei die Festung Kronburg an dem hier nur 4 km breiten Sunde. — An einem tief von N. her einschneidenden Fjord liegt w. von Kopenhagen Röskilde, bis zur Mitte des 15. Jahrhunderts Residenz und bis zur Reformation Bischofssitz. Damals soll es 100000 E. gehabt haben (?), jetzt nur 6000. Im Dome, der größten und schönsten der dänischen Kirchen, sind die Gräber von 20 Königen und Königinnen. Von Kopenhagen führt eine Eisenbahn durch ganz Seeland bis nach Korsör an der W.-Küste, von wo aus täglich ein Dampfschiff nach Kiel verkehrt.

Etwa 900 km im NW. der dänischen Halbinsel, so ziemlich in der Mitte zwischen den Shetland-Inseln (§ 82, II, 4) und Island liegen die Färöer (d. h. Schaf-Inseln), 22 an der Zahl, wovon aber nur 17 von 11000 E. bewohnt sind. Sie haben steile Ufer, Berge von beinahe 1000 m Höhe und treffliche Häfen. Der Erwerb der Einwohner besteht in Fischerei, Vogelfang (Eidervögel), hauptsächlich aber in Schafzucht. Auf Stromöe die Hauptstadt Thorshavn.

Island (d. i. Eisland), 105000 qkm (1867 O.-M.) groß, wovon aber überhaupt nur ²/₅ bewohnbar sind, nur 200 km von Grönland, wurde im 9. Jahrhundert (wie die Färöer) von Norwegen bevölkert und im 10. Jahrhundert für das Christentum gewonnen. Bis zum Ende des 13. Jahrhunderts war Island unabhängig; und das war seine Blütezeit. Große Handelsreisen wurden unternommen, sowohl in das Mittelmeer als an die amerikanische Küste (§ 61 Ende). Seit dem 13. Jahrhundert gehörte Island zu Norwegen, seit dem 14. zu Dänemark; im 16. kam die Reformation hierher; aber Seuchen verminderten die Zahl der Einwohner, Seeräubereien vernichteten den Wohlstand; sogar algierische Raubschiffe sind bis hierher gedrungen. So verschwand Islands frühere Herrlichkeit, und erst in neuerer Zeit beginnt es sich wieder zu heben. Bei alle dem wohnen nur 72000 Menschen darauf, und in der That erlaubt die Natur des Landes wohl kaum eine größere Anzahl, denn die geringe Wärme und große Feuchtigkeit des Sommers verhindert den Ackerbau, außer dem Fischfang lohnt nur die Viehzucht, namentlich die Schafzucht in dem ganz walblosen Lande, und oft vernichten vulkanische Aschenregen sogar die Weide.

Island ist fast nur Gebirgsland: mittendurch zieht von SW. nach NO. eine Gebirgskette, die nach allen Seiten hin Zweige aussendet. Einige Spitzen erheben sich bis 2000 m, über 1000 m viele.

Dazu ist die Insel durch und durch vulkanisch, durch vulkanische Ausbrüche aus zwei kleineren Inseln entstanden: sieben Feuerspeier sind noch thätig, darunter der Hekla, der Krábla, der Skaptar Jökul, der 1783 eine schreckliche Eruption hatte. Ein dicker Schwefeldampf verhüllte den Seefahrern das Land; „in diesem Jahre fürchtete man, die Insel werde in Stücke zerfallen, so furchtbar und wiederholt waren die Erschütterungen". Noch länger und fürchterlicher wütete der Hekla 1845 und 1846. Und doch fühlt sich der Isländer glücklich und sagt getrost: „Island ist das glücklichste Land, das die Sonne bescheint". Wenigstens gehört das Volk zu den sittenreinsten und am besten unterrichteten; es redet noch heute die altnordische Sprache, welche sich also nur auf dem europäischen Kontinent zu den neunordischen Sprachen (der schwedischen und der dänisch-norwegischen) verwandelt hat. Die Wohnungen liegen meist zerstreut. Der Hauptort Rejkiavik [reikjawīk] (d. i. Rauchbucht), Sitz des Stiftsamtmannes und des Bischofs, im SW., hat mit einer Ausnahme lauter Holzhäuser und nur 1500 E., aber doch eine Bibliothek. In Skalholt, östlich davon im Binnenlande, war in alten Zeiten ein Bistum: von da nach NO. landeinwärts gelangt man zu dem großen Geysir. Diese berühmteste unter den heißen Sprudelquellen oder Geysirs Islands sprang früher unter donnerartigem Getöse 30 m und noch höher empor. Jetzt erhebt sich bei den Ausbrüchen das Wasser im Bassin wie eine flachgewölbte Kuppel, gerät eine Zeit lang wie kochend in Aufruhr und rieselt dann unter starker Dampfentwickelung allenthalben über die Seiten hinab. Viel anders sind auch die Ausbrüche der übrigen Geysirs nicht. —

So steht Island, jenes merkwürdige Land, wo ununterbrochen siedendes Wasser, oft genug schmelzflüssige Lava aus ewigem Schnee hervorbricht, im nördlichen Meere da als eine äußerste Grenzwarte germanischer Bevölkerung uud Bildung.

V. Ost-Europa.

§ 84.

Das östliche Tiefland.

Das Tiefland von Ost-Europa ist von Asien durch einen Grenzzug geschieden, der nach § 38 Anf. zu wiederholen ist. Im Stamme Europas bilden den Grenzzug gegen das Donau-Tiefland die Karpaten. Wiederhole über diese nach § 80 Anf. das Nötige!

Nur im äußersten S. geht das östliche Tiefland in das letzte (walachische) Becken der Donau ununterscheidbar über. Gegen das **deutsche Tiefland** fehlt eine Naturgrenze; die politische bildet die Ostgrenze des Deutschen Reichs im Oder- und Weichselgebiet.

Das osteuropäische Tiefland ist trocken gelegter Meeresboden; allmählich, durch alle Zeiträume der uns übersehbaren Erdgeschichte hindurch, wich das Meer zurück, in mächtigen Gürtelstreifen das Land freigebend, dessen Boden aus Schichtgesteinen aller Formationen (§ 24) zusammengesetzt ist und den Erzreichtum mit dem Schatz ausgedehnter Steinkohlenfelder vereinigt wie kein anderer Teil Europas. Die Steppe an der untern Wolga, die man wegen des starken Salzgehaltes ihres Bodens die Salzsteppe nennt, läßt auf Meeresbedeckung dieses südöstlichen Teiles der großen Tiefebene in noch quartärer Zeit (§ 24, A) schließen; denn das von dieser Steppe zurückgewichene Meer ist kein anderes als das noch jetzt beständig (durch Verdunstung) sich einengende kaspische Meer. Große Einförmigkeit charakterisiert die Oberflächenbildung des osteuropäischen Tieflandes. Nur im NW. erhebt sich die **Waldai-Hochfläche** etwa 300 km von der Ostseeküste als höchster Teil der Wasserscheide zwischen Ostsee und kaspischem Meer; und auch hier erreichen die höchsten Punkte wenig über 300 m. Ganz unbedeutend höher erhebt sich (dicht am 53. Parallelkreis) das Steilufer der Wolga, d. h. das rechte, sogenannte Bergufer, während das linke oder Wiesenufer dieses Stromes eine kaum durch eine Hügelreihe unterbrochene Tiefebene darstellt, welche bereits vom letzten Wolgaknie ab unter die Höhe des Meeresspiegels sinkt. Eine Verbindung des Uralgebirges mit dem baltischen oder dem karpatischen Höhenzuge der norddeutschen Tiefebene giebt es weder im N. noch im S.

Um so gewaltiger vermochten sich in dieser größten Tiefebene Europas die **Ströme** zu entwickeln, die somit für den Austausch der Produkte der weit voneinander abgelegenen Teile des Ganzen immer sehr wertvoll waren, in neuerer Zeit es aber dadurch noch mehr wurden, daß bei der strahlenförmigen Anordnung der Flußsysteme und der Abwesenheit jeglicher Gebirgsdurchsetzung die schmalen und niedrigen Zwischenräume zwischen denselben fast durchweg in Kanälen durchstochen sind. Auf diese Weise ist namentlich die Ostsee mit dem Schwarzen und mit dem kaspischen Meere durch Wasserstraßen verbunden; und in der Zeit, wo der lang anhaltende osteuropäische Winter die Flußschiffahrt hemmt, bereitet der Schnee eine noch weit freiere Schlittenbahn. Leider sind die russischen Ströme, da sie an lauter flachen Küsten münden, gerade bei ihrem Austritt ins Meer durch Versandung bedroht, darum für die innere Verbindung weit besser geeignet als für den Verkehr mit der Außenwelt. Wir zählen sie nach den vier Meergebieten auf, denen sie zugehören.

1) Das **nördliche Eismeer** greift mit dem Busen des **Weißen Meeres** in das Land. In diesen ergießt sich die **Dwina**, deren beide Quellflüsse von NO. nach SW. gerade aufeinander zufließen. Sie hat keine Stromschnellen, ist fast von der Quelle an schiffbar und bildet bei ihrer Mündung einen **Liman** (so nennt man in Rußland eine erweiterte Flußmündung, der kleine Inseln vorgelagert sind, oder welche haffartig — § 26 E. — vom Meere geschieden ist). Vom Ural strömt in das Eismeer die **Petschóra**.

2) Die **Ostsee** bespült die Küstenlandschaften Kurland, Livland, Esthland, Ingermánland und Finnland und greift als **rigascher** und **finnischer Busen** in das Land. a) Der größte Strom, der überhaupt diesem Meere zufällt, die **Weichsel**, entspringt an den West-Beskiden und mündet auf deutschem Boden. Quelle und Mündung liegen ziemlich unter gleicher Länge und sind nur 500 km auseinander. Ihr ganzer Lauf ist aber 1050 km lang und macht eine bedeutende Ausbiegung nach O. Wo sie nach W. umlenkt, empfängt sie ihren größten Nebenfluß, den **Bug** (mit **Narew**), von nördlichen Vorhöhen der Karpaten. 50 km von der Küste teilt sie sich in **Nogat** und **Weichsel**. α) Der linke Hauptarm, die Weichsel, spaltet sich nochmals. Die westliche oder **Danziger Weichsel** fließt noch eine Strecke dem Meere, von dem sie nur ein dünner Landstreifen scheidet, parallel und mündet dann 1 km unterhalb Danzig in die Ostsee; bei der Überschwemmung von 1840 hat sie sich oberhalb Danzig noch eine zweite Mündung durch jenen dünnen Landstrich gebrochen. Der östliche Arm, die **Elbinger** oder alte Weichsel, ergießt sich in das **Frische Haff**. β) Der rechte Hauptarm, die Nogat, ergießt sich ebenfalls in das Frische Haff. Dieses Haff zieht sich 90 km von Südwesten nach Nordosten und ist durch die **Frische Nehrung** bis auf eine Stelle vom Meer geschieden. Solche Haffbildung (§ 28 Ende) gehört zu den Eigentümlichkeiten der südlichen Ostseeküste und erinnert an die Lagunenbildung der venetianischen Küste. b) Die offene Stelle in der Frischen Nehrung, das 1510 erst entstandene **Pillauer Tief**, liegt der Mündung eines andern Flusses gegenüber, der in das Frische Haff geht. Dies ist der **Pregel**. Er fließt aus **Angerap**, **Pissa** und **Inster** zusammen und empfängt links die wasserreiche **Alle**. Eine Menge von Seeen schütten in die genannten Flüsse ihre Wasser aus, wie der **Spirding-** und **Mauersee**. c) Die **Memel** oder der **Njé-**

men ergießt sich auch in zwei Armen, Ruß und Gilge, in ein Haff, das kurische, das durch die kurische Nehrung vom Meere geschieden ist und das Frische an Größe noch übertrifft. Durch das Memeler Tief hängt es mit der Ostsee zusammen. d) Die Düna, von der Waldái-Hochfläche, in welchen Busen? e) Die Naróma, der Ausfluß des Peïpussees, in welchen Busen? f) Die Newa [njéwa], der europäische St. Lorenz (§ 65 Ende), ist der Abfluß des über 18000 qkm (329 □.-M.) großen Ládogasees, der mit dem etwas höher liegenden Onega [onjéga]-See in Verbindung steht. Diese beiden größten Seeen im östlichen Tieflande sind Reste des Meeres, welches einst das Weiße Meer mit dem finnischen Busen verband.

Die ganze Ostseeküste des Tieflandes hat das Eigentümliche, mit einer Unzahl größerer und kleinerer Seeen besetzt zu sein, die von SW. gegen NO. an Größe zunehmen; in Finnland liegt diese Seeenplatte am höchsten über dem Meere und senkt sich zum bottnischen, zum finnischen Busen und bis zum Ladogasee. Kleine Gebirgszüge ohne Zusammenhang erheben sich bis zu 400 m über die finnische Seeenplatte, auf der Blöcke von Granit, Gneis und Glimmerschiefer lose aufliegen. In diesen Verhältnissen sowohl als in den unentwickelten kleinen Flußsystemen, tritt eine Ähnlichkeit mit der arktischen Seeenplatte in Nord-Amerika hervor (§ 65 Ende). Das Tiefland geht in Finnland offenbar in den Charakter der skandinavischen Halbinsel über.

3) Das kaspische Meer (§ 38 Anf.) liegt zwischen Europa und Asien. Überall in der umgebenden Steppe ist der Boden von Salz durchdrungen und bringt fast nur Salzkräuter hervor. Oft blüht das Salz in solcher Menge aus der Erde, daß sie mit Schnee bedeckt zu sein scheint. Durch teilweises Verdunsten sowie durch Auslaugen des Bodens sind Hunderte von Salzseeen entstanden, welche alljährlich Millionen von Centnern Kochsalz (und Soda) liefern. Das Wasser des heutigen kaspischen Meeres ist jedoch durch die gewaltigen Massen süßen Gewässers, welche der Urál, besonders aber die Wolga ihm ununterbrochen zuführen, zumal im nördlichen sehr flachen Teile des Seebeckens nur schwach salzig (brackig).

Die Wolga (d. i. die Große) ist Europas größter Strom. Ihr Stromgebiet beträgt $1\frac{1}{2}$ Mill. qkm (26500 □.-M.), fast doppelt so viel wie das der Donau. Quelle im S. der Waldáihöhe 370 km von der Ostsee und 1600 km vom kaspischen Meer, Stromlänge 3400 km. Sie strömt zuerst gen O., dann gen SSW., endlich (gen SO.) durch die tiefer als der Spiegel des Weltmeers gelegene kaspische Steppe und bildet ein Delta mit mehr als 60 Mündungen, die aber fast sämtlich so seicht sind, daß selbst kleine Schiffe nur unter günstigen Umständen einlaufen können. Mit Recht nennen die Tataren die Wolga die **freigebige**, mit Recht reden die Russen von der „Mutter Wolga", denn sie giebt ihnen reiche Gaben, vielleicht der fischreichste Strom der Welt (Kaviar, Hausenblase). Die größten Nebenflüsse empfängt die Wolga in ihrer ersten Hälfte: links vom Ural die **Káma**, rechts die **Oká**; von dieser ein Seitenfluß ist die **Moskwá**, an welcher das Dorf **Borodinó** liegt (1812 blutiger Sieg der Franzosen über die Russen). Kunst hat die Wolga zum Mittelpunkt eines großartigen, über die ganze osteuropäische Ebene ausgebreiteten Wassersystems gemacht und dadurch eine innere Verbindung zwischen den vier Meeresseiten hergestellt.

4) Zum **Schwarzen Meere** geht a) der **Don**, bei den Alten **Tánaïs**. Bei dem Durchbruch durch die südrussische Steppenplatte, welche sich westwärts bis an die Karpaten verfolgen läßt, nähert er sich der Wolga auf 60 km, biegt dann nach SW. ab und bildet einen großen Strandsee, das **Meer von Asow** [asóff], das aber nur für kleinere Seeschiffe Wasser genug hat und täglich seichter wird. Vorgelagert ist demselben eine viereckige Halbinsel, die **Krym**, auch wohl nach dem alten Volke der Taurer **Taurien** genannt. Eine nach O. laufende Landzunge derselben bildet mit dem ebenfalls in eine Halbinsel auslaufenden Kontinent die Meerenge von **Kaffa** oder **Feodósia**, auch die von **Kertsch** oder von **Jenikale** genannt. b) Der **Dnjepr**, dessen Quelle denen der Wolga und Düna nicht fern liegt, durchbricht unterhalb **Kijew** [kijeff] zwischen steilen Ufern mit Fällen und Stromschnellen die Steppenplatte. Unter seinen Zuflüssen ist der westlichste, der **Pripet**, der größte, aber der berühmteste die **Berésina**; auf welchem Ufer? (Grausenvoller Übergang der flüchtigen Franzosen im November 1812.) — In die haffähnliche Mündung (**Liman**) des Dnjepr ergießt sich der **Bug**. c) Der **Dnjestr** durchfließt in seinem Oberlaufe ein Querthal des karpatischen Waldgebirges und mündet, nachdem er ebenfalls beim Durchbruch durch die Steppenplatte Stromschnellen gebildet, wie der Dnjepr in einen seichten, die Schiffahrt sehr erschwerenden Liman.

Einen erst seit der Mitte unseres Jahrhunderts erprobten Vorteil für die Verkehrserleichterung gewährt endlich die Ost-Europa auszeichnende Bodenform der Tiefebene im Eisenbahnbau. Nirgends in Europa ist derselbe auf so weite Strecken ohne jegliches Gebirgshindernis (daher ganz ohne Tunnel) auszuführen gewesen und nirgends in Europa so weite Eisenbahnfahrt wegen geringfügigster Steigungen mit so wenig Kohlenverbrauch verbunden wie in Rußland. Die Länge der Bahnlinien im europäischen Rußland beträgt bereits über 30 000 km.

In einem so gewaltig großen Lande müssen Klima, Vegetation und Fruchtbarkeit in den verschiedenen Teilen sehr verschieden sein. a) Die Striche am Eismeer sind natürlich die traurigsten und ödesten. Die Küsten und Buchten jenes Meeres sind fast drei Viertel des Jahres mit Eis belegt, und auch weiter in das Land hinein sinkt die Temperatur in jedem Winter bis unter 32° R., so daß man das gefrorene Quecksilber dann hämmern kann. Im O. der Dwina dehnen sich ungeheure Einöden mit bald sumpfiger, bald steiniger Oberfläche aus, die auch den größten Teil des Jahres gefroren sind (Tundren). Je östlicher, desto kälter. In Perm, unter 58° n. Br., liegt Ende November der Schnee schon so hoch, daß die Fenster des unteren Stocks, welche früher mannshoch über der Straße waren, dann mit derselben gleiche Höhe haben. Das Eis wird auf Seeen und Strömen oft mehrere Meter dick. Auf alle Weise verwahrt man sich gegen die Kälte, doch ist das Erfrieren einzelner Körperteile, wie der Nase, gewöhnlich. Daher ist es ein oft vorkommender Liebesdienst, einen Vorübergehenden, dessen Nase sich schon weiß färbt, mit den Worten aufzuhalten: „Väterchen, eure Nase!" — worauf der Angeredete sich die Nasenspitze mit Schnee reibt und dann seinen Weg fortsetzt. Fischfang und Jagd auf die schon bei Sibirien genannten Pelztiere (§ 40 Anf.) beschäftigen die Bewohner. Im obern Dwinagebiet giebt es schon Wälder von Birken und Nadelholz, man baut aber nur Gerste, weil die kurzen Sommer und die häufigen Nachtfröste den Bau anderer Getreidearten nicht gestatten. Der Winter währt 8 bis 9 Monate, der Sommer 3 bis 4; Frühling und Herbst giebt es kaum.

b) Die Landschaften an der Ostsee haben ein milderes Klima: die westlichere und südlichere Lage (§ 72 Mitte) sowie das Meer wirken hier ein. Doch aber steigt auch hier die Kälte ungleich höher als in den westlicheren Gegenden unter gleicher Breite. Meist sind diese Landschaften, besonders in den Niederungen ihrer großen Ströme, sehr reich an Getreide; selbst das südliche Finnland bringt so viel, daß es früher Schwedens Kornkammer heißen konnte. In den Wäldern ist die Kiefer mit ihrer treuen Gefährtin, der Birke, wie in NO.-Deutschland am verbreitetsten; der Rotbuche ist schon vom Njemen ab die Jahreszeit mit der für ihr Wachstum erforderlichen Temperatur zu kurz, sie findet sich daher überhaupt nur im äußersten SW. Rußlands.

c) Der große mittlere Raum enthält zwar hie und da weite Moorflächen. So dehnen sich in dem oberen Stromgebiete der rechten Dnjeprzuflüsse die gewaltigen Rokitno=Sümpfe aus, die an 55000 qkm (1000 Q.=M.) Flächenraum haben. Aber im ganzen ist der Raum entweder fruchtbarer Getreideboden, besonders für Roggen und Lein, oder er ist mit prachtvollen Waldungen bedeckt. Namentlich zeichnen sich neben herrlichen Eichenwaldungen die Lindenwälder aus; sie sind so häufig, daß der Monat ihrer Blüte, der Juli, bei den Russen Lindenmonat heißt, und man die Bäume nur fällt, um aus ihrem Bast Matten zu flechten. Die häufig gehaltenen Bienen (auch wilde) liefern in solchen Strichen trefflichen Honig, der den russischen Bauern den Zucker ersetzt. Wie es gewöhnlich der Fall, ist auch hier der Bau unseres Stein= und Kernobstes so weit verbreitet als der Eichenwald noch gedeiht. Kein Wunder also, daß dieser ganze Landesteil auch verhältnismäßig stark bevölkert ist.

d) Der Strich im Süden hat das Klima von Mittel=Europa, doch durch die östliche Lage heißere Sommer und kältere Winter. Schon gedeiht der Weizen, zumal auf dem hier die Oberfläche bildenden äußerst fruchtbaren Tschernosem [tschernossjóm] (d. i. Schwarzerde); aber es fällt selbst in der Sommerzeit nicht genug Regen für den Waldwuchs; daher lagert sich hier, am unteren Dnjestr schmal beginnend, gen O. aber sich mehr und mehr verbreitend (ö. der Wolga bis zum 54. Parallelkreis) die südrussische Steppe, die man, so weit sie nicht, wie in der Umgebung des kaspischen Meeres, Salzsteppe ist, die pontische Steppe nennt. Weit und breit verliert sich das Auge in unermeßliche Flächen, ohne einen Baum oder eine menschliche Wohnung zu erblicken, die sich in die tief und steil eingefurchten Flußthäler zusammendrängen. Disteln, Schafgarbe, Wermut, Flußschilf schießen weit über Manneshöhe auf, alle überragt von den gelbblütigen Ähren des „Steppenlichts" (d. h. der Königskerze, Verbascum). Von den hohen zweiräderigen Karren aus, welche den Reisenden meist im Galopp durch die Steppe tragen, blickt man auf ein Gras= und Kräutermeer. Kaum, daß man die Rinder= und Schafherden gewahr wird! Eher einen flüchtigen „Tabuntschick" (Pferdehirten), hoch zu Roß, wie er dahin sprengt, um die halbwilde Pferdeherde zusammenzuhalten. Diese Pferdehirten führen eine 6 m lange Peitsche mit kurzem dickem Stock, eine Schlinge zum Einfangen verlaufener Pferde und eine Wolfskeule zur Verteidigung. Ganz anders als im Frühling und Herbst erscheint die Steppe in der Sommerhitze und wieder anders im Winter. In den heißesten Monaten verdorrt das Gras- und Kräutermeer so vollständig, daß es sich leicht entzündet. Bisweilen wüten dann furchtbare Brände über die Fläche hin: die Herden fliehen voll Entsetzen, und ganze Dörfer und Gehöfte, welche im Steppenrasen liegen, werden verzehrt. Im Winter fristen die Pferde ein elendes Leben, sie kommen nicht einmal in ordentliche Ställe, welche vor dem wütenden Schneegestöber und der eisigen Kälte sie schützen könnten.

Die Verschiedenheit, welche dies Tiefland in Pflanzen- und Tierwelt darbietet, ist überaus groß. Während auf dem Südrande der Halbinsel Krym Walnuß-, Granaten-, Feigen-, Kastanien- und Ölbäume, Cypressen und Wein herrlich gedeihen, erstarren die Gegenden am Weißen Meere über die Hälfte des Jahres zur Einöde. Durch die südlichen Steppen ziehen Kamele, am Don, Dnjestr und an der Weichsel weiden leichte, flüchtige Rosse, am Dnjepr starke, graue Rinder, in der Krym grauwollige Schafe, von deren Lämmern das Pelzwerk Krimmer den Namen hat; wogegen gen N. schnelle Renntiere, graublaue Polarfüchse, schwarzbraune Zobel, weiße Hermeline und Eisbären die Schneefelder durchstreifen. In dem über 2000 qkm (40 O.-M.) großen Urwalde von Bialowicza [bjalowitscha] (im Gouvernement Grodno) leben — und zwar (außer auf den Höhen des Kaukasus) überhaupt nur noch hier — Auerochsen (Bos Urus), dazu Eber, Hirsche, Rehe, Biber, Bären, Luchse, Wölfe. Die letzteren sind fast im ganzen östlichen Tieflande noch eine Hauptplage. In den Wäldern Litauens und Livlands (wie Ostpreußens) kommt auch noch das jetzt sorgsam geschonte Elentier vor.

Im östlichen Tieflande wohnen gegen 100 Mill. Menschen. Eine vorherrschende Nationalität, Sprache und Kirche, wenigstens ganz überwiegend ein Staat nehmen den ungeheuren Raum ein. Denn die große Mehrzahl der Bevölkerung bildet der Stamm der **Slaven**, welcher sich wieder in die Hauptvölker der **Russen** und **Polen** teilt; letztere bewohnen jedoch nur den W. An der Ostsee bildet im S. die Hauptmasse der Bevölkerung der **litauische** Stamm, im N. der **finnische** Stamm; zähle die zu beiden Stämmen gehörigen Zweige auf (§ 72 Ende)! Im O. und SO. giebt es auch viele **Tataren** (türkische Völker) und sogar echte **Mongolen**. Außerdem leben aber in den Ländern an der Ostseeküste viele **Deutsche**, die als Kolonisten auch fast durch das ganze südliche Tiefland sich zerstreut haben.

Außer dem an die Karpaten sich anlehnenden SW., welcher Österreich angehört, gehört das ganze Tiefland zum **russischen Reiche**. Früher gab es (von den schwedischen Besitzungen an der

Ostsee und den türkischen am Schwarzen Meere abgesehen) hier zwei slavische Staaten: das ausschließlich binnenländische **Großfürstentum Moskau**, das Stammstück des heutigen russischen Reichs, und das **Königreich Polen**, welches noch 1772 von der Weichselmündung bis gegen das Schwarze Meer (zwischen Dnjepr und Dnjestr) sich ausdehnte. Dieses Königreich zerfiel in das **eigentliche Polen** und in **Litauen**. Litauen reichte von den Rokitno-Sümpfen bis an den rigaschen Busen; bewohnt wird es von einem, den Altpreußen (im heutigen Ostpreußen) nahe verwandten Volke (§ 72 Ende). Dies ist unter allen europäischen Völkern am spätesten, erst gegen Ende des 14. Jahrhunderts zum Christentum bekehrt und um dieselbe Zeit mit Polen dadurch vereinigt worden, daß der litauische Großfürst **Jagiello**, der die polnische Erbtochter **Hedwig** heiratete, auch König von Polen wurde. Unter den **Jagellonen** im 15. und 16. Jahrhundert war Polen ein mächtiger Staat, dem deutschen Orden und Rußland gefährlich, eine Vorhut gegen die Türken.

Aber 1572 starb der Stamm der Jagellonen aus, und Polen wurde von der Zeit ab ein **Wahlreich**. Dies war der erste Schritt zum Untergange. Es hat seitdem keinen einzigen energisch durchgreifenden Regenten mehr gehabt, so daß fortwährend Wahlzwist und Verwirrung im Lande herrschte. Dabei wurde die königliche Macht immer mehr beschränkt. Das Heft der Gewalt hatte der zahlreiche, fast immer in Parteien geteilte Adel (auf 14 Menschen kommt in Polen ein Adliger) in Händen. Der Reichstag Polens, auf dem schon eine Stimme jeden Beschluß hindern konnte (liberum veto), ist wegen seiner stürmischen, lärmenden Verhandlungen bei uns sprichwörtlich geworden. Dazu kam religiöser Streit zwischen der römisch-katholischen Kirche, der herrschenden im Lande, und den Dissidenten, d. h. den von ihr abweichenden Griechen und Protestanten. Auswärtige Mächte wurden zuerst von polnischen Parteien aufgerufen, sich in die Angelegenheiten des in sich stets zwiespältigen Landes einzumischen. Rußland, Österreich und Preußen thaten dies und machten durch **drei Teilungen 1772, 1793, 1795** der Selbständigkeit des polnischen Reiches ein Ende: zum großen Segen für die bisher von dem Adel fürchterlich gedrückte Bauernschaft, welche neun Zehntel der Bevölkerung Polens ausmachte. Die Hauptstadt Warschau wurde eine preußische (später eine russische) Stadt; der letzte König, **Stanislaus Poniatowski**, erhielt von Rußland eine Pension. In den Stürmen der napoleonischen Zeit haben Österreich und namentlich Preußen einen großen Teil ihrer polnischen Länder wieder verloren; über ⁵/₆ von Polen stehen daher jetzt unter **russischer** Herrschaft und haben durch wiederholte Aufstände gegen die russische Regierung weiter nichts erreicht, als eine stetig gesteigerte Strenge Rußlands gegen seine polnischen Provinzen. Die dem Königreich **Preußen** verbliebenen Teile des ehemaligen polnischen Reiches sind die Provinzen **Westpreußen** und **Posen**, die Österreich verbliebenen **Galizien** und die **Bukowina**.

So giebt es also in drei Staatsgebieten **Polen**. Sie sind meist **römisch-katholisch**; ihre **Sprache**, ein Zweig des slavischen Sprachstammes, sieht geschrieben wegen der gehäuften Konsonanten zungenbrechend aus; gesprochen klingt sie viel weicher und melodischer. Mit einer schlanken Körperbildung verbindet der Pole einen lebendigen, regsamen Geist, Begeisterung für Ruhm, schrankenlose Gastfreiheit, Anhänglichkeit an sein polnisches Vaterland. Zu seinen Schattenseiten gehört Prahlsucht, Eigennutz, überlegungsloser Leichtsinn, Jähzorn, Eitelkeit und Prunkliebe. Der Zustand der unteren Volksklassen hat sich in den letzten Jahrzehnten gehoben, aber Unwissenheit, Trunksucht und Unsauberkeit haften ihnen noch immer allzusehr an. Die kleineren polnischen Städte und Dörfer haben meist ein überaus schmutziges Aussehen, und da am meisten, wo recht viele **Juden** wohnen. Fast ein Zehntel aller Juden auf der Erde wohnt in Polen und beschäftigt sich mit Handel und Wandel aller Art: sie sind Schneider, Mützenmacher, Schankwirte des im Übermaß getrunkenen Branntweins, vorzugsweise aber Handelsleute.

I. Provinzen der österreichisch-ungarischen Monarchie — zu Cisleithanien gehörend —

1) **Das Königreich Galizien** — 78500 qkm (1400 Q.-M.) mit 6½ Mill. E. — hat seinen Namen von dem bis in das 14. Jahrhundert russischen Reiche **Halicz** [halitsch] mit gleichnamiger, jetzt unbedeutender Handelsstadt am Dnjestr. Daher wohnen auch nur im W. echte Polen, im O., im sogenannten Rot-Rußland, die **Ruthenen** (Rotrussen), ein russischer Stamm. Das Kronland zerfällt in zwei Verwaltungsgebiete: **West-Galizien** oder **Krakau** und **Ost-Galizien** oder **Lemberg**.

a) **Krakau**, darin das jetzt befestigte **Krakau**, 76000 E., Universität. Die Stadt, am linken Ufer der hier schon schiffbaren Weichsel gelegen, nimmt sich mit ihren vielen Türmen und der Burg auf dem Berge darüber sehr gut aus. Auch im Innern ist der "Ring" sehenswert sowie viele Paläste aus den Zeiten, wo Polens Könige hier oft residierten. In dem hoch gelegenen Dome ruht in silbernem Sarge der heilige Stanislaus, Polens Schutzheiliger, unten in den Grüften in Metallsärgen viele Könige und in Polens Geschichte berühmte Männer. Unter diesen letzteren auch Kosciuszko [koszjuschko], der 1794 in heißem Kampfe die Selbständigkeit Polens zu retten suchte, aber verwundet in Gefangenschaft geriet. Ihm zum Gedächtnis ist (nach slavischer Sitte), 2 km im W. der Stadt, der 39 m hohe Kosciuszko=Hügel auf einer natürlichen Anhöhe aufgetürmt, die jetzt ein jenen Kosciuszko=Hügel umgebendes Fort trägt. Von ihm hat man weite Ausschau über Krakau und das Weichselthal. Die Handelsstadt Bochnia mit Steinsalzwerk, und das Steinsalzwerk Wieliczka [wjelitschka], etwas südlich von der Weichsel, Krakau gegenüber. Es ist eins der berühmtesten der Welt. Seine unterirdischen Gänge in dreifacher Wölbung übereinander haben eine Gesamtlänge von 650 km. Man zeigt den Eintretenden einen großen, auch zuweilen benutzten Tanzsaal mit Kronleuchtern, eine Kapelle mit Statuen, aus Salz gearbeitet, mächtige Hallen, und läßt sie einen See tief unter der Erde befahren. Die Zahl der Arbeiter beträgt 1500.

b) **Lemberg**, darin die Hauptstadt des ganzen Kronlandes **Lemberg**, 123000 E., worunter ⅖ Juden. Universität. Unweit der russischen Grenze **Brody**, 20000 E. (darunter 15000 Juden). Lebhafter Handel mit Rußland und der Walachei. Das gewerbsame **Tarnópol**, 30000 E.

2) Das **Herzogtum Bukowina** (d. i. Buchenland) im obern Dnjestr=, Prut= und Seret [schéret]=Gebiet, — 10500 qkm (190 Q.=M.) mit 640000 E., hauptsächlich Ruthenen und Rumänen. Hauptstadt **Czernowitz** [tschérnowitz], 54000 E., mit deutscher Universität.

II. Das russische Kaiserreich.

In Rußland wohnten in ältester Zeit im S. die Skythen, im N. finnische, in der Mitte slavische Stämme. Aus letzteren entwickelte sich erst im Mittelalter die russische Nation. Die Gründung eines russischen Reiches erfolgte durch skandinavische Germanen. Im Jahre 862 stiftete Rurik aus dem Stamme Ruß, der Führer eines Zuges von Normannen (hier Waräger genannt), einen kleinen Staat, den man das Land der Russen nannte. Bald vergrößerte sich, nachdem Ruriks Nachfolger nach Kijew übergesiedelt waren, der neue Staat. Wladimir, „der Apostelgleiche", nahm um das Jahr 1000 mit seinem Volke das von Konstantinopel aus zu ihnen gebrachte Christentum an: daher eben sind heute die Russen der griechischen Kirche zugethan. Er teilte das Land unter seine Söhne. Rußland bestand nun aus mehreren Fürstentümern unter der Oberherrlichkeit eines Großfürstentums (zuerst Kijews [kjeff], später Moskaus). In der Zersplitterung schwach, wurde Rußland den Mongolen, die seit 1223 Europas Grenze überschritten, lehnspflichtig. Und erst um 1480 gelang es dem Großfürsten von Moskau, Iwan Waßiljewitsch (d. i. Sohn des Waßilji), das damals schon etwas gelockerte Joch abzuschütteln und als „Zar" das ganze Russenland unter seiner Herrschaft zu vereinigen. Noch einmal wurde indessen der Staat in der Entwickelung seiner Größe aufgehalten, als 1599 Ruriks Stamm ausstarb und mannigfache Verwirrung diesem Ereignis folgte (die falschen Deme=

trier). Polen und Schweden bereicherten sich damals auf Rußlands Kosten. Indessen unter dem Hause Romanow seit 1613, und besonders seit den Tagen Peters des Großen, 1689—1725, des ersten „Kaisers" von Rußland, ist Rußland mit staunenswerter Schnelligkeit mächtig geworden und bald auch in die Reihe der europäischen Großmächte eingetreten. In der That hat Peter auf **alle Weise**, auch durch eigenes Beispiel, sein widerstrebendes Volk der Gesittung Europas näher zu bringen gesucht. Mit seiner Tochter **Elisabeth** erlosch 1762 das Haus Romanow; ein Zweig des **deutschen Hauses Holstein-Gottorp** folgte; aber auch die Kaiser und Kaiserinnen dieser Linie (vor allen **Katharina II.**, 1762—1796) haben Peter in seinen Plänen der Vergrößerung und der Civilisierung nachgestrebt. **Alexander II.** hat zumal auch die Leibeigenschaft in Rußland aufgehoben. — Gieb an, was von **Schweden** (§ 83, a Mitte), was von den **Türken** (§ 79 Mitte), was von **Polen** erworben worden ist!

Der jetzige Herrscher **Alexander III.**, „Kaiser und Selbstherrscher von ganz Rußland", gebietet uneingeschränkt über ein Reich, das in zwei Erbteilen zusammenhängend fast 15000 km in die Länge sich ausbreitet, ein Sechstel des festen Landes auf der Erde umfassend. Seine Regierungserlasse (Ukase) gelten in einem Raume von 22 Mill. qkm (400000 Q.-M.), wovon auf Europa $5\frac{1}{3}$ Mill. qkm (100000 Q.-M.) entfallen, und werden von 112 Mill. Menschen gehorsam ausgeführt, wovon 92 Mill. in Europa wohnen. Diese gehören etwa 112 verschiedenen und sehr verschiedenartigen Völkern an, unter denen die **Slaven, Litauer, Finnen, Tataren** (d. h. Türken) und **Juden** die zahlreichsten sind. Von diesen Hauptstämmen macht wieder der slavische $\frac{4}{5}$ der ganzen Einwohnerzahl aus. Auch in Bezug auf Sprachen und Religionen herrscht in dem Riesenreich das bunteste Durcheinander. Es giebt Städte, in denen Gotteshäuser sieben verschiedener christlicher Konfessionen, eine Synagoge, eine Moschee und eine indische Pagode zu sammenstehen. Aber die griechische Kirche überragt alle anderen in dem Maße, daß die Einheit des großen Reiches auch nach dieser Seite gewahrt ist; ihr gehören mehr als $\frac{3}{4}$ der Bewohner des europäischen Rußlands an.

Das in allen Teilen des Reiches wohnende Hauptvolk, die **Russen**, zerfällt in **Großrussen** und **Kleinrussen** (zu letzteren gehören auch die Ruthenen oder Rotrussen). Die ersteren machen die Hälfte der ganzen Bevölkerung aus; ihnen ist eine natürliche Gutmütigkeit eigen (die sich auch in dem leider nur zu häufigen Zustande des Rausches nicht verleugnet), ferner Gastfreiheit, fröhlicher Sinn, Gewandtheit zum Handel und Wandel aller Art. Der Russe ist ein geborener Kaufmann. Darum antwortete Peter der Große holländischen Juden, die ihn um die Erlaubnis baten in Rußland Handel treiben zu dürfen und eine große Summe boten: „Freunde, behaltet euer Geld: ein Russe ist so pfiffig wie vier Juden." Zu dem allen gesellt sich eine lebhafte Vaterlandsliebe. Getadelt hat man mit Recht ein knechtisch-kriechendes Benehmen gegen Vorgesetzte und Gewaltige. Mit diesem Fehler verbindet sich oft eine weitgehende Bestechlichkeit und Käuflichkeit, ja eine auffallende Mißachtung fremden Eigentums. Ihrer Kirche sind die Russen mit großem Eifer zugethan. Mit großer Strenge halten sie z. B. ihre häufigen Fasten; am härtesten sind die Fasten vor Ostern. Darum ist die Butterwoche, welche in dieselbe einleitet, ein großes Fest, wo sich das Volk seinen nationalen Belustigungen ganz überläßt (Schaukeln, Eisrutschberge u. s. w.). Der Ostertag ist ein hoher Feiertag der Kirche, aber auch des Volkes. Hier eigentlich ist die Sitte des Ostereierschenkens zu Hause, jeder begrüßt und küßt den andern mit den Worten: „Christus ist auferstanden", und erhält den Gegengruß: „Er ist wahrhaftig auferstanden." Und wenn der Kaiser dem niedrigsten Manne begegnet, so macht die Osterfreude beide in dem üblichen Gruße und Kusse gleich. Ein anderes Kirchen- und Volksfest ist die Wasserweihe am Feste Epiphanias.

Rußland befindet sich gegenwärtig in einer Periode der Reform und umfassenden Neugestaltung. Die Leibeigenschaft ist aufgehoben, der Eisenbahnbau in großartiger Ausdehnung begonnen, die allgemeine Wehrpflicht hat in einer wichtigen Hinsicht den Unterschied der Stände aufgehoben, und die Siege der russischen Waffen tief im Inneren von Asien haben roher Gewaltthätigkeit auf dem Boden einstmaliger Kultur Schranken gesetzt, indem sie zugleich den russischen Unterthanen ein ungeheures Feld friedlicher Thätigkeit eröffneten (§ 41 Ende).

In der Verwaltung wird kein Unterschied zwischen dem europäischen und asiatischen Rußland gemacht. Das europäische umfaßt 60 Gouvernements; dazu kommt das Großfürstentum Finnland, welches seine eigene Verfassung und Verwaltung hat und nur durch Personal-Union mit Rußland verbunden ist. Wir wollen diese Gouvernements, in größere natürliche Gruppen sie zusammenfassend, durchwandern.

1) Rußland hat zwei Hauptstädte: die eine liegt in des Landes Mitte, hat alle geschichtlichen und nationalen Erinnerungen und einen schon orienta=

lischen Charakter; die andere (nach Westen schauend) ist erst von Peter dem Großen an der Ostsee in Ingermanland seit 1703 angelegt, zur Residenz erhoben und den Städten des westlichen Europa ähnlich gemacht. Beide sind 604 Werst (1 Werst = 1,067 qkm) von einander entfernt.

a) Die neue Hauptstadt, St. Petersburg, liegt am Ausfluß der Newa zumeist auf dem linken Ufer und auf Inseln des in mehrere Arme sich teilenden Stromes. Der Boden ist flach und moorig, daher ruht das steinerne Fundament der meisten Häuser auf tief eingerammten Pfählen, und das Ganze ist Überschwemmungen ausgesetzt, sobald ein Sturm aus Westen die Fluten der Newa zurückdrängt. Die Umgebungen sind einförmig und zum Teil noch wenig angebaut. Die Stadt selbst ist in Bezug auf Regelmäßigkeit und großartige Räumlichkeit vielleicht die schönste der Welt. Die Straßen sind meist schnurgerade, sehr breit (oft über 60 m), teilweise mit Holzklötzen gepflastert. Die schönste Straße ist der Newsky [néfski]=Prospekt. Auch die mit Granitquadern aufgemauerten Quais an der blauen, durchsichtigen Newa gehören zu den Zierden der Stadt. Auf einer Newainsel liegt die Citadelle. Ihr schräg gegenüber, am linken Ufer der Winterpalast, die gewöhnliche Residenz; vor ihm die hohe Alexandersäule aus einem Granitblocke. Dicht daneben, zur Linken, die Admiralität, das prachtvollste Arsenal, das es geben kann. Von der Galerie unterhalb des vergoldeten Spitzdaches ihres Turmes hat man den besten Überblick der Stadt, die gegen 30 km im Umfange hat, freilich auch viele Gärten umschließt. Unter ihren Kirchen die Isaakskirche die schönste: der Erzbischof wohnt am äußersten Ostende, im Kloster des heiligen Alexander Newsky, eines Großfürsten aus dem 13ten Jahrhundert, der an der Newa einen großen Sieg über die Schweden erfochten hat und hier begraben ist. Die Zahl der Einwohner beträgt 988 000 (darunter über 60 000 Deutsche); aber bei den großen Räumen sieht man nicht solch Volksgedränge, wie in andern Hauptstädten, wohl aber die verschiedensten Trachten, Fuhrwerke u. s. w. Handels= und Universitätsstadt.

Zur militärischen Deckung von Petersburg dient der stark befestigte Kriegshafen Kronstadt auf einer Insel im letzten Ostzipfel des finnischen Busens; die Citadelle Kronslott und mehrere aus finnischen Granitblöcken erbaute Forts bestreichen die auch für den russischen Handel überaus wichtige Fahrstraße nach Petersburg. Zwei Drittel des auswärtigen Handels gehen über Kronstadt, 43 000 E.

b) In der Richtung der Eisenbahn nach Moskau merken wir zuerst 22 Werst von Petersburg — in Kilometern? — Zarskoje Selo [seló] (d. i. Zarendorf), ein prächtiges Lustschloß, das, wie das benachbarte Schloß Pawlowski, noch durch eine besondere Eisenbahn mit der Stadt verbunden ist. 191 km von Petersburg liegt Nowgorod, auch Groß=Nowgorod genannt, im Mittelalter an 400 000 E. zählend, Besitzerin von ganz Barmien (Nord=Rußland) und so blühend und mächtig durch den Handel mit dem nördlichen und westlichen Europa, daß es im Sprichwort hieß: Wer kann gegen Gott und Groß=Nowgorod? Gegen Ende des 16. Jahrhunderts ward die Republik von dem Zaren Iwan dem Schrecklichen blutig unterworfen; jetzt 20 000 E. Viele Trümmer alter Herrlichkeit, darunter eine Kirche mit berühmten Bronzethüren. — Die Eisenbahn, von der Nowgorod etwa 80 km südwestlich liegt, führt über die Waldaihöhe nach Twer, 40 000 E., dem Hauptverkehrsplatze des obern Wolgagebietes. Von da ist es nach Moskau (russisch: Moskwá) noch 166 km.

c) Der Anblick von **Moskau**, welches 40 km im Umfang hat und auf Hügeln liegt, ist aus der Ferne ein überaus prächtiger. Die Stadt, auch das religiöse Heiligtum der Russen, hat 334 Kirchen. Eine griechische Kirche hat aber in der Regel eine große Kuppel und um sie her vier kleinere. Die Dächer sind mit bunten Ziegeln belegt, auch wohl vergoldet und mit blauen Sternen bestreut: auf jeder Spitze ragt ein goldener Halbmond und siegreich darüber ein vergoldetes Kreuz; von dem oft noch Ketten herabhängen. Bricht sich heller Sonnenschein in all dieser Pracht, so entsteht ein wahrhaft zauberhafter Anblick. Im Innern war Moskau vordem eine meist hölzerne, engstraßige, schmutzige Stadt. Da gingen zwei Drittel 1812 kurz nach dem Einzuge der Franzosen (§ 81 Mitte) in Flammen auf. Hernach ist sie rasch und etwas regelmäßiger wieder erbaut. In der Mitte auf einem Hügel über der Moskwa liegt die Festung **Kreml**, mehr als eine Stunde im Umfange, mit dem alten Palaste des Zaren und einer Menge von Kirchen. Hier auch der größte Glockenturm von Moskau, der **Iwan Weliki** (d. i. der große Iwan). Drei andere Stadtteile umgeben den Kreml im Halbkreise; der äußerste reicht als ganzer Kreis auch auf das rechte Ufer des Flusses. Ringsum noch Vorstädte. Die Zahl der Einwohner beträgt 754000, darunter über 8000 Deutsche. Die Umgegend ist lieblich angebaut. Moskau ist die **Hauptfabrikstadt** des Reiches und ebenfalls Universität.

2) Unter den **Ostseeprovinzen** werden **Kur-, Liv- und Estland** die deutschen Ostseeprovinzen Rußlands genannt, weil die Städtebewohner daselbst (mit Ausnahme der Arbeiterklasse und des russischen Militärs, sowie der neuerdings herangezogenen Russen, namentlich russischer Kaufleute und Beamte), ebenso die Gutsbesitzer und Landprediger durchweg seit 700 Jahren Deutsche mit deutscher Muttersprache sind (etwa 100000). Auch die Bauart der Städte ist altertümlich=deutsch. Das Landvolk in Estland, der nördlichen Hälfte Livlands und auf der Insel Ösel sind **Esthen** (vom finnischen Stamme), die in Dörfern beisammen wohnen. Das südliche Livland und Kurland hat **Letten** (§ 72 Ende) zum Landvolke, die auf vereinzelten Höfen wohnen und zum litauischen Stamme gehören. Die Deutschen sind Lutheraner, ebenso die Esthen und Letten, mit Ausnahme jedoch einer größeren Anzahl lettischer Bauern in Livland, die sich zum Übertritt zur russischen Kirche bestimmen ließen.

a) **Kurland**, mit **Semgallen**, früher ein Lehnsherzogtum der Krone Polen, mit der alten Residenz und Hauptstadt **Mitau**, 25000 E., Hafenstadt **Libau**.

b) In **Livland** liegt **Riga**, 175000 E., nach St. Petersburg und Odessa die erste Handelsstadt des Reiches, 10 km von der Mündung der **Düna**, welche durch die Festung **Dünamünde** verteidigt wird. Riga war, wie **Dorpat**, Nowgorod u. a., Mitglied des großen deutschen Handelsbundes der Hansa. Dorpat, 31000 E., liegt malerisch an den Abhängen eines Flußthales, durch das die Embach dem Peipussee zufließt. Die deutsche Universität für Rußland. — Vor dem Eingange zum rigaschen Busen liegt die Insel **Ösel**.

c) Hauptstadt von **Estland** ist der feste See= und Handelsplatz **Reval** an einer malerischen Bucht, 51000 E.

d) In **Ingermanland** liegt St. Petersburg; an der Naröwa **Narwa**, wo Karl XII. (§ 83 Mitte) im Jahre 1700 mit 8000 Schweden 80000 Russen schlug.

Daniels Lehrb. d. Geogr. 20

3) Das **Großfürstentum Finnland**, 370000 qkm (6800 Q.-M.) mit 2¼ Mill. E. (das Landvolk finnisch, die Städte von Schweden bewohnt), bildet neben dem übrigen europäischen Rußland einen abgesonderten Verwaltungs-Bezirk. Jetziger Hauptort die Universitätsstadt **Helsingfórs**, etwa Reval gegenüber, 56000 E., eine ganz junge Stadt mit prächtigen Gebäuden, Geburtsstadt des Schweden **Nordenskiöld** [nordenschöld], der 1878 die nordöstliche Durchfahrt fand, d. h. Nord-Asien bis zur Beringstraße umfuhr. 6 km davon nach S. liegt, den Zugang von der Seeseite verteidigend, die uneinnehmbare Festung **Sweaborg**, auf sieben Schären, d. h. sanftgewölbten, wenig über das Wasser emporragenden Felsinseln, mit denen die finnische Küste, ähnlich der schwedischen, rings umgürtet ist. Die frühere Hauptstadt **Åbo** [obo] liegt mehr westlich den **Ålands** [olands]-Inseln gegenüber. Ganz im N., wo Lappen leben, liegt am schwedischen Grenzflusse **Torneå** [torneo], häufig von Reisenden besucht, um auf einem benachbarten Berge die Sonne am längsten Tag um Mitternacht am Himmel stehen zu sehen. Überhaupt wird Finnland häufig wegen seiner malerischen Seeen, welche 30000 qkm (550 Q.-M.) einnehmen, seiner Schären und Wasserfälle bereist.

4) Die **polnischen Gouvernements**, das frühere Königreich Polen, seit dem Aufstande von 1863 ganz mit Rußland vereinigt, bilden den am dichtesten bevölkerten Teil des russischen Reiches. Die Hauptstadt **Warschau** liegt am linken Weichselufer, durch eine Brücke mit der Vorstadt **Praga** verbunden. Eine Citadelle beherrscht die ganze Stadt. 456000 E., darunter über 60000 Juden. Südwestlich von Warschau die Fabrikstadt **Lodz**, 115000 E. Dicht an der preußischen Grenze liegt **Kalisch**, schon im Odergebiet, zu welchem ein gutes Stück Polens im W. gehört; an der Warthe Wallfahrtsort **Czenstochau** [tschénstochau]. **Modlin** oder **Nowo-Georgiewsk**, am Zusammenfluß von Weichsel und Bug, und **Zamosc** [sámoschtsch] im Südostzipfel, sind feste Plätze. Etwas im NW. von Zamosc **Lublin**, 40000 E., große Messen.

5) **West-Rußland** umfaßt das frühere Großfürstentum Litauen und die früher polnischen Provinzen Wolynien und Podolien. In Litauen: die alte Hauptstadt des Großfürstentums **Wilna**, an einem Zuflusse des Njemen, 103000 E., wovon ziemlich die Hälfte Juden. An der Düna die Festung **Dünaburg**, 69000 E. Starke Festung **Brest-Litowski** am? — Wolynien im Flußgebiet des Pripet und s. davon (bis zum Dnjestr) Podolien sind reich an Korn und Vieh; die podolischen Ochsen besonders berühmt. Nicht weit vom Dnjestr **Kamíniez** [kaminjez], früher Hauptfestung im alten Polen gegen die Türken.

6) In dem eigentlichen **Groß-Rußland** haben wir schon Moskau, Nowgorod und Twer kennen gelernt. — Merke noch a) im Norden, am rechten Mündungsufer der Dwina, die ganz hölzerne Handelsstadt **Archángelsk**, 20000 E., Ausgangspunkt des Walfisch- und Robbenfanges. Der kürzeste Tag dauert hier nur noch 3 Stunden 25 Minuten. Die Inseln des Eismeeres **Waigatsch** und **Nówaja-Semljá** werden bloß im Sommer der Jagd auf Pelztiere halber besucht; in seltenen Fällen überwintern einige Jäger in dieser Zone des Eises. b) Im Osten: **Nischnij-Nówgorod**, am Zusammenflusse von Oká und Wolga, 67000 E. Die größte Messe in Rußland, im Anfang August, ein Völkermarkt, dessen Bedeutung indes jetzt jährlich mehr schwindet. c) Im Westen: **Smolénsk**, am obern Dnjepr, in älterer Zeit ein Zankapfel zwischen Polen und Russen. 1812 Schlacht. 34000 E. d) Im Süden: **Tula**,

Fabrikstadt, 64000 E. Große Gewehrfabrik. Die Umgegend ist Rußlands Kornkammer.

7) **In den östlichen Gouvernements am Ural und kaspischen Meere: Perm** an? — eine Hauptbergwerksstadt des Reiches, an den Westabhängen des an Platin und hauptsächlich an Eisen reichen Ural. Am Ostabhang die Bergstadt Jekaterinburg. An einem für den Wolgalauf wichtigen Punkte — wie so? — Kasán, Handels= und Fabrikstadt: 140000 E., zum Teil schon tatarisch (alte Hauptstadt eines untergegangenen tatarischen Chanats). Universität. An der untern Wolga, besonders um Saratow [ßarátoff], 123000 E., wohnen deutsche und schweizerische Kolonisten, von der Kaiserin Katharina II. ins Land gerufen, in Dörfern beisammen, die noch deutsch reden und der Mehrzahl nach evangelisch sind. Herrnhuterkolonie Sarepta an? — Astrachán, Hauptstation der russischen Dampfschiffahrt nach Persien, liegt auf einer Insel im Wolga=Delta, 45 km von der Mündung, hat 71000 E., die ein buntes Völkergemisch bilden. Neben christlichen Kirchen Moscheeen und sogar Heidentempel. Zur Zeit des Fischfanges vermehrt sich die Einwohnerzahl um 20000. Am S.=Ende des Ural und am Uralfluß Orenburg, Hauptwaffenplatz gegen die Nomadenvölker der sibirischen Steppe und Hauptstapelplatz für den Handel mit Innerasien. Selbst aus China und Indien kommen Kaufleute hierher. — In diesen östlichen Strichen leben schon viele türkische Völkerschaften, wie die im engeren Sinn sogenannten Tataren an der Wolga, die Baschkiren am s. Ural, die Kirgisen am kaspischen Meer bis an die Wolga=Mündung, ja von da weiterhin bis an die Manitsch=Niederung echte Mongolen, nämlich im 17. Jahrhundert aus der Mongolei hier eingewanderte Kalmücken.

8) **In Klein=Rußland**, dessen Bewohner, die Kleinrussen sich in manchen Stücken und meist zu ihrem Vorteil von den Großrussen unterscheiden (sie sind beweglicher, selbstbewußter, unternehmender), liegt die Hauptstadt und ehemalige Residenz der Großfürsten Kijew am rechten Ufer des? — 166000 E. Sie besteht aus drei Teilen: Alt=Kijew und die Festung mit dem heiligsten Kloster in Rußland, gewöhnlich das Höhlenkloster genannt, weil hier in Katakomben die ausgedörrten Leichen von etwa 100 Heiligen der griechischen Kirche ruhen, zu denen eifrig gewallfahrtet wird, liegen auf steiler Höhe über dem Dnjepr; unten am Strom Podol, der Sitz des Handels. Kijew ist wie Charkow [schárkoff], 170000 E., Universitätsstadt. Die (fast ganz von Juden bewohnte) Handelsstadt Berditschew, 77000 E. Wodurch ist Poltáwa, 42,000 E., bekannt? (§ 83, a Mitte). Hier zuerst in der vom Dnjepr durchflossenen Ukraine treffen wir auf Kosaken. Sie sind der Abstammung nach Kleinrussen und zwar solche, die „an der Grenze" (u kraino, vergl. den Landesnamen Krain) des Königreichs Polen, zuerst auf den Inseln in den Strudeln des Dnjepr (an dessen Knicbiegung) sich festsetzten, um gegen die ewig räuberische Einfälle unternehmenden krymschen Tataren zu kämpfen; daher hießen sie zuerst Saporogen (d. i. die bei den Wasserfällen), später erst, als sie selbst Freibeuterei ins feindliche Gebiet trieben, Kosaken (d. i. berittene Freibeuter). Bei der Ausbreitung des russischen Reiches traten die Kosaken zu den russischen Zaren in ein Schutzverhältnis; aber das Sprichwort: „So frei wie ein Kosak" behielt im wesentlichen seine Geltung nur bis auf Katharina II., welche die Unabhängigkeit der Kosaken aufhob. Jetzt hat Rußland unter seiner irregulären Armee eine beträchtliche Anzahl Regimenter Kosaken, die als leichte Reiterei zur Beunruhigung und Verfolgung des Fein-

des äußerst brauchbar sind. Außerdem ist der ganze Süden und Südosten des Reiches von verschiedenen Kosakenhorden und Grenzhütern bewacht.

9) **Süd=Rußland** besteht ganz aus früher türkischen Landesteilen und enthält auch über 100000 **deutsche Kolonisten**, die in Dörfern beisammen leben und meist evangelisch sind. Zwischen Prut und Dnjestr **Bessarabien**, voll von Festungen, um die in den Türkenkriegen viel Blut vergossen ist: Atjèrman, Bendér (Karl XII.) u. a. Bessarabiens Hauptstadt Kischinew, 120000 E. — Etwa 40 km w. vom Liman des Dnjestr liegt die erst 1794 angelegte schön gebaute Stadt Odéssa, die erste Handelsstadt am Schwarzen Meere, 304000 E., Universität. Die Umgegend ist Steppe. — Chérson, ein fester Platz am Dnjepr=Liman, 67000 E. Am Bug Nikolájew, wichtiger Kriegshafen, mit 67000 E. Am untern Don wohnen die edelsten, die donischen Kosaken mit einem Hetman, der in Nówo=Tschertásk seinen Sitz hat. Volkstümliche Tänze und Lieder, mit oft wunderbar ergreifenden, meist wehmütigen Melodieen, sind ihnen eigen. — Am asowischen Meer Festung und Handelsstadt Taganróg, 56000 E., während an der Donmündung selbst das kleine Asow als Hafenort unbrauchbar geworden ist (im Altertum wie der Don selbst Tánaïs genannt, im Mittelalter, wo es genuesische Handelsstadt war, Tana).

10) Die Halbinsel **Krym** besteht im N. aus einer Steppe, die drei Viertel der ganzen Halbinsel einnimmt, im S. ist sie von einem isolierten Kalkgebirge gefüllt; darin der Tschátyr Dagh bis 1500 m. Der vor den Nord= und Steppenstürmen geschützte Südrand hat südliches Klima und südliche Produkte. Bis 1774 herrschten hier tatarische Chane, welche den türkischen Sultan als Oberherrn anerkannten; dann wurden sie von Rußland abhängig. 1793 wurde die Krym ein russisches Gouvernement. Am Nordabhange des Gebirges liegen die bedeutendsten Orte: Baktschissarai, die alte Residenz der Chane, und Simferopol [ßimferópol], die jetzige Hauptstadt. In prachtvoller, waldreicher Umgebung des Gebirges selbst das kaiserliche Lustschloß Livadia. An der Westküste der wichtige Kriegshafen Sebastopol [ßewastópol], an einer Bucht, die eine ganze Flotte aufnehmen kann. Belagerung von 1854 zu 1855. An dem nur 7 km breiten Isthmus liegt Perekop. — 70 km südwestlich von der Meerenge Feodósia, einst als Kaffa ein Haupthandelsplatz der Genuesen; an der Meerenge selbst Kertsch, das Pantikapäon der Griechen, welche in der Krym und an der ganzen südrussischen Küste Kolonieen hatten. Chersonesos, später Chérson genannt, in der Nähe des heutigen Sebastopol, war die bedeutendste. — Auch in der Krym giebt es **deutsche Kolonistendörfer**. Bedeutende Schafzucht.

Viertes Buch.
Das deutsche Land.

---

§ 85.
Das deutsche Land im allgemeinen.

Das deutsche Land, das Herzland von Europa, zählt auf seinen 850000 qkm (15400 D.=M.) über 80 Mill. Bewohner. Es begreift die langgestreckte, nordwärts gerichtete Abdachung von den Alpen zur Nord= und Ostsee und wird durchweg von Deutschen bewohnt, nur daß diese in den östlichen Grenzgebieten mit Slaven, in den südlichsten und westlichsten Grenzstrichen mit Romanen untermischt sind. Sein Hauptbestandteil ist das Deutsche Reich; um dies reihen sich Deutsch=Österreich, Liechtenstein, die Schweiz, Belgien, Luxemburg und die Niederlande, Gebiete, die alle im Mittelalter auch mit ihm zu einem Staate verbunden waren.

Nach seiner Bodenbeschaffenheit zerfällt das deutsche Land in zwei große Hauptteile: in Ober= und Nieder=Deutschland.

Der größere Teil, Ober=Deutschland, liegt innerhalb des (§ 72 Mitte) geschilderten europäischen Gebirgsdreiecks und begreift das mittlere Hauptstück desselben, das mitteleuropäische Gebirge. Die Grundlinie bilden die deutschen Alpen (Mittel= und Ost=Alpen), die Spitze des kontinentalen Dreiecks (die Wesergebirge mit dem Teutoburger Walde) ist weit nach Norden in das deutsche Tiefland vorgeschoben. Den nordöstlichen Rand von Ober=Deutschland bilden Harz, sächsisches Bergland und Sudeten; den nordwestlichen: Wesergebirge, rheinisches Schiefergebirge. Das Innere von Ober=Deutschland wird noch von vielen Gebirgsketten durchzogen und durchteilt, zerschnitten, welche indes weder die Höhe des Südrandes, noch auch die des Nordrandes erreichen. Neben diesen Gebirgen herrscht die Form der Hochebene und des Hügellandes vor; Tiefebenen giebt es nur zwei: ganz im Westen die oberrheinische und ganz im Osten die österreichische mit dem Marchfeld, welche schon dicht an der Grenze gegen das ungarische Donau-Tiefland liegt. Dagegen breitet sich am N.-Abhang der Alpen (gerade wie am N.-Abhang des Himalaja) eine große durch den Bodensee in zwei ungleiche Hälften geschiedene Hochebene aus. — Sonach zerfällt Ober-Deutschland von S. nach N. in drei sehr verschiedenartige Teile: 1) **das deutsche Alpenland, 2) die oberdeutsche Hochebene, 3) die deutsche Mittelgebirgslandschaft.**

Das außerhalb des Gebirgsdreiecks gelegene, bis ans Meer reichende Tiefland ist Nieder-Deutschland, dessen größte Breite also im Osten, wo Ober-Deutschland am schmalsten ist, liegt Nieder-Deutschland bis in die Breite der „Mainlinie" reichend, umfaßt nicht allein die Niederung, sondern auch noch den Norden der Mittelgebirgslandschaft, deren Endpunkte gen NW. nur 150 km vom Meere entfernt sind.

Die großen deutschen **Ströme** entspringen alle in Ober-Deutschland. Die Donau, welche zugleich ein europäischer Strom ist, hat in Deutschland nur ihren Oberlauf, der auf dem Hochlande von Ober-Deutschland von der Quelle am Schwarzwalde bis Regensburg, wo die Donau ihren nördlichsten Punkt erreicht, im ganzen nach Nordosten gerichtet ist; dann folgt eine Strecke nach Südosten bis Passau, von wo aus sich der Strom nach Osten wendet bis zur Preßburger Pforte, die ihn in das Donautiefland (§ 80, Anf.) eintreten läßt. Im Tieflande durchströmt die Donau die Ebene von Ober- und Nieder-Ungarn, endlich das Tiefland Rumäniens (§ 80, Mitte). Rhein, Weser, Elbe (zur Nordsee), Oder (zur Ostsee) fließen ganz auf deutschem Boden. Die Oder gehört fast ganz dem Tieflande an, die andern fließen größere oder geringere Strecken in Ober-Deutschland, brechen sich dann durch den Gebirgsrand durch und durchziehen mit geringem Gefälle die deutsche Tiefebene. Die Donau hat 2745, der Rhein 1298, die Elbe 1152, die Oder 814, die Weser 646 km Lauflänge.

Das **Klima** ist fast im ganzen deutschen Lande dasselbe, da für Ober-Deutschland die südlichere Lage durch die größere Bodenerhebung im ganzen ausgeglichen wird. Die durchschnittliche Wintertemperatur ist — 1° bis 0° R., die durchschnittliche Sommertemperatur 13° bis 14° R. Denn auch in Nieder-Deutschland wirkt bei lang gedehnter Küste die Nähe des Meeres ausgleichend. Im allgemeinen kann man sagen, daß im deutschen Lande die Jahrestemperatur von SW. nach NO. abnimmt. Demnach ist auch die Vegetation im deutschen Lande eine wesentlich gleichartige. Nur für wenige Pflanzen (z. B. Weinstock, Pfirsich, Rotbuche) geht die Vegetationsgrenze **durch** Deutschland.

Die reiche Mannigfaltigkeit der deutschen Bodengestaltung und des inneren Baues derselben hat eine ähnliche Mannigfaltigkeit der Bevölkerung, ihrer Sitten, Gewohnheiten und Industriezweige, infolge davon eine ähnliche der Staaten und staatlichen Einrichtungen hervorgerufen. Namentlich ist der Unterschied zwischen Ober- und Nieder-Deutschland auch in den **Mundarten** oder **Dialekten** zu erkennen. Die oberdeutschen Mundarten kennzeichnen sich durch den Artikel **das**, und aus einer derselben, der obersächsischen (d. h. thüringisch-sächsischen), ist unsere Schriftsprache, das sogenannte Hochdeutsch, hervorgegangen; die niederdeutschen oder plattdeutschen Mundarten, aus den Städten durch das Hochdeutsche mehr und mehr verdrängt, kennzeichnen sich durch den Artikel **dat**.

I. Ober-Deutschland.

§ 86.
Die deutschen Alpen und die oberdeutsche Hochebene mit ihrer Gebirgsumrandung.

Im § 75 haben wir uns ein Bild des ganzen Alpengebirges vorgeführt. Genaueres ist hier nur über die Alpenzweige zu sagen, welche sich auf deutschem Grund und Boden ausbreiten. Wir gehen dabei von dem St. Gotthard aus, der alten Grenzmarke zwischen deutschem und welschem Lande, durch dessen Inneres jetzt eine Eisenbahnstraße zur engen Verbindung der beiden Länder gelegt ist.

1) Von dem Gebirgsstocke des St. Gotthard liegen:

a) Nach WSW. die **Berner Alpen**, mit besonders steilem Abfall in das Rhonethal. Überhaupt ist neben den Walliser Alpen diese Kette die wildeste des ganzen Systems; nirgends sonst so viel Zacken und Hörner, so viele mehrere Kilometer breite Felder ewigen Schnees, so mächtige Gletscher (**Aletschgletscher**). In dem Hauptfirste liegt das in eine spitze Pyramide auslaufende **Finsteraarhorn**, 4300 m, mit steilen, daher schneelosen, düstern Hängen, und die **Jungfrau** 4100 m, ein prächtig geformter, mit Gletschern ringsum gegürteter, mit blendend weißem Firn bedeckter Bergkoloß. Östlich von beiden führt der **Grimsel**-, westlich der steile **Gemmipaß** in das Rhonethal, beide nur Saumpfade. Nördlich vom Hauptfirste das **Wetterhorn**, **Schreckhorn**, und wieder nördlicher das **Faulhorn**, das eine gefeierte Alpenansicht bietet. Nach SW. nimmt die Kette an Höhe ab.

b) Nach N. die **Vierwaldstätter Alpen**, zwischen Aare und Reuß gegen den gleichnamigen See hin ausgebreitet. Darin der **Titlis**, 3200 m, und der wunderlich gezackte **Pilatus**, 2200 m, zu dessen Höhe eine Eisenbahn hinaufführt.

c) Nach NO. die **Glarner** und **Schwyzer Alpen**. In jenen der **Tödi**, 3600 m; in diesen ist der **Rigi** eine ebenso berühmte als besuchte, durch zwei Bergbahnen bequem zu erreichende Berggruppe, 8 bis 10 Stunden im

Umfang. Zwar ist die höchste Spitze, der Rigi-Kulm, nur 1800 m hoch, aber die Rundsicht würde zu der schönsten der Welt gehören, wenn nicht die Schweizer Hotels sie teilweis verbauten. Den Rigi selbst bespülen der Vierwaldstätter und Zuger See: im ganzen sieht man 13 Seeen, im S. die Schneehäupter des Berner Oberlandes.

d) Weiter gen NO. schließen sich die **Appenzeller Alpen** im obern Thurgebiete an, welche im **Hohen Säntis** 2500 m erreichen.

e) Die **Vorarlberger** und **Algäuer Alpen** bis zum Lech erreichen kaum noch 2000 m.

2) Am Engadin gewinnen die Graubündener Alpen ihr Ende; was von diesem Thale ostwärts liegt, rechnen wir den Ost-Alpen zu. Von Landeck ab zieht der Inn eine tiefe Furche zwischen den (aus krystallinischem Gestein bestehenden) Centralalpen und den schrofferen nördlichen Kalkalpen. Das Nähere § 75, II, B. Die Centralalpen auf der rechten Seite des Inn (die Tiroler Alpen) enthalten den mächtigen Alpenstock der **Ötzthaler Ferner** zwischen Inn, oberer Etsch und Eisack, welcher eine Höhe von fast 3900 m erreicht und ein von Riesenbergen umkränztes, von zahlreichen Thälern (Stubay, Passeier, Ötzthal „das Chamonix von Tirol") durchschnittenes Hochland trägt, auf welchem die höchsten Dörfer der deutschen Alpen, Fend und Gurgl, 1900 m hoch, von aller Welt abgesondert liegen. Auf die Ötzthaler Gruppe folgt nach O. die Einsenkung des **Brenner Passes**, 1352 m. Südlich von der oberen Etsch liegen die beiden mächtigen Granitstöcke des **Bernina** und des **Monte Adamello**, welchem die Pyramide des **Ortles** nordwärts vorgelagert ist.

3) Von der Brennersenke ziehen die centralen Ost-Alpen gerade nach O. bis an die Quellen der Enns und Mur, Hochalpen mit Gipfeln von 3200 bis 3900 m. Man nennt diesen Zug die **Hohen Tauern** (d. i. Gebirge, keltisch). Sie bestehen aus mehrfachen Gruppen. Die vorzüglichsten sind: α) Die Gruppe des **Venedigers**, eines gewaltigen Gebirgsstockes, der seine an Wasserfällen reichen Thäler strahlenförmig nach allen Richtungen entsendet, und dessen höchste Spitze, der **Große Venediger**, aus einem weiten Eismeere (bis zu 3700 m Seehöhe) emporragt; β) die **Glocknergruppe**, die ein bedeutend geringeres Gebiet einnimmt als die Ötzthalergruppe, aber dichter gedrängte und mehr zusammenhängende Eismassen trägt, über denen der **Groß-Glockner** 3800 m hoch thront. Von ihm senkt sich der mächtige Pasterzen-Gletscher, der größte der östlichen Alpen, gegen das Dorf Heiligenblut hin, herab. — Die **Drau** entspringt im S. der Dreiherrenspitze im Busterthal und empfängt l. die **Mur**, welche ihrerseits bei ihrer Kniebie-

gung l. bie **Mürz** aufnimmt. Das burch oberes **Mur-** unb **Mürz-**
thal getrennte Gebirge find die (nicht mehr die Schneelinie erreichenden) **steirischen Alpen**, mit denen der gewaltige Centralzug der
Alpen sein Ende erreicht. — Zu beiden Seiten sind Kalkalpen vorgelagert.

a) Die **nördlichen Kalkalpen** erniedrigen sich gleichfalls allmählich
gen ONO. In den **bayrischen Alpen** die **Zugspitze**, 2957 m, der höchste
Berg des Deutschen Reiches in Europa. — In den **Salzburger Alpen**
tritt der **Watzmann**, 2700 m, in seiner schroffen Formung imposant in das
Auge; er hat zwei durch schroffen Felsenkamm verbundene Gipfel oder Hörner.
Seinen Ostfuß bespült der ernst erhabene **Königssee**; rings umher, mit Ausnahme weniger Landungsplätze, steile, oft über 100 m hohe Felswände. Über-
haupt vereinigen die Salzburger Alpen erhabene Majestät und lieblichen Reiz
fast unübertroffen. — Östlicher das wegen seines Salzreichtums sogenannte
Salzkammergut mit dem **Dachstein**, 3000 m, und herrlichen Seeen im
Flußgebiet der Traun. — Der gegen das Quellgebiet der Mürz in den
österreichischen Alpen vorspringende 2900 m hohe **Schneeberg**, „das
Ostkap der Kalkalpen", schaut gen O. schon in die ungarische Ebene hinab. (Im
S. des Berges der Paß **Semmering**.) Den letzten nordöstlichen Zweig bil-
det der **Wiener Wald**, der mit dem **Kahlenberge** an der Donau endigt.

b) Die **südlichen Kalkalpen** bestehen aus den zugleich anmutigen und
großartigen **Trientiner Alpen**, sowie aus den ostwärts streichenden **karnischen** und den südöstlich sich wendenden **julischen Alpen** mit dem **Triglav**
(d. i. Dreikopf) an den Quellen der **Save**.

[Steiermark, § 103, 4.
Kärnten, § 103, 5.
Krain, § 103, 6.
Litorale, § 103, 7.]

4) Den Alpen reihen wir einen Gebirgszug an, der in seinem
südwestlichen und höchsten Drittel an Deutschlands Grenze hinzieht,
dann aber tief in das Gebirgsdreieck einschneidet. Wir meinen den
Jura, der auch das mit den Alpen gemein hat, daß er nach NO.
zu niedriger wird. Er besteht in seinem ganzen Verlaufe aus Kalklagen der (nach ihm benannten) Juraformation (§ 24 A). Diese
Kalklagen erscheinen im Schweizer Jura in lauter Längsfalten auf-
gestaut, weiterhin sind sie viel ungestörter geblieben, so daß das Gebirge zuletzt zu einem breiten Höhenrücken wird.

a) Der **Schweizer Jura**, vom Rhoneknie und Genfer See bis zum
Rhein (§ 81 Anf.).

b) An das Nordostende der Schweizer Jura setzt sich, nach einer bedeutenden Senke im ganzen Zuge der **schwäbischen Jura** an, der bei dem Volke
Rauhe Alb oder bloß **Alb**, nach NO. auch **Albuch** und **Herdtfeld** benannt
wird. Es ist eine langgestreckte, meist öde und kahle breite Hochfläche. Mit
steilen, zerklüfteten Rändern, aus welchen merkwürdige isolierte Kegelberge,
wie der **Hohe Staufen** und der **Hohe Zollern** heraustreten, fällt sie gegen
NW. ab, während sie sich gen SO. viel weniger tief zum linken Ufer der oberen Donau abdacht. So liegen auch die höchsten Punkte (eigentliche Gipfel

trägt der Zug nicht) an der NW.-Seite, darunter einige über 1000 m hoch. Der allgemeine Juracharakter tritt in der Kalkformation, in dem Reichtum an Höhlen, in der Armut an Wasser und dann wieder in der Stärke einzelner hervorbrechender Quellen deutlich hervor. Unter den Höhlen ist die **Nebelhöhle** am NW.-Abhange wegen ihrer geräumigen Weite und ihrer Tropfsteinbildungen bekannt.

c) Vom Albuch an zieht sich, erst ost-, dann nordwärts, der **fränkische Landrücken** oder der **fränkische Jura** bis gegen das Fichtelgebirge hin, an den meisten Stellen eine 20 bis 30 km breite und etwa 500 m hohe Hochfläche, aus der nur selten einzelne Kuppen bestimmt hervortreten. Er steigt nur an wenigen Punkten über 650 m. Sowohl Kanäle wie Eisenbahnen sind durch diese nur geringen Bodenwellen hindurchgelegt. Die Abdachung nach dem Donaugebiete ist geringer als die nach dem Maingebiete; darin, sowie in der Höhlenbildung, ist die Ähnlichkeit mit dem schwäbischen Jura nicht zu verkennen.

5) Im NO. verliert sich der fränkische Landrücken in das **Fichtelgebirge**. Dieses, ziemlich in der Mitte Deutschlands gelegen, gleicht dem Mittelpunkte einer Windrose von Bergketten und Flüssen: im SW. lagert der fränkische Jura, nach S. fließt die Nab, nach SO. zieht der Böhmer Wald, nach O. fließt die Eger, nach NO. zieht das Elstergebirge und Erzgebirge, nach N. fließt die Saale, nach NW. zieht der Franken- und Thüringer Wald, nach W. fließt der Main. Aber ein durch das Fichtelgebirge hergestellter Zusammenhang der genannten Gebirge untereinander ist nicht vorhanden, obgleich alle nah an das Fichtelgebirge heranreichen. Diese merkwürdige Stellung hat wohl Anlaß zu den Fabeln geboten, die vordem über das Fichtelgebirge im Schwange waren. Die genannten vier Flüsse sollten alle aus einem See, dem Fichtelsee, nach den vier Gegenden der Welt abfließen; in Wahrheit sind sich nur die Quellen von Main und Nab recht nahe. Die höchsten Spitzen sind der **Schneeberg**, 1100 m und der **Ochsenkopf**, 1000 m. Eine eigentümliche Felsbildung bietet sich auf dem **Großen Waldstein** und der **Luisenburg** bei Wunsiedel dar, wo Block auf Block gehäuft ein Felsenlabyrinth bildet, das zu den schönsten seiner Art gehört.

6) Vom Fichtelgebirge gegen SO. erstreckt sich der **Böhmer Wald**, der in seinem südöstlichen Ende keine 50 km von den Alpen entfernt ist. Er entbehrt eines deutlich hervortretenden Kammes und wird durch mehrere breite Lücken in drei Teile zerlegt. Der nordwestliche Teil, der mehr den Charakter einer Hochfläche zeigt, geht bis zum Thale der in den Regen fließenden **Cham** [kam]. Der mittlere Teil, böhmisch **Szumava** [schumáwa] genannt, hebt sich zu Höhen von 1300 m und darüber. So vor allen der **Arber**, 1500 m,

mit imposanter Aussicht (in bleicher Ferne der langgestreckte Zug der Alpen) und der Rachel. Der südöstliche Teil ist wieder niedriger und zieht sich am Nordrande des österreichischen Donauthales bis zur mährischen Höhe. Der ganze Böhmer Wald, dessen südwestlicher Seite der bayrische Wald sich vorlagert, ist reich an den herrlichsten Fichten= und Buchen=Beständen, darum auch reich an Glashütten und, bei guter Rindviehzucht und genügender Fruchtbarkeit, ziemlich stark bewohnt.

7) Zwischen den Alpen einerseits und dem geschilderten Gebirgsbogen andererseits erstreckt sich nun die große oberdeutsche Hochebene. Man zerlegt sie in drei Abteilungen:

a) Die Schweizer Hochebene zwischen Alpen und Schweizer Jura, mit vielen Seeen besetzt, im Mittel 400 m über dem Meere, ein fruchtbares, wohlbewässertes Hügelland.

b) Die Hochebene von Ober=Schwaben und Bayern zwischen Alpen und Donau liegt höher als die schweizerische, im Durchschnitt 500 m. Sie zeigt, besonders längs der Donau und ihrer Zuflüsse, viele Spuren ehemaliger Landseeen, jetzt oft mehrere Kilometer breite und lange Sumpfniederungen Möser (Einzahl: Moos) und Riede genannt. Das Klima ist wegen der bedeutenden Erhebung weit rauher, als man nach der südlichen Lage erwarten sollte (§ 30 Mitte).

c) Die Hochebene der Ober=Pfalz ist durchaus wellenförmig und bergig, ein Hügelland mit reicher Teichbildung, durchschnittlich 400 m hoch. Donau, bayrischer Wald, Fichtelgebirge, fränkischer Jura bilden die Grenzen.

[Die Schweiz, § 105, I.
Liechtenstein, § 105, II.]

§ 87.
Das deutsche Donaugebiet.

1) Über den Lauf der Donau im ganzen ist schon früher (wo?) gesprochen; hier handelt es sich nur um den Oberlauf in dem Donau=Hochlande. Der Ursprung des Stromes ist am Schwarzwalde, der mit dem schwäbischen Jura in Verbindung steht. Gewöhnlich sieht man den unbedeutenden Abfluß des Schloßbrunnens in der Stadt Donaueschingen als Donauquelle an. Jedoch ist der Waldbach Brege, mit dem sich jenes Wässerchen bald vereinigt, viel stärker; gleich darauf kommt auch die Brigach dazu. Der vereinigte Fluß begleitet in sehr anmutigem Thale bis Ulm den Südostabhang des schwäbischen Jura und durchbricht, besonders bei Sigmaringen, Vorhöhen desselben. Von Ulm an wird der Fluß schiffbar, von Donauwörth wird er mit Dampfschiffen befahren. Bei Regensburg erreicht der Strom seinen nördlichsten Punkt. Die Richtung wird nun etwa 250 km lang südöstlich; und auf dieser Strecke hat die Do=

nau in Deutschland ihre schönsten Ufer. Der hellfarbige Jurakalk verschwindet, und es treten links die Granitberge des bayrischen Waldes unmittelbar an den Strom, sowie rechts, namentlich von Passau an, die Vorhöhen der Ost-Alpen. Die begleitenden Höhen sind bald kahl, bald bewaldet, bald sanft abgedacht, bald schroff abgeschnitten, oft mit malerischen Burgruinen und Klöstern geziert. Bei Grein durchsetzt ein Granitriff das Strombett und verursacht Wirbel und Strudel. Die letzte, wieder nach O. gerichtete Strecke durchfließt der Strom, der bei Krems nur noch 160 m über dem Meere ist, wieder ruhiger und zeigt große Neigung zur Inselbildung, Teilung und seeenartigen Erweiterung. So wechselt die Breite von 400 bis 2400 Schritt, und der mächtige Strom erinnert an manchen Stellen schon hier an den Ausspruch Sallusts, der die Donau nächst dem Nil für den gewaltigsten Strom, soweit Römerherrschaft reichte, erklärt hat. Zu beiden Seiten hat die Donau bis zur Preßburger Pforte die österreichische Tiefebene, welche durch die Kleinen Karpaten und das Leithagebirge von der oberungarischen getrennt wird. Die Farbe der Donau ist fast immer etwas trübe und lehmig; nur bei längerem Ausbleiben des Regens zeigt sich ein klares Hellgrün.

2) Die Zuflüsse der Donau auf dem linken Ufer können nicht bedeutend sein, da der Strom der nördlichen Umgrenzung der oberdeutschen Hochebene so sehr viel näher bleibt als der südlichen. Nur in die Hochfläche der Ober-Pfalz greift das linke Donaugebiet im weiten Bogen nach N. hinauf.

Die größten linken Zuflüsse aus der oberdeutschen Hochebene münden nahe zusammen, alle nicht 20 km voneinander, in der Gegend von Regensburg. Am westlichsten die Altmühl mit südöstlichem Laufe, der aber mit einem gen S. geöffneten Bogen schließt, in einem schmalen, steilhängigen Thale des fränkischen Jura; dann die Nab — von welchem Gebirge? — mit südlicher Richtung; am östlichsten der Regen, in einem flachen, gen S. geöffneten Bogen westwärts den bayrischen Wald durchfließend. Seine Quellbäche kommen von Rachel und Arber (86, 6).

3) Am meisten vergrößert wird die Donau durch die rechten Zuflüsse, lauter Alpenflüsse, darunter einer aus dem innersten Herzen des Alpensystems. Alle diese Flüsse haben ein breites, kiesreiches Bett und einen reißenden Lauf, so daß selbst die größten nur mit Flößen befahren werden können. Ihre Farbe ist die grüne oder bläulichgrüne aller Alpenwasser.

a) Die Iller, aus den Vorarlberger Alpen, mündet bei Ulm; durch sie wird die Donau für größere Kähne fahrbar.

b) Der Lech, eben daher; er bildet seit alters die Grenze zwischen den Volksstämmen der Bayern und Schwaben; links fällt ihm die Wertach zu. Lechfeld.

§ 87. Das deutsche Donaugebiet.

c) Die besonders schöne grüne, reißende Isar aus den bayrischen Alpen, mit welcher Hauptrichtung? Sie empfängt die Abflüsse mehrerer bayrischer Alpenseeen, entweder unmittelbar (wie den des Walchensees), oder durch ihren größten Nebenfluß, die Ammer. Letztere durchströmt den Ammersee und empfängt den Abfluß des schönen Würm- oder Starnberger Sees, dessen Nordhälfte schon im reizenden Hügellande liegt. — Im untern Laufe hat die Isar Möser zur Seite und zeigt Hang zur Inselbildung.

d) Der Inn entspinnt sich aus kleinen Gebirgsseeen und durchströmt das 70 km lange Muldenthal des Engadin; dies ist selten breiter als 2—3 km, an manchen Stellen so eng, daß der Fluß die ganze Thalbreite einnimmt. Dennoch ist es mit seinen vielen stadtähnlichen Dörfern eins der angebautesten und reichsten Alpenthäler. Im NO. bei Finstermünz, an der Tiroler Grenze wird das Thal so eng, daß eine kurze Brücke mit einem alten Thore in der Mitte seine Ränder verbindet. Von Land ed an durchfließt der Inn ein tief eingeschnittenes, schroffes Längsspaltenthal. Dann folgt das Querthal, in welchem er die nördlichen Kalkalpen durchbricht, bis Kufstein. Unter den zahlreichen Alpenflüssen, die ihm zugehen, merke rechts die Ziller. Ihr Thal, das Zillerthal, ist in seinem oberen Teil eins der schönsten in Tirol. Mit einer Wendung nach N. bricht der Inn in einem neuen Querthale zwischen den bayrischen und Salzburger Alpen durch und empfängt in der Hochebene den Abfluß mehrerer Seeen; links des Tegernsees und Schliersees, rechts des Chiemsees, der wegen seiner Größe auch wohl „das bayrische Meer" genannt wird.

Der Hauptzufluß des Inn ist die wasserreiche Salzach, an deren Ufern alle Herrlichkeiten der Gebirgsnatur sich den Reisenden aufthun. An der Nordseite des Tauern fließt sie aus mehreren Alpenbächen oder Achen zusammen; darunter die Krimmler Ache mit einem prachtvollen Wasserfall. In einem nicht allzu engen, stellenweise sogar sumpfigen Thale, dem auch aus Volksliedern bekannten Pinzgau, strömt die Salzach zwischen den Tauern und den Salzburger Alpen ziemlich ruhig nach O. Links und rechts stürzen ihr Alpenbäche zu, rechts die Gasteiner Ache.

Eine Kunststraße führt den Reisenden an der Gasteiner Ache hinauf, durch den schauerlichen Paß Klamm in ein sanftes Alpenthal, das erst in seinem Hintergrunde, wo die Ache entspringt, wilde Gebirgsnatur wieder annimmt. Hier liegt beinahe 1000 m über dem Meere, zwischen mächtigen Alpenriesen, das Wildbad Gastein, dessen Häuser zu beiden Seiten eines prächtigen, mehrere aufeinander folgende Felsstufen überschäumenden Wassersturzes der Ache hingestreut sind. Heiße Quellen sprudeln hier seitwärts der Ache.

Verfolgen wir den Lauf der Salzach weiter, so dreht sich diese bald nach der Aufnahme der Gasteiner Ache nach N. und durchbricht in einem engen Querspalt, zwischen Steilwänden von mehr als 1000 m eingeengt, die nördlichen Kalkalpen. Die engste Stelle, wo der Fluß kaum für die Heerstraße Raum läßt, ist der Paß Luegg. Ein ganzes Heer kann hier durch geringe Mannschaft zurückgehalten werden. An einer andern Stelle hat der Fluß entgegenstehende Felsmassen in einzelne Felsenpfeiler zerwaschen und braust unterirdisch zwischen ihnen durch (die Öfen der Salzach).

Der durch die Salzach bedeutend verstärkte Inn ist bei seiner Mündung in die Donau bei Passau breiter und wasserreicher als diese, vermag sie jedoch nur auf eine kurze Strecke aus ihrer Richtung zu drängen, weswegen denn auch der Name des kleineren Flusses dem Gesamtstrom erhalten bleibt.

e) Die Traun, deren Gebiet das Salzkammergut (§ 86, 2, a) ist, kann sich als Seeenfluß mit der Salzach in großartigen Gebirgsseeen an ihren Ufern messen. Der von ihr durchflossene See von Hallstadt ist dem Königssee ähnlich. An seiner Westseite hängen übereinander getürmt die Häuser von Hallstadt an den Felsen; rings umher hohe und schöne Wasserstürze. Weiterhin fließt die Traun an dem durch seine Solbäder bekannten Ischl vorüber und nimmt dann von linksher den Abfluß des schönen Sees von St. Wolfgang auf, an dessen Nordufer sich der Schafberg, 1800 m, der „österreichische Rigi", erhebt. Man übersieht von seiner Höhe eine Menge nahegelegener Alpenseeen, selbst die Hauptkette der Alpen. Nach kurzem Laufe tritt die Traun nun in den Traunsee, der mit seinem Nordende in das Hügelland reicht, sonst aber mit mächtigen Bergen umsetzt ist; darunter der wunderlich geformte Traunstein. Bei dem Städtchen Gmunden am Nordende verläßt die Traun den See, macht kurz darauf noch einen Fall und wendet sich dann nordöstlich der Donau zu.

f) Die Enns, welche zuerst ein Längenthal, dann ein Querthal durchfließt, ganz ähnlich der Salzach, windet sich oberhalb ihrer Kniebiegung schäumend durch die berühmte Felsenge des Gesäuses und unterhalb jener durch die Klustenge von Groß-Raming.

g) Die Leitha, an der Grenze des Donau-Tieflandes.

[Bayern, § 101, 1, a bis g.
Erzherzogtum Österreich, § 103, 1 und 2.
Salzburg, § 103, 3.
Tirol und Vorarlberg, § 103, 8.]

4) Nahe vor der Preßburger Bergpforte, durch welche die Donau in die oberungarische Ebene hinaustritt, empfängt sie links die bedeutende March. Wo kam dieser Name schon vor? Das Gebiet dieses Flusses ist die Hügellandschaft Mähren, im O. durch die Kleinen Karpaten vom Donau-Tieflande geschieden, im W. von Böhmen durch die mährische Höhe. Im N. ziehen die Sudeten, an denen die March entspringt. Sie vereinigt mit sich alle mährischen Gewässer (unter denen die Taya [tâja] mit der Schwarzawa das bedeutendste ist), durchfließt im Mittellaufe die Hanna, eine hügelige fruchtbare Ebene, und tritt im Unterlaufe, vielfach sich teilend und nur mühsam vorwärts bringend, in die österreichische Ebene ein, deren nördlicher Teil nach ihr das Marchfeld genannt wird. Dies ist die Ausgangspforte aus Mähren nach Österreich, daher eins der großen Schlachtfelder von Deutschland und Europa. Denn hier kämpften Römer und Markomannen, Karl der Große mit den Avaren, Ottokar von Böhmen mit Rudolf von Habsburg, Napoleon mit dem Erzherzog Karl.

[Mähren, § 103, 10.]

§ 88.
Das füddeutsche Rheingebiet.

Während die Donau nur teilweise zu Deutschland gehört, ist der Rhein von der Quelle bis zur Mündung von Menschen deutschen Stammes umwohnt und wegen seiner Stattlichkeit, seiner klaren grünen Flut, seiner reizenden Uferstrecken und seiner Reben, wegen seiner Bedeutung in Geschichte und Sage unser schönster Strom.

Der Oberlauf des Stromes wird von der Quelle bis Basel gerechnet — der Mittellauf von Bonn bis zum Meere. Welche Strecke ist die längste, welche die kürzeste?

Ober-Rhein nennt man den Oberlauf zusammen mit dem nach Ober-Deutschland fallenden Teile des Mittellaufes, etwa bis Mainz. Man kann ihn in drei Stücke gliedern, von denen die beiden ersten den Oberlauf umfassen, das dritte dem Mittellaufe angehört, nämlich: 1^a) Von der Quelle bis zum Bodensee. 1^b) Vom Bodensee bis Basel. 2) Von Basel bis Mainz.

1^a) Am Ostabhange des St. Gotthard, Rhaeticarum Alpium inaccesso ac praecipite vertice, um mit Tacitus zu reden, bilden eine Menge von Alpenbächen, welche von den Umwohnern allesamt Rhein genannt und durch Zunamen unterschieden werden, unsern Strom. Als Hauptquellfluß sieht man den Vorder-Rhein an, dessen Quellen aus tauendem Gletschereis in Höhen von 2000 m und darüber sich bilden. In ihn ergießt sich der Hinter-Rhein, in dessen Thal durch die Via mala die Splügenstraße vom Comersee herabführt. Dicht neben der Brücke des Dorfes Reichenau vereinigen sich, scharf auf einander prallend, die Brüder. Bis hierher ist der Vorder-Rhein 60 km im Längenthale nach NO. geflossen mit einem Gefälle von mehr als 1300 m. Bald hinter Reichenau und Chur wendet er sich nach N. und fließt 75 km in einem Querthale in dieser Richtung bis zum Bodensee fort. Das Bett ist auf dieser Strecke breit, aber nicht tief, voller Kies und Steine, auch — namentlich bei hohem Wasserstande — sehr veränderlich. Ja, es läßt sich ziemlich bestimmt nachweisen, daß der Strom früher durch den Wallen- und den Züricher See geflossen ist und sich mit der Aare oberhalb ihrer jetzigen Mündung vereinigt hat. Die Wasserscheide zwischen dem Rhein und dem ersten der genannten Seeen ist noch jetzt an einer Stelle nur 6$^1/_2$ m hoch, und wiederholt haben nur die Anstrengungen der Uferbewohner den Rhein verhindert, in sein altes Bett zurückzukehren.

Der Bodensee, in dessen Südostende der Rhein eintritt, 400 m über dem Meere, ist 480 qkm (9 Q.-M.) groß, an den tiefsten Stellen an 300 m tief, hat klares, grünliches Wasser und wird von anmutigen Gestaden umgürtet. Seine nordwestliche Zunge wird der Überlinger See genannt; in diesem liegt das reizende Inselchen Mainau. Der ganze See bildet einen so großen Kessel, daß nach Berechnung der Rhein über zwei Jahre nötig hätte, um denselben — würde er plötzlich leer — wieder zu füllen.

1^b) Bei der Stadt Konstanz tritt der Rhein, nachdem er im See seine Flut geklärt hat, aus dem Bodensee heraus, um gleich darauf den Zeller- oder Untersee zu bilden, den man gewöhnlich, aber mit Unrecht, als einen Teil des Bodensees ansieht. Dies kleinere Wasserbecken ist nicht tief und besonders zwischen der Insel Reichenau und dem nördlichen Ufer sehr seicht. Bei Stein hat sich der See wieder zum Flusse zusammengezogen, der auf Schaffhausen losgeht und von dort — das einzige Mal in seinem ganzen Laufe! — nach S. fließt, dann aber wieder westwärts bis Basel. Zwischen Schaffhausen und Basel durchbricht der Rhein den Jura und wird links von Jurahöhen, rechts von den Abhängen des Schwarzwaldes begleitet; auf dieser Strecke giebt es daher in Menge Wasserfälle, Strudel, Stromschnellen. Der berühmteste Fall ist bei dem Schlosse Laufen, 3 km unterhalb Schaffhausen. Über eine quer sein Bett durchsetzende Felswand fällt der Strom, 100 m breit, durch einen Felszacken aus Jurakalk gespalten, etwa 20 m tief herab. Auch die kleinen Fälle bei Laufenburg sind sehr malerisch. Die Zuflüsse rechts sind unbedeutend, aber links mündet in den Fluß die Aare, welche dem Rhein die Abflüsse der Schweizer Seeen zuführt und ihn dadurch fast um das Doppelte vergrößert.

Die Aare entströmt dem mächtigen Aaregletscher am Finsteraarhorn. Ihr Gebiet (und das ihrer ersten Zuflüsse) ist das viel besuchte und gepriesene Berner Oberland. Im Hasli-Thal fließt die Aare selbst und bildet den prächtigen Fall an der Handeck. Mit schon beträchtlicher Wassermasse stürzt die Aare in einen 70 m tiefen Felsenschlund und schießt im Fallen mit einem von links her in denselben Schlund stürzenden Gletscherbach zusammen. Weiterhin bildet sie die Seeen von Brienz und Thun; zwischen beiden in reizender Lage Interlaken (inter lacus). Zwischen beiden Seeen empfängt die Aare links die Lütschine (gebildet aus zwei Quellbächen: der Weißen Lütschine, von S. aus dem Lauterbrunnen-Thal, in welches aus einer Höhe von 265 m der Staubbach herabfällt, und der Schwarzen, von O. aus dem Thal von Grindelwald kommend). Aus dem Lauterbrunnen-Thale steigt man in das von Grindelwald über die Wengern-Alp, welche einen wundervoll erhabenen Blick auf die hier ganz nahe Jungfrau gestattet. Auf dem westlichsten Punkte ihres Laufes nimmt die Aare den Abfluß zweier Seeen auf, die am Ostabhange des Jura liegen; des Sees von Neuchatel und des von Biel; in letzterem die Petersinsel. In der zweiten Hälfte ihres Laufes wird sie durch den Jura in der Richtung nach NO. gezwungen. Nicht gar weit vor ihrer Mündung empfängt sie rechts dicht nebeneinander ihre größten Zuflüsse Reuß und Limmat.

a) Die Reuß strömt vom St. Gotthard nach Norden; in ihrem Thale steigt die große Heerstraße aus Italien nach Deutschland herab. Fluß und Straße durchziehen zuerst das sanfte liebliche Urseren [urseren]=Thal, wo der zweite von der Furka herabströmende Quellbach der Reuß sich mit dem Hauptbache vereinigt. Durch das Urner Loch ist die Straße 65 m durch Granitfelsen gesprengt und zieht dann an der tobenden Reuß weiter und bald über die Teufelsbrücke. „Es schwebt eine Brücke, hoch über den Rand der furchtbaren Tiefe gebogen." Der Gegensatz zwischen dem milden Reiz des obern und der schroffen Wildheit des untern Thales in der Gegend der Teufelsbrücke ist ergreifend. (Vergl. Schillers Berglied und seine schöne Beschreibung der Gotthardstraße im 5. Akt des Tell.) Wenig abwärts liegt Göschenen, wo der 15 km lange St. Gotthard=Tunnel beginnt. Endlich gelangt der Fluß unweit des Fleckens Altdorf zu dem Vierwaldstätter See. Zwischen den sogenannten drei Waldstätten oder Urkantonen der Schweiz, Schwyz, Uri, Unterwalden, und dem westlicheren Kanton Luzern krümmt sich derselbe in verschiedenen Buchten und Zipfeln hin und her; seine Ufer sind bald wild, schroff und steil, bald sanft und anmutig. Die Schiffahrt hier, wie bei vielen andern Schweizer Seeen, wegen plötzlicher Windstöße (der Föhn) gefährlich. Unterhalb des Vierwaldstätter Sees strömt der Reuß auch noch der Abfluß des Zuger Sees zu. Da, wo Aare und Reuß sich vereinigen, lag die blühende Römerstadt Vindonissa; an das Mittelalter erinnert unweit davon die Ruine Habsburg.

b) Mehrere Alpenflüsse, unter denen die Linth vom Töbi der größte, schütten ihr Wasser in den schon einmal — wo? — erwähnten Wallen= oder Wallenstädter See. Der Abfluß desselben war früher unregelmäßig und versumpft; jetzt führt der Linthkanal seinen Abfluß in den schönen Züricher See (3 Stunden breit, 10 bis 11 Stunden lang); die sanft ansteigenden Ufer desselben sind mit Ortschaften und Häusern wie übersäet; unterhalb der Einengung bei Rapperswyl liegt die kleine Insel Ufnau, auf welcher Ulrich von Hutten starb. Am NW.=Ende des Sees tritt die krystallhelle Limmat heraus, um geradeswegs der Aare zuzufließen.

2) Von Basel an durchfließt der Rhein in vielen kleineren Krümmungen, sandige Werder bildend und erst von Straßburg ab in ein tiefes und schiffbares Bett gesammelt, die oberrheinische Tiefebene. Dieser äußerst fruchtbare und gesegnete Landstrich von durchschnittlich 35 km Breite hat das mildeste Klima in Deutschland. Kirschen, Pflaumen, Aprikosen blühen in der ersten Hälfte des April; Anfang Juni reifen die Kirschen. Links wird die Tiefebene vom Wasgau, rechts vom Schwarzwald und Odenwald begrenzt. Sie ist durch einen gewaltigen Erdeinsturz zwischen den beiderseitigen Gebirgen, deren Innenseiten daher schroff abfallen, entstanden. Vordem erfüllte sie ein Meeresarm, später ein See, aus welchem der Rhein bei Bingen abfloß.

a) Der Wasgau (infolge seltsamer Verderbung des lateinischen Vósegus Vogesen, französisch: les Vosges [wôsch] genannt) beginnt im Süden mit dem schon einmal erwähnten welschen Belchen oder Ballon d'Alsace,

1300 m (§ 81 Anf.); der Sulzer Belchen, 1400 m, und der wegen schöner Aussicht berühmte Obilienberg (30 km von Straßburg) liegen östlich vom Hauptrücken, der nach N. zu immer breiter und niedriger wird, kuppelförmige Gipfel zeigt und nach Osten weit steiler als nach Westen abfällt. Der Wasgau endigt im Norden an dem Rheinzuflusse Lauter. Nördlich von der Lauter erhebt sich die Hardt, auch wohl Pfälzergebirge genannt, ein schönes Waldgebirge mit anmutigen Thälern und zahlreichen Burgruinen (die Kaiserburg Trifels). Als nördlicher Grenzpfeiler der Hardt ragt der Donnersberg. Die höchste Erhebung seines breiten, tafelförmigen Rückens, der Königsstuhl, 700 m, ist der höchste Punkt des ganzen Gebirges. Gegen die Rheinebene fällt die Hardt steil ab, nach W. als Hochfläche allmählich zu wellenförmigen Hügeln. Gegen NW. liegt zwischen dem rheinischen Schiefergebirge und der Hardt das Steinkohlengebirge der Saar. Der Ostabhang des Wasgaus, besonders aber die Hardt tragen beliebte Weine (Forster, Deidesheimer u. s. w.).

b) Große Ähnlichkeit mit dem westlichen begleitenden Zuge hat der östliche, der Schwarzwald, von den prächtigen düstern Tannenwäldern so genannt. Er zerfällt in zwei Abteilungen: die südliche vom Rhein bis zur Murg, die nördliche von da bis zum Neckar. Der südliche Teil ist der höchste. Am höchsten erheben sich Feldberg, 1500 m, und deutscher Belchen, 1400 m, beide nur 14 km auseinander. Nach dem Rhein fällt das Gebirge steil ab; schnell verwandelt sich hier dasselbe in die Traubenhügel des edlen Markgräfler Weins, und sein Abhang trägt hier neben dem gewöhnlichen deutschen Obst Nußbäume, selbst Mandeln und süße Kastanien. Nach O. zu allmählicher Abfall und Zusammenhang mit dem schwäbischen Jura (§ 86, 3, b). N. w. von dem höchsten südlichen Teil des Schwarzwaldes dicht am Rhein liegt das ganz abgesonderte kleine Gebirge des Kaiserstuhls, 600 m, eine Gruppe steil aufsteigender Basaltberge, mit Weinbergen bedeckt. Der nördliche Teil des Schwarzwaldes ist ein niedriges, flachwelliges, angebautes Hügelland, das sich jedoch am Nordrande, nahe dem Neckar, wieder bedeutender erhebt und mit dem Königstuhl über Heidelberg endet.

Wie der westliche Gebirgszug s. von der Lauter eine Senke hat, so hat sie auch der östliche, und zwar südwärts des Neckardurchbruchs. Der Hardt entsprechend, erhebt sich n. des letzteren der breite Rücken des Odenwaldes, mit steilem Abfall zum Rhein und breiten, freundlichen Thälern, überhaupt in milderen und sanfteren Formen. Der Katzenbuckel am Südostrande mißt 600 m, — der niedrigere Melibocus oder Mälchen, am Westabfall, gewährt eine schöne Aussicht in die Rheinebene bis an den westlichen Gebirgsrand derselben.

Der ganze Zug ist stark bewohnt, der Schwarzwald von armen, aber genügsamen und zufriedenen Menschen. Sie fällen und flößen Holz, arbeiten Schwarzwälder Uhren, flechten Strohhüte, brennen Kohlen u. s. w. Die ganz hölzernen Häuser liegen zerstreut auf dem Gebirge, keine Hütte ist ohne plätschernden Brunnen, der im Sommer zum Milchbehälter dient, und nicht selten steht eine kleine Kapelle daneben mit einem Glöckchen zum Morgen- und Abendgebet.

c) Sowohl vom westlichen als vom östlichen Bergrande der rheinischen Tiefebene kommen eine Menge Flüßchen herab: die vom Schwarzwalde fließen alle nordwestlich und unter einem sehr spitzen Winkel mit dem Rhein zusammen. Wir nennen die Elz mit der Dreisam, deren oberes Thal das wildeste, und die Murg, deren Thal das schönste im Schwarzwalde ist.

Beide Thäler bilden auch die militärisch sehr wichtigen Hauptpässe, das erste die Hölle, eine östlich am Feldberge durchführende Straße, das zweite den nach der nahen Berghöhe Kniebis benannten Paß. Etwas links vom Murgthale liegt ein kleiner Gebirgssee, wie es deren auf dem Schwarzwalde mehrere giebt, der durch Sagen bekannte „Mummelsee", etwa 1000 m über dem Meere.

Unter den linken Zuflüssen ist die Ill vom Jura, welche dem Rhein längere Zeit parallel fließt, der bedeutendste.

[Baden, § 101, 3.
Elsaß-Lothringen, § 101, 5.
Pfalz, § 101, 1, h.]

§ 89.

Neckar- und Mainland.

Die beiden größten Nebenflüsse des Rheins von rechts her sind Neckar und Main.

1) Der Neckar entspringt am Schwarzwalde, etwa 10 km von Donaueschingen, bespült in nach O. ausgreifendem Bogen den Nordwestabhang des schwäbischen Jura, beugt sich aber in dem Unterlaufe so nach NW., daß Quelle und Mündung unter ziemlich gleichem Meridian liegen. Auf dieser nordwestlichen Beugung durchbricht er mit reizenden Uferpartieen (Neckarsteinach mit seinen vier Burgen) den östlichen Bergrand der oberrheinischen Tiefebene, tritt bei Heidelberg in diese selbst ein und mündet bei Mannheim. Links empfängt er die Enz vom Schwarzwalde, durch welche er schiffbar wird — rechts Kocher und Jagst. Diese Zwillingsflüsse, die ihre Namen ihrem hastigen Laufe verdanken, kommen vom Herdtfelde (§ 86, 3, b), bleiben sich in ihrem Laufe immer ziemlich nahe und münden auch dicht bei einander. An der untern Jagst hatte der Ritter Götz von Berlichingen seine Burgen.

2) Der Main entspringt unter dem Namen des Weißen Main am Ostabhange des Ochsenkopfes, 2 km von dem ehemaligen, jetzt in ein Torfmoor verwandelten Fichtelsee (§ 86, 5), und vereinigt sich in der Nähe von Kulmbach mit dem Roten Main, der aus den Vorhöhen des fränkischen Jura kommt. Der Gesamtmain hat durchaus westliche Richtung, aber der Umstand, daß Quelle und Mündung nur 222 km voneinander liegen, während der ganze Lauf 600 km lang ist, zeigt, welche Krümmungen der Strom macht. Zerlege den Fluß von Kulmbach an also: a) Nach SO. offener Kreisbogen, von Kulmbach bis Bamberg. b) Nordwestliche Richtung von Bamberg bis Schweinfurt. c) Dreieck mit offener Seite nach N. d) Viereck auch mit offener Seite nach N. e) Westsüdwestliche Richtung von Hanau

21*

bis zur Mündung. Der Teil des Mainthales, in dem der Main zwischen dem Spessart und Odenwalde hindurchzieht, ist eine der malerischesten Flußpartieen von Deutschland.

a) Auf der linken Seite ist das Gebiet des Mains durch den fränkischen Jura von dem der Donau geschieden. Der größte Zufluß ist die Regnitz, welche, entstanden aus dem Zusammenflusse der Rednitz und der Pegnitz, kahnbar bei Bamberg mündet. Unterhalb der Einmündung der Pegnitz, an welcher Nürnberg liegt, fließt in die Regnitz die rasche Wiesent. Diese durcheilt ein äußerst romantisches Thal des fränkischen Jura, welches kühne und wundersame Kalk- und Sandsteingebilde, eine Menge alter Burgen, merkwürdige, durch die Menge fossiler Tierknochen bekannte Tropfsteinhöhlen, z. B. bei Muggendorf und Gailenreuth, darbietet. Das ist die sogenannte fränkische Schweiz. — Schon Karl der Große dachte daran, Donau und Main vermittelst der Regnitz und der Altmühl (§ 87, 2) zu verbinden; König Ludwig I. von Bayern hat diesen Plan in dem Ludwigs- oder Donau-Main-Kanal ausgeführt.

Ein anderer linker Zufluß des Mains ist die Tauber, die bei Wertheim an der Südseite des Main-Vierecks mündet.

b) Das Gebiet auf dem rechten Ufer wird im N. durch folgende Gebirge begrenzt: α) Vom Fichtelgebirge an nordwestlich zieht der Frankenwald, gegen 650 m hoch, bis zur Quelle des Mainzuflusses Itz. Dort beginnt der Thüringer Wald, der aber vom Maingebiete durch das Werrathal und β) die vorliegenden Henneberger Höhen geschieden wird. Auf ihnen ist das alte Grafenschloß Henneberg noch als Ruine zu sehen. Von diesem Höhenzuge strömt zum Main die fränkische Saale, welche an der Nordwestspitze des Main-Dreiecks mündet. Die Gegend an der obern Saale hieß vor alten Zeiten das Grabfeld; hier lagen bedeutende Güter der alten deutschen Könige. Man sieht noch Trümmer der Königsburg Selz oder Salze, wo Karl der Große Hof hielt. Weiter hinab liegt in ihrem Thale das Bad Kissingen. γ) Auf dem rechten Saaleufer erhebt sich die Rhön, eine sehr zerklüftete Hochfläche von 700 m Erhebung, aus welcher eine Menge Basaltkegel noch um einige hundert Meter höher aufsteigen. Die Abhänge sind mit schönem Laubwald bedeckt, während der Rücken der östlichen Gebirgshälfte nur sumpfige Wiesen darbietet. Der besuchteste Berg ist der Kreuzberg im S., 900 m; in seiner obersten Region ein gastfreundliches Franziskanerkloster mit Wallfahrts-Kirche; auf dem baumlosen Gipfel ein hohes Kreuz. Der höchste Gipfel der Rhön ist aber die Große Wasserkuppe an der Fuldaquelle, 940 m hoch; weithin durch ihren sargähnlichen Steilrücken in dem w. kuppenreichen Teil des Gebirges kenntlich, die Milseburg. Zum Main fließt die Kinzig hinab. δ) Im SW. des Rhönflusses Fulda erhebt sich der Vogelsberg, ein kleines, durchweg basaltisches Gebirge, fast nur ein einziger Berg von der Form eines flachen abgestumpften Kegels, der auf seiner vom Buchengrün des Oberwaldes geschmückten, teilweise jedoch auch von Sumpfwiesen bedeckten Scheitelfläche den 800 m hohen Taufstein trägt. Strahlenförmig ziehen von der Höhe nach allen Seiten Flußthäler hinab, zum Main das der Nidda; ein rechtes Nebenflüßchen derselben, die Wetter, giebt der umliegenden kornreichen Landschaft den Namen Wetterau.

c) Die genannten Gebirge bespült der Main nicht unmittelbar; zwei Waldgebirge umschlingt er aber im eigentlichen Sinne. Zwischen der Regnitz und der Ostseite des Main-Dreiecks zieht sich der Steigerwald; das Main-

Viereck wird vom **Speſſart** (d. h. Spechtshart, Spechtswald) eingenommen, der nur durch das Mainthal vom Odenwald geſchieden wird und auf der entgegengeſetzten Seite der Rhön nahe kommt. Der Speſſart iſt ein waldiges, rauhes Hügelland, noch nicht 600 m hoch. Seine engen Thäler und unabſehbaren Wälder dienten noch in unſerm Jahrhundert Räubern zum Verſteck (Schinder-Hannes); jetzt findet man dort nur redliche arme Leute in kleinen Dörfern wohnen.

3) Die Gebiete des Neckar und Main bilden das von Hügelreihen durchzogene **ſchwäbiſch-fränkiſche Stufenland**. Es liegt bedeutend niedriger als die oberdeutſche Hochebene, in welcher das Donaubett um volle 300 m höher als der Spiegel des Neckar liegt. Auch Franken liegt höher (Nürnberg faſt 325 m über dem Meeresſpiegel) und hat daher nicht ganz ſo mildes Klima, wie das liebliche Hügelland, einer der ſchönſten und fruchtbarſten Striche in Deutſchland. Wein gedeiht in den Thälern des Neckar, der Tauber, des Main; in der Umgegend von Wertheim und Würzburg am beſten (Stein- und Leiſtenwein).

[Hohenzollern, § 98, 12, f.
Württemberg, § 101, 2.
Heſſen (Süd-), § 101, 4, a.]

§ 90.
Das rheiniſche Schiefergebirge.

1) Nachdem der Rhein die oberrheiniſche Tiefebene verlaſſen, bricht er ſich in einem zackigen Querthale durch den hier ſehr breiten Rand des kontinentalen Gebirgsdreiecks. Einſt hat der Strom auch auf der Strecke von Bingen nach Bonn mehrere große Seebecken gebildet: das Thalbecken zwiſchen Koblenz und Andernach, einſt von dem größten dieſer Seeen gefüllt, teilt die Thalſpalte des Rheins in eine nördliche und ſüdliche Hälfte. Man nennt die Bergmaſſen zur Rechten und Linken des Rheins mit beſonderen Namen; aber ſie gehören ihrer ganzen Bildung nach zu einander und bilden zuſammen das **rheiniſche Schiefergebirge**, welches, gegen 380 km von SW. nach NO. lang und 160 km breit, durchſchnittlich 400 m über dem Meere liegt. Der allgemeine Charakter des Gebirges iſt der einer wellenförmigen Hochfläche mit tief eingefurchten Thälern; nur am Südrande treten beſtimmte Bergreihen auf. So wie das Querthal des Rheins das Gebirge in den Oſtflügel und Weſtflügel zerſchneidet, ſo zerſchneiden es die Längenthäler der **Lahn** und **Moſel** in eine ſüdliche und nördliche Hälfte. Thonſchiefer bildet das Hauptgeſtein, in welchem man nicht ſelten Spuren früherer vulkaniſcher Thätigkeit findet.

A. Auf dem **Westflügel** der ganzen Gebirgsmasse, links vom Rhein, zieht a) der Bergzug des **Hunsrück**, im SW. Idarwald und Hochwald genannt, auf der Höhe rauh und unfruchtbar, auf den Kanten und Abhängen, nach den Flüssen zu, mit herrlichen und gesegneten Strichen eingefaßt. Der **Erbeskopf**, 800 m, der höchste Punkt im Westflügel. b) Nordwestlich vom Hunsrück dehnt sich die weite, einförmige und öde Hochfläche der **Eifel** aus, im äußersten NW. das **Hohe Veen** [fenn] genannt. Das letztere ist ganz gipfellos mit ausgedehnten Hochmooren; die übrige Eifel ist zwar auch im ganzen eben, jedoch mehrfach von erloschenen Feuerspeiern und Basaltkegeln überragt, von denen der höchste die **Hohe Acht**, 750 m hoch, ist. Nicht weit vom Rhein liegt auf der Eifel der **Laacher See**, von erloschenen Kratern umgeben, ein Mittelpunkt ehemaliger vulkanischer Thätigkeit. c) Die große Westhälfte des Westflügels bildet der von dem Querthale der Maas durchbrochene breite Hochrücken der **Ardennen** mit steilhängigen Thälern, meist mit schönen Laubholzwäldern, aber auch mit kahlen, rauhen und moorigen Strichen, wo viele Kilometer weit kein Baum und Strauch zu sehen ist. Diese Dürftigkeit der Oberfläche wird durch reiche Steinkohlenlager im Innern ersetzt. Noch viele Wölfe.

B. a) Im **Ostflügel**, welcher den Rhein bedeutend weiter hinunter begleitet, entspricht der Kette des Hunsrück das schöne Waldgebirge des **Taunus**, von den Anwohnern die Höhe genannt. Hier ragen dicht nebeneinander die höchsten Kuppen: der **Große** und der **Kleine Feldberg** und der **Altkönig**; der erste, 900 m, ist die höchste Erhebung des ganzen Schiefergebirges. Die Spitze des Altkönigs führt zum Gedächtnis des deutschen Sängers den Namen **Uhlandshöhe**. Der Abfall zum Rhein und zur Lahn ist steil, ohne Thalsohle; gegen den Main zwar auch schroff geneigte Ränder, aber zwischen ihnen und dem Flusse eine schön angebaute Ebene; besonders ziehen sich die reichsten Obsthaine (darunter auch hier noch Kastanien und Mandeln) an diesem Südfuße hin. Der ganze Taunus ist überaus reich an heilkräftigen Mineralquellen; am Südabhange: **Schlangenbad, Schwalbach, Wiesbaden, Soden, Homburg**; am Nordabhange: **Ems** und **Selters**. Reste der Römerzeit und Burgen des Mittelalters, am meisten die Rheinufer selbst, geben dem lieblichen Taunus besondere Reize; herrlich zumal der äußerste SW.-Vorsprung des Gebirges gegenüber von Bingen: der **Niederwald**, den das großartige "Nationaldenkmal" schmückt. b) Nördlich vom Taunus, entsprechend der Hochfläche der Eifel, dehnt sich die des **Westerwaldes**, meist rauh und kahl; ihren schönen nordwestlichen Vorsprung bildet das **Siebengebirge** (bis 450 m hoch), welches, von Bonn aus gesehen, dicht am Rhein in sieben stolzen Gipfeln (woher der Name) sich aufzubauen scheint; in Wahrheit sind es ihrer natürlich viel mehr. Schöner Laubwald schmückt die teils aus grauschwarzem Basalt, teils aus lichtgrauem Trachyt bestehenden Berge. Der letzte derselben thalab, nicht der höchste, aber der steilste ist der trachytische **Drachenfels**, der sich dicht am Rhein mit stolz und schön gezeichnetem Umriß erhebt. Eine Bergbahn führt bequem hinauf. Gegenüber trägt ein Vorsprung der Eifel die Ruine **Rolandseck**: im Rhein gegenüber liegt eine reizende Insel, auf der früher das Kloster **Nonnenwerth** (Schauplatz der Sage, die Schiller im Ritter Toggenburg benutzt hat) stand. c) Im N. knüpft sich durch den Gebirgsknoten des **Eder** [edder]**kopfes** an den Westerwald die Kette des **Rothaar-** oder **Rotlagergebirges**, steil nach SO., in Verzweigungen zum Rhein abfallend. Nach NO. ziehend endigt es in der 600 m hohen kalten Hochfläche von **Winterberg**, aus welcher der kegelförmige Astenberg noch 200 m höher ansteigt. Nach NO. setzen andere Hochflächen das Schiefergebirge mit den Gebirgen an der Weser in Verbindung. Das erzreiche Bergland, das sich vom Rotlagergebirge w. gegen den Rhein hin erstreckt, führt den Namen Sauerland (d. i. Süder=land). Am äußersten Nordrande gegen das Tiefland zieht sich (n. der Ruhr) der noch 300 m hohe, waldlose, aber steinkohlenreiche Haarstrang.

C. Das enge Querthal, in welchem der Rhein im Zickzack sich windet, mit seinen schroffen (seltener waldbedeckten) Schieferhöhen, seinen Reben=hügeln, Burgen, den oft aus der Römerzeit stammenden schieferdachigen Städten, ist die Strecke, welche alljährlich von einer Legion Reisender besucht wird. Von Mainz bis Bingen fließt der Rhein nach W. Rechts dehnt sich unterhalb Mainz der eigentliche Rheingau bis zum Niederwald aus. Auch zu diesem führt von Rüdesheim eine Bergbahn hinauf.

Bei Bingen beginnt der Durchbruch, früher war hier die durch Felsen unter dem Wasser gefährliche Stromschnelle des Binger Loches; jetzt ist die Stelle nach Sprengung der Klippen ungefährlich. Im Rhein der Mäuse=turm, wo der Sage nach Erzbischof Hatto von Mainz von verfolgenden Mäusen verzehrt wurde; es war aber ein Maut= oder Zollturm. Wir merken noch links: die Burg Rheinstein, durch Prinz Friedrich Karl von Preußen hergestellt; das alte Bacharach mit vielen Burgen in der Nähe (oberhalb die Burgruine Stahleck); die altertümlichen Orte Oberwesel und St. Goar, Boppard. Bei Rense versammelten sich einst die Kurfürsten des Reiches auf dem Königsstuhl, einem von sieben Gewölbpfeilern gestützten Hochsitz, um den neugewählten König dem Volke zu zeigen. Jetzt zeigt ein, zum Teil aus Resten des alten Königsstuhls zusammengesetzter Neubau noch die Gestalt des alten Nationalheiligtums. Weiter hinab Burg Stolzenfels, durch Friedrich Wilhelm IV. hergestellt, Koblenz, Andernach, die Mündung des Ahrthales, die prächtige gotische Appollinariskirche und Bonn.

Rechts: Rüdesheim, Bingen gegenüber, Asmannshausen, Kaub; dabei im Rhein die sogenannte Pfalz. Weiter abwärts, Oberwesel gegenüber, die sagenberühmte Lurlei (d. i. Lauerfels), an welcher zu=weilen unvorsichtig gelenkte Schiffe zerschellt sein mögen, was dann „mit ihrem Singen die Lorelei gethan." Um die Mündung der Lahn schöne Ruinen; endlich das majestätische Siebengebirge. Der Rhein verläßt sein Durchbruchs=thal so prachtvoll, wie er es betreten hat.

Von dem Rheinthale zwischen Mainz und Koblenz hat das Wort „Am Rhein, am Rhein, da wachsen unsre Reben" besondere Geltung; die gegen rauhe Lüfte gut geschützte Lage gerade dieses Teiles unseres Rheinthales und der für Sonnenhitze so empfängliche dunkle Schieferboden desselben (vergl. § 74, a Ende) erzeugen den edeln Trank. Unter den vielen Weinorten merke: Hochheim, noch nicht im eigentlichen Rheingau, bei der Mainmündung, Johannisberg, Geisenheim, Rüdesheim, Asmannshausen.

2) Die Zuflüsse des Rheins von der Mainmündung bis zur Tiefebene bilden Längenthäler im Schiefergebirge, welche in den Quellgegenden sanft, gegen die Mündung hin tief und steil einge=schnitten sind.

Rechts: a) Die Lahn, vom Ederkopf erst gen O., dann gen S., dann zwischen Taunus und Westerwald gen WSW. fließend. b) Die Sieg, auch vom Ederkopf, zwischen Westerwald und Sauerland. c) Die Wupper bildet ein tiefes Thal des Sauerlandes mit dichtgedrängter, gewerbfleißiger Be=

völkerung. d) Die **Ruhr** begrenzt das Sauerland im N.; Mündung schon im Tieflande. e) Die **Lippe** hat ihre sehr starke Quelle am Westabhange des Teutoburger Waldes bei **Lippspringe**, begleitet dann aber (in einiger Entfernung) den nördlichen Rand der rechtsrheinischen Abteilung des Schiefergebirges, den Haarstrang, mit ihrem linken Ufer; das rechte, wie die Mündung, gehören dem Tieflande an. Sie sind alle mit Ausnahme der Wupper auf kürzere oder längere Strecken schiffbar.

Links: a) Die **Nahe**, zwischen Pfälzergebirge und Hunsrück, mündet bei Bingen. b) Die **Mosel**, der größte linke Nebenfluß des Rheins nächst der Maas, die indes erst in das sogenannte Rhein=Delta mündet, entspringt nicht weit vom **welschen Belchen** (§ 88, 2, a), durchströmt die vom Wasgau rechts, Argonnen links, Sichelbergen (§ 81 Anf.) im S. begrenzte hügelige Hochebene von Lothringen. Schon lange schiffbar, windet sie sich zwischen Hunsrück und Eifel in einem äußerst tief eingeschnittenen Thale in höchst auffallenden Krümmungen hindurch. Sie bespült z. B. einmal die eine Seite eines Berges, macht einen Bogen von ein paar Stunden und berührt zurückkehrend nun auch die andere Seite. Ihr Thal, auch durch seine lieblichen Weine bekannt, bietet überaus romantische Partieen. Ihr größter, auch schiffbarer Nebenfluß ist rechts die **Saar** vom Wasgau. c) Die **Ahr**, welche oberhalb des Siebengebirges mündet, ist weniger wegen ihrer Größe als wegen ihres wildgroßartigen Thales zu nennen, das sie mit den merkwürdigsten Windungen in die Eifel eingeschnitten hat. Die Ahrbleicherte, vorzüglich der glühende Walporzheimer, sind beliebte Rotweine.

3) Den westlichsten Teil des Schiefergebirges durchzieht ein bedeutender Strom, der mit dem Rhein zusammen mündet. Die **Maas** entspringt am Ostrand der Hochfläche von **Langres**, unweit der Sichelberge. Sie fließt durch die Hochebene von Lothringen mitten zwischen Mosel= und Marnegebiet hin, durchschneidet in einem tiefen Thale die ganze Breite der Ardennen, und hat, besonders von Namur (wo sie links die Sambre aufnimmt) bis Lüttich, schöne Ufer. Unweit Maastricht tritt sie in das Tiefland und empfängt die aus dem Hohen Veen kommende **Roer** [rúr] — also auf welchem Ufer?

[Luxemburg, § 105, V.
Rheinprovinz, § 98, 12, a bis c.
Westfalen, § 98, 10.]

§ 91.

Das hessische, Weser- und thüringische Gebirgsland mit dem Harz.

1) Gewöhnlich sagt man, die Weser bilde sich aus zwei Flüssen, **Werra** und **Fulda**. Die Werra ist jedoch der Hauptfluß und wird nur darum von der Aufnahmestelle der Fulda ab Weser genannt, weil von da ab an ihren Ufern niederdeutsch geredet wird und die niederdeutsche Form für Werra Weser lautet (aus niederdeutsch wisaraha, d. i. Wisar= oder Weser=Fluß, wurde oberdeutsch wirar-aha,

Wirra- oder Werra-Fluß). Die Werra fließt da, wo Thüringer- und Frankenwald zusammenstoßen, aus verschiedenen Quellbächen zusammen und begleitet dann in anmutigem Thale den ganzen südwestlichen Abhang des Thüringer Waldes. Auf der linken Seite schließen das Thal die Henneberger Höhen und die Rhön. Wechselnde Richtung? Am Nordwestende des Thüringer Waldes empfängt sie rechts die Hörsel, zuerst Leine genannt, mit der Nesse. Von der Hörsel geht seit dem 14. Jahrhundert der Leinekanal über Gotha zur Nesse, und da in diesen Kanal auch ein Arm der Apfelstädt, eines Nebenflusses der Gera, geleitet ist, so findet hier eine Wasserverbindung des Weser- und Elbgebietes statt. Die Hörsel hat am rechten Ufer den in den deutschen Sagen so oft genannten Hörselberg (der treue Eckart, der Tannhäuser) und tritt in der thüringischen Pforte zwischen dem Thüringer Walde und den sogenannten Werragebirgen zur Werra. Das Werragebirge und rechts den Rand des Eichsfeldes begleitet in anmutigen Partieen die Werra bis zur Vereinigung mit der Fulda. Von der Rhön herabkommend bringt diese unter anderen Zuflüssen besonders die starke Eder vom Ederkopfe mit.

Die untere Werra, die Fulda und Eder mit ihren Zuflüssen bewässern die fruchtbaren und stark bewohnten Thäler des Hügellandes von Hessen, einer noch nicht 300 m hohen Ebene, die von schön bewaldeten, meist basaltischen Höhen unterbrochen wird. Nur auf den letzteren und den umgrenzenden Gebirgen, wie auf den noch zum rheinischen Schiefergebirge gehörenden Anteilen, ist das Klima rauh; an der obern Eder z. B. gedeiht weder Korn noch Obst in rechter Weise. Von jenen waldigen Höhen ist bemerkenswert der vereinzelt liegende Meißner, unweit des linken Werrausers, ein breiter Sandsteinrücken, aus dessen Westseite mehrere Basaltberge bis zu 750 m aufsteigen, und der Habichtswald w. von Kassel.

[Hessen-Nassau, § 98, 11.
Hessen, (Nord-), § 101, 4, b.
Waldeck, § 100, 6.]

2) Der von Münden an Weser genannte Fluß hat noch mehr als 150 km weit bergige schöne Ufer; seine Zuflüsse sind, außer der Diemel (links), unbedeutend. Die Wesergebirge, ein Gesamtname für viele einzelne Berggruppen und Bergzüge, sind meist noch nicht 500 m hoch. Sie bilden die äußerste Spitze des oft erwähnten Gebirgsdreiecks, den äußersten Vorsprung der deutschen Mittelgebirgslandschaft, der wie ein Keil in das norddeutsche Tiefland getrieben ist. Da sie wallförmig aus dem Tieflande zu einer ansehnlichen relativen Höhe ansteigen, machen sie auf das Auge einen bedeutenderen Eindruck, als manches an sich höhere Gebirge.

a) Östlich von der Weser fällt ziemlich steil gegen das Weserthal der Solling ab, von prächtigen Forsten bedeckt. Nach O. und SO. ziehen verbindende Reihen zu Harz und Eichsfeld; nach N. zu zwei andere Waldgebirge, Deister und Süntel.

b) Vom Deister und Süntel zieht sich nach NW. ein Bergzug, welcher anfangs dem rechten Weserufer parallel läuft, bis die Weser mit einer Biegung nach NO. in der breiten Weser=Scharte (Porta westfalica) eine Stunde oberhalb Minden hindurchbricht. Den rechten, niedrigeren Thorpfeiler bildet der Jakobsberg, den linken, höheren der Wittekindsberg, 200 m über dem Weserspiegel. Links setzt sich der Zug unter dem Namen der Mindener Berge noch 50 km weit nach NW. fort, als der nördlichste deutsche Höhenzug von einiger Bedeutung.

c) Südlich davon, westlich von der Weser setzt sich an das Rotlagergebirge die gen N. gerichtete Kammhöhe der Egge an, von welcher der Osning ausgeht, gewöhnlich mit dem bei römischen Schriftstellern vorkommenden Namen Teutoburger Wald genannt, ein mit herrlichen Buchenwäldern bestandener Kamm, der gen NW. niedriger und kahler wird. Der höchste Punkt ist der Velmer Stoot, im äußersten SO., 470 m, und nahe dabei (s. von Detmold) die Grotenburg, 388 m, ein waldumkränzter Berg, dessen abgerundeter freier Gipfel das „Hermannsdenkmal" trägt. Westlich von Osnabrück verläuft der Kamm in das Flachland. Zwischen dem Teutoburger Walde und der etwa 50 km entfernten Weser Hügelland; eine vorragende Kuppe mit schöner Aussicht ist der 500 m hohe Köterberg bei Pyrmont.

Das Gebiet der mittleren Weser ist der Schauplatz wichtiger Ereignisse gewesen. Wenn auch der Sieg, der unser Vaterland von Rom befreite, Armins Sieg über Varus (9 n. Chr.), nicht im, sondern südlich vom Teutoburger Wald an der oberen Lippe erfochten ist, so kämpften doch dieselben Deutschen unter Armin in den nächstfolgenden Jahren in den Wesergebirgen ihre blutigen Schlachten gegen Germanicus und fast 800 Jahre später ihre Nachkommen, die alten Sachsen, ebenda gegen Karl d. Gr.

[Lippe, § 100, 4.
Schaumburg-Lippe, § 100, 5.]

3) Thüringen, das östliche Nachbarland von Hessen besteht aus einem südlichen Gebirge (dem Franken= und Thüringer Wald), und einem ihm nordwärts vorgelagerten Hügellande, an dessen Nordgrenze sich wiederum ein Gebirge (der Harz) erhebt. Nur im W. gehört Thüringen noch dem Wesergebiet an, sonst demjenigen der Elbe durch die (thüringische) Saale, den östlichen Grenzfluß Thüringens.

a) An den Frankenwald setzt sich — wo? (§ 89, 2, b) — mit nordwestlichem Zuge der Thüringer Wald an, im SO. mehr ein Höhenrücken, im NW. jedoch ein entschiedenes Kammgebirge, über dessen Rücken (wie über den des Frankenwaldes) der Rennsteig läuft, ein bald mehr, bald weniger deutlich erhaltener uralter Grenzweg (Rainweg, woraus Rennweg oder Rennsteig) zwischen Thüringen und Franken. Die eintönigen Fichtenwälder des Frankenwaldes machen hier, besonders an den Bergabhängen und gen NW. den schönsten Laubwäldern Platz, und die Tiefe der Thäler deckt üppiger Wiesengrund. Das ganze Gebirge gehört zu dem Lieblichsten, was Mittel=Deutschland aufzuweisen hat. Die höchsten Kuppen, der Beerberg und der Schneekopf, 1000 m, liegen im Südostteile des Gebirges; gegen das Nordwestende hin ragt mit kahler Kuppe, wie eine Insel über die niedrigen bewaldeten Berge der Nachbarschaft sich erhebend, der wegen der schönen Aussicht ins Thüringerland mit Recht gerühmte Inselsberg, 900 m, empor.

b) Das thüringische Hügelland ist eine wellenförmige Hochfläche von durchschnittlich 200 m Höhe mit beckenartiger Senkung gegen Erfurt als Mittelpunkt hin, aber mit dem Wasserabfluß in n. ö. durchbrechenden Thälern. Gegen die im W. und O. begrenzenden Flüsse Werra und Saale fällt sie in steilen Rändern ab. Aufgesetzt sind der Hochfläche einzelne isolierte Höhen und mehrere Bergzüge, die von Nordwesten nach Südosten streichen, wie Hainleite und Finne, von denen n. das inselartig sich erhebende, von der Sage gefeierte Kyffhäuser Gebirge (§ 92, 4, b) liegt. Im W. erhebt sich das thüringische Hügelland zu der über 300 m hohen, rauhen und armen Hochfläche des Eichsfeldes, welche bis an den Harz hinüberreicht.

4) Der Harz.

Der Harz, ein dem Thüringer Wald in seiner Längenerstreckung ungefähr paralleles Massengebirge (§ 23, 3), besteht vorwiegend aus Grauwacke, aus der zwei größere Granitinseln (Brocken und Ramberg) und die Porphyrmasse des Auerberges emporsteigen. Der höchste Berg, der Brocken, liegt nicht weit vom Nordrande und ist 1100 m hoch. Sein breiter Gipfel (1 Stunde im Umfang) war den alten Deutschen ein heiliger Ort. Die alten Sachsen mögen manche Gefangene auf den Granitblöcken des Brockengipfels geschlachtet haben. Bei vordringendem Christentum haben die Heiden hier noch im geheimen ihren Gottesdienst gehalten und zu ihrer Sicherheit die Märchen ausgesprengt, welche immer noch nicht ganz aus dem Volksglauben verschwunden sind (1. Mai: Walpurgisnacht: Reichstag und Tanzfest des Teufels und der Hexen auf dem „Blocksberg"). Was westlich vom Brocken liegt, ist der Ober=Harz, der seine Wasser meist zur Weser schickt, mit einer Mittelhöhe von 650 m. Er ist vielfach kahl und rauh oder auch mit Nadelholz bedeckt, reich an Eisenerz und silberhaltigem Bleierz, aber nicht so schön als der östlich vom Brocken gelegene, zum Elbgebiet gehörige Unter=Harz. Dieser hat eine Mittelhöhe von 500 m, meist Laubholz, und enthält zum großen Teil die Menge bald wilder, bald reizender Partieen, die mit Recht unzählige Reisende jährlich nach dem Harze ziehen. Die höchsten Spitzen im Unter=Harz sind der Ramberg, mitten im Gebirge, als Aussichtspunkt Victorshöhe genannt, und der Auerberg nahe am Südrande, als Aussichtspunkt Josephshöhe genannt. Der Südwest= und Nordostfuß sind scharf abgeschnitten, aber sowohl in das thüringische Hügelland als in das nördliche Tiefland hinein ziehen in Zwischenräumen parallele Bergketten und bewaldete Hügel. Der Nordwestfuß verliert sich in Hügellandschaften bis zur Leine, der Südostfuß in das mansfeldische Hügelland. Viele Bewohner nährt der Bergbau und das Hüttenwesen, denn der Harz hat einen vorherrschend bergmännischen Charakter. „Wo nicht der Bergmann sein Fäustel schwingt und der Hüttenmann Erze schmelzt, begegnet man dampfenden Kohlenmeilern, Waldarbeitern aller Art und einsamen Hirten, welche die mit volltönenden Glocken geschmückten Viehherden weit in die Wälder hineintreiben. Andere Harzer nähren sich mit Spinnen des in den nördlichen Vorlanden des Harzes gebauten Flachses, verkaufen in der Ebene Holzwaren, Vögel u. s. w. und verdingen sich als Arbeiter." Ein echter Oberharzer Bergmannsspruch: „Es grüne die Tanne, es wachse das Erz, Gott gebe uns allen ein fröhliches Herz."

[Sachsen-Weimar, § 99, 2.
Sächsische Herzogtümer, § 99, 3 bis 5.
Reußische Fürstentümer, § 99, 6.
Schwarzburgische Fürstentümer, § 99, 7.]

§ 92.
Die nordöstlichen Gebirge.

1) Die Reihe der **nordöstlichen** Gebirge beginnen wir wiederum bei dem Fichtelgebirge. Sie werden von der Elbe durchbrochen, während die Oder den nordöstlichen Hang im Tieflande weithin begleitet.

a) Im NO. schließt sich an das Fichtelgebirge eine hügelige Hochfläche mit tiefen Thälern, welche den Verkehr sehr erschweren. Es ist das **vogtländische Bergland mit dem Elstergebirge**, von der Zwickauer Mulde im O., von der Saale im W. eingeschlossen.

b) Von der Zwickauer Mulde bis zum Sandsteingebirge der sächsischen Schweiz zieht das **Erzgebirge**, dessen höchste Punkte **Keilberg**, 1230 m, und **Fichtelberg**, 1200 m, im s. w. Teile liegen. Nach SSO. fällt es sehr steil ab und erscheint hier als der schroffe Rand einer von der entgegengesetzten Seite her sehr allmählich ansteigenden Erhebung. Hochebene, nur durch Thaleinschnitte unterbrochen, ist der Charakter der nördlichen Seite, auf welcher die Abdachungen, welche man wohl auch unter dem Namen des **sächsischen Berglandes** zusammenfaßt, 70—80 km weit in das Tiefland sich hinein erstrecken. Durch seinen Reichtum an Metallen, besonders Silber, gehört das Erzgebirge unter die bevorzugten Gebirge in Deutschland. Die Bevölkerung ist dichter, als in irgend einem deutschen Gebirge. Daher zeigt sich viel Armut trotz reger Betriebsamkeit, das Leben zu fristen (Spitzenklöppeln, Hausierhandel mit Rußbutten, Holzwaren u. s. w.) Besonders hoch steigt die Not, wenn in diesen rauhen Strichen einmal das Hauptnahrungsmittel, die Kartoffel, nicht gedeiht.

c) Das **Elb-Sandsteingebirge** ist eine 400 m hohe, meist bewaldete Sandsteinfläche, welche die Elbe quer durchbricht und zahlreiche Seitenbäche derselben seitlich durchfurchen. So sind die platten Gipfel, die schluchtenartigen Thäler, die kühnen Vorsprünge entstanden, welche dieser vielbesuchten Gegend den Namen „sächsische Schweiz" eingetragen haben. Die vorzüglichsten Punkte sind **links** (von der Elbe): der **Bieler-Grund** und der 200 m über dem Elbspiegel aufragende **Königstein**, der auf seinem geräumigen Gipfel eine früher für uneinnehmbar geltende Festung trägt, ein Tafelberg, wie deren beide diesem Sandsteingebirge eigentümlich sind; — **rechts**: das **Prebischthor**, ein 20 m hoher und breiter Felsenbogen, der **Große Winterberg**, eine 550 m hohe Basaltkuppe mit schöner Aussicht, das Felsenthor des **Kuhstalles**; der Tafelberg **Lilienstein**, dem Königstein gegenüber, die **Bastei**, schroff von der Elbe aufsteigend mit kühner Felsbildung und der **Uttewalder Grund**, ein anmutiges Felsthal.

d) Das **Lausitzer Gebirge** bis zur Lausitzer Neiße im O. ist eine breite Hochfläche, aus der sich einige Gipfel, wie der **Jeschkenberg**, zu 1000 m erheben. Im S. sind mehrere vereinzelt liegende Basaltkegel vorgelagert.

[Königreich Sachsen, § 99, 1.]

2) Die Sudeten bilden den langen Bergzug, welcher an der schlesisch-böhmischen Grenze von NW. nach SO. sich hinzieht. Ihre Hauptteile sind:

a) Das Isergebirge zwischen Neiße und Queis, ein öder, mooriger Kamm, ganz mit Wald bedeckt, mit der Tafelfichte am Ostende, 1100 m.

b) Das Riesengebirge bildet seiner Hauptmasse nach zwischen Queis- und Boberquelle zwei Kämme. Der nördliche Hauptkamm, auf dem die Grenze zwischen Schlesien und Böhmen läuft, hat eine Mittelhöhe von 1300 m. Aus seiner breiten, mit moorigen Wiesen und Knieholz bedeckten Platte erheben sich die felsigen Kegel der höchsten Riesengebirgsberge. Von W. nach O. der Reifträger, das Große Rad (zwischen beiden die zwei Schneegruben, zwei in den Granit der Gebirgswände gerissene schroffe Schluchten): die Große und Kleine Sturmhaube, das Kleine Rad. Alle diese Kuppen sind mit wild durcheinander geworfenen Granitblöcken überschüttet. Weiter nach O. erhebt sich auf dem breiten Gipfel des Seifenberges noch ein steiler Felsenaufsatz von 160 m: ein schmaler ausgehauener Pfad leitet zu dem abgerundeten Gipfel der Schnee- oder Riesenkoppe, die mit 1600 m die höchste Erhebung des deutschen Mittelgebirges, überhaupt Norddeutschlands, bezeichnet. Zwei Gesteinregionen stoßen hier aufeinander, denn die Schneekoppe ist aus Glimmerschiefer aufgetürmt. Daher klaffen von allen Seiten steile Abgründe um den Berg. Oben steht eine runde nach dem heil. Laurentius benannte Kapelle und zwei Wirtshäuser. Der rauhe, wilde Charakter, den besonders der Hauptkamm des Gebirges trägt, erklärt es wohl, daß es in der Volkssage als das Gebiet eines neckischen, tückischen, nur selten gütigen Berggeistes angesehen wird. (Der Herr vom Gebirge: Rübezahl.) Der südliche Kamm, der Ziegenrücken, hängt an beiden Enden mit dem Hauptkamme zusammen und wird in seiner Mitte von der Elbe in einer tiefen Schlucht durchbrochen. Der Kessel zwischen beiden Kämmen heißt die sieben Gründe. Im N. ist zwar an einigen Stellen niedriges Bergland vorgelagert (der sagenreiche Kynast), aber meistens steigt das Gebirge aus den an 300 m hohen Ebenen von Greiffenberg, Warmbrunn und Schmiedeberg rasch empor, und der Anblick einer so riesigen Gebirgsmauer ist von hier aus wahrhaft majestätisch. Die Gegenden am Fuße des Riesengebirges sind stark bewohnt; auf dem Gebirge selbst liegen zahlreiche Bauden zerstreut, hölzerne Hirtenhäuser, die zugleich als Wirtshäuser dienen; einzelne sind auch im Winter bewohnt.

c) Das Waldenburger Bergland, zwischen Bober und Weistritz, verbindet Riesen- und Eulengebirge, hebt sich im Heidelberge bis 950 m und erscheint als eine Einsattelung in dem Gesamtzuge der Sudeten. Die Schweidnitzer Hochfläche hat nur 400 m Erhebung. Darum vermittelt sie vorzugsweise die Verbindung von Böhmen und Schlesien (vergl. den Siebenjährigen Krieg und den Feldzug von 1866).

d) Das Glätzer Bergland besteht aus einer rechteckigen hügeligen Fläche, welche von höheren Randgebirgen umgeben ist. Der dem Riesengebirge zugekehrte Nordweststrand ist der niedrigste und erscheint den benachbarten Kämmen gegenüber als Einsenkung; in ihm giebt es seltsame Sandsteinbildungen (gleichartig denen der sächsischen Schweiz), welche bei dem Dorfe Adersbach ein wahres Felsenlabyrinth bilden; in schmalen Schlüften wandert man zwischen Felswänden, die an 30 m schroff aufsteigen; der Zuckerhutfelsen steht mit dem spitzeren Ende in dem Spiegel eines Baches und kehrt die breite Seite nach oben. Die gleiche phantastische Gestaltung der Felsen wiederholt sich in noch größerer Ausdehnung bei dem Dorfe Weckelsdorf. Der Südwestrand des Glatzer Kessels zeigt beträchtliche Erhebungen, so die oben tafelförmige Heuscheuer, welche aus tiefen Abgründen schroff zu 900 m emporsteigt. Am höchsten erhebt sich der Südostrand, in welchem der Schneeberg 1400 m mißt; an seinem Südfuße entspringt die March (§ 87, 4); an seinem Nordfuße die Glatzer Neiße. Diese eilt mit wildem Gefälle nach dem Nordostrande, durch den sie sich in der Spalte bei Wartha einen Weg gebahnt hat. Vom linken Ufer des Neißedurchbruchs bis zum Waldenburger Bergland zieht das Eulengebirge, in der Hohen Eule bis 1000 m sich erhebend. In dem etwa 400 m hohen Innern die Heilquellen Landeck, Reinerz, Kudowa.

c) Das mährische Gesenke ist das östlichste Glied der Sudeten und von den Bestiden (§ 80 Anf.) durch eine breite Einsattelung geschieden. Die höchste Erhebung des lang gestreckten Höhenrückens ist die sanft gerundete Kuppe des 1500 m hohen Altvater. Den Namen „Gesenke" (Jesenik b. i. Eschengebirge) trägt es von den unterhalb des Nadelholzwaldes ziemlich häufigen Eschen.

Nach N. und O. ist den sudetischen Zügen ein bergiges Vorland vorgelagert, aus dem sich zahlreiche isolierte Basalthöhen erheben, wie der Zobten, 700 m, 15 km östlich von der Schneekoppe. Die nach NO. laufenden Sudetenflüsse fallen der Oder zu, die am südlichen Ende des Gesenkes entspringt und bei Ratibor schiffbar wird; so die schon erwähnte Glatzer Neiße, die Weistritz, die Katzbach mit der Wütenden Neiße (Blücher am 26. August 1813: „Bei Katzbach an dem Wasser, da hat er's auch bewährt") — der Bober mit dem Queis. Diese beiden letztgenannten Flüsse umschließen mit ihren Thälern den höchsten und rauhesten Teil des Riesengebirges; zum Quellgebiete des obern Bober gehören der Zacken (mit dem Zackerle, der einen schönen Fall bildet) und der Kochel, dessen ebenfalls berühmtem Falle es nur in der Regel an Wasser fehlt. Die Lausitzer Neiße endlich ist der letzte Oderzufluß an den Sudeten, deren nordwestlichen Teil sie von dem Lausitzer Gebirge scheidet. — Alle genannten Flüsse, welche sich erst im Tieflande mit der Oder vereinigen, sind in ihrem Wasserstande das Jahr hindurch äußerst verschieden und führen in starkem Gefälle dem Oderbette eine Menge Geröll zu, durch das oft Sandbänke entstehen. Daher ist die Oder-Schiffahrt mit vielen Schwierigkeiten verknüpft.

[Schlesien, (preußisch), § 98, 6.
Schlesien, (österreichisch), § 103, 11.]

Im S. sind den Sudeten zwei große Hügelländer vorgelagert. Das östliche, Mähren, das Gebiet der March, ist schon § 87, 4 betrachtet: im W. ist Mähren durch die sanft gerundete Hochfläche der mährischen Höhe von Böhmen, dem zweiten Hügellande, geschieden. Dieses, ein Stufenland mit (wenn auch nicht lückenlos) es

§ 92. Die nordöstlichen Gebirge. 335

einfaſſenden Randgebirgen, beſteht im Innern aus drei großen Stu=
fen, welche deutlich geſondert von Süden zum Elbthale hinabſtei=
gen. Der Waſſervorrat ſammelt ſich in der Elbe, welche an einer
niedrigen Stelle des Randes ſich den Durchbruch erzwungen hat. Hü=
gelgruppen, oft von nicht geringer Höhe, durchziehen das böhmiſche
Binnenland, ¦welches viele ſchöne Kornauen, Obſtpflanzungen, dazu
große Waldungen und am Nordrande ergiebige Bergwerke hat.

Der Urſprung der Elbe liegt nächſt dem des Rheins unter den Quellen
deutſcher Ströme am höchſten, über 1300 m. Auf dem Südabhange des nörd=
lichen Rieſengebirgskammes ſtrecken ſich Moore, dort Wieſen genannt; viele
Quellen treten aus ihnen hervor, andere ſidern unter der dünnen Pflanzen=
decke der Wieſen. Auf der Elbwieſe nun, ſüdlich vom Großen Rade, gilt ein in
Stein gefaßter Born als Elbquelle; andere ſtrömen zu, und ſo entſteht der
Elbbach oder Elbſeifen, der bald nachher einen 65 m hohen, doch nicht ſehr
waſſerreichen Fall in eine Schlucht macht. Von O. her rauſcht ihm das noch
einmal ſo ſtarke Weißwaſſer entgegen, das auf der Weißen Wieſe im SW.
der Schneekoppe entſpringt und die Gießbäche der ſieben Gründe mit ſich ver=
einigt hat; dann erſt durchbricht der Bergfluß den ſ. Kamm. Gieb die wech=
ſelnde Richtung der ſo entſtandenen Elbe in Böhmen an. Vom Iſerkamme her
geht ihr die Iſer zu — auf welchem Ufer? — Vom Böhmer Walde die zuerſt
in einem Gebirgsthale ſüdöſtlich, dann nach N. über die Terraſſen des Binnen=
landes hinabſtrömende Moldau. Sie iſt bei der Vereinigung breiter und
waſſerreicher als die Elbe, macht dieſe erſt ſchiffbar, folgt aber der von derſel=
ben eingeſchlagenen Richtung nach NW. Vom Fichtelgebirge kommt die Eger.
Da, wo Elbe und Eger ſich vereinigen, in der Gegend von Leitmeritz, iſt das
böhmiſche Paradies, ergiebig an Getreide und Wein. Im N. der untern Eger,
durch das Bielathal vom Erzgebirge geſchieden, ragt das böhmiſche Mit=
telgebirge mit einer Menge ſchöngeformter, iſolierter Baſaltkegel, darunter
der wegen ſeiner Ausſicht berühmte Milleſchauer 840 m, der höchſte Baſalt=
kegel, den man überhaupt kennt. Eine Menge heißer Mineralquellen weiſt
wie das Vorkommen des Baſaltes auf vulkaniſche Thätigkeit hin.

[Böhmen, § 103, 9.]

4) Das Durchbruchthal der Elbe iſt ſchon § 92, 1, c geſchildert.
Das ſächſiſche Bergland begleitet die Elbe bis Meißen und bildet an=
genehme, hügelige Ufer. Damit endigt der Mittellauf: gieb ſeine
wechſelnde Richtung an! Bei Meißen tritt die Elbe in das Tiefland
ein, in welchem ſie noch bedeutende Zuflüſſe aufnimmt, die mit einer
größeren oder geringeren Strecke dem Oberlande noch zugehören und
deshalb hier aufzuführen ſind.

a) Rechts die Schwarze Elſter aus den Vorbergen des Lauſitzer
Gebirges.

b) Links α) die Mulde. Ihre beiden Quellflüſſe, die weſtliche oder
Zwickauer und öſtliche oder Freiburger Mulde, bilden mit ihren Zu=
flüſſen (worunter die wilde Zſchopau zur öſtlichen Mulde) im eigentlichen
Erzgebirge wilde, tief eingeſchnittene, im ſächſiſchen Berglande äußerſt lieb=
liche und anmutige Thäler. Ziemlich am Ausgange des Berglandes vereinigen
ſich beide Mulden. Der Fluß geht nun, immer noch mit ſtarkem Fall und

deshalb bei Überschwemmungen sehr gefährlich, der Elbe zu, welche er unterhalb Dessau erreicht. β) Aus dem Herzen Deutschlands, vom Fichtelgebirge, strömt die **Saale**. Sehr ausgedehnt ist ihr fast überall fruchtbares Flußgebiet. Ihr Thal, anfangs zwischen Frankenwald und vogtländischem Hügellande, dann am thüringischen Hügellande vorbei, ist besonders von **Saalfeld** an äußerst anmutig. Bei dem Solbade **Kösen** tritt sie durch eine schmale, militärisch wichtige Pforte in das Tiefland. Aber auch noch auf dem Unterlaufe erheben sich an einzelnen Punkten isolierte kleine Berggruppen, besonders Porphyrfelsen, so bei **Weißenfels**, ferner dicht unterhalb **Halle** (wo rechts auf steilem Felsen die Trümmer des **Giebichensteins**, einer einst starken Burg der magdeburgischen Erzbischöfe, durch Ludwigs des Springers sagenhaften Sprung bekannt) und bei **Wettin** und **Rotenburg**. Etwa 35 km unterhalb der Muldemündung ist die der Saale.

Rechts ist das Saalgebiet wegen der einengenden Mulde nicht sehr ausgedehnt. Die **Weiße Elster**, aus den nach ihr benannten Bergen (§ 92, 1, a), hat im Verhältnis zu ihrer Lauflänge nur wenige Zuflüsse; am bedeutendsten rechts die **Pleiße**. In ihrem Oberlaufe führt die Elster Perlmuscheln. Bis **Zeiz**, wo sie in das Tiefland eintritt, bildet sie ein sehr anmutiges Thal und fließt in zwei Armen oberhalb Halle in die Saale.

Links begreift das Saalgebiet zuerst mehrere Flüsse vom Nordostabhange des Thüringer Waldes. Die **Schwarza** erwähnt man wegen ihres wilden und schönen Thales, in welchem das Stammschloß der Schwarzburger Fürsten, die Schwarzburg, liegt. Ein Seitenbach eines linken Schwarza-Zuflusses führt uns in ein überaus still-trauliches Seitenthal, in welchem die malerischen Ruinen des Klosters **Paulinzelle**. Bedeutender als die Schwarza ist die **Ilm** vom Beerberge (§ 91, 3, a): ihre Mündung oberhalb der Kösener Pforte. Nicht weit unterhalb dieser Pforte mündet der wasserreichste Zufluß, der die Saale erst eigentlich groß und schiffbar macht, die **Unstrut**. Vom Eichsfelde herab strömt sie nach SO. und empfängt vom Thüringer Walde die starke **Gera**. Nun wendet sie sich nach NO. und windet sich in der Pforte von Sachsenburg und Heldrungen zwischen Bergzügen des Thüringer Hügellandes hindurch. Links nämlich fallen zwei parallele Bergzüge zu ihr ab, welche durch das Thal der zur Unstrut fließenden **Wipper** geschieden sind: südlich die **Hainleite**, mit kräftig-schönen Forsten, nördlich das **Kyffhäuser-Gebirge**, 500 m, das wieder durch die Goldene Aue, das üppige Thal des Unstrutzuflusses **Helme**, vom Harze deutlich geschieden ist. Die ausgedehnten Trümmer der alten Kaiserburg **Kyffhausen** ziehen viele Besucher auf den zur Ruine steil aufsteigenden Bergkamm. Sage vom „alten Barbarossa." Den rechten Flügel der Sachsenburger Pforte bildet der waldige Zug der **Finne** und **Schmücke**, welcher am südöstlichsten Ende die Kösener Pforte bildet. Die Unstrut fließt unterhalb ihres Durchbruchs wieder nach SO. in einem überaus anmutigen Hügellande mit schöner Wiesenumsäumung; hier die Ruinen der alten Kaiserpfalz, nachherigen Klosters **Memleben**, wo die sächsischen Kaiser oft geweilt, die Klosterschule **Roßleben** u. a. Zwischen Freiburg und Naumburg vereinigt sie sich mit der Saale.

Die Saale empfängt etwa 30 km oberhalb ihrer Mündung vom Harze die wasserreiche schnellfließende **Bode**. Bei ihrem Durchbruche in das Tiefland durcheilt diese am Ausgange des Harzes die schauerlich schöne Felsenge der **Roßtrappe** (die unter allen deutschen Gebirgspartieen am ehesten eine Vergleichung mit den Alpen zuläßt), macht in der Ebene große Krümmungen und nimmt andere Harzflüßchen in sich auf. So links die **Holzemme** vom

Brocken und rechts die **Selke**, deren sanft liebliches Thal berühmt ist. Darin der Badeort **Alexisbad**, das schön gelegene Hüttenwerk **Mägdesprung**, die wenigen Reste der Stammburg **Anhalt**; nicht weit vom Ausgang das wohlerhaltene Ritterschloß **Falkenstein**.

[Sachsen (preußische Provinz), § 98, 7.]

II. Nieder-Deutschland.

§ 93.
Boden und Gewässer.

Im NW. und NO. des oberdeutschen Mittelgebirges dehnt sich zur Ostsee und Nordsee **Nieder-Deutschland** aus, das im SW. durch die flandrischen Höhen, hügelige Ausläufer der Ardennen, nur unvollkommen vom französischen, im O. gar nicht von dem großen osteuropäischen Tieflande geschieden ist. Am schmalsten ist Nieder-Deutschland natürlich im W., zumal an der Spitze des europäischen Gebirgsdreiecks (wenig über 150 km), und man unterscheidet danach passend das **westliche** und das **östliche Nieder-Deutschland**, beide vielfach verschiedenen Charakters.

1) Das **westliche Nieder-Deutschland**, die Abdachung am Nordweststrande des genannten Dreiecks, enthält die **Schelde**, den **Unterlauf des Rheins** mit dem sogenannten **Rhein-Delta**, die **Ems**, die **Jade** und den **Unterlauf der Weser**.

a) Die **Schelde** entspringt auf den letzten Vorbergen der Ardennen. Sie ist ein vollkommener Niederungsstrom, hat wenig Gefälle, wird bald sehr tief und wasserreich und ist durch Kunst fast von der Quelle an schiffbar. Bei Antwerpen trägt sie Seeschiffe. 22 km unterhalb teilt sie sich in die breiten Wasserstraßen **Wester-** und **Oster-Schelde**; allein ein Damm, welcher durch die Oster-Schelde gezogen ist, zwingt alles Wasser durch den südlichen Arm, die sehr breite Wester-Schelde, auszuströmen.

b) Der **Rhein**, bei Bonn noch 43 m über dem Meere, beginnt schon 150 km von der Küste sich zu teilen; daß in den Verzweigungen gerade der kümmerlichste Arm den Namen Rhein behält, ist durchaus Nebensache. Die sentimentale Klage über das klägliche Ende des so schönen Stromes ist also geographisch betrachtet völlig unnütz; vielmehr schüttet kein deutscher Strom so mächtige Wassermassen in den Ozean. Die Inseln, in welche er sein Mündungsland zerschneidet, hat er nicht aufgeschüttet; er hat demnach kein Delta-, sondern eine **Ästuarienmündung** (§ 25—27 E.).

Der linke Hauptarm, die **Waal**, empfängt ⅔ der Wassermasse; dazu führt ihm die **Maas** (§ 90, 3) noch erhebliche Verstärkung an Wasser zu. Nach der Aufnahme derselben nimmt er den Namen **Merwede** an und geht in mehreren Armen in das Meer.

Der rechte Hauptarm dagegen behält den Namen **Rhein**. Nach kurzem Laufe entsendet er die **Issel** [eisel] mit dem dritten Teile seiner Wassermasse in den Meerbusen der **Zuidersee** [seuderseē]. Demnach verhalten sich in ihrer Wassermasse Waal, Rhein und Jissel wie 6 zu 2 zu 1. Nochmals indessen entzieht dem Rhein die (wahrscheinlich einst künstlich angelegte) Abzweigung des Leck mehr als die Hälfte seines Wassers, so daß nur ein spärlicher Fluß übrig bleibt, der unter dem Namen „Rhein" (auch „Alter Rhein" genannt) unterhalb Leyden durch ein Schleusenthor in das Meer geht.

In Dämme eingeschlossen, liegt der Spiegel des Rhein in den Niederlanden so hoch über dem ihn umgebenden Lande, daß er aus demselben keine Zuflüsse mehr aufzunehmen vermag. Als ein Fremder also nimmt der deutsche Strom durch die Niederlande seinen Weg.

c) Die Ems entspringt auf der durch Pferdezucht bekannten Senner Heide, wo die Egge in den Teutoburger Wald übergeht, fließt meist durch ebene, wiesige Gegenden, trägt gegen das Ende ihres Laufes Seeschiffe, tritt in den Dollart (der erst 1277 und 1278 durch das Versinken von 50 Ortschaften entstand), dann aber als Oster- und Wester-Ems (durch die Insel Borkum geschieden), 6 km breit, also schon meerähnlich, in das Meer. Welche Richtung des Laufes? Unter rechtem Winkel mündet rechts die Hase, von den letzten Ausläufern der Weserberge (§ 91, 2). Dieser Fluß hat das Eigentümliche, daß er im Oberlaufe einen Arm rechts zur Else, einem Zuflüßchen der in die Weser oberhalb Minden gehenden Werre entsendet, also eine Bifurkation (§ 29 Ende) auf deutschem Boden!

d) Die Jade, ein Küstenfluß von kurzer Entwickelung, mündet in einen nach ihr benannten Busen, der als deutscher Kriegshafen (Wilhelmshaven) an der Nordsee große Bedeutung hat.

e) Die untere Weser empfängt 100 km oberhalb der Mündung rechts ihren größten Nebenfluß, die Aller. Durchaus ein Kind des Tieflandes (Quelle unweit Magdeburg) fließt sie meist zwischen niedrigen Wiesen. Auf dem linken Ufer fallen ihr beträchtliche Zuflüsse aus dem Oberlande zu: die Oker [öler] aus einem wildromantischen Thale des Ober-Harzes mit der in vielen kleinen Kaskaden vom Brocken stürzenden Ilse, weiter hinab die Leine. Letztere, längeren Laufes als die Aller (bis zur Stelle der beiderseitigen Vereinigung), fließt vom Eichsfeld herab zwischen den Vorhöhen des Harzes und des Solling im lieblichen Hügellande dahin und nimmt mehrere Harzflüsse auf, unter welchen die Innerste der bedeutendste, aber wegen ihrer Überschwemmungen und der großen Menge bleihaltigen Schlicks der gefährlichste ist. — Auf dem linken Ufer empfängt die Weser unterhalb der Allermündung die breite schiffbare Hunte. Von da ab trägt der Strom mit Hilfe der Flut (welche noch in die Hunte tritt) Seeschiffe und zeigt Hang zur Werderbildung, die bis dahin auf seinem ganzen Laufe nicht auftrat.

Die deutsche Küste der Nordsee (welche starke Ebbe und Flut hat) ist so niedrig, daß allein durch Dämme (Deiche) dem Eindringen des Meeres Einhalt gethan werden kann; nur an wenigen Stellen der Halbinsel Holland (zwischen Nord- und Zuidersee) und im N. der dänischen Halbinsel erhebt sich in Dünen ein natürlicher Schutz. Da gilt es derbe und tüchtige Menschenarbeit, um sich vor dem gierigen Meere zu behüten; da gilt es zu beten, wie es in dem alten Spruch der Deichgrafen heißt: „Gott bewahre Damm und Diken, Siel und Bollwark und bergliken." Auch die großen Ströme, deren Bett durch Verschlämmung oft höher liegt, als die Umgegend, sind eingedeicht.

Während früher das Meer ungestört wegriß (Dollart, Zuider=see, Jabebusen im W. der Wesermündung), sucht man jetzt dem Meere noch Watten, d. i. Sand= und Thonbänke, die zur Ebbezeit bloß liegen, abzugewinnen; und solche eingedeichte Stellen oder Polder sind äußerst fruchtbar. — Die Küste ist von der Nordküste der holländischen Halbinsel an mit einer Kette niedriger Eilande gegürtet, welche als Überreste der alten Festlandsdünen anzusehen sind.

Die Reihe beginnt mit der größten Insel, Texel [tessel]. Borkum ist schon genannt. Norderney als Seebad besucht, wie auch das immer mehr von der See weggespülte Wangeroge. Die Mündungen der Weser und Elbe scheinen die Inselreihe zu unterbrechen; doch liegt vor der zwischenliegenden Landspitze das Inselchen Neuwerk und 50 km davon, nordwestlich ins Meer hinein, das in vielfacher Hinsicht merkwürdige Helgoland. Etwa 1 Stunde im Umfange, besteht es aus dem Ober= und Unterlande. Auf dem Oberlande, der 65 m aus dem Meere ragenden Platte des die kleine dreieckige Insel bildenden rötlichen Sandsteinfelsens, steht das kleine Städtchen: das Unterland, ein schmaler Küstenstreif an der Ostseite der Insel, hat glänzende Hotels für die Badegäste. Eine Holztreppe führt in die obere Stadt. ¼ Stunde östlich liegt eine große breite Sandinsel im Meere, die Düne; hier werden die Seebäder genommen („Grön is dat Land, Rod is de Kant, Witt is be Sand: Dat sind de Wapen van Helgoland"). Die Eingeborenen, ein Völkchen von ungemischtem, altdeutschem Blut und derber Biederkeit, haben viele alte Sitten und Gebräuche bewahrt und schätzen ihren Felsen über alle Länder der Welt.

Auch die Westküste Schleswigs ist bis dahin, wo die zusammenhängenden Dünen anfangen, von Inseln begleitet, welche ebenfalls Dünenreste sind; die größten sind Sylt und Föhr. Hinter denselben bilden die Reste alten Marschlandes die niedrigen Halligen. Nicht selten werden sie von der Flut überströmt; die Häuser stehen deshalb gruppenweise auf Erdaufwürfen, die man Wurten nennt; bei großen Stürmen indes erreicht auch diese das Meer mit grausiger Vernichtung — und doch geht dem Bewohner nichts über seine Hallig.

Das innere westliche Nieder=Deutschland ist im ganzen eine wagerechte Fläche, welche, ganz verschieden von der östlichen, keine großen Waldungen und keine bedeutenden Landseeen hat; denn das sogenannte Steinhuber Meer zwischen Weser und Leine, ein ganz flacher, des Namens Meer sehr wenig werter Landsee von 31 qkm Größe, ist eigentlich ein in der Entwickelung begriffenes Moor. Überaus fruchtbarer Lehmboden ist das Land im ganzen Scheldegebiete, am unteren Rhein und im sogenannten Rhein=Delta: herrlich gedeiht hier Getreide und Flachs, auf der holländischen Halbinsel besonders die Viehzucht (holländischer Käse). In den andern Teilen des westlichen Tieflandes begleitet Marschland (§ 20, 3) nur die Ufer der großen Ströme und des Meeres; auf diesem durch Deichbauten dem Wasser erst abgerungenen baumlosen, aber fetten Boden treibt seit alters der **friesische Bauer** von Nord-Holland bis West-Schleswig (Friesland im weitesten Sinne) trefflich Ackerbau und Viehzucht. Friesisches Rindvieh und friesische Pferde sind berühmt, nicht minder das holländische Vieh; die Ausfuhr von Butter ist sehr bedeutend. Bei weitem größeren Raum nimmt das von Niedersachsen bewohnte **Geestland** (§ 20, 2) ein, das zwar meist noch den Bau von Buchweizen, Gerste oder Roggen zuläßt, hie und da aber geradezu in kahle Sandeinöden, mit Heidekraut überzogen, ausartet; so zwischen der untern Elbe und der Aller auf der Hochfläche der **Lüneburger Heide** (§ 93, 2, b) und westlich von der Maas in der **Campine** bei Antwerpen. Eigentümlich sind ferner die großen **Moore**, besonders in der Umgebung der Ems, welche zu den traurigsten Strichen unseres Erdteils gehören. Sie sind spärlich mit kurzem schilfigem Moorgras, hie und da mit Binsen überdeckt; überall tritt braunes, übelschmeckendes Wasser zu Tage. Eine Totenstille ruht auf ihnen, höchstens unterbrochen durch den Ruf des Kiebitz oder durch den klagenden Laut des Moorhuhns. Oft erinnern nur die geradlinigen Einschnitte der Torfstiche und die Abzugskanäle an die Nähe der Menschen. Doch liefert die 1—6 m dicke Decke der Torfmoore in dieser (ebenfalls baumarmen) Gegend ein erwünschtes Brennmaterial; unter dem Torf hat man öfters wohl erhaltene Baumstämme oder gar Spuren von Häusern und Straßen gefunden. Der durch ganz Deutschland bemerkbare **Herauch** oder **Heiderauch** (eigentlich Heirauch von hei = trocken) steigt aus angezündeten Mooren auf, die man auf diese Weise im Mai oder Juni durch die eigene Asche düngt, um dann Buchweizen („Heidekorn") in die noch warme Asche zu säen. Die Moore sind öfters mit Sand umlagert, oder von Sandstreifen durchzogen; auf den letzteren liegen zuweilen Ortschaften, von der übrigen Welt ganz abgeschieden und noch ganz alten Gewohnheiten treu (das **Saterland** im O. der Ems). Zwischen allen geschilderten Erscheinungen des Tieflandes erinnern an die Form des Felsengebirges Blöcke von Granit und anderen Urgebirgsarten (§ 24, B), welche, wenn auch jetzt durch Menschenhand stark zerkleinert oder weggeräumt, doch noch in beträchtlicher Menge und bisweilen auch noch mächtiger Größe durch das westliche und östliche Tiefland verstreut sind; man nennt sie **erratische Blöcke** und hat die sehr unsichere Vermutung aufgestellt, daß sie als Moränenschutt (§ 22, 1) zur Eiszeit aus Skandinavien herübergekommen wären. Wo diese Geschiebe dicht gehäuft sind, erschweren sie den Ackerbau; hie und da verwendet man sie zum Bau der Häuser. — Die **Dorfschaften** haben fast im ganzen westlichen Nieder-Deutschland das

Eigentümliche, in einzelnen Höfen zerstreut zu liegen, so daß jeder Hof den Mittelpunkt der dazu gehörigen Grundstücke bildet (Immermanns Hofschulze). Im östlichen Schleswig-Holstein sind Felder und Wiesen von Wallerhöhungen eingefaßt, die man mit Bäumen und Gesträuch zu bepflanzen pflegt (sogenannte Knicks).

Das Klima ist an den Küsten feucht, schwer und regnerisch, im Winter zumeist durch den Einfluß des Meeres sehr milde; nach dem Binnenlande zu verschwindet diese Eigenschaft mehr und mehr.

[Belgien, § 105, III.
Niederlande, § 105, IV.
Hannover, § 98, 9.
Oldenburg, § 100, 3.
Bremen, § 100, 8, c.
Braunschweig, § 100, 2.]

2) **Das östliche Nieder-Deutschland** bietet schon darum ganz andere Erscheinungen dar als das westliche, weil es von zwei niedrigen Höhenzügen oder Landrücken in seiner ganzen Ausdehnung durchzogen wird.

a) **Der nördliche oder baltische Landrücken** zieht an der deutschen Ostseeküste entlang von Ost- und Westpreußen durch Pommern, Mecklenburg, Holstein und Schleswig bis zu dem Kap Skagen, der 10 m hohen Nordspitze von Jütland. Der ganze Höhenzug ist durch seinen Seenreichtum ausgezeichnet, daher wohl auch die Seenplatte genannt. Die Müritz, der Schweriner und Plöner See sind die größten Seeen auf dieser Seenplatte; erst n. von Holstein beim Weiterzug an der Ostseite der jütischen Halbinsel verliert dieser Landrücken seinen Seenreichtum. Der schönste Schmuck jedoch sind die herrlichen Buchenwälder, wo der Boden lehmig ist; wo sich der sandige Heideboden der Geest, den Mittelstreifen der jütischen Halbinsel einnehmend, ihr anlagert, verschwinden diese Wälder. Der Steilrand des Landrückens in Schleswig-Holstein hat vortreffliche Häfen (z. B. den Kieler), aber keine Flußmündungen; die flachere Abdachung desselben zur See in Mecklenburg und Pommern hat (wie die deutsche Nordseeküste) eine die Anfahrt der Seeschiffe erschwerende Flachküste und dabei nur unbedeutende Küstenflüsse; ö. von der Oder Stolpe, Wipper, Persante und Rega, w. von der Oder Ucker, Peene, Warnow und Trave. Am Südabhange bildet der baltische Landrücken das Seeenland der Uckermark. Auch isolierte kleine Berggruppen treten im S. des Landrückens auf, so der anmutige Höhenzug von Freienwalde an der Oder und die Müggelberge an der Spree.

b) **Der südliche oder karpatische Landrücken**, der seeenarme, zieht nach Deutschland zunächst von dem nördlichen Vorlande der Karpaten, dem Berglande von Sandomir, herein. Er bildet auf dem rechten Oberufer die hügelige Hochfläche von Tarnowitz und Trebnitz, über 300 m, weiter die Sandhügel des Lausitzer Grenzwalles, dann den Rücken des Fläming am rechten Elbufer, etwa 100 m, die Hellberge in der Altmark, und endigt im NW. mit der Hochfläche der Lüneburger Heide. Der Wanderer, welcher von Norden kommt, nimmt die Heide als einen ausgedehnten blauen Gebirgsstreif am Horizonte wahr, aus welchem die ihm entgegenkommenden Flüsse mit beträchtlichem Fall in tief eingeschnittenen Thälern hervortreten, während er, wenn er von Süden kommt, nichts als eine endlose Ebene vor sich sieht, deren Flüsse langsam durch einen breiten Rand von Sümpfen und Torfmooren zur Aller fließen. Die Heide ist meist sandig, mit Heidekraut bedeckt, seltener mit Nadelholz bestanden. Die Dörfer meist mit kleinen Eichenhainen umgeben. Bienen und Schafzucht; die äußerst genügsamen, vom dürrsten Heidekraut sich nährenden kleinen Heidschnucken, der „Negerstamm unter den Schafen."

c) Zwischen beiden Höhenzügen ist nun die große Bodensenke des östlichen Nieder=Deutschland.

Die Hauptflüsse im östlichen Nieder=Deutschland sind **Elbe** und **Oder**.

Die **Elbe**, die bei Magdeburg (unter derselben Breite wie die Oder) auf einer Strecke ungefähr Nordrichtung annimmt, ist bei dieser Stadt nur noch 50 m über dem Meere, fließt aber noch 370 km bis zur Mündung. In der Gegend von Hamburg (bis wohin Seeschiffe mit der Flut gelangen) und abwärts bildet sie Werder. An der Mündung 15 km breit. An Zuflüssen erhält die Elbe links aus der Lüneburger Heide die Ilmenau. Rechts ist die große, langsame und fischreiche Havel zu nennen, ein wahrer Seeenfluß. Aus Seeen entspinnt sie sich, viele Seeen durchfließt sie und erweitert sich selbst gern seeenartig. Kein Fluß ist in seiner Breite so wechselnd. Gieb ihre verschiedene Richtung an und erkläre, warum man Elbe und Havel durch den plauenschen Kanal verbunden hat! Die Spree, aus dem Lausitzer Gebirge, tritt bald in das Tiefland, bildet mit unzähligen Armen das 250 qkm (5 Q.=M.) große Inselland des Spreewaldes. Aller Verkehr erfolgt im Spreewald auf kleinen Kähnen; auf ihnen übt der Fischer sein ergiebiges Handwerk, auf ihnen führt man das Vieh zur Weide und das Heu zur Scheune, auf ihnen gleitet die Gemeinde am Sonntage zum Gotteshaus und auf ihnen beschleicht mit unhörbarem Ruderschlag der Jäger das zahlreiche Wild. Im weiteren Verlauf bildet die Spree mehrere Seeen, ähnlich der sie aufnehmenden Havel. Die Elde bringt der Elbe den Abfluß etlicher Mecklenburger Seeen. Noch weiter unten mündet die Stecknitz, aus der ein Kanal zu Trave geht; also Verbindung mit?

Die **Oder** empfängt, nachdem sie den Lausitzer Grenzwall in der Gegend der Katzbachmündung durchbrochen und die Lausitzer Neiße aufgenommen hat (§ 92, 2 Ende), von links her keine bedeutenden Zuflüsse; dazu sind ihr die Spree (zu ihr der Friedrich=Wilhelms=Kanal) und die Havel (zu ihr der Finow=Kanal) zu nahe. Aber rechts kommen ihr von dem nördlichen Vorlande der Karpaten große Flüsse zu. Die Warthe (zur Hälfte ihres Laufes dem russischen Polen angehörig) mit der Netze ist fast so groß wie die Oder selbst. Von der Verbindung mit der Warthe an zeigt die Oder Hang zur Teilung, zur Lachen= und Inselbildung, durchbricht in anmutiger Thalfurche den baltischen Landrücken und ergießt sich endlich, nachdem sie sich kurz vorher im Papenwasser seeartig erweitert, in das Große oder Stettiner Haff. Es ist dasselbe ganz dem Frischen und kurischen ähnlich, nur, statt durch Nehrungen, durch vorgelagerte Inseln, Usedom im W. und Wollin im O., vom Meere geschieden. Die hierdurch gebildeten drei Fahrstraßen pflegt man wohl auch Mündungen der Oder zu nennen: die östliche Divenow, die mittlere Swine, mit dem tiefsten Fahrwasser, die westliche Peene (weil gegenüber der oben genannte Küstenfluß mündet).

Oder, Elbe und Weser haben in den Verhältnissen ihres Stromsystems merkwürdige Ähnlichkeit. Denn wie die Oder ihre meisten Nebenflüsse, und zwar Gebirgsströme, auf ihrer linken Seite erhält, und nachdem diese bei der stärksten Ausbiegung des Hauptstromes gegen W. aufgehört haben, rechts einen einzigen bedeutenden zweiarmigen Niederungsstrom empfängt, so erhält auch die Elbe bei ihrer entschiedensten Wendung gen W. links die Mulde und Saale, dann aber auf dieser Seite keinen irgend erheblichen Zuwachs mehr, dagegen nun auf der rechten Seite einen zweiarmigen, größtenteils der Niederung angehörenden Strom, die Havel mit der Spree. Eben so hat die Weser auf dem linken Ufer nur unbedeutende Zuflüsse, auf dem rechten fließt ihr der große Nebenfluß, die Aller mit der Leine, zu. Alle Flüsse des deutschen Tieflandes haben das Eigentümliche, daß sie das Stromgebiet der zunächst östlich gelegenen Flüsse durch einen rechten Zufluß nahe berühren. So der Rhein das Wesergebirge durch die Lippe, die Weser das Elbgebiet durch die Aller, die Elbe das Odergebiet durch Havel und Spree, die Oder das Weichselgebiet durch Warthe und Netze.

Eine weitere Übereinstimmung zeigen die drei Ströme in den Veränderungen der Richtung ihres Laufes: alle drei fließen zuerst gen NW., biegen dann scharf nach N. ab, um endlich doch wieder in die nordwestliche Richtung zurückzukehren. In vorhistorischen Zeiten wurde diese dauernd beibehalten: damals floß die Elbe durch das Bett der Aller zur Wesermündung ab, die Oder durch das Bett der Spree und Havel zur Elbemündung. Erst seitdem die Oder den Lausitzer Grenzwall, die Elbe die teilweis felsigen Magdeburger Höhen durchgraben, konnten die Ströme in ihre jetzige Laufsrichtung einlenken.

In der Bodensenke der niedern Elbe und Oder liegen fruchtbare Marschen nur an den großen Flüssen, oft erst durch Dämme und Abzugsgräben aus Sümpfen in fetten Acker verwandelt. So an der Elbe die kornreiche Magdeburger Börde, rechts an der Eldemündung die Lenzener Wische, urbar gemachte Brüche an der Havel, der Oder, Warthe und Netze. Sonst herrscht magerer Sandboden (Geestland) entschieden vor: die Wälder, besonders im O. der Elbe, bestehen meistens aus Kiefern, etwa mit Birke untermischt. Manche Sandstrecken, die für den Acker ganz unbrauchbar sind, machen mit ihrem spärlichen Kiefergestrüpp einen ganz traurigen Eindruck.

Um schließlich einen Gesamteindruck über die Verhältnisse der deutschen Tiefländer zu gewinnen, so merke, daß, wenn Nord- und Ostsee um 66 m stiegen, die höchsten Gegenden von Holstein, das mittlere Mecklenburg und Pommern als Inseln hervorragen, die übrigen Teile des östlichen und westlichen Flachlandes bis an den Rand des südlichen Landrückens von den dann verbundenen Meeren bedeckt sein würden.

Das Klima des östlichen Nieder-Deutschlands ist wegen des Zusammenhanges mit dem großen osteuropäischen Tieflande und der Entfernung vom offenen atlantischen Ozean weit kontinentaler (§ 72 Mitte) als das des westlichen, wo man, je näher nach den Niederlanden um so ausschließlicher, den Kamin statt des Ofens gebraucht findet. Vollends gegen das wärmere Süd-Deutschland bemerkt man hier im Eintritt der Jahreszeiten, im Ziehen der Zugvögel einen Unterschied von 3 bis 4 Wochen. Störche und Schwalben z. B. kommen im Neckarthale vier Wochen früher an, als am Ostseestrande.

Denn giebt auch im Herbst und Wintersanfang die Ostsee viel Wärme an das Nachbarland ab, so entzieht sie ihm wieder, wenn im Frühling die Strömung der schmelzenden Eismassen des bottnischen Meerbusens südwärts gegen die deutsche Küste treibt, viel Wärme, so daß die Frühlingstemperatur an der pommerschen, mehr noch an der preußischen Küste sehr erheblich herabgedrückt wird.

[Hamburg, § 100, 8, b.
Mecklenburg, § 100, 7.
Pommern, § 98, 2.
Brandenburg, § 98, 1.
Anhalt, § 100, 1.
Posen, § 98, 5.
Westpreußen, § 98, 4.
Ostpreußen, § 98, 3.]

3) Die jütische Halbinsel (vergl. § 83, b) wird der ganzen Länge nach an ihrer Ostküste von dem baltischen Landrücken durchzogen, der hier nur wenige höhere Punkte bis etwa 130 m hat. Er ist Wasserscheide zwischen Ost- und Nordsee. Zur letzteren geht die wasserreiche Eider, an der Mündung 10 km breit, durch den Kieler Kanal mit der Ostsee verbunden. Die Ostseeküste ist von sechs gassenartigen Buchten (Föhrden) eingeschnitten, in deren innerstem Winkel regelmäßig eine Stadt liegt, da der Verkehr vom überseeischen Ausland her den Wasserweg als den bequemsten so weit wie möglich verfolgt und der innerste Teil jeder Bucht für Hafenanlagen zugleich der geschützteste ist.

[Schleswig-Holstein, § 98, 8.
Lübeck, § 100, 8, a.]

III. Die Staaten deutscher Nationalität.

§ 94.
Das deutsche Volk.

In dem nun nach seinen natürlichen Verhältnissen geschilderten deutschen Lande wohnten schon in vorchristlicher Zeit Völker deutscher Abkunft. Über Donau und Rhein drängten sie die Kelten zurück; nach O. reichte ihr Gebiet weit über die Weichsel hinaus. Den Namen Germanen scheinen sie von den Kelten erhalten zu haben, man will ihn als „die im Osten Wohnenden" erklären. Mehr indes hat vielleicht die Ableitung von dem litauischen Worte germe (dichter Wald) — also „Urwaldbewohner" für sich. Den Römern wurde der Name erst spät, wie Tacitus bezeugt, bekannt. Die Deutschen selbst hatten für die Gesamtheit ihrer Volksgenossen keinen gemeinsamen

Namen. Der Name „Deutsche" ist erst nach dem Aussterben der Karlinge zu allgemeiner Anwendung gekommen. In viele Stämme zerspalten, teilten sie das Land in Gaue und wohnten zerstreut in Gehöften; nur Jagd und Krieg war dem freien Manne anständig, Ackerbau der Knechte Sache. Nur für den Krieg wählten sie einen Herzog, der das Heer führte (zog). Nicht in menschlicher Gestalt, aber inbrünstig fromm verehrten sie den Allvater Wodan und dessen Söhne, den Donnergott Donar (Donnerstag) und den Kriegsgott Ziu oder Tio (Dienstag), ferner die Freia als Göttin der Ehe (Freitag) und andere.

Eine eigentümliche Wanderlust oder die Not des Lebens, zuweilen auch verheerende Naturereignisse führten zu verschiedenen Zeiten deutsche Stämme an die Grenze der Römerprovinzen. (Kimbern und Teutonen. Ariovist.) Lange Zeit war es den Römern schrecklich, dem hünenhaften deutschen Krieger mit seinen großen blauen Augen, seinem rötlich-blonden Haare, wenn er mit Schlachtgeheul auf ihn losstürzte, standzuhalten. Auf dem Höhepunkte seiner Macht (15 v. Chr.) ist es dem Römerreiche gelungen, das Land südlich von der Donau zu besetzen (Provinzen Vindelicien, Rätien und Noricum), auch einen Landstrich von Regensburg bis zur Lahnmündung durch einen Pfahlgraben von dem übrigen Germanien abzuschneiden; aber das Land östlich vom untern Rhein und weiter konnten sie nie dauernd überwältigen (Varus und Armin, § 91, 2).

Bald kehrte sich das Verhältnis sogar so um, daß die Deutschen als die gefährlichsten Feinde des sinkenden Reiches auftraten. Erzähle (nach § 76, 4 und § 81 Mitte), wie unter den Stürmen der Völkerwanderung das Römerreich im W. unterging, und führe die von Deutschen auf seinen Trümmern gegründeten Reiche auf! Bei so großer Ausbreitung nach außen hatten die Deutschen in großer Zahl das Land östlich der Elbe verlassen; in diese infolge dessen dünner bevölkerten Gegenden rückten nun seit dem 6. Jahrhundert die ostwärts wohnenden Slaven nach, welche nur zum Teil hernach wieder haben zurückgedrängt werden können.

Die Deutschen teilen sich nach der mit der Landesnatur merkwürdig zusammenstimmenden Sprachentrennung (§ 85 Ende) in Ober- und Niederdeutsche. Mit dem weicheren Nieder- oder Plattdeutschen hat das Flämische, Dänische, das deutsche Element im Englischen (§ 82, I) Ähnlichkeit, das Holländische ist sogar eigentlich nur ein Dialekt der niederdeutschen Sprache. Am rechten Ufer der obern Oder, ferner im nordöstlichen Pommern, an der obern Spree bis gegen die Lausitzer Neiße, im Gebiet der Warthe und Netze, im böhmisch=mährischen Hügellande, zum Teil in den Thälern der Drau und Save sitzen Slaven; um die Rheinquellen und den obern Inn Romanen, ein kleiner Rest romanisierter Räter, der ein verdorbenes Latein (Ladinsch und Rumaunsch genannt) spricht. Die Wallonen an der Maas reden eine Art Platt=Französisch.

Von jeher ist bei den Deutschen das Stammesbewußtsein in so hohem Grade ausgebildet gewesen, daß ein allgemeines Volksbewußtsein sich erst sehr spät hat ausbilden können. Damit haben wir einen großen Fehler unseres Volkes bezeichnet, der selbst heute noch nicht völlig verschwunden ist. Kaum ein anderes Volk ist so oft unter sich gespalten, ja gegeneinander in den Waffen gewesen. Statt sich bewußt zu sein, ein großes teures Vaterland zu haben, an das man sich anschließen, das man mit seinem Herzen festhalten müsse, zeigte und zeigt sich eine Bewunderung des Ausländischen, die, wie einer unmutig bemerkt, in „Nachäffung sowohl fremder Kleider als Wortflicken, in Verachtung des guten Einheimischen" übergeht, „das ja nicht weit her ist." Haben wir so unsere Fehler gerügt, so dürfen wir auch auf die Vorzüge unseres Volkes hinweisen. Ausländer fühlen sich unter dem deutschen, biederen, treuherzigen, geraden und gutmütigen Volke sehr wohl und übersehen gern die mitunter ihm fehlende Umgangsgewandtheit, mit welcher andere Völker, wie Franzosen oder Polen, zu prunken lieben. Dabei kann der Deutsche kühn fragen: In welchem Lande ist wahre Bildung so allgemein bis in die untersten Volksmassen verbreitet? Welches Volk darf sich so tüchtiger Leistungen auf allen Gebieten des Wissens rühmen, wie das deutsche?

§ 95.
Das heilige römische Reich deutscher Nation.

Erzähle nach dem bei Frankreich (§ 81 Mitte) Mitgeteilten, wie das deutsche Volk der Franken ein Reich gründete, wie dies unter Karl dem Großen sich weit ausdehnte, wie es 843 unter seine drei Enkel geteilt ward! Die Nachkommen Ludwigs des Deutschen, die karlingischen Könige, regierten Deutschland als sogenanntes ostfränkisches Reich bis 911; sie hatten Lothringen zu ihrem Reiche gebracht, und auch nach Gründung des eigentlichen Deutschen Reiches durch Heinrich I. (919—936) hielt man dieses vielfach zu Frankreich hinneigende westrheinische Herzogtum, jedoch nicht ohne wiederholte Kämpfe, beim Reich. Aber die größte Plage waren damals die verheerenden Einfälle der Ungarn (§ 80, 1), der Normannen (§ 83, a), der Slaven an der Elbgrenze (§ 94 Ende). Unter solchen Nöten löste sich das ostfränkische Reich beinahe auf; der schwache letzte Karling, Ludwig das Kind, herrschte nur dem Namen nach, und die fünf großen deutschen Stämme der Franken, Sachsen, Bayern, Schwaben, Lothringer, schirmten sich unter eigenen Herzögen. Einer derselben, der tapfere Herzog Heinrich von Sachsen, erlangte seit 919 auch im Gebiet der übrigen Stammesherzöge die Oberhoheit und wurde ebendadurch der eigentliche Gründer des Deutschen Reiches, welches er durch Böhmen und das Wendenland rechts der Elbe erweiterte, durch die erste Besiegung der Ungarn (auf dem Unstrutrieb 933) befriedete. Mit ihm beginnt die Reihe der sächsischen Könige und Kaiser (bis 1024). Sein großer Sohn Otto I. erwarb Italien und verband mit dem deutschen Königtum die römische Kaiserwürde (§ 76, 4). Unter den fränkischen oder salischen Kaisern, 1024—1125, erhielt das römische Reich deutscher Nation seine weiteste Ausdehnung. Das bedeutende Königreich Burgund oder Arelat (§ 81 Mitte und § 81, IV, 12) wurde 1032 durch Personalunion mit dem Deutschen Reiche verbunden und damit die Macht des deutschen Königs bis an die Rhone und den Golfe du Lion erweitert. Die Slaven waren bis über die Oder hinaus unterworfen (später im 13. Jahrhundert gehörten auch die Länder der deutschen Ritter und der Schwertritter an der Ostsee bis zum finnischen Busen zum Reich), sogar Ungarn, Dänemark und Polen standen einige Zeit in einem gewissen Abhängigkeitsverhältnis. Das neue römische Kaisertum war des alten nicht unwürdig.

Daß es nicht so blieb, dazu wirkte mancherlei zusammen. Das mächtige Kaisergeschlecht der Hohenstaufen, 1138—1254, zersplitterte seine Kraft in den Kämpfen mit den Päpsten und den italienischen Städtebünden (§ 76, 4). Um sich in Deutschland vor Unruhen zu wahren, hatte es die großen Lehen, die Herzogtümer, möglichst zerteilt, aber auch um sich Anhang zu erhalten, die Erblichkeit der Lehen zugestanden. „Die kaiserlose, die schreckliche Zeit" des Interregnums (bis 1273) war sehr geeignet, das kaiserliche Ansehen zu schwächen und die Macht der Lehnsträger in die Höhe zu bringen. Während daher in Frankreich das Königtum am Ende des Mittelalters über die Vasallen gesiegt hatte und groß und mächtig in die neuere Zeit trat (§ 81 Mitte), war es in Deutschland gerade umgekehrt. Wenngleich seit 1438 die römisch=

deutsche Krone in einer Familie, der der Habsburger, blieb, so klagte doch schon vor der Reformation Maximilian I. darüber, daß der römische Kaiser über Könige regiere, d. h. über Vasallen, die sich immer mehr als unabhängige Landesherren zu fühlen und aufzuführen anfingen. Freilich war er auch nicht der Mann, es zu bessern. Unter seinem Nachfolger Karl V. (§ 74, b) spaltete sich Deutschland in einen katholischen und protestantischen Teil. Ein Jahrhundert darauf kam es zwischen beiden zum 30jährigen Kriege, 1618—1648. Von der Zeit ab mischten sich Fremde in Deutschlands Angelegenheiten; gedenke vor allem hier der Franzosen. Einzelne deutsche Länder stiegen wohl zu Macht und Größe (vornehmlich Brandenburg-Preußen), aber Deutschland als Ganzes, als Reich sank mit dem kaiserlichen Ansehen, das bei jeder Kaiserwahl durch eine dem Neugewählten abgeforderte Wahlkapitulation immer mehr beschränkt ward, und mit der zunehmenden Zersplitterung zu einem kraftlosen Schattenbilde herab. Den Sturm der napoleonischen Zeit hielt das morsche Gebäude nicht aus. Nachdem 16 deutsche Fürsten mit Napoleon I. 1806 zu dem Rheinbunde zusammengetreten waren und auf dem Reichstage zu Regensburg in der Feriensitzung des 1. August 1806 sich feierlich von dem heiligen römischen Reiche losgesagt hatten, erklärte der Gesandte des Übermütigen, daß sein Herr das Deutsche Reich nicht mehr anerkenne. Daraufhin erklärte denn der letzte römisch-deutsche Kaiser, Franz II. am 6. August 1806, daß er die deutsche Krone niederlege, und daß „das reichsoberhauptliche Amt und Würde" erloschen sei.

Das Deutsche Reich bestand am Ende des vorigen Jahrhunderts aus 1762 freien Reichsständen, von denen 296 teils für sich, teils bankenweis auf dem Reichstage stimmberechtigt waren. Die einzelnen Länder waren zehn Reichskreisen zugewiesen, nämlich 1) dem österreichischen, 2) bayrischen, 3) schwäbischen, 4) oberrheinischen, 5) kur- oder niederrheinischen, 6) burgundischen, 7) westfälischen, 8) obersächsischen, 9) niedersächsischen, 10) fränkischen Kreise. Böhmen, Mähren, Schlesien, Lausitz, die Reichsritter gehörten zu gar keinem Kreise. Die Reichsstände waren seit 1663 zu einem beständigen Reichstage in Regensburg versammelt und ratschlagten unter dem Vorsitze eines kaiserlichen Kommissars in drei von einander getrennten Kollegien. a) Das erste und vornehmste war das der Kurfürsten, d. h. der Reichsfürsten, die das Recht hatten, den römischen Kaiser zu küren, d. h. zu wählen. Nach der Goldenen Bulle, einem 1356 gegebenen Reichsgesetze, sollten deren sieben sein: drei geistliche, die Erzbischöfe von Mainz (der Primas von Germanien und Reichskanzler), Köln, Trier — und vier weltliche, Pfalz, Böhmen, Sachsen, Brandenburg. (Später kamen noch Bayern und Hannover dazu.) b) Das reichsfürstliche Kollegium bestand aus geistlichen Fürsten, als Erzbischöfen, Bischöfen, gefürsteten Äbten, aus weltlichen Fürsten verschiedenen Ranges, zusammen über 90. Von diesen hatte jeder eine besondere oder, was dasselbe sagt, eine Virilstimme. Dann kamen nicht gefürstete geistliche Reichsstände, in die rheinische und schwäbische Bank oder Kurie geteilt. Sie hatten zusammen nur zwei Stimmen, Kuriatstimmen. So zerfielen auch die Reichsgrafen in die schwäbische, fränkische, westfälische und wetterauische (§ 89, 2, b) Bank und hatten vier Kuriatstimmen. (Die Reichsritter führten keine Stimme.) c) Das Kollegium der Reichsstädte, damals 51 Städte stark, jede mit einer Stimme. — Macht, Einfluß und Einnahme des Kaisers beschränkte sich zuletzt nur auf weniges; aber dem Namen nach war er doch immer der einzige Souverän (der niemand als seinen Oberen anerkennt) in Deutschland, wie denn seiner auch überall im Kirchengebet gedacht ward. Die kaiserliche Krönung in Frankfurt (früher in Aachen) erinnerte mit der altertümlichen Pracht, mit der Krone und dem Schwerte Karls des Großen, an die alte Zeit. Noch immer verrichteten dabei (durch Gesandte) die Kurfürsten ihre Erzämter, während dem Kaiser von Reichsgrafen im Römer (Rathause) aufgetragen wurde (vgl. die schöne Beschreibung der Kaiserkrönung in Goethes „Dichtung und Wahrheit"). In des Kaisers Namen sprachen auch die obersten Gerichtshöfe in Deutschland Recht; der Reichshofrat in Wien und das Reichskammergericht in Wetzlar. Am meisten erschien die Schwäche des Reiches in kriegerischen Zeiten: die äußerst buntscheckige und nur zu Kriegsläuften aufgebotene Reichsarmee konnte sich mit regelmäßig disciplinierten Heeren nicht messen.

Im Grunde erhielt das Reich schon den Todesstoß, als 1801 das linke Rheinufer an Frankreich abgetreten werden mußte. Um nämlich die verlierenden Fürsten zu **entschädigen**, wurden durch den „jüngsten Reichsschluß" vom 27. April 1803 alle **geistlichen Staaten** (mit einer Ausnahme) **säkularisiert**, d. h. in weltliche Gebiete verwandelt, auch den meisten Reichsstädten die Reichsfreiheit genommen. Zugleich wurde, namentlich infolge der Stiftung des **Rheinbundes**, dem sich nach Napoleons Siegen über Preußen auch die norddeutschen Staaten (außer Preußen) anschließen mußten, eine große Anzahl von Reichsständen, die früher **reichsunmittelbar** gewesen waren, durch ihre mächtigeren Nachbarn der Unabhängigkeit beraubt und der Souveränetät einzelner Rheinbundsfürsten untergeordnet. Man nennt solche Herzöge, Grafen und Herren, die ihre Titel und Eigengüter behalten haben, aber nicht mehr regieren, **mediatisierte**.

§ 96.
Der deutsche Bund.

Nach dem Sturze Napoleons I. wurde das alte Reich nicht wiederhergestellt, sondern 36 souveräne deutsche Staaten traten zu einem **Staatenbunde** zusammen, dem sich nach einiger Zeit auch die übrigen 3 deutschen Souveräne anschlossen. Die **Bundesakte**, am 10. Juni 1815 unterzeichnet, nennt als Zweck des deutschen Bundes „die Erhaltung der äußern und innern Sicherheit Deutschlands und der Unabhängigkeit und Unverletzlichkeit der deutschen Staaten." Der Bund umfaßte gegen 11 500 Q.-M. (630 000 qkm) mit 46 Mill. E., davon ⅘ Deutsche und ⅕ Slaven. In Frankfurt a/M. hielt der Bundestag seine Sitzungen. Österreich hatte in dieser Versammlung von Vertretern aller deutschen Staaten den Vorsitz, es war die überwiegend einflußreiche „Präsidialmacht." Stimmte die Versammlung, wie man sagte, in pleno, so hatte jeder der 39 Staaten eine oder mehrere Stimmen. Für die meisten Fälle ward aber im engeren Rate gestimmt; dann waren nur 17 Stimmen vorhanden, darunter 10 Virilstimmen und 7 Kuriatstimmen. Die Bundesarmee, zu der jeder Staat sein Kontingent stellte, zerfiel in zehn Armeecorps und eine Reservedivision, zusammen über 300000 Mann. Bundesfestungen waren Mainz, Luxemburg, Landau, Ulm und Rastatt.

Das Sturmjahr 1848 beseitigte den Bundestag, der hauptsächlich dazu gedient hatte, den deutschen Bund in Schwäche und Abhängigkeit von Österreich zu erhalten. Allein dem rücksichtslosen Andrängen Österreichs gelang es, schon 1850 ihn wieder ins Leben zu rufen. Und nun ging sein Bestreben vornehmlich dahin, das aufstrebende Preußen niederzuhalten: was auch auf fast 16 Jahre ihm noch gelang.

Zu dem deutschen Bunde gehörten zuletzt folgende 33 Staaten:
1) **Das Kaisertum Österreich** mit seinen deutschen Kronländern: Nieder-Österreich, Ober-Österreich, Steiermark, Salzburg, Böhmen, Mähren, Österreichisch-Schlesien, Kärnten, Krain, Görz mit Istrien und Triest, Tirol.
2) Das Königreich Preußen mit den Provinzen Brandenburg, Pommern, Schlesien, Sachsen, Westfalen, Rheinprovinz.
3) **Das Königreich Bayern.**
4) **Das Königreich Sachsen.**
5) **Das Königreich Hannover.**
6) **Das Königreich Württemberg.**
7) **Das Großherzogtum Baden.**
8) **Das Kurfürstentum Hessen.**
9) **Das Großherzogtum Hessen.**
10) Das Großherzogtum Mecklenburg-Schwerin.
11) Das Großherzogtum Sachsen-Weimar.
12) Das Großherzogtum Mecklenburg-Strelitz.
13) Das Großherzogtum Oldenburg.
14) Das Großherzogtum Luxemburg und Herzogtum Limburg, zum Königreich der Niederlande gehörig (ersteres jedoch nur durch Personalunion, d. h. durch die Gemeinsamkeit der Person des Regenten, mit demselben verbunden).
15) Die Herzogtümer Holstein und Lauenburg.
16) **Das Herzogtum Nassau.**
17) **Das Herzogtum Braunschweig.**
18) **Das Herzogtum Sachsen-Meiningen.**
19) **Das Herzogtum Sachsen-Altenburg.**
20) **Das Herzogtum Sachsen-Coburg-Gotha.**

21) Das Herzogtum Anhalt.
22) Das Fürstentum Schwarzburg-Rudolstadt.
23) Das Fürstentum Schwarzburg-Sondershausen.
24) Das Fürstentum Waldeck.
25) Das Fürstentum Reuß ältere Linie.
26) Das Fürstentum Reuß jüngere Linie.
27) Das Fürstentum Schaumburg-Lippe.
28) Das Fürstentum Lippe.
29) Das Fürstentum Liechtenstein.
30) Die freie Stadt Lübeck.
31) Die freie Stadt Bremen.
32) Die freie Stadt Hamburg.
33) Die freie Stadt Frankfurt am Main.

I. Das Deutsche Reich.

§ 97.

Allgemeines.

Ein halbes Jahrhundert hindurch hatte der deutsche Bund die Kraft des deutschen Volkes in Fesseln gehalten: da machte Preußen ein Ende. Am 14. Juni 1866 erklärte es den Bund für aufgelöst, da im Widerspruch mit dessen Zweck (§ 96 Anf.) Österreichs Antrag auf eine Kriegserklärung gegen Preußen an diesem Tage vom Bundestag angenommen und damit der Bundesvertrag gebrochen worden war. Durch großartige Waffenthaten warf Preußen in wenigen Wochen seine sämtlichen Gegner zu Boden, und der Frieden zu Prag (23. August 1866) entschied den Austritt Österreichs aus dem Verbande der deutschen Staaten.

Zunächst schloß Preußen mit den übrigen Staaten Nord-Deutschlands den Norddeutschen Bund (auch vom Großherzogtum Hessen gehörte zu demselben die nördliche Hälfte), und mit den außerhalb dieses Bundes stehenden süddeutschen Staaten Bayern, Württemberg, Baden, sowie mit Hessen Schutz- und Trutzbündnisse gegen auswärtige Feinde; erhalten blieb von früher her nur ein Band der außerösterreichischen Staaten deutscher Nation: der deutsche Zollverein, die wertvolle Schöpfung Preußens, die keine hemmende Zollschranke innerhalb des Vereins duldete.

Frankreichs Neid auf die beginnende Wiedergeburt deutscher Einheit, welche schon die ausgezeichneten Heereseinrichtungen Preußens über ganz Nord-Deutschland ausgedehnt hatte, führte zur Kriegserklärung des Kaisers Napoleon III. gegen Preußen am 19. Juli 1870. Wie ein Mann erhob sich hierauf Deutschland dies- und jenseit der „Mainlinie", da die süddeutschen Staaten, dem mit

Preußen geschlossenen Bündnisse getreu, sofort ihre Truppen unter den Befehl des Königs von Preußen stellten. Einig und darum mächtig wie nie zuvor zerschmetterten die Deutschen mit furchtbaren Schlägen die Heere des Erbfeindes auf dessen eigenem Boden, und als die Sieger nach sechsmonatlichen Kämpfen ruhmbekränzt aus Frankreich heimkehrten, begrüßte sie ein endlich auch politisch geeinigtes Vaterland. Noch mitten in den letzten schweren Stürmen des Feldzuges hatte sich am 1. Januar 1871 Nord- und Süd-Deutschland zu einem einigen Deutschen Reiche zusammengeschlossen und am 18. Januar 1871 nahm König Wilhelm I. von Preußen im Schlosse von Versailles (§ 81, I, 1 Ende) auf die einmütige Einladung aller deutschen Fürsten und freien Städte die **deutsche Kaiserkrone** an. Dadurch war Deutschland ein Kaiserreich geworden, nicht wie ehemals ein Wahlkaiserreich, sondern ein **Erbkaisertum unter der Dynastie der Hohenzollern** (Kaiser Wilhelm II.).

Die durch Aufrichtung des neuen Reiches verbundenen Staaten sind:

die 4 Königreiche:
    1) Preußen.
    2) Bayern.
    3) Sachsen.
    4) Württemberg.

die 6 Großherzogtümer:
    5) Baden.
    6) Hessen.
    7) Mecklenburg-Schwerin.
    8) Sachsen-Weimar.
    9) Mecklenburg-Strelitz.
    10) Oldenburg.

die 5 Herzogtümer:
    11) Braunschweig.
    12) Sachsen-Meiningen.
    13) Sachsen-Altenburg.
    14) Sachsen-Coburg-Gotha.
    15) Anhalt.

die 7 Fürstentümer:
    16) Schwarzburg-Rudolstadt.
    17) Schwarzburg-Sondershausen.
    18) Waldeck.
    19) Reuß ältere Linie.

20) Reuß jüngerer Linie.
21) Schaumburg-Lippe.
22) Lippe.
die 3 freien Städte:
23) Lübeck.
24) Bremen.
25) Hamburg.
das Reichsland:
26) Elsaß-Lothringen (von Frankreich abgetreten im Frieden zu Frankfurt a/M., 10. Mai 1871).

Außer durch Elsaß-Lothringen ist der neue deutsche Bundesstaat gegenüber dem früheren Staatenbunde vergrößert durch Schleswig und die Provinzen Ostpreußen, Westpreußen und Posen, verkleinert dagegen durch die Ausscheidung der deutschen Kronländer Österreichs, sowie durch diejenige Liechtensteins, Luxemburgs und Limburgs.

Der Flächenraum des Deutschen Reiches beträgt 540598 qkm (9818 Q.-M.), die Einwohnerzahl 49.4 Millionen, so daß an Bevölkerung das Deutsche Reich von keinem europäischen Staat außer dem russischen, an Gebietsausdehnung es nur von Rußland und Österreich-Ungarn übertroffen wird.

Der Überschuß der Protestanten im Norden des Reiches ist größer als der der Katholiken im Süden desselben; im ganzen besteht die Einwohnerschaft des Deutschen Reiches zu 60.5 Prozenten aus Protestanten, zu 34.6 Prozenten aus Katholiken.

Die große Mannigfaltigkeit von Staaten des Deutschen Reiches beruht auf der historischen Entwickelung, aber sie gründet sich in ihren Hauptzügen auf die Bodengestaltung Deutschlands. Wir haben oben (§ 35) gesehen, daß in der Ebene Staaten sich am leichtesten bilden, da sich hier am wenigsten örtliche Hindernisse dem Einigungsstreben der Bewohner entgegenstellen. So gewinnen sie auch in der Ebene vorzüglich Dauer und Ausdehnung. Daher sind auf den beiden einzigen bedeutenden Ebenen Deutschlands die beiden größten Staaten des Reiches — also welche? — erwachsen. — Umgekehrt bleiben in kleinstaatlicher Absonderung voneinander die Bewohner nur da, wo die Bodengestalt zahlreiche Schranken zwischen ihnen aufrichtet. Nirgends ist aber in Deutschland der Boden wechselvoller gestaltet und durch Höhenzüge mehr zerteilt, als in Thüringen und auch im Weserberglande. Dies sind daher die Stellen, wo die Kleinstaaten sich erhalten haben und in Gruppen, — dort 8, hier 3 — zusammenliegen. — Für die freien Städte war die

Nachbarschaft des Meeres maßgebend. Lübeck sank mit der Hansa (§ 100, 8); Hamburgs Blüte beruht auf der guten Zufahrt und auf der vortrefflichen Elbstraße, die tief in ein wohlhabendes Hinterland hinüberführt. —

Dadurch daß die 25 deutschen Staaten zu einem „Bundesstaat" zusammengetreten sind, haben sie nur teilweise auf ihre Souveränität, d. h. ihre staatliche Selbständigkeit, zu Gunsten der Gesamtheit verzichtet. Ganz und gar unter Reichsverwaltung steht allein Elsaß-Lothringen; im übrigen Reichsgebiet werden nur folgende Dinge gemeinschaftlich seitens der Reichsgewalten geregelt: das Militärwesen nebst der Kriegsmarine und (bis auf Bayern und Württemberg, die darin für sich stehen) das Post- und Telegraphenwesen, ferner die Reichs-Gesetzgebung, der Schutz des deutschen Handels im Ausland und der deutschen Seeschiffahrt, endlich die Münzen, Maße und Gewichte.

Die Reichsgewalten sind:

1) Der Kaiser; er hat das Reich nach außen hin zu vertreten, also Krieg im Namen des Reiches zu erklären, Friedens- und Bündnisverträge zu schließen und für die dauernde Besorgung der Reichsinteressen in den außerdeutschen Staaten Gesandte und Konsuln zu bestellen; ferner steht ihm die Oberleitung des Heerwesens und die Ernennung des obersten Leiters der Reichsgeschäfte, des Reichskanzlers, zu.

2) Der Bundesrat, bestehend aus Vertretern sämtlicher 25 Regierungen; Preußen hat im Bundesrat 17 Stimmen, Bayern 6, Sachsen und Württemberg je 4, Baden und Hessen je 3, Mecklenburg-Schwerin 2, die übrigen Staaten je 1 (Summe der Stimmen: 58); bei Stimmengleichheit entscheidet der Kaiser. Zustimmung des Bundesrats ist erforderlich bei jeder Kriegserklärung, außer wenn ein Angriff auf Reichsgebiet geschehen ist.

3) Der Reichstag, bestehend aus den Abgeordneten des deutschen Volks; je 100 000 Einwohner wählen einen Abgeordneten für eine Periode von fünf Jahren. Der Kaiser beruft den Reichstag jedes Jahr nach der Reichshauptstadt Berlin, damit er (neben dem Bundesrat) über die Gesetzgebung und Verwaltung des Reiches Beratung pflege.

Jeder körperlich tüchtige Deutsche ist nach zurückgelegtem 20. Lebensjahr zum Dienst im deutschen Heer verpflichtet; ein Loskauf von der naturgemäßen Pflicht gemeinsamer Vaterlandsverteidigung ist nicht erlaubt. Die Friedensstärke des deutschen Reichsheeres beträgt 491 825 Mann, die Kriegsstärke dagegen $1^1/_2$ Millionen; davon bilbet die Feldarmee die eine Hälfte, die Ersatz= und Besatzungstruppen die andere. Hierzu kommt noch im Bedarfsfalle die Landwehr mit 700000 Kriegern. Endlich zählt die Kriegsmarine 77 Kriegsschiffe mit 537 Geschützen; darunter sind 27 Panzerschiffe; dazu 150 Torpedoboote. Sie führt die schwarz=weiß=rote Flagge mit dem preußischen Adler und dem eisernen Kreuz. Reichskriegshäfen sind der Kieler Hafen und Wilhelmshaven am Jadebusen (§ 93, 1, d).

Das Wappen des deutschen Reiches zeigt einen einköpfigen Adler mit dem preußischen Adler auf der Brust; darüber schwebend die Kaiserkrone.

Das Deutsche Reich ist die erste **Landmacht** Europas. Ackerbau ist die Hauptbeschäftigung seiner Bewohner; fast die Hälfte derselben lebt von ihm. Industrie wird hauptsächlich da betrieben, wo der Boden (Kohlen, Eisen, Holz, Wasserkraft) sie begünstigt, oder wo er zu arm ist, seine Bewohner zu ernähren (Erzgebirge, Ober=Schlesien). — Von den Bewohnern wohnen ³/₅ auf dem Lande, ²/₅ in Städten. Seit einem halben Jahrhundert nimmt indes die städtische Bevölkerung beständig zu auf Kosten der ländlichen; daher die starke Entwickelung der Industrie auch in den Großstädten. —

Merke endlich noch die **überseeischen deutschen Schutzgebiete**:

in Afrika: Togoland, Kamerun, Deutsch=Südwestafrika (Küste und Binnenland von Kap Frio bis zum Oranienfluß), Deutsch=Ostafrika (Küste und Binnenland vom Umbafluß bis zum Kap Delgado);

in Australien: Kaiser Wilhelmsland auf Neu=Guinea, Bismarck=Archipel, die nördlichen Salomonen, die Marshall=Inseln, die Insel Nauru.

§ 98.
Das Königreich Preußen.

Im Gebiete des Deutschen Reiches giebt es nur ein ausgedehntes Tiefland: die norddeutsche Ebene. Daher konnte nur auf diesem Boden ein **Großstaat** sich bilden (§ 35). Ihn zu schaffen war schon das Ziel Heinrichs des Löwen; allein durchgeführt haben das Werk erst die Hohenzollern. So hat es eine natürliche Grundlage, daß Preußen, der Staat des norddeutschen Tieflandes, die Neugestaltung und Leitung des ganzen Deutschland übernommen hat. Denn es war der einzige Staat innerhalb Deutschlands, der nach den natürlich gegebenen Verhältnissen dazu fähig und berufen war.

23*

Langsam entwickelte sich der preußische Staat, um dann, nachdem er in sich Kraft gewonnen, rasch zu seiner jetzigen großen Machtstellung emporzusteigen.

Der geringe Anfang war die Nordmark oder Mark Salzwedel, hernach Altmark genannt, welche Heinrich I., der Begründer der Machtstellung Deutschlands, am linken Ufer der mittleren Elbe gegen die Slaven anlegte. Markgraf Albrecht der Bär, aus dem Hause Anhalt oder Askanien, erweiterte im 12. Jahrhundert seine Besitzung bis an die Havel und Spree und nannte sich nun Markgraf von Brandenburg. Unter seinen Nachfolgern, die 1320 ausstarben, waren viele tüchtige Regenten: sie unterwarfen die Wenden bis über die Oder hinaus. Nicht gleich glückliche Zustände erlebte die Mark unter den bayrischen (1323—1373) und den Luxemburger Markgrafen (1373—1415). Da vergab sie Kaiser Sigismund, ihr damaliger Besitzer, an den Burggrafen von Nürnberg, Friedrich, aus dem fränkischen Hause Hohenzollern. Mit dem neuen Herrscherhause wurde Ordnung und Ruhe in der Mark wieder hergestellt, die sich nun unter den hohenzollerschen Kurfürsten immer mehr vergrößerte. Bedeutender Zuwachs kam 1618 durch Vereinigung des Herzogtums Preußen mit der Mark Brandenburg, wenn auch zunächst nur durch das Band der Personalunion.

Die eigentlichen Preußen (Pruzzen oder Porussen), deren dem Litauischen (§ 72 Ende) nächstverwandte Sprache um 1700 erlosch, waren ein undeutsches Heidenvolk, wohnhaft zwischen der untern Weichsel und dem kurischen Haff. Sie unterwarf der Orden der deutschen Ritter in heißen Kämpfen (1230—1283) zugleich dem Christentum und der eigenen Herrschaft. Sitz des Ordens-Hochmeisters war seit 1309 Marienburg an der Nogat (§ 84, 2, a). Aber dem mächtigen polnischen Nachbar war der Orden nicht gewachsen; im 15. Jahrhundert ging die Westhälfte des Ordenslandes (Westpreußen) an Polen verloren, und als der Hochmeister Albrecht von Hohenzollern 1525 lutherisch wurde und das Ordensland (Ostpreußen) in ein weltliches Herzogtum verwandelte, stellte er sich unter polnische Lehnsoberhoheit. Erst der Große Kurfürst Friedrich Wilhelm erstritt die Unabhängigkeit von Polen (1660 bestätigt im Frieden zu Oliva). Sein Sohn, Kurfürst Friedrich III., nahm von diesem seinem außerdeutschen Besitztum 1701 als Friedrich I. den Titel „König in Preußen" an.

Friedrich II., der Große, 1740—1786, des letzteren Enkel, erhob den Doppelstaat Brandenburg-Preußen durch die Eroberung Schlesiens (von Österreich) und die ruhmvolle Behauptung des Eroberten gegen halb Europa zur Großmacht und verband seine beiden Hauptländer erst zu einem Ganzen, indem er bei der ersten Teilung Polens 1772 **Westpreußen**, das alte deutsche Land, zurückgewann. Nach seiner Zeit wuchs Preußen, welches 1640 erst 1435 Quadratmeilen (80 000 qkm) umfaßt hatte, namentlich durch die zweite und dritte Teilung Polens, 1793 und 1795, bis über 6000 Quadratmeilen (330 000 qkm) — aber bald nachher kam böse Zeit. Napoleon besiegte Preußen, und **Friedrich Wilhelm III.** sah im Frieden zu Tilsit 1807 sein Reich auf 2800 Quadratmeilen (160 000 qkm) mit 5 Mill. Einw. heruntergebracht; jedoch weder König noch Volk verzagten. „**Mit Gott für König und Vaterland**" erhob das Volk sich mit einer Kraft, in einer heldenmütigen Aufopferung, von der die Geschichte wenig Beispiele weiß, im Frühjahr 1813 gegen die Franzosen (Aufruf des Königs „an Mein Volk" vom 17. März 1813), gleich anfangs mit Rußland, hernach auch mit Österreich vereint. Siegreich ging Preußen aus dem Befreiungskriege hervor, erwarb viel Verlorenes wieder, gab die früher besessenen polnischen Länder großenteils auf und erhielt dafür namentlich Länder am Rhein und $^2/_5$ von Sachsen. Eine bedeutende Vergrößerung und zugleich Zusammenhang in sein bisher mitten durchgeteiltes Gebiet brachte Preußen der Krieg, welchen es 1866 gegen Österreich und dessen Verbündete führte (§ 97 Anf.). Eine rasche Folge glänzender Siege führte zu den in Prag mit Österreich und in Berlin mit den deutschen Staaten abgeschlossenen Friedensverträgen. Bayern und das Großherzogtum Hessen traten einige unbedeutende Bezirke an Preußen ab, welches sich Hannover, Kurhessen, Nassau und Frankfurt, sowie die Elbherzogtümer einverleibte.

Preußen hatte im Jahre 1810 Einwohner: 4 498 000,
    =   =   =   =   1820   =   11 272 000,
    =   =   =   =   1830   =   12 988 000,
    =   =   =   =   1840   =   14 929 000,
    =   =   =   =   1850   =   16 608 000,
    =   =   =   =   1860   =   18 265 000,
    =   =   =   =   1870   =   24 568 000,
    =   =   =   =   1880   =   27 279 000,
    =   =   =   =   1890   =   29 959 000.

Jetzt regiert König **Wilhelm II.** über 348 000 qkm (6300 Q.-M.) mit rund 30 Mill. E., wovon ungefähr $^2/_3$ **Protestanten** und $^1/_3$ **Katholiken** sind. Diese letzteren machen in der Rheinprovinz, Posen und Westfalen die Mehrzahl, in Westpreußen und Schlesien die kleinere Hälfte, in den übrigen Provinzen nur einen kleinen

Anteil aus. Der Abstammung nach sind 26 2/3 Mill. Deutsche, 2 3/4 Mill. Slaven, 150000 Litauer, etwa 100000 Dänen, 1/3 Mill. Juden.

Am 31. Januar 1850 verlieh Friedrich Wilhelm IV. dem Lande eine konstitutionelle Verfassung. Nach dieser steht dem König allein die vollziehende Gewalt zu. Die gesetzgebende Gewalt wird gemeinschaftlich durch den König und durch zwei Häuser ausgeübt. Das Herrenhaus besteht aus den volljährigen Prinzen des königlichen Hauses, den vormals reichsunmittelbaren Fürsten und Herren, teils erblich, teils lebenslänglich bestellten Vertretern des großen Grundbesitzes, der großen Städte und der Universitäten. Das Haus der Abgeordneten besteht aus 432 aus indirekter Wahl (Urwähler, Wahlmänner) hervorgegangenen Vertretern des Volks überhaupt.

1) **Provinz (Markgrafschaft) Brandenburg**, 40000 qkm (724 Q.-M.) 4,1 Mill. E.

a) Berlin. In der Mittelmark, in einer flachen und sandigen Gegend auf beiden Seiten der Spree, 33 m über dem Meeresspiegel, liegt die Hauptstadt Preußens und des Deutschen Reiches, Berlin, einen besondern Verwaltungsbezirk innerhalb der Provinz bildend. Im Mittelalter lagen hier zwei völlig getrennte Städte; am rechten Ufer der Spree Berlin, auf einer Spreeinsel Köln, beide durch die Lange (Holz-) Brücke verbunden. Im Jahre 1307 vereinigten sich beide Städte zu gemeinsamer Verwaltung, und der Name der größeren Teilgemeinde Berlin verdrängte allmählich den von Köln. Seit der Mitte des 15. Jahrhunderts wurde die Residenz des Kurfürsten von Spandau nach Berlin verlegt. Im Jahre 1640 hatte Berlin 6000 E. Aber der Große Kurfürst erbaute im NW. von Köln die Neustadt oder Dorotheenstadt. Bei seinem Tode hatte Berlin schon 20000 E. Friedrich Wilhelm I. baute im SW. von Köln die ganz regelmäßige Friedrichsstadt. Bei dem Regierungsantritte Friedrichs des Großen hatte die Stadt 90000, bei seinem Tode 147000 E. Besonders mehrte sich die Einwohnerzahl nach dem Befreiungskriege unter Friedrich Wilhelm III. Innerhalb der früheren Backsteinmauer hatte die Stadt bereits einen Umfang von 20 km. Aber als nach der Mitte unseres Jahrhunderts Berlin selbst über Wien zur volkreichsten Stadt Deutschlands, endlich zur deutschen Kaiserstadt heranwuchs, wurde jener Raum zu eng; längst umgaben massenhafte Neubauten die ehemalige Mauergrenze, so daß man letztere samt den durch sie hindurchführenden Thoren, mit Ausnahme des Brandenburger Thores und seiner Victoria, nunmehr beseitigt hat. — Die Anlage und Bauart der einzelnen Stadtteile ist sehr verschieden; wir beschreiben kurz die Gegend, welche den Glanz- und Mittelpunkt der Stadt ausmacht. Die Brücke zwischen Berlin und Köln heißt noch immer von der Zeit her, wo sie über die sumpfigen Spreeufer führte, die Lange, obwohl es jetzt längere giebt; jetzt ist sie von Stein und mit dem Erzbilde des Großen Kurfürsten geziert, daher auch Kurfürstenbrücke genannt. Im SW. führt sie auf den Schloßplatz, dessen NW.-Seite das mächtige Viereck des königlichen Schlosses bildet. Mit seiner entgegengesetzten Hauptseite stößt das Schloß an den Lustgarten, der, jetzt mit der Reiterstatue Friedrich

Wilhelms III. geschmückt, auf der gegenüberliegenden Seite vom alten Museum abgeschlossen wird; hinter diesem das neue Museum und die Nationalgalerie, vor welcher die Reiterstatue König Friedrich Wilhelms IV. steht. Westwärts vom Schloß führt uns die mit Marmorbildwerken verzierte Schloßbrücke über den andern die Spreeinsel Köln umschließenden Flußarm in eine platzartige Straße, die von lauter Prachtbauten eingefaßt ist: rechts von der Ruhmeshalle, der Universität und dem Akademiegebäude; links von dem ehemals kronprinzlichen Palais und dem Opernhause. Zu beiden Seiten des Platzes die Standbilder der Helden der Befreiungskriege, vor der Universität diejenigen der Brüder Alexander und Wilhelm von Humboldt. Nun folgt gen Westen die schöne Straße: „Unter den Linden." Ihren Anfangspunkt bezeichnet das eherne Reiterstandbild Friedrichs des Großen, ein Meisterstück Rauchs; das erste Haus der südlichen Häuserreihe war einst das einfache Wohnhaus des ersten deutschen Kaisers. Die Straße ist 55 m breit und mit einer vierfachen Reihe von Linden und Kastanien bepflanzt. Unter rechten Winkeln wird sie von andern Hauptstraßen geschnitten — so von der 3½ km langen Friedrichsstraße — und endigt im Pariser Platz am Brandenburger Thore, das nach dem Muster der Propyläen gebaut ist (§ 79, 2, b, η). Vor demselben dehnt sich 7 km weit der Tiergarten, mit den Marmorstandbildern Goethes, König Friedrich Wilhelms III. und seiner Gemahlin, der Königin Luise, ein Park mit mannigfaltigsten Gartenanlagen, auch dem zoologischen Garten; schon aber wächst die Stadt auch in den Tiergarten hinaus, gerade mit ihren freundlichsten villenartigen Anlagen; dem Brandenburger Thor nahe schmückt hier den Königsplatz am Saume des Tiergartens die hohe, zur Erinnerung an die ruhmvollen Feldzüge von 1864, 1866, 1870/71 errichtete Siegessäule. Berühmte Plätze in der Stadt: der Wilhelmsplatz mit den Standbildern der Helden Friedrichs des Großen, der Schillerplatz mit dem Schauspielhause, der reichgeschmückte Belle-Allianceplatz. Die Zahl der Einwohner beträgt 1 600 000 (auf 63 qkm oder 1⅐ Q.-M.).

b) Regierungsbezirk Potsdam und zwar:

α) in der Mittelmark: Potsdam, 26 km von Berlin, von Havel und Havelseeen umflossen, in anmutig hügeliger Gegend, einst ein armes Fischerdorf, noch 1688 mit nur 1200 E., durch die Könige zu einer schönen, regelmäßigen Stadt umgeschaffen; 54 000 E., wovon ein erheblicher Teil Militär. In der Garnisonkirche die Gruft Friedrichs des Großen, in dem Mausoleum neben der Friedenskirche diejenige Kaiser Friedrichs; westlich von Potsdam das Lieblingsschloß des „alten Fritz", Sans-Souci, mit Terrassenanlagen und prächtigen Wasserwerken. In der Umgegend noch andere Lustschlösser, namentlich das Neue Palais und das liebliche Schloß Babelsberg am breiten Havelspiegel; auf einer Höhe vor der Stadt das „astrophysikalische Observatorium." An der Vereinigung von Spree und Havel die Festung Spandau, Berlins nächster Hort, 45 000 E.; an der Spree Charlottenburg, 77 000 E., Schloß und Mausoleum, in welchem Friedrich Wilhelm III. mit der Königin Luise und ihr Sohn Kaiser Wilhelm I. ruhen. Auf mehreren Havelinseln Brandenburg, unter dem Namen Brannibor schon als Wendenstadt bedeutend, hernach lange Zeit die erste Stadt der Mark und Bischofssitz; 38 000 E. 14 km nach SO. von Brandenburg Lehnin, früher ein reiches Kloster mit der Gruft der askanischen Markgrafen. Bei Fehrbellin (Hakenberg), 45 km nordnordöstlich von Brandenburg, schlug der Große Kurfürst 1675 die Schweden. Neu-Ruppin, in der Grafschaft

Ruppin, die erst 1524 an Brandenburg kam. Teltow, zwischen Berlin und Potsdam; 1 Stunde südöstlich davon, bei dem Dorfe Großbeeren, wurden 1813 die Franzosen zurückgeschlagen, die Berlin den Untergang gedroht. Im Obergebiete der Badeori Freienwalde an einem Oberarm, in anmutiger Gegend (§ 93, 2, a). Unweit davon Eberswalde, mit Forstakademie, und in der Nähe die Klosterruine Chorin, auch eine alte Markgrafengruft.

β) In der Priegnitz Hauptstadt Perleberg. Havelberg, auf einer Insel der Havel, früher Bischofssitz. Wittstock, Schlacht 1636.

γ) In der Uckermark, an dem durch Seeen sich ziehenden Küstenflusse Ucker, Prenzlau. Schwedt? —

δ) Früher sächsisch: Jüterbog; bei dem nahen Dorfe Dennewitz Schlacht 1813. Fabrikstadt Luckenwalde.

c) Regierungsbezirk Frankfurt:

α) In der Mittelmark: Frankfurt an der Oder in freundlicher Landschaft, 56000 E., bedeutende Handelsstadt. Eine Stunde östlich Kunersdorf, wo Friedrich 1759 den Österreichern und Russen unterlag.

β) In der Neumark: Küstrin, am Zusammenfluß von? — fast überall von Wasser und Sümpfen umgeben, starke Festung. 10 km nordöstlich von Küstrin Zorndorf, wo Friedrich der Große 1758 einen glänzenden Sieg über die Russen erfocht. Größer als Küstrin ist Landsberg an der Warthe, 28000 E. Unter den kleineren Orten Sonnenburg, östlich von Küstrin, eine Ballei (Güterabteilung) des Johanniter-Ordens (§ 78, 2). Züllichau, mit berühmtem Pädagogium und Waisenhause.

γ) In der früher sächsischen Nieder-Lausitz war Luckau die Hauptstadt. Guben an? — mit 29000 E., ist aber größer. Sorau. Kottbus an? — 35000 E., das aber schon seit dem 15. Jahrhundert zu Brandenburg gehörte. In beiden Städten Tuchmanufakturen. Spreewald (§ 93, 2). Hier wohnen noch, durch der Umgegend von Kottbus in die preußische und sächsische Ober-Lausitz hin (bis südwärts von Bautzen) etwa 80000 Wenden, die ihre slavische Sprache und zum Teil auch ihre Tracht noch bewahrt haben.

2) Provinz (Herzogtum) Pommern, 30000 qkm (550 □.-M.), 1,5 Mill. E. Die hier regierende, früher mehrfach verzweigte Herzogslinie starb 1637 aus. Nach alten Verträgen hätte das ganze Land sogleich an Brandenburg fallen müssen; allein im westfälischen Frieden bekam der Große Kurfürst nicht einmal die ganze rechts von der Oder gelegene Hälfte, Hinterpommern, das übrige nahmen sich die Schweden. Erst 1679 wurde die brandenburgisch-schwedische Grenze bis an die Oder westwärts vorgerückt, erst 1720 bis an die Peene. Und fast ein Jahrhundert später (1815) wurde endlich auch der westliche Teil von Pommern, Neu-Vorpommern, preußisch.

a) Der östliche Teil der Provinz macht den Regierungsbezirk Köslin aus, einen der am spärlichsten bevölkerten Striche der Monarchie; denn hier wohnen nur 40 Menschen auf dem Quadratkilometer. Er begreift:

α) den größten Teil des schon 1648 an Brandenburg gekommenen (vorher zum Herzogtum Pommern gehörigen) Hinterpommern, worin die Handelsstädte Stolp, 24000 E., an der Stolpe, die 17 Kilometer davon bei der Mündung den Hafen von Stolpmünde bildet, und Rügenwalde.

Südlich landeinwärts (unweit des Städtchens Schlawe) die Herrschaft Varzin. Im Binnenlande auf der Seeenplatte Neu=Stettin.

β) Das ebenfalls 1648 erworbene säkularisierte Bistum Kammin: darin Köslin selbst, unweit des 144 m hohen Gollenberges, und unweit der Persantemündung Kolberg mit Seebefestigungen und dem Hafen Kolbergermünde (See= und Solbad). Ebenso mutvoll, wie gegen die Russen im Siebenjährigen Kriege, verteidigte sich Kolberg im Franzosenkriege 1807 (Gneisenau und der Bürger Nettelbeck).

γ) Im Süden zwei Kreise der Neumark.

δ) Im äußersten Osten die früher polnischen Gebiete Lauenburg und Bütow. Hier die wenig zahlreichen Kassuben, ein slavischer, mit den Polen sprachlich sehr nahe verwandter Stamm.

b) Der Regierungsbezirk Stettin bildet den mittleren Teil der Provinz. Rechts von der Oder ein Stück von Hinterpommern: darin die frühere Hauptstadt von ganz Hinterpommern, Stargard, 24000 E. Südwestlich davon das weizenreiche Pyritz mit dem Ottobrunnen. Bischof Otto von Bamberg, der Pommern Apostel, vollzog hier 1124 die erste Heidentaufe. An der Divenow (§ 93, 2) Kammin, mit dem Dome des vorher erwähnten Bistums. Treptow an der Rega mit einem Gymnasium, das nach dem pommerschen Reformator Bugenhagen genannt ist. Links von der Oder ein Stück von Vorpommern, bis an die Peene, von den Schweden am Ende des zweiten nordischen Krieges abgetreten. Hier die Hauptstadt der ganzen Provinz, Stettin, auf und am Abhange zweier Hügel, am linken Ufer der hier in vier Arme geteilten Oder; auf einer Oderinsel die Vorstadt Lastadie. Die Bauart der inneren Stadt ist altertümlich, die ausgedehnten Vorstädte dagegen sind sehr schön gebaut; auch die Umgegend ist durch Hügel, Wiesen und Flußinseln sehr angenehm (§ 93, 2). Bedeutende Handelsstadt, 116000 E. Für große Seeschiffe ist der Hafen in Swinemünde auf der Insel Usedom, mit künstlichen, in das Meer geführten Molen; auch als besuchtes Seebad bekannt. Unweit die Badeörter Heringsdorf auf derselben Insel und Misdroy auf der Insel Wollin. Im NW. von Stettin Anklam an der Peene. Nahe der mecklenburgischen Grenze Demmin. — Die heidnischen Pommern sollen an den Odermündungen oder auf den Oderinseln zwei berühmte Handelsstädte gehabt haben, Julin und das sagenhafte Wineta. Die erstere, das spätere Wollin, ward zerstört, die zweite versank der Sage nach ins Meer. Fischer zeigen noch im NO. von Usedom die Stelle, wo es gestanden, und wollen bei hellem Wasser die Spitzen der Häuser und Kirchen gesehen haben.

c) Der Regierungsbezirk Stralsund, der nordwestliche Teil der Provinz. Merke als Universitätsstadt Greifswald, 22000 E. Das alte feste Stralsund, an dem Wallenstein sein Pulver vergebens verschossen, ist eine wahre Wasserstadt; an der einen Seite der schmale Strelasund zwischen dem Festlande und Rügen, an der anderen Seeen und Teiche; nur an drei Enden schmaler Zusammenhang mit dem Lande. Häuser altertümlich, mit den Giebeln nach der Straße, schöne alte Kirchen, 28000 E. In ½ Stunde kann man von Stralsund nach der fruchtbaren und schönen Insel Rügen, 1100qkm (20 Q.=M.) groß, hinüber fahren. Ziemlich in der Mitte bietet der Rugard bei Bergen einen herrlichen Aussichtspunkt, unweit der Südküste winkt in reizender Lage das Seebad Lauterbach bei Putbus; und die südöstliche Halbinsel Mönchgut hat für die Beobachter alter, eigentümlicher Volksgebräuche viel Interessantes; aber die meisten Besucher kommen nur bis zu dem Jagdschlosse in der Granitz, von dessen hohem Turme herab man eine prachtvolle Aussicht auf die vielfach von Meeresbuchten zerschnittene Halbinsel hat. Auf Jasmund, dem nach NO. halbinselartig vorspringenden Buckel der Insel, ist die Stubbenitz, ein herrlicher Buchenwald mit einem waldumschlossenen See, den man Hertha=See benannt hat, weil man (unbewiesenermaßen) auf ihn Tacitus' Bericht vom altdeutschen Kultus der Hertha (Nerthus) beziehen zu können meinte. Ganz nahe dabei die Stubbenkamer (d. i. Stufenfels), ein 130 m hoher Vorsprung rein weißer Kreide, wie solche auf weite Strecken den schroffen Ost= und Nordabhang der Stubbenitzplatte zur See verschönert. Vor dem Südende der Stubbenitz das Seebad Saßnitz. Wittow ist der nördlichste Buckel der Halbinsel, die nördlichste Spitze davon das nur 55 m hohe, einsame Vorgebirge Arkona. Hier stand das Hauptheiligtum des slavischen Götzen Swantewit nahe dem jetzigen Leuchtturm. Um Rügen noch andere kleine Inseln, wie Hiddensee; vor der Peenemündung der Ruden, in dessen Schutze Gustav Adolf 1630 landete.

3) **Provinz Ostpreußen**, 37000 qkm (671 Q.=M.), 2 Mill. E. Die natürliche Geographie und die geschichtlichen Verhältnisse dieser und der folgenden Provinz siehe § 84, Anf. und Mitte; 98, Anf.

a) Regierungsbezirk Königsberg. Die Haupt= und Residenzstadt Königsberg, eine starke Festung, liegt am Pregel, 8 km von seiner Mündung. Der bei weitem größte Teil, die Stadtteile Altstadt und Löbenicht, liegt auf dem ansteigenden nördlichen Ufer, daher viele Straßen schief und abhängig. Ziemlich in der Mitte das Schloß, und nördlich davon (aber noch innerhalb der Stadt) der 12 ha haltende Schloßteich mit anmutigen Umgebungen. So bietet Königsberg auf der einen Seite fast ländliche Reize, auf der andern das Bild einer großen Handelsstadt. Als solche erscheint es besonders im Stadtteil Kneiphof, der auf einer Pregelinsel liegt. Mit allen Stadtteilen hat Königsberg 162000 E. Universität. — Von der Seeseite her deckt Königsberg die Festung Pillau, am Meereingange des Frischen Haffs. — An den Strand von Pillau bis zu der scharfen Ecke zwischen beiden Haffs, die Küste der alten Landschaft Samland, wird am reichlichsten Bernstein angespült, ein gelbes, durchsichtiges Baumharz einer vorweltlichen Kiefer, in welchem bisweilen kleine Insekten eingeschlossen sind. Er findet sich an der ganzen Ostseeküste, aber bei weitem am meisten an der preußischen, und zwar auch im Binnenlande (in demselben tertiären Thon, aus welchem das Meer ihn von seinem Grunde aufwühlt); daher verlegt man sich jetzt mehr darauf, den Bernstein, namentlich an der samländischen Küste, im Lande zu graben. Schon die Alten kannten den Bernstein, und die Phönizier sollen ihn von der preußischen Küste geholt haben; daß er durch Zwischenhandel zu Lande bis an das Mittelmeer kam, ist gewisser. Die Alten nannten den Bernstein Elektron, weshalb die zuerst am Bernstein beobachtete Naturkraft Electricität genannt worden ist. — Am Frischen Haff Frauenburg, der Bischofssitz des katholischen Ermlandes. Hier war Niklas Koppernigk (Coppernicus) Domherr (§ 4). Braunsberg mit dem Lyceum Hosianum. Am Meereingange des kurischen Haffs, unweit der russischen Grenze, die Handelsstadt Memel. Wir fügen einige historisch denkwürdige Orte hinzu. Durch Verträge des Großen Kurfürsten mit Schweden und Polen sind Labiau und Wehlau im O. der Hauptstadt merkwürdig; im preußisch-französischen Kriege 1807 wurde besonders an der Alle, einem bedeutenden linken Zuflusse des Pregel, gekämpft: Schlachten bei Preußisch-Eylau und Friedland im SO. von Königsberg.

b) **Regierungsbezirk Gumbinnen.** Gumbinnen ist eine von König Friedrich Wilhelm I. sehr regelmäßig angelegte Beamtenstadt, in dem Striche, den man Preußisch-Litauen nennt; östlich von Gumbinnen Trakehnen, das Hauptgestüt der preußischen Monarchie. Weit größer als Gumbinnen ist Tilsit am? — in der fetten Tilsiter Niederung, 25000 E. Friede von 1807. Insterburg. Lyck. Mitten zwischen Seeen und Wäldern liegt das befestigte Lötzen (Fort Boyen). — Ein Drittel des ganzen Regierungsbezirks besteht aus Wäldern und Seeen; äußerst fruchtbar das Memel-Delta, das noch vor 100 Jahren eitel Moor und Bruch war.

4) **Provinz Westpreußen**, 25500 qkm (463 Q.-M.), 1,4 Mill. E.

a) **Regierungsbezirk Danzig.** Elbing, am Elbing, dem schiffbaren Ausflusse des Drausensees, und durch Kanal mit der Nogat verbunden, in fruchtbarer Korngegend. Nicht unwichtiger Handel, aber früher weit bedeutender. 42000 E. Marienburg, an der Nogat. Hier das seit 1818 zum Teil wiederhergestellte Schloß des Hochmeisters der Deutschherrn, die „nordische Alhambra." Davon n.w. Dirschau (Weichselbrücke). Danzig, eine der stärksten Festungen und bedeutende Handelsstadt. Sie liegt fast dicht am linken Ufer der Weichsel; an deren Mündung liegt links Neufahrwasser, Danzigs Hafen, rechts das Fort Weichselmünde. Mit allen Vorstädten, die aber ziemlich entfernt von der Stadt liegen, hat Danzig 121000 E. Die Bauart ist altertümlich und finster; unter den Kirchen die schönste die lutherische zu St. Marien. Viele Fabriken (Danziger Goldwasser). 7 km nordwestlich von Danzig liegt das frühere Kloster Oliva (§ 98, Anf.); das Seebad Zoppot am Putziger Wiek, wie man den Meeresteil nennt, der durch die schmale, sandige Halbinsel Hela vom offenen Meer geschieden ist. Auf der Spitze von Hela ein Leuchtturm. Das Weichsel-Delta enthält die üppigsten Wiesen und die fettesten Weizenäcker; es giebt Bauern, die mehr als 40 Pferde halten. Aber trotz der Dämme und Deiche leidet die Niederung oft durch Überschwemmung.

b) **Regierungsbezirk Marienwerder.** Marienwerder, der Regierungssitz, ist durchaus Beamtenstadt. An der Weichsel auf einem Berge Graudenz, in geringer Entfernung davon die frühere Festung Graudenz, welche durch ihre tapfere Verteidigung 1807 gegen die Franzosen bekannt geworden ist. Die Weichselfestung Thorn, dicht an der polnisch-russischen Grenze, 27000 E., treibt nicht unbedeutenden Handel (Pfefferkuchen). Zwischen beiden auf hohem Weichselufer Kulm; der Sitz des Bischofs von Kulm ist das frühere Kloster Pelplin, im Regierungsbezirk Danzig.

5) **Provinz (Großherzogtum) Posen**, 29000 qkm (526 Q.-M.), 1,7 Mill. E. (§ 84, Mitte), zerfällt in zwei Regierungsbezirke.

a) **Regierungsbezirk Posen.** Posen, meist auf dem linken Wartheufer; auf dem rechten liegt der einfach würdige Dom. Schön ist der Markt, in dessen Mitte das großartige Rathaus steht (so ist es in vielen slavischen und östlichen deutschen Städten); 70000 E., darunter gegen 10000

Juden. Posen ist in eine starke Festung umgewandelt. An der schlesischen Grenze Lissa und Rawitsch.

b) Regierungsbezirk Bromberg. Bromberg an dem Weichsel= zufluß Brahe und dem Anfangspunkte eines Kanals, der diesen mit der Netze verbindet, 41000 E. (im Jahre 1772: kaum 1200). Voll von Erin= nerungen der polnischen Geschichte ist das kleine Gnesen, n.ö. von Posen. Hier fand Lech, der sagenhafte Stammherr der ältesten polnischen Herrscher, ein Adlernest: daher der weiße Adler im früheren polnischen Wappen. Hier= her wallfahrtete Kaiser Otto III. zum Grabe seines Lehrers, des h. Adalbert von Prag, und verlieh dem damaligen polnischen Herzoge den Königstitel. Auch der Goplosee im O., durch den jetzt die Grenze gegen Polen geht, ist in Polens Geschichte bedeutsam. Auf einem Schlosse an seinem Rande ward der grimme Popiel, der letzte aus dem Stamme der Lechen, der Sage nach von Mäusen verzehrt; an seinen Ufern wohnte der Bauer Piast, der Grün= der des neuen Regentenstammes der Piasten.

6) Provinz (Herzogtum) Schlesien, 40300 qkm (732 Q.=M.), 4.₂ Mill. E. (§ 92, 2, § 93, 2 b), gehörte in den ältesten Zeiten zu Polen und bestand zu Anfang des 14. Jahrhunderts aus siebzehn Fürsten= und Herzogtümern, unter Sprößlingen des alten piastischen Königshauses, die aber, um sich unabhängig zu erhalten, hernach unter die Oberlehnsherrschaft des Königs von Böhmen traten. 1675 starb der letzte der schlesischen Piasten, Herzog Hein= rich von Liegnitz; das Land fiel aber nicht, wie es nach den alten Erbverträgen hätte geschehen sollen, an Brandenburg, sondern wurde von Österreich eingezogen. Doch Friedrich der Große gewann es zurück und behauptete es erfolgreich durch die schlesischen Kriege.

a) Regierungsbezirk Breslau begreift ein Stück von Nieder= Schlesien und die Grafschaft Glatz. Breslau, welches mit Berlin, Potsdam und Königsberg den Titel einer königlichen Residenz führt, liegt zum größeren Teile auf dem linken Ufer der hier in zwei Arme geteilten Oder, in welche links die Ohlau mündet. Die früheren Festungswerke sind jetzt schöne Spaziergänge, die Vorstädte meist neu und schön. Das Innere ist noch zum großen Teil altertümlich. Unter den Plätzen ist der (viereckige) große Ring der Hauptplatz des Verkehrs; in seiner Mitte auch hier wieder das Rathaus. Mit ihm steht der schöne Blücherplatz in Verbindung. Die beste Übersicht über das Ganze hat man von dem höchsten Turme, dem der evange= lischen St. Elisabethkirche. Nach SW. tritt der Zobten hervor; weiter nach W. bei hellem Wetter das Riesengebirge. 335000 E. Fabriken und Handel, die größten Wollmärkte Europas; Universität. Von Breslau an der Oder aufwärts Brieg; 15 km im W. von Breslau das Dorf Leuthen. Der alte Fritz errang hier 1757 mit 30000 Mann über 80000 Österreicher seinen schönsten Sieg, seinen ersten bei Mollwitz 1741, w.f.w. von Brieg. Sonst merke:

α) Auf dem rechten Oberufer das Fürstentum Öls, früher der herzoglichen Familie von Braunschweig gehörig (aber nicht reichsun= mittelbar, wie überhaupt kein schlesisches Fürstentum es war).

β) Auf dem linken Ufer: am Eulengebirge die kleine von Friedrich dem Großen angelegte Festung Silberberg über gleichnamiger Stadt, das schlesische Gibraltar, da die Werke meist in Felsen gehauen; man hat indessen neuerdings Silberberg als Festung aufgegeben; nur ein Hauptwerk (der Donjon) ist erhalten. Im SW. des Zobten Schweidnitz, 25000 E., früher ebenfalls Festung, ja zur Zeit des Siebenjährigen Krieges Schlesiens wichtigste Festung. 20 km davon im Südwesten in reizender Hügelgegend Walbenburg, der Mittelpunkt des niederschlesischen Bergbaues, und das Bad Salzbrunn. In der Umgegend von Reichenbach liegen die großen Dörfer der Weber und Spinner, die Fabrikorte Langenbielau, ein Dorf von 15000 E., Peterwaldau u. a.

γ) In der Grafschaft Glatz die Stadt gleichen Namens, an der Glatzer Neiße, starke Grenzfestung. Über die Gebirgspartieen und die Bäder Kudowa, Reinerz, Landeck vergl. § 92, 2, d.

b) Regierungsbezirk Liegnitz enthält das andere Stück von Nieder-Schlesien und den von Sachsen abgetretenen Teil der Ober-Lausitz.

α) In Nieder-Schlesien: Liegnitz, westnordwestlich von Breslau, 47000 E., an der Katzbach. In der Gegend um Liegnitz, besonders in der Nähe des Ortes Wahlstatt, sind wiederholt wichtige Schlachten geschlagen: die Mongolen schlugen hier 1241 den Herzog Heinrich von Liegnitz, Blücher 1813 die Franzosen. Glogau, 20000 E., ist eine Oderfestung. Das noch nördlichere Grünberg mit starkem Weinbau. Bunzlau, am Bober, Töpferwaren. Hirschberg am? — ist eine Haupthandelsstadt für das schlesische Leinen. Noch näher am Riesengebirge liegt Schmiedeberg (Teppichfabrik), der besuchte Badeort Warmbrunn, Erdmannsdorf mit königlichem Schlosse und berühmter Flachsgarn-Maschinen-Spinnerei. Alle diese Orte liegen in der reizenden Ebene am Fuße der Riesengebirgsmauer, über welche (so wie über die Schneekoppe selbst) die böhmische Grenze läuft. Unter den oben (§ 92, 2) genannten Partieen des Riesengebirges sind die Schneegruben, Zacken- und Kochelfall, Kynast auf preußischem Boden, ebenso das weit zerstreute Baudendorf Brückenberg, unweit der Schneekoppe, mit der aus dem norwegischen Dorfe Wang hierher versetzten Holzkirche (§ 83, a, II. Ende), das höchstgelegene Dorf Schlesiens.

β) In der Ober-Lausitz: Görlitz, 62000 E., an? — gut gebaut, mit der großartigen Peter-Paulskirche; in der Nähe die Landskrone, ein kegelförmiger Basalt-Berg, 420 m, mit herrlicher Aussicht. Dicht vor dem Austritt der Neiße nach der Provinz Brandenburg Muskau, berühmt durch den vom Fürsten Pückler hier im Neißethal angelegten Park, einem der schönsten Deutschlands.

c) Regierungsbezirk Oppeln, das preußische Ober-Schlesien, enthält noch zu $^3/_5$ polnisch redende Bewohner. Oppeln an? — Festung Neiße, an der Glatzer Neiße, 22000 E. Bei Ratibor wird die Oder schiffbar. — In ganz Ober-Schlesien giebt es viele Berg- und Hüttenwerke. Beuthen, 31000 E., und Königshütte, 37000 E., sind die Mittelpunkte des Bergbaues und des Hüttenwesens.

7) Provinz (Herzogtum) Sachsen, 25000 qkm (458 Q.-M.), 2,5 Mill. E.; sie ist am meisten unter allen durch fremdes Gebiet zerteilt, jedoch hängt die nördliche Hauptmasse bei Aschersleben mit der südlichen wenigstens durch einen schmalen Streifen zusammen.

a) Der Regierungsbezirk Magdeburg, die nördliche Hauptmasse, § 91, 4; § 93, 2, c.

α) Der älteste Teil der Monarchie ist die Altmark (§ 98 Anf.), darin Stendal und Salzwedel, an? — das kleine Tangermünde an der Elbe, im 15. Jahrhundert eine Zeit lang Mittelpunkt des brandenburgischen Staates.

β) In dem Herzogtume, früher Erzbistume Magdeburg (1648 erworben, jedoch erst 1680 in den Besitz Brandenburgs übergegangen), die Hauptstadt der Provinz, Magdeburg, zum bei weitem größten Teil am linken Elbufer, auf einer Elbinsel die Citadelle, am rechten Ufer die Friedrichsstadt. Obwohl mit Ausnahme des herrlichen, in ursprünglicher Schönheit hergestellten Domes, in welchem der Begründer von Magdeburgs Größe, Kaiser Otto der Große, begraben liegt, und weniger anderer Gebäude, Magdeburg 1631 fast ganz in Asche sank, so hat die Stadt doch ein altertümliches Aussehen. Außer dem Breiten Wege, der Magdeburg von S. nach N. durchzieht, sind die meisten Straßen (abgesehen von den ganz neu angelegten Stadtteilen) eng und krumm. Große und starke Festung, bedeutende Handelsstadt, mit der vor dem Nordthor gelegenen Neustadt und dem ungefähr halb so volkreichen s. Vorort Buckau zusammen 202000 E. Im S. dicht vor Magdeburg Kloster Bergen, 1809 aufgehoben und später in den Friedrich-Wilhelmsgarten verwandelt. In dem Teile auf dem rechten Elbufer Burg, mit Tuchfabriken. Auf dem linken Elbufer das reichste Salzwerk des Staates, Schönebeck, das jährlich 800000 Centner Salz liefert. Davon s.w. an der Bode, dicht an der anhaltischen Grenze, Staßfurt, mit einem reichen Steinsalzlager, das preußische Wieliczka (§ 84, I, 1, a).

γ) Das gleichfalls 1648 erworbene Fürstentum Halberstadt. Die gleichnamige Hauptstadt, 37000 E., liegt an der Holzemme, unweit des Harzes, in lieblicher, fruchtreicher Gegend. Die Bauart altertümlich. Der Hauptschmuck der Stadt ist der Dom, der an Erhabenheit im Innern den Magdeburger übertrifft. Das besonders früher gefeierte Getränk Broihan (Grandia si fierent summa convivia coelo, Broihanium Superis Jupiter ipse darot). Im SW. der Stadt die in anmutige Anlagen verwandelten Spiegelschen Berge. Andere Orte im Fürstentum Halberstadt: Aschersleben, 24000 E., früher der Hauptort der Grafschaft Askanien, die dem Hause Anhalt gehörte (über der Stadt noch schwache Reste des alten Schlosses Askanien), große Fabriken, Handelsgärtnerei; im S. Thale in der Nähe der Roßtrappe (§ 92, 4 Ende).

δ) In der früheren (1803 erworbenen) Reichsabtei Quedlinburg die gleichnamige Hauptstadt an? — altertümliche Stadt, 21000 E., mit Branntweinbrennerei, Kornhandel und schwunghafter Handelsgärtnerei. Hier ist der große Geograph Karl Ritter (§ 35 Ende) geboren. In der Schloßkirche liegt Heinrich I. (§ 95 Anf.) begraben.

ε) Die Grafschaft Wernigerode am Harz gehört einer danach benannten Linie der Grafen von Stolberg. Wernigerode liegt an einem 270 m hohen, mit dem gräflichen Schlosse gekrönten Berge, an der Holzemme. Zu der Grafschaft gehört das sich von Ilsenburg zum Brocken hinaufziehende Ilsethal und der Brocken (§ 91, 4). —

b) Der Regierungsbezirk Merseburg (§ 91, 3. § 92, 4, b) umfaßt außer einem kleinen Teile des Fürstentums Halberstadt, worin der Falkenstein (§ 92, 4 Ende), und dem zum Herzogtum Magdeburg gehörigen Saalkreise, nebst dem schon früher preußischen Teile der Grafschaft Mansfeld, lauter erst 1815 erworbene Gebietsteile.

α) Im altpreußischen Saalkreise: Halle, 101000 E., am r. Ufer der hier geteilten Saale, wo einst eine Salzquelle den Salzreichtum der Tiefe verriet (auf der noch jetzt sogenannten Halle, wie nach der Sprachweise der Kelten eine Stätte bezeichnet wurde, wo man Salz gewann; hiernach auch die uralte Salzsieder-Zunft Halles die der Halloren genannt). Die Stadt hat auf geistigem Gebiete große Bedeutung, teils durch die 1694 gestiftete Universität, welche namentlich für protestantische Theologie immer wichtig war, teils durch die aus kleinem Anfange erwachsenen Stiftungen des frommen Professors August Hermann Francke, gestorben 1727. Der Spruch, welchen seine Stiftungen noch jetzt im Siegel führen „Unsere Hilfe steht im Namen des Herrn, der Himmel und Erde gemacht hat", war sein Wahlspruch, und er hat Großes damit ausgerichtet. Außer dem Waisenhause, der bekanntesten Stiftung Franckes, findet man hier ein Gymnasium (die sogenannte lateinische Hauptschule), ein Realgymnasium, eine höhere Mädchenschule, eine Vorbereitungsschule, eine Bürgerschule für Knaben und Mädchen, im ganzen 8 Schulen mit etwa 2700 Kindern, eine Missionsanstalt, eine Bibelanstalt. Mit Recht weihte „Dem Gründer dieser Anstalt eine dankbare Nachwelt" im inneren Hofe ein Denkmal. — Neuerdings ist Halle neben Magdeburg der wichtigste Industrieplatz der Provinz Sachsen geworden, namentlich durch das aus den Braunkohlen der Umgegend gewonnene Solaröl und Paraffin (Erdwachs) sowie durch Zuckerfabrikation. — Bei Halle Giebichenstein mit dem Solbade Wittekind, die Saale einige Stunden abwärts Wettin (§ 92, 4, b, β). 10 km im N. von Halle der weithin sichtbare Petersberg, 240 m, mit einer byzantinischen Klosterkirche, die wiederhergestellt ist.

β) In Gebietsteilen und zwar in der Elbgegend: Wittenberg an? — früher Festung und bis 1817 Universität. An ihr lehrte Luther: somit ist Wittenberg die Wiege der Reformation. Denkmal Luthers mit der Inschrift: „Ist's Gottes Werk, so wird's bestehn, ist's Menschenwerk, wird's untergehn"; in der Schloßkirche sein und Melanchthons Grab. Von Wittenberg die Elbe aufwärts die Festung Torgau am linken Ufer. In der Nähe, auf der Höhe von Süptitz, Sieg Friedrichs des Großen 1760. Noch weiter die Elbe hinauf das Städtchen Mühlberg. Sieg Karls V. 1547 über den Kurfürsten Johann Friedrich von Sachsen.

An der Saale, Elster und Unstrut: der Sitz der Regierung, Merseburg an der Saale; dann Weißenfels an der Saale (§ 92, 4, b, β), 24000 E., mit lebhaftem Handel; und Naumburg an der Saale, mit ehrwürdigem Dom. An der Saale liegt oberhalb Naumburg die berühmte Landesschule Pforta (früher das Kloster „Maria zur Pforten") und unweit davon das Solbad Kösen in sehr anmutiger Gegend (Rudelsburg, Kösener Pforte). An der Unstrut unweit Naumburg Freiburg.

Weiter aufwärts das ehemalige Kloster Memleben (§ 92, 4, b, β) und die berühmte Klosterschule Roßleben. Von hier zieht sich eine sumpfige Ebene an der Unstrut gegen Artern hin, die man das Unstrutried nennt; hier wahrscheinlich war es, wo König Heinrich 933 die Ungarn (§ 95 Anf.) schlug. In der Kriegsgeschichte ist noch berühmter die weite Ebene an der Saale und Elster. Zwischen Merseburg und Naumburg liegt Roßbach, wo der alte Fritz 1757 über die übermütigen Franzosen und das Reichsheer siegte; südlich von Merseburg das Städtchen Lützen, in dessen Nähe der mit einem Denkmale überbaute Schwebenstein an den Tod Gustav Adolfs 1632 erinnert. Ganz nahe das Dorf Großgörschen: Schlacht 1813 zwischen Preußen und Russen einer= und Franzosen andererseits. — An der Elster: Zeitz, 22000 E. In der Grafschaft Mansfeld die Hauptstadt derselben, Eisleben, mit den Mansfelder Seeen (einem größeren und tieferen, durch Solquellen schwach salzigen und einem kleineren nnd flacheren süßen). Sitz des Mansfelder Bergbaues, 24000 E. Hier ist Luther am 10. November 1483 geboren und am 18. Februar 1546 gestorben.

Am südlichen Unter=Harze liegen die Besitzungen der Grafen Stol= berg=Stolberg und Stolberg=Roßla. Das Städtchen Stolberg ist in einem engen Thale eingeklemmt, die Umgegend herrlich (z. B. Josephs= höhe § 91, 4).

c) Der durch fremde Länder zerrissene und zum Teil zerstückelte Re= gierungsbezirk Erfurt (§ 91, 3. § 92, 4, b, β) enthält Gebiete, die fast alle erst seit 1803 oder 1815 zu Preußen gehören. Dem Kurfürsten von Mainz gehörte die an der Grenze gelegene, früher befestigte Hauptstadt von ganz Thüringen, Erfurt, die mit ihren vielen Türmen und den beiden hoch= liegenden Citadellen Petersberg, dicht an der Stadt, Cyriaksburg, etwas südwestlich, sich stattlich präsentiert. Im Mittelalter gehörte Erfurt zu den bedeutendsten Städten Deutschlands, wurde durch Gewerbe und Han= del (besonders mit Waid, einem der rapsartigen Waidpflanze entnommenen Blaufärbestoff) reich und mächtig und gründete 1392 aus eigenen Mitteln seine berühmte Universität, welche zu Anfang unseres Jahrhunderts jedoch einging. Luthers Zelle im Augustiner=Kloster wurde 1872 ein Raub der Flammen, aber herrlich schmückt noch heute, auf felsiger Höhe über der Stadt thronend, Erfurt sein ehrwürdiges Denkmal alter Größe: sein Dom. Noch jetzt ist Erfurt, mit 72000 E., Thüringens größte Stadt, berühmt durch Gemüse= und Gartenkultur. Einige Stunden im SW. die drei Gleichen (eine zu Sachsen=Coburg=Gotha, die zwei anderen zu Preußen gehörig); an eine dieser Burgen knüpft sich die Sage vom Grafen von Gleichen und seinen zwei Frauen. N. n. ö. von Erfurt das Städtchen Sömmerda mit der Ge= wehrfabrik Dreyses, der das Zündnadelgewehr erfunden hat. Mainzisch war auch das Eichsfeld (§ 91, 3, b) mit der Hauptstadt Heiligenstadt an? — Freie Reichsstädte Thüringens waren das vielgetürmte Mühlhausen an der oberen Unstrut, 28000 E., und Nordhausen am Südfuße des Unter= Harzes, durch Branntweinbrennerei und Getreidehandel blühend, 27000 E. Kursächsisch war Langensalza (Gefecht zwischen Hannoveranern und Preußen am 27. Juni 1866). Von der Hauptmasse getrennt, in der früheren Grafschaft Henneberg: Suhl, im tiefen Thale (welches Gebirges?) immer noch über 325 m, mit Gewehrfabriken. Schleusingen war einst Residenz der Grafen von Henneberg.

8) Provinz (Herzogtum) Schleswig=Holstein. Von den Elbherzogtümern wurde Holstein (d. i. die Holseten = Waldansiedler) schon unter Karl dem Großen von Deutschland gewonnen und von Grafen verwaltet. Seit 1113 regierten Grafen aus dem Hause Schauenburg. König Heinrich I. (§ 95 Anf.) hatte auch eine Mark Schleswig (d. i. Siedelung an der Schlei) angelegt. Doch überließ Kaiser Konrad II. dieses Gebiet jenseit der Eider an Dänemark. Seitdem galt die Eider als des Deutschen

Reiches Grenze. Graf Gerhard von Holstein empfing 1635 Schleswig als dänisches Lehen. Von dieser Zeit schreibt sich die enge Vereinigung von Schleswig und Holstein („up ewig ungedeelt") her. Als 1448 in Dänemark das alte Königshaus ausstarb, bot man die Krone dem Grafen Adolf von Holstein und Schleswig an, dieser aber schlug seinen Vetter Christian von Oldenburg vor. Da der großmütige Adolf 1459 ohne Erben starb, fiel Schleswig-Holstein durchaus nicht an das Königreich Dänemark, sondern an jenen seinen Vetter, der die dänische Krone trug: es trat also zu Dänemark nur in das Verhältnis einer Personal-Union, war also lediglich durch die Gemeinsamkeit der Person des Regenten mit ihm verbunden. Da man aber dänischerseits immer von neuem darauf keine Rücksicht nahm und in den Elbherzogtümern nur dänisches Land sehen wollte, entspannen sich stets neue Mißhelligkeiten, die um die Mitte unseres Jahrhunderts zu offenem Kriege zwischen Deutschland und Dänemark führten, ohne daß es gelang, den Herzogtümern ihr Recht zu erkämpfen. Dies geschah erst 1864 durch den von Preußen und Österreich zusammen gegen Dänemark geführten Krieg; im Frieden zu Wien 1864 wurden Holstein und Schleswig zugleich mit dem zur dänischen Krone gehörigen Herzogtum Lauenburg an die beiden Mächte abgetreten, welche die Herzogtümer zuerst gemeinsam, dann gesondert — Österreich Holstein, Preußen Schleswig und Lauenburg — regierten. Im Frieden von Prag 1866 verzichtete Österreich auf alle seine Ansprüche; Preußen ist seitdem alleiniger Besitzer. Das Herzogtum Lauenburg ist seit 1876 mit Schleswig-Holstein verbunden. Die Provinz Schleswig-Holstein, fast 19000 qkm (342 Q.-M.), 1,2 Mill. E., bildet nur den einen Regierungsbezirk Schleswig (§ 93, 1, 2, a, 3).

Das Herzogtum Holstein ist ein rein deutsches Land, gehörte auch früher mit zum deutschen Bunde. Zuerst hieß es Nordalbingien; hernach unterschied man einzelne Teile, wie das früher wendische Wagrien im O., Stormarn in der Mitte, also auf der Geest, Dietmarsen (Dietmarschen) im W. Der letztgenannte fette und reiche Strich war von einem besonders derbkräftigen, seine Freiheit über alles liebenden Volke bewohnt, das noch 1500 einen glänzenden Sieg bei Hemmingstedt über die Dänen errang. Die größte Stadt Altona [áltona], dicht bei Hamburg, im 17. Jahrhundert noch ein bloßes Dorf, jetzt eine schöne und wichtige Handels- und Fabrikstadt von 143000 E. Dicht bei Altona an der Elbe die Stadt Ottensen [ótensen] mit Klopstocks Grab. Weiter hinab Blankenese, größtenteils von Fischern, Schiffern und Lotsen bewohnt, mit seinen schattigen Parkanlagen „das Arkadien der Hamburger", die hierhin gern Lustfahrten machen und von denen viele hier schöne Landhäuser besitzen. Noch weiter hinunter Glückstadt. — Kiel, lebhafte Handels- und Universitätsstadt, 69000 E., liegt sehr anmutig an einer Ostseebucht, in welche 7 km nördlich von der Stadt der Kieler Kanal mündet. Der Kieler Hafen gilt für den besten der Ostsee und ist nun deutscher Reichskriegshafen. Der Kieler Umschlag, d. i. Messe im Januar. Kieler Sprotten. — Merke noch die Stadt Wandsbeck, 20000 E., im NO. von Hamburg, wo der treffliche Matthias Claudius (der Wandsbecker Bote) lebte. Rendsburg an der Eider. Die Industriestädte Itzehoe [itzehö] an der Stör und Neumünster.

Der Nord=Ostsee=Kanal wird die Halbinsel von Brunsbüttel (an der Elbmündung, Cuxhaven ostwärts gegenüber) an der Südseite von Rendsburg vorüber bis Holtenau (an der Kieler Bucht) in einer Länge von 98 km, einer Breite von 60 m und mit einer Tiefe von 8,5 m durchschneiden.

Im Herzogtum Lauenburg liegen nur kleine Orte (unter 5000 E.). Die alte Residenz der Herzöge war Lauenburg an? — Ratzeburg, reizend auf einer Insel im gleichnamigen See gelegen. Zwischen beiden Mölln am Möllner See, wo man noch Till Eulenspiegels Grabstein in der Kirchenmauer zeigt. Dieser derbe deutsche Spaßvogel des 14. Jahrhunderts soll aus dem Dorfe Kneitlingen bei Scheppenstedt gebürtig gewesen sein und allenthalben seine Schalksstreiche bis zu seinem in Mölln erfolgten Tode getrieben haben.

Das Herzogtum Schleswig gehörte früher nicht mit zum deutschen Bunde; es ist indes fast ganz deutsches Land, denn nur in seinen nördlichsten Grenzdistrikten hat sich die dänische Sprache noch behauptet. Über die Lage der Städte vergl. § 93, 3. Es folgen von S. nach N.: die kleine Handelsstadt Eckernförde (Sieg der Deutschen 1849), Schleswig, an der innern Spitze des langen schmalen Meerbusens Schlei, Sitz der Regierung für die Provinz Schleswig=Holstein. (Im NW. der Stadt das Schloß Gottorp.) Nördlicher das größere Flensburg, 37000 E., bedeutende Handelsstadt an der Grenze deutscher und dänischer Nationalität. Nördlich von der Flensburger Bucht liegt dicht am Lande die Insel Alsen mit den Orten Sonderburg und Augustenburg, gegenüber die Halbinsel Sundewitt mit den als Befestigung jetzt aufgegebenen Düppler Schanzen. Denkmäler erinnern bei Düppel und auf Alsen an die preußischen Ruhmestage von 1864: an den 18. April und den 29. Juni. — An der Ostküste von Holstein die Insel Fehmarn. — An der Westküste von Schleswig die Städte Tönning an der Eidermündung und Husum; weiter im N., der Westküste auch nicht fern, Tondern (Handel, Austernfang). Die Inseln Sylt [silt] und Föhr mit Seebädern, wie das weiter ins Meer vorgerückte Helgoland (§ 93, 1 Mitte).

9) Provinz (Königreich) Hannover. Ehemals herrschte hier das Haus der Welfen. Die alte Familie der Welfen war in Schwaben um den Bodensee angesessen, starb aber im 11. Jahrhundert im Mannesstamm aus. Mit der Erbtochter vermählte sich ein Sohn des italienischen Hauses Este (§ 77, I, 4); der Sohn dieser Ehe, Welf, wurde der Ahnherr des neuen welfischen Hauses. Zu großer Macht stieg dasselbe im 12. Jahrhundert. Weite Besitzungen an Oker, Aller und Leine wurden erheiratet, und zu dem allen besaß Heinrich der Löwe noch als Reichslehen die Herzogtümer Sachsen und Bayern; von den Alpen bis zur Nordsee und Ostsee

dehnten sich seine Besitzungen, die er durch Eroberungen gegen die Slaven noch erweiterte. Da entspann sich Feindschaft zwischen dem Löwen und Kaiser Friedrich Barbarossa; des Kaisers Acht, die Übermacht der Feinde stürzte den Welfen. Selbst als er sich endlich 1181 vor dem Kaiser demütigte, erhielt er seine Reichslehen nicht zurück, sondern behielt nur die Allodien (d. h. Eigengüter) des welfischen Geschlechts: Braunschweig, Lüneburg, Göttingen, Kalenberg und Grubenhagen. Seine Nachkommen teilten sich in viele Linien. Noch unter Ernst dem Bekenner, einem Zeitgenossen der Reformation, bestand die Teilung des welfischen Länderbesitzes nach mehreren Linien fort; Ernsts älterer Sohn, Heinrich, wurde der Stammvater der früher im Herzogtum Braunschweig regierenden, 1884 ausgestorbenen Linie, wie der jüngere, Wilhelm, der Stammvater des in England und vordem auch in Hannover herrschenden Zweiges.

Die letzte Zeit des 17. und die erste des 18. Jahrhunderts war für das Emporkommen der hannöverschen Linie des Welfenhauses entscheidend; um 1630 waren nach mannigfacher Teilung wieder alle Besitzungen derselben in einer Hand; 1692 wurde Hannover Kurfürstentum, und 1714 bestieg Kurfürst Georg den englischen Thron (§ 82 Anf.). Daß nun die hannoverschen Kurlande mit England einen Landesherrn hatten, brachte ihnen freilich manchen Nachteil; in vielen Festlandskriegen suchten Englands Feinde, welche dem meerumgürteten Albion nicht beikommen konnten, an Hannover ihr Mütchen zu kühlen. Aber namentlich nach Napoleons I. Sturze that die siegreiche Großmacht auch sehr viel für die deutschen Länder ihres Herrscherhauses: sie verschaffte ihnen den Titel eines Königreichs und dazu schöne, fruchtbare Lande des tüchtigen altsächsischen (niedersächsischen) Stammes, dessen Ostgebiet (Ostfalen) seitdem größtenteils unter der Krone Hannover zusammengefaßt war, darunter auch manche früher preußischen Landesteile. Seitdem nun in England, wo das salische Gesetz nicht gilt, Victoria den Thron bestiegen, hatte Hannover einen eigenen König. Als aber der König von Hannover 1866 gegen Preußen Partei nahm, wurde sein Land besetzt und in eine preußische Provinz verwandelt. 38500 qkm (698 Q.-M.) mit 2,3 Mill. E. — Man teilt das Land in die sechs Regierungsbezirke: Hannover, Hildesheim, Lüneburg, Stade, Osnabrück, Aurich. Wir unterscheiden den kleineren südlichen Teil, den großen nördlichen und den westlichen Teil, der mit dem vorigen nur durch einen schmalen Landstreifen zusammenhängt.

a) Der nördliche Teil (§ 93, 1, 2, b. § 91, 3) enthält den größten Teil des Fürstentums Kalenberg, das Fürstentum Lüneburg oder Celle, die Grafschaften Hoya und Diepholz. Darin: Hannover, die Hauptstadt, an beiden Seiten der Leine in einer sandigen, aber wohlangebauten Ebene; die eigentliche Stadt ist altertümlich gebaut, hat aber neu angelegte prächtige Straßen, 165000 E. (ohne den Vorort Linden, welcher 28000 E. zählt). In der Nähe die Schlösser Welfenschloß und Herrenhausen; Hameln, an? — bis 1807 Festung (Sage vom Rattenfänger). In der Nähe das sogenannte Steinhuder Meer (§ 93, I Mitte). An der Ilmenau, neben einem 65 m hohen Kalkberge, Lüneburg, 21000 E., mit den stärksten Solquellen in Deutschland. Etwas nördlich von Lüneburg liegt Bardowieck, jetzt nur ein Flecken, im 12. Jahrhundert aber eine große, feste Handelsstadt, die schon Karl der Große zum Handelsplatze mit den Slaven bestimmt hatte; von Heinrich dem Löwen zerstört. Er schrieb an den Dom, der noch steht: Vestigia Leonis. Harburg an der Elbe, Hamburg gegenüber, Handelsstadt, 35000 E. Zwischen Lüneburg und Celle an der Aller die Lüneburger Heide (§ 93, 2, b). Südlich von Celle das Dorf Steverhausen; Moritz von Sachsen fiel hier als Sieger gegen Albrecht von Brandenburg-Kulmbach 1553.

Herzogtum Bremen und Fürstentum Verden [ſerden], früher geistliche Lande, kamen 1648 an Schweden, nach Karls XII. Unglück (§ 83, a) an Hannover. Darin Stade, 6 km von der Elbe. In der Nähe Buxtehude und fruchtbare Marschdistrikte, das alte Land am Ausfluß der Elbe, das Land Hadeln, früher zu Lauenburg gehörig u. s. w. An der Mündung der Geeste in die Weser, dicht bei Bremerhafen, Geestemünde, aufblühende Hafenstadt mit großartigen Wasserbauten. Verden an der Aller.

Das fruchtbare Bistum Hildesheim, seit 1803 preußisch, kam 1814 an Hannover. Die alte Hauptstadt Hildesheim, an? — schon von außen durch den Schmuck der Türme seine mittelalterliche Größe ankündend, im Innern unregelmäßig und altertümlich, „das Nürnberg Nord-Deutschlands." In dem Dom ist eine Pforte mit alten in Erz gegossenen Thüren, die (unechte) Irmensäule und außen an der einen Wand und durch die Wand gewachsen ein ungeheurer Rosenstrauch, den nach der Sage Karl der Große oder Ludwig der Fromme gepflanzt haben soll. 33000 E. Am Fuße des Harzes, am erzreichen Rammelsberge, das alte Goslar, bis 1803 Reichsstadt, 1803—1806 schon einmal preußisch. Besonders die fränkischen Kaiser hatten hier ihren Hofhalt. Von dem alten Dome Heinrichs III. steht nur noch eine Kapelle; das übrige ist wegen Baufälligkeit abgetragen. Die alte Kaiserpfalz wird restauriert.

b) Der westliche Teil (§ 91, 2, c. § 93, 1). α) Das Stift Osnabrück, wurde bis 1803 nach den Bestimmungen des westfälischen Friedens, der in der Stiftshauptstadt mit verhandelt wurde, abwechselnd von einem katholischen Bischof und einem Prinzen des Hauses Hannover regiert. Osnabrück an der Hase, 40000 E., in vielem schon holländischen Städten ähnlich. Karl d. Gr. errichtete hier das erste Bistum zur Bekehrung der Sachsen. β) Der größte Teil der bis 1806 preußischen Grafschaft Lingen. γ) Die Mediatgrafschaft Bentheim, dem fürstlichen Geschlechte gleiches Namens gehörig, das auch in Westfalen begütert ist. δ) Ein Teil des Bistums Münster, der dem herzoglichen Hause Aremberg gehört; Hauptort Meppen. ε) Das Fürstentum Ostfriesland hatte zuerst eigne Fürsten, fiel 1744 an Preußen und wurde 1815 an Hannover überlassen. Die Regie-

rung ist in Aurich, aber größer ist Emden, etwas nördlich von der Ems=
mündung in den Dollart, wohlgebaut und durch Handel, Gewerbe, Herings=
fischerei bedeutend; Papenburg, mitten in Mooren, betriebsamer Flecken.
Insel Norderney mit Seebad, Borkum (§ 93, 1). — Zum Regierungs=
bezirk Aurich gehört auch das am Jadebusen 1853 von Oldenburg an
Preußen abgetretene Gebiet, auf welchem Wilhelmshaven, nunmehr der
deutsche Kriegshafen an der Nordsee, angelegt wurde. Starke Befestigungen
schützen ihn, und eine neue Nordseestadt entwickelt sich an ihm.

  c) Der südliche Teil (§ 91, 2, 3. § 93, 1, e) begreift das Fürstentum
Grubenhagen und Teile des Fürstentums Kalenberg. Darin die größte
Stadt Göttingen, an? — 24000 E., berühmte Universität und Bibliothek.
Die Stadt freundlich und gut gebaut, die Umgegend anmutiges Hügelland.
Münden (§ 91, 2), ist eine gewerbreiche Fabrikstadt. Einbeck, sonst durch
sein Bier bekannt (Luther zu Worms), ist auch eine gewerbfleißige Stadt. Am
Harz liegt Osterode, viele Fabriken, Spinnerei — auf demselben Klaus=
thal, 560 m hoch, die Hauptbergstadt Andreasberg u. a. Das ist die
Gegend der silberreichen Schachte — die kunstreichsten in der Klausthaler
Gegend — der Schmelzöfen, der Poch= und Hammerwerke, der hölzernen
Bergstädte; den Rammelsberg (am Nordfuß des Ober=Harzes (§ 91, 4),
dessen Kupfererz bereits im 10. Jahrhundert ausgebeutet wurde, besitzt nebst
den dazu gehörigen Hüttenwerken von früheren Zeiten her das Herzogtum
Braunschweig mit (sogenannter Kommunionharz). Nur durch einen
schmalen Streifen mit den übrigen hannöverschen Harzgebiet verbunden, liegt
an der obern Bode Elbingerode und ganz getrennt am Südfuße des Unter=
Harzes ein Landstreifen, der unter preußischer Oberhoheit größtenteils dem
gräflichen Hause Stolberg gehört; darin der Flecken Ilfeld, durch seine
Schule bekannt. — Zu dem südlichen Teile gehört endlich auch ein Teil des
Eichsfeldes mit Duderstadt (§ 91, 3, b).

  10) Provinz Westfalen, 20000 qkm (367 Q.=M.),
2,4 Mill. E.

  a) Regierungsbezirk Minden (§ 91, 2). Minden kam mit dazu
gehörigem Fürstentume, einst einem von Karl dem Großen gestifteten Bis=
tume, 1648 an Brandenburg. Weser=Scharte (§ 91, 2, b). Sieg der Preußen
über die Franzosen 1759. Die Grafschaft Ravensberg fiel 1666 endgültig
als ein Teil der jülich=klevischen Erbschaft an Brandenburg. Bielefeld,
40000 E., mit berühmtem Leinwandhandel und Herford sind darin die
größten Orte. Zwischen Herford und Minden das Solbad Rehme (Ceyn=
hausen). So wie Bielefeld, Herford, Rehme liegt an der Köln=Mindener
Bahn das Städtchen Gütersloh. Handel mit westfälischem Schinken und
Schwarzbrot (Pumpernickel). Hier in der Umgegend, besonders in dem Dorfe
Isselhorst, bedeutende Feingarnspinnerei; vom feinsten wiegen 100 m
kaum 1 Gramm. Enger mit dem Grabmale Widukinds. Paderborn,
an der aus zahlreichen und starken Quellen hervorsprudelnden Pader, die
dann zur Lippe fließt, die Hauptstadt eines 1803 erworbenen säkularisierten
Bistums. An der Lippequelle das Bad Lippspringe. Höxter an? —
und dabei Corvei, bis 1803 eine der ältesten und berühmtesten Abteien
im Reiche.

  b) Regierungsbezirk Arnsberg (§ 90, 1, B, b) begreift
  α) auch ein Stück der jülich=klevischen Erbschaft, die Grafschaft
Mark. Der nördliche Teil der Grafschaft ist fruchtbares Kornland, darin

Lippstadt, Hamm, am Kreuzungspunkte aller Lippe-Straßen und -Eisenbahnen, 25000 E., und Soest [sŏst], gewerbreiche Städte; die letztere, einst ein mächtiges Glied des Hansabundes, hat alte schöne Kirchen. Bochum, Fabrikstadt, 48000 E. (Der Kreis Bochum gehört infolge seines schwunghaften Industrielebens neuerdings zu den am schnellsten in ihrer Bevölkerungsmenge fortschreitenden Kreisen der Monarchie.) Der südliche Teil des Regierungsbezirkes, das Sauerland (§ 90, I, B, c), ist vollends der Distrikt der Fabriken, besonders von Metallwaren. Da giebt es Thäler, in welchen sich stundenlang Eisen- und Stahlhämmer, Schleif- und Poliermühlen hinziehen. Iserlohn ist die Hauptfabrikstadt, 22000 E. Auch Hagen mit 35000 E. und Schwelm sind bedeutende Industriestädte.

β) Das eigentliche Herzogtum Westfalen gehörte früher dem Kurfürsten von Köln und ist von Preußen erst 1815 erworben. Hier Arnsberg, der Sitz der Regierung, an? — Dortmund, 90000 E., früher Reichsstadt. In der Nähe war sonst der Stuhl des heiligen (Vehm=)Gerichts, das ja besonders auf roter d. i. westfälischer Erde waltete. Der Stamm der alten Vehmlinde auf dem Bahnhofe hat 10 m Umfang.

γ) Der südöstliche Teil des Regierungsbezirkes mit der Stadt Siegen war früher Nassauer Gebiet; auch das fürstliche Haus Wittgenstein hat hier seine Besitzungen (Berleburg).

c) Regierungsbezirk Münster (§ 93, 1, c) enthält außer den schon früher zu Preußen gehörigen Grafschaften Tecklenburg und Lingen (wovon ein Teil jetzt zu Hannover gehört) und außer den Gebieten mehrerer mediatisierten Herren, z. B. der Fürsten Salm (darin Koesfeld [tŏsfeld]), den größten Teil des 1803 säkularisierten Bistums Münster. Die Hauptstadt der Provinz Westfalen, Münster, hat 49000 E. und eine theologisch-philosophische Akademie. Merkwürdig ist der schöne Dom und viele andere schöne, meist würdig restaurierte Kirchen; der große Markt mit den besten Häusern und Bogengängen; das Rathaus, in dessen Saale 1648 der westfälische Friede unterzeichnet ward. In Münster hatten die schwärmerischen Wiedertäufer (König Johann von Leiden) 1535 ihr blutiges Reich, von ihnen lästerlich das himmlische Zion genannt, auf kurze Zeit aufgerichtet.

11) Provinz Hessen-Nassau (§ 89, 2, b, γ. § 90, 1, B, C, 2, a, § 91, 1), 15700 qkm (285 Q.=M.), 1,₇ Mill. E. Sie besteht aus den vormaligen Staaten Kurfürstentum Hessen, Herzogtum Nassau, freie Stadt Frankfurt, welche infolge ihrer Gegnerschaft gegen Preußen 1866 ihre Selbständigkeit verloren haben. Dazu kommen noch einige ganz kleine früher bayrische und großherzoglich hessische Gebietsteile, welche zur Grenzabrundung 1866 an Preußen abgetreten worden sind.

Hessen, das Land der alten Chatten, war im Mittelalter eine Zeit lang mit der Landgrafschaft Thüringen verbunden. Als die thüringischen Landgrafen im 13. Jahrhundert ausstarben und das eigentliche Thüringen an Meißen kam, behauptete sich als Landgraf in Hessen Heinrich das Kind, von weiblicher Seite ein Enkel des Landgrafen Ludwig von Thüringen und der heiligen Elisabeth. Seine Nachkommen wußten ihr Gebiet zu mehren, besonders mit der Grafschaft Katzenellenbogen (die niedere ist jetzt preußisch, die obere hessisch). Auch in dieser Familie ward vielfach geteilt: noch Landgraf Philipp der Großmütige, ein berühmter Zeitgenosse der Reformation, teilte sein Land unter vier Söhne. Von den so entstandenen vier Hauptlinien regiert allein noch die von Darmstadt. Die Linie Kassel wußte ihr Gebiet im Dreißigjährigen Kriege zu vergrößern und erlangte 1803 den kurfürstlichen Titel. Napoleon I. indessen vertrieb 1806 das Herrscherhaus und setzte in Kassel seinen Bruder Hieronymus auf den Thron des neu gestifteten Königreichs „Westfalen". Jedoch, als dies schon 1813 wieder zusammenbrach, kehrte der Kurfürst nach Kassel wieder zurück und erhielt 1815 den größten Teil des Stiftes Fulda zur Vergrößerung des Kurfürstentums. Nebenlinien des bis 1866 regierenden Kurhauses, die aber keinen souveränen Besitz haben, sind Hessen-Philippsthal und Hessen-Philippsthal-Barchfeld.

Die Grafen von Nassau leiteten ihren Ursprung von dem Grafen Otto von Laurenburg an der Lahn ab, dem Bruder König Konrads I. Seine Enkel Walram und Otto (11. Jahrhundert) sind die Ahnherrn der beiden Hauptlinien des nassauischen Hauses, der walramischen und der ottonischen. Von der letzteren, welche im 16. Jahrhundert das Fürstentum Orange im südlichen Frankreich erheiratete (§ 81, IV, 12), stammen die Könige der Niederlande; die walramische, welche Deutschland den König Adolf (1292—98) gegeben, spaltete sich, wie die ottonische, in viele Zweige und erlangte im 17. Jahrhundert die fürstliche, seit 1806 die herzogliche Würde. Im Jahre 1816 waren alle Linien des walramischen Hauptzweiges bis auf eine erloschen; diese erwarb auch das Gebiet der ottonischen Linie und besaß nun ein schönes abgerundetes Land. Einige altnassauische Striche, wie Siegen, Saarbrücken, waren zwar in fremden Händen, aber dafür Teile von Kurmainz, Kurtrier, der niederen Grafschaft Katzenellenbogen erworben. 1866 freilich verlor das herzogliche Haus seinen nassauischen Besitz, gelangte aber nach dem Erlöschen des Mannesstammes der Oranier durch Erbrecht 1890 auf den Thron des Großherzogtums Luxemburg.

Frankfurt, ein alter Übergangsort der Franken über den Main, verdankt seine Bedeutung Karl dem Großen und Ludwig dem Frommen, die viel für die Stadt thaten und hier oft residierten. Im 13. Jahrhundert wurde Frankfurt Reichsstadt, nach den Bestimmungen der Goldenen Bulle (die hier gezeigt wird) Wahlstadt, hernach Krönungsstadt des Kaisers (§ 95 Ende). Aus den napoleonischen Stürmen hatte Frankfurt sich als freie Stadt gerettet. Als Sitz der deutschen Bundesversammlung wurde Frankfurt gewissermaßen Deutschlands Hauptstadt, und eine seiner ersten Handelsstädte (Messen, Weinhandel, Geldverkehr) ist es bis heute in stetig zunehmendem Grade geblieben, da seit der Zugehörigkeit zu Preußen (1866) Verkehr und Volkszahl sich so ziemlich verdreifacht haben.

a) **Regierungsbezirk Kassel** begreift das vormalige Kurhessen und einige früher bayrische und großherzoglich hessische Gebiete.

In der ehemaligen Provinz Nieder-Hessen: **Kassel**, zu beiden Seiten der Fulda in einer lieblichen Hügellandschaft, 72000 E. Die neuen Stadtteile enthalten sehr breite und schöne Straßen und viele öffentliche Plätze, so den kreisrunden Königsplatz mit sechsfachem Echo. Nach W. führt eine 3 km lange Allee zu dem Lustschlosse **Wilhelmshöhe**, dem Aufenthaltsort des gefangenen Kaisers Napoleon III. von 1870 zu 71; dabei ein Park mit mannigfachen Anlagen. Hinter dem Schlosse erhebt sich ein zum Habichtswalde gehöriger Berg, etwa 580 m. Auf ihm das Riesenschloß oder Ottogon, das auf der Höhe einer aufgesetzten Pyramide die kupferne Statue des Herkules trägt (in der Keule können 8—9 Personen stehen, von hier weite Aussicht). Im Hofe des Ottogons ist auch der Wasserbehälter, der großartige Wasserkünste speist: die Kaskaden, die große Fontäne 50 m hoch, u. s. w. Handelsort **Karlshafen**, wo Weser und Diemel sich einigen. Ganz von der Hauptmasse abgesondert der kurhessische Anteil an der **Grafschaft Schaumburg**, darin **Rinteln**, an der Weser, früher Universität. Der Badeort **Nenndorf**.

In der ehemaligen Provinz Ober-Hessen: **Marburg**, auf und um einen in das Lahnthal vorspringenden steilen Bergrücken. Universität. Schöne St. Elisabethkirche, ein Meisterstück altdeutscher Baukunst, mit dem kunstreichen Sarge der frommen Fürstin (§ 99, 2, b), welche in und bei Marburg in Werken der Wohlthätigkeit ihre Tage beschloß.

In der ehemaligen Provinz Fulda: **Fulda** am rechten Fuldaufer. Im Dom ist die Gruft des deutschen Apostels **Bonifacius**, dessen Sterbetag, der 5. Juni (755?), hier im Mittelpunkt der ehemaligen Abtei Fulda, seiner Lieblingsstiftung, festlich begangen wird. Eine schöne Gußstatue zeigt seine heldenhafte Gestalt mit emporgehaltenem Kreuz und der Inschrift: Bonifacius Germanorum Apostolus — Verbum Domini manet in aeternum. **Hersfeld** an? — früher ein Reichsstift, das 1648 an Hessen kam. Zu dieser Provinz gehört auch der getrennt liegende hessische Anteil an **Henneberg**. Auf welchem Gebirge? Darin **Schmalkalden**, wie viele der umliegenden Orte Fabrik- und Bergstadt; eine Vorstadt besteht fast aus lauter Schmiedehämmern. Bund der protestantischen Fürsten 1531.

In der ehemaligen Provinz Hanau: **Hanau** am Zusammenflusse von? — ist eine hübsche und lebhafte Fabrikstadt von 25000 Einw.; Geburtsort der Brüder Jakob und Wilhelm Grimm. Schlacht zwischen Franzosen und Bayern 1813. **Gelnhausen**, mit einigen trefflich erhaltenen Resten einer Pfalz, in der Friedrich Barbarossa zuweilen residierte. Teile der isenburgischen Besitzungen.

b) **Regierungsbezirk Wiesbaden** begreift das frühere Herzogtum Nassau, die vormalige freie Stadt Frankfurt und früher großherzoglich hessische Gebietsteile.

Wiesbaden, vor 1789 nur 2000, jetzt 65000 E., liegt an dem Südabhange des Taunus. Fünfzehn heiße Quellen sprudeln hier: darunter der Blasen werfende Kochbrunnen mit 55° Hitze (vergl. Teplitz und Karlsbad). Der neue Kursaal ist ein stattliches Gebäude. In der Umgegend sehr schöne Partieen, besonders auf den ganz nahen Neroberg. Schloß Biebrich am Rhein. An der Lahn merke **Limburg**, den Sitz des katholischen Landesbischofs. Schöne Domkirche aus dem Anfange des 13. Jahrhunderts mit Übergangsformen vom romanischen zum gotischen (spitzbogigen) Baustil. Weiter flußabwärts das kleine Städtchen **Nassau**, unweit dessen die alte Stammburg Nassau und die Burg Stein, der Stammsitz des Freiherrn vom Stein, eines der Wiederhersteller Preußens nach der Niederlage von Jena. **Dillenburg** und **Herborn** an dem Lahnzuflusse Dill. Die Bäder und Quellen **Selters, Schwalbach, Ems** sind § 90, B, a erwähnt, die Weinorte **Hochheim, Geisenheim, Rüdesheim, Johannisberg**, sowie **Kaub** § 90, C.

Frankfurt liegt zum bei weitem größten Teile am rechten Ufer des Mains; eine lange Eisenbahnbrücke führt nach Sachsenhausen, durch Sachsen, die Karl der Große dahin verpflanzte, angelegt. Im Innern giebt es noch viele krumme und enge Gassen, auch breite und schöne Straßen, unter ihnen als Hauptstraße die Zeil. Im Dom oder der St. Bartholomäuskirche wurden die Kaiser gewählt oder gekrönt, in dem mit den Bildnissen aller Kaiser geschmückten Saale des Römers hielten sie das Krönungsmahl (§ 95 Ende). Alle diese Stätten ergreifen den Beschauer durch ihre würdevolle Einfachheit. Hier Goethe geboren 1749. (Sein am großen Hirschgraben gelegenes Geburtshaus ist von der Gesellschaft des freien deutschen Hochstiftes als Nationaleigentum erworben.) Vielbesuchte Messen. Einwohner 1866: 71000; 1890: 180000, mit den Vororten über 200000 E. Die früheren Festungswerke sind in schöne Spaziergänge verwandelt; geschmackvolle Gartenanlagen und reiche Kornfluren umgeben die Stadt ringsum, auf die von allen Seiten Straßen und Bahnen führen.

Zu den früher großherzoglich hessischen Gebietsteilen gehört die Herrschaft Homburg am Ostabhange des Taunus, ein Teil der früheren Landgrafschaft Hessen-Homburg. (Der andere Teil, die Herrschaft Meisenheim im Regierungsbezirk Koblenz.) **Homburg vor der Höhe**, besuchter Badeort.

12) **Die Rheinprovinz** (§ 90, 1, 2), 27000 qkm (490 Q.-M.), 4,₁ Mill. E. Sie enthält nur wenig altpreußisches Gebiet: das 1666 endgültig erworbene Herzogtum Kleve, das Fürstentum Mörs, 1702 gewonnen, und die 1713 preußisch gewordene Landschaft Ober-Geldern. Alles übrige ist erst 1815 erworben. Nicht weniger als 80 frühere Reichsstände umschließt die Rheinprovinz. Die wichtigsten sind: die Herzogtümer Jülich und Berg, die Hauptteile der Erzbistümer Köln und Trier und des Kurfürstentums Pfalz.

a) **Regierungsbezirk Düsseldorf**, der bevölkertste der Monarchie, 365 E. auf 1 qkm; in den Fabrikdistrikten noch weit mehr. Vergl. damit § 61 gegen Ende.

Am Rhein und unweit des Rheins: 4 km links vom Rhein **Neuß**, das sich 1475 so tapfer gegen Karl den Kühnen von Burgund verteibigte. Düsseldorf, frühere Hauptstadt des Herzogtums Berg, am rechten Ufer, ist in mehreren Stadtteilen überaus schön und regelmäßig; 145000 E. Kunstakademie und Malerschule. Als Rheinhafen der noch zu nennenden industriereichen Wupperstädte lebhafte Handelsstadt. Unterhalb Düsseldorf das uralte Kaiserswerth mit den großen vom Pfarrer Fliedner gegründeten Anstalten für innere Mission. 8 km links vom Rhein Krefeld (im Fürstentum Mörs), schön gebaut, 105000 E. (1790: 6000), Hauptfabrikstadt (Seiden= und Sammetwaren). Sieg der Preußen über die Franzosen 1758. 4 km rechts vom Rhein Duisburg [düsburg], 59000 E. Früher Universität. Am Zusammenflusse von Rhein und Ruhr das immer wichtiger werdende Ruhrort mit bedeutendem Steinkohlenhandel, dem besten Hafen und den größten Schiffswerften am Rhein. Wesel am Zusammenflusse von? — starke Festung, 21000 E. 4 km links vom Rhein Xanten, das römische Castra vetera. 7 km links vom Rhein Kleve, die Hauptstadt des Herzogtums Kleve. Emmerich.

Rechts vom Rhein in dem stark bevölkerten, gewerbfleißigen Wupperthale (§ 90, 2) Elberfeld, 126000 E., und das eigentlich aus fünf Ortschaften bestehende Barmen, 116000 E. Bei rascher Zunahme der Bevölkerung sind beide Städte räumlich miteinander verwachsen und dehnen sich nun wie eine Stadt 12km an der Wupper hin. Zahllose Fabrikgebäude, Mühlen, Magazine, Bleichen u. s. w. schließen sich hier aneinander: Linnen=, Seiden= und Baumwollenfabriken sind in diesen Manufakturstädten im höchsten Flor. Weiter an der Wupper hinab bilden Solingen, und das etwas östlich davon gelegene Remscheid, 40000 E., Mittelpunkte der Stahl= und Eisenwarenfabriken (über 800 Arten verschiedener Eisenwaren). Gute Solinger Klingen hauen Eisen durch, ohne eine Scharte zu bekommen. Lennep, Industriestadt. Mülheim an der Ruhr, 28000 E. Werden, früher berühmtes Kloster (Ulfilas Evangelien hier gefunden). Nördlich von der Ruhr: Essen, zu Zeiten des alten Reichs ein berühmtes Frauenstift, jetzt lebhafte Fabrikstadt. 79000 E.; die weltberühmte Kruppsche Gußstahlfabrik.

Links vom Rhein: München=Gladbach, 50000 E. und Viersen, 22000 E., sind lebhafte Fabrikstädte.

b) Regierungsbezirk Köln. Köln, die Hauptstadt des Regierungsbezirkes, als Colonia Agrippinensis schon zur Römerzeit groß, bis 1801 freie Reichsstadt, dehnt sich in Form eines Halbkreises am linken Rheinufer aus; am rechten ihr gegenüber Deutz. Eine feste Rheinbrücke verbindet jetzt beide Ufer. Schon von außen gewährt Köln einen lebensvollen Anblick. Keine deutsche Stadt hatte vor der französischen Zeit so viele Stifter, Kirchen und Kapellen (über 200), und der sechzehnte Mensch war damals ein Geistlicher. Daher und wegen der vielen Reliquien, z. B. der heiligen drei Könige, die heilige Stadt oder das deutsche Rom genannt. Noch jetzt zieren Köln zahlreiche Türme. Über alle ragt wie ein Riese der Dom. 1248 wurde zu diesem großen Meisterbau altdeutscher Baukunst der Grund gelegt, aber nur das hohe Chor und ein Stück des südlichen Turmes bis 80 m im 13. Jahrhundert vollendet. Seit den Befreiungskriegen erwachte das Bestreben, den herrlichen Bau zu Ende zu führen. Viel haben in unserem Jahrhundert deutsche Fürsten (König Ludwig I. von Bayern, besonders aber König Friedrich Wilhelm IV. von Preußen) für den Ausbau des Domes gethan; fast durch ganz Deutschland verbreitete Dombauvereine steuerten bei, und mit dem Ausbau der beiden mächtigen, (156 m hohen) Türme ist 1880 das erhabene Bauwerk vollendet worden. Auch sonst viele merkwürdige altertümliche Ge=

bäude, wie das Kaufhaus Gürzenich u. a. Köln ist eine wichtige Handels- und Fabrikstadt und durch starke Forts, welche die Stadt im Halbkreise umgeben, befestigt. Jetzt 281000 E. (mit Deutz), am Schluß des Mittelalters (als eine der volkreichsten Städte des damaligen Deutschland) höchstens 50000. Bonn, die frühere Residenz der Kölner Erzbischöfe, seit 1818 wieder Universität, 40000 E., ist eine wohlgebaute, freundliche Stadt in lieblicher Umgebung — an welchem Rheinufer? Über Siebengebirge, Drachenfels, Rolandseck vergl. § 90, B.

c) Regierungsbezirk Koblenz. Koblenz, die Hauptstadt der ganzen Rheinprovinz, einst Residenz des trierschen Kurfürsten, liegt in der Gabel des Zusammenflusses von Rhein und Mosel, daher schon bei den Römern Confluentia. Über die Mosel führt eine Stein-, über den Rhein eine Schiffbrücke nach dem Städtchen (Thal-) Ehrenbreitstein; über diesem auf einem 130 m hohen Felsen die Festung Ehrenbreitstein. Sie bildet mit der stark befestigten und mit starken Forts umgebenen Stadt Koblenz ein Hauptbollwerk des deutschen Rheins. Beide zusammen 33000 E. Die Umgegend von Koblenz ist entzückend schön, die Festung Ehrenbreitstein ein prachtvoller Aussichtspunkt. 10 km s. davon Schloß Stolzenfels; über dieses sowie über Rheinstein, Bacharach, Stahleck, St. Goar, Rense, Andernach, Laach, das Ahrthal vergl. § 90, C. Merke noch: Kreuznach an? — Mit Salzwerk und Solbädern. In der schönen Umgebung viele Burgtrümmer, z. B. die Ebernburg (auf bayrischem Gebiete), welche Franz von Sickingen, Berlichingens Freund (§ 89, 1), besaß. Die frühere Reichsstadt Wetzlar, an? — Führe aus §95 etwas Merkwürdiges für Wetzlar an! Nahe bei Wetzlar liegen die Besitzungen der Fürsten von Solms. Im Gebiete des Fürsten von Wied die freundliche und gewerbfleißige Stadt Neuwied. Zum Regierungsbezirk Koblenz ist die früher hessen-homburgische Herrschaft Meisenheim gezogen.

d) Regierungsbezirk Aachen. Aachen an der von Köln nach Brüssel und Paris führenden Eisenbahn, 103000 E., die Hauptstadt des Regierungsbezirks, früher Reichsstadt, liegt in einem angenehmen Kesselthale zwischen sanft aufsteigenden Hügeln, teilt sich in die alte oder innere und in die äußere Stadt, ist im ganzen gut gebaut und mit schönen Spaziergängen umgeben. Der Stolz der Stadt ist Karl der Große, der in der letzten Hälfte seiner Regierungsjahre die Wintermonate in Aachen residierte und 814 daselbst starb. Sein Grab mit einfacher Inschrift (Carolo Magno) wird in dem ehrwürdigen, zum Teil von dem Kaiser selbst gebauten Münster gezeigt; auch für die Erhaltung dieses Baues sorgt königliche Freigebigkeit (berühmte Reliquien). Aachen war früher Krönungsstadt der Kaiser, jetzt wird es viel wegen seiner Schwefelquellen besucht, wie auch das nahe Burtscheid. Merke noch die frühere Festung Jülich, an? — und die Manufakturstädte Eupen und Malmedy, langgezogene Orte in den Thälern des Hohen Veen. Besonders ist die Tuch- und Lederfabrikation erheblich.

e) Regierungsbezirk Trier. Trier in einer Thalweitung der Mosel — das alte Augusta Treverorum der Römer (der Sage nach 1300 Jahre vor Rom erbaut). Das merkwürdigste erhaltene Römerwerk in Deutschland, die porta nigra, 37 m lang, in der Mitte, wo das eigentliche Thor (jetzt das Thor, aus dem die Straße nach Koblenz führt) durchgeht, etwa 16 m breit, an den Seitenflügeln breiter; auch sieht man Trümmer römischer Bäder (Thermen) und eines Amphitheaters. Auch die Brücke über den Fluß ist uralt, und der Dom mag Teile aus Konstantin des Großen Zeit enthalten.

36000 E. — An der Saar die reichen Kohlendistrikte (§ 88, 2, a), die Festung Saarlouis, 1815 (im 2. Pariser Frieden) von den Franzosen abgetreten, ein Werk Vaubans (§ 81, II, 2), und noch südlicher Saarbrücken, mit dem etwas größeren St. Johann zusammen 28000 E.; Saarbrücken war die einzige deutsche Stadt, welche die Franzosen in ihrem eroberungssüchtigen Angriff von 1870 am 2. August (durch große Übermacht) einnahmen, aber freilich nach einigen Stunden ruhmlos wieder räumen mußten.

f) Unter das Oberpräsidium der Rheinprovinz sind auch die hohenzollerschen Lande (§ 86, 4, b. § 87, 1. § 89, 1) gestellt; 1140 qkm (21 Q.=M.) mit 66000 E.

Die Söhne des Grafen Burkhard vom Scherragau (gest. um 1040) nannten sich zuerst nach der ihnen gehörenden schwäbischen Burg Grafen von Zolre (Hohenzollern). Ihre Nachkommen wurden gegen Ende des 12. Jahrhunderts Burggrafen von Nürnberg und gewannen reichen Besitz in Franken. 1226 zweigte sich durch Teilung des Besitzes die schwäbische Linie ab, welche sich im 16. Jahrhundert in die Zweige Hechingen und Sigmaringen teilte. Die fränkische Linie dagegen, welche durch Erbschaft Bayreuth, durch Kauf Ansbach erworben hatte und schon 1363 in den Reichsfürstenstand erhoben war, gewann den Kurhut von Brandenburg und 1701 die preußische Königskrone. An sie traten 1850 die beiden Zweige der schwäbischen Linie (Hechingen ist im Mannesstamme 1869 erloschen) ihre Ländchen ab, welche nunmehr in einen preußischen Regierungsbezirk umgestaltet wurden.

Hechingen ist ein kleines, hügeliges Städtchen, ½ Stunde im S. liegt auf einem 870 m hohen Kegelberge das Stammschloß Hohenzollern, das jetzt im alten Glanze wiederhergestellt und befestigt ist. Sigmaringen, an der Donau, 550 m über dem Meere gelegen, ist Sitz der Regierung.

§ 99.
Die sächsisch-thüringische Staatengruppe.

1) Königreich Sachsen (§ 92, 1, a, b, c, d, 4). Die sächsische Kurwürde haftete an dem Kurkreise, d. h. der Umgegend von Wittenberg; der Umfang der eigentlich kurfürstlich-sächsischen Lande war gering. Als die Kurfürsten aus dem Hause Anhalt 1422 ausstarben, erlangte Markgraf Friedrich der Streitbare von Meißen ihre Würde und ihr Land. Sein, von den alten Wettiner Grafen stammendes Haus hatte, außer dem Markgrafentum Meißen, auch das Osterland zwischen Saale und Mulde und die Landgrafschaft Thüringen im 13. Jahrhundert erworben. So war nun eine große Ländermasse beisammen. Friedrichs des Sanftmütigen Söhne, Ernst und Albert, teilten sich 1485 alle Besitzungen und wurden Stifter der noch bestehenden Linien. Die ernestinische erhielt die Kurwürde, den Kurkreis, fast ganz Thüringen, das Land Coburg, einen Teil des Osterlandes, die albertinische Meißen und einen Teil von Thüringen und vom Osterlande. Aber 1547 erfolgte eine

große Änderung. Kurfürst Johann Friedrich der Großmütige, ein entschiedener Anhänger der Reformation, war mit anderen protestantischen Fürsten in den schmalkaldischen Bund getreten — aber von Kaiser Karl V. geschlagen und gefangen genommen worden. Wo? (§ 98, 7, b, β). Da gab der Kaiser die Kurwürde und die Kurlande dem Haupte der albertinischen Linie, Herzog Moritz, seinem Bundesgenossen. Nur wenige Ämter in Thüringen und im Osterlande blieben den Söhnen des Gefangenen. Nachdem im 30jährigen Kriege durch den Sonderfrieden von Prag 1635 auch die Lausitz erworben, betrug der Kurstaat 600 Q.-M. (33 000 qkm). 1697 wurde die Kurlinie katholisch, und zwei Kurfürsten waren zugleich Könige von Polen, nicht eben zu des Stammlandes Heil. Im Jahre 1806 war Sachsen mit Preußen gegen Napoleon verbündet, trat aber dann zu dem Übermächtigen über und als Königreich dem Rheinbunde bei. Da der König Friedrich August aber sich 1813 den Verbündeten nicht anschloß, wurde sein Land als ein erobertes behandelt und zu zwei Fünfteln an Preußen abgetreten. Das Königreich Sachsen hat jetzt 15 000 qkm (270 Q.-M.) mit 3,5 Mill. fast ausschließlich lutherischen Einwohnern und umfaßt meist alte Lande der albertinischen Linie. König Albert. Einteilung in 4 Kreishauptmannschaften:

a) Kreishauptmannschaft Dresden. Die Hauptstadt Dresden, 276 000 E., liegt in anmutiger Gegend an der Elbe, deren rechtes Ufer von lieblichen Anhöhen begleitet ist. Die Stadt besteht, von den Vorstädten abgesehen, aus vier Hauptteilen: Altstadt und Friedrichsstadt (durch die hier in die Elbe mündende Weißeritz geschieden) auf dem linken, Neustadt und Antonstadt auf dem rechten Ufer. Beide verbindet die schöne, auf 16 Bogen ruhende Augustus-Brücke: außer dieser überspannen noch die Marien- und die Albert-Brücke, großartige Bauwerke der neueren Zeit, den Strom. Da, wo die alte Brücke in die Altstadt übergeht, ist der Glanzpunkt der Stadt und die Stelle des lebhaftesten Verkehres. Hier steht das im Äußern nicht ausgezeichnete Schloß: in zu ihm gehörigen Räumen befindet sich das Grüne Gewölbe, ein Schatz von Edelsteinen, Perlen, Kostbarkeiten und Seltenheiten aller Art. Unweit des Schlosses steht die evangelische Hof- oder Sophienkirche, das Theater, die katholische Hofkirche, das neue Museum mit der Bildergalerie, einer der reichsten in Europa (Raffaels sixtinische Madonna); stromaufwärts erhebt sich von der Brücke aus die Brühlsche Terrasse mit herrlicher Aussicht und schönen Anlagen. Dresden hat wegen seiner Lage und seiner Umgebungen den Namen des „deutschen Florenz" und ist ein Ziel- und Durchzugspunkt unzähliger Reisender. In der Nähe das Thal der Weißeritz, der Plauensche Grund genannt, bis Tharand; an der Elbe hinauf das Lustschloß Pillnitz, die Stadt Pirna mit Sandsteinbrüchen, dann in der sächsischen Schweiz: Bastei, Uttewalder Grund, Festung Königstein, Lilienstein, Kuhstall, Winterberg (§ 92, 1, c), Städtchen Schandau u. s. w. Schon auf der Erzgebirgshochebene Freiberg, 29 000 E., mit reichen Silbergruben und berühmter Bergakademie. Unterhalb Dresdens an der Elbe liegt **Meißen**, teils auf Felsen, die durch Brücken verbunden sind, wie der alte Dom, teils in der Tiefe gebaut; Fürstenschule, Porzellanfabrik (älteste in Europa), **Riesa** an der Elbe, über welche eine eiserne Eisenbahnbrücke führt.

b) **Kreishauptmannschaft Leipzig. Leipzig** (der Name, aus dem Slavischen stammend, bedeutet **Lindenstadt**) an der Elster, in welche hier die Pleiße mündet, in einer weiten, sich nach W. bis **Lützen** (§ 98, 7, b, β) und Halle hinziehenden Ebene, auf der schon manche Schlacht geschlagen ist (Gustav Adolf und Tilly bei **Breitenfeld**, im N. von Leipzig 1631, und dann „bei Leipzig auf dem Plane, o schöne Ehrenschlacht." Napoleon I. und die Verbündeten 16., 18. und 19. Oktober 1813). Leipzig besteht aus der inneren Stadt und mehreren Vorstädten; zwischen beiden angenehme Spaziergänge und Gartenanlagen; mit den zur Stadtverwaltung gehörigen Vorstädten 294000 E. (mit Einschluß der nächsten Vororte: 355000 E.). Die drei Messen der Stadt (worunter die Ostermesse die größte) sind die ersten in Deutschland und ziehen Käufer und Verkäufer der entferntesten Nationen nach der Handelsstadt, die vor allem Mittelpunkt des deutschen Buchhandels ist. Außerdem ist Leipzig Sitz des deutschen **Reichsgerichts** und die Leipziger **Universität** die größte des Deutschen Reichs nächst der Berliner. — An der Mulde **Grimma** mit berühmter Fürstenschule, ostnordöstlich davon das frühere Jagdschloß **Hubertusburg**, Friede 1763.

c) **Kreishauptmannschaft Zwickau. Zwickau** an? — 44000 E., und das viel bedeutendere **Chemnitz**, 139000 E. **Plauen** im Vogtlande an? — 47000 E., **Reichenbach, Crimmitschau,** Fabrikstädte. Die Bergstädte **Johann-Georgenstadt, Schneeberg, Annaberg,** Hauptsitz der Spitzenklöppelei.

An der Zwickauer Mulde und dann die Erzgebirgshochebene hinauf liegen die Lande der früher reichsunmittelbaren **Fürsten und Grafen von Schönburg**. Diese 600 qkm (11 Q.-M.) gehören zu den angebautesten und bevölkertsten unseres Vaterlandes, 145 E. auf 1 qkm. Die Residenz der fürstlichen Linie ist **Waldenburg**. Die größte schönburgische Stadt ist **Glauchau**, 23000 E., Fabrikstadt, wie denn überhaupt Gewerb- und Betriebsamkeit in diesem Striche groß ist. **Meerane**, 22000 E.

d) **Kreishauptmannschaft Bautzen. Bautzen** (wendisch: Budissin, vgl. § 98, 1, c, γ) an der Spree, Schlacht 1813. 22000 E. Die Handels- und Gewerbstadt **Zittau**, 25000 E., unweit der Neiße. Ringsumher Weberdörfer, überhaupt ein wichtiger Industriebezirk. 15 km von Zittau nördlich Dorf **Herrnhut** am Hutberge, wonach die vom Grafen Nikolaus von Zinzendorf neu belebte Brüdergemeinde (ein Zweig der lutherischen Kirche) den Namen der **Herrnhuter** führt. Nordwestlich von Bautzen **Kamenz**, Lessings Geburtsstadt.

2) **Großherzogtum Sachsen-Weimar.** Die ernestinischen Fürsten teilten sich nach dem Schlage von 1547 in mehrere Linien; doch vergrößerte sich ihr Gebiet bedeutend durch einen großen Anteil an der Grafschaft **Henneberg** (fränkischer Kreis), mit deren erloschenem Grafengeschlechte das Haus Sachsen im Erbvertrage gestanden hatte. Die eine Hauptlinie, **Weimar**, erhielt 1815 die großherzogliche Würde und bedeutende Vergrößerungen. Ihr in drei

größeren und vielen kleinen Teilen zerstreut liegendes Gebiet enthält 3595 qkm (65 Q.=M.) mit 326000 meist lutherischen Bewohnern. Großherzog Karl Alexander. (Über die Naturverhältnisse aller ernestinischen Lande § 89, 2, b. § 91, 1, 3, a, b. § 92, 4, b, β.)

a) In dem Teile an der Ilm und Saale: Weimar in dem gewundenen Thale der Ilm, 25000 E. Merke das geschmackvolle Schloß, den sich oberhalb der Stadt an der Ilm hinziehenden Park mit Goethes Garten, das Lustschloß Belvedere im S., den Ettersberg im N. Der geschichtliche Ruhm Weimars besteht darin, daß es unter Karl August und seiner Mutter Amalie ein wahrer Musenhof deutscher Dichter war. Wieland, Herder, Schiller, Goethe strahlen vor allen hervor: der Fremde sucht Erinnerungen an sie und betritt mit Ehrerbietung ihre Grabstätten. Fabrikstadt Apolda. An der Saale: Jena, zwischen schroff zum Fluß abfallenden, malerischen Kalkbergen im anmutigen Thale, eine kleine, aber berühmte Universitätsstadt. Schlacht 1806. Schloß Dornburg, auf steilem Thalrande mit herrlichem Rosengarten; schöner Aussichtspunkt auf das Saalthal, öfterer Aufenthalt Goethes.

b) In dem Teile an der Werra und Hörsel: Eisenach, unweit der thüringischen Pforte (§ 91, 1), an? — 21000 E. Darüber erhebt sich im S. die von Ludwig dem Springer erbaute Wartburg, lange Zeit die Residenz der thüringischen Landgrafen. Gar manche Erinnerung macht sie außerdem bedeutend. Hier wirkte die fromme wohlthätige Elisabeth (§ 98, 11 Anf.), hier war zur Zeit des Landgrafen Hermann von Thüringen der Sammelplatz der größten deutschen Dichter (Sage vom Sängerkriege), hier begann Luther „in seinem Patmo" (§ 46, 5) 1521 die Bibelübersetzung. Die Wartburg ist jetzt in ihrer schönen ursprünglichen Gestalt wiederhergestellt. Das Lustschloß Wilhelmsthal in einem lieblichen Wiesenthal des Thüringer Waldes.

c) Im Hennebergischen: Ilmenau, in reizender Lage an der Ilm. Etwas südwestlich von Ilmenau der Aussichtspunkt Gickelhahn, 860 m, mit Aussichtsturm (höchster Punkt des Großherzogtums).

d) Das östliche Stück ist der früher königlich sächsische Neustädter Kreis, welcher die reußischen Lande in zwei Stücke teilt.

3) **Herzogtum Sachsen-Coburg-Gotha**, 1957 qkm (36 Q.=M.) mit 206000 lutherischen Einwohnern. Herzog Ernst II.; das herzogliche Haus ist durch Verheiratungen mit den Königsfamilien von Portugal, England, Belgien verwandt.

a) Im Fürstentum Gotha: Gotha am Leinekanal (§ 91,*1), zwischen Gärten und anmutigen Spaziergängen, 29000 E. Das Schloß auf der Höhe ist weithin sichtbar. In der Nähe die neue Sternwarte. — Ein paar Stunden nach SW. liegt am Rande des Thüringer Waldes Schnepfenthal, eine Erziehungsanstalt; bei ihr vorbei geht man durch ein stilles Waldthal nach Reinhardsbrunn, einst reiches Kloster und Gruft der thüringischen Landgrafen, jetzt geschmackvolles Lustschloß zwischen frischem Wald, Wiesen und Teichen. Ganz nahe der Sommerfrischort Friedrichroda. Teils gothaisch, teils weimarisch ist Ruhla, ein wichtiger Fabrikort, dessen Einwohner besonders Pfeifenköpfe und Cigarrenspitzen aus Meerschaum', aber auch Messer, Feilen, Kämme u. s. w. anfertigen. Hier der Schmied der bekannten Sage „Landgraf, werde hart." — Die vormalige Grafschaft Obergleichen mit der Hauptstadt Ohrdruff. — Viele schöne Kunststraßen übersteigen den Kamm des Waldes; die eine über das friedliche Gebirgsdorf Oberhof, 800 m über dem Meere. Zwei Stunden davon die Schmücke, die höchste menschliche Wohnung des Thüringer Waldes, 900 m, ein Wirtshaus mit herrlichem Wiesenplan.

b) Im Fürstentum Coburg: Coburg an der Itz, in lieblicher Gegend, darüber das feste Schloß Coburg.

4) **Herzogtum Sachsen-Meiningen,** 2468 qkm (45 Q.-M.), mit 224000 lutherischen Einwohnern. Herzog Georg II.

a) Im Werragebiet: die Hauptstadt Meiningen an der Werra in lieblicher Gegend. Bad Liebenstein, in der Nähe Schloß Altenstein. Zwischen beiden Orten eine 130 m lange geräumige Höhle, von einem Bache durchrauscht. In diesen Gegenden Erinnerungen an Luther (die Lutherbuche); unweit des Bades Salzungen die Heimat seiner Eltern, Möhra. Hildburghausen an der Werra.

b) Im Maingebiet: Sonneberg mit großartiger Spielwarenfabrikation.

c) An der Saale: Saalfeld im schönen Thale; Treffen 1806.

5) **Herzogtum Sachsen-Altenburg,** 1324 qkm (24 Q.-M.) mit 171000 lutherischen Einwohnern. Herzog Ernst.

a) Im östlichen Landesteile, im alten Osterlande: Altenburg, 31000 E., ³/₄ Stunden im W. der Pleiße, auf hügeligem Boden, im ganzen wohlgebaute, betriebsame Stadt. Auf einem Felsenberge darüber erhebt sich das Residenzschloß, aus welchem 1455 Kunz von Kaufungen die Prinzen Ernst und Albert (die Stifter der beiden Linien (§ 99, 1) raubte, um sich an dem Kurfürsten Friedrich zu rächen. Im SW. von Altenburg Ronneburg. Die Umgegend von Altenburg ist sehr fruchtbar und daher die Altenburger Bauern, Abkömmlinge der Wenden, reiche Leute, die sich auch nicht wenig darauf zu gute thun. Eigentümliche Kleidung, namentlich der Frauen. Bei Hochzeiten, Kindtaufen, dem sogenannten Landfressen (Kirmeß), geht's hoch her.

b) Im westlichen Landesteile (durch welche Länder vom östlichen geschieden?) Eisenberg. Über Kahla im Saalthale erhebt sich auf hohem Gipfel die weithin sichtbare Leuchtenburg. Orlamünde, auf steilem Rande des Saalthales, war sonst die Residenz eigner Grafen.

6) **Die reußischen Lande** (§ 89, 2, b, α. § 92, 1, a; 4, b, β). Der Ahn des Fürstenhauses ist Heinrich der Reiche von Weida, Kaiser Heinrichs VI. Marschall. Seinem kaiserlichen Herrn zu ehren, setzte er fest, daß alle seine Nachkommen den Namen „Heinrich" führen sollten. Einer von diesen, Heinrich Vogt zu Plauen, gewann sich durch tapfere Thaten gegen die Polen und Reußen (Russen) den Ehrennamen „der Reuße", welcher der Familie geblieben ist. Seit 1564 teilt sich das Haus in eine ältere und in eine jüngere Linie, deren Angehörige ohne Ausnahme Heinrich getauft und nach der Zeitfolge

durch Zahlen unterschieden werden. Die ältere Linie zählt bis hundert und beginnt dann von neuem, die jüngere zählt bis Ende eines Jahrhunderts und beginnt mit dem neuen neue Zahlen.

a) **Fürstentum Reuß älterer Linie**, 316 qkm (6 Q.=M.), mit 63 000 lutherischen Einwohnern. Fürst Heinrich XXII. Die Residenz **Greiz**, 20 000 E., hat eine reizende Lage im Elsterthale; auf einem Felsen ragt das ältere Schloß mitten aus der Stadt empor. Im Westen davon der gewerbsame Ort **Zeulenrode**.

b) **Fürstentum Reuß jüngerer Linie**, 826 qkm (15 Q.=M.), mit 120 000 lutherischen Einwohnern. Fürst Heinrich XIV. In dem durch weimarisches Gebiet getrennten Nordstück die Hauptstadt **Gera**, nahe der Elster, 39 000 E., eine sehr gewerbreiche Stadt (Klein=Leipzig), und die Elster abwärts **Köstritz**, großes stadtähnliches Dorf mit Schloß und berühmter Bierbrauerei. In dem größeren Südstück **Schleiz**, ein kleines Landstädtchen, und die noch kleineren Orte **Lobenstein** und **Ebersdorf**.

7) **Die Fürstentümer Schwarzburg**. Das gräfliche, seit 1697 fürstliche Haus Schwarzburg kommt schon im 12. Jahrhundert vor und hat in der Reihe seiner Fürsten (die meist den Namen Günther führen) auch einen deutschen Gegenkönig, der mit Karl IV. im 14. Jahrhundert um die Krone stritt. Im 16. Jahrhundert spaltete sich das Haus in vier Linien; zwei bestehen noch. Man teilt ihre Lande in die **Unterherrschaft**, von den preußischen Regierungsbezirken Erfurt und Merseburg eingeschlossen, und die **Oberherrschaft** auf dem Thüringer Walde an der Gera und Ilm (§ 92, 4, b, β).

a) **Fürstentum Schwarzburg=Sondershausen**, 862 qkm (16 Q.=M.), mit 76 000 lutherischen Einwohnern. Fürst Karl. α) In der Unterherrschaft die Residenz **Sondershausen** an der Wipper, in schöner Lage. Etwas im S. auf der Hainleite der Possen, Jagdschloß und Turm mit weiter Aussicht; etwas im W. der tafelförmige Frauenberg mit dem Dörfchen **Jechaburg**. Hier lag vielleicht die Burg Widos, von deren Berennung die Ungarn 933 durch Heinrich I. aufgescheucht wurden, um sodann ihrem Verderben auf dem Unstrutried entgegenzueilen (§ 98, 7, b, β). β) In der Oberherrschaft: **Arnstadt** an der Gera (schönes Thal derselben bis zum Städtchen **Plaue**), mit der alten, schönen Liebfrauenkirche und einem Solbad. Tiefer im Gebirge viele Hüttenwerke, Schneidemühlen, Glashütten u. s. w.

b) **Fürstentum Schwarzburg=Rudolstadt**, 940 qkm (17 Q.=M.) mit 86 000 lutherischen Einwohnern. Fürst Günther. α) in der Oberherrschaft: **Rudolstadt** im lieblichen Saalthale; über der Stadt das Residenzschloß. Die Umgegend bewahrt manche Erinnerung an Schiller, der sich in und bei Rudolstadt öfter aufhielt und von dem kunstsinnigen fürstlichen Hofe geehrt ward. **Schwarzburg**, **Paulinzelle** (§ 92, 4, b, β). Auch hier im Gebirge viele Hüttenwerke und in betriebsamen Dörfern Handel mit Arzneikräutern und Medikamenten. β) In der Unterherrschaft **Frankenhausen**, Salzwerk. Sieg 1525 über die aufrührerischen Bauern unter Thomas Münzer. Kyffhäuser und Rotenburg (§ 92, 4, b, β).

§ 100.
Die übrigen kleineren Staaten Nord-Deutschlands.

1) **Das Herzogtum Anhalt.** Das alte Stammschloß Anhalt liegt im Selkethale (§ 92 Ende); als Stammvater des Geschlechts nimmt man Esiko von Ballenstädt an. Albrecht der Bär (§ 98 Anf.) war sein Urenkel. Seine Nachkommen besaßen um das Jahr 1300 Brandenburg und Sachsen. Als aber die beiden Kurlinien erloschen, konnte der in den Stammländern regierende Zweig seine Ansprüche auf die Erbfolge nicht durchsetzen, nicht einmal als das Haus Sachsen-Lauenburg (ein Nebenzweig der anhaltisch-sächsischen Linie) 1689 erlosch. Im Laufe der Zeit teilte sich das Haus Anhalt wieder in mehrere Linien: gegen Ende des vorigen Jahrhunderts bestanden deren vier; Zerbst, aus der die russische Kaiserin Katharina II. (§ 84, II Anf.) stammte, Bernburg, Köthen, Dessau. Fürst Leopold von Dessau, gewöhnlich „der alte Dessauer" genannt, war einer der preußischen Kriegshelden bis über die Zeit des 2. schlesischen Krieges hinaus, ein derber, aber doch wohlwollender alter Herr, Soldat von der Zehe bis zum Scheitel (der Dessauer Marsch). Infolge des Erlöschens der übrigen drei Linien vereinigte 1863 Anhalt-Dessau den ganzen Besitz. Das vereinigte anhaltische Land bildet einen größeren östlichen Hauptteil (§ 92, 4, b, β) und einen kleineren westlichen am Unter-Harz, zusammen 2347 qkm (43 Q.-M.), mit 272 000 reformierten und lutherischen Einwohnern. Herzog Friedrich.

a) Im großen östlichen Hauptteile: Die Hauptstadt Dessau, 35 000 E., hat in einigen Straßen und Plätzen ein großstädtisches Aussehen. Die im ganzen waldige Umgegend enthält verschiedene schöne Gartenanlagen: am berühmtesten ist der Garten bei dem Städtchen Wörlitz, 10 km östlich von Dessau. Ein See und viele Kanäle durchschneiden ihn. Schöner als alle Tempelchen, Vulkane, Grotten u. s. w. ist der Wechsel der frischen Rasenplätze, der kräftigen Bäume und der Wasserspiegel dazwischen. Schon der Weg von Dessau nach Wörlitz geht durch den schönsten Park der Natur: stämmige Eichen und Ulmen auf frischen Rasengründen. Zerbst, gewerbsame Stadt. Köthen, Schnittpunkt einer Eisenbahnkreuzung, was der Stadt Lebendigkeit und Bedeutung giebt. An der Saale Bernburg, 28 000 E., durch Handel und Verkehr lebhaft. Auf dem flachen linken Saalufer liegt die Unterstadt, auf dem hohen rechten das Schloß und die Bergstadt. Dicht bei Staßfurt (§ 98, 7, a, β) das anhaltische Salzwerk Leopoldshall.

b) Im westlichen Stück am Unter-Harz: Ballenstädt. Die eigentliche Stadt ist durch die schöne Alleestraße mit dem hochliegenden Schlosse verbunden. Die Lage überaus anmutig, und die Aussicht von der Schloßterrasse entzückend. Gleichfalls am Fuße des Harzes liegt Gernrode, früher eine Reichsabtei, mit alter, jetzt restaurierter Stiftskirche im Rundbogenstil, darüber der Stuben- oder Stufenberg mit einem Wirtshause; schöner

Aussichtspunkt. Tiefer im Harze Victorshöhe (§ 91, 4), an der Seite Alexisbad, Magdesprung, Anhalt (§ 92, 4 Ende).

2) **Herzogtum Braunschweig.** Über die früher hier regierende welfische Linie § 98, 9. Das Land umfaßt 3690 qkm (67 Q.=M.), mit 403000 meist lutherischen Einwohnern. Das Herzogtum liegt in drei größeren und zahlreichen kleineren Teilen zerstreut. Regent: Prinz Albrecht von Preußen.

a) In dem größten Stücke an Oker und Aller (§ 93, 1, e) die Hauptstadt Braunschweig (d. i. Brunos Siedelung), 100000 E., an? — nimmt sich mit ihren zahlreichen alten Türmen in der kornreichen Ebene ringsum stattlich aus, hat auch im Innern meist breite und gut gepflasterte Straßen, aber altertümliche Häuser. Im Dom ruht Heinrich der Löwe; auf dem Platze davor steht noch der metallene Löwe, den er selber hat errichten lassen. Das Residenzschloß gehört zu den prächtigsten in Europa. Auch das Rathaus verdient Erwähnung. Denkmal Lessings, der 1781 in Braunschweig starb. Braunschweig ist seit alters eine gewerbsame Stadt, deren Handel bedeutend ist (Messen); denn es liegt im Kreuzungspunkte der wichtigsten Verkehrsstraßen Nord=Deutschlands. — An der Bahn nach Magdeburg liegt Wolfenbüttel. Große Bibliothek, der einst Lessing vorstand. Helmstedt, unweit der östl. Grenze, bis 1809 Universität, die in der Entwickelung der protestantischen Theologie sehr bedeutsam gewesen ist. — Auch Scheppenstädt in dieser Gegend, vordem ob der angeblichen Einfalt seiner Bürger übel berufen.

b) In dem schmalen, zackigen, von O. nach W. langgedehnten Streifen zwischen Ober=Harz und Weser (§ 91, 2, a, 4) auf dem Harze viele Berg= und Hüttenwerke. Über dem Flecken Neustadt auf dem Burgberge wenige Trümmer der Harzburg, deren Zerstörung Heinrich IV. den Sachsen nimmer vergeben konnte. Bei dem Flecken Lutter am Barenberge siegte Tilly 1626 über den Dänenkönig Christian. Gandersheim war Reichsstift. Roswitha, Nonne dieses Klosters im 10. Jahrhundert, schrieb hier ihr Lobgedicht auf Otto I. und lateinische sittsame Komödien, um den heidnischen Plautus und Terenz zu verdrängen. An der Weser Holzminden, eine lebhafte, betriebsame Stadt. Besuchte Baugewerkschule.

c) Das dritte Stück auf dem Unter=Harze begreift das Fürstentum Blankenburg und das 1648 erworbene Stift Walkenried. Blankenburg liegt am Abhange eines Berges, oben ein weißes, blinkendes Schloß. In der Umgegend viele schöne Harzpartieen wie die Teufelsmauer, besonders im Thale der Bode bei Rübeland mehrere merkwürdige Tropfsteinhöhlen, Baumanns= und Bielshöhle, Hermannshöhle.

3) **Großherzogtum Oldenburg.** Die Grafen von Oldenburg leiten ihr Geschlecht von Widukind ab. Ein Zweig bestieg im 15. Jahrhundert den Thron der drei nordischen Königreiche, behauptete im 16. wenigstens den dänisch=norwegischen und begründete den lange Zeit bestehenden Zusammenhang zwischen Dänemark und Schleswig=Holstein (§ 98, 8). Das Grafengeschlecht in der Heimat starb 1667 aus, und ihr Land fiel an das dänische Königshaus. Doch erhielt es 1773 unter eigenen Herrschern infolge eines Tausch=

vertrages die Selbständigkeit zurück. Seitdem regiert hier eine Linie des Hauses Holstein-Gottorp, welche 1815 den großherzoglichen Titel und mehrfache Vergrößerungen erwarb. Großherzog Peter. Das Land 6423 qkm (120 Q.-M.), mit 355000 zu $^3/_4$ lutherischen und $^1/_4$ katholischen Einwohnern, liegt in drei Stücken zerstreut.

a) Das eigentliche Oldenburg ist aus den Grafschaften Oldenburg und Delmenhorst und einem Teile des früheren Bistums Münster zusammengesetzt (§ 93, 1, c, d), darin die Hauptstadt Oldenburg, an? — 21000 E. Jever, Saterland (§ 93, 1 Ende). Die Herrschaft Kniphausen gehört dem Hause Bentinck.

b) Das Fürstentum Lübeck, vor der Reformation ein Bistum im niedersächsischen Kreise, 150 km vom Hauptlande an der Lübecker Bucht (die beiden früher getrennten Teile des Fürstentums jetzt vereinigt seit Abtretung eines Stückes holsteinischen Landes von Preußen). Hauptstadt Eutin, zwischen Hügeln und Seeen, in überaus anmutiger und fruchtbarer Gegend, „wo weislich die Pfründ' auspähte der Domherr" (Voß).

c) Das Fürstentum Birkenfeld, mit der gleichnamigen Hauptstadt, 370 km vom Hauptlande, am Hunsrück und linken Nahe-Ufer, 1815 erworben, aus pfälzischen, badischen und anderen Gebirgsteilen zusammengesetzt. Es liegen nur kleine Orte darin. Oberstein, durch seine herrliche Lage und Achatschleifereien berühmt.

4) Fürstentum Lippe (§ 91, 2, c). Das Haus Lippe soll auch von Widukind abstammen, erscheint aber geschichtlich sicher erst im 12. Jahrhundert. Graf Simon im 17. Jahrhundert ist der Stammherr der noch blühenden zwei Hauptlinien, welche im 18. und 19. Jahrhundert die fürstliche Würde erhalten haben. Doch giebt es noch weitverzweigte gräfliche Linien ohne Souveränetät. Das eigentliche Fürstentum Lippe hat 1215 qkm (22 Q.-M.) mit 128000 meist reformierten Einwohnern. Fürst Woldemar.

Die freundliche Residenzstadt Detmold an der lippeschen Werre. Davon w. n. w. auf der zum Teutoburger Wald gehörigen Höhe der Grotenburg das Hermannsdenkmal zur Erinnerung an Armins Sieg (§ 91, 2, c). Lemgo. Bei der Stadt Horn die merkwürdigen Externsteine (Ek-ster keltisch soviel wie Fels-Stein), vier größere und einige kleinere Sandsteinfelsen, deren Grotten und Bildwerke (christlichen Ursprungs) gleichzeitig um das Jahr 1115, obgleich die Sage sie schon Karl dem Großen zuschreibt, entstanden sind. Senner Heide (§ 93, 1, c).

5) Fürstentum Schaumburg-Lippe. Es besteht aus einigen Teilen des lippeschen Landes, welche der Fürst Adolf aber nur unter der Souveränetät des vorigen Staates besitzt; souverän ist er nur in seinem Anteile an der ehemaligen Grafschaft Schaumburg. (Wer hat den andern Teil?) Das Fürstentum hat 340 qkm (6 Q.-M.) mit 39000 lutherischen Einwohnern. (Das Fürstenhaus ist reformiert.)

Bückeburg ist Residenz. Schwefelbad Eilsen. Im sogenannten Steinhuder Meer (§ 93, 1) legte der (§ 74, a erwähnte) Graf Wilhelm von

Lippe auf einer künstlich geschaffenen Insel eine kleine Festung, Wilhelmsstein, an, in welcher Scharnhorst seine erste militärische Ausbildung erhielt.

6) **Fürstentum Waldeck.** Das seit 1712 fürstliche Regentenhaus stammt von den Grafen von Schwalenberg ab und zählt unter seinen Söhnen viele tüchtige Feldherren. Fürst Georg Victor. Das Land hat auf 1121 qkm (20 Q.=M.) 57000 meist lutherische Einwohner und liegt in zwei Teilen etwa 70 km auseinander. Durch einen mit Preußen abgeschlossenen Accessions=Vertrag ist die Verwaltung des Landes an Preußen übergegangen.

a) In dem südlichen größeren Teile, dem eigentlichen Fürstentum Waldeck, liegt die Residenz Arolsen; Geburtsort der berühmten Künstler Rauch (§ 98, 1, a) und Kaulbach.

b) In dem Fürstentum Pyrmont, an der Emmer, einem Nebenflüßchen der Weser gelegen, ist Pyrmont, in einem Kesselthale der Emmer, als berühmter Kur= und Badeort zu nennen.

7) **Die Großherzogtümer Mecklenburg** (§ 93, 2, a, c). Der slavische Stamm der Obotriten wurde erst von Heinrich dem Löwen im 12. Jahrhundert bezwungen. Dieser erobernde Fürst legte die Bistümer Schwerin und Ratzeburg an, ließ aber den einheimischen, zum Christentum belehrten, Fürsten Pribislav und vermählte sogar dessen Sohne Heinrich seine eigene Tochter. Das mecklenburgische Regentenhaus ist das einzige von slavischer Abstammung in Europa. Es erwarb im 14. Jahrhundert den Herzogstitel, 1648 für die an Schweden abgetretene Stadt Wismar, welche jedoch 1803 von Schweden auf 100 Jahre wieder an Mecklenburg verpfändet ist, jene beiden oben genannten säkularisierten Bistümer, 1815 die großherzogliche Würde. Nachdem vielfache Verzweigungen wieder erloschen sind, bestehen jetzt zwei Linien. Die alten, aus dem Mittelalter stammenden Landstände sind beiden Staaten gemeinschaftlich und versammeln sich abwechselnd zu Sternberg und Malchin. Nirgends haben auch die Städte mit ihren „Bürgermeistere und Rat" so ihre alte Verfassung bewahrt: Rostock und Wismar hatten sogar bis in jüngste Zeit das Münzrecht. — Mecklenburg ist in den meisten Strichen ein sehr fruchtbares Land; das Land enthält so große Rittergüter, wie man sie sonst nicht leicht wieder findet. Auch die Bauern, von aller Hörigkeit gelöst, sind meist recht wohlhabend.

a) **Großherzogtum Mecklenburg=Schwerin**, 13304 qkm (240 Q.=M.) mit 579000 lutherischen Einwohnern. Großherzog Friedrich Franz III. Die Hauptstadt und Residenz Schwerin, 34000 E., liegt am Westufer des großen Schweriner Sees und ist auf den übrigen Seiten von fünf kleineren Seeen umgeben, zwischen denen Wiesen, Gärten und Alleeen lieblich wechseln. Das Schloß liegt besonders romantisch; schöner Dom, jedoch ohne Turm. 30 km südlich von Schwerin **Ludwigslust**, erst im 18. Jahrhundert als zweite Residenz angelegt, daher ein regelmäßiger und schöner Ort. Prächtiges Schloß mit Park. Davor schöne Kaskaden und die Kirche; in der Inschrift über dem Haupteingange weihet der fürstliche Stifter dieselbe als: „Magnus Dux Megalopolitanus, Magnus Peccator Magno Redemptori." Zwischen Schwerin und Ludwigslust das Dorf Wöbbelin: von kräftigen Eichen umschattet ruht hier **Theodor Körner**, der nicht weit von dieser Stelle tödlich verwundet ward. An der Elbe liegt **Boizenburg** und **Dömitz** „das feste Haus"; im Innern sind **Parchim** und **Güstrow** die größten Orte. Unter die **Seestädte** gehört **Wismar**. Etwas südlich davon das Dorf **Mecklenburg**, zur Obotritenzeit eine fürstliche Burg, deren Name später auf das ganze Land übertragen wurde; das Dorf **Boltenhagen**, 15 km nordwestlich von Wismar, ein sehr besuchtes Seebad. Die wichtigste Stadt im Lande **Rostock**, 44000 E., an der Warnow, die sich unterhalb der Stadt im **Breitling** seeartig erweitert; an der schmaleren Mündung liegt **Warnemünde**, das jetzt am meisten besuchte Seebad von Mecklenburg. Rostock ist eine ansehnliche Stadt mit hohen Turmpaaren, großartigen Kirchen und guter Bauart. Landesuniversität. Geburtsort **Blüchers**, dem hier ein Standbild errichtet ist. (Inschrift von Goethe: „In Harren und Krieg, in Sturz und Sieg bewußt und groß, so riß er uns vom Feinde los.") Etwa 15 km im W. der Flecken **Doberan** in einer heiteren, lieblichen Landschaft, mit altehrwürdiger Klosterkirche; eine halbe Stunde davon ist der Ostseestrand mit dem **Heiligen Damme** besetzt (lose, runde, glatt geschliffene Steine, durch die Meeresfluten aufgetürmt): Seebad.

b) **Großherzogtum Mecklenburg-Strelitz**, 2930 qkm (53 □.-M.), mit 98000 lutherischen Einwohnern. Großherzog **Friedrich Wilhelm**.

Der Staat ist in zwei durch mecklenburg-schwerinisches Gebiet getrennte, 125 km auseinander liegende Stücke geschieden. In der östlichen Hauptmasse die Residenz **Neu-Strelitz**, im 18. Jahrhundert in Form eines Sternes erbaut. Mittelpunkt der Markt; von ihm laufen acht Straßen aus. **Neu-Brandenburg** zeichnet sich durch seine prachtvollen alten gotischen Thorbauten und schönen Umgebungen aus. **Friedland**, betriebsame Stadt. Im westlichen Teile, dem früheren Stifte Ratzeburg, liegt kein größerer Ort. Von **Ratzeburg** selbst, das auf einer grünen Insel im Ratzeburger See sehr freundlich liegt (Campe: Wie eine Schüssel Krebse zwischen grüner Petersilie), besitzt der Großherzog nur den Dom und seine Umgebung (den sogenannten Domhof) auf dem nördlichen Drittel der Insel, während die zu Lauenburg gehörende eigentliche Stadt (§ 98, 8) die südlichen zwei Drittel einnimmt.

8) **Die drei Hansa-Städte.** In der Zeit, wo Kaiser Friedrich II. in die italienischen Händel verwickelt war, ging es in Deutschland drunter und drüber. Keine Landstraße war vor Räubern sicher, und das war niemandem verlustbringender als den großen Handelsstädten. Darum traten 1241 **Lübeck** und **Hamburg** in eine Hansa (b. i. Handelsbund) zusammen zu gegenseitiger Sicherheit. Immer mehr Städte schlossen sich an; zuletzt gehörten über neunzig dazu, von Narwa in Rußland bis Middelburg in Holland. **Lübeck** (wo die Bundestage gehalten wurden), **Braunschweig**, **Köln** und **Danzig**

standen an der Spitze. Die Hansa war vom 13. bis 15. Jahrhundert so mächtig, daß sie zu den einflußreichsten Mächten Europas zählte; die erste Seemacht war sie unbestritten. In den skandinavischen Reichen sind Könige von ihr ein- und abgesetzt worden, auch in England und Frankreich war ihre Macht gefürchtet. Der um 1500 infolge der großen Entdeckungen sich verändernde Handelszug, das Emporkommen zuerst Spaniens und Portugals, dann Hollands und Englands, die Unterwerfung vieler Bundesstädte durch benachbarte Fürsten u. s. w. führten den Verfall des Bundes herbei. Nur **Hamburg**, **Bremen** und **Lübeck** erneuerten 1630 auf ewige Zeiten den alten Hansabund.

a) **Lübeck** war eine alte obotritische Siedelung, wurde aber von christlichen Ansiedlern neu gegründet; viele Vorrechte gab ihm Heinrich der Löwe, auch das lübische Recht, das hernach in vielen Handelsstädten angenommen wurde. Im 13. Jahrhundert wurde Lübeck Reichsstadt; von seiner Größe und Macht war oben die Rede. Jetzt ist Lübeck unter den noch sogenannten drei Hansa-Städten die am wenigsten bedeutende, sie zählt 64000 Einwohner, und ihr (immerhin für die Ostseeländer noch wichtiger) Handel ist nur ein Schatten früherer Größe. Die mit zahlreichen Türmen geschmückte Stadt liegt auf einem breiten Hügelrücken, den westlich die Trave, östlich die Wakenitz, ein Nebenfluß derselben, bespült; die besten Straßen, Königs- und Breitestraße, laufen auf der Hügelbreite, die meisten andern zu den beiden Flüssen hinab. Die Bauart altertümlich. Der Charakter der ganzen Stadt würdig solid. Merkwürdig das Rathaus mit dem alten Hansasaale, der Dom und die Kirche St. Marien, eine der größten und schönsten in Deutschland, in ihr in einer Seitenkapelle ein Totentanz, d. i. ein Gemälde, auf welchem der Tod Menschen jeden Standes und Alters zum letzten Tanze unwiderstehlich auffordert. Die Unterschriften hochdeutsch modernisiert, sonst plattdeutsch, z. B. das vom Tode aufgeforderte Kind: O Dod, wie schall ik dat verstahn? Ik schall danzen und kann nit gahn. — Das **Staatsgebiet** von **Lübeck** (die Stadt Lübeck natürlich mit eingeschlossen) befaßt 298 qkm (5$^1/_2$ □.=M.), mit 76000 lutherischen Einwohnern. 15 km von Lübeck liegt **Travemünde**, Hafen und Seebad.

b) **Hamburg**, schon von Karl dem Großen angelegt, wurde erst später bedeutend. Seine Reichsunmittelbarkeit wurde oft von den holsteinischen Herzögen und dänischen Königen angefochten, in den Franzosenkriegen hat Hamburg Schreckliches erlebt, auch der furchtbare Brand vom 5. bis 10. Mai 1842 ist noch nicht vergessen; aber die reichliche Quelle des Welthandels hat Hamburg alle Verluste zu überstehen möglich und leicht gemacht. Ein Welthandel ist aber der hamburgische mit Recht zu nennen; denn auf dem europäischen Kontinente ist er weitaus — nur der Antwerpener kann mit ihm rivalisieren — der bedeutendste. Schiffe aller Nationen sieht man in Hamburg vor Anker liegen (§ 93, 2. § 97, Mitte), seine Flagge weht auf allen Meeren. Fast alle Staaten haben in Hamburg ihre Vertreter. Die deutsche Seewarte, vom Deutschen Reich in Hamburg gegründet, ist der Mittelpunkt für die wissenschaftliche Verarbeitung der von Schiffen der deutschen Marine gemachten Erfahrungen und Beobachtungen über die Meeres- und Küstenverhältnisse der ganzen Erde sowie Ausgabestätte der deutschen Berichte über die tägliche Witterung des uns am nächsten angehenden Teiles von Europa, im Notfall auch daraus gefolgerter Sturmwarnungen. Hamburg liegt 100 km vom Meere, als Halbkreis am rechten Elbufer. Die Elbe ist in zwei Hauptarme, Süder= und Norderelbe, geteilt, die sich wiederum vielfach verzweigen; so entstehen eine Menge Inseln, die zum Teil preußisch, zum Teil hamburgisch sind. Die Norderelbe bespült Hamburg unmittelbar, sendet aber noch einen Seitenarm in die Stadt, der sich in viele Kanäle oder Fleete verteilt. Vom Binnenlande her fließt der Elbe die Alster zu: sie bildet dicht vor Hamburg ein großes Wasserbecken (Buten= oder Außenalster), dann sogleich in der Stadt ein anderes (Binnenalster). An demselben läuft der Jungfernstieg, die prächtigste Straße Hamburgs mit den ersten Hotels, Restaurationen u. s. w. Der niedrig liegende Stadtteil im O. der Alster ist die Altstadt; in ihr wütete der gedachte Brand, verzehrte die ehrwürdigen Kirchen St. Petri und St. Nicolai; aber regelmäßiger und schöner ist Hamburg mit den genannten Kirchen wieder erstanden, der Turm der im edeln gotischen Stil wiedererbauten Nicolai=Kirche gehört bei mehr als 150 m Höhe zu den höchsten in ganz Deutschland. Der Teil im W. liegt höher und heißt die Neustadt; die derselben im W. sich anschließende Vorstadt St. Pauli erstreckt sich bis unmittelbar an die holsteinische Stadt Altona. Etwas östlich von Hamburg unweit des Dorfes Horn das weithin bekannte Rauhe Haus (eigentlich Ruge's Haus) mit einer Menge von Anstalten für innere Mission. — Zum Gebiete, 410 qkm (7 □.=M.), mit 624000 lutherischen Einwohnern (die Stadt allein 324000 E.), gehört das Amt Ritzebüttel an der linken Seite der Elbmündung; hier der Hafen= und Handelsort Cuxhaven. Insel Neuwerk mit Leuchtturm (§ 93, 1) — und die Vierlande, eine eingedeichte, überaus fette und gesegnete Landschaft, zwischen der Elbe und ihrem Nebenflusse Bille. Gemüse, Korn und Obst gedeihen hier vortrefflich; man hat hier z. B. Erdbeerfluren, aus welchen man jährlich für 90000 Mark Früchte nach Hamburg verkauft. Hauptort Bergedorf.

c) Bremen war schon zu Karl des Großen Zeit vorhanden, erlangte unter Otto I. Reichsfreiheit, mußte dieselbe aber gegen die Einsprüche der bremischen Erzbischöfe, später der Krone Schweden, verteidigen. Bremen liegt in flacher, sandiger Gegend, 110 km von der See an der Weser. Die größere Altstadt breitet sich auf dem rechten Ufer aus; sie hat krumme und enge Straßen, aber hohe Häuser, mit nach der Straße gekehrten Giebeln und Erkern. In der kleineren, durch Brücken mit der Altstadt verbundenen Neustadt, auf dem linken Ufer, sind die Straßen breiter und gerader, aber die Häuser nicht so ansehnlich. Unter den Kirchen hat St. Ansgarii den höchsten Turm. Auch das altgotische Rathaus ist zu beachten. In dem Ratsweinkeller liegt in der Rose (einer Abteilung, die von einer dort angebrachten kolossalen Holzrose so genannt wird), der älteste Rheinwein, den man hat; das älteste Faß ist von 1624. Nur als Krankengabe und Ehrengeschenk wird das köstliche Naß verwandt. Auch die zwölf Apostel, zwölf Stückfässer mit Rüdesheimer und Hochheimer, sind nicht zu verachten. Bremen hat 126000 reformierte und lutherische Einwohner. Bedeutender Handel, besonders mit Nord=Amerika, und Fabriken. — Das Gebiet begreift 256 qkm (4½ □.=M.) mit 180000 reformierten und lutherischen Einwohnern (mit der Stadt). Darin der Hafenflecken Vegesack, und viel weiter die Weser hinab das erst 1830 angelegte, aber mächtig aufblühende Bremerhaven, in einem kleinen von Hannover abgetretenen Gebietsteile.

§ 101.

Die süddeutschen Staaten.

1) **Königreich Bayern.** Als der übermächtige Welfe Heinrich der Löwe, Herzog von Sachsen und Bayern, von Kaiser Friedrich Barbarossa gedemütigt war, wurde Bayern, freilich sehr verkleinert, 1180 an Otto von Wittelsbach gegeben. Dazu erwarben die Wittelsbacher im 13. Jahrhundert die große und blühende Rhein-Pfalz. Sie teilten sich in viele Zweige; in der Mitte des 18. Jahrhunderts gab es drei wittelsbachische Territorien. a) Das eigentliche Bayern, seit dem Jahre 1623 ein Kurfürstentum. b) Kurpfalz. c) Pfalz-Zweibrücken. Nach dem Aussterben der beiden ersten Linien vereinigte 1799 die dritte die ganze Ländermasse, damals 800 Q.-M. (44000 qkm). In den französischen Kriegen und den folgenden Umwälzungen verlor zwar Bayern alles das, was es auf dem linken Rheinufer besessen hatte, also den größten Teil der Pfalz, erhielt aber von Napoleon den Königstitel und sehr reiche Entschädigung. Kurz vor der Leipziger Schlacht trat es den Verbündeten bei und bewahrte infolgedessen seinen Besitzstand; auch die Pfalz gewann es zurück. Es umfaßt jetzt 75860 qkm (1380 Q.-M.) mit $5{,}6$ Mill. Einwohnern (70 % Katholiken, 29 % Protestanten). König Otto I. (Regent: Prinz Luitpold). Der Staat besteht aus acht Regierungsbezirken, welche nach den alten Reichskreisen oder Landschaften genannt sind. Wir zählen sie nach dem Alter der Erwerbung auf.

a) **Ober-Bayern,** der größte Regierungsbezirk (§ 86, 2, 4, b, 7, b. § 87, 1, 3, b, c, d). Die Hauptstadt des ganzen Reiches, **München,** von Heinrich dem Löwen in flacher, reizloser Gegend, welche indessen die Alpenkette zum Hintergrunde hat, gegründet, liegt (wie hoch? § 86, 7, b) am linken Isarufer, gegenüber die Vorstadt Au. Noch 1816 hatte München nur 40000, jetzt 348000 E.; in neuerer Zeit hat es dadurch seine ganze Gestalt verändert, daß besonders unter den kunstliebenden Monarchen Ludwig I. und Maximilian II. ganze Stadtteile neu angelegt und viele Prachtbauten aufgeführt sind. So giebt es neue Kirchen in jedem Baustil: die Pfarrkirche in der Au im gotischen, die Allerheiligenkapelle im byzantinischen, die Ludwigskirche an der breiten, mit lauter großartigen Gebäuden besetzten Ludwigsstraße im italienischen Stile, die Bonifaciuskirche bildet die Form der alten Basilika nach. Die schon ältere Frauenkirche macht mit ihren beiden Kuppeltürmen die Stadt weit über die Ebene hin erkennbar. Außerdem merke den Königsbau, die alte und neue Pinakothek (Gemäldehaus), die Glyptothek (Statuenhaus), die Feldherrnhalle, das Bibliothekgebäude; die neue prächtige Maximiliansstraße mit vielen Prachtbauten; in der Nähe der Stadt die Ruhmeshalle, davor die kolossale Statue der Bavaria, $17^{1}/_{2}$ m hoch. Eine Menge Künstler, besonders Maler halten sich in München, das eine Malerakademie hat, auf. Dazu darf sich München der besuchtesten Universität der süddeutschen

Staaten rühmen. Das etwas derbe, aber treuherzige Volk hat Geschmack für materielle Genüsse; bekannt ist das treffliche bayrische Bier, das jetzt in ganz Deutschland, ja in der ganzen Welt, bis nach Japan und Australien hin, seine Verehrer hat. Im W. von München das Lustschloß **Nymphenburg**, 50 km im NW. die Ruine **Wittelsbach**. **Ingolstadt**, Festung an? — Die Gebirgs- und Seepartieen: **Walchen-, Ammer-, Starnberger-, Schlier-, Chiem-, Tegern-See** (mit schönem Lustschlosse); tiefer in das Gebirge hinein das Bad **Kreuth**, eine kalte Schwefelquelle; über **Berchtesgaden** (früher gefürstete Propstei), **Königssee**, **Watzmann** (§ 86, 2, a). Merke noch an der Saalach **Reichenhall** mit großartiger Saline und vielbesuchtem Solbad, am Inn **Mühldorf** auf der Amfinger Heide, wo 1322 Ludwig der Bayer seinen Gegner Friedrich von Österreich besiegte (das historisch nicht verbürgte: „Jedem ein Ei, dem frommen Schweppermann zwei"), und **Rosenheim**, wo von der Eisenbahn zwischen München und Salzburg die Innbahn nach dem Brenner abzweigt, endlich im obern Lechthale, das in vollkommener Schönheit hergestellte Schloß **Hohenschwangau** [schwang=au], im Mittelalter vorübergehend von Welfen, Hohenstaufen, Wittelsbachern bewohnt.

b) **Nieder-Bayern** (§ 86, 6. § 87, 1, 2, 3, c, d). Die Hauptstadt **Landshut**, an? — schön gebaut; ihr Martinsturm einer der höchsten in Deutschland. **Passau**, das „Donau-Koblenz." Die eigentliche Stadt liegt auf der schmalen Gabel zwischen Inn und Donau, die Innstadt am rechten Innufer, die Ilzstadt am linken Donauufer, wo die Ilz mündet; über ihr die Feste **Oberhaus** und von hier aus Blick über die wunderschön gelegene Stadt. Passauer Vertrag 1552. (Passauer Kunst nannte man das abergläubische Spiel, um sich hieb- und stichfest zu machen.) Der alte Hauptort von Nieder-Bayern ist **Straubing**, an? —

c) **Ober-Pfalz** und **Regensburg** (§ 86, 5. 6, 7, c. § 87, 2). Regensburg war anfangs Bayerns Hauptstadt und Sitz der Herzöge, dann freie Reichsstadt und zuletzt beständiger Sitz des Reichstages (§ 95), 38000 E. Es ist eine altertümliche Stadt; der jetzt von allem Zier- und Schnörkelwerk befreite Dom ein Meisterwerk gotischer Baukunst. Auf das linke Stromufer nach **Stadt am Hof** führt eine im 12. Jahrhundert erbaute Steinbrücke. Die am linken Stromufer sich erhebenden Hügel machen die Umgegend von Regensburg sehr angenehm; auf einem derselben, 7 km unterhalb, steht der 1842 in Form eines griechischen Tempels vollendete Prachtbau **Walhalla** (vergl. § 83, a) mit den Büsten großer deutscher Männer. Oberhalb Regensburg **Kelheim** an der Mündung der Altmühl (in Nieder-Bayern); auf einem Berge darüber der Prachtbau der Befreiungshalle zum Gedächtnis der Befreiungskriege. Am rechten Ufer der Donau bei Regensburg weite Ebene. Siege Napoleons 1809 über die Österreicher. Die alte Hauptstadt der Ober-Pfalz **Amberg**. Im Schloß **Trausnitz** am Böhmer Wald saß Friedrich von Österreich gefangen.

d) **Schwaben** und **Neuburg** (§ 86, 2, 4, 7, b. § 87, 3, a, b), meist erst seit 1803 erworben. Die Hauptstadt **Augsburg**, das Augusta Vindolicorum der Römer, 76000 E., zwischen Lech und Wertach, war Reichsstadt und im Mittelalter Stapelplatz zwischen dem nördlichen Europa, Italien und der Levante. Da gab es ein Sprichwort: „Venediger Macht, Augsburger Pracht, Nürnberger Witz, Straßburger Geschütz, Ulmer Geld bezwingt die ganze Welt." Anton **Fugger** konnte an Karl V. große Summen verborgen und — verschenken; seine Nachkommen bilden ein zwischen Iller und Lech begütertes Fürsten- und Grafengeschlecht. Durch die Veränderung des Handelsweges seit der Entdeckung Amerikas sanken alle genannten Orte. Indessen ist Augsburg immer noch bedeutende Fabrikstadt, z. B. in Gold- und Silberwaren. An die alte Herrlichkeit erinnert das Rathaus, eins der schönsten in Deutschland, und das mit schönen Wandbildern geschmückte Fuggerhaus. Historisch wichtig ist Augsburg durch den Reichstag von 1530, wo das Glaubensbekenntnis der Lutheraner — daher Confessio Augustana genannt — dem Kaiser übergeben ward, durch den Religionsfrieden 1555, ferner durch das Lechfeld im S., auf dem Otto I. 955 die Ungarn schlug. Südlich von Augsburg kommt man über die gewerbsamen Orte Kaufbeuern und Kempten, an? — nach der Handelsstadt Lindau, auf Inseln im Bodensee, durch Brücken mit dem Festlande verbunden (Deutsch-Venedig). — An der Donau Neuburg, sonst die Residenz einer pfälzischen Seitenlinie; mehrere Stunden oberhalb: Höchstädt, Sieg Eugens (§ 79 Anf.) über Franzosen und Bayern 1704. Donauwörth, der Anfangspunkt der Donaudampfschiffahrt. Im N. der Donau in dem durch die Eigenartigkeit seiner Tracht und Sitten bekannten Ries: Nördlingen, Niederlage der Schweden 1634, und Allersheim, wo sie 1645 im Verein mit den Franzosen siegten. Im Ries liegen auch die Lande der Fürsten von Öttingen und Wallerstein.

c) Mittel-Franken (§ 86, 4, 1b. § 87, 2. § 89, 2, a) enthält das Fürstentum Ansbach, einen Teil vom Fürstentum Bayreuth, beides alte Besitzungen der Nürnberger Burggrafen (§ 98, 12, f), später zwei Seitenlinien des brandenburgisch-hohenzollernschen Hauses gehörig, 1791 mit dem Hauptlande dieses Hauses, d. h. mit dem Königreich Preußen, vereinigt, aber in der napoleonischen Zeit an Bayern verloren. Zu diesem Lande gehört die Hauptstadt Ansbach, sonst Onolzbach, an? — 15 km südöstlich davon der Marktflecken Eschenbach, wo ein Denkmal daran erinnert, daß hier Wolfram, der Sänger des Parzival, geboren ist. Erlangen, die protestantische Universität Bayerns, an? — besonders in der Neustadt schön und regelmäßig. Fürth, am Einfluß der Pegnitz in die Regnitz, durch die älteste deutsche, im Dezember 1835 eröffnete Eisenbahn mit Nürnberg verbunden, ist eine wichtige Handels- und Manufakturstadt. 43000 E., darunter ein Sechstel Juden. Auch Schwabach, im S. von Fürth, ist ein gewerbfleißiger Ort (Schwabacher Lettern). Die größte Stadt in Mittel-Franken ist die frühere Reichsstadt Nürnberg an der Pegnitz, die zuzeiten des alten Reichs ein Gebiet von etwa 30 Q.-M. (1650 qkm) besaß. Sie liegt in einer sandigen, jedoch durch sorgfältigen Anbau ziemlich fruchtbaren, hügeligen Ebene, die nach N. und O. in eine große Waldung übergeht. Der Fluß teilt Nürnberg in zwei Hälften, in die nördliche kleinere Sebalder Seite und in die größere südliche Lorenzer Seite. Die Namen erinnern gleich an die zwei prachtvollen gotischen Kirchen gleiches Namens. Am Nordrande erhebt sich auf isoliertem Sandsteinfelsen die kaiserliche Burg; ihre Hauptteile aus der Zeit der Hohenstaufen. Die Könige von Bayern und Preußen besitzen sie gemeinschaftlich. Nürnberg zeigt noch so recht das Bild einer alten deutschen Stadt. Die Straßen sind abschüssig, eng und krumm, die Häuser haben mächtige Giebelwände, vorspringende Erker, viel Schnitzwerk und Schnörkel, auf den Plätzen Springbrunnen und Erzfiguren. Das 15. und 16. Jahrhundert waren die Blütezeit der Stadt. Da war Nürnberg die wichtigste Vermittlerin des Donau-, Elb- und Rheinverkehrs, zugleich der Hauptsitz des deutschen Meistergesanges (Hans Sachs), der deutschen Malerei

(Albrecht Dürer), Erzgießerei (Peter Vischer) und Industrie (Nürnberger Eier: Taschenuhren). Um 1490 wurde in Nürnberg von Martin Behaim der erste Globus verfertigt. Nürnbergs germanisches Museum birgt Erzeugnisse deutscher Kunstfertigkeit aus alter wie neuerer Zeit. Auch ist Nürnberg noch immer die erste Handels= und Fabrikstadt Bayerns; die Spielwarenfabrikation wurde durch aus der Heimat vertriebene Salzburger eingeführt: „Nürnberger Tand geht durch alle Land." 142000 E., früher, trotz verhältnismäßig größerer Bedeutung, natürlich weit weniger (wie ähnlich Köln), im Jahre 1450 z. B. nur 20000 E. Das frühere Bistum Eichstädt mit gleichnamiger Hauptstadt, die noch jetzt Bischofssitz ist, gehörte kurze Zeit der herzoglichen Familie Leuchtenberg, deren Stifter Eugen, der Adoptivsohn Napoleon I., Gemahl einer bayrischen Prinzessin war.

f) In Ober=Franken (§ 86, 5. § 89, 2) und zwar im Fürstentum Bayreuth die gleichnamige Hauptstadt am Roten Main, von den hier sonst in einem Prachtschlosse residierenden Markgrafen zu einer sehr schönen Stadt umgeschaffen, Wagner=Theater. 24000 E. In der Umgebung reizende Lustschlösser: die Eremitage, Fantasie. Denkmal Jean Pauls, der hier lebte und starb. Geboren ist er zu Wunsiedel, einem netten Städtchen im Fichtelgebirge; in der Nähe das Alexanderbad und die großartige Felsenpartie Luisenburg (§ 86, 5). Hof, an? — 25000 E. Den zweiten Teil von Ober=Franken bildet das frühere Bistum Bamberg. Bamberg, gegenwärtig Sitz eines Erzbischofs, ist eine von zwei Armen der Regnitz durchschnittene Stadt in offener, aber mit Höhenzügen umrahmter Flußebene, die hier durch den Fleiß der Bewohner einem Garten gleicht. In dem jetzt auch in einfacher Reinheit hergestellten romanischen Dom ruhen Heinrich II. und Kunigunde, ein heilig gesprochenes Kaiserpaar, dem das Bamberger Stift Größe und Gründung verdankt. Blick auf Bamberg von dem hoch gelegenen Kloster Michelsberg, in welchem Otto, der Pommern Apostel (§ 98, 2, b), begraben liegt, und von den Trümmern der Altenburg, wo Otto von Wittelsbach König Philipp von Schwaben ermordete. 35000 E. (Alter Spruch: Reben, Meßgeläute, Main, Bamberg: das ist Franken.) Banz, früher reiches Kloster, jetzt Schloß, in reizender Lage auf einem Berge am Main, unweit der nördlichen Grenze.

g) Unter=Franken (§ 89, 2, a, b, c,) begreift außer der früheren Reichsstadt Schweinfurt, an? — und einigen mediatisierten Gebieten (z. B. der Fürsten von Leiningen) lauter früher geistliches Gebiet. Würzburg, die Hauptstadt, liegt zwischen Rebenhügeln am rechten Mainufer und ist noch Bischofssitz; eine mit Heiligenbildern gezierte Brücke führt zum linken, wo nur ein kleiner Stadtteil und auf einem Berge die Feste Marienberg liegt. Von hier schöner Blick auf die überaus turmreiche Stadt. Merkwürdig das ehemals bischöfliche Schloß, nach dem Schlosse zu Versailles gebaut, und das große Juliushospital. Universität, 61000 E. An den Abhängen der Citadelle wächst der Leisten=, auf einem Berge in der Nähe der Steinwein. Spruch: „Zu Klingenberg am Main, zu Würzburg an dem Stein, zu Bacharach am Rhein hat man in meinen Tagen gar oftmals hören sagen, sollen sein die besten Wein." Das Rhönbad Kissingen. Das Grabfeld, § 89, 2, b. Früher kurmainzisch war Aschaffenburg an? — Fabriken und Schiffahrt.

h) Rhein=Pfalz (Rhein=Bayern), die kleinste Landschaft (§ 88, 2, a), besteht zum größten Teil aus altpfälzischen Gebietsteilen. Die Hauptstadt Speier war früher Reichsstadt. Prächtiger, neu hergestellter Dom im romanischen Stil mit den Kaisergräbern der salischen Dynastie, Rudolfs von Habsburg u. a. (§ 81 Mitte). Landau und die Rheinfestung Germersheim, Zweibrücken. Kaiserslautern, 37000 E., durch mehrere Schlachten der Preußen mit den Franzosen in der Rheincampagne bekannt, Neustadt a. d. Hardt, gewerbfleißige Stadt, und Dürkheim, Traubenkurort. Deidesheim, Forst u. a. Weinorte. Mannheim gegenüber Ludwigshafen, erst 1843 gegründet, aber durch seinen Rheinhafen schnell erblüht, 29000 E.

2) **Königreich Württemberg** (§ 86, 4, b; 7, b. § 87, 1. § 88, 1 b, 2 b. § 89, 1, 3). Die Grafen von Württemberg erwarben schon im Mittelalter reiche Besitzungen; mehrere thaten sich durch Heldensinn hervor („Graf Eberhard der Greiner, der alte Rauschebart" und der schwäbische Städtebund im 14. Jahrhundert). 1495 erhielten sie den Herzogstitel, 1803 die Kurwürde. In der napoleonischen Zeit (1806) erlangte der Kurfürst Friedrich den Königstitel und zugleich vielfache Vergrößerung durch umfassende Mediatisierung von Reichsstädten und kleineren Fürsten. Jetzt hat Württemberg 19504 qkm (350 Q.-M.) mit 2 Mill. Einwohnern, von denen $7/10$ Protestanten, $3/10$ Katholiken sind. König Karl I. Vier Kreise: Schwarzwald-Kreis südwestliches, Donau-Kreis südöstliches, Neckar-Kreis nordwestliches, Jagst-Kreis nordöstliches Viertel. — Die Kreise sind bei den einzelnen Städten durch Anfangsbuchstaben bezeichnet.

a) **In alt-württembergischen Landesteilen**: Die Haupt- und Residenzstadt **Stuttgart**, N. (im Munde des Volkes mehr wie Stuggart oder Stuttert gesprochen), liegt zwischen wald- und weinreichen Hügeln an einem Nebenbach des Neckar, dem Nesenbau, eine Stunde westlich von diesem Flusse. Stuttgart hat einen alten unfreundlichen und einen neuen schönen Teil; sehenswert ist das Schloß, die alte Stiftskirche und die neue Johanniskirche, das Polytechnikum und das Standbild Schillers von Thorwaldsen. (Ein anderer berühmter Bildhauer, Dannecker, ist in Stuttgart geboren.) Um das Jahr 1800 hatte Stuttgart 20000, jetzt 140000 E. Es ist eine wichtige Industriestadt und einer der Mittelpunkte des deutschen Handels. Eine Art Zwillingsstadt von Stuttgart ist **Cannstadt**, N., ein in überaus bevölkerter Gegend belegener Handelsplatz mit 20000 E. In der Umgegend römische Altertümer, Mineralquellen und merkwürdige Versteinerungen. Beide Städte sind durch die Anlagen (Park und Garten) miteinander verbunden. In letzteren die Lustschlösser Berg, Rosenstein, die Wilhelma. In dem Dorfe **Hohenheim** bei Stuttgart eine berühmte landwirtschaftliche und Forstanstalt. 15 km im N. von Stuttgart liegt die im 18. Jahrhundert angelegte zweite Residenz, das regelmäßig und schön gebaute **Ludwigsburg**, N., mit 4000 Mann Besatzung, „das württembergische Potsdam", Schloß mit schönen Gartenanlagen. Etwas im NW. das Bergschloß **Hohenasperg**, ein Staatsgefängnis. Am obern Neckar: **Tübingen**, S., die Landesuniversität, altertümlich und eng, auf einem zum Flusse abfallenden Bergsattel. Uhland, 1787 geboren. Am untern Neckar **Marbach**, N., wo Schiller 1759 geboren. Tief im Schwarzwalde das **Wildbad**, S., mit heißer Quelle, und der Paß Knieblis (§ 88, 2, c) — an der Rauhen Alb viele alte Schlösser: Achalm, Lichtenstein, Hohenurach, Hohenneufen, Hohenstaufen, Teck u. a. — der Flecken Ehningen, S., mit viel Band- und Spitzenverfertigung; viele Männer von hier durchziehen als Krämer das Land. Nun aber gieb nach der Karte noch an, wo Weinsberg, N., liegt, das wackre Städtchen, und erzähle die Sage von der „Weibertreue", wie noch jetzt die über der Stadt liegende Feste heißt!

b) Unter den sechzehn ehemaligen Reichsstädten sind die bedeutendsten: **Ulm**, D., 36000 E., am linken Donauufer, unweit der Mündung der? — hatte mit Nürnberg unter allen Reichsstädten das größte Gebiet, 17 Q.-M. (935 qkm), und kämpfte oft an der Spitze des schwäbischen Städtebundes. Ein Bild alter Größe ist das gotische **Münster**. Noch immer ist Ulm als Handelsstadt bedeutend, der Ausgangspunkt aller Donauschiffahrt, der oberste Ein- und Ausschiffungshafen des Stroms. (Ein eigener Artikel sind Schnecken, die auf dem Herdtfelde (§ 86, 3, b) gemästet und fässerweise von hier die Donau abwärts versandt werden.) Ulm, ein militärisch sehr wichtiger Punkt, ist die bedeutendste süddeutsche Donaufestung und ringsherum von starken Werken umlagert (§ 96 Anf.). **Reutlingen**, S., gewerbfleißige Stadt. **Heilbronn**, N., am? — Handels- und Fabrikstadt (Neckarwein-Champagner), 30000 E. In dem sogenannten Diebesturme saß 1525 Götz von Berlichingen gefangen. Merke noch das gewerbreiche **Eßlingen**, N., 22000 E., **Schwäbisch-Gmünd**, J., **Schwäbisch-Hall** J., am Kocher als Salzwerk, das kleine **Friedrichshafen** (früher Buchhorn), D., als württembergische Bodenseestation.

c) In anderen neuen Gebietsteilen: **Rottenburg**, S., am Neckar, Sitz des katholischen Landesbischofs. **Ellwangen**, J., sonst eine Propstei, an? — Der Sitz des deutschen Ordens, seitdem er 1525 Preußen verloren (§ 98 Anf.), war **Mergentheim**, J., an der Tauber. Hier hatte der Hoch- und Deutschmeister seinen Sitz; der Orden besaß in 12 Balleien, die durch das Reich zerstreut lagen, noch 40 Q.-M. (2200 qkm).

d) Die bedeutendsten der mediatisierten Herren, welche in Württemberg ihre meisten Besitzungen haben, sind: die **Fürsten von Hohenlohe**, besitzen in sechs Linien über 1050 qkm (30 Q.-M.), **Öhringen**, J., ist ihre größte Stadt, — die **Fürsten von Waldburg**; der **Fürst von Thurn und Taxis** (auch in Bayern, Provinz Posen u. s. w. begütert); dies Haus hatte im alten Reiche und hernach in vielen Staaten des deutschen Bundes die Post.

3) **Großherzogtum Baden.** Die Markgrafschaft Baden hat mit Bayern und Württemberg eine ähnliche Geschichte, nur ist ihr Wachstum noch überraschender. Das Fürstenhaus stammt von Berthold von Zähringen, dem Zeitgenossen Kaiser Heinrichs III. Sein Enkel Hermann nannte sich zuerst „Markgraf von Baden." Im 16. Jahrhundert teilte sich das Haus in die Linie Baden-Baden, welche 1771 erlosch, und in die Linie Baden-Durlach, welche 1830 ausstarb, worauf die Krone auf die Nebenlinie der Grafen von Hochberg überging. — Das Land, welches 1771 noch nicht 80 Q.-M. (4400 qkm) begriff, umfaßt, rasch emporgewachsen und 1803 zum Kurfürstentum und 1806, da der Kurfürst Karl

Friedrich den Königstitel ablehnte, zum Großherzogtum erhoben, jetzt 15081 qkm (270 Q.-M.), mit 1,7 Mill. Einwohnern (zwei Drittel katholisch, ein Drittel evangelisch). Großherzog Friedrich. Das Land, dessen natürliche Verhältnisse nach § 88, 1 b, 2, b, c. § 89, 1 zu schildern sind, zerfällt in 4 Bezirke: Karlsruhe, Mannheim, Freiburg, Konstanz.

a) In der ursprünglichen Markgrafschaft Baden liegt 6 km vom Rhein die erst im 18. Jahrhundert angelegte Residenz Karlsruhe. Von dem halbkreisförmigen Platz vor dem Schlosse laufen fächerartig elf Hauptstraßen aus, die alle den Schloßturm zum Gesichtspunkte haben; in den im N. und NW. die Stadt umgebenden Hartwald laufen vom Schlosse 21 Alleeen. Die schöne und elegante Stadt hat 73000 E. Pforzheim, in dem in Württemberg einschneidenden Landzipfel, 30000 E., eine gewerbsame Fabrik- und Handelsstadt. (Die alte, jetzt geschleifte Reichsfestung Philippsburg liegt unweit des Rheins, Germersheim ungefähr gegenüber, und gehörte sonst zum Bistum Speier.) Rastatt an der Murg, starke Festung. Friede zu Rastatt 1714, Kongreß daselbst 1797 bis 1799. Baden, häufiger Baden-Baden genannt, schon zu Römerzeiten eine Stadt, hat heiße Quellen, ist eins der besuchtesten und vornehmsten Bäder und hat wunderschöne Umgebungen: gleich über der Stadt die alte Ruine Baden, in der Nähe die Burg Eberstein, im Murgthale das schöne Schloß Neu-Eberstein. Kehl, Straßburg gegenüber, wohin eine feste Rheinbrücke führt.

b) In der alten Kurpfalz: Mannheim, am Zusammenflusse von? — neu und regelmäßig, in den Kriegen unter Ludwig XIV. niedergebrannt, 79000 E. Heidelberg, am linken Neckarufer, 32000 E., die protestantische Landesuniversität in reizender Lage; gerade darüber das kurfürstliche Schloß, die prachtvollste epheuumsponnene Ruine, die es giebt. Im Keller „das Faß von Heidelberg", das 250 Fuder Wein hält. Hoch über dem Schlosse ragt der Königstuhl (oder Kaiserstuhl) 600 m. Eine Schöpfung der Kunst ist der Park von Schwetzingen, 7 km von Heidelberg nach dem Rheine zu. In dem Städtchen Bretten ist 1497 Melanchthon geboren.

c) Früher österreichisch war der Breisgau. Die Hauptstadt desselben, Freiburg, liegt in reizender Umgebung an der Dreisam zwischen ganz nahen Rebenhügeln (Schloßberg) und den nur wenige Stunden entfernten Schwarzwaldbergen. Sitz eines Erzbischofs, katholische Landesuniversität. Herrliches Münster; sein Turm mit künstlich durchbrochener Arbeit ist besonders berühmt. 49000 E. In der Nähe die Ruine Zähringen, und südlich vom Feldberge die frühere durch Reichtum und Gelehrsamkeit bedeutende Abtei St. Blasien. Alt-Breisach, am Rhein und Kaiserstuhl (§ 88, 2, b), sonst starke Festung, im 30jährigen Kriege oft genannt. Konstanz, da, wo der Rhein aus dem Bodensee tritt, am linken Ufer des Stromes, ehemals Reichsstadt, in welcher 1414—1418 das bekannte Konzil gehalten und Johann Huß verbrannt wurde. Die Inseln Reichenau und Mainau.

d) Auch in Baden viele Mediatisierte. Darunter im nördlichen breiten Teile die Fürsten von Leiningen im alten oberrheinischen, der Fürst von Löwenstein-Wertheim im fränkischen Kreise. (Wertheim selbst, am Zusammenflusse von? — § 89, 2, a). Im südlichen breiten

Teile die 1650 qkm (30 Q.-M.) übersteigenden Lande des Fürsten von Fürstenberg, Residenz des Fürsten Donaueschingen (§ 87, 1).

4) Großherzogtum Hessen. Es macht die Besitzungen des Hauses Hessen-Darmstadt aus, einer von den vier durch Philipps Teilung entstandenen (§ 98, 11) Linien. Der großherzogliche Titel stammt aus der Zeit des Rheinbundes (1806), auch der Besitzstand hat in jenen Zeiten Änderungen erfahren. Der Flächeninhalt beträgt jetzt 7682 qkm (140 Q.-M.) mit 995000 Einwohnern, darunter ein Viertel Katholiken, die übrigen Lutheraner. Großherzog Ludwig IV. Das Land liegt in zwei Hauptteile geschieden. Der nördliche im Norden des Mains ist eingeschlossen von der preußischen Provinz Hessen-Nassau.

a) Der südliche Hauptteil (§ 88, 2, b) enthält zwei Provinzen. α) Rechts vom Rheine Starkenburg, ein neuer von einem alten Schlosse entlehnter Name. Darmstadt, die Hauptstadt, liegt in sandiger Fläche, hat eine alte, finstere und eine neue, schöne Stadthälfte und 57000 E. Zwischen hier und Heidelberg die Bergstraße, eine am Hange des Odenwaldes hinziehende, mit Obst- und Nußbäumen bepflanzte, von einer Masse reizender Ruinen überragte Landstraße. Trebur oder Tribur, 10 km im SO. von Mainz, war eine kaiserliche Pfalz (Palast) der Karolinger; bis ins 11. Jahrhundert sind hier viele Reichstage gehalten. Vom Hauptlande getrennt liegt die frühere Reichsstadt Wimpfen am Neckar. Bedeutende Saline. Mediatisierte: die Grafen von Erbach auf dem Odenwalde und die Fürsten und Grafen von Isenburg. In dem Gebiet der letztgenannten die betriebsame Handels- und Fabrikstadt Offenbach, an? — 35000 E. β) Links am Rhein Rhein-Hessen. Mainz, Magontiacum der Römer, 73000 E., liegt als Halbkreis am linken Ufer des Rheins, der dicht oberhalb der Stadt den Main aufgenommen hat und daselbst mit einer festen Eisenbahnbrücke überbrückt ist. Der Anblick von außen ist schön, weniger das Innere; die Straßen sind meist eng und finster. Der alte Dom ist ehrwürdig, neuerdings geschmackvoll restauriert. Mainz, der Anfang der großen Mainz-Metzer Heerstraße, ist eine der stärksten Festungen, die es giebt, erfordert aber wegen des außerordentlichen Umfanges der Werke zur Verteidigung fast eine Armee. Zu den Befestigungen gehört auch Kastel, am rechten Rheinufer mit Mainz durch eine fast 600 m lange sehr schöne steinerne Brücke verbunden. In Mainz bildete Johann Gensfleisch zum guten Berg (so hieß sein Haus in Mainz) den in Straßburg erfundenen Letterndruck weiter aus. Von Mainz den Rhein aufwärts Oppenheim, mit der schönen gotischen Katharinenkirche. Worms am Rhein, einst als Reichsstadt eine der bedeutendsten Städte Deutschlands, wie es auch eine der ältesten ist. (Hauptstadt der Burgunden im Nibelungenlied.) Unter den vielen hier gehaltenen Reichstagen ist der von 1521 wegen Luthers Auftreten merkwürdig; großes Denkmal von Rietschels Meisterhand. Ehrwürdig-schöner Dom; außer ihm hat die Stadt die Liebfrauenkirche, bei der die Liebfrauenmilch wächst. Worms ist auch die Heimat des Rittergeschlechts von Dalberg. Wollte der Kaiser nach der Krönung Ritter schlagen, so fragte er immer zuerst: Ist kein Dalberg da? Zu Luthers Zeiten 50000, jetzt 26000 E. Weindörfer Nierstein und Laubenheim; Ingelheim im W. von Mainz,

Pfalz der Karolinger und häufige Residenz Karls des Großen. **Bingen** (§ 90, 1, C).

b) Der **nördliche Teil** ist die **Provinz Ober-Hessen** (§ 89, 2, b, δ. § 90, 2, a). Hauptstadt und Landesuniversität **Gießen**, 21000 E., an? — **Friedberg** in der Wetterau, ehemals Reichsstadt, darüber eine alte Burg, früher „des heiligen römischen Reiches unmittelbare freie Burg Friedberg." Solbad **Nauheim**. Isenburgische, Solmische, Stolbergische und andere **Mediatbesitzungen**.

5) **Das Reichsland Elsaß-Lothringen**, 14509 qkm (260 Q.-M.) mit 1,₆ Mill. Einw., umfaßt 1) das **Elsaß**, d. h. den linksrheinischen Teil der oberrheinischen Tiefebene südlich der Pfalz mit dem anstoßenden Ostabhang des Wasgaus und 2) **Deutsch-Lothringen**, d. h. den Nordosten der welligen Hochfläche von Lothringen (§ 90, 3). Es schließt sich rechtwinklig ans Elsaß und reicht vom Westabhang des nördlichen Wasgaus bis auf das linke Moselufer hinüber, wo sich n.w. von Diedenhofen Deutschland, Frankreich und Luxemburg berühren.

Das Elsaß, wie das benachbarte Baden von Schwaben (Alemannen) bewohnt, die sich hier Elsasser nannten, kam 870 durch den Vertrag von **Mersen** an das ostfränkische, d. h. an das Deutsche Reich und gehörte zum Herzogtum Schwaben bis zu dessen Auflösung (1268). Unter dem Titel einer Landgrafschaft zerfiel das Elsaß im späteren Mittelalter in viele kleine Gebiete geistlicher und weltlicher Herren, neben welchen zwölf Städte sich aus dem Verbande der Landgrafschaft herauslösten und reichsunmittelbar wurden. Der westfälische Friede von 1648 machte das Elsaß zu einer französischen Provinz; nur die darin eingeschlossenen Reichsstädte sollten deutsch bleiben, doch auch diese entriß uns die Arglist König Ludwigs XIV. von Frankreich: am 30. September 1681 ließ er sogar Straßburg mitten im Frieden unter nichtigem Vorwande besetzen.

Was wir jetzt noch Lothringen nennen, das Land an der oberen Maas und Mosel, war bis 1735 ein deutsches Herzogtum, der südliche Rest des bis in die Niederlande ehemals sich erstreckenden gleichnamigen Herzogtums Lothringen (§ 81 Mitte). Die Franzosen, die sich 1735 auch dieses Reichsland (zunächst für den polnischen **Stanislaus Lesczinski**, den Schwiegervater ihres Königs Ludwigs XV.) abtreten ließen, hatten die darin eingeschlossenen wichtigen drei Bistümer bereits seit 1552 in Händen.

Das Elsaß (jedoch ohne die Grenzfestung Belfort) und Deutsch-Lothringen ist infolge des siegreichen Feldzugs von 1870/71 für Deutschland zurückerobert, und seit dem diese Erwerbung besiegelnden Frieden von Frankfurt a. M. (10. Mai 1871) zieht die deutsche Reichsgrenze wieder auf der Kammhöhe des Wasgau, ist die Festung Metz nicht mehr das gefahrdrohende Ausfallsthor Frankreichs gegen Deutschland, sondern Deutschlands starke Friedenswehr gegen den ewig unruhigen welschen Nachbar.

Das Land (§ 88, 2, a. § 90, 2) ist ähnlich einer preußischen Provinz in Bezirke eingeteilt, die wieder in Kreise zerlegt sind. Oberhaupt der Verwaltung (§ 97 Mitte) ist der Reichs=Statthalter in Straßburg.

a) Bezirk Unter=Elsaß, der größere Nordteil des Elsaß. Hauptstadt Straßburg, ½ Stunde vom Rhein an der Ill, 124000 E., als Argentoratum schon zur Römerzeit wichtig, im Mittelalter zur mächtigen deutschen Reichsstadt erblühend, deren Wert Kaiser Karl V. mit den Worten anerkannte: „Wären Straßburg und Wien zu gleicher Zeit in Gefahr, ich würde eilen, das erstere zu retten." Aus dem Mittelalter stammt auch die größte Zierde der Stadt: ihr Dom oder Münster (das Werk Erwins von Steinbach); von den beiden Seitentürmen desselben ist zwar nur der eine vollendet, seine prächtige durchbrochene Steinpyramide erreicht aber durch ihre Höhe von 144 m beinahe die einstmalige Höhe der höchsten ägyptischen Pyramide (§ 58, 2). Die wichtigste aller Erfindungen, die des Letterndrucks, machte Johann Gutenberg (§ 101, 4, α, β) in Straßburg; leider sind unersetzliche Inkunabeln dieser Kunst (Wiegendrucke) mit Tausenden nur einmal vorhandener Manuskripte bei der Belagerung im September 1870 ein Raub der Flammen geworden. Dafür ist die Stadt — nach genau 189jähriger Fremdherrschaft — seit dem 28. September 1870 dem Vaterland zurückgegeben, das mit besonderer Fürsorge den Schutz und die Förderung dieser nächst Köln größten deutschen Rheinstadt sich angelegen sein läßt. Durch Erbauung ausgerückter (detachierter) Forts ist Straßburgs Wehrkraft als Festung bedeutend verstärkt worden. Seit 1872 hat die alte Straßburger Hochschule als deutsche Reichsuniversität ein verjüngtes Leben begonnen und führt nunmehr den Namen Kaiser=Wilhelms=Universität. Die nächst berühmteste Stadt ist Weißenburg an der Lauter; dicht an der bayrischen Grenze, am 4. August 1870 von den Deutschen erstürmt; aus den Revolutionskriegen berühmt die Weißenburger Linien, Verschanzungen, die sich von hier die Lauter entlang nach Lauterburg ziehen; ehemals war Weißenburg Sitz eines 624 gegründeten Benediktinerstifts, in dem Otfried, der Dichter des althochdeutschen „Krist", lebte. 18 km gen SW. Wörth, wo die Deutschen unter dem Kronprinzen von Preußen am 6. August 1870 die Franzosen unter Mac Mahon entscheidend schlugen. Jenseit des breit durch die Ebene ziehenden herrlichen Hochwaldes, in dem die Hohenstaufen einen weilten, die kleine ehemalige Reichsstadt Hagenau. Am Eingange in den wichtigsten Paß durch den Wasgau, welchen die Eisenbahn von Straßburg nach Paris benutzt, Zabern (lat. Tabernae, franz. Saverne), worauf sich Schillers „Gräfin von Saverne" bezieht. Schlettstadt an der Ill.

b) Bezirk Ober=Elsaß, der kleinere Südteil des Elsaß. Hauptstadt Kolmar an einem l. Zufluß der Ill, 30000 E., auch mit einem schönen gotischen Münster. Nördlicher und dicht an den mit Weinbergen bedeckten Vorbergen des Wasgaus das altertümliche Rappoltsweiler, der bedeutendste Markt für den Elsässer Wein. Neu=Breisach, dem badischen Alt=

Breisach gegenüber, von Ludwig XIV. 1699 als befestigtes Achteck angelegt. Im S. die größte elsässische Fabrikstadt **Mülhausen** an der Ill und dem Rhein-Rhone-Kanal, 77 000 E., von 1506 bis zur ersten französischen Revolution mit der Schweiz verbunden, besonders durch seine großartigen Baumwollwebereien, seine vortrefflichen Kattundruckereien und seine „Arbeiterstadt" berühmt, letztere eine Vorstadt von beinahe 700 kleinen recht wohnlichen Häusern, die eine Gesellschaft erbaut hat, um sie an Arbeiter gegen allmähliche Abtragung der Herstellungskosten zu verkaufen. Eine kleinere Fabrikstadt ist **Gebweiler** am Fuß des Sulzer Belchens (§ 88, 2, a).

c) **Bezirk Lothringen**, etwa $1/5$ des früheren Herzogtums Lothringen, der größte, jedoch am wenigsten dicht bevölkerte der drei Bezirke, dessen Boden viel weniger fruchtbar ist als der der beiden anderen. Hauptstadt **Metz** an der Mosel, 60 000 E., uralte Stadt der gallischen Mediomatriker, mit einer hochtürmigen Domkirche und meist engen, altertümlich gebauten Straßen; eine der stärksten Festungen mit detachierten Forts. Die französische Armee mußte sich nach den Schlachten am 14. August 1870 bei **Courcelles** (20 km ö. von Metz), am 16. bei **Vionville** (23 km w. von Metz, das einzige dieser Schlachtfelder, welches auch nach dem Frieden von 1871 französisch blieb) und am 18. bei **Gravelotte** (10 km w. von Metz) unter Bazaine in und vor die Festung Metz zurückziehen, sich jedoch nach vergeblichen Durchbruchsversuchen am 27. Oktober den Deutschen ergeben und die Festung ihnen überliefern. Nach der Überlistung durch die Franzosen von 1552 hatte Karl V. die Stadt vergeblich belagert, weshalb man seiner spottete: „Die Metz und Magd (Magdeburg), die haben dem Kaiser den Tanz versagt." Weiter flußabwärts die kleine Festung **Diedenhofen**. **Forbach** s.w. von Saarbrücken, dabei an der preußischen Grenze die Höhe von **Spicheren**, am 6. August 1870 von den Deutschen erstürmt. Noch weiter ö. die Wasgau-Festung **Bitsch**.

§ 102.
Das Deutsche Reich: Wiederholung und Vergleichung.

A. Areal.
Die deutschen Staaten.

1. Preußen	hat	348 330 qkm,
2. Bayern	=	75 860 =
3. Württemberg	=	19 504 =
4. Baden	=	15 081 =
5. Sachsen	=	14 993 =
6. Elsaß-Lothringen	=	14 509 =
7. Mecklenburg-Schwerin	=	13 304 =
8. Hessen	=	7 682 =
9. Oldenburg	=	6 422 =
10. Braunschweig	=	3 690 =
11. Sachsen-Weimar	=	3 594 =
12. Mecklenburg-Strelitz	=	2 930 =

13. Sachsen-Meiningen . . . hat 2468 qkm,
14. Anhalt . . . . = 2347 =
15. Sachsen-Coburg-Gotha . . = 1968 =
16. Sachsen-Altenburg . . . = 1324 =
17. Lippe . . . . = 1222 =
18. Waldeck . . . . . . = 1121 =
19. Schwarzburg-Rudolstadt . . = 940 =
20. Schwarzburg-Sondershausen = 862 =
21. Reuß jüng. Linie . . . . = 826 =
22. Hamburg . . . . . . = 410 =
23. Schaumburg-Lippe . . . = 340 =
24. Reuß ält. Linie . . . . = 316 =
25. Lübeck . . . . . . = 298 =
26. Bremen . . . . . . = 256 =

Sa. 540598 qkm.

Die Provinzen Preußens:

1. Schlesien . . . . . . hat 40300 qkm,
2. Brandenburg mit Berlin . . = 39896 =
3. Hannover . . . . . . = 38482 =
4. Ostpreußen . . . . . = 36980 =
5. Pommern . . . . . . = 30109 =
6. Posen . . . . = 28956 =
7. Rheinland . . . . . . = 26987 =
8. Westpreußen . . . . . = 25505 =
9. Sachsen . . . . . . = 25250 =
10. Westfalen . . . . . . = 20196 =
11. Schleswig-Holstein . . . = 18844 =
12. Hessen-Nassau . . . . = 15683 =
    Hohenzollern . . . . . = 1143 =

Sa. 348332 qkm.

Preußen ist also an Areal fast doppelt so groß wie alle übrigen deutschen Staaten zusammengenommen (64 zu 36 Prozent).

B. Bevölkerung.

Die deutschen Staaten.

1. Preußen . . . . . . hat 29959000 Einw.,
2. Bayern . . . . . . = 5589000 =
3. Sachsen . . . . . . = 3501000 =
4. Württemberg . . . . = 2035000 =

§ 102. Das Deutsche Reich: Wiederholung und Vergleichung. 405

5. Baden	hat	1 657 000 Einw.,
6. Elsaß-Lothringen	=	1 604 000 =
7. Hessen	=	995 000 =
8. Hamburg	=	624 000 =
9. Mecklenburg-Schwerin	=	579 000 =
10. Braunschweig	=	403 000 =
11. Oldenburg	=	355 000 =
12. Sachsen-Weimar	=	326 000 =
13. Anhalt	=	272 000 =
14. Sachsen-Meiningen	=	224 000 =
15. Sachsen-Coburg-Gotha	=	206 000 =
16. Bremen	=	180 000 =
17. Sachsen-Altenburg	=	171 000 =
18. Lippe	=	128 000 =
19. Reuß jüngerer Linie	=	120 000 =
20. Mecklenburg-Strelitz	=	98 000 =
21. Schwarzburg-Rudolstadt	=	86 000 =
22. Lübeck	=	76 000 =
23. Schwarzburg-Sondershausen	=	76 000 =
24. Neuß älterer Linie	=	63 000 =
25. Waldeck	=	57 000 =
26. Schaumburg-Lippe	=	40 000 =
	Sa.	49 423 000 Einw.

Die Provinzen Preußens:

1. Rheinland	hat	4 710 000 Einw.,
2. Schlesien	=	4 224 000 =
3. Brandenburg mit Berlin	=	4 122 000 =
4. Sachsen	=	2 580 000 =
5. Westfalen	=	2 429 000 =
6. Hannover	=	2 280 000 =
7. Ostpreußen	=	1 958 000 =
8. Posen	=	1 752 000 =
9. Hessen-Nassau	=	1 664 000 =
10. Pommern	=	1 521 000 =
11. Westpreußen	=	1 433 000 =
12. Schleswig-Holstein	=	1 217 000 =
Hohenzollern	=	66 000 =
	Sa.	29 959 000 Einw.

Preußen ist also an Bevölkerung anderthalbmal so groß, wie alle übrigen deutschen Staaten zusammengenommen (60 zu 40 Proz.).

C. Bevölkerungsdichtigkeit.

Die deutschen Staaten:

Auf 1 qkm wohnen in:

1. Hamburg . . . . 1522 Menschen,
2. Bremen . . . . 703 =
3. Lübeck . . . . 255 =
4. Sachsen . . . . 234 =
5. Reuß älterer Linie . . . . 199 =
6. Reuß jüngerer Linie . . . 145 =
7. Hessen . . . . 130 =
8. Sachsen=Altenburg . . . 129 =
9. Schaumburg=Lippe . . . 118 =
10. Elsaß=Lothringen . . . . 111 =
11. Baden . . . . 110 =
12. Anhalt . . . . 111 =
13. Württemberg . . . . . . 104 =
14. Sachsen=Coburg=Gotha . 105 =
15. Lippe . . . . 105 =
16. Braunschweig . . . . . 109 =
17. Schwarzburg=Rudolstadt . 92 =
18. Sachsen=Weimar . . . . 91 =
19. Sachsen=Meiningen . . . 91 =
20. Schwarzburg=Sondershausen 88 =
21. Preußen . . . . 86 =
22. Bayern . . . . 74 =
23. Oldenburg . . . . 54 =
24. Waldeck . . . . 50 =
25. Mecklenburg=Schwerin . . 44 =
26. Mecklenburg=Strelitz . . . 33 =

Im Deutschen Reiche . . . 91 Menschen.

Die Provinzen Preußens.

Auf 1 qkm wohnen in:

1. Rheinland . . . . 174 Menschen,
2. Westfalen . . . . 120 =
3. Hessen=Nassau . . . . . 106 =
4. Schlesien . . . . 104 =
5. Sachsen . . . . 102 =
6. Schleswig=Holstein . . . 64 =
7. Brandenburg ohne Berlin . . 63 =

§ 102. Das Deutsche Reich: Wiederholung und Vergleichung. 407

```
      8. Posen  . . . . . . . .    60 Menschen,
      9. Hannover . . . . . . .    59    =
         Hohenzollern . . . . .    58    =
     10. Westpreußen . . . . . .   56    =
     11. Ostpreußen . . . . . .    53    =
     12. Pommern . . . . . . .    50    =
      In ganz Preußen . . . .     86 Menschen.
```

D. Verteilung nach Wohnorten.

Das Deutsche Reich enthält etwa 78000 Landgemeinden und etwa 2700 Stadtgemeinden.

Die ländliche Bevölkerung beträgt 27 Mill., oder fast 57 Prozent, die städtische 22 Mill., oder über 43 Prozent der Gesamtzahl.

Die städtische verteilt sich auf
    26 Großstädte (über 100000 E.),
    124 Mittelstädte (20—100000 E.),
  ca. 650 Kleinstädte (5—20000 E.),
  ca. 2000 Landstädte (2—5000 E.).

Die größten der Großstädte sind:
    Berlin mit 1 600 000 Einw.,
    München = 348 000 = ⎫
    Breslau = 335 000 = ⎬ zusammengenommen
    Hamburg = 324 000 = ⎪ noch nicht ganz
    Leipzig = 294 000 = ⎪ die Größe Berlins
    Köln   = 281 000 = ⎭ erreichend.

E. Berufsverteilung.

Im Deutschen Reiche sind von den Einwohnern beschäftigt:
  in Land= und Forstwirtschaft . . . 42,5 Prozent,
  in Bergbau, Industrie und Bauwesen 35,5 =
  in Handel und Verkehr . . . . 10 =
  als Lohnarbeiter und Dienstboten . 2 =
  als Beamte . . . . 5 =
  ohne bestimmten Beruf sind . . . 5 =

§ 103.

II. Der österreichisch=ungarischen Monarchie sogenannte deutsche Kronländer.

Aus dem alten am Ober=Rhein und an der Aare reich begüterten Grafengeschlechte Habsburg (§ 88, 1[b], a) bestieg Graf Rudolf

1273 den deutschen Königsthron. König Ottokar von Böhmen, die Anerkennung versagend, ward besiegt (§ 87, 4) und mußte zur Strafe das Herzogtum Österreich, welches von Karl dem Großen als Ostmark zur Abwehr der Awaren angelegt und später (1156) zum Herzogtum erhoben war, sowie Steiermark und Krain aufgeben, Länder, deren er sich nach dem Aussterben der Babenberger in Österreich bemächtigt hatte. Damit belehnte Rudolf sein Haus. Wie rasch stieg dasselbe nun aufwärts! Schon im 15. Jahrhundert wählte ein Habsburger als stolze Devise „AEIOU" in der Bedeutung: Austriae Est Imperare Orbi Universo. Die schweizerischen Stammgüter gingen zwar im Mittelalter verloren, aber Kärnten, Tirol, Triest, Besitzungen in Schwaben (Vorder-Österreich) kamen hinzu. Karl, Maximilians Enkel, besaß neben diesen allen auch noch das weite spanische Reich (§ 74, b, Anf.); indes 1522 übertrug er die deutschen Besitzungen seinem Bruder Ferdinand, der 1526 die Kronen der Wahlreiche Ungarn (§ 80, 1) und Böhmen (wozu Mähren, Schlesien, Lausitz gehörte) damit vereinigte. Auch die römische Kaiserkrone blieb nach Karls V. Abdankung der deutschen Linie der Habsburger. Was im 17. Jahrhundert verloren ging [Lausitz an Sachsen (§ 99, 1), Elsaß an die Franzosen (§ 101, 5)], wurde durch den Gewinn des spanischen Erbfolgekrieges aufgewogen: die früher spanischen Niederlande (Belgien), Mailand und anderes Besitztum wurde gewonnen (1714). Da starb 1740 der Habsburger Mannesstamm mit Karl VI. aus: seine heldenmütige Tochter Maria Theresia, mit Franz von Lothringen vermählt, behauptete gegen zahlreiche Feinde ihre Erbschaft; nur Schlesien mußte größtenteils an Preußen abgetreten werden. Böse Zeiten kamen für das Haus Habsburg-Lothringen und seine Länder in den letzten Jahren des vorigen und den ersten dieses Jahrhunderts: in einem Zeitraume von 21 Jahren ist Österreich fünfmal gegen Frankreich und Napoleon I. unter die Waffen getreten, der zweimal in Wien einzog und mehrere Tausend Q.-M. vom Reiche abriß; aber es überwand alles ungebrochen: so unbezwinglich erwies sich die Lebenskraft des österreichischen Staates. In den Friedensschlüssen nach dem Sturze Napoleons gab es einige seiner älteren Besitzungen auf und erwarb sich besser gelegene. Die Lombardei hat es in dem unglücklichen Kriege von 1859 (§ 77 Anf.) wieder verloren. In dem 1866 gegen Preußen und Italien geführten Kriege haben zwar die Österreicher die Italiener besiegt, sind aber den preußischen Heeren unterlegen. Damit stand im Zusammenhange, daß Österreich Venedig an Frankreich überließ, welches es dann an Italien gab. Der mit Preußen zu Prag abgeschlossene Friede bedang die Abtretung von Holstein und bestimmte die Ausscheidung des Kaiserstaates aus dem politischen Verbande mit Deutschland.

Das Kaisertum Österreich — den Titel eines „Kaisers von Österreich" hatte Franz II. 1804, als Napoleon sich zum Kaiser der Franzosen zu proklamieren gedachte, sich beigelegt — bildet mit Ungarn (§ 80, 1) und Bosnien (§ 79, 5) ein wohlzusammenhängendes Reich von 677000 qkm (12000 Q.=M.) und 42 Mill. E.

Dies Reich, die österreichisch=ungarische Monarchie genannt, breitet sich über mehrere europäische Landgebiete aus und schließt verschiedene Nationalitäten in sich. Man zählt 25% Deutsche, 44% Slaven, 21% Magyaren, $1\frac{1}{2}$% Italiener, 8% Rumänen und fast $\frac{1}{2}$% Zigeuner; dabei sind die Juden (nach der Sprache) den Deutschen zugezählt. Größere Einheit findet in Hinsicht des religiösen Bekenntnisses statt. Man rechnet 76% römische Katholiken, fast 9% Protestanten, ebensoviel Griechen, 2% Israeliten.

Die österreichisch=ungarische Monarchie besteht seit 1867 aus zwei gesonderten Reichshälften, welche durch Personalunion miteinander verbunden sind (Kaiser Franz Joseph I.)

Die Lande diesseit der Leitha (Cisleithanien oder West=Österreich) begreifen die sogenannten deutschen Kronländer und außerdem Galizien, die Bukowina und Dalmatien. Ihre Vertretung wird gebildet durch den Reichsrat, der, aus dem Herrenhause und dem Hause der Abgeordneten bestehend, in Wien tagt. Die Abgeordneten werden auf die Dauer von je 6 Jahren gewählt.

Die Lande jenseit der Leitha (Transleithanien oder Ost=Österreich), auch Lande der ungarischen Krone, begreifen Ungarn mit Siebenbürgen, Kroatien, Slavonien und Fiume. Der Reichstag versammelt sich in Budapest.

Wir haben jetzt nur noch Österreichs 11 sog. deutsche Kronländer — 143000 qkm (3600 Q.=M.) mit 16 Mill. Einw. (wovon 51% Deutsche sind) — zu betrachten.

1) Erzherzogtum Österreich unter der Enns (Nieder=Österreich), 19800 qkm (360 Q.=M.), 2.6 Mill. Einw. (§ 86, 2, a. § 87, 1, 3, f, g, 4).

Die Hauptstadt der Monarchie, Wien, 822000 E., mit den zugehörigen 35 Vororten 1252000 E., liegt da, wo das Flüßchen die Wien rechts in die hier geteilte Donau mündet, und schmiegt sich im W. an den Kahlenberg (mit herrlicher Aussicht, § 86, 2, a) an. Die innere Stadt, von nicht großem Umfange mit etwa einem Siebentel der ganzen Bevölkerung, alter=

tümlich, mit engen, trefflich gepflasterten Straßen voll Volksgewühl, liegt in einem Halbkreise am rechten Ufer eines schmalen Donauarmes, des sogenannten Donau=Kanals. Hier die einfach=würdige **kaiserliche Burg** (im Hofraum das eherne Standbild des Kaisers Franz I., vor der nördlichen Außenseite des Kaisers Joseph II., vor der südlichen Standbilder des Erzherzogs Karl, des Siegers von Aspern, und des Prinzen Eugen von Savoyen), der düster erhabene **Dom von St. Stephan**, von dessen majestätischem Turme (138 m) einst Graf Stahremberg das Türkenlager übersah (§ 79 Mitte). Die **Kapuzinerkirche** mit der kaiserlichen Gruft. Die Stadt hatte bis vor einigen Jahrzehnten noch Festungswälle, Basteien; das Glacis aber (der bei einer Festung leere Raum außerhalb der Mauern) war bereits in Spaziergänge verwandelt. Jenseit derselben umzogen den Stadthalbkreis über 30 Vorstädte, mit breiteren, lustigeren Straßen. Die bedeutendsten waren, den Halbkreis am Westende angefangen: **Rossau, Alser Grund, Josephstadt, Maria=Hilf, Wieden** (mit der schönen Karlskirche), **Rennweg** (mit dem durch zwei Gemäldesammlungen gezierten Lustschlosse Belvedère), **Landstraße** u. a. Auf der Donauinsel im NO. der Stadt liegt die **Leopoldstadt**, auch zwei große Gärten oder Lustwälder mit frischen Rasenplätzen und kräftigen Baumreihen, der **Augarten** und der berühmtere und besuchtere **Prater** (mit dem Wurstl=Prater).

Neuerer Zeit ist mit Wien eine große Veränderung vorgegangen. Die Basteien und Thore sind verschwunden, das Glacis ist bebaut und die Stadt mit jenen Vorstädten völlig zusammengeflossen. Das Ganze gilt als **eine Stadt**, von der die alte Stadt einen, die ehemaligen Vorstädte neun Bezirke ausmachen. Auf dem ehemaligen Glacis umschließt die Altstadt die breite und prächtige **Ringstraße** mit einer Menge von Neubauten und Neuanlagen: Stadtpark, Rathaus, Parlamentsgebäude, Universität, Museum. Die Hochquellenleitung versorgt die Stadt mit dem schönsten Alpenwasser vom Fuße des Schneeberges (§ 86, 2, a) her.

Durch seine wunderschönen Umgebungen im W. und S., durch so viele Sehenswürdigkeiten, durch Schätze der Kunst und Wissenschaft, durch den heiter gemütlichen Sinn seiner lebensfrohen Bewohner ist Wien ein in vielfacher Hinsicht angenehmer Aufenthalt, dazu bedeutende Universität und wichtige Fabrik= und Handelsstadt, die namentlich ausgebreiteten Handel nach Rußland, den untern Donauländern und der Türkei treibt. Daher viele Griechen, Armenier, Türken in Wien. Türkenbelagerungen 1529 und 1683. Kongreß 1814—1815. — Ganz in der Nähe (s. w. von Wien) das kaiserliche Lustschloß **Schönbrunn**; Park in französischem Geschmack, Menagerie. Jenseit des Parkes von Schönbrunn **Hietzing**, eines jener prächtigen, stadtähnlichen Dörfer, welche Wien besonders im W. zahlreich umgeben. An 15 km südlich von Wien das Schloß **Laxenburg**, nordöstlich auf dem linken Donauufer **Aspern**, und weiter hin **Wagram**, Schlachten 1809 (§ 87, 4).

Die Lage von Wien macht es zur Hauptstadt der Monarchie geeignet. Es liegt auf einem Punkte, wo die drei österreichischen Hauptnationalitäten (Deutsche, Magyaren, Slaven) zusammenstoßen, wo die Alpen nicht zu schwierige Wege nach Italien bieten (zwei Eisenbahnen führen von hier ans adriatische Meer), wo das nahe Marchthal die bequemste Verbindung nach N. darbietet, dazu an dem Strome, der das Reich von West nach Ost durchzieht und fast aus dem ganzen Reichsgebiet seine Wässer empfängt.

Im Süden der Donau **Baden**, durch seine Bäder und schönen Umgebungen berühmt (das St. Helenenthal). **Wiener=Neustadt** an? —

24000 E. An der Grenze von Steiermark übersteigt die von Wien nach Triest führende **Südbahn**, die älteste der Alpen=Eisenbahnen, in einem überaus großartigen und kunstvollen Bau den 896 m hohen **Semmering**.

Bis Passau aufwärts sind die Ufer der Donau von einer großartigen Schönheit und einer romantischen Wildheit, wie sie der Rhein nicht erreicht. An dem Strome liegen mehrere sehr reiche und um die Wissenschaften wohl= verdiente geistliche Stiftungen, meist mit reichen Bücherschätzen; so unweit Wien **Klosterneuburg** mit dem Grabe des heil. Leopold, des Schutzpatrons von Österreich, flußaufwärts **Melk** u. a. Unter den alten Burgen merke den **Dürrenstein** (an der Donaubiegung oberhalb der ansehnlichen Handels= stadt **Krems**, wo Richard Löwenherz gefangen saß), und **Pechlarn** (ober= halb Melk), das älteste Schloß gegen die Magyaren, das Bechelaren des Nibelungenliedes.

2) **Erzherzogtum Österreich ob der Enns** (Ober=Öster= reich), 12000 qkm (220 Q.=M.), 781000 E. (§ 86, 3, a. § 87, 1, 3, e, f).

Die Hauptstadt **Linz**, 54000 E., an der Öffnung des Donauthals zu einer fruchtbaren Ebene, dem Linzer Becken. Wichtiger Flußübergang von dem kohlenreichen, aber salzlosen Böhmen nach dem umgekehrt begabten Salzkammergut (§ 86, 2, a) und Steiermark. Südöstlich von Linz das Stift **St. Florian**. An der Enns **Steier**, bedeutende Fabriken in Eisenwaren, besonders Waffen. — Am Inn liegt die Stadt **Braunau**. **Gmunden, Ischl, Hallstadt** (§ 87, 3, c).

3) **Herzogtum Salzburg** (zu Zeiten des alten deutschen Reiches ein Erzstift), 7100 qkm (130 Q.=M.), 172000 E. (§ 86, 3, a. § 87, 3, d).

Die Hauptstadt **Salzburg**, das römische Iuvavia, an beiden Ufern der Salzach. Links über der Stadt der Mönchsberg mit Citadelle, unten mit durchgesprengtem Felsenthor, rechts der Kapuzinerberg mit Kloster. Die Lage überhaupt am Ausgange der Salzburger Alpen und noch in ihren Vorbergen (400 m) ist wunderschön. Die Bauart von Salzburg ist schon zum Teil italienisch. 28000 E. Hier wurde 1756 Mozart geboren. In der Nähe der **Gaisberg** mit gefeierter Aussicht. Den Fluß hinauf **Hallein** mit groß= artigem Steinsalzwerk, das von Reisenden viel befahren wird. **Golling, O** der Salzach, Paß Lueg, **Gastein**, Pinzgau (§ 87, 3, d).

4) **Herzogtum Steiermark**, 22400 qkm (410 Q.=M.), 1,3 Mill. E. (§ 86, 3).

a) **Bruck**, der nördliche Teil des Kronlandes, darin **Bruck**, am Zusammenfluß von? — Etwas im SW. **Leoben**, Friedenspräliminarien vor dem Frieden von Campo Formio 1797. An der obern Mur **Juden= burg**, an der obern Enns das alte berühmte Stift **Admont**, unterhalb des= selben das **Gesäuse** (§ 87, 3, f). Unweit der österreichischen Grenze der Wallfahrtsort **Mariazell**.

b) **Graz**, der mittlere Teil, darin Steiermarks Hauptstadt **Graz**, höchst malerisch an beiden Seiten der hier schiffbaren Mur, überragt von dem prächtige Aussicht bietenden Schloßberge. 107000 Einw. Universität. Das Johanneum.

c) **Marburg**, der südliche Teil mit noch slavischer Bevölkerung. Darin Marburg an der Drau, Cilli im Gebiete der Save. Im ganzen Lande viel Bergbau auf Eisen und ausgezeichnete Fabriken für Eisenwaren.

5) **Herzogtum Kärnten**, 10300 qkm (190 Q.-M.), 363000 Einw. (§ 86, 3, b).

Klagenfurt, 20000 Einw., ist die Hauptstadt. An der obern Drau in schöner Gebirgslage **Villach** mit wichtigem Handel. Der benachbarte **Bleiberg** liefert jährlich gegen 4 Mill. kg Blei, die reichste Ausbeute dieses Metalls in Europa.

6) **Herzogtum Krain**, 10000 qkm (180 Q.-M.), 502000 Einw. (§ 86, 3, b).

Außer der durch den Kongreß von 1821 bekannten Hauptstadt **Laibach**, 28000 E. (unweit des rechten Saveufers, an der Laibach, die im SW. der Stadt schiffbar aus der Erde bricht), nennen wir Orte, die durch Naturverhältnisse merkwürdig sind. Wir erinnern dabei an das, was über die Krainer oder julischen Alpen und die Natur der Kalkgebirge überhaupt vorgekommen ist. 30 km südlich von Laibach liegt **Zirknitz**, und in der Nähe in einem Thalkessel der danach benannte See. Sein Grund ist voller Spalten, durch welche das Wasser bald bis auf wenige Lachen abläuft, bald wieder steigt. Allerdings kann hier zu verschiedenen Zeiten gefischt, auf Wasservögel gejagt, Gras und Korn gemäht werden: nur nicht in regelmäßigen Zwischenräumen. Steigen und Fallen des Wassers ist an keine Regel gebunden. Zuweilen vergehen Jahre, ehe sich der See trocken legt. Ähnliche Erscheinungen periodischer Seeen, ziemlich starker Flüsse, die plötzlich in das Kaltgebirge hineinfließen oder hinabstürzen, anderseits Gewässer, die in schiffbarer Mächtigkeit aus Kalkschlüften hervortreten, sind nicht selten. Nicht weit von Zirknitz im W. **Adelsberg**, mit einer über 4 km langen Tropfsteinhöhle; bis zur Hälfte führt eine Eisenbahn hinein. In benachbarten Höhlen findet man den Grottenolm (Proteus anguineus), einen aalartigen, sehr lichtscheuen Molch. Beinahe 40 km südwestlich von Laibach das große Quecksilberbergwerk **Idria**. Jährlich werden hier etwa 150000 kg Quecksilber und etwa 25000 kg Zinnober gewonnen.

7) **Das Küstenland oder Litorale, die Grafschaft Görz mit Gradiska und die Markgrafschaft Istrien** samt dem Gebiete von Triest umfassend, 8000 qkm (140 Q.-M.), 700000 Einw.

a) **Görz**, darin die Hauptstadt gleiches Namens in reizender Lage am Isonzo, 23000 Einw. Der feste Platz **Gradiska**. Die im Altertume blühende, stark befestigte Römerkolonie **Aquileja** ist jetzt ein kleines ärmliches Städtchen.

b) **Istrien**, mit dem Hauptorte **Capo d'Istria**. **Pola** (im frühern venetianischen Istrien) hat prachtvolle, gut erhaltene Bauten aus der Römerzeit; jetzt ist es befestigter Kriegshafen, das „Portsmouth von Österreich", 30000 E.

c) **Triest**, die wichtigste Seehandelsstadt (Freihafen) der Monarchie, „das süddeutsche Hamburg". Am Ufer des nach ihr benannten Busens liegt die schöne Neustadt, den Berg hinan die häßliche Altstadt. Mit ihrer nächsten Umgebung zählt die Stadt 162000 Einw. (1719: 4000), darunter viel Griechen, Italiener, Armenier u. a. Bedeutender Handel nach der Levante.

Dampfschiffverkehr der Schiffahrtsgesellschaft „Lloyd" [leub] nach den wichtigsten Häfen des östlichen Mittelmeeres. Die Stadt besitzt über 400 eigene Schiffe. — Auf der Höhe von Optschina über Triest eine der berühmtesten Aussichten in ganz Mitteleuropa. Auf der einen Seite gen N. und O. die Felswüstenei, der Karst (§ 75, II, B, c, 3), im Sommer mit Kalkstaub bedeckt, im Herbst und Winter von den heftigsten Winden (Bora) abgefegt, oft weithin ohne eigentliche Pflanzen, ohne Bäche und Quellen. Und auf der andern Seite aus der Tiefe hervorblickend der breite Spiegel des Golfs von Triest, belebt von unzähligen Barken und Schiffen und eingerahmt von südlich grünenden Hügelletten, mit ihren üppigen Weinbergen, Gebüschen und blühenden Gartenanlagen bis an den Rand der Höhe. — Auf einer Halbinsel kurz vor Triest liegt das herrliche Schloß Miramar.

8) **Die gefürstete Grafschaft Tirol und Vorarlberg**, 29000 qkm (530 Q.-M.), 927000 Einw., halb im Rhein- und Donaugebiet, halb im Etschthal (§ 75, II, B, a. § 86, 2. § 87, 3, d); in jener Hälfte (Nord-Tirol) herrscht die deutsche Sprache, in dieser (Süd-Tirol) ist dagegen die deutsche von der italienischen bis in das Eisack- und oberste Etschthal hinauf zurückgedrängt worden.

a) **Die Tiroler** — mag man ihnen auch Streitlust und Jähzorn vorwerfen — sind doch ein kernhaftes, braves Gebirgsvolk, das seine Büchse wohl zu brauchen weiß, treu seinem Glauben, treu seinem Kaiser. Also erzeigten sie sich 1809 und erhoben sich im ewig denkwürdigen Aufstande — viermal in dem einen Jahre — gegen die Franzosen. Die Geschichte ihres Kampfes, die Geschichte seines Anführers, des so demütig-schlichten und dabei so löwentapfern Andreas Hofer, wird von deutschen Herzen nie anders als mit Rührung und Erhebung vernommen werden. — Außer dem sehr beschränkten Acker- und Weinbau treiben die Tiroler die oben (§ 75 Mitte) genannten Beschäftigungen der Alpler; viele durchziehen mit ihren Waren die deutschen Länder. Man kennt sie leicht an ihrer malerischen — leider nicht in allen Teilen des Landes treu bewahrten — Volkstracht: kurze Hose, rote oder dunkle Weste mit grünen Hosenträgern, darüber schwarze Jacke, schwarzer, grün bebänderter Hut.

Innsbruck, das Gebiet des Inn. An diesem Flusse, 550 m hoch über dem Meere, liegt in reizend erhabener Gegend die Hauptstadt Innsbruck, 30000 E. In der Hofkirche das Denkmal des Kaisers Maximilian, von 28 Statuen in Bronze umgeben; auch Hofers Gebeine sind aus Mantua, wo ihn die Franzosen erschießen ließen (§ 77, I, 3), hierher gebracht und ruhen unter einem schönen Grabdenkmal. Universität. Ferdinandeum. Von Innsbruck aus geht die große Straße und die überaus kunstvoll gebaute **Brenner-Bahn** nach Italien die Sill hinauf über den Brenner in die Thäler des Eisack und der Etsch. Den Inn abwärts liegt **Hall** mit großem Salzbergwerk und an der bayrischen Grenze das feste **Kufstein**; den Fluß von Innsbruck an aufwärts kommt man nach **Zirl** und der **Martinswand**, auf die sich einst Kaiser Max bei der Gemsenjagd verstieg. Da, wo der Inn aus dem Engadin nach Tirol tritt, der Paß **Finstermünz** mit bedenden Befestigungen (Ferdinandsfeste). Im N. Pässe der bayrischen Alpen zwischen Bayern und Tirol: **Ehrenberger Klause** im Lechthal, die **Scharnitz** im Isarthal.

Brixen umfaßt das Thal des Eisack, das Gebiet der obern Etsch oder das Vintschgau und das Pusterthal, aus dem westlich die Rienz zum

Eisack, östlich die Drau herabkommt. Die Hauptstadt Brixen am Eisack, dessen oberes Thal befestigt ist (Franzensfeste). Die lebhafte Handelsstadt Bözen an? — Vier große Messen. Meran an der Etsch, von Fremden viel besucht (Traubenkur) und im Rufe besonders milden Klimas. Rings Schlösser, darunter das alte Schloß Tirol und im Passeierthale Hofers Wirtshaus am Sand (daher Sandwirt).

Trient umfaßt die sogenannten welschen Konfinien, mit schon vorherrschend italienischer Bevölkerung. Die Hauptstadt Trient, italienisch Trento, an der Etsch, 21 000 E. Hier das in der Kirche St. [santa] Maria Maggiore [madschöre] gehaltene und 1563 geschlossene Tridentiner Konzil. Weiter die Etsch hinab Roveredo mit starkem Seidenbau. Riva, in paradiesischer Lage, am Gardasee.

b) Die Landschaft Vorarlberg im Rhein= und Bodenseegebiete bildet ein eigenes Kronland. Am Bodensee liegt der Hauptort Bregenz. Von dem Gebhardsberge, südöstlich über der Stadt, hat man eine der schönsten Aussichten in deutschen Landen. Feldkirch an der Ill.

9) **Königreich Böhmen**, 52 000 qkm (940 □.=M.), 5,$_8$ Mill. Einw. (§ 86, 6. § 92, 3), in den ersten Jahrhunderten nach Chr. von deutschen Markomannen besetzt, welche zum Teil im 6. Jahrhundert über die Donau sich südwestwärts zogen. Seitdem wanderten slavische Tschechen in das Land ein und brängten die vorgefundene deutsche Bevölkerung in die das Land umgrenzenden gebirgigen Gegenden hinein. Seit dem 10. Jahrhundert siegte unter ihnen das Christentum (Herzog und Märtyrer Wenzeslav, gestorben 936), und ihre Herzöge, später Könige, traten mit dem Deutschen Reiche in Verbindung. Wann kam die böhmische Krone mit den Nachbarländern an Österreich? (§ 103 Anf.) Die Böhmen sind ein betriebsames Volk; in Feld= und Bergbau, Spinnerei und Weberei, vielfachen Fabriken (Glas) zeichnen sie sich aus. Merkwürdig ist ihre Anlage und Vorliebe für Musik. Von der Bevölkerung des Landes sind über 2 Mill. (37 %) deutschen Stammes. — Das Land zerfällt, abgesehen von der Hauptstadt Prag, in dreizehn Kreise: Prag (um die Hauptstadt her), Budweis, Pisek, Pilsen, Eger, Saaz, Leitmeritz, Jung=Bunzlau, Gitschin, Königgrätz, Chrudim, Czaslau [tschaslau], Tabor.

Die Hauptstadt Prag, an beiden Ufern der Moldau, in der rechten Verkehrsmitte des Landes, wo sich die vom W. (von Eger) her zur oberen Elbe ziehende Straße mit der Moldaulinie, der Mittellinie des Landes, kreuzt. Rechts von der Moldau die engstraßige, düstere Altstadt mit dem Judenviertel (uralter Kirchhof) und die Neustadt. Über die Moldau geht (außer modernen Brücken von Hängewerkskonstruktion) eine alt=ehrwürdige, mit einem Kruzifix und Heiligenbildern gezierte Steinbrücke. Das Hauptbild daselbst ist das des heiligen Johannes von Pomuk (tsch. Nepomuk), eines in Böhmen geborenen und vom Volke überaus verehrten Priesters im 14. Jahrhundert, der eher sein Leben hingab, als daß er das Geheimnis der Beichte verraten oder die Rechte der Kirche preisgegeben hätte. Sein Bild, ein Kruzifix in der Hand und fünf Sterne um das Haupt, wird in Böhmen und den angrenzenden katholischen Ländern fast an allen Brücken und Wassern getroffen. Sein Fest, 16. Mai, ein hohes Kirchen- und Volksfest. Links von der Moldau liegt der kleinere, aber schönere Teil, die kleine Seite, und auf dem Berge der Hradschin. Hier das Schloß, viele Paläste und der herrliche Dom mit Nepomuks von Silber prangendem Grabmal. Der Blick vom Hradschin auf die weite, turmreiche Stadt und den Fluß giebt eine der berühmtesten Stadtansichten in Europa. Universität 1348 gegründet. Die Stadt hat 188000 E., mit den Vororten 314000 E. 8 km westlich von Prag der Weiße Berg: Schlacht 1620; auf dem rechten Moldauufer das Schlachtfeld des Jahres 1757; südwestlich das von Karl IV. erbaute und zur Aufbewahrung der Reichskleinodien, die hier in der Kreuzkapelle hinter 4 eisernen Thüren mit 19 Schlössern früher wohlversichert waren, bestimmte Schloß Karlstein, das Heiligtum des Landes, das früher von keinem Fremden und von keinem Weibe betreten werden durfte.

Südlich und südöstlich von Prag liegen die Kreise Pisek, Tabor, Budweis. Budweis an? — 28000 E.

Südwestlich und nordwestlich von Prag nach dem Böhmer Walde, Fichtelgebirge und Erzgebirge zu die Kreise Pilsen, Eger und Saaz. Pilsen, 50000 E., lebhafte Handelsstadt (Bierbrauerei).

Eger, an? — 21000 E., bekannt durch Wallensteins Ermordung. In der Nähe das Bad Franzensbad. Weiter im Egerthale hinab, im Thale des rechten Egerzuflusses Tepl, zwischen schönen Waldungen, liegt Karlsbad mit acht Mineralquellen, darunter der Sprudel mit einer Hitze von 60° R. Die Tepl hinauf kommt man an das reiche Kloster Tepl; ihm gehört das 10 km westlich von Tepl in einem abgeschiedenen Thalgrunde liegende Marienbad. Am Erzgebirge die Stadt Joachimsthal (Thaler).

An der untern Elbe der Kreis Leitmeritz. Nahe bei einander die Festung Theresienstadt, Leitmeritz im böhmischen Paradiese (§ 92, 3), Lowositz, Schlacht 1756. Bei Kulm und Nollendorf Niederlage der Franzosen 1813. Teplitz mit warmen Quellen. Milleschauer (§ 92, 3). Partieen der böhmischen Schweiz, Tetschen, Prebischthorn. a. (§92, 1, c).

Nordnordöstlich von Prag, nach dem Lausitzer- und Riesengebirge zu, die Kreise Jung-Bunzlau, Gitschin, Königgrätz. An der Neiße die bedeutende Fabrikstadt Reichenberg, 32000 E. (Tuch und Strümpfe). Nördlich davon Friedland, Wallensteins Herrschaft. In dem nördlichsten, in das Königreich Sachsen einspringenden Winkel ein wegen seiner Industrie in Leinwand- und Baumwollenfabrikation sehr wichtiger Bezirk, dessen Mittelpunkt Rumburg ist. An der obern Elbe die Festung Königgrätz, jetzt entfestigt; weiter stromaufwärts Josephstadt. An der schlesischen Grenze Adersbach (§ 92, 2, d). Orte, welche 1866 durch Siege der preußischen Truppen merkwürdig geworden sind: Trautenau, Nachod, Skalitz, München grätz, Gitschin. Die Hauptschlacht erfolgte am 3. Juli nordwestlich von Königgrätz.

Östlich von Prag nach Mähren zu die Kreise Chrudim und Czaslau. An der Elbe Kolin, wo Friedrich der Große 1757 von Daun geschlagen wurde. Etwas südlich von Kolin die Bergstadt Kuttenberg.

10) **Markgrafschaft Mähren**, 22000 qkm (400 Q.-M.), 2,2 Mill. E., worunter 71% — also noch mehr als in Böhmen —

Slaven (§ 87, 4. § 92, 3). Sie zerfällt in die Kreise Brünn, Olmütz, Neutitschein, Hrabisch, Znaim [znâīm] und Iglau.

Brünn, Hauptstadt des ganzen Landes und dessen wichtigste Fabrikstadt, an der Schwarza, 94 000 E. Über der Stadt die Bergfeste Spielberg. An der böhmischen Grenze Iglau, 24 000 E., mit der nächst Brünn bedeutendsten Tuchfabrikation. Unweit der österreichischen Grenze Znaim. Etwa 20 km südöstlich von Brünn Austerlitz: Dreikaiserschlacht 1805.

Olmütz, stark befestigt, an der March, 20 000 E. Südlich davon liegt das fruchtbare Land der Hannaken, die Hanna.

11) **Herzogtum Schlesien**, 5100 qkm (90 Q.-M.), 597 000 Einw. (§ 92, 2, e). Über das Geschichtliche § 103 Anf.

Es besteht aus dem bei weitem größten Teile der Fürstentümer Jägerndorf, Troppau (Troppau, 23 000 E., Dorf Gräfenberg, durch Wasserheilanstalt berühmt) und Teschen mit der Stadt Teschen (Friede zwischen Preußen und Österreich 1779), nicht weit vom Jablunka-Passe (§ 80 Anf.). Bielitz, Handels- und Fabrikstadt, an der Grenze von Galizien.

§ 104.
Die österreichisch-ungarische Monarchie: Wiederholung und Vergleichung.

A. Bestandteile.

Die österreichisch-ungarische Monarchie besteht aus

I. Den österreichischen, im Reichsrat vertretenen Ländern, nämlich

    den 11 sog. deutschen Kronländern,
    dem Königreich Galizien, § 84, I, 1,
    dem Herzogtum Bukowina, § 84, I, 2,
    dem Königreich Dalmatien, § 79, 7.

II. Den Ländern der ungarischen Krone, nämlich
    Ungarn (mit Siebenbürgen), § 80, 1, a,
    den Königreichen Kroatien und Slavonien, § 80, 1, b,
    der königlichen Freistadt Fiume, § 80, 1, c.

Dazu kommt das in Gemäßheit des Berliner Vertrags 1878 okkupierte Gebiet:
    Fürstentum Bosnien mit der Herzegówina, § 79, 5,
    Bezirk Novipasâr, § 79, Mitte.

B. Areal.

1. Ungarn-Siebenbürgen . . . hat 279 750 qkm,
2. Galizien . . . . =   78 497 =

§ 104. Die österreichisch=ungarische Monarchie: Wiederholung u. Vergl. **417**

3. Bosnien und Herzegówina . hat 51 100 qkm,
4. Böhmen . . . . = 51 948 =
5. Kroatien und Slavonien . . = 42 516 =
6. Tirol mit Vorarlberg . . . = 29 288 =
7. Steiermark . . . . . . = 22 428 =
8. Mähren . . . . = 22 222 =
9. Nieder=Österreich . . . = 19 823 =
10. Dalmatien . . . . . . = 12 832 =
11. Ober=Österreich . . . . = 11 985 =
12. Bukowina . . . . . . = 10 452 =
13. Kärnten . . . . = 10 328 =
14. Krain . . . . = 9 956 =
15. Novipasâr . . . . . . = 9 955 =
16. Küstenland . . . . . . = 7 966 =
17. Salzburg . . . . = 7 152 =
18. Schlesien . . . . . . = 5 147 =
19. Fiume . . . . = 20 =

   a. die österreichischen Länder haben 300 232 qkm,
   b. die ungarischen Länder = 325 324 =
   c. die okkupierten Gebiete = 61 055 =

                     Sa. 686 611 qkm.

C. Bevölkerung.

1. Ungarn=Siebenbürgen . . hat 17 077 000 Einw.
2. Galizien . . . . = 6 488 000 =
3. Böhmen . . . . = 5 812 000 =
4. Nieder=Österreich . . . = 2 623 000 =
5. Mähren . . . . = 2 237 000 =
6. Kroatien und Slavonien . = 2 098 000 =
7. Bosnien und Herzegowina . = 1 363 000 =
8. Steiermark . . . . . . = 1 279 000 =
9. Tirol und Vorarlberg . . = 927 000 =
10. Ober=Österreich . . . . = 781 000 =
11. Küstenland . . . . . . = 700 000 =
12. Bukowina . . . . . . = 639 000 =
13. Schlesien . . . . . . = 597 000 =
14. Dalmatien . . . . . . = 526 000 =
15. Krain . . . . = 502 000 =
16. Kärnten . . . . = 363 000 =
17. Salzburg . . . . = 172 000 =

Daniels Lehrb. d. Geogr.

18. Novipasâr . . . . . . hat   168 000 Einw.
19. Fiume . . . . =   22 000 =
   a. die österreichischen Länder haben 23 647 000 Einw.
   b. die ungarischen Länder   = 17 077 000 =
   c. die okkupierten Gebiete   =   1 531 000 =
                                  Sa. 42 255 000 Einw.

D. Bevölkerungsdichtigkeit.

Auf 1 qkm wohnen in
   1. Fiume . . . . 1118 Menschen,
   2. Nieder-Österreich . . . 132 =
   3. Schlesien . . . . . .   116 =
   4. Böhmen . . . .   112 =
   5. Mähren . . . .   101 =
   6. Küstenland . . . . .   88 =
   7. Galizien . . . . . .   83 =
   8. Ober-Österreich . . .   65 =
   9. Bukowina . . . . . .   61 =
  10. Steiermark . . . . .   57 =
  11. Ungarn-Siebenbürgen .   53 =
  12. Krain . . . .   50 =
  13. Kroatien und Slavonien . 49 =
  14. Dalmatien . . . . .   41 =
  15. Kärnten . . . . . .   35 =
  16. Tirol mit Vorarlberg .   32 =
  17. Bosnien und Herzegowina . 26 =
  18. Novipasâr . . . . .   25 =
  19. Salzburg . . . . . .   24 =
   a. den österreichischen Ländern   79 Menschen,
   b. den ungarischen Ländern   53 =
   c. den okkupierten Gebieten   26 =
      in der ganzen Monarchie   62 Menschen.

Großstädte hat die Monarchie nur 6:
   Wien (mit Vororten) hat 1 252 000 Einw.
   Budapest . . . .   =   466 000 =
   Prag (mit Vororten) =   314 000 =
   Triest (mit Vororten) =   162 000 =
   Lemberg . . . .   =   123 000 =
   Graz . . . . . .   =   107 000 =

§ 105.

III. Kleinere Staaten deutscher Nationalität: Schweiz, Liechtenstein, Belgien, Niederlande, Luxemburg.

Diese fünf Staaten sind entweder ganz oder zum größeren Teil von Deutschen bewohnt, haben sich aber aus dem Staatsverbande schon des alten Deutschen Reiches, zu welchem sie alle im Mittelalter gehörten, fast sämtlich im Laufe der Zeit gelöst.

I. **Die Schweiz.** Das alte Helvetien wurde in der Völkerwanderung von Burgundern und Alemannen besetzt, dann war es ein Teil des fränkischen, später des deutschen Reiches. Eine Menge geistlicher und weltlicher Herren, wie die Zähringer (§ 101, 3), die Habsburger (§ 103 Anf.) und andere hatten hier ihre Güter; einige Städte hatten Reichsfreiheit erlangt, andere Landstriche, besonders im Gebirge, wurden durch königliche Landvögte verwaltet. König Albrecht I. hatte harte Männer frevelvollen Sinnes als seine Landvögte in die drei Alpenlandschaften Schwyz, Uri und Unterwalden gesetzt: da verschworen sich die Männer der drei genannten Waldstätten auf der Waldwiese Rütli (am Vierwaldstätter See) und am 1. Januar 1308 brach der Aufstand los. Die Vögte wurden verjagt, und die Ermordung des Königs durch seinen Neffen schützte die Eidgenossen — so nannten sie sich — vor seiner Rache (Geschichte von Tell, mit Recht angezweifelt). Gegen die Eroberungspläne des Hauses Österreich stritten die Schweizer mannhaft und siegreich in den Schlachten am Morgarten 1315 und bei Sempach 1386 (schöne, aber schwach begründete Sage von Arnold von Winkelried), ja sie eroberten viele österreichische Stammgüter im Aaregebiet. Überhaupt traten immer mehr Städte und Landschaften zu ihrem Bunde, der sich 1499 vom Deutschen Reiche löste und im westfälischen Frieden als unabhängig anerkannt wurde. Bis zu der französischen Revolution bestanden 13 Kantone oder Orte (nach der Zeit des Eintritts in den Bund geordnet): Uri, Schwyz, Unterwalden, Luzern, Zürich, Glarus, Zug, Bern, Solothurn, Freiburg, Schaffhausen, Basel, Appenzell. Diese hatten Schutzgenossen oder zugewandte Orte und Unterthanen. An Unruhen und innerer Zerrissenheit fehlte es niemals. Im 16. Jahrhundert hatte sich auch die Schweiz in einen katholischen und einen reformierten Teil gespalten; der Schweizer-Reformator Zwingli fiel selbst im Bürgerkriege. In den einzelnen Orten kämpfte meist eine aristokratische und eine demokratische Partei miteinander. Dabei war es allgemeine Sitte, die Söhne der freien Schweiz in fremden Militärdienst gehen zu lassen.

In den Stürmen von 1789 bis 1814 wurden auch alle Verhältnisse der Schweiz aufgewühlt und umgestaltet: der Wiener Kongreß ordnete sie neu. Danach sollte die Schweiz eine ewige Neutralität genießen und in 22 Kantone zerfallen. Drei Kantone, Bern, Zürich, Luzern, sollten abwechselnd die allgemeinen Angelegenheiten des Bundes leiten, in den genannten drei Orten (Vororten) auch von Zeit zu Zeit die Gesandten der Kantone zur Tagsatzung zusammenkommen. Im Jahre 1848 hat sich die Schweiz eine neue Verfassung gegeben. Sie besteht danach aus 22, oder vielmehr, da drei Kantone in völlig voneinander unabhängige Halbkantone geschieden sind, aus 25 Kantonen. Die ausübende Gewalt hat ein **Bundesrat** mit einem Präsidenten an der Spitze. Die gesetzgebende Gewalt hat die **Bundesversammlung**, welche aus dem **Ständerate** und dem **Nationalrate** besteht. Der beständige Sitz dieser Bundesbehörden ist **Bern**.

Die Schweiz hat auf 41390 qkm (752 Q.-M.), wovon fast der fünfte Teil mit Wald bedeckt ist, $2{,}9$ Mill. Einw., davon $2/5$ katholisch, $3/5$ reformiert. Da sie den Naturverhältnissen und Sprachen nach eigentlich zu drei Ländern gehört (Deutsche $71\frac{1}{2}\%$, Franzosen $21\frac{1}{2}\%$, Italiener $5\frac{1}{2}\%$), so stellen wir die einzelnen Kantone auch nach diesem Gesichtspunkte zusammen. Die überwiegend katholischen sind mit †, die überwiegend reformierten mit *, die gleichmäßig gemischten gar nicht bezeichnet.

1) **Die deutsche Schweiz** (§ 75. § 86, 1, 2, 7, a. § 87, 3 d. § 88, 1, 2):

a) **Bern**,* mit $1/2$ M. Einw. der bevölkertste und mit 6900 qkm (125 Q.-M.) nächst Graubünden auch der größte Kanton. Die Hauptstadt, auf drei Seiten von der Aare bespült, ist eine heitere, schön und regelmäßig gebaute Stadt, 48000 E. Die drei Hauptstraßen haben meist Häuser mit Bogengängen. Universität. Im Bärengarten werden fortwährend Bären (Bern führt einen Bären im Wappen) unterhalten. Zwei kleine Orte sind in der Geschichte der Erziehungskunst bedeutsam: **Hofwyl** durch Fellenbergs landwirtschaftliches Institut, und **Burgdorf**, weil hier Pestalozzi sein Erziehungsinstitut gründete. Über das BernerOberland vergl. § 86, I, a. Der nordwestliche Teil des Kantons gehörte bis 1801 als Bistum Basel zum Reiche.

b) **Solothurn**† an der Aare; das römische Salodurum. Etwa 12 km von der Stadt liegt der 1300 m hohe Juraberg **Weißenstein** mit herrlicher Aussicht auf die Alpen.

c) **Basel**, seit 1830 in 2 Kantone zerspalten: α) **Basel-Stadt**,* dem Umfange nach die größte Stadt der Schweiz. Der größte Teil auf dem linken Rheinufer; rechts **Klein-Basel**. Beide durch Brücken verbunden. Die Bauart altmodisch. Schöner Dom. Konzil 1431 bis 1443. Universität. 74000 (mit den Vororten 82000) Einw. Unweit der Stadt das Dörfchen **St. Jakob**. Schlacht 1444. Der dort wachsende Wein „Schweizerblut."

§ 105. Kleinere Staaten deutscher Nationalität. 421

β) Basel-Land,* darin der Hauptort Liestal. Das Dorf Augst am Rhein ist der Rest der alten glänzenden Römerstadt Augusta Rauracorum, die Attila zerstörte.

d) Aargau. Hauptstadt Aarau an der Aare. Windisch, der Rest des alten Vindonissa, und Habsburg (§ 88, 1ᵇ, a). Das jetzt aufgehobene Kloster Muri, von alten Habsburgern gestiftet, die darin ruhen.

e) Zürich.* Die schön gelegene Hauptstadt (§ 88, 1ᵇ, b) hat 28000 (mit den Vororten 90000) E. Universität. Sie ist nicht allein (durch ihre Lage am nördlichsten Punkte des Limmatseebeckens) ein Hauptort für den Handelsverkehr mit Italien, sondern auch der geistige Mittelpunkt der deutschen Schweiz. Schloß Laufen mit dem Rheinfall (§ 88, 1ᵇ). Etwa 100 Schritt oberhalb geht jetzt eine Eisenbahn über den Strom.

f) Schaffhausen,* der einzige Kanton am rechten Rheinufer, mit dem Hauptorte Schaffhausen.

g) Thurgau* hat nur kleine Orte. Hauptort Frauenfeld.

h) St. Gallen.* Die Hauptstadt gleiches Namens, 7 km vom Bodensee, 28000 (mit den Vororten 38000) E. In ihr bis 1803 die gefürstete Benediktinerabtei, nach dem heiligen Gallus genannt, der im 7. Jahrhundert hier das Christentum predigte. Das Kloster war lange Zeit Sitz der blühendsten Wissenschaft, darum gerade „der Abt von St. Gallen" in dem hübschen Gedichte Bürgers unpassend gewählt. Jetzt ist die Stadt Mittelpunkt der schweizerischen Seiden-Industrie. Am Bodensee der Hafen und Getreidemarkt Rorschach. An der obern Thur die frühere Grafschaft Toggenburg; aus Wildhaus, einem Dorfe derselben, war Zwingli. Im S. des Kantons liegt an der Tamina, einem reißenden Seitenbache des Rheins, Ragaz, wohin die warmen Quellen von Bad Pfäffers geleitet werden, das höher hinauf in so enger Schlucht der Tamina liegt, daß selbst an den längsten Sommertagen die Sonne nur 4 Stunden hineinscheinen kann. Der Weg vom Badehause bis zu der Quelle gehört zu dem Schauerlichsten, was es giebt.

i) Appenzell (Abbatis cella). α) Appenzell-Innerrhoden† mit dem Flecken Appenzell. β) Appenzell-Außerrhoden* mit dem Flecken Herisau. Die sehr dichte (187 E. auf 1 qkm) und gewerbsame Bevölkerung lebt in sehr einfachen Verfassungs- und Gesellschaftsverhältnissen. Kein Advokat wird im Lande geduldet.

k) Graubünden* zerfällt in drei Bünde, den grauen oder obern, den Gotteshaus- und Zehngerichtebund. Es ist der größte, aber am schwächsten bevölkerte Kanton (nur 14 E. auf 1 qkm), im S. haben sich noch, sowohl im Rhein- wie im Inngebiet, Romanen mit altertümlichen Mundarten (§ 94 Anf.) erhalten. Hauptstadt Chur, ½ Stunde vom Rhein und am Ausgange mehrerer Thäler, ward die Vermittlerin des Verkehrs zwischen dem Bodensee und Züricher See einerseits, dem Comer- und Langensee andererseits. Thal Engadin (§ 87, 3, d), mit dem Hauptorte Samaden. Aus dem Engadin stammen die in so vielen Städten außerhalb der Schweiz angesiedelten schweizerischen Zuckerbäcker. Das Münsterthal ein Seitenthal der obern Etsch.

l) Glarus* mit gleichnamigem Hauptort.

m) Zug,† dem Umfange nach (abgesehen von den durch Teilung der Kantone Basel und Appenzell entstandenen noch kleineren Arealen) der kleinste Kanton, 239 qkm (4 Q.-M.). Der Hauptort am gleichnamigen See. Am Berghange der Morgarten.

n) **Uri**† hat nächst Graubünden die undichteste Bevölkerung (16 E. auf 1 qkm). Hauptflecken **Altdorf**. Straße an der Reuß (§ 88, 1ᵇ, a). Von dem am Aufstieg zum St. Gotthard gelegenen Reuß=Örtchen **Göschenen** [göschenen] führt die **Gotthard=Eisenbahn** durch einen 15 km langen Tunnel nach **Airolo** im Kanton Tessin, Deutschland mit Italien in Brocken= höhe verbindend. Im Seitenthale des **Schächen**: **Bürglen**, nach der Sage Tells Geburtsort. An der Ostseite des in den Kanton Uri schneidenden See= zipfels die **Tellenplatte**, mit einer Kapelle auf dem Vorsprunge, auf den Tell der Sage nach aus dem Herrenschiffe von Uri sich hinaufschwang.

o) **Schwyz**.† Außer dem Hauptflecken gleiches Namens merke **Küß=nacht** an dem nördlichsten Zipfel des Sees; in der Nähe die **hohle Gasse** (der Tellsage), welche seit dem neuen Straßenbau fast ganz verschwunden ist. **Einsiedeln**, Flecken und Benediktinerabtei mit einem Marienbilde, zu dem stark gewallfahrtet wird. Der **Rigi** (§ 86, 1, c). Der Flecken **Goldau** an seinem Ostabhange wurde mit einigen anderen Dörfern 1806 durch einen Bergsturz verschüttet.

p) **Unterwalden**† scheidet sich in zwei Kantone: α) **ob dem Wald**. Hauptflecken **Sarnen**. Von hier zieht sich das **Melchthal** ins Gebirge. β) **nid dem Wald**. Hauptflecken **Stanz**.

q) **Luzern**† am Austritt der Reuß aus dem See, in wunderlieblicher Lage, 21000 E. Durch seine Lage hat Luzern für den Handel zwischen dem Rheingebiet und Italien eine ähnliche Wichtigkeit wie Zürich. **Sempach**. Im S. das Thal **Entlibuch**, und an der Unterwaldner Grenze der **Pila=tusberg**, auf den eine Bergbahn wie auf den ihm gegenüber liegenden Rigi hinaufführt, mit schöner Aussicht.

2) Die französische Schweiz:

r) **Wallis**,† le Valais, mit der Hauptstadt **Sitten** oder **Sion**, in wunderschöner Umgebung, an der Rhone. Unweit des Fleckens **Leuk**, am südlichen Fuße der Gemmi (§ 86, 1, a), berühmte heiße Bäder. Jedes der Bäder, in welchen gemeinschaftlich gebadet wird, ist in vier Quadrate geteilt, zwischen welchen Zuschauer umhergehen und sich mit den Badenden, welche 4 bis 5 Stunden im Wasser sitzen, unterhalten. Kleine Tische mit Frühstück, Zeitungen u. dgl. schwimmen im Wasser. Bei St. **Maurice** ist das Thal so eng, daß ein Brückenbogen die Ränder verbindet. Über die **Simplon=straße** vergl. § 75, II, A, a. Man unterscheidet noch nach früherer Teilung **Ober=** und **Unter=Wallis**, und dieser Unterschied ist noch immer von Wichtigkeit: in Ober=Wallis ist die herrschende Sprache deutsch, in Unter=Wallis französisch.

s) **Waadt**,* Pays de Vaud, Hauptstadt **Lausanne**, 500 m über dem Meere, 2 km vom Genfer See, auf drei Hügeln und den dazwischen liegenden Thälern, 34000 E. Die Umgegend ist so lieblich, das Klima so mild und gesund, daß Lausanne ein Lieblingsaufenthalt der Fremden, be= sonders der Engländer ist. Auch **Bevey** liegt schön am See wie auch **Mont=reux**, ein Winter= und Frühlingsaufenthalt für Kranke. **Yverdun**, deutsch **Ifferten**, am Einflusse der Orbe in den See von Neuchatel, in einer der reizendsten Gegenden der Schweiz. Auch hier stand Pestalozzi einer Er= ziehungsanstalt vor. **Granson**, Sieg der Schweizer über Karl den Kühnen 1476 (§ 81, V, 18).

t) **Genf**,† die größte Fabrikstadt (Uhren) in der Schweiz, hat 53000 (mit den Vororten 73000) E. Universität. Die mit Landhäusern besäete

Umgegend gehört zu den lieblichsten Landschaften: der See und die Rhone, die bei Genf heraustritt, die Aussicht auf die Alpen bilden ihren schönsten Schmuck. Darum auch immer viele Fremde hier. Da der zweite Begründer der reformierten Kirche, **Calvin**, in Genf lange Zeit wirkte, so ist die Stadt, obgleich heute in dem Kanton die katholische Bevölkerung der Zahl nach überwiegt, in gewissem Sinne das für die reformierte Kirche, was Wittenberg für die lutherische. In der Nähe von Genf, aber schon auf französischem Boden, **Ferney**, einst in Voltaires Besitz.

u) **Freiburg†** im Üchtlande, an einem Aarezuflusse, der **Saane**, hat eine seltsame Lage. Die Unterstadt liegt am Flusse, aus ihr führt eine steile Straße in die Oberstadt, die auf einer 50—60 m über die Saane erhabenen Sandsteinplatte liegt. Mit dem gegenüberliegenden Ufer der Saane ist die Oberstadt durch zwei Drahtbrücken von 290 m und 230 m Länge verbunden. Sie schweben ungefähr 50 m über dem Thale. Die meisten von den Einwohnern sprechen Französisch und Deutsch. Im N. von Freiburg **Murten** an dem danach benannten See. Glänzender Sieg der Schweizer über Karl den Kühnen 1476.

v) **Neuenburg** oder **Neuchâtel*** die Abdachung des Jura zum gleichnamigen See. — Die gleichnamige Hauptstadt liegt in der Mitte herrlicher Weinberge und schöner Landhäuser in einer der anmutvollsten Gegenden der Schweiz. **Valengin**, deutsch **Valendis**, ist der Hauptort einer besonderen Grafschaft. Drei Thäler: **Chaux de Fonds**, 26000 E., **Locle**, **Travers** sind von langgestreckten, reichen Fabrikorten erfüllt. Großartigen Umfang hat die hiesige Uhrenfabrikation; außerdem Arbeiten in Gold und Silber, Spitzenklöppelei.

3) **Die italienische Schweiz** begreift nur

w) den **Kanton Tessin**.† **Bellinzona**, die Fabrikstadt **Lugano** an dem reizenden Luganer See und **Locarno** am Langensee sind die Hauptorte. Der Segen des Himmels ist über diesen Kanton ausgegossen; die reizendste wie die erhabenste Natur umschlingen sich hier in den mannigfachsten Formen und schaffen diesen südlichen Saum der hohen Alpen zu einem Paradiese um. **Airolo** am obersten Tessin, südliche Ausmündung des Gotthard-Tunnels.

II. **Fürstentum Liechtenstein**, Glied des früheren Deutschen Reiches und des deutschen Bundes bis zu dessen Ende (§ 97 Anf.), begreift die Herrschaften **Vaduz** und **Schellenberg**, welche 1718 zu einem Reichsfürstentum erhoben wurden. Das fürstliche Haus Liechtenstein, nur hier souverän (Fürst Johann II.), hat in Österreich und Preußen über 5000 qkm Privatbesitz. Das Ländchen hat 178 qkm (3 Q.-M.), mit 9600 katholischen Einwohnern.

Hauptort ist der Flecken **Liechtenstein**, früher **Vaduz** genannt.

III. **Königreich Belgien** (§ 90, 1, A, 3; § 93, 1, a). Die Länder, welche jetzt die Königreiche Belgien und Niederlande ausmachen, kamen teils durch den Vertrag von Verdun, teils bald danach als Herzogtum Lothringen an Deutschland (§ 81 Mitte). Aber später zerfiel nicht nur das Ganze in eine Menge von Herzogtümern und Grafschaften, an welche noch jetzt die Namen der Provinzen erinnern — Flandern z. B. galt für die beste Grafschaft der Welt —, sondern namentlich der mehr romanische Süden neigte auch mehr zu Frankreich. Im 15. Jahrhundert war es den Herzögen von Burgund, einem Seitenzweige des französischen Königshauses, gelungen, fast alle diese kleineren Gebiete unter ihrem Herzogshute zu vereinigen. Lies die schöne Schilderung der Heerfolge Herzog Philipps des Gütigen in dem Prologe der Schillerschen Jungfrau von Orleans: „— — die das glückliche Brabant bewohnen, die üppigen Genter, die in Samt und Seide stolzieren, die von Seeland, deren Städte sich reinlich aus dem Meerwasser heben, die herbenmelkenden Holländer" u. s. w. Der Sohn Philipps, Karl der Kühne, fiel 1477 (§ 81, V, 18), ohne Söhne zu hinterlassen; seine Erbtochter Maria brachte die väterlichen Besitzungen mit Ausnahme des von Frankreich wieder eingezogenen Herzogtumes Burgund dem österreichischen Erzherzog Maximilian zu. Durch dessen Enkel Karl (§ 74, b) kamen sie unter die Herrschaft Spaniens. Unter Karls Sohne Philipp II. von Spanien brach teils wegen Religionshader — ein Teil der Niederlande hielt sich zur Reformation — teils wegen mehrfacher Eingriffe in die Privilegien der Landschaften und Städte ein Aufstand aus. Nach langem Kampfe erkannte Spanien im westfälischen Frieden die Unabhängigkeit der sieben nördlichen Provinzen an. Die südlichen, katholisch gebliebenen, meist das heutige Belgien, blieben als spanische Niederlande mit dem Deutschen Reiche vereinigt, und wurden nach dem spanischen Erbfolgekriege 1714 österreichisch. In den französisch-napoleonischen Kriegen wurde Belgien den Franzosen zur Beute. Österreich hat es 1815 nicht wieder erlangt; vielmehr wurden die sämtlichen niederländischen Provinzen unter dem Hause Nassau-Oranien zu einem Königreiche der Niederlande vereinigt. Aber die Verschiedenheit der Konfessionen und das seit Jahrhunderten ausgebildete Sonderbewußtsein führten 1830 zu einem Aufstand Belgiens gegen die Nordprovinzen, und nach langem Streit und Hader wurde ein unabhängiges Königreich Belgien auch von dem König der Niederlande anerkannt. Dem jungen Staate wurde ewige Neutralität zugesichert. König Leopold II. (aus dem Hause Sachsen-Coburg). Stände in zwei Kammern stehen ihm zur Seite. Das Land hat auf 29 500 qkm (537 Q.-M.) 6 Mill. römisch-katholische Einwohner. Die Bevölkerung ist so dicht, wie fast nirgends in Europa; am dichtesten bevölkert sind die Provinzen Ost-Flandern und Brabant, wo durchschnittlich fast 300 E. auf 1 qkm kommen. Ein Stamm- und Sprachunterschied tritt unter den Belgiern immer bedeutsamer hervor: die **Flamänder** in Nord-Belgien (etwa 45% der Gesamtbevölkerung) sind ein deutscher Stamm und in Sprache und Wesen zunächst den Holländern ähnlich, die **Wallonen** in Süd-Belgien (etwa 40%), Nachkommen der alten keltischen Belger, neigen sich mehr zu den Franzosen und reden auch eine dem Französischen nächstverwandte Sprache, das Wallonische. Doch ist nicht Wallonisch, sondern Französisch in Belgien die Schriftsprache, namentlich auch die Sprache der Regierung; daneben erhebt sich von neuem jetzt das Flämische als Schriftsprache. Wir teilen die Provinzen Belgiens nach dem Übergewichte der Nationalität. Natürlich darf man sich nicht die beiden Nationalitäten durch diejenige Linie genau voneinander abgegrenzt denken, welche die flämischen von den wallonischen Provinzen trennt, vielmehr wohnen schon im S. der flämischen Provinzen Wallonen (von einer Linie ab, welche dicht südlich vor Kortryk [kortreik], Brüssel und Maastricht vorüber von W. gen O. zieht).

1) **Flämische Provinzen.** Sie bilden, wenn man das gemischte Brabant mitzählt, an Areal und Bevölkerung (3.$_6$ Mill.) die größere Hälfte des Königreichs.

a) **Brabant.** Darin Hauptstadt und Residenz **Brüssel**, wo schon früher die spanischen und österreichischen Statthalter ihren Sitz hatten. Die Stadt ist eine der schönsten in Europa, besonders der auf der Höhe gelegene französische Teil; in dem niedriger gelegenen spricht man flämisch. Königsstraße und Königsplatz, Kirche St. Gudula, Justizpalast, das Stadt- und Rathaus. Bedeutende Fabrikstadt; die Brüsseler oder Brabanter Kanten (Spitzen). 183000, mit den Vororten 472000 E. Die belebten Boulevards, die stolzen Warenlager, das regsame Treiben auf Straßen, Plätzen, in Kaffeehäusern u. s. w. geben Brüssel einige Ähnlichkeit mit der französischen Hauptstadt, so daß man sie Klein-Paris nennt. In der Nähe das königliche Lustschloß **Laeken** [lāken]. Etwa 20 km südlich von Brüssel der Wald von Soigne und von N. nach S. aufeinander folgend das Dorf **Waterloo**, Dorf **Mont St. Jean**, Meierhof **Belle Alliance**, alle drei durch den Sieg Blüchers und Wellingtons über Napoleon I., 18. Juni 1815, denkwürdig. **Leuven** [löwen], 40000 E. Universität. Rathaus. Fabriken.

b) **Antwerpen.** Die Hauptstadt **Antwerpen**, eine schöne und durch viele Denkmäler geschmückte Stadt, ist zugleich Stadt im Binnenlande und Stadt an der See (§ 93, 1, a), Centralfestung von Belgien. Großartiger Handelsverkehr, weit ausgedehnte Hafenanlagen. Im Innern ist die schöne Kathedrale zu erwähnen, mit Glasmalerei, trefflichen Gemälden der sogenannten niederländischen Malerschule u. s. w. In der St. Jakobskirche das Grab von **Rubens**, gestorben 1640. 225000 E. **Mecheln**, zwischen Antwerpen und Brüssel, ist der Sitz des Erzbischofs und Primas von Belgien, 50000 E.

c) In **Belgisch-Limburg** liegt kein merkwürdiger Ort.

d) **West-Flandern. Brügge**, an schiffbaren Kanälen, 12 km vom Meere, doch für Seeschiffe zugänglich, Citadelle, Handels- und Fabrikstadt.

51000 E. Der Maler Johann van Eyck hier geboren. Das 13. und 14. Jahrhundert war die Blütezeit der Stadt. „Was köstlich wächst in allen Himmelsstrichen wird ausgestellt zur Schau und zum Genuß auf unserm Markt zu Brügg." Hier wurde 1429 der Orden vom Goldenen Vließ gestiftet, welcher zur Anerkennung der flandrischen Weberei ein goldenes Widderfell zeigt. Im Dome ruhen Karl der Kühne und seine Tochter Maria. Ostende, Hafen, berühmtes Seebad, 25000 E. Überfahrt nach England. Kortryk oder Courtrai, 29000 E., an einem Scheldezufluß, Fabrikstadt, wo die feinsten Leinenwaren und Spitzen verfertigt werden. Flachsbau und Bleichen.

e) Ost=Flandern. Gent, an der Schelde, ist die geräumigste Stadt in Belgien: über eine Unzahl von Wasserarmen, welche 25 Inseln bilden, führen 300 Brücken. Jetzt freilich nehmen die Hälfte des Umfanges Gärten, Felder und Bleichen ein. Aber noch immer ist Gent eine Haupthandels= und Fabrikstadt mit 151000 E. Universität. In dem alten Schlosse ward Karl V. geboren. Im Mittelalter war Gent so mächtig, daß es allein mit Frankreich anzubinden wagte und im Jahre 1400 gegen 80000 bewaffnete Männer ins Feld stellte.

2) Wallonische Provinzen, die kleinere Hälfte des Königreichs, mit 2,4 Mill. Einwohnern.

f) Hennegau hat zur Hauptstadt Bergen oder Mons. 26000 E. Größer ist Doornik oder Tournay, Residenz der ältesten Merovinger, an der Schelde, mit Teppichfabriken, 37000 E. — Merke als Schlachtplätze: Bouvines (Philipp II. Auguste von Frankreich besiegt hier Kaiser Otto IV. 1214) und Fleurus, wo öfter gefochten ist.

g) Namur. Die Hauptstadt Namur mit Citadelle am Zusammenfluß von? — 28000 E. Das kleine Ligny, bei dem es Napoleon I. gelang, Blücher zurückzudrängen.

h) In Belgisch=Luxemburg giebt es keine größeren Orte. Bouillon ist geschichtlich interessant durch Gottfried von Bouillon.

i) Lüttich, vor 1801 ein zum Deutschen Reich gehöriges Bistum. Hauptstadt Lüttich am linken Maasufer, ist groß aber unregelmäßig und finster mit unebenen Straßen. Dom. Universität. 143000 E. Fabriken und Gewerbe sind in Lüttich und der Umgegend in höchster Blüte. In der Nähe reiche Steinkohlengruben, die über 650 m in die Erde gehen; in Seraing, 32000 E., 7 km oberhalb Lüttich, an der Maas, Kohlenwerke, Eisengießereien und Maschinenwerkstätten, überhaupt eins der großartigsten Bilder kontinentaler Gewerbthätigkeit. An Lüttich stößt wie eine Vorstadt Herstall (Pipin von Herstall). Verviers im Hohen Veen [fenn], 49000 E. Hier und in den umliegenden Orten bedeutende Tuchfabrikation. Spaa in waldiger Gebirgsgegend; hat berühmte und besuchte Eisenquellen.

Belgien, ein reiches und fruchtbares Land, dazu das Land der Gewerbe und Fabriken, hat unter allen europäischen Ländern verhältnismäßig die meisten Eisenbahnen. Sonst war Belgien auch das Land der Festungen. Jetzt sind bis auf einige Citadellen alle eingegangen, wofür, wie oben bemerkt, Antwerpen zu der Haupt= und Centralfestung von Belgien umgeschaffen ist.

IV. Königreich der Niederlande (öfter kurzweg Holland genannt). Nach der Einleitung zu Belgien wird hier nur bemerkt, daß in dem Aufstande gegen Spanien sich zuerst fünf Provinzen, Geldern, Holland, Seeland, Utrecht [ütrecht], Friesland, 1579 zu einer Union zusammen thaten. Hernach kamen Groningen und Over-Yssel [overeissel] dazu, und der Löwe, das Wappen der Republik, hielt nun sieben mit einem Bande umschlungene Pfeile in der Pranke. Wann wurde sie auch von Spanien anerkannt? (§ 105, III.) Jede von den sieben Provinzen hatte eine eigene Verwaltung, ihre besonderen Stände oder Staaten: über allen stand eine allgemeine Versammlung von Abgeordneten aller Provinzen, die Generalstaaten. Danach nannte man oft den ganzen Staat, der in seiner republikanischen Verfassung auch rein monarchische Elemente hatte, die Generalstaaten. Das deutsche Haus Nassau-Oranien hatte den Niederländern in ihrem Freiheitskriege treulich zur Seite gestanden (Wilhelm und Moritz von Nassau-Oranien), man wählte daher aus diesem Haus für die Republik Erbstatthalter, denen besonders die Führung der Heere übertragen ward, aber auch andere Rechte zugestanden wurden. So gab es beständig eine oranische und eine republikanische Partei, die einander vielfach befehdeten. Bei alledem waren die Niederlande nach Portugals Sinken (§ 74, a Anf.) bis gegen Ende des 17. Jahrhunderts der erste Handels- und Seestaat in Europa. In der Zeit ihrer Freiheitskriege hatten die Niederländer herrliche Kolonieen, die früher portugiesisch und spanisch waren, in Besitz genommen, auch einen Streifen der noch spanischen Niederlande erobert (die Generalitätslande). Im Verlauf des 18. Jahrhunderts trat der Staat gegen England in den Hintergrund. Der holländische Handel verhielt sich zum englischen um 1650 wie $6:1^1/_5$, 1750 wie $6:7$, 1794 wie $6:15$, gegenwärtig etwa wie $6:40$. Darauf kamen die Stürme der französischen Zeit. Batavische Republik, Königreich Holland, Teil des französischen Kaiserreichs — das folgte rasch aufeinander. Wie der Wiener Kongreß ein neues, großes Königreich der Niederlande errichtete, wie sich Belgien losriß — das ist oben erzählt worden. Jetzt umfaßt das Königreich 33000 qkm (600 Q.-M.) mit $4^1/_2$ Mill. Einwohnern, von denen 36% römisch-katholisch, dagegen über 61% reformiert sind; den Rest bilden Juden (2%) und verschiedene Sekten. Die Kolonieen stelle nach § 52; 63, 3; 64, 4; 70, 2 zusammen. Dem Könige stehen in zwei Kammern Stände zur Seite, welche noch immer den Namen Generalstaaten und den Titel „Edelmögende Herren" führen. König: Wilhelmine (Regentin: die Königin-Mutter Emma). Über die natürlichen Verhältnisse vergl. § 93, 1. Die Holländer, deren Sprache ein Dialekt des Niederdeutschen zu nennen ist, haben alle Vorzüge und Schattenseiten eines Kaufmannsvolkes. Sprichwörtlich ist ihr Phlegma und ihre Reinlichkeit geworden, wobei jedoch zu bemerken ist, daß die erstere Eigenschaft weder rühriger Arbeitsamkeit, noch nötigen Kraftanstrengungen, wie ihre Geschichte beweist, Eintrag thut. Daß die Holländer Deutsche sind, könnte ihnen lebendiger bewußt sein.

Das Königreich wird eingeteilt in 11 Provinzen:

a) Nord-Holland. Darin die größte Stadt des Landes Amsterdam. Sie liegt da, wo sich die Amster in das Ij oder Y [ei], einen nach WNW. 30 km einschneidenden (jetzt größtenteils trocken gelegten) Busen der Zuidersee [seuder] ergießt. Während Amsterdam früher nur durch Umsegelung der ganzen Halbinsel Nord-Holland und die von mancherlei Winden abhängige Fahrt auf einem Binnenmeere voller Untiefen für Seeschiffe zugänglich war, können diese jetzt durch den die Halbinsel durchschneidenden breiten und tiefen Nordkanal ohne Aufenthalt dahin geschleppt werden; ja nunmehr ist ein in gerader Linie westwärts von Amsterdam nach dem Meere führender zweiter Kanal hergestellt, der Amsterdam auf kürzestem Wege mit der See verbindet. Die ganze Stadt steht auf Rosten, d.h. Gitterwerken von Pfählen, die, durch eine Torfschicht von 16 m durchgetrieben, auf einem festeren Sandboden ruhen, und bildet einen Halbkreis, den eine Menge von Kanälen oder Grachten durchkreuzen. Da auf dem wagerechten Boden an Gefäll nicht zu denken ist, so müssen Mühlräder ihr Wasser vor Fäulnis bewahren. Die Straßen an diesen Kanälen, meist mit Baumreihen eingefaßt, sind die besten der Stadt. Auf 14000 Pfählen ruht der königliche Palast, früher das Stadt- oder Rathaus, ein Prachtbau aus den glänzenden Zeiten der Republik. Viele Kirchtürme haben Glockenspiele, welche die Holländer ungemein lieben; in der Neuen Kirche ruht der holländische Seeheld de Ruyter [reuter]. Als Handels- und Fabrikstadt ist Amsterdam immer noch sehr bedeutend, seit 1877 hat es auch eine Universität. 400000 E., darunter über 30000 Juden. 17 km im W. von Amsterdam liegt Haarlem, 51000 E., eine schön gebaute Stadt. In der Kathedrale, der größten Kirche Hollands, die berühmte Orgel von 60 Stimmen und 8000 Pfeifen. Auf dem Markte steht die Statue des Lorenz Koster (custos), dem die Holländer durchaus mit Unrecht die Erfindung des Letterndrucks zuschreiben. Die berühmte holländische Leinwand wird in Haarlem am weißesten gebleicht. Von der Blumenzucht in Haarlem hat schon jeder gehört; sie erstreckt sich besonders auf Tulpen und Hyacinthen, und war im 17. Jahrhundert zum Börsenspiel ausgeartet. Das Haarlemer Meer, ein Landsee im S. der Stadt, ist jetzt ausgetrocknet. Alkmaar und Edam sind Käsestädte (§ 93, 1); die Provinz Nord-Holland fabriziert jährlich 18 Mill. Käse. Auf der äußersten Nordspitze von Nord-Holland der Helder, stark befestigte Handelsstadt. Hier liegt die holländische Kriegsflotte. Noch merken wir zwei Dörfer im N. des Y. Saandam (vom Flüßchen Saan, oft unrichtig Zaardam genannt) liegt in einem Walde von 1000 Windmühlen (zum Entwässern), schön und lebhaft wie eine große Stadt. Hier arbeitete Peter der Große eine kurze Zeit wie ein gemeiner Zimmergeselle, um den Schiffsbau zu erlernen; sein hölzernes Häuschen wird sorgfältig erhalten. Papierfabriken. Broek [brūk], von lauter reichen Rentiers bewohnt, ist wegen seiner übertriebenen Reinlichkeit bekannt; die Straßen sind mit glasierten Ziegeln gepflastert. Insel Texel [tessel] (§ 93, 1).

b) In Süd=Holland liegt die Haupt= und Residenzstadt Haag (eigentlich 's Gravenhage, d. h. des Grafen Haag oder Wald), eine schöne, offene Stadt ohne Mauern und Thore, in manchen Vierteln ein anmutiges Gemisch von Stadt und Land, 153000 E. Paläste wechseln mit Gärten, Promenaden, Alleeen. Nach drei Seiten hin umgeben die Stadt kleine Holzungen und liebliche Rasenflecke (Lustschloß Haus im Busch), nach der vierten Seite hin Düne. Jenseit derselben, bei einem der besuchtesten See= bäder des Kontinents, Scheveningen [s=chéfeningen], flutet die Nordsee. Leyden oder Leiden am Rhein, 46000 E., ist eine berühmte Universitäts= stadt. Der Maler Rembrand ist ein Leydener Stadtkind. In Delft ist Hugo Grotius geboren und Wilhelm von Oranien ermordet worden. Rotterdam an? — nach Einwohnerzahl (198000) und nach Handelsbetrieb die zweite Stadt im Lande. Dreimaster mitten in der Stadt. Dortrecht, 32000 E. Kriegshafen Helvoetsluis [helvütsleus].

c) Seeland besteht aus lauter Inseln des sogenannten Rhein=Delta und einem Stücke von Flandern. Auf der größten Insel Walcheren liegt die feste Hauptstadt Middelburg, und die starke Festung Blißingen mit dem besten Hafen im Königreich.

d) Brabant (Nord=Brabant) ist voll starker Festungen. Merke Her= zogenbusch, Breda, Bergen op Zoom [sôm].

e) Holländisch Limburg. Bis 1866 gehörte ein Stück davon zum deutschen Bunde. Hauptstadt Maastricht an der? — lebhafte Fabrikstadt (Maastrichter Sohlenleder). 32000 E. Dicht dabei der berühmte Peters= berg, in dessen höhlenreichen Kalk unterirdische Steinbrüche so labyrinthisch hineingearbeitet sind, daß man behauptet, an 20000 Wege kreuzten sich darin. Außerdem Venlo [fénlo] und Roermond [rurmond].

f) Utrecht [ütrecht]. Die Hauptstadt am? — ist Universitätsstadt und Erzbistum einer Sekte der römisch=katholischen Kirche, der Jansenisten. Nach neueren Bestimmungen residiert aber hier auch der römisch=katholische Erzbischof des Königreichs. 83000 E. Historisches?

g) Gelderland mit Arnheim 49000 E., und der Festung Nym= wegen, 32000 E., an?

h) Over=Yssel [ofereissel] mit der Hauptstadt Zwoll [swoll] und Deventer [désenter], an?

i) Drenthe. Festung Koevorden oder Koeverden [küferden], durch Sumpfumgebung gesichert. Mehrere Armenkolonieen; man giebt den Armen ein Häuschen, ein Stück Feld und eine Kuh, damit sie sich selber fort= helfen können.

k) Groningen. Groningen, durch schiffbare Kanäle mit dem Meere verbunden, ist eine bedeutende Handelsstadt von 54000 Einwohnern. Universität.

l) (West=)Friesland, mit der gutgebauten Handelsstadt Leu= waarden [löwarden], 30000 E. Dokkum; Bonifacius (§ 98, 11, a) starb hier den Märtyrertod.

V. Das Großherzogtum **Luxemburg**, deutsch **Lützelburg** (die kleinere Hälfte der alten Grafschaft Lützelburg, die andere § 105, III, 2, h), 2587 qkm (47 □.=M.) mit $1/4$ Mill. Einwohnern, liegt auf den Ardennen. Bis 1866 gehörte es zum deutschen Bunde. Jetzt bildet es einen unabhängigen und zugleich neutralen Staat. Großherzog: **Adolf** aus dem Hause Nassau walramischer Linie (§ 98, 11 Anf.).

Die Hauptstadt **Luxemburg**, 18000 Einw., war bis in die neueste Zeit eine starke Festung. Die obere Stadt liegt auf steilem Felsen, die untere im Thale; rings herum lagen einzelne Kastelle und Werke. Fast alle Werke waren in Felsen gehauen, und der Feind hätte nirgends nur 1—2 m tief graben können, ohne auf Felsen zu stoßen. Infolge einer Übereinkunft zwischen den europäischen Großmächten von 1867 sind aber jetzt **die Festungswerke geschleift**.

Register.

(Die dahinter stehenden Zahlen zeigen die Seiten an.)

A.

Aachen 349. 379.
Aalborg 289.
Aarau 421.
Aare 254. 311. 319. 320. 321. 407. 419. 420. 421. 423.
Aaregletscher 320.
Aargau 421.
Aarhuus 289.
Abbeville 260.
Abdera 230.
Abd-el-Wahab 87.
Abend 2.
Abendland 59. 166.
Abendstern 8.
Abeokuta 110.
Aberdeen (Alt-, Neu-) 277.
Abessinien 105. 113. 115 f. 206.
Abgliederungs-Inseln 30 f. 56. 58.
Abo 306.
Abome 110.
Abruzzen (Abruzzo) 199. 201. 216.
Abukir 116.
Abydos 229.
Acapulco 140.
Accon 81.
Achäischer Bund 225. 235.
Achaja 225. 235 f.
Achalm 398.
Acheloos 233.
Achen 317.
Acheron 231.
Achse der Erde 11.
Acht (die hohe) 326.
Aconcagua 124.
Acqui 207.

Adamello 194. 312.
Adamsbrücke 92.
Adams-Pit 92.
Abba 194. 197. 208. 209.
Adelaide 161.
Adelsberg 406.
Aden 86. 87.
Adersbach 333. 415.
Abige 197.
Admont 411.
Adour 41. 249. 252. 261.
Adria 198. 211.
Adrianopel 230. 232.
Adriatisches Meer 19. 42. 167. 187. 195. 196. 198. 199. 202. 209. 215. 216. 218. 219. 223. 239. 247. 410.
Aerolithen 9.
Ägäisches Meer 31. 61. 78. 167. 173. 223. 227. 229. 231. 232. 233. 236.
Ägatische Inseln 220.
Ägina 237.
Agos Potamos 229.
Ägypten 63. 70. 81. 105. 112. 113. 114. 115 f. 217. 218. 226. 227.
Äquator 4. 12. 13. 14. 15. 16. 26. 44. 104. 108. 109. 124. 129. 131. 162. 165. 186.
Äquatorialachsen 4.
Äquatorial-Afrika 104.
Äquatoriale Projection 165.
Äquator. Luftströmung 28.

Äquatorial-Strömung 26.
Äquinoktium 11. 16.
Ärmelmeer 249.
Ästuarien 40. 41. 337.
Äthiopische Sprache 115.
Ätna 170. 220 f.
Ätolien 233.
Ätolischer Bund 225.
Afghanen 71. 71 f.
Afghanistan 69. 72.
Africa propria 117.
Afrika 12. 13. 15. 21. 22. 23. 24. 31. 33. 54. 57. 58. 59. 60. 61. 85. 104 ff. 123. 126. 127. 131. 167. 176. 203. 206. 227. 262. 355.
Afrikanische Inseln 119 ff. 168.
Agnano-See 217.
Agra 91.
Agram 247.
Agrigentum 221.
Agulhas 108.
Ahr 327. 328. 379.
Aiguilles 192.
Ainos 103.
Airolo 193. 422. 423.
Aix 262.
Ajaccio 223.
Akaba (Bucht v.) 61. 84.
Arabien 143. 153.
Akarnanien 233. 238.
Akjerman 308.
Akka 81. 83.
Akkadier 79.
Akragas 221.
Akrokeraun. Vorgebirge 231.
Akrokorinth 236.
Aktion 233.

Alabama (Fluß) 148.
 ₀ (Staat) 148.
Alandsinseln 306.
Alaska 135. 137. 141.
 152.
Alava 183.
Alb (rauhe) 313. 398.
Alba Longa 215.
Albaner Gebirge 201.
 213. 215.
Albanesen 173. 228.
 231. 232.
Albanien 227. 228. 231.
 233. 230.
Albano (See von) 201.
 215.
Albany 147.
Albert=See 109. 114.
Albert Eduard=See 109.
Albi 262.
Albigenser 262.
Albion 265. 371.
Albuch 313. 314.
Albufera=See 186.
Alburs 65. 69. 73.
Alcala 183.
Alemannen 401. 419.
Aleppo 82.
Alessandria 207.
Aletschgletscher 193. 311.
Aleuten 135. 152.
Alexander d. Gr. 70. 72.
 73. 76. 78. 80. 81. 90.
 113. 115. 116. 225.
Alexanderbad 396.
Alexandrien 58. 116.
Alexisbad 337. 387.
Algäuer Alpen 193. 312.
Algarve 180.
Alger 118.
Algerien 117. 118.
Algier 118.
Alhambra 184.
Alicante 186.
Alkmaar 428.
Allahabad 91.
Alle 293. 363.
Alleghanies 137. 143.
 146. 148.
Aller 338. 340. 342.
 343. 370. 372. 387.

Allerheiligen=Bai 131.
Allersheim 395.
Allier 251. 252.
Alluvium 37.
Almaden 183.
Alp (Alm) 189.
Alpen 36. 45. 169. 170.
 172. 175. 186 ff. 195.
 196. 197. 199. 204.
 207. 209. 250. 254.
 309. 310. 311 ff. 314.
 315. 370. 393. 410.
 (Austral=) 158.
Alpenland v. Abessinien
 105 f.
Alpenpässe 189. 206.
Alpenseeen 190. 195.
Alpes maritimae 191.
Alpheios 235.
Alpujarras 176. 179.
Alsen 370.
Alster 392.
Alt=Aberdeen 277.
Altai 64. 65.
Alt=Amerika 122.
Alt=Breisach 399. 402.
Alt=Castilien 183.(Tafel=
 land von) 177.
Altdorf 321. 422.
Altenburg (Stadt) 384.
Altenburg (Ruine) 396.
Alt=England 267.
Altenstein 384.
Alter Rhein 338.
Altes Land 372.
Alte Weichsel 293.
Alte Welt 46. 58 ff.
Alt=Kalifornien 141.
Altkönig 326.
Alt=Korinth 236.
Altmark 341. 356. 366.
Altmühl 316. 324. 394.
Altona 369. 392.
Alt=Orsova 246.
Altpersisches Reich 68.
 70.
Altwater 334.
Aluta 243. 247.
Amager 280.
Amalfi. 218.
Amarapura 94.

Amazonenstrom 41. 44.
 122. 125 f. 128. 129.
 131.
Amben 114.
Amberg 394.
Ambrakia 233.
Amerika 13. 15. 20. 21.
 22. 23. 24. 36. 50.
 54. 57. 61. 63. 119.
 120 ff. 155. 180. 181.
 277. 279.
Amerik. Rasse 50. 63.
Amsinger Heide 394.
Amiens 260.
Amiranten 120.
Ammer 317. (=see) 317.
 394.
Ampezzo=Thal 195.
Amphipolis 231.
Amritsar 91.
Amster 428.
Amsterdam 428.
Amu 65. 68. 69.
Amur (Fluß) 67. 99.
Amurgebiet 66.
Anaboli 77.
Anahuac (Hochfläche von)
 136. 140.
Ancona 215.
Andalusien 176. 177.
 184 f.
Andamanen 94.
Anden 124. 126 f.
Andernach 325. 327.
 379.
Andorra (Republik) 174.
 185.
Andreasberg 373.
Andros 237.
Aneho 110.
Anfangsmeridian 13.
Angara 66.
Angelland 266.
Angeln 261. 266.
Angerap 293.
Angers 264.
Angesessene (angesiedelte)
 Völker 49.
Anglesea 268.
Anglik. Kirche 52. 271.
 278.

Anglo=Amerikaner 145.
Angola 108.
Angora 77.
Angostura 128.
Angra pequena 108.
Anhalt (Burg) 337. 356.
  386. 387. 404. 405.
  (Herzogthum) 344.
  351. 352. 386 ff. 406.
Anhöhe 34.
Anio 200. 201.
Anjou 264.
Anklam 361.
Annaberg 382.
Annam 94.
Annecy 263.
Ansbach (Fürstent. und
  Stadt 380. 395.
Antakije 81.
Antarkt. Kontinent 24.
Antarktischer Meeres=
  strom 27. 124.
Anthropomorphismus
  52.
Antigua 135.
Antilibanos 81. 82.
Antillen 31. (große)
  133 f., (fl.) 133. 134 f.
Antillenmeer 121.
Antiochia 81.
Antiparos 237.
Antipoden 4. 12.
Antitauros 76.
Antwerpen 273. 337.
  340. 391. 425. 426.
Anziehungskraft (b. Erde)
  4. 27.
Aosta 206.
Apalachen 137.
Apennin 186. 196. 199 ff.
  207. 211. 212. 215.
  216. 220.
Apenninen=Halbinsel
  172. 195. 265.
Apfelstädt 329.
Apolda 383.
Appenzell 419. 421 ff.
Appenzell = Außerrhoben
  421.
Appenzell = Innerrhoben
  421.

Appenzeller Alpen 193.
  312.
Apulien 218 f. 219.
Apulische Küstenebene
  199. 201.
Aquae Sextiae 262.
Aquila (Hochebene von)
  199. (Stadt) 216.
Aquileja 412.
Aquitanien 261.
Araber 73. 79. 83. 85.
  112. 113. 114. 115.
  116. 118. 176. 184.
  203. 216. 221. 222.
  232. 261. 262.
Arabien (Arabische Halb=
  insel) 15. 62. 84 ff.
  117. 227.
Arabischer Meerb. 61.
Arabische Wüstenplatte
  114.
Arad 246.
Arafatberg 86.
Aragon (Aragonien) 176.
  178. 179. 180. 185 ff.
Arakan 93.
Aralokasp. Erdsenke 68.
Aralsee 67. 68.
Aranjuez 182.
Arar 250.
Ararat 74. 75.
Aras 74.
Araukaner 130.
Arausio 263.
Arares 74.
Arber 314. 316.
Archangels 306.
Archipel 30, (arktischer)
  31.
Ardennen 326 f. 328.
  337. 430.
Arelate 262. 347.
Arelatisches Kgr. 262.
  347.
Aremberg 372.
Arequipa 129.
Arezzo 212. 215.
Argentina 130 f.
Argentoratum 402.
Argolis 236. 237. 238.
  328.

Argonnen 251. 253.
Argos 236.
Aricia 215.
Arimathia 84.
Arizona 151.
Arkadien 235.
Arkader 235.
Arkansas (Fluß) 138.
  144. 148. 151. (Staat)
  148.
Arkona 362.
Arktische Felsen= und
  Seeenplatte 139. 294.
Arktischer Archipel 31.
  152. 156.
Arktische Strömung 27.
Arlberger=Tunnel 193.
Arles 262.
Arme (eines Flusses) 40.
Armenien (Hochland) 62.
  65. 69. 72. 73 ff. 75.
  76. 79. 227.
Armenier 72. 74. 75.
  77. 84. 212. 230.
  410. 412.
Arnaut 231.
Arnauten 231.
Arnheim 429.
Arno 200. 212.
Arnsberg 373. 374.
Arnstadt 385.
Arolsen 389.
Arona (See) 207.
Arpaten 244.
Arpino 218.
Arras 260.
Arsakiden 70.
Arta (Busen v.) 231.
  232. 233.
Artaxerxes 71.
Artemision 237.
Artern 367.
Artesische Brunnen 38.
Artois 38. 256. 260.
Aruwimi 109.
Arve 191. 192. 250.
  263.
Ascension 120.
Aschaffenburg 396.
Aschersleben 365. 366.
Ashanti 110.

Daniels Lehrb. d. Geogr.

28

Asien 13. 21. 22. 23. 33. 34. 36. 50. 53. 54. 57. 58. 59 ff. 85. 94. 104. 121. 131. 135. 166. 167. 168. 170. 172. 203. 223. 225. 227. 291. 294.
Askanien 356. 366.
Asmannshausen 327.
Asow 308.
Asowsches Meer 59. 295. 308.
Aspern 410.
Aspromonte 201.
Aspropotamo 233.
Assab=Bai 115.
Assam 93.
Assassinen 81.
Assisi 216.
Assuan 116.
Assyrier 79.
Astenberg 327.
Asteroiden 8. 9.
Astoria 149.
Astrachan 307.
Asturien 183.
Asuncion 130.
Atacama (Wüste v.) 126. 129.
Atbara 114.
Athabaska=See 139.
Athen 58. 221. 225. 234. 237.
Athos 231.
Atlanten 165.
Atlantis 23.
Atlantischer Ozean 4. 22. 23. 24. 25. 27. 31. 57. 58. 61. 104. 105. 117. 119. 120. 121. 129. 132. 137. 140. 145. 146. 147. 148. 149. 168. 169. 175. 248. 261. 265. 279. 343.
Atlas 105. 113. 117. 118. 203.
Atlasländer 117 ff. 118.
Atmosphäre 10. 19. 27. 28. 29. 32.

Atolls 31. 158.
Atschinesen 95.
Attika 234 f. 236. 237.
Attok 91.
Aube 252.
Auckland 162.
Audh. 91.
Aue 40.
Aue (die goldene) 336.
Auerberg 331.
Augsburg 394.
Augst 421.
Augusta Rauracor. 421.
Augusta Taurinor. 206.
Augusta Treveror. 379.
Augusta Vindelicor. 394.
Augustenburg 370.
Aurich (Regbz.) 371. 373. (Stadt) 373.
Austerlitz 416.
Austin 149.
Austral.=Kont. 15. 19. 157. 159. 160 ff. 174.
Australien 13. 20. 21. 22. 23. 24. 30. 31. 46. 47. 50. 57. 58. 60. 94. 96. 157 ff. 160 ff. 162. 355.
Austral. Alpen 158.
Austral=Busen 158.
Austral. Inseln 161 ff.
Australneger 51. 159.
Außerrhoden f. Appenzell.
Auvergne 170. 251. 252. 254. 264. (Gebirge b.) 251.
Avaren 318. 408.
Averner See 217.
Avignon 262.
Axios 231.
Azincourt 260.
Azoren 27. 119. 179.
Azteken 122. 139.

B.

Baalbek 82.
Baba (Kap) 78.
Babel 80.

Bab=el=Mandeb 61. 86. 106. 115.
Babelsberg 359.
Babylon 79. 80.
Babylonier 79.
Bach 38.
Bacharach 327. 379. 396.
Badajoz 184.
Baden (Großherzogt.) 323. 350. 351. 352. 354. 398 ff. 401. 403. 405. 406. (Markgrafschaft) 398. 399.
Baden=Baden oder Baden 399.
Baden (österr.) 410.
Bär (großer) 5. (kl.) 5. 15.
Bären=See 139.
Baffin=Bai 136. 152. 155.
Baffinland 22.
Bagamoio 109.
Bagdad 80.
Bagirmi 112.
Bagnères 261.
Bahama=Inseln 15. 133. 154.
Bahia 131.
Bahrein=Inseln 87.
Bahr=el=abiad 114.
Bahr=el=asrek 114.
Bahr=el=dschebel 109. 114.
Bahr=el=gasal 114.
Bahr=Jusuf 116.
Bai 20.
Bajaderen 92.
Bajä 217.
Baikal 42. 66.
Bajuda 115.
Bakony=Wald 242.
Baktrien 68.
Baktschissarai 308.
Baku 75.
Balearen 186.
Bali 95. 96.
Balize 132.
Balkan 173. 224. 228. 239. 240.

Balkan=Halbinsel 172.
    223 ff. 240.
Balkasch=See 66.
Ballenstädt 386.
Ballon d'Alsace 321.
Baltimore 147.
Baltischer Landrücken
    288. 292. 341 f. 342.
    344.
Baltisches Meer 168.
Bama 94.
Bamberg 323. 396.
Banana=Point 109.
Banda 96.
Bangalur 92.
Bangkok 94.
Bangka 95.
Bangweolo=See 109.
Banz 396.
Bantu=Neger 106. 107.
    108.
Barbados 135.
Barbaren 117. 224.
    230.
Barbareſken 118.
Barcelona 185.
Barceloneta 185.
Bardowieck 372.
Barèges 261.
Barenberg 387.
Barfurusch 73.
Bari 218.
Barisan 95.
Barka 105. 117. 227.
Barmen 378.
Barmien 304.
Barometer 34.
Barquisimeto 124.
Barren 41.
Barrenmündung 41.
Barsac 261.
Barth, H. 111.
Barysphäre 18.
Basalt 37.
Baschkiren 307.
Basel 250. 319. 320.
    321. 419. 420.
Basel=Land 421.
Basel=Stadt 420.
Basilicata 219.
Basken 173. 183. 253.

Baskische Provinzen 183.
Basra 80.
Basseterre (Halbinſ. u.
    Stadt) 135.
Baßstraße 161.
Bastei 332. 381.
Bastia 223.
Bastilleplatz 258.
Batavia 95.
Batavische Republik 427.
Bath 273.
Bauden (im Rieſengeb.)
    233.
Bauernrepubliken 107.
Baumannshöhle 387.
Bautzen 360. 382.
Bayern (Hochebene v.)
    315. (Königreich 187.
    318. 348. 350. 351.
    352. 354. 357. 374.
    376. 393 ff. 398. 403.
    404. 406. (Volks=
    stamm 316. 347.
Bayrischer Kreis 348.
Bayrischer Wald 315.
    316.
Bayrische Alpen 194.
    313. 317. 413.
Bayonne 261.
Bayrisches Meer 317.
Bayreuth (Fürstentum)
    380. 396. (Stadt)
    396.
Bearn 261.
Beaucaire 262.
Bechelaren 411.
Beduinen 86. 87.
Beerberg 330. 336.
Befreiungshalle 394.
Bei 118.
Beirut 81.
Belchen (deutſcher) 322.
    (Sulzer) 322. 403.
    (welſcher) 251. 321.
Belem 180.
Belfast 279.
Belfort 263. 401.
Belgien (Königr.) 172.
    174. 309. 341. 383.
    408. 419. 423 ff.
Belgiſch=Limburg 425.

Belgisch=Luxemburg
    426.
Belgrad 239. 247.
Bellagio 197.
Belle Alliance 257. 425.
Bellinzona 423.
Bell Rock 277.
Bellstadt 108.
Belt (gr. u. kl.) 168.
    288. 289.
Belutſchen 71. 72.
Belutſchiſtan 71. 87.
Belvedere 383.
Benares 91.
Bender 308.
Benevent 218.
Bengalen 88. 91.
Bengaliſcher Meerbuſen
    61. 93.
Bengaſi 118.
Benguela 108.
Benin (Bucht von) 111.
Ben Nevis 275.
Bentheim 372.
Bentinck 388.
Berberei 105.
Berbern 110. 117. 118.
Berbice (Stadt u. Fl.)
    131.
Berchtesgaden 394.
Berditschew 307.
Beresina 295.
Beresow 67.
Berg 19. 34.
Berg (Herzogt.) 377.
    378.
Berg (Lustschloß) 397.
Bergamo 209.
Bergedorf 392.
Bergen (Kloster) 366.
    (Mons) 426. (Norw.)
    287. 288. (Rügen)
    361.
Bergen op Zoom 429.
Berggruppen 34. 36.
Bergketten 34.
Bergma 78.
Bergschotten 276.
Bergstraße 400.
Bergstürze 190. 209.
Bergzüge 34.

28*

Bering (Seefahrer) 23.
Beringstraße 14. 15. 23. 67. 121. 152. 155. 306.
Berleburg 374.
Berlin 13. 48. 78. 271. 354. 357. 358 ff. 360. 364. 404. 405. 407.
Bermuda = Inseln 31. 154.
Bern 192. 419. 420.
Bernburg 386.
Bern. Alpen 193. 249. 311.
Berner Oberland 193. 312. 320. 420.
Bernina 194. 312.
Bernstein 362.
Berry 264.
Berytus 81.
Besançon 263.
Beskiden 241. 334.
Bessarabien 308.
Bessarabische Steppenplatte 243.
Bethlehem 84.
Bett (eines Flusses) 39.
Beuthen 365.
Bevölkerung (der Staaten) 54.
Bewegung der Monde 8.
Bewegung des Meeres, unregelmäßig, regelmäßig 26.
Bewegungen der Erde 11 ff.
Bhutan 91.
Biafra (Bai von) 111. 119.
Bialowicza 298.
Biarritz 261.
Bidasoa 175. 177. 261.
Biebrich 377.
Bielathal 335.
Bielefeld 373.
Bieler=Grund 332.
Bieler=See 320.
Bielitz 416.
Bielshöhle 387.
Bifurkation 44. 338.
Bilbao 183.

Bilton 95.
Bille 302.
Bilma 113.
Bingen 321. 325. 326. 327. 328. 401.
Binger Loch 327.
Binnenmeer 20. 24. 40. 58. 59. 60. 167. 168.
Binue 111. 112.
Birkenfeld 388.
Birma 93 f., (Britisch) 93.
Birmingham 274. 275.
Bisanz (Besançon) 263.
Biscaya (Busen von) 167. 169. 183. 248. (Provinz) 183.
Bismarck=Archipel 161. 161. 355.
Bismarckburg 110.
Bischof, Gustav 18.
Bithynien 77.
Bitsch 403.
Blankenburg 387.
Blankenese 369.
Blaue Berge (Australien) 160.
Blaue Grotte 217.
Blauer Fluß 114.
Bled=el=bscherid 112.
Bleiberg 412.
Blekingen 286.
Blocksberg s. Brocken.
Blumenau 131.
Blumenbach 50.
Bober 333. 334. 365.
Bocca=Tigris 99.
Bocchetta=Paß 199.
Bochara 68.
Bochnia 301.
Bochum 374.
Bode 336. 366. 373. 387.
Bodenarten 32 f.
Bodensee 193. 310. 319 ff. 370. 395. 398. 399. 414. 421.
Bodensenke des östlichen Nieder=Deutschland 342 f.

Böhmen 318. 333. 334. 335. 347. 348. 350. 408. 411. 414 ff. 417. 418.
Böhmen (Volk) 172. 414.
Böhmer Wald 314. 335. 394. 415.
Böhmisch=mähr. Hügelland 346.
Böhm. Mittelgebirge 335.
Böhm. Paradies 335. 415.
Börde (Magdeburg) 343.
Bogda=Lama 100.
Bogota (Stadt u. Fluß) 128. 129.
Boiotien 234.
Boitzenburg 390.
Bolivar 128. 129.
Bolivia 129.
Bologna 211. 212. 259.
Bolsena (See v.) 200. 215.
Boltenhagen 390.
Boma 109.
Bombay 92 f.
Bona 118.
Bonifacio=Straße 222.
Bonn 319. 325. 326. 327. 337. 379.
Boppard 327.
Bora (Wind) 413.
Bordeaux 261.
Borkum 338. 339. 373.
Bormio 194. 209.
Borneo 30. 31. 95. 96.
Bornholm 289.
Bornu 112.
Borodino 295.
Borrom. Inseln 196. 207.
Bosna 239.
Bosnien 227. 230. 240. 409. 416. 417. 418.
Bosporos 59. 229. 230.
Boston 143. 146.
Bosworth 275.
Botanik 1. 44.
Botany=Bai 160.
Botokuden 131.

Bottnischer Meerb. 168.
  281. 294. 344.
Bougainville 161.
Bouillon 426.
Boulogne (bei Paris)
  260, (am Kanal) 260.
Bourbon (Insel) 120.
Bourbonnais 264.
Bourges 264.
Bourgogne 263.
Bouvines 426.
Boyen (Fort) 363.
Bozen 194. 414.
Brabant 424, (belgisch)
  425, (holländisch) 429.
Bradford 275.
Bräunlichgelbe Rasse 50.
Bragança 179.
Brahe (Fluß) 364.
Brahma 89.
Brahmaismus 53. 63.
  91. 93.
Brahmaputra 39. 64.
  88. 91. 93. 100.
Brahminen 89. 91.
Braila 248.
Brandenburg (Provinz)
  344. 348. 350. 358 ff.
  404. 405. 406, (Mark=
  grafschaft) 356. 358.
  386, (Stadt) 359.
Brandenburg=Preußen
  348. 356. 360. 364.
  366. 373. 380.
Brandung 26.
Brannibor 359.
Brasilien 121. 122. 123.
  128 f. 131 f., (Ge=
  birgsland von) 125.
Braunau 411.
Braunsberg 362.
Braunschweig (Herzog=
  tum) 341. 350. 352.
  371. 373. 387 ff. 403.
  405. 406, (Stadt) 387.
  390.
Brazza 240.
Breda 429.
Brege 315.
Bregenz 414.
Breisgau 399.

Breite (geographische,
  nördliche, südliche) 12.
  14, (eines Flusses) 40.
Breitenfeld 382.
Breitengrade 12. 14. 15.
  29. 54.
Breitenkreise 12. 36.
Breitling 390.
Bremen (Stadt) 341.
  351. 353. 391. 392 f.
  404. 405. 406. (Her=
  zogtum) 284. 372.
Bremerhaven 372. 392.
Brenner 194. 197. 394.
  413.
Brenner=Bahn 194. 394.
  413.
Brenner Paß 194. 312.
  413.
Brenta 198.
Brescia 208.
Breslau 364. 365. 407.
Brest 261.
Brest=Litowski 306.
Bretagne 173. 252. 253.
  261. 266. 269.
Bretten 399.
Bridgetown 135.
Bridgewater=Kanal 274.
Brieg (Wallis) 192.
  (Schlesien) 364.
Brienzer See 193. 320.
Brigach 315.
Brighton 273. 275.
Brindisi 218.
Brisbane 160.
Bristol 273, (Kanal v.)
  268. 269. 273.
Britania 265.
Britannien 261.
Britanniabrücke 268.
Briten 261. 265. 270.
Britisch=Birma 93.
Britisch Columbia 153.
Britische Inseln 172.
Britisch Nord=Amerika
  136. 152 ff.
Brixen 413. 414.
Brocken 331. 337. 338.
  366.
Brody 301.

Broek 428.
Bromberg 364.
Bromberger Kanal 364.
Brooklyn 146.
Bruch 33. 363.
Bruck 411.
Brückenberg 288. 365.
Brügge 425.
Brünn 416.
Brüssel 379. 425.
Brundusium 218.
Brunsbüttel 370.
Brussa 78.
Bruttium 201.
Buch, L. v. 18.
Buchhorn (Friedrichs=
  hafen) 398.
Bucht 20. 22.
Buckau 366.
Buda 245.
Budapest 246. 409. 418.
Buddha 92. 100.
Buddhismus 53. 63. 93.
  97. 100. 102.
Budissin (Bautzen) 382.
Budweis 414. 415.
Bückeburg 388.
Buenos=Aires 130 f.
Bürglen 422.
Bütow 361.
Buffalo 147.
Bug 293. 295. 306. 308.
Buitenzorg 95.
Bujukdere 230.
Bukarest 248.
Bukowina 300. 301.
  409. 416. 417. 418.
Bulak 116.
Bulgaren 172. 239.
Bulgarien 174. 227.
  239 f., (Hochebene v.)
  224. 240. 243.
Bund (Deutscher) 349.
  430.
Bundesfestungen
  (Deutsche) 350.
Bundesstaaten
  (Deutsche) 352 f.
Bundestag (Deutscher)
  350.
Bunzlau 365.

Burbigala 261.
Burg 366.
Burgberg 387.
Burgdorf 420.
Burgos 183.
Burgund 254. 255. 262. 263. 347. 424, (Kanal v.) 252.
Burgunder 419.
Burgundischer Kreis 348.
Burtscheid 379.
Buschir 73.
Buschmänner 50. 51. 106. 107.
Busento 219.
Buxtehude 372.
Byzantin. Kaisert. 225.
Byzantion (Byzanz) 225. 229.

C.

Caboto (Joh.) 141, (Sebastian) 141.
Cabral 122.
Cadiz 184.
Caen 261.
Cafusos 123.
Cagliari 222.
Calabrien 201. 219 f. 221.
Calais 255. 260, (Meerenge von) 167. 251. 260.
Calatagirone 221.
Calicut 92.
Callao 129.
Caltanisetto 221.
Cambray 260.
Cambridge 273. 275.
Camisarden 251.
Campagne di Roma 201 f. 215.
Campaner Thal 261.
Campanien 201. 216.
Campanische Küstenebene 199. 201.
Campeche 141.
Campine 340.
Campi raudii 206.
Campo Formio 211. 411.
Campo Santo 212.

Campo Vaccino 214.
Campus Martius 213. 214.
Cana 83.
Canaba (Land) 143. 153, (Herrschaft) 148. 152.
Canabische Seen 138. 141. 143. 153.
Canal de Briare 264.
Canal du Midi (Südkanal) 249. 262.
Canale grande 210.
Candia 232.
Cannä 219.
Canossa 211.
Canstatt 397.
Cantal 251.
Canterbury 273.
Canton 97. 99.
Cantonieras 194.
Cape Coast 110.
Capo d'Istria 412.
Capri 217 f.
Capua 218.
Caracas 128.
Cardiff 274.
Carlisle 274.
Carolina (Nord- und Süd-) 141. 148.
Carpentaria-Golf 158. 161.
Carrantuohill 278.
Carrara 200. 211.
Carson-Fluß 150.
Cartagena (Amerika) 129, (Span.) 185.
Casale 207.
Casa Simonetta 208.
Casiquiare 44. 125.
Castel Gandolfo 213. 215.
Castilianisches Scheidegebirge 177.
Castilien 178. 179. 180. 182 ff.
Castra vetera 378.
Catalaun. Gefilde 264.
Catalonien 185 f.
Catania 220.
Cattaro 240.
Cawdor 277.

Cayenne (Kolonie, Stadt u. Fluß) 131.
Celano (See v.) 199.
Celle (Fürstentum) 372, (Stadt) 372.
Centralalpen 187. 189. 192 ff. 312.
Central-Afrika 104. 106.
Central-Amerika 132 f.
Central-Arabien 87.
Central-Asien 62. 69.
Centralsonne 7.
Central-Sudan 112. 113.
Cerigo 239.
Cette 262.
Ceuta 119.
Cevennen 251.
Chäroneia 225. 234.
Chalkidike 231. 232.
Chalkis 237.
Chalons sur Marne 264.
Cham 314.
Chambéry 263.
Chamonixthal 192. 263.
Champagne 264.
Champ. pouillouse 264.
Champlain-See 147.
Chanate 68. 71.
Chan Tengri 64.
Charkow 307.
Charleston 148.
Charlottenburg 359.
Charlottetown 153.
Chartres 264.
Chartum 114.
Charybdis 219.
Chatten 374.
Chaux de Fonds 423.
Chemnitz 382.
Chemulpo 101.
Cher 252.
Cherbourg 261.
Cherson 308.
Chersonnes (thrak.) 229.
Chesapeak-Bai 147.
Chester 269.
Cheviotberge 270.
Chiana 200.
Chiana-Kanal 200.
Chiavenna 209.
Chicago 149.

Chiemsee 317. 394.
Chile 129. 130.
Chiloe 130, (Archipel v.) 130.
Chimborazo 124.
China 15. 49. 50. 53. 67. 96 ff. 98. 100. 150. 307.
Chincha-Inseln 129.
Chinesen 94. 95. 97 ff. 99. 101. 144. 150. 159. 163.
Chines. Gebirge 64.
Chines. Meer 93. 98.
Chines. Reich 50. 96 ff.
Chines. Tiefland 65.
Chios 78. 210.
Chiusi 212.
Chiwa 68.
Choiseul 161.
Chorin 360.
Christentum 52.
Chrudim 414. 415.
Chur 319. 421.
Churchu-Gebirge 65.
Churfirsten 193.
Cilli 412.
Cincinnati 147.
Cintra 180.
Cirta 118.
Ciskaukasien 75.
Cisleithanien 300. 409.
Citlaltepetl 136. 137.
Ciudad-Bolivar 128.
Civita Vecchia 215.
Cläven (Chiavenna) 209.
Clans 276.
Clermont 264.
Clitumnus 216.
Clusium 212.
Clyde-Busen 275.
Cölesyrien 81.
Coburg (Fürstentum u. Stadt) 380. 384.
Cogoleto 207.
Coimbra 180.
Col de la Perche 175.
Col di Tenda 191. 199. 206.
Collis Quirinalis 213.
Collis Viminalis 213.

Colombia (Föderativrepublik) 128.
Colon (Stadt) 129.
Colonia Agrippinensis 378.
Colorado (Fluß) 137, (Staat) 149.
Columbia (Distrikt) 144. 147, (Fluß) 41. 136. 137.
Columbus (Chr.) 57. 122. 133. 134. 180. 184. 208.
Columbus (Stadt) 147.
Comersee 193. 197. 209. 319. 421.
Comino 221.
Como 209.
Comoren 120.
Compiègne 260.
Conca d'oro 220.
Confluentia 379.
Confucius 53. 97.
Coni 206.
Connaught 279.
Connecticut (Fluß) 137, (Staat) 141. 146.
Constantine 118.
Cook 157. 160. 163.
Cookstraße 162.
Coppernicus f. Koppernigk.
Corchyra 238.
Cordoba (Corduba) 178. 184.
Corfu 238.
Cort 279.
Cornwall (Halbins.) 268. 269, (Bergland von) 269.
Corpi Santi 208.
Correggio 211.
Corsen 222.
Corsica 206. 222 f. 258.
Cortez, Ferd. 139. 140.
Coruña 183.
Corvei 373.
Cosenza 219.
Costa Rica (Gebirge u. Plateau v.) 132, (Republik) 132.

Côte b'or 252.
Cotentin (Halbinsel) 261.
Cotopaxi 124.
Cottische Alpen 191. 196. 249.
Counties 144.
Courcelles 403.
Courtrai 426.
Crati 219.
Crecy (Cressy) 260.
Creek 160.
Cremona 208.
Crêt de la Neige 250.
Crelins 189.
Crimmitzschau 382.
Cuba 27. 30. 133 ff. 134.
Culloden 277.
Cumana 128.
Cumberland (Bergland v.) 270.
Curaçao 135.
Curzola 240.
Custozza 210.
Curhaven 370. 392.
Cuzco 129.
Cylinder-Projektion 165 f.
Cypern 79. 209. 227.
Cyriaksburg 368.
Czaslau 414. 415.
Czenstochau 306.
Czernagora 239.
Czernowitz 301.

D.

Dabra Tabor 115.
Dachstein 195. 313.
Dacien 244. 247.
Dämme 32. 338.
Dämmerung 16.
Dänemark 134. 152. 153. 172. 174. 175. 279. 283. 284. 285. 288 ff. 347. 368. 369. 387.
Dänen 155. 172. 283. 358. 369.
Dänische Halbinsel 288 ff. 338.

Dänische Inseln 31. 168.
288. 289 f.
Dänischer Staat 288 ff.
Dahome 110.
Dajaken 95.
Daimios 102.
Dakoromanen 172.
Dalai-Lama 100.
Dalarne (Dalekarlien) 286.
Dal Elf 281. 286.
Dalkarlar 286.
Dalmatien 209. 239. 240. 409. 416. 417. 418.
Damaskus 82.
Damiette 116.
Dannemora 286.
Danzig 293. 363. 390.
Danziger Weichsel 293.
Dapsang 64.
Dardanellen 59. 229.
Dar-es-Salam 109.
Dar For 112.
Darling 160.
Darmstadt 400.
Datumsscheibe 14.
Dauphiné 187. 191. 263.
Taurische Gebirge 62. 64. 67.
Davisstraße 155.
Debreczin 246.
Desterdar-Effendi 227.
Deiche 32. 338.
Deidesheim 397.
Deister 330.
Dekhan 31. 65. 87. 88 f. 89. 91.
Delaware-Bai 147.
Delaware (Fl.) 41. 137. 147, (Staat) 142. 147.
Delft 429.
Deli 90. 91.
Delmenhorst 388.
Delos 237.
Delphoi 233.
Delta 40. 68. 78. 79. 80. 93. 111. 114. 125. 138. 139. 148. 197.

198. 243. 247. 249. 295. 307. 363.
Demawend (Vulkan) 65. 69. 73.
Demerary (Stadt und Fluß) 131.
Demmin 361.
Dennewitz 360.
Depressionen 32.
Deraije 87.
Derby (Bergland von) 270.
Derwische 228.
Desima 103.
Despotenstaaten 93.
Despotie 54.
Dessau 336. 386.
Detmold 330. 388.
Detroit 149.
Deutsche 55. 130. 131. 144. 146. 147. 148. 149. 159. 160. 172. 189. 191. 194. 203. 207. 216. 218. 226. 244. 245. 246. 253. 257. 259. 260. 263. 264. 298. 304. 305. 307. 308. 309. 319. 330. 344 ff. 349. 351. 358. 370. 402. 403. 409. 410. 414. 419. 420. 424. 428.
Deutsche Kolonieen (Schutzgebiete) 108. 109. 131. 149. 161. 162. 307. 308. 355.
Deutsche Gemeinden (Italien) 207. 211.
Deutsche Kronländer der österreich. Monarchie 309. 350. 353. 407 ff. 409. 416.
Deutsche Ostseeprovinzen Rußlands 305.
Deutsche Sprache 345.
Deutscher Bund 349 f. 350. 351. 369. 423. 429. 430.
Deutscher Ritterorden 299. 347. 356. 363. 398.

Deutsche Schutzgebiete (überseeische) 355.
Deutscher Zollverein 351.
Deutsches Reich 108. 109. 110. 127. 161. 174. 235. 260. 292. 309. 346. 348 ff. 351 ff. 401. 403 ff. 414. 419. 423. 424. 426.
Deutscher Belchen 322.
Deutsches Volk 344 ff.
Deutsch-französisches Tiefland 169. 292.
Deutschland 33. 97. 105. 108. 109. 110. 112. 144. 150. 170. 192. 248. 250. 254. 255. 262. 263. 274. 280. 284. 309 ff. 318. 321. 369. 401. 402. 422.
Deutsch-Lothringen 401. 402 ff.
Deutsch-Ostafrika 355.
Deutsch-Österreich 309.
Deutsch-Südwestafrika 355.
Deutz 378.
Deventer 429.
Devon (Bergland von) 269.
Devonport 273.
Dhawalagiri 64.
Diarbekr 80.
Diaz, Barthol. 104.
Diedenhofen 401. 403.
Diemel 329. 376.
Diepholz (Grafsch.) 372.
Dieppe 261.
Dietmarsen (Dietmarschen) 369.
Dijon 263.
Dill (Fluß) 377.
Dillenburg 377.
Diluvium 37.
Dinarische Alpen 187. 240.
Dirschau 363.
Dissenters 271.
Dissidenten 299.

Divan 227.
Divenow 342. 361.
Dnjepr 295. 297. 298. 299. 307. 308.
Dnjestr 171. 295. 297. 298. 299. 300. 301. 306. 308.
Dobrudscha 243. 247.
Doberan 390.
Dobona 231.
Dömitz 390.
Dokkum 429.
Dollart 338. 339. 373.
Dollinen 195.
Dolmabaghtsche=Serai 230.
Dolomiten 195.
Dominikanische Republ. 134.
Dominica 135.
Domo d'Ossola 192. 207.
Dom Remy 264.
Don 59. 226. 295. 298. 308.
Donau 39. 68. 170. 187. 195. 224. 226. 231. 239. 240 ff. 242. 244. 245. 246. 247. 248. 292. 294. 297. 310. 313. 314. 315 ff. 316. 317. 318. 319. 324. 325. 344. 345. 380. 394. 395. 398. 409. 410. 411. 413. 414.
Donauengen 243. 246.
Donaueschingen 315. 323. 400.
Donaugebiet 315 ff.
Donau=Hochland 240. 310. 315 ff.
Donau=Kanal 410.
Donau=Kreis 397.
Donau=Main=Kanal 324.
Donauquelle 315.
Donau=Tiefland 172. 173. 240 ff. 248. 291. 310. 318.
Donauwörth 244. 315. 395.

Dongola 115.
Donische Kosaken 308.
Donjon 365.
Donnersberg 322.
Doornik (Tournay) 426.
Doppelströme 61.
Doppelsysteme 39.
Dora Baltea 191. 192. 196. 206.
Dora Riparia 196. 206.
Dordogne 249. 252.
Doris 233 f.
Dormitor 223.
Dornburg 383.
Dorpat 305.
Dortmund 374.
Dortrecht 429.
Douay 260.
Doubs 250. 251.
Douro (Fluß) 177. 178.
Dover 273. 275, (Straße von) 168. 249.
Dovrefjeld 281.
Drachenfels 326. 379.
Dragomans 228.
Drau 189. 194. 242. 243. 247. 312. 346. 412. 414.
Drausensee 363.
Dravidas 51. 89. 90.
Drei Gleichen 368.
Dreiherrenspitze 312.
Dreisam 322. 399.
Drenthe 429.
Drepanum 220.
Dresden 381. 382. 407.
Drontheim 287.
Drottningholm 286.
Drusen 81.
Dsang=bo 88.
Dschamna 88. 91.
Dscharwa 95.
Dschebel Aschaschin 117.
Dschebel=el=Scheich 82.
Dschehol 99.
Dschellalabad 72.
Dschibba 86.
Dschilolo 96. 161.
Dschingis=Khan 100.
Dscholiba 111.
Dsungarei 65. 99 f.

Dualismus 52.
Dualla 108.
Dublin 279.
Duderstadt 373.
Düna 294. 295. 305. 306.
Dünaburg 306.
Dünamünde 305.
Dünen 26. 41. 198. 338. 339. 429.
Dünkirchen 260.
Düppel 370.
Dürkheim 397.
Duero (Douro) 177. 178.
Dürrenstein 411.
Düsseldorf 377. 378.
Duisburg 378.
Dundee 277.
Dunedin 162.
Dunsikreis 11.
Durance 191. 250. 262.
Durazzo 231.
Durban 107.
Durchbruchsgestein 37.
Durchschnittsprofile 38.
Dwina 293. 296. 306.
Dyas 37.
Dyrrhachion 231.

E.

Ebbe 26.
Ebenen 32. 33. 34.
Ebernburg 379.
Ebersdorf 385.
Eberstein 399.
Eberswalde 360.
Ebro 40. 176. 185. 254.
Echelles (les) 263.
Eckernförde 370.
Ecuador 129.
Edam 428.
Ebbystone 273.
Eber 329.
Eberkopf 326. 327. 329.
Edinburg 276.
Edirne 230.
Egede, Hans 155.

Eger (Fluß) 314. 335. 415. (Stadt) 414. 415.
Egge 330. 338.
Ehningen 398.
Ehrenberger Klause 413.
Ehrenbreitstein (Thal=) 379.
Eichsfeld 329. 330. 331. 336. 368. 373.
Eichstädt 396.
Eider 254. 344. 368. 370.
Eidgenossen (schweiz.) 419.
Eifel 170. 326. 328.
Eiland 25.
Eilsen 388.
Eimbeck 373.
Einsiedeln 422.
Eira 235.
Eisack 194. 197. 312. 413. 414.
Eisberge 23. 24. 27. 35.
Eisenach 383.
Eisenberg 384.
Eisenquellen 426.
Eisernes Thor 224. 243.
Eisleben 42. 368.
Eismeer (nördl.) 22 f. 23. 25. 27. 42. 60. 67. 136. 139. 155. 168. 169. 173. 280. 293. 296. 306, (südl.) 23. 24. 58. 121.
Eismeere (in den Alpen) 188. 192. 312.
Eismeer von Chamonix 192.
Ellipsen 10.
Elliptik 10. 15.
Elba 212. 257. 310.
Elbbach (Elbseifen) 335.
Elbe 41. 254. 284. 329. 330. 331. 332. 335 ff. 336. 339. 340. 341. 342 ff. 343. 345. 347. 354. 356. 366. 367. 369. 370. 372. 381. 382. 390. 392. 414. 415.

Elberfeld 378.
Elbherzogtümer 357. 368. 369.
Elbing (Stadt) 363, (Fluß) 363.
Elbingerode 373.
Elbinger Weichsel 293.
Elbquelle 335.
Elbrus 60.
Elb=Sandsteingebirge 332.
Elbwiese 335.
Elde 342. 343.
Elephanta 92.
Elephantine 116.
Eleusis 235.
Elfen (Flüsse) 281.
Eliasberg 137.
Elis 235.
El Kuds (Jerusalem) 83.
Ellipsen 6. 8.
Ellipsoid 4.
Ellorah 92.
Ellwangen 398.
Elsaß 255. 263. 401. 402 ff. 406. 408.
Elsaß=Lothringen 323. 353. 401 ff. 403. 405.
Elsasser 401.
Else 14. 338.
Elster (schwarze) 335, (weiße) 336. 367. 368. 382. 385.
Elstergebirge 314. 332.
Elvas 180.
Elz (Fluß) 322.
Embach 305.
Emden 373.
Emerita Augusta 184.
Emilia 211 f.
Emir 71. 86.
Emissär 215.
Emmer 380.
Emmerich 378.
Empire (l') 266.
Ems (Bad) 326. 377, (Fluß) 337. 338. 340. 373.
Engadin 191. 193. 194. 312. 317. 413. 421.
Engelsburg 214.

Enger 373.
Engländer 79. 86. 87. 89. 90. 91. 92. 94. 95. 107. 111. 128. 130. 132. 141. 145. 153. 155. 159. 168. 172. 179. 181. 186. 222. 232. 238. 255. 257. 260. 261. 270 ff. 274. 276.
England 71. 72. 90. 93. 95. 96. 97. 98. 99. 108. 109. 110. 115. 120. 127. 131. 133. 134. 135. 143. 144. 152. 154. 160. 161. 162. 175. 180. 222. 227. 249. 255. 256. 260. 265 ff. 266. 267. 268 ff. 271 ff. 287. 289. 371. 383. 391. 426. 427.
Enna 221.
En Nasirah 83.
Enns 42. 189. 194. 312. 318. 411.
Entlibuch 422.
Enz 323.
Epeiros 231. 233.
Epernay 264.
Ephesos 78.
Ephraim (Geb.) 83.
Epidamnos 231.
Erbach (Grafen von) 400.
Erbeskopf 326.
Erdachse 4. 9. 11. 19.
Erdbahn 9. 11.
Erdball 5. 27.
Erdbeben 18. 32. 37.
Erde 1. 2. 6. 8. 9 f. 13. 16 f. (Kugelgest. 3 f. 164., Bewegungen 10 f.)
Erdely orszag 246.
Erdenjahr 10.
Erderschütterungen 17.
Erdfesten 20. 30.
Erdgürtel 16.
Erdkern 1. 17. 18.
Erdkunde 1.

Erdmannsdorf 365.
Erdmasse 9.
Erdoberfläche 3. 17. 19 ff. 164.
Erdplanet 1.
Erdschias Dagh 76.
Erdteile 19, (außereurop.) 57 ff.
Erdzonen 16 f.
Ereb 166.
Erebus (Vulkan) 24.
Eremitage 396.
Erfurt 331. 369. 385.
Eriekanal 147.
Erie=See 138. 146. 147. 149. 153.
Eriwan 74. (Hochebene v.) 75.
Erlangen 395.
Erlau 246.
Ermland 362.
Erosion 41.
Erratische Blöcke 340.
Er Riad 87.
Erserum (Hochfläche v.) 74. 75.
Erstes Viertel des Mondes 10.
Eruptionen 31. 32. 37.
Eruptivgesteine 37.
Erymanthos 235.
Erythera 115. 206.
Eryx 220.
Erzgebirge 314. 332. 335. 355. 381. 382. 415.
Erzgebirge (ungar.) 242. 245. 246. (siebenb.) 241.
Eschenbach 395.
Escorial 182.
Esbrelon 83.
Eskimos 67. 122. 152. 154. 155. 156.
Española 134.
Essen 378.
Essequibo (Stadt und Fluß) 131.
Essex 266.
Eßlingen 398.
Este 211. 370.

Esthen 173. 305.
Esthland 173. 284. 293. 305 f.
Estremadura (span.) 184.
Esseg 247.
Eton 273.
Etrurien 200.
Etrurischer Apennin 199.
Etrusker 211.
Etsch 194. 195. 196. 197. 198. 211. 312. 413. 414. 421.
Etschmiadsin 75.
Ettersberg 383.
Euböa 233. 234. 237.
Euganeische Hügel 210. 211.
Eule (hohe) 334.
Eulengebirge 333. 334. 363.
Eupen 379.
Euphrat 71. 74. 75. 79. 80. 203. 227.
Euripos 237.
Europa 13. 21. 22. 23. 24. 31. 36. 43. 50. 54. 57. 58. 59. 60. 61. 63. 65. 67. 87. 123. 134. 141. 144. 145. 150. 154. 157. 164 ff. 166 ff. 182. 203. 227. 294.
Europ. Großmächte 174. 244. 284. 430.
Europ. Staaten 174.
Europ. Gebirgsdreieck s. kontinental. Dreieck.
Europ. Tiefland 169. 170.
Eurotas 236.
Eutin 388.
Evang.=luther. Kirche 52.
Evang. = reform. Kirche 52.
Exterfteine 388.

F.

Fälle s. Wasserfälle.
Färöer 23. 283. 285. 289. 290.

Fajum 116.
Falkenstein 337. 366.
Falklandsinseln 31. 130.
Falmouth 273.
Falsche Bai 108.
Falun 286.
Fanar 230.
Fanarioten 230. 248.
Fantasie 396.
Farbige 123. 128. 131. 147. 148.
Fata Morgana 219.
Faulhorn 311.
Fauna (europ.) 172.
Fehmarn 370.
Fehrbellin 359.
Felatah 110.
Feldberg (im Schwarzwalde) 322. 323. 399.
Feldberg (gr. u. kl.) 326.
Feldkirch 414.
Fellachen 116.
Felsboden 33.
Felsengebirge 136. 137. 143. 144. 149.
Fend 312.
Fenier 279.
Feodosia 308. (Meerenge v.) 295.
Ferdinandea (Insel) 20.
Ferdinandsfeste 413.
Fernando Po 119.
Ferner 188. 197.
Ferney 423.
Ferrara 211.
Ferro 13. 14. 119.
Ferrol 183.
Fes 118.
Fessan 113. 118. 227.
Fetisch 51.
Fetischberge 110.
Fetischismus 51.
Fetisso 51.
Feuchtigkeitsverhältnisse 17.
Feueranbeter 72. 75.
Feuerkugeln 9.
Feuerland 123. 130.
Fez s. Fes.
Fichtelberg 332.

Fichtelgebirge 314. 315. 324. 332. 335. 336. 396. 415.
Fichtelsee 314. 323.
Fidschi=Inseln 31. 162.
Fjelbe 280 f.
Fingals=Höhle 277.
Finisterre (Kap) 175. 248.
Finne 331. 336.
Finnen 173. 283. 301. 302.
Finnischer Meerb. 168. 293. 294. 304. 347.
Finnische Seeenplatte 294.
Finnischer Stamm 173. 244. 298. 301. 302. 305. 306.
Finnland 169. 173. 174. 283. 284. 293. 294. 296. 303. 306.
Finow=Kanal 342.
Finschhafen 161.
Finsteraarhorn 193. 311. 320.
Finstermünz 317. 413.
Fjorde 22. 156. 196. 281.
Firenze s. Florenz.
Firn 35. 188.
Fische (Sternbild) 5.
Fischerlappen 283.
Fischervölker 49. 50.
Fiume (Busen v.) 167. 195. 247, (Stadt) 247. 409. 416. 417. 418.
Fixsterne 5. 6. 7.
Fixsternhimmel 6.
Fixsternsystem 7.
Flachküsten 22.
Flachländer 32.
Flach=Sudan 111.
Fläming 341.
Flämische Provinzen (Belgien) 425 f.
Flamänder 253. 425.
Flandern 255. 260. 424. 429.
Flandrische Höhen 337.
Fleete 392.

Flensburg 370.
Flensburger Bucht 370.
Fleurus 426.
Flibustier 134.
Flora 44. (europ.) 171.
Florenz 212. 215. 216.
Florida 27. 133. 135. 143. 148.
Fluela=Paß 193.
Fluß 19. 32. 38 ff.
Fluß der Berge 114.
Flußdelta 40.
Flußgebiet 43.
Flußgefälle 41.
Flußinsel 40.
Flußsystem 39.
Flußthäler 41.
Flußtrübung 40.
Flut 26.
Fo 97.
Föderativrepubliken (südamerikan.) 129.
Föhn (Wind) 321.
Föhr (Insel) 339. 370.
Föhrden 344.
Foggia 218.
Foix 261.
Fontainebleau 260.
Forbach 403.
Forez (Gebirge v.) 252.
Formationen 37.
Formosa 31. 99.
Forst 397.
Forster (Vater u. Sohn) 157.
Forth=Busen 275. 276. 277.
Fort Bojen 363.
Fort Montjouy 185.
Fort Royal 135.
Fort William (Canada) 153, (Indien) 91.
Forum 213.
Fränkischer Jura 314. 315. 316. 323. 324.
Fränkischer Kreis 348. 382.
Fränkischer Landrücken 314.
Fränkische Saale 324.
Fränkische Schweiz 324.

Franche Comté 256. 263.
Francia (Isle de France) 258.
Franken (Europäer im Orient) 78. 230.
Franken (Land) 324. 330. 380. 395. 396.
Franken (Volk) 254. 346. 347. 375.
Frankenhausen 385.
Frankenwald 314. 324. 329. 330. 336.
Frankfurt a. M. 349. 351. 353. 357. 374. 376. 377 ff. 402.
Frankfurt a. d. O. 360.
Franklin (Benjam.) 143. 146, (Kapitän) 155.
Frankreich 36. 94. 97. 108. 118. 131. 134. 135. 143. 144. 152. 154. 162. 170. 172. 174. 175. 183. 187. 191. 205. 207. 208. 211. 213. 227. 248 ff. 254. 255. 265. 285. 346. 347. 349. 351. 352. 353. 391. 401. 402. 408. 423. 424. 426.
Franzensbad 415.
Franzensfeste 414.
Franz=Joseph=Land 23. 31. 168. 169.
Französ. Nord=Amerika 152.
Französ. Gebirgsland 169.
Französ. Tiefl. 252 f. 337.
Franzosen 90. 91. 111. 116. 118. 120. 128. 133. 152. 153. 159. 161. 167. 172. 185. 189. 191. 203. 208. 209. 216. 222. 223. 232. 253. 255. 256. 257. 260. 263. 266. 295. 305. 348. 357. 360. 363. 365. 367. 368. 373. 376. 378.

380. 394. 397. 401.
402. 403. 408. 409.
413. 415. 420. 424.
425.
Frascati 215.
Fraser=Fluß 153.
Frat 74.
Frauenberg 385.
Frauenburg 6. 362.
Frauenfeld 421.
Fray Bentos 130.
Frederickton 153.
Fredrikshald 287.
Frederiksteen 284. 287.
Freetown 110.
Freiberg 381.
Freiberger Mulde 335.
Freiburg (Breisg.) 399,
 (a. d. Unstrut) 336.
 367, (in der Schweiz)
 419. 423.
Freienwalde 341. 360.
Freienwalde (Höhenzug
 von) 341.
Friaul 211.
Fribericia 289.
Friedberg 401.
Friedensburg 290.
Friedland (böhm.) 415,
 (mecklenburg.) 390,
 (preuß.) 363.
Friedrichroda 383.
Friedrichsberg 290.
Friedrichsburg (Kolonie)
 149.
Friedrichshafen 398.
Friedrichshall s. Fred=
 rikshald.
Friedrichsthal 155.
Friedrich=Wilhelms=
 Kanal 342.
Friesische Inseln 31.
Friesland 340, (West=)
 427. 429.
Frische Nehrung 293.
Frisches Haff 293. 294.
 342. 362.
Fruchtboden 33.
Frühling 3. 12. 16.
Frühlingszeichen 5.
Fünen 289.

Fünfstromland 88.
Fürstenberg (Besitz. d.
 Fürsten v.) 400.
Fürstentümer (europ.)
 174.
Fürth 395.
Fulbe 110. 111.
Fulda (Fluß) 324. 328.
 329. 376, (Stadt)
 376, (Stift) 375.
Fu Mun (Tigerthor) 99.
Funchal 119.
Furka 249. 321.
Furten 40.
Fusi=no=jama 103.
Fußpunkt 2.

G.

Gabelung 44.
Gabes (Busen v.) 117.
Gabun (Bucht v.) 108.
Gades 184.
Gaelen 276.
Gaeta 218, (Meerbusen
 von) 201. 218.
Gailenreuth 324.
Gaisberg 411.
Galapagos=Inseln 129.
Galata 230.
Galater 77.
Galatz 244. 248.
Galdhoppig 281.
Galicia (Span.) 177.
 183.
Galiläa 83 f.
Galiläisches Meer 83.
Galilei 6.
Galizien (Östr.) 300.
 409. 416. 417. 418.
Gallas 115.
Galle (Astronom) 8.
Gallegos 183.
Gallia cisalpina 196.
 254.
Gallia Narbonensis 262.
Gallia transalpina 254 f.
Gallien 172. 262. 264.
Gallier 172. 196. 212.
 253 f.

Gallipoli 229.
Galveston 149.
Gama Vasco da, 90.
 92. 104. 107. 179.
Gambia 110.
Gandersheim 387.
Ganges 39. 65. 88. 91.
Ganges = Tiefland 88.
 91.
Gard (Pont du) 262.
Gardasee 197 f. 414.
Gargano (Monte) 199.
 201. 218.
Garigliano 201. 218.
Garonne (Garumna)
 249. 251. 252. 261.
 262.
Gascogne 254. 261.
 (Busen von) 167. 248.
Gastein 317. 411.
Gasteiner Ache 317.
Gauchos 127.
Gaue 345.
Gaugamela 80.
Gaurisankar (=Everest)
 34. 64.
Gaven 249.
Gaza 84.
Gazellen=Fluß 114.
Gazellen=Halbinsel 161.
Gebhardsberg 414.
Gebiet (eines Flusses) 43.
Gebiete (in Nord=Amer.)
 144. 150.
Gebirge 17. 34 f. 45.
 57.
Gebirgsdreieck (europ.)
 s. kontinental. Dreieck.
Gebirgskarten 17.
Gebirgsketten 18.
Gebirgsknoten 36.
Gebirgsländer 56.
Gebirgsmassiv 187.
Gebirgssystem 34.
Gebli 112.
Gebweiler 403.
Gebrosien (Wüste v.) 72.
Geeste 372.
Geestemünde 372.
Geestland 33. 340. 341.
 343. 369.

Gefälle (eines Flusses) 39. 41.
Gefle 286.
Gegenfüßler 4.
Gegenpassate 28. 105. 123. 171.
Geisenheim 327. 377.
Gelber Fluß 98. 100.
Gelbes Meer 98. 99.
Gelderland 429.
Geldern 377. 427.
Gelnhausen 376.
Gemäßigte Zonen 16. 45. 47. 48.
Gemmi 193. 422.
Gemmipaß 193. 311.
Generalisierung 165.
Generalitätslande 427.
Generalstaaten 427.
Genezareth-See 83.
Genf 249. 422.
Genfer See 193. 249. 250. 313. 422. 423.
Genova s. Genua.
Gent 426.
Genua (Bus. v.) 167. 186. 199. 207, (Republ.) 205. 207. 209. 222, (Stadt) 199. 206. 207 f. 212.
Geognosie 1. 36.
Geognostische Karten 38.
Geographie (mathem., physische, polit. oder historische) 1. 2ff. 19 ff. 51 ff.
Geographische Breite 12 ff. 44. 45.
Geograph. Länge 12 ff.
Geologie 1. 17 ff.
Georgetown (Guyana Stadt u. Fluß) 131, (Bermuda-Inseln) 154.
Georgien (Nord-Amer.) 142. 148.
Georgien (Transkaukasien) 75.
Georgier (Kaukas.) 75.
Gera (Fluß) 329. 336. 385, (Stadt) 385.

Gerlsdorfer Spitze 242.
Germanen 172. 178. 254. 265. 266. 270. 282. 289. 301. 344.
Germanischer Stamm 172. 282.
Germersheim 397. 399.
Gernrode 386.
Gerona 185.
Gesäuse 318. 411.
Geschwistersysteme 39.
Gesellschafts-Inseln 162.
Gesenke (mähr.) 334.
Gespanschaften 245.
Gestade 19.
Gestalt der Erde 2 ff.
Gesteine, geschichtete 36.
Gesteinhülle 1. 18.
Gevaudan (Plat. v.) 251.
Gewürzinseln 96.
Gehsir 291.
Gezeiten 26.
Ghadames 113.
Ghasna 72.
Ghasnaviden 72.
Ghats 88. 91.
Ghatsgebirge 88.
Ghetto 212.
Ghor 32. 81. 83.
Gibraltar 86. 186, (Meerenge v.) 58. 117. 119. 178. 186.
Gickelhahn 383.
Giebichenstein 336. 367.
Gießen 401.
Gilge 294.
Gipfel 57.
Giralba 184.
Girgenti 221.
Gironde 249. 261.
Gitschin 414. 415.
Gizeh 116.
Glaciers 188.
Glarner Alpen 193. 311.
Glarus 419. 421.
Glasgow 277.
Glasgow-Kanal 275. 277.
Glatz (Grafschaft) 364. 365, (Stadt) 365.

Glatzer Bergland 333. 334.
Glatzer Neiße 334. 365.
Glauchau 382.
Gleicher 4.
Gletscher 27. 35. 60. 64. 125. 156. 162. 175. 176. 188. 192. 193. 194. 195. 281. 311. 312. 319.
Gliederung der Erdteile (horizontale und vertikale) 56 f.
Glimmerschiefer 37.
Globus 164. 165.
Glocknergruppe 312 f.
Glogau 365.
Glommen 287.
Glückstadt 369.
Gmünd (Schwäb.) 398.
Gmunden 318. 411.
Gneis 37.
Gnesen 364.
Goa 92.
Gobi 65. 100 f.
Görlitz 365.
Görz (Grafsch.) 350. 412, (Stadt) 412.
Göschenen 193. 321. 422.
Göta Elf 282. 286.
Göta-Kanal 282.
Göteborg 286.
Götterberg 108. 231.
Göttingen 371. 373.
Goldau 422.
Goldene Aue 336.
Goldenes Horn 229. 230.
Goldfelder (austral.) 162.
Goldküste 110.
Goletta 118.
Golf 20.
Golfstrom 27 f. 45. 171. 288.
Golfstrom-Inseln 31.
Golkonda 91.
Goll 93.
Gollenberg 361.
Golling 411.

Gondo (Gallerie von) 192.
Gonzaga 209.
Goplosee 364.
Gortyn 232.
Goslar 372.
Gosport 273.
Goten 184.
Gotenburg 286. 287.
Gotha 329. 383.
Gotland (Prov.) 285. 286 f., (Insel) 286.
Gotteshausbund 421.
Gotthard = Bahn 192. 311. 422.
Gotthard = Tunnel 321. 422. 423.
Gottorp (Schloß) 370.
Gozzo 221.
Grabfeld (das) 324. 396.
Grachten 428.
Grade (der Breite und Länge) 12. 13. 14.
Grabiška 412.
Gräfenberg 416.
Grajische Alpen 191. 249.
Grampiangebirge 275.
Gran (Fluß) 242, (Stadt) 245.
Granada (Landschaft u. Stadt) 178. 179. 184.
Grandeterre 135.
Granitos 78.
Granit 18. 37.
Granitz 362.
Gran Sasso d'Italia 199.
Granson 422.
Graubünden 420. 421.
Graubündener Alpen 193. 312.
Graudenz 363.
Grauer Bund 421.
Grauwacke 37.
Gravelotte 403.
Gravenhage 429.
Graz 411. 418.
Great Saltlake City 151.

Greeley 23.
Greenock 277.
Greewich 13. 14. 273.
Greiffenberg (Ebene v.) 333.
Greifswald 361.
Grein 316.
Greiz 385.
Grenada (Insel) 134. 135.
Grenoble 263.
Grenzen (natürl., polit.) 55.
Grenzwächter (Szekler) 246.
Greytown 132.
Griechen 40. 58. 76. 77. 79. 84. 104. 117. 173. 204. 212. 216. 219. 221. 224 ff. 227. 228. 230. 231. 232. 238. 248. 262. 409. 410. 412.
Griechenland (Königreich) 174. 224. 227. 231. 232 ff.
Griechische Halbinsel 167. 172. 173. 175. 187. 209. 223 ff. 240.
Griechisch. Kaisertum 225.
Griech.=kathol. Kirche 52. 173. 245. 248. 299. 301. 302. 305.
Grimma 382.
Grimselpaß 193. 311.
Grindelwald=Gletscher 188.
Grindelwald=Thal 320.
Gripsholm 286.
Grodno 298.
Grönland 15. 22. 30. 31. 121. 122. 135. 136. 152. 154 ff. 156. 283. 289. 290.
Groningen 427. 429.
Großbeeren 360.
Großbritannien 30. 31. 55. 103. 167. 168. 172. 174. 249. 265 ff.
Große Antillen 31. 133 f.

Große Mauer 98. 99.
Großer(saharischer)Atlas 117.
Großer Fluß 98. 177.
Großer (oder Stiller) Ozean 23. 67. 101. 121. 135. 136. 137. 139. 140. 145. 149. 157.
Großer Salzsee 142. 151.
Großer Waldstein 314.
Großes (oder Stettiner) Haff 342.
Großes Rad 333. 335.
Große Sturmhaube 333.
Große Wasserkuppe 324.
Großfürstentum (europ.) 174.
Groß = Friedrichsburg 110.
Groß=Glockner 194. 312.
Großgörschen 367.
Groß = Griechenland 216.
Großherzogtum (europäisch.) 174.
Großmächte (europ.) 174. 244. 284. 430.
Großmogul, der 90.
Groß = Nowgorod 304.
Groß = Raming 318.
Großrussen 302. 307.
Groß = Rußland 306.
Großstaaten 54.
Großsultanat 174.
Großvezier 227.
Großwardein 246.
Grotenburg 330. 388.
Grubenhagen 370. 373.
Grünberg 365.
Grüne Berge 146.
Grünes Vorgeb. 110. Inseln d. gr. Vorgeb. 119.
Grundriß 164.
Gruppengebirge 36.
Guadalajara 140.
Guadalquivir 176. 177. 184.
Guadeloupe 135.
Guadiana 177.
Guanahani 133.

Guanajuato 136. 140.
Guanchen 119.
Guardafui 106.
Guatemala (Gebirge u. Plat. v.) 132, (Republik und Stadt) 133.
Guayana (Küste von) 128. 131, (Gebirgsland v.) 125.
Guayaquil (Golf von) 124, (Stadt u. Fluß) 120.
Guben 360.
Guebern 72. 75.
Guernsey 273.
Güstrow 390.
Gütersloh 373.
Guienne 261.
Guinea 110. (Busen v.) 31. 104. 111. 119.
Guinea-Inseln 119. 120.
Guipuzcoa 183.
Gumbinnen 363.
Gurgl 312.
Gutenberg, Joh. v. 400. 402.

H.

Haag 429.
Haarlem 428. 429.
Haarlemer Meer 428.
Haarsterne 8.
Haarstrang 327. 328.
Habana (La) 133.
Habesch s. Abessinien.
Habichtswald 329. 376.
Habsburg 244. 321. 421.
Habeln 372.
Hadramaut 87.
Hämus 224.
Hafen 21.
Hafenstädte 19.
Haff 41 (s. frisches und kurisches, großes oder Stettiner Haff.)
Haffmündung 41. 43. 59.
Hagen 374.

Hagenau 402.
Hagion Oros 231.
Haidarabad 91.
Hainan 31. 99.
Hainleite 331. 336. 385.
Haiti 133. 134.
Hakodate 103.
Halberstadt (Fürstent.) 366, (Stadt) 366.
Halbinsel 21.
Halbkreis 13.
Halbkugeln 12. 13. 15. 16. 19. 20. 28. 58. 165.
Haleb 82.
Halfasteppe 118.
Halicz 300.
Halifax 153.
Hall (in Schwaben) 398, (in Tirol) 413.
Halle a/S. 336. 367 f. 382.
Hallein 411.
Halligen 339.
Halloren 367.
Hallstadt 318. 411. (See v.) 318.
Halmahera 96. 161.
Halys 76.
Hamah 82.
Hamar 287.
Hamburg 271. 273. 342. 344. 351. 353. 354. 369. 370. 372. 390. 391 f. 404. 405. 406. 407.
Hameln 372.
Hamiten 113. 114. 117.
Hamm 374.
Hammerfest 287.
Hanau 323. 376.
Handeck (Fall a. der) 320.
Hanna 318. 416.
Hannafen 416.
Hannover (Königreich) 267. 348. 350. 357. 370 ff. 371. 372. 404. 405. 407, (Provinz) 341. 370 ff. 374. (Regbz.) 371, (Stadt) 372.

Hansa 266. 284. 305. 354. 374. 390.
Hansa-Städte 390 ff.
Haparanda 286.
Harar 86.
Harburg 372.
Hardt (Gebirge) 322. 397.
Hartlepool 274.
Hartwald 399.
Harwich 273.
Harz 36. 309. 328. 330. 331 f. 336. 366. 372. 373. 386. 387.
Harzburg 387.
Hase 44. 338. 372.
Haslithal 193. 320.
Hastings 266. 275.
Hauptfluß 38.
Hauptkamm 36. 42.
Hauptplaneten 8.
Haus im Busch 429.
Haussa 112.
Haussa-Staaten 112.
Haustiere 47.
Havel 342. 343. 356. 359. 360.
Havelberg 360.
Havre 261.
Hawaii 162.
Hawaiischer Archipel 162.
Hebriden 277. 278.
Hebron 84.
Hebung (säkulare) 17. 280.
Hebungsinseln (nicht vulkanische) 31.
Hechingen 380.
Hedschas 86.
Hedschra 86.
Hegyallya (Gebirge) 241. 246.
Heide 33. 242. 252. 275. 340. 341. 394. 398.
Heidelberg (Berg) 333.
Heidelberg (Stadt) 323. 399. 400.
Heiden (Landes) 252.
Heiden 53. 63. 151. 173.
Heiderauch 340.

Heilbronn 398.
Heiligenblut 312.
Heiligenstadt 368.
Heiliger Berg 215.
Heiliger Damm 390.
Heiliges Grab 84.
Heiliges Land 82.
Heiliges römisches Reich 346 ff.
Heilquellen 38.
Heiße Quellen 38. 291. 317. 377. 379. 398. 399. 415. 421.
Hekla 291.
Hela 363.
Helber (der) 428.
Heldrungen 336.
Helgoland 339. 370.
Helikon 234.
Hellas 225. 232 ff.
Hellberge 341.
Hellenen 224 ff. 225. 232 ff.
Hellespont 59. 78. 229.
Helme 336.
Helmstedt 387.
Helsingborg 286.
Helsingfors 306.
Helsingör 286. 290.
Helvetien 419.
Helvoetsluis 429.
Hemisphären 12. 19.
Hemmingstedt 369.
Henneberg (Grafschaft) 324. 368. 376. 382. 383. (Schloß) 324.
Henneberger Höhen 324. 329.
Hennegau (französisch.) 260. (belgisch.) 426.
Herakles (Säulen des) 58.
Herat 69. 72.
Herauch 340.
Herborn 377.
Herbst 3. 16.
Herbstzeichen 5.
Herculaneum 217.
Herdtfeld 313. 323. 398.
Herero 108.
Herford 373.

Heringsdorf 361.
Herisau 421.
Hermannsdenkmal 330. 388.
Hermannstadt 247.
Hermon 82.
Hermos 76.
Hermupolis 237.
Herrenhausen 372.
Herrnhut 382.
Herrnhuter Kolonieen 154. 307.
Herschel (Astronom) 8.
Hersfeld 376.
Herstall 426.
Hertha-See 362.
Herzegowina 239. 416. 417. 418.
Herzogenbusch 429.
Hessen (Großherzogt.) 325. 329. 351. 352. 354. 357. 374. 376. 377. 400 ff. 403. 405. 406.
Hessen-Homburg 377. 379.
Hessen-Kassel 350. 357. 374 ff. 376 ff.
Hessen-Nassau (Prov.) 329. 330. 374 ff. 400. 404. 405. 406.
Hessisch-Hügelland 328. 329.
Heuscheuer 334.
Hiddensee 362.
Hjelmarsee 282.
Hieroglyphen 115.
Hierro s. Ferro.
Hietzing 410.
Hildburghausen 384.
Hildesheim (Regbz.) 371. (Bistum und Stadt) 372.
Hilmend 72.
Himalaja 34. 45. 63. 64. 65. 87. 88. 89. 91. 100. 129. 170. 189. 310.
Himera 221.
Himmel 2. 3. 15.
Himmelsgegenden 2.

Himmelsgewölbe 2. 5.
Himmelskarten 5.
Hindostan (Kaiserreich) 88. 90. (Tiefland v.) 61. 65. 87.
Hindukusch 65. 69. 71.
Hindu (Volk) 88. 89. 90. 91.
Hinter-Indien 15. 31. 53. 61. 64. 90. 93 ff. 94.
Hinterpommern 360. 361.
Hinter-Rhein 193. 319.
Hippokrene (Quelle) 234.
Hippo Regius 118.
Hirschberg 365.
Hispalis 184.
Hispaniola 134.
Hoang-ho 65. 98. 99. 100.
Hobart 161.
Hoboken 147.
Hoch-Afrika 104. 107.
Hochalpen 188 f. 196.
Hochasien 4. 63. 69. 87. 96. 98. 100.
Hochdeutsche Sprache 311.
Hochebene 32. 56. — von Bayern 315 — oberdeutsche 310. 311. 315. 316. 325. — der Ober-Pfalz 316. — der Schweiz 315.
Hochflächen 32. 59.
Hoch-Frankreich 251 f. 252.
Hochgebirge 35 f. 48.
Hochheim 327. 377.
Hochländer (Bergschotten) 276.
Hochland 32. 56.
Hoch-Pyrenäen 175.
Hoch-Schottland 275.
Hoch-Sudan 110. (Tafelland v.) 110. 111. 112.
Hochwald 326.
Höchstädt 394.
Höhe (die) 326.

Höhe (absol., relat.) 34.
Höhen 4.
Höhengürtel 45. 48.
Höhenprofile 38.
Hölle (Paß) 323.
Hörner 35. 188. 311.
Hörsel 329. 383.
Hörselberg 329.
Högter 373.
Hof 396.
Hofwyl 420.
Hohe Acht 326.
Hohe Eule 334.
Hohe Inseln 158. 162.
Hohenasperg 397.
Hohenheim 397.
Hohenlohe (Besitzungen der Fürsten v.) 398.
Hohenneufen 398.
Hohenschwangau 394.
Hohe Staufen 216. 313. 398.
Hohenurach 398.
Hohenzollern (Land) 325. 380. 404. 405. 407. (Schloß) 313. 380.
Hohe Pforte 230.
Hohe Prairieen 151.
Hohe Tatarei 100.
Hohe Tauern 175. 194. 312. 317.
Hoher Atlas 118.
Hoher Säntis 312.
Hohes Veen 326. 328. 379. 426.
Hohle Gasse 422.
Hohles Syrien 81.
Hojeda 122.
Holländer 93. 95. 96. 103. 107. 142. 155. 160. 424. 425. 427.
Holland (Halbinsel) 32. 338. 339, (Königreich) 98. 215. 391. 426 f., (Provinz) 428. 429.
Holme 282.
Holstein 341. 343. 350. 368. 369 ff. 409.
Holtenau 370.
Holyrood 277.
Holzemme 336. 366.

Holzminden 387.
Homalographische Projektion 166.
Homburg (vor der Höhe) 326. 377.
Honduras 132 f., (Geb. u. Plat. v.) 132.
Honduras = Bai 132.
Honduras = Holzdistrikt 132.
Hongkong 99.
Honolulu 163.
Horeb 84.
Horizont 2. 3.
Horizontale Projektion 165.
Horn (Dorf) 392, (Stadt) 388.
Hospodare 248.
Hottentotten 51. 106. 107. 108.
Howas 120.
Hoya (Grafschaft) 372.
Hradisch 416.
Hradschin 415.
Hubertusburg 382.
Huddersfield 275.
Hudson (Fl.) 137. 146. 147.
Hudson = Bai 135. 139. 155.
Hudson = Bai = Länder 153.
Hué 94.
Hügel 34.
Hügelgruppe 34.
Hugenotten 261.
Hugli 91.
Hull 274.
Humber 269. 273. 274.
Humboldt, A. v., 18. 45. 124.
Humboldt (Stadt) 149.
Humboldtströmung 27. 124.
Humus 33.
Hundsgrotte 217.
Hungerquellen 38.
Hunnen 244.
Hunsrück 326. 328. 388.
Hunte 338.

Huron = See 138. 149. 153.
Husum 370.
Hutberg 382.
Hydra 237.
Hydrioten 237.
Hydrographie 1.
Hyerische Inseln 262.
Hyläa 126.
Hymettos 234.

J.

Jablunka = Paß 241. 416.
Jägerndorf 416.
Jägervölker 49. 50. 66.
Jafa 84.
Jade 337. 338.
Jadebusen 338. 339. 355. 372.
Jagst 323.
Jagst = Kreis 397.
Jahr 10.
Jahreszeiten 10 f. 18.
Jakobsberg 330.
Jakuten 66.
Jamaica 133. 134.
James = Bai 135.
Jang=tse=kiang 65. 98. 99. 100.
Janiculus 214.
Janina 231.
Janitscharen 226. 227.
Jansenisten 429.
Japan 31. 53. 66. 89. 101 ff.
Japaner 101 ff.
Japan. Meer 64. 101.
Jarkand 100.
Jasmund 362.
Jassy 248.
Jatreb 86.
Java 30. 31. 95. 96.
Jaxartes 68.
Iberer 173. 178. 183.
Iberische Halbinsel 85. 172. 175 ff.
Ida (Kreta) 232.
Idaho 149.
Idarwald 326.

Jbria 412.
Jechaburg 385.
Jedo 103.
Jekaterinburg 307.
Jemen 86.
Jena 383.
Jenikale (Meerenge v.) 295.
Jenil 176.
Jenissei 65. 66.
Jerez de la Frontera 184.
Jericho 84.
Jersey 273.
Jersey=City 147.
Jerusalem 58. 82. 83. 84. 226.
Jeschkenberg 332.
Jeso 103.
Jesuitenstaat 130.
Jesreel 83.
Jever 388.
Jfferten 422.
Jglau 416.
Ji 429.
Jissel 337. 338.
Jkonion 77.
Jlfeld 373.
Jlios 225.
Jlissos 234.
Jll (elsässische) 251. 323. 402. 403, (tirolische) 414.
Jllampu 124.
Jller 316. 394.
Jllinois (Fluß) 138, (Staat) 149.
Jllyrer 173. 231.
Jllyrien 231.
Jllyrische Alpen 223. 240.
Jlm 336. 383. 385.
Jlmenau (Fl.) 342, 372, (Stadt) 383.
Jlse 338. 366.
Jlsenburg 366.
Jlz 394.
Jmam 85. 86. 87, (türk.) 228.
Incas 129.
Indiana 149.

Indianar 50. 122. 123. 127. 128. 129. 130. 131. 132. 133. 139. 140. 141. 142. 143. 144. 150. 151. 152. 162.
Indianer = Gebiet 144. 149. 151.
Indischer Ozean 23. 24. 31. 61. 63. 69. 93. 94. 105. 109. 120.
Indogerman. Sprachstamm 173.
Indonesien 51. 94 ff.
Indus 64. 65. 69. 70. 71. 72. 87. 88. 91. 100.
Indus=Tiefland 91.
Infusorien 47.
Ingelheim 400.
Ingermanland 284. 293. 304. 305.
Ingolstadt 394.
Inn 39. 42. 189. 191. 193. 194. 197. 312. 317. 346. 394. 411. 413. 421.
Innerafrika 50. 104.
Innerasien 32. 59. 66. 67. 96. 98. 99 f. 100. 303. 307.
Innerste 338.
Innsbruck 194. 413.
Innuit 156.
Inseln 19. 20. 25. 30 ff. 57. 58 f., hohe, niebere 158. 162.
Inseln d. gr. Vorgebirges 119.
Inseln gegen den Wind 134. 135.
Inseln über dem Winde 134. 135.
Inseln unter dem Winde 134. 135.
Inselsberg 331.
Inselweltteil 58.
Insolation 29.
Inster 293.
Insterburg 363.
Insulae fortunatae 119.

Insulares Australien 157. 161 f.
Interlaken 320.
Inverary 277.
Inverneß 277, (Berge von) 275.
Joachimsthal 415.
Johann = Georgenstadt 382.
Johannisberg 327. 377.
Johanniter = Orden 78. 220. 360.
Jokohama 103.
Jolkos 233.
Jolofs 110.
Jonische Inseln 238 f.
Jonier 78.
Jonisches Meer 167. 202. 219. 223.
Joppe 84.
Jordan (Amerika) 151, (Palästina) 80. 82. 83. 84.
Joruba 110.
Josephshöhe 331. 368.
Josephstadt 415.
Jotunfjelde 281.
Jowa 149.
Jpsara 78.
Jran 62. 65. 69 ff. 71. 73. 76.
Jranier 68. 70.
Jranisches Randgebirge 67. 80.
Jratithal 175.
Jrawadi 93. 94.
Jren 142. 144. 276. 278. 279.
Jrisches Meer (irische See) 265. 268. 269.
Jrkutsk 67.
Jrländer s. Jren.
Jrland 55. 121. 171. 172. 173. 174. 265. 266. 267. 278 ff.
Jrmensäule 372.
Jrtisch 66.
Jrun 183.
Jsabella 161.
Jsar 317. 393. 413.
Jschia 216.

29*

Ischl 318. 411.
Isenburgische Besitzungen 376. 400. 401.
Iseosee 197.
Iser 335.
Isère 250.
Isergebirge 333.
Iserkamm 335.
Iserlohn 374.
Iskenderun (Busen v.) 76. 79.
Isker 239.
Isla (Hebriden) 277.
Isle de Leon 184.
Islam 53. 63. 79. 85. 87. 91. 106. 115. 116. 118. 173. 239. 244.
Island 15. 22. 30. 31. 154. 168. 169. 170. 283. 285. 289. 290 f.
Isle de France (Insel) 120, (Provinz) 258 ff.
Ismael Sofi 71.
Ismail 248.
Ismid 77.
Ismir 78.
Isnik 78.
Isola bella 196.
Isola madre 196.
Isolierte Berge 36.
Isonzo 198. 412.
Ispahan 73.
Israel (Volk) 82.
Isselhorst 373.
Istambul 229.
Ister (Donau) 243.
Isthmen 21.
Isthmus von Korinth 223. 235. 236 — von Panama 121. 132 — von Tehuantepec 132.
Istmo 129.
Istrien 167. 195. 350. 412.
Italien 19. 115. 167. 174. 187. 191. 192. 194. 195. 198 f. 205 f. 254. 255. 262. 321. 347. 394. 408. 409. 410. 413. 421. 422.

Italiener 172. 189. 191. 204. 205. 210. 238. 239. 253. 256. 409. 412. 414. 420.
Italische Inseln 219 ff.
Italische Halbinsel 175. 195 ff. 249. 280.
Italisches Niederland 195.
Ithake (Insel) 238, (Stadt) 238.
Ithome 235.
Itz 324. 384.
Itzehoe 370.
Juan Fernandez (Insel) 130.
Judäa 83.
Juden 53. 82. 83. 84. 118. 173. 212. 230. 245. 300. 301. 302. 306. 307. 364. 395. 409. 427. 428.
Judenburg 411.
Jülich (Herzogt.) 377. (Stadt) 379.
Jülich-Kleve-Berg 373.
Jüten 288.
Jüterbog 360.
Jütische Halbinsel 288. 341. 344 f.
Jütland 168. 288. 289. 341.
Julianehaab 155.
Julin 361.
Julische Alpen 195. 223. 313. 412.
Jung-Bunzlau 414. 415.
Jungfern-Inseln 134.
Jungfrau (Berg) 193. 311. 320.
Jungfrau (Sternbild) 5.
Jupiter (Planet) 8. 9. 12.
Jura 37. 313. 320, (fränk.) 314. 315. 316. 323. 324. (schwäb.) 313. 314. 315. 323. (schweiz.) 250. 263. 313. 323. 423.
Juragruppe 37.

Juvavia 411.
Iviza 186.

K.

Kaaba 86.
Kabul (Fluß) 69. 71. 87. 91, (Staat u. Stadt) 71. 72.
Kabylen 118.
Kärnten 313. 350. 408. 412 f. 417. 418.
Kaffa 308, (Meerenge v.) 59. 295.
Kaffern 106. 107.
Kaffernküste 107.
Kahla 384.
Kahlenberg 313. 409.
Kaifa 83.
Kairo 116.
Kaisargarh 69.
Kaiserkanal (China) 98. 99.
Kaiserreiche (europ.) 174.
Kaiserslautern 397.
Kaiserstuhl 322. 399.
Kaiserswerth 378.
Kaiser Welhelmsfeste 108.
Kaiser Wilhelmsland 161. 355.
Kaiser Wilhelm-Spitze 109.
Kalahari-Wüste 105. 106. 107. 108.
Kalauria 237.
Kaledonischer Kanal 275. 277.
Kalenberg 371. 372. 373.
Kalifen 71. 73. 80. 85. 86. 106. 118. 178. 184. 228.
Kalifornien (Halbinsel) 135. 136. 140, (Ober- oder Neu-) 149 f., (Unter- oder Alt-) 141, (Meerbusen v.) 135. 137.
Kalikat 92.
Kalisch 306.

Kalkalpen 186. 188. 189. 191. 193. 195. 312. 313. 317.
Kalkata (Kalkutta) 91.
Kalmar 286, (Union v.) 283. 289.
Kalmengürtel 28.
Kalmücei 100.
Kalmücken 307.
Kalte Zonen 16. 48.
Kalykadnos 78.
Kama 295.
Kambodicha 94.
Kamenz 382.
Kamerun 108. 355.
Kammin (Bistum und Stadt) 361.
Kaminiek 306.
Kamm (eines Gebirges) 37. 57.
Kammgebirge 36. 41.
Kamtschadalen 67.
Kamtschatka 61. 64. 67. 152.
Kanaan 82 ff.
Kanäle 20. 44.
Kanal (der) 249. 251. 260. 261. 275.
Kanal v. Bristol 268. 269. 273.
Kanal von Burgund 252.
Kanal von Languedoc 262.
Kanal von Mozambique 120.
Kanarische Inseln 13. 119. 120. 182.
Kandahar 72.
Kandy 93.
Kano 112.
Kansas 149.
Kantabrisches Gebirge 177. 178.
Kantone 419.
Kantschindschinga 64.
Kap 19.
Kap Agulhas 108.
Kap Baba 78.
Kap Blanco 118.
Kap Bon 118.
Kap Branco 125.

Kap Breton (Insel) 153. 154.
Kap Buru 93.
Kap Circello 201.
Kap Clear 154.
Kap da Roca 175.
Kap de Creus 175.
Kap Delgado 355.
Kap der guten Hoffnung 96. 104. 108.
Kap Finisterre 175. 248.
Kap Frio 355.
Kap Froward 123.
Kap Guardafui 106.
Kap Hoorn 123. 130.
Kap Kolonnäs 234.
Kap Komorin 88.
Kap Landsend 268. 273.
Kap Lilybäum 220.
Kap Lindesnäs 287.
Kap Linguetta 231.
Kap Lizard 268.
Kap Lopez 108.
Kap Malia 236. 239.
Kap Matapan 223. 236.
Kap Nordkyn 288.
Kap Palmas 110.
Kap Prinz v. Wales 23.
Kap Race 154.
Kap Sandy 157.
Kap St. Maria di Leuca 201.
Kap Skagen 286. 341.
Kap Spartivento 202.
Kap St. Vincent 175. 178.
Kap Steep 157.
Kap Tarifa 171. 175. 178.
Kap Trafalgar 184.
Kap Vares 175.
Kap Verde 110.
Kap Wilson 157.
Kap York 157.
Kapland 46. 105. 106. 107 f. 108.
Kappadokien 77.
Kapstadt 108.
Kapudan-Pascha 228.
Kapuzinerberg 411.

Kapverdische Inseln 31. 119.
Karakorum (Gebirge) 64, (Stadt) 100.
Karawanka 195.
Kardamum-Gebirge 88. 89.
Karduchen 74.
Kariben 133.
Karibisches Gebirge 124.
Karibisches Meer 121. 125. 126. 133.
Karien 78.
Karlowitz 247.
Karlsbad 377. 415.
Karlshafen 376.
Karlskrona 286.
Karlsruhe 399.
Karlstein 415.
Karmel 83.
Karmeliter 83.
Karnak 116.
Karnische Alpen 195. 198. 313.
Karolinen 162.
Karolinenstraße 247.
Karpaten 169. 187. 240. 246. 291. 293. 295. 298. 316. 318. 341. 342.
Karpatischer Landrücken 292. 341.
Karpatisches Waldgeb. 241. 243. 295.
Karroo 107 f.
Karst 195. 240. 413.
Karthager 178. 219. 221. 222.
Karthago 58. 118. 221.
Karthause (große) 263.
Kasan 307.
Kasbek 60.
Kaschau 246.
Kaschgar 100.
Kaschmir 71. 91. 100.
Kaskadengeb. 136. 137.
Kaspisches Meer 32. 42. 59. 60. 65. 68. 70. 73. 74. 75. 169. 292. 294 f. 297. 307. (KaspischeSteppe)295.

Kassai 109.
Kassel 329. 375. 376.
Kassiteriden 273.
Kassuben 361.
Kastalische Quelle 233.
Kasten 89. 115.
Kastel 400.
Kastri 234.
Katarakt 39. 106. 109. 114. 116.
Katrine (See) 275.
Kattegat 168. 282. 286. 288.
Katzbach 334. 342. 365.
Katzenbuckel 322.
Katzenellenbogen 375.
Kaub 327. 377.
Kaufbeuern 395.
Kaukasien 73 ff. 75.
Kaukasische Rasse 50. 63. 105. 113. 172. 173.
Kaukasische Statthalterschaft 75.
Kaukasus 60. 65. 67. 74. 75. 169. 186. 189. 208.
Kecskemet 246.
Keelings-Inseln 96.
Kees 188.
Kegel-Projektion 166.
Kehl 252. 399.
Keilberg 332.
Kelat 72.
Kelheim 394.
Kelten 172. 253. 265. 270. 276. 278. 344. 367. 425.
Kempten 395.
Kemi 115.
Kenia 109.
Kent 266. 268. 273.
Kentucky 148.
Kephallenia 238.
Kephisos 234.
Kepler (Joh.) 6.
Kerasun 77.
Kerbela 80.
Kerkyra 238.
Kertsch 308. (Meerenge von) 75. 295.

Kettengebirge 36.
Kew 273.
Khaiber-Paß 69.
Khediv 115. 116.
Kiel 290. 369.
Kieler Hafen 341. 355. 370.
Kieler Kanal 344. 370.
Kies 37.
Kijew (Großfürstentum) 301. (Stadt) 295. 301. 307.
Kilauea 163.
Kilitien 78.
Kilima-Ndscharo 109.
Killarney (See von) 278.
Kimbern 206. 211. 345.
Kingstone (Jamaica) 134.
Kingston (Canada) 153.
Kinzig 324.
Kioto 103.
Kirchen 52.
Kirchenstaat 206. 211. 213 ff.
Kirgisen 307.
Kirgis-Kaisaken 68.
Kischinew 308.
Kisil Irmak 76.
Kison 83.
Kissingen 324. 396.
Kithäron 234.
Kjachta 67.
Kjölen 280.
Kiusiu 103.
Klagenfurt 412.
Klamm (Paß) 317.
Klausenburg 247.
Klausthal 373.
Kleinasien 59. 61. 62. 73. 76 ff. 167. 227. 232.
Klein-Basel 420.
Kleine Antillen 133. 134 f.
Kleine Karpaten 241. 242. 245. 316. 318.
Kleines Rad 333.
Kleine Sturmhaube 333.
Kleinrussen 302. 307.
Klein-Rußland 307.

Kleve (Herzogt.) 377. 378. (Stadt) 378.
Klima 12. 17. (mathem. wirkl.) 27 f., (kontinent.) 22. 171. (ozeanisches ob. maritimes) 22. 171. (mediterranes) 171.
Klingenberg 396.
Klippen 25.
Kloofs 107.
Kloster Bergen 366.
Kloster Neuburg 411.
Klusen 42. 197.
Kneitlingen 370.
Knicks 341.
Kniebis (Paß) 323. 398.
Kniphausen 388.
Knossos 232.
Koblenz 325. 327. 377. 379.
Kochel 334.
Kochelfall 334. 365.
Kocher 323. 398.
Koesfeld 374.
Köln (a. Rhein) 348. 377. 378. 379. 390. 402. (a. d. Spree) 358.
Königgrätz 206. 414. 415.
Königreiche (europäische) 174.
Königsaue 288.
Königsberg 362. 363. 364.
Königsbügel 245.
Königshütte 365.
Königskordillere 124.
Königssee 313. 318. 394.
Königsstuhl (bei Heidelberg) 322. 399. (bei Rense) 327. (im Pfälzergeb.) 322.
Königstein 332. 381.
Körösch 243.
Kösen 336. 367.
Kösener Pforte 336. 367.
Köslin 360.
Köstritz 385.
Köterberg 330.
Köthen 386.

Koevorden (Koeverden) 429.
Koko=Noor 100.
Kokos=Inseln 96.
Kolambo (Kolombo) 93.
Kolberg 361.
Kolbergermünde 361.
Kolchis 224.
Koldewey 23.
Kolin 415.
Kolmar 402.
Kolonialmächte 174.
Kolonnäs (Kap) 234.
Kometen 3. 6. 8 f., (=Kern, =Nebelhülle, =Schweif) 9 f.
Komitate 245.
Komorn 245.
Kommunionharz 373.
Konfessionen 52.
Kong 105. 110. 111.
Kongo 44. 104. 106. 108. 109.
Kongo=Staat 109.
Kongsberg 287.
Konia 77.
Konstantia 108.
Konstantinhafen 161.
Konstantinopel 58. 77. 180. 210. 225. 226. 229 ff. 301, (Str. von) 59. 223. 229.
Konstanz 320. 399.
Konstitution 53 f.
Kontinent 17. 21 f.
Kontinental. Dreieck 169. 170. 309. 325. 329. 337.
Kontinentale Halbkugel 19.
Kontinentale Inseln 30 f. 56. 58.
Kontinentalflüsse 39.
Kontinentalströme 62.
Kontinental=Klima 22. 171.
Kontinente 20. 21. 30. 57.
Kontinentspaare 21. 22. 61.
Kopais=See 234.

Kopenhagen 289.
Koppernigk, Niklas 6. 362.
Koppernikanisches System 6 ff. 15.
Kopten 116.
Korallenbauten 20. 31. 158.
Koralleninseln 20. 31. 162.
Korallenmeer 157.
Koran 71. 85. 86. 228.
Kordilleren 121. 123 f. 124 f. 125. 126. 128. 129. 132. 139. 170. 189.
Kordofan 112.
Korea (Halbinsel) 61. 64. 99. 100 f. 101.
Koresch 70.
Korinth (Busen v.) 233. 236, (Landenge v.) 223. 235. 236, (Stadt) 225. 236.
Koromandelküste 88. 92.
Korone (Stadt u. Bus.) 236.
Korsör 290.
Kortryk 425. 426.
Kos 78.
Kosaken 307. 308.
Kosciuszko=Hügel 301.
Koseir 117.
Kotschin=China 94.
Kottbus 360.
Kowara 111.
Kraal 107.
Krabla 291.
Kragujewaz 239.
Krain 307. 313. 350. 408. 412. 417. 418.
Krainer Alpen 412.
Krakau (Verwaltungs= gebiet) 300 f., (Stadt) 300. 301.
Krater 37.
Krebs (Sternbild) 5, (Wendekreis des) 15. 87. 114. 133. 157. 162.
Krefeld 378.

Kreide 37.
Kreis (Teilung d.) 12.
Kreise des deutschen Rei= ches 348.
Kremer, Gerhard (Mer= cator) 165.
Kreml 305.
Kremnitz 246.
Krems 316. 411.
Kreolen 123. 139.
Kreta 209. 227. 231.
Kreuth 394.
Kreuzberg 324.
Kreuznach 379.
Krimmler Ache 317.
Kristiania (Stift u. Stadt) 287. 288.
Kristianiafjord 287.
Kristiansand (Stift und Stadt) 287.
Kristianshavn 289.
Kroaten 172.
Kroatien 247. 409. 416. 417. 418.
Kroisos 76.
Kronburg 290.
Kronslott 304.
Kronstadt (Rußl.) 304. (Siebenbürgen) 247.
Kru=Neger 110.
Krym (Krim) 207. 226. 295. 298. 308 f.
Kryptogamen 44.
Krystallinische Gesteine 37.
Kryvan 241.
Ktesiphon 80.
Kuan 97.
Kuban 60.
Kudowa 334. 365.
Kuenlun 64. 65. 98. 99. 100.
Küßnacht 422.
Küste 19.
Küstenentwickelung 21 f.
Küstenflüsse 39.
Küstenland (Litorale) 412. 417. 418.
Küstrin 360.
Kufstein 317. 413.
Kugelgestalt der Erde 3.

Kuhstall 332. 381.
Kuka 112.
Kulis 120.
Kulm (Böhmen) 415,
  (Preußen) 363.
Kulmbach 323.
Kulturgewächse 46.
Kulturherbe 49.
Kumä 217.
Kumase 110.
Kunene 108.
Kunersdorf 360.
Kupferberge 124.
Kupferminenfluß 139.
Kura 74. 75.
Kurden 74.
Kurdistan 74.
Kurfürsten 348.
Kurhessen s. Hess.=Kassel.
Kurilen 103.
Kurische Nehrung 294.
Kurisches Haff 294. 342.
  356. 362.
Kurkreis 348. 380.
Kurland 173. 293. 305 f.
Kuro=Schio 27. 101.
Kurpfalz 377. 393. 399.
Kuttenberg 415.
Kydnos 78.
Kydonia 232.
Kyffhäuser Gebirge 331.
  336. 385.
Kyffhausen 336.
Kyllene 235.
Kylladen 31. 237. 238.
Kynast 333. 365.
Kyrana 117.
Kyros 70. 76.
Kythera 239.

L.

Laach 379.
Laacher See 326.
Laaland 289.
Labiau 362.
Labrador 121. 135. 139.
  154.
Labuan (Insel) 95.
La Certosa 209.

Lac Leman 249.
Lacus Fucinus 199.
Lacus Larius 197.
Lacus Trasimenus 200.
Labak 91.
Lade 78.
Ladinsch 346.
Ladogasee 169. 294.
Labronen 162.
Laeken 425.
Läne 285.
Länge (geograph.) 12.
  14.
Längengrabe 13. 14.
Längsthäler 42.
Lago di Garda 197 f.
  414.
Lago maggiore 187. 193.
  195. 196. 207. 421.
  423.
Lagos 110.
La Granja 182.
La Guayra 128.
Lagunen 110. 140. 198.
  209. 210. 293.
La Habana 133.
Lahn 325. 326. 327.
  345. 375. 376. 377.
Lahor 91.
Laibach (Stadt u. Fluß)
  412.
Laknau 91.
Lakkadiven 31. 92.
Lakonien 236.
Lakonischer Busen 236.
La Lippe (Fort) 180.
Lamaismus 100.
La Mancha 177.
La Manche 249.
Lamas 100.
Lampong 95.
Land 19 f. 32.
Landau 350. 397.
Landeck (Tirol) 189. 193.
  312. 317. (Schlesien)
  334. 365.
Landenge 21. — von
  Sues 60. 61. — v. Ko=
  rinth 223. 235. 236.
Landhalbkugel 19. 157.
Landes (les) 252.

Landkarten 164 ff.
Landmächte 174.
Landmassen 20. 47. 57.
Landrücken 31.
Landsberg a. d. W. 360.
Landskrone 365.
Landseeen 24. 42 f.
Landshut 394.
Landspitze 19.
Landzunge 21.
Langenbielau 365.
Langensalza 368.
Langensee s. Lago
  maggiore.
Langres (Hochebene von)
  251. 252. 328.
Languedoc 262 f. (Kanal
  von) 249.
Langue d'oc 253.
Langue d'oui 253.
Lao 94.
Laon 260.
Laotse=Staaten 94.
La perte du Rhône 250.
Laplace 27.
La Plata (Fluß) 125.
  130.
Lappen 173. 282. 287.
  306.
Lappland 286.
Lappländische Alpen 280.
Larisa 233.
La Rochelle 261.
Lasa 100.
La Salle 143.
Lastadie 361.
Lateinisches Kaisertum
  226.
Latium 200. 213.
La Trappe (Kloster) 261.
Laubenheim 400.
Lauenburg (Hzgt.) 285.
  350. 369. 370 f. 372.
  390. (Stadt) 370. (in
  Pommern 361.
Lauf (der Flüsse) 39 f.
Laufen (Schloß) 320.
  421.
Laufenburg 320.
Lausanne 422.
Lausitz 348. 381. 408.

Lausitzer Gebirge 332.
334. 335. 342. 415.
Lausitzer Grenzwall 341.
342. 343.
Lausitzer Neiße 332. 334.
342. 346. 365. 415.
Lauter 322. 402.
Lauterbach 361.
Lauterbrunnen=Thal
320.
Lauterburg 402.
Lava 37.
La Valette 222.
Lawinen 35. 190.
Laxenburg 410.
Lazzaroni 218.
Lebadeia 234.
Lecce 218.
Lech 193. 312. 316. 394.
413.
Lechfeld 244. 316. 395.
Leck 338.
Leeds 274.
Le Havre s. Havre.
Lehm 37.
Lehnin 359.
Leicester 275.
Leiden s. Leyden.
Leine 329. 331. 338.
339. 343. 370. 372.
(Hörsel) 329.
Leinekanal 329 f. 383.
Leiningen (Besitzung der
Fürsten v.) 396. 399.
Leinster 279.
Leipzig 257. 382.
Leitern (Pässe) 69. 73.
Leith 277.
Leitha 242. 318.
Leithagebirge 242. 316.
409.
Leitmeritz 335. 414. 415.
Le Mans 264.
Lemberg (Verwaltungs=
gebiet) 300. 301.
(Stadt) 301. 418.
Lemgo 388.
Lemnos 232.
L'empire 262.
Lena 66.
Lennep 378.

Lenz, Reinhold 111.
Lenzener Wische 343.
Leoben 411.
Leon 177. 178. 183.
Leopoldshall 386.
Leopoldville 109.
Lepanto (Stadt) 233.
Busen v.) 233.
Lepontier 193.
Lepontische Alpen 193.
Lerinische Inseln 262.
Lesbos 78.
Les Echelles 263.
Lesghier 75.
Lesina 240.
Letten 173. 305.
Letztes Viertel des Mon=
des 10.
Leuchten des Meeres 25.
Leuchtenburg 384.
Leuk 422.
Leukadisches Vorgebirge
238.
Leukas 238.
Leukosia 79.
Leuthen 364.
Leuven 425.
Leuwaarden 429.
Le Valais 422.
Levante 77. 166. 263.
394. 412.
Leveche (Wind) 176.
Leverrier (Astronom) 8.
Lewis (Insel) 277.
Leyden 338. 429.
Liambey 108.
Libanon 81.
Libau 305.
Liberia 110.
Libyen 57. 104.
Libyer 113.
Libysche Wüste 112. 114.
Lichtenstein (Schloß) 398.
Lidi 198.
Liebenstein 384.
Liechtenstein (Fürstent.)
174. 309. 315. 351.
353. 419. 423 ff.
Liegnitz 365.
Liestal 421.
Liffy 279.

Ligeris (Loire) 251.
Ligny 426.
Ligurien 199. 207 f.
Ligurischer Apennin 186.
191. 195. 199 f.
Ligurisches Meer 199.
207.
Liguer 248.
Limfjord 288.
Lilienstein 332. 381.
Lille 260.
Lima 129.
Liman 59. 293. 295. 308.
Limburg (Belgien) 425.
(Holl.) 429. (Hrzgt.)
350. 353.
Limburg a. d. Lahn 377.
Limerick 279.
Limmat 321. 421.
Limousin 264.
Lincoln 151.
Lindau 395.
Linden 372.
Lindenmonat 297.
Lingen (Grafsch.) 372.
374.
Linie (Äquator) 4. 12.
Linth (Fluß) 321.
Linthkanal 321.
Linz 411.
Lion (Golfe du) 167. 248.
250. 347.
Lipari 220.
Liparische Inseln 31. 220.
221.
Lippe (Fluß) 328. 330.
343. 373. (Fürstent.)
330. 350. 353. 388 ff.
404. 405. 406.
Lippspringe 328. 373.
Lippstadt 374.
Liris 201.
Lisaine 263.
Lisboo 180.
Lissa (Insel) 240. (Stadt)
364.
Lissabon 180. 230.
Lithosphäre 19. 32. 36.
37.
Litauen (Großfürsten=
tum) 208. 299. 306.

Litauischer Stamm 173.
298. 302. 305. 358.
Litorale (österreichisch.)
313. 412, (ungarische)
247.
Liu-Kiu-Inseln 103.
Livadia (Krym) 308.
Livadien 233.
Liven 173.
Liverpool 274. 275.
Livingstone 108.
Livingstone-Fälle 109.
Livland 173. 284. 293.
298. 305 f.
Livorno 212.
Liwadia (Griechenland)
234.
Llaneros 127.
Llanos 125. 127.
Lobenstein 385.
Locarno 423.
Loch (d. i. See) 275.
Lochy (See) 275.
Lockwood 23.
Locle 423.
Lodi 208. 209.
Lodz 306.
Lötzen 363.
Löwe (Sternbild) 5.
Löwenstein-Wertheim
(Besitz. d. Fürsten v.)
399.
Lofoten 281. 287.
Loire 170. 251. 252.
261. 264.
Lokris 233. 234.
Lombardei 187. 194.
205. 208 f. 408.
Lombardische Seeen 196.
Lombardisches Tiefland
196 f.
Lombok 95. 96.
Lombok-Straße 96.
Lomnitzer Spitze 241.
Lomond-See 275.
London 91. 271 f. 275.
277.
Long-Island 146.
Longobarden 203. 208.
209.
Lop-See 100.

Lorenzstrom 138. 139.
143. 152. 153. 294.
Loreto 215.
Lorient 261.
Lorraine 263.
Lot 249. 251.
Lothringen 255. 256.
263 f. 346. 401. 403 ff.
423. (Hochebene von)
328. 401.
Lothringer 347.
Lough Neagh 278.
Louisiana 143. 144. 148.
149.
Louisville 148.
Lowositz 415.
Lualaba 109.
Lublin 306.
Lucanien 201.
Lucca (Herzogtum und
Stadt) 211. 212.
Luckau 360.
Luckenwalde 360.
Lucriner See 217.
Ludwigsburg 397.
Ludwigshafen 397.
Ludwigskanal 324.
Ludwigslust 390.
Lübeck (Stadt) 256. 284.
344. 351. 353. 354.
390. 391 ff. 404. 405.
406. (Fürstentum)
388.
Lübecker Bucht 388.
Lüderitzhafen 108.
Lueg (Paß) 317. 411.
Lüneburg (Regbz.) 371,
(Stadt) 372, (Für-
stentum) 371. 372.
Lüneburger Heide 340.
341. 342. 372.
Lütschine (schwarze und
weiße) 320.
Lüttich (Liége) 328. 426.
Lützelburg s. Luxemburg.
Lützen 284. 367. 382.
Lufthülle der Erde 1.
10. 19. 27.
Luftmeer 10. 27.
Luftschichten 27.
Luftströmungen 28.

Luganer See 193. 197.
423.
Lugano 423.
Lugdunum (Lyon) 264.
Luisenburg 314. 396.
Lukuga 109.
Lund 286.
Lunéville 263 f.
Lurlei 327.
Lutter 387.
Luxemburg (Großherzog-
tum) 174. 309. 328.
350. 353. 375. 401.
419. 429, (belgisch)
426, (Stadt) 350. 430.
Luxor 116. 258.
Luzern 321. 419. 420.
422.
Luzerner See 422.
Luzon 30. 96.
Lyck 363.
Lyder 76.
Lydien 78.
Lyell, Charles 18.
Lykaonien 77.
Lykien 78.
Lynchgerichte 146.
Lyon 263. 264.
Lyonnais 264, (Gebirge
von) 252.

M.

Maas 39. 251. 254.
260. 264. 326. 328.
337. 340. 346. 401.
426.
Maastricht 328. 425.
429.
Macaluben 221.
Mac Clure 155.
Mackenzie (Alex.) 155,
(Fluß) 136. 139. 155.
Madagaskar 15. 30. 31.
58. 107. 120.
Madeira (Insel) 119.
179, (Fluß) 125.
Madras 92.
Madrid 182. 183.
Mäander 76. 78.
Mägdesprung 337. 387.

Mähren (Land) 318. 334. 348. 350. 408. 415 ff. 417. 418.
Mähren (Volk) 172.
Mährische Höhe 315. 318. 334.
Mährisches Gesenke 334.
Mälarsee 282. 285.
Mäuseturm 327.
Mafia 109.
Magalhães 130. 157.
Magalhãesstraße 123. 130.
Magdalenen=Strom 126.
Magdeburg (Herzogtum) 366, (Stadt) 338. 342. 343. 366. 387. 403.
Magdeb. Börde 343.
Magellan=Straße 123. 130.
Magenta 208.
Magerö 288.
Magnesia 78.
Magyaren 173. 244. 245. 246. 247. 409. 410. 411.
Mahdi 112.
Mahlstrom 287.
Mahon 186.
Mailand (Herzogt.) 205. 207. 408, (Stadt) 208 f.
Maimatschin 67. 100.
Main 45. 314. 323 ff. 324. 325. 375. 377. 379. 384. 396. 400.
Maina 236.
Mainau (Insel) 320. 399.
Maindreieck 324·
Maine (Amerika) 146. 153, (Frankreich) 264.
Mainland 323 ff.
Mainland (Insel) 278.
Mainlinie 310. 351.
Mainoten 236.
Mainviereck 324.
Mainz 319. 327. 349. 350. 368. 375. 400.
Maissur 92.

Majorca 186.
Makao 99.
Makassar 96.
Makedonien 225. 229. 231. 233.
Malabarküste 88. 89. 92.
Malakka (Halbinsel 51. 93. 94, (Stadt) 94. (Straße v.) 94.
Maladetta 175.
Malaga 185.
Malaien 95. 159.
Malaiische Rasse 51. 63. 93. 96. 120.
Malaria 215.
Malchen 322.
Malchin 389.
Male 92.
Malea (Malia) 236.
Malediven 31. 92.
Malgaschen 120.
Mallorca 186.
Malmedy 379.
Malmö 286.
Malta 221. 222.
Malteser 222.
Maltesische Inseln 206.
Malvasia 236 f.
Malwinen 130.
Mameluden 115. 116. 123.
Man (Insel) 268.
Manaar (Golf v.) 92.
Manchester 274.
Mandale 94.
Mandarinen 97.
Mandingos 110.
Mandschu 97. 99.
Mandschurei 64. 67. 98. 99. 100.
Mandschurisch. Geb. 64.
Manila 96.
Manissa (Magnesia) 78.
Manitoba 153.
Manitsch=Niederung 60. 307.
Manko Kapak 129.
Mannheim 323. 397. 399.
Mansfeld (Grafschaft) 367. 368.

Mansfeldisch. Hügelland 331.
Mansfelder Seeen 368.
Mantinea 235.
Mantua 208. 209. 413.
Manzanares 182.
Maoris 162.
Maracaibo 125. 128. 135.
Marajo 41. 131.
Marathon 225. 235.
Marbach 397.
Marburg (hess.) 376. (österr.) 412.
March 318. 334. 410. 416.
Marche 264.
Marchfeld 309. 318.
Maremmen (von Toscana) 200. 212.
Marengo 207.
Marianen 157. 159. 162.
Maria = Theresienstadt 246.
Mariazell 411.
Marienbad 415.
Marienberg 396.
Marienburg (Westpreußen) 356. 363.
Marienwerder 363.
Marignano 208.
Maritza 230. 239.
Mark (Grafschaft) 373.
Marken 215.
Markomannen 318. 414.
Marmara (Insel) 59.
Marmarameer 59. 77. 223. 229.
Marmaros 241.
Marmorbrüche von Carrara 200.
Marne 252. 258. 264. 328.
Marokko (Reich) 117. 118 f., (Stadt) 118.
Maroniten 81.
Marosch 243. 246.
Marquesas=Inseln 31. 162.
Mars (Planet) 8.

Marschland 33. 110. 339.
  343. 372.
Marseille 262.
Marschall = Inseln 162.
  355.
Marstonmoor 275.
Martaban (Meerbusen
  von) 93.
Martigny 249.
Martinique 135.
Martinswand 413.
Maryland 141. 147.
Masenderan 70. 73.
Masis 74.
Maskarenen 31.
Maskat 87.
Masr 116.
Massachusetts 141. 143.
  146.
Massaua 115.
Massengebirge 36.
Massengesteine 18. 37.
Massilia 262.
Maßstab (einer Karte)
  164.
Mataro 185.
Mathematik 1.
Matterhorn 192.
Mauersee 293.
Mauna=Kea 163.
Mauna=Loa 163.
Mauren 113. 118. 178.
  179. 184.
Mauretanien 117.
Mauritius (Insel) 120.
Mazatlan 140.
Mecheln 425.
Mecklenburg (Dorf) 390.
  (Land) 341. 343. 344.
  389 ff.
Mecklenburg = Schwerin
  344. 350. 352. 354.
  389. 403. 405. 406.
Mecklenburg = Strelitz
  344. 350. 352. 390 f.
  403. 405. 406.
Meder 70.
Medien 80.
Medina 86.
Medinat=al=Nabi 86.
Mediomatriker 403.

Mediterranes Klima 171.
Medoc 261.
Meer 17. 19. 20 ff. 22.
  24 ff. 32. 36. 38. 43.
  47.
Meerane 382.
Meeraugen 242.
Meerbusen 20.
Meerenge 20.
Meeresboden 25.
Meeresspiegel 17. 20. 25.
  32. 34. 38. 43.
Meeresströme 26 ff. 156.
Meeresstrudel 26.
Meerwasser 24.
Megalopolis 235.
Megara 235.
Megaris 235.
Mehadia (Bad) 246.
Meiningen 384.
Meisenheim 377. 379.
Meißen (Land) 374.
  380. (Stadt) 335.
  382.
Meißner 329.
Mekka 85. 86.
Mekong 93. 94.
Melanesier 159.
Melazzo 220.
Melbourne 160.
Melchthal 422.
Meleda 240.
Melegnano 208.
Melibocus 322.
Melk 411.
Melos 238.
Memel (Fluß) 41. 293.
  363. (Stadt) 362.
Memeler Tief 294.
Memleben 336. 367.
Memphis 116.
Menam 93. 94.
Menorca 186.
Mensch 2. 17. 48.
Menschenrassen 49 ff.
Mentone 263.
Meppen 372.
Meran 414.
Mercator 165.
Mercators=Projektion
  165.

Mercia 266. 273.
Mergentheim 398.
Merida (Spanien) 184.
  (Yucatan) 141.
Meridiane 13. 15. 36.
  164. 166.
Merkur, Planet 8. 9. 10.
Meromsee 83.
Merseburg 366. 367. 406.
Mersen 401.
Mersey 268. 269. 273.
  274.
Merw 69.
Merwede 337.
Meschhed 73.
Mesolongion 233.
Mesopotamien 49. 62.
  74. 79 f. 80. 82.
Messana 220.
Messene 236.
Messenien (Busen v.) 236.
Messenier 235.
Messina 220. 221. (Meer=
  enge v.) 219.
Mestizen 123. 140.
Metelino 78.
Meteoriten 6. 9.
Meteorologie 1.
Methone 236.
Metz 255. 402. 403.
Mexicanisches Meer 121.
Mexico 15. 49. 122. 123.
  141. 149. (Hochfläche
  v.) 139. (Meerbusen
  v.) 27. 40. 120. 133.
  135. 139. 141. 148.
  (Republik) 139 f.,
  (Stadt) 140.
Mialo 103.
Michelsberg 396.
Michigan (Staat) 149.
Michigan=See 138. 149.
Middelburg 390. 429.
Middlesex 271.
Mikado 102. 103.
Mikra Delos 237.
Milano (Mailand) 208 f.
Milchstraße 7.
Miletos 78.
Militärgrenze 247.
Milleschauer 335. 415.

Millionenstädte 54.
Milseburg 324.
Milwaukee 149.
Minas Geraes 131.
Mincio 197. 208.
Minden 330. 338. 373.
Mindener Berge 330.
Mineralogie 1.
Mineralquellen 38. 326. 397. 415.
Minho (Fluß) 177.
Minnesota 149.
Miquelon 154.
Miramare 413.
Misdroy 361.
Misenum 216.
Missionare 52.
Missionsplätze 141.
Mississippi (Fluß) 39. 41. 136. 137. 138. 143. 144. 145. 148. 149. 151. 188, (Staat) 148.
Missolunghi s. Mesolongion.
Missouri (Fluß) 39. 136. 138. 145. 148. 149. 151, (Staat) 148.
Mistral (Wind) 262. 263.
Mitau 305.
Mittag 2. 13.
Mittagslinien 13.
Mittel = Afrika 50. 53. 105.
Mittelalpen 188. 192 ff. 196. 309.
Mittel = Amerika 57. 121. 131 ff. 134. 141.
Mitteleuropäisch. Gebirge 169. 251. 309.
Mittel = Franken 395.
Mittelfranzösisch. Gebirge 249. 250. 251 f.
Mittelgebirge 35 f., (böhmisch.) 335.
Mittelgebirgslandschaft, deutsche 310. 329.
Mittel=Italien 196. 201. 211. 213.
Mittelländisch. Meer s. Mittelmeer.

Mittellauf eines Flusses 39.
Mittelmark 358. 359. 360.
Mittelmeer 40. 49. 58. 61. 76. 80. 81. 83. 104. 105. 112. 117. 167. 170. 176. 186. 187. 191. 202. 203. 207. 212. 222. 248. 249. 261. 262. 267. 362. 413.
Mittelmeere 20.
Mittelmoräne 35.
Mitternacht 3.
Mittlerer Apennin 199.
Mobile 148.
Mochha 86.
Modena (Herzogtum) 206. 211, (Stadt) 211. 212.
Modlin 306.
Modon 236.
Möen 288. 289.
Möens Klint 288.
Möhra 384.
Mölln 370.
Möllner See 370.
Mömpelgard (Montbeliard) 263.
Mönchgut 361.
Mönchsberg 411.
Möris=See 116.
Mörs (Fürstentum) 377. 378.
Mogador 119.
Moguntiacum 400.
Mohacs 246.
Mohammed 53. 85. 87. 228.
Mohammedaner 53. 71. 72. 74. 81. 82. 84. 92. 111. 178. 231.
Mokattam 116.
Mokka 86.
Moldau (Fluß) 335. 414. 415, (Fürstent.) 241. 247. 248.
Molise 216.
Mollwitz 364.
Molen 21. 207. 361.

Molukken 31. 95. 96.
Monaco 174. 206. 208.
Monarchie 54.
Mond 3. 6. 8. 9 f.
Mondbahn 10.
Monde 8.
Mondfinsternis 3. 10.
Mondjahr 10.
Mondviertel 10.
Mondwechsel (Mondphasen) 10.
Monembasia (Malvasia) 236.
Mongolei 65. 99 f. 307.
Mongolen 71. 90. 98. 100 f. 101. 122. 298. 301. 307. 365.
Mongol. Rasse 50. 63. 93. 101. 173.
Monotheismus 52.
Monrovia 110.
Mons (deutsch: Bergen) 426.
Mons Aventinus 213.
Mons Cälius 213.
Mons Capitolin. 213.
Mons Eryx 220.
Mons Esquilin. 213.
Mons Palatin. 213.
Monsune 28. 63. 89. 101.
Montblanc 64. 67. 170. 187. 191. 192. 196. 249. 250. 263.
Montblanc=Gruppe 250.
Mont Cenis 191. 206.
Mont Cenis = Bahn 191.
Mont Dore 252.
Mont Genèvre 191. 206.
Mont Iseran 191.
Mont Pelvoux 191.
Mont Perdu 175.
Mont St. Jean 425.
Mont Valerien 259.
Montagnes d'Arrée 252.
Montagnes Faucilles 251. 328.
Montana 149.
Montauban 261.

Monte Adamello 194. 312.
Monte Cassino 218.
Monte Cinto 222.
Monte Gargano 199. 201. 218.
Monte Gibello 220.
Monte nuovo 217.
Monte Pellegrino 220.
Monte Rosa 192. 196. 207.
Monte Viso 191. 196. 206.
Montefiascone 215.
Montenegriner 240.
Montenegro 174. 223. 239.
Montevideo 130.
Montferrat (Bergl. v.) 199, (Herzogt.) 205. 207.
Montjouy (Fort) 185.
Montmartre 258. 259.
Montpellier 262.
Montreal 153.
Montreux 422.
Montserrat (Berg) 185. (Insel) 135.
Monza 208.
Moore 33. 275. 278. 297. 325. 326. 333. 335. 339. 340. 342. 363. 373.
Möser 315.
Moränen 35.
Moränenblöcke 35.
Morast 33.
Morawa (serb.) 239. 243.
Moray-Busen 275.
Morea (Halbinsel) 209. 223. 235 ff.
Morgarten 419. 421.
Morgen 2.
Morgenland 59. 166.
Morgenstern 8.
Moria 84.
Moriscos 179.
Mormon City 151.
Mormonen 151.
Moscos 132.

Mosel 325. 328 f. 379. 401. 403.
Moskau (Großfürstent.) 299. 301, (Stadt) 304. 305. 306.
Moskitoküste 132.
Moskwa (Fluß) 295. 305, (Stadt) 304.
Moslim 85 f. 86. 118. 228.
Mostar 239.
Mosul 80.
Motala-Elf 286.
Mounds 148.
Mount Brown 136.
Mount Clarce 158.
Mount Cook 162.
Mount Elias 137.
Mount Everest 34. 64.
Mount Vernon 147.
Mount Wrangel 137.
Mozambique (Stadt u. Insel) 107, (Küste v.) 107, (Kanal v.) 120.
Mpuapua (Mbambua) 109.
Mran-ma 94.
Müggelberge 341.
Mühlberg 367.
Mühldorf 394.
Mühlhausen (Provinz Sachsen) 368.
Mülhausen (Elsaß) 403.
Mülheim a. d. Ruhr 378.
München 393. 394. 407.
München-Gladbach 378.
Münchengrätz 415.
Münden 329. 373.
Mündung 39. 40.
Münster (Bist.) 372. 374. 388, (Stadt) 374.
Münsterthal 421.
Müritz (See) 341.
Mürz 194. 313.
Mufti 228.
Muggendorf 324.
Mulden 99.
Mulahacen 176.

Mulaten 123. 131. 133. 134. 139. 144.
Mulde 335 f. 343. 380. 382.
Mull 277.
Multan 71.
Mummelsee 323.
Mungo 108.
Munkacs 246.
Munster 279.
Munychia 234.
Muonio-Elf 285.
Mur 194. 312. 313. 411.
Murad 74.
Murano 210.
Murcia (Landschaft u. Stadt) 185.
Murg 322. 323. 399.
Muri 421.
Murray (Fluß) 160.
Mursuk 113.
Murten (Stadt) 423. (=See) 423.
Muselmänner s. Moslim.
Musi-Fluß 95.
Muskau 365.
Mylene 236.
Mykonos 237.
Mylä 220.
Mysien 78.

N.

Nab 314. 316.
Nablus 83.
Nachod 415.
Nachtertiäre Formationen 37.
Nachtigal, G. 108. 111.
Nadelkap 108.
Nadeln (i. Geb.) 35. 188.
Nadir 2.
Nagasaki 103.
Nahe 328. 388.
Nahr-el-Asi 80.
Nain 83.
Nama 108.
Namur 328. 426.

Nancy 263.
Nanking 99.
Nansen (Frithj.) 156.
Nantes 261.
Nanzig s. Nancy.
Naphtha 73. 75.
Napoli s. Neapel.
Nar 200.
Narbonne (Narbo) 262f.
Narew 293.
Narni 216.
Narowa 294. 305.
Narwa 305. 390.
Naseby 275.
Nassau (Herzogt.) 263. 350. 357. 374. 376. (Stadt u. Burg) 377, (Stadt u. Fort) 133.
Natal 107.
Natchez 148.
Nationaldenkmal 326.
Nationen 55.
Natolien 77.
Naturdienst 52.
Naturland 55.
Naturwissensch. 1.
Nauheim 401.
Naumburg 336. 367.
Naupaktos 233.
Nauplia 236.
Nauru 162. 355.
Navarino 232. 236.
Navarra (französ.) 257. 261, (span.) 183.
Naxos 237.
Nazareth 83.
Neagh (See) 278.
Neapel (Golf v.) 201. 216. 217, (Königr.) 206. 216ff., (Stadt) 202. 217. 218ff. 230.
Nebel (planet.) 7.
Nebelflecke 7.
Nebelhöhle 314.
Nebelhülle (der Kometen) 9.
Nebenthäler 41.
Nebraska 149.
Neckar 322. 323ff. 325. 343. 397. 398. 399. 400.

Neckar=Kreis 397.
Neckarland 323ff.
Neckarsteinach 323.
Nedschd 87.
Neger 50. 106. 108. 110. 111. 112. 114. 119. 120. 123. 131. 133. 134. 140. 144. 147. 180.
Negerrasse 50. 106. 123.
Negerrepublik 110. 134.
Negroponte 237.
Nehrung 43.
Neïon 238.
Neiße (Stadt) 365.
Neiße (Glatzer) 334. 365.
Neiße (Lausitzer) 332. 333. 334. 342. 346. 365. 382. 415.
Neiße (wütende) 334.
Nelson (Admiral) 116. 184, (Fluß) 139.
Nemausus 262.
Nemi (See v.) 201. 215.
Nenndorf 376.
Nepal 91.
Neptun (Planet) 8. 9. 10.
Nera 200. 216.
Neriton 238.
Nertschinsk 67.
Nesenbach 397.
Neß (See) 275.
Nesse 329.
Nestorianer 92.
Netze 342. 343. 346. 364.
Netzekanal 364.
Neu=Aberdeen 277.
Neu=Archangelsk 152.
Neu=Brandenburg 390.
Neu=Braunsfeld 149.
Neu=Braunschweig 153.
Neu=Breisach 402.
Neuburg (Kloster) 411.
Neuburg (Prov.) 394f., (Stadt) 395.
Neu=Castilien 182f., (Tafelland v.) 177.
Neuchatel 423, (See v.) 320. 422. 423.
Neu=Eberstein 399.
Neue Hebriden 161.

Neuenburg 423.
Neu=England 146.
Neue Welt 59.
Neueste Welt 157.
Neufahrwasser 363.
Neufundland 30. 141. 143. 154. 279, (Bank von) 154.
Neu=Goa 92.
Neugriechen 232ff.
Neu=Guinea 30. 31. 51. 58. 60. 96. 157. 159. 161. 355.
Neu=Holland 160.
Neu=Jerusalem 151.
Neuilly 260.
Neu Kaledonien 58. 157. 161.
Neu Kalifornien 149.
Neu=Karthago 185.
Neu=Korinth 236.
Neu=Lauenburg 161.
Neumark 360. 361.
Neumarkter Hochfläche 241.
Neu=Mecklenburg 161.
Neu=Mexico (Hochfläche v.) 136, (Territ.) 151.
Neumond 10. 26.
Neumünster 370.
Neupersisch. Reich 68. 71. 75.
Neu=Pommern 161.
Neu=Rom 229.
Neu=Ruppin 359.
Neusatz 246. 247.
Neu=Schottland 153. 154.
Neu=Seeland 30. 31. 157. 158. 159. 161. 162ff.
Neu=Sibirien 67.
Neusiedler See 242. 246.
Neu=Spanien (Hochfläche v.) 136.
Neu=Sparta 236.
Neuß 377.
Neustadt (a. Harz) 387, (a. d. Hardt) 397, (bei Magdeburg) 366, (Wienerisch) 410.
Neustadtler Senke 241.
Neustädter Kreis 383.

Neu-Stettin 361.
Neu-Strelitz 390.
Neu-Süd-Wales 160.
Neutitschein 416.
Neu-Vorpommern 360.
Neuwerk (Inf.) 339. 392.
Neuwied 379.
Neu-York s. New-York.
Nevada (Staat) 150.
Nevado (der) von Sorata 124.
Nevi 216.
Nevis 135.
Newa 294. 304.
Newark 147.
Newcastle 274.
New-Hampshire 141. 146.
New-Jersey 142. 147.
New-Orleans 148.
New-Providence 133.
New-Westminster 153.
New-York 142. 146 f.
Ngami-See 108.
Niagara 138.
Niagarafall 138. 147.
Njansa (Victoria-) 109.
Njassa-See 109.
Nicaragua (Republ.) 132.
Nicaragua-See 132.
Nice s. Nizza.
Nicolosi 220.
Nidda 324.
Nieder-Bayern 394.
Nieder-Bengalen 91.
Niederdeutsche 345.
Nieder-Deutschland 309 ff. 310. 311. 337 ff. 341 ff.
Nieder-Guinea 105. 108.
Niederhessen 376.
Niederländer 90. 95. 96. 107. 128. 172. 179. 181. 427.
Niederlande 95. 96. 131. 135. 143. 161. 174. 175. 260. 309. 338. 341. 343. 401, (früher spanische) 408. 424, (Königreich b.) 174. 343. 350. 401. 419. 423. 424. 426 ff.

Niederlausitz 360 f.
Nieder-Navarra 261.
Nieder-Österreich 350. 409 ff. 417. 418.
Niederrhein 254.
Niederrheinischer Kreis 348.
Niedersachsen 340. 371.
Niedersächsisch. Kreis 348. 388.
Niederschlag 43.
Nieder-Schlesien 364. 365.
Nieder-Ungarn (Ebene von) 226. 242 f. 245. 310.
Niederwald 326. 327.
Niedrige Inseln 158.
Niedrige Prärieen 151.
Njemen 173. 293. 296. 306.
Nierstein 400.
Nigir 111. 112.
Nikäa 77. 229.
Nikobaren 94.
Nikolajew 308.
Nikolajewsk 67.
Nikomedien 77. 229.
Nitschitsch 239.
Nil 40. 41. 105. 109. 112. 113 ff. 115. 188. 203. 316.
Nilgiri-Berge 88.
Nil-Delta 40. 114. 116.
Nilland 105. 113 ff.
Nilthal 49. 113. 114 ff.
Nimes 262.
Ninive 80.
Nipon 30. 103.
Nisam v. Haiderabad 91.
Nischnij-Nowgorod 306.
Niveauveränderungen, säkulare 17.
Nivernais 264.
Nizza 187. 191. 263, (Grafsch.) 205. 206. 263.
Nördlicher Landrücken 341 f. 342.
Nördliches Eismeer s. Eismeer.

Nördlingen 395.
Nogat 293. 356. 363.
Nollendorf 415.
Nomaden 49. 50. 67. 71. 72. 74. 86. 245. 307.
Nonnenwerth 326.
Nord-Afrika 27. 50. 53. 104. 110. 202. 222.
Nordalbingien 369.
Nord-Amerika 21. 22. 43. 57. 58. 98. 110. 121. 122. 131. 135 f. 141. 150. 152. 162. 163. 256. 261. 294. 392, (Britisch.) 136. 152, (Union.) 141 ff.
Nord-Amerikaner 110. 154. 159. 163.
Nordamerikanische Seealpen 136.
Nord-Carolina 141. 148.
Nord-Dakota 149.
Norddeutsch. Bund 351.
Norddeutsches Tiefland 292. 310. 329. 331. 337 ff. 355.
Nord-Deutschland 351. 352.
Norddrontheimisches Gebirge 280.
Norden 3.
Nordengl. Gebirge 269.
Nordenstjöld 67. 306.
Norderelbe 392.
Norderney 339. 373.
Nord-Europa 274. 279 ff.
Nordhausen 368.
Nord-Holland 340. 428 ff.
Nordische Mächte 175.
Nord-Indien 49.
Nord-Italien 172. 195. 213.
Nordkaledonisches Gebirge 275.
Nordkanal (zwischen Schottland u. Irland) 265, (Holland) 428.
Nordkap 67. 171. 287.
Nordkyn 288.
Nordmark 356.

Nordnordost 3.
Nordöstliche Durchfahrt 67. 306.
Nordost 3.
Nordost-Passat 28.
Nord-Ostsee-Kanal 370.
Nordpol 4. 5. 15. 22. 23. 57. 121. 135. 155. 186.
Nordpolarländer von Amerika 154 ff.
Nordpolarmeer 23 f.
Nordpol-Expeditionen 23 f. 139. 155 ff.
Nord-Schottland 173.
Nord-Skandinavien 173. 280.
Nordsee 17. 19. 168. 169. 269. 270. 277. 282. 288. 309. 310. 337. 338. 341. 343. 344. 370. 373. 429.
Nordslaven 172.
Nordterritorium (Austr.-Kontinent) 160.
Nordwest 3.
Nordwest-Durchfahrt (Nordwestpassage) 155 f.
Nordwestterritorium (Canada) 153.
Nurfolk 269.
Noricum 345.
Normalm 285.
Normandie 260.
Normannen (Normänner) 122. 154. 216. 254. 260. 265. 270. 283. 289. 301. 347.
Normannische Kolonieen 283.
Normann. Inseln 273.
Norrköping 286.
Norrland 285. 286.
Northumberland 266. 270. 274.
Norwegen 168. 174. 175. 278. 279. 283. 285. 286 ff. 289. 290.
Norweger 155. 172. 278. 282. 283. 287. 289.

Norwich 273.
Novara 207.
Novipasär 227. 239. 416. 417. 418.
Nowa-Georgiewsk 306.
Nowaja-Semlja 23. 31. 60. 168. 169. 306.
Nowgorod 304. 305. 306.
Nowo-Tscherkask 308.
Nubien 105. 114. 115.
Nürnberg (Stadt) 324. 325. 395. 398. (Burggrafent.) 356. 380.
Nullmeridian 13. 14.
Numantia 178.
Numidien 117.
Nymphenburg 394.
Nymwegen 429.

O.

Oahu 163.
Oase 33. 112.
Ob 65. 66. 67.
Ober-Ägypten 116.
Ober-Andalusien 184.
Ober-Bayern 45. 393.
Ober-Canada 153.
Oberdeutsche 345.
Oberdeutsche Hochebene 310. 311. 315. 316. 325.
Ober-Deutschland 309. 310. 311 ff. 319.
Ober-Elsaß 402.
Obere See (der) 138. 153.
Ober-Franken 396.
Ober-Geldern 377.
Obergleichen 384.
Ober-Guinea 110.
Ober-Harz 331. 338. 373. 387.
Oberhaus 394.
Ober-Hessen 376. 401.
Oberhof 384.
Ober-Italien 42. 196. 202. 206 f. 209. 218.
Ober-Kalifornien 140. 150.

Oberlauf eines Fl. 39.
Ober-Lausitz 360. 365.
Ober-Österreich 350. 411. 417. 418.
Ober-Peru 129.
Ober-Pfalz 315. 316. 394.
Ober-Rhein 256. 319 ff. 398. 401. 407.
Oberrheinische Tiefebene 309. 321 ff. 323. 325. 401.
Oberrheinischer Kreis 348.
Obersächsischer Kreis 348.
Ober-Schlesien 365.
Ober-Schwaben (Hochebene v.) 315.
Oberstein 388.
Ober-Ungarn (Ebene v.) 242. 245. 310. 316. 318.
Oberwald 324.
Ober-Wallis 422.
Oberwesel 327.
Obotriten 389.
Ochotsk (Meer von) 67.
Ochsenkopf 314. 323.
Odense 289.
Odenwald 321. 322. 324. 325. 400.
Oder 41. 171. 292. 306. 310. 332. 334. 341. 342 ff. 343. 345. 347. 356. 360. 361. 364. 365.
Oderbruch 33.
Odessa 305. 308.
Odilienberg 322.
Odenburg 246.
Öfen der Salzach 317. 411.
Öhringen 398.
Öland 286.
Ölberg 84.
Öls (Fürstent.) 364.
Ösel (Insel) 305.
Österreich (Erzherzogt.) 318. 409 ff., (Kaiserreich) 174. 180. 187.

Daniels Lehrb. d. Geogr. 30

205. 206. 209. 210. 211. 227. 239. 240. 244. 298. 299. 300. 350. 351. 353. 356. 360. 364. 369. 414 ff. 424, (Herzogt.) 408 f.
Österreich. Alpen 195. 313.
Österreich. Kreis 348.
Österreichische Tiefebene 309. 316. 318.
Österreichisch. Rigi 318.
Österreichisch-Schlesien 334. 350. 416. 417.
Österreichisch-ungarische Monarchie 55. 174. 209. 239. 244 ff. 300 ff. 353. 407 ff. 416.
Österreich ob der Enns 411.
Österreich unter d. Enns 409 ff.
Öttingen (Lande d. Fürsten v.) 395.
Ötzthal 312.
Ötzthaler Ferner 194. 312.
Oeynhausen 373.
Ofen 245 f.
Offenbach 400.
Oglio 197.
Ohio (Fluß) 138. 147. 148. 149, (Staat) 147.
Ohlau 364.
Ohrdruf 384.
Oise 252. 260.
Oka 295. 306.
Okeanos 3.
Oker 338. 370. 387.
Oktogon (Schloß) 376.
Oldenburg (Großherzogtum) 341. 350. 352. 373. 387 ff. 403. 405. 406, (Stadt) 388.
Oliva 356. 363.
Olmütz 416.
Olympia 235.
Olympos 231. 233.
Olymp (Kleinasien) 78.
Olynth 231.
Omaha 145. 149.

Oman 85. 86. 87.
Ombrone 200.
Onega-See 294.
Onolzbach (Ansbach) 395.
Ontario 152. 153.
Ontario-See 138. 139. 146. 153.
Oporto 180.
Oppeln 365.
Oppenheim 400.
Optschina 413.
Oran 118.
Orange 263. 375.
Oranienfluß 107. 108. 355.
Oranienfluß-Freist. 107.
Orbe 422.
Oregon (Fluß) 137. 149, (Staat) 149.
Orenburg 307.
Orientalische Kirche 52.
Orinoco 44. 124. 125. 127. 128. 133.
Orion 5.
Orizaba (Pik von) 136.
Orkaden 278.
Orkney-Inseln 278
Orlamünde 384.
Orleanais 264.
Orleans 264.
Ormus 87, (Straße v.) 61.
Orograph. Karten 38.
Orontes 80. 81. 82.
Orsova 243.
Orte (Kantone) 419.
Orthodoxe Kirche 52.
Orthograph. Projektion 165.
Ortler Alpen 197.
Ortles 194. 312.
Osaka 103.
Osman 77.
Osmanen 173.
Osnabrück (Regbz.) 371, (Stift u. Stadt) 380. 372.
Osning 330.
Ossa (Thessalien) 233.
Osseten 75.

Ostafrika 87.
Ostafrikanische Seeen 106. 109.
Ostafrikanische Inseln 120 f.
Ost-Alpen 189. 191. 194 f. 242. 309. 312. 316.
Ostangeln 266. 273.
Ost-Asien 103. 162.
Ost-Australien 161.
Ost-Beskiden 241.
Osten 2. 3.
Ostende 426.
Oster-Dal Elf 281. 286. 291 ff.
Oster-Ems 338.
Osterinsel 163.
Osterland 380. 381. 384.
Osterode 373.
Oster-Schelde 337.
Osteuropa 52. 53. 172. 173. 291. 295. 337. 343.
Ostfalen 371.
Ostfeste 20. 21. 23. 33. 47. 58. 59. 121. 122.
Ost-Flandern 424. 426.
Ost-Florida 148.
Ostfriesland 372.
Ost-Galizien 300.
Ost-Ghats 88.
Ostgoten 203.
Ost-Hamiten 114.
Ostia 215.
Ostjaken 66.
Ostindien 90. 104. 111. 179. 207.
Ostind. Compagnie 90.
Ostkap 23.
Ostkontinent 57 f.
Ostnordost 3.
Ost-Österreich 409.
Ostpreußen 298. 299. 341. 344. 353. 356. 362 ff. 404. 405. 407.
Ostström. Reich 204. 225.
Ostrumelien 227. 239.
Ostsee 25. 168. 169. 279. 282. 285. 286. 288. 292. 293. 294.

296. 298. 299. 304.
309. 310. 337. 341.
343. 344. 347. 370.
390. 391.
Ostseeprovinzen 172.
305 f.
Ost=Pyrenäen 175. 261.
Ost=Sibirien 67.
Ostsibirische Gebirge 64.
Ost=Turkestan 65. 100.
Ost=Vaage 287.
Ost=Virginien 147.
Otranto 219.
Ottawa (Stadt u. Fluß) 153.
Ottensen 369.
Ouse 269.
Over=Yssel 427. 429.
Oviedo 183.
Owen=Stanley 161.
Oxford 273.
Oyos 68.
Ozarkberge 136.
Ozean 4. 20. 48.
Ozeane 22 ff.
Ozeanische Halbkugel 19.
Ozeanische Inseln 31 f. 56. 58.
Ozeanisches Klima 22.

P.

Pacific=Eisenbahn 145. 149.
Pacifischer Erdteil 158.
Pacifischer Ozean 23.
Packeisstrom 154.
Pader 374.
Paderborn 374.
Padischah 227. 228.
Padua 210.
Padus (Po) 196.
Päpstliches Gebiet 206.
Pässe (im Geb.) 42. 57.
Pästum 218.
Paisley 277.
Palästina 81. 82 ff. 227.
Palestrina 215.
Palau=Inseln 162.
Palembang 95.

Palermo 220.
Palksstraße 92.
Palma 186.
Palmoja 78.
Palmyra 82.
Palos 184.
Pamir 64. 67.
Pampas 125. 127. 130.
Pamplona 183.
Pamphylien 78.
Panama (Republ., Land=
 enge, Kanal u. Stadt)
 124. 129. 132.
Pandschab 88. 91.
Panormos 220.
Pannonien 244.
Patikapäon 308.
Papenburg 373.
Papenwasser 342.
Paphlagonien 77.
Papst 203.
Papuas 51. 159.
Para (Stadt) 131.
Paraguay (Fluß) 125.
 130. (Republik) 130.
Parallelkreise 12. 165. 166.
Paramaribo 131.
Paramos 126.
Parana (Fluß) 125. 130.
Parchim 390.
Parias 89.
Parime (Gebirgsland v.) 125.
Paris 13. 254. 257.
 258 ff. 263. 271. 379. 402.
Parma (Herzogt.) 205.
 211. (Stadt) 211.
Parnasos 233.
Paros 237.
Parry (Kapitän) 155.
Parsen 72. 92.
Parthenope (Neapel) 218.
Parthisches Reich 68. 70. 71.
Pascha 227.
Pas de Calais 249.
Paß s. Pässe.
Passate 27. 28. 124.

Passau 310. 316. 317. 394. 411.
Passeierthal 312. 414.
Pasterzen=Gletscher 312.
Patagonien 50. 123. 127. 130.
Patmos 78.
Patna 91.
Paträ 235, (Busen von) 233.
Patriarchalische Verfas=
 sung 53.
Pau 261.
Paulinzelle 336. 385.
Pavia 209.
Pawlowski 304.
Pawnees 151.
Payer, Julius 23.
Pays de Vaud 422.
Peak=Gebirge 269. 274.
Pechlarn 411.
Pedemontium 206.
Peene 284. 341. 342. 360. 361. 362.
Pegnitz 324. 395.
Pegu 93.
Peiho 99.
Peipussee 294. 305.
Peiräeus 234. 235.
Peking 67. 97. 99 ff.
Pelion 233.
Pella 231.
Peloponnes 223. 232. 235 ff. 236. 239.
Pelplin 363.
Pelusium 115. 117.
Peneios 233.
Penn, William 142.
Penninische Alpen 192 f.
Pennsylvanien 142. 147. 148.
Pensacola 148.
Pentelikon 235.
Pera 230.
Peräa 83.
Perekop 308.
Pergamos 78.
Perim (Insel) 86.
Periodische Quellen 38.
Periodische Seeen 412.
Perleberg 360.

30*

Perlen-Inseln 162.
Perlmuschelbänke 61.
Perm 296. 307.
Pernambuco 131.
Perpignan 261.
Persante 341. 361.
Persepolis 73.
Perser 68. 70. 71. 72. 73. 76. 78. 225. 231. 234.
Persien 69. 71. 72. 75. 87. 92. 307.
Persischer Meerbusen 61. 69. 79. 87.
Persisches Reich 71. 72 ff. 115.
Personal-Union 174.
Perspektivische Projektion 165.
Porte du Rhône 250.
Perth (Australien) 161, (Schottland) 277.
Peru 49. 122. 123. 129 f., (Kordillere v.) 124.
Perugia 212. 216, (See v.) 200.
Peschauer 72.
Pescherähs 130.
Peschiera 208.
Pest 245 f.
Petersberg (bei Halle) 367, (Citadelle bei Erfurt) 368, (Citadelle bei Maastricht) 429.
Petersburg 67. 304. 305.
Petersinsel 320.
Peterwaldau 365.
Peterwardein 247.
Petrographie 1.
Petroleumquellen 148.
Petropaulowsk 67.
Petschili-Busen 99.
Petschora 293.
Pfäffers (Bad) 421.
Pfälzergebirge 322. 328.
Pfahlgraben 345.
Pfalz 142. 348. 401. (Kur-) 377. 393. 399. (Ober-) 315. 316. 394. (Rhein-) 323. 393. 396.

Pfalz (Schloß) 327.
Pfalz-Zweibrücken 284. 393.
Pfefferküste 110.
Pflanzen 44 ff.
Pflanzen-Geographie 44, (v. Europa) 171.
Pflanzenkunde 44.
Pforta 367.
Pforte (hohe) 230. 232. 248.
Pforzheim 399.
Phaleron (Hafen) 234.
Phanerogamen 44. 45.
Pharsalos 233.
Phasis 75.
Philadelphia 147.
Philä 116.
Philippinische Inseln 95. 96. 162.
Philippoi 231.
Philippopel 230.
Philippsburg 399.
Philister (Land der) 84.
Phönizier 57. 81. 104. 117. 166. 178. 220. 221. 222. 273. 362.
Photis 233.
Phorkys 238.
Phrygien 77.
Physik 1.
Piacenza 211.
Piave 198.
Picardie 260.
Pic Bernina 194. 312.
Pic de Nethou 175.
Picenum 199.
Pichincha (Vulkan) 129.
Pico de Teide 110.
Pico grande 108.
Pic Posets 175.
Piemont 187. 191. 192. 199. 205. 206 f.
Pieter-Maritzburg 107.
Pietramala (Paß) 212.
Pignerolo 206.
Pik von Orizaba 136.
Pikten 265.
Piktenwall 274.
Pilatus (Berg) 193. 311. 422.

Pillau 362.
Pillauer Tief 293.
Pillnitz 381.
Pilsen 414. 415.
Pindos 223. 231. 233.
Pinzgau 317. 411.
Piombino 213.
Pirna 381.
Pisa 211. 212.
Pisaner 222.
Pisek 414. 415.
Pissa 293.
Pistoja (Pistoria) 212.
Pittsburg 147.
Pizarro, Franz 129 f.
Piz Bernina 194. 312.
Piz Languard 194.
Plan 164.
Planeten 5. 6. 8. 9. 10.
Planetenbahnen 8.
Planetengruppe 8.
Planetenring 8.
Planetoiden 8.
Planigloben 13. 165.
Plataä 234.
Plattdeutsche Sprache 345.
Plattefluß 149.
Platten-See 242.
Plaue 385.
Plauen 382.
Plauenscher Grund 381.
Plauenscher Kanal 342.
Pleiße 336. 382. 384.
Plöner See 341.
Plürs 209.
Plutonische Gesteine 37.
Plutonisten 18.
Plymouth 273.
Po (Padus) 191. 196 f. 197. 198. 200. 206. 207. 211.
Po della Gnocca 198.
Po Grande 198.
Podol 307.
Podolien 306.
Point de Galle 93.
Pointe a Pitre 135.
Poitiers 85. 261.
Poitou 254. 261.
Pol 12. 13. 15. 16.

Pola 412.
Polarachse 4.
Polare Luftströmungen 28.
Polare Projektion 165.
Polarinseln 156.
Polar-Kontinent (südl.) 15. 24.
Polarkreise 14f. 15. 16. 22. 45.
Polarländer 35. 48. 50. 154ff. 167.
Polarmeere 23. 24. 27. 135. 156.
Polarseeen (amerikan.) 139.
Polarstämme 63.
Polarstern 5. 15.
Polder 339.
Pole (der Erde) 4. 12. 13. 15. 44. (des Himmels) 15.
Polen (Land) 284. 299ff. 300. 302. 306. 307. 347. 356. 357. 362. 364. 381.
Polen (Volk) 172. 284. 298. 300. 307. 361. 384.
Poltawa 284. 307.
Polyeder-Projektion 166.
Polynesien 21. 157ff. 162.
Polynesier 159f. 162.
Pometia 201.
Pommern 284. 285. 341. 343. 344. 345. 350. 360ff. 404. 405. 407, (Volk) 361.
Pomona (Insel) 278.
Pompeji 217.
Pondischerri 92.
Ponte Molle 215.
Pont du Gard 262.
Pontinische (pomtinische) Sümpfe 201. 202. 215.
Pontisches Randgebirge 76.
Pontische Steppe 297.
Pontos (Meer) 59, (Reich) 77.

Pontos Euxeinos 59.
Popokatepetl 136.
Porcopolis 147.
Poros 237.
Porphyr 37.
Port au Prince 134.
Port Elisabeth 108.
Port Jackson 160.
Port Philipp 161.
Port Said 117.
Porta westfalica 330. 373.
Portages (Tragplätze) 138.
Portici 217.
Porto s. Oporto.
Porto Ferrajo 212.
Porto Longone 212.
Porto Rico s. Puerto Rico.
Porto Santo 119.
Portsmouth 273.
Portugal 96. 107. 119. 128. 130. 141. 174. 176. 177. 178. 179ff. 181. 383. 391. 427.
Portugiesen 90. 91. 93. 94. 95. 99. 102. 104. 108. 111. 119. 122. 128. 172. 183.
Porussen 356.
Posen (Prov.) 300. 344. 353. 357. 363ff. 398. 404. 405. 407, (Stadt) 363. 364.
Posilippo 217.
Possen 385.
Poti 75.
Potidäa 231.
Potomac 137. 147.
Potosi 129.
Potsdam 359. 360. 364.
Pozzuoli 216. 217.
Pränesté 215.
Prärieen 137. 147. 151.
Prag 351. 357. 369. 381. 409. 414f. 415. 418.
Praga 306.
Prebischthor 332. 415.
Pregel 41. 293. 362.

Prenzlau 360.
Preßburg 240. 242. 245.
Preßburger Pforte 245. 310. 316. 318.
Presidios 119. 141.
Preston 274.
Preußen (Hrzgt.) 356, (Königr.) 102. 206. 257. 285. 299. 300. 349. 350. 351. 352. 354. 355ff. 368. 369. 371. 372. 373. 374. 378. 381. 388. 389. 395. 403. 404. 405. 406. 408. 409. 416. 423, (Polnisch) 300, (Volk) 356. 368. 373.
Preußisch-Eylau 363.
Preußisch-Litauen 363.
Priegnitz 360.
Primäre Formation 37.
Prinz-Edwards-Insel 153.
Prinzen-Inseln 229.
Pripet 295. 306.
Prociba 216.
Projektionen 165.
Propontis 229.
Prosna 306.
Protest. Kirche 91. 173. 245. 247. 253. 271. 279. 299. 357. 409.
Protuberanzen (der Sonne) 7.
Provence (Provincia) 187. 191. 262.
Provençalen 172.
Provençalische Tiefebene 252.
Providence (Stadt) 146.
Provinz s. Provence.
Prut 226. 243. 247. 248. 301. 308.
Pruzzen 356.
Ptolemäer 115.
Ptolemäisches System 6.
Ptolemäus (Geograph) 6.
Ptolemaïs 81.
Puebla 140.
Puerto Cabello 128.
Puerto Rico 134.

Pußten 243.
Pusterthal 312. 413.
Putbus 361.
Putziger Wiek 363.
Puy de Dome 251. 264.
Pylos 232. 236.
Pyramiden 116 f.
Pyrenäen 173. 175. 176. 178. 185. 186. 249. 261. 262.
Pyrenäische Halbinsel 167. 175 ff.
Pyriz 361.
Pyrmont 330. 389.

Q.

Quäker 142. 271.
Quänen 283. 287.
Qualöe 287.
Quarnero (Buf. v.) 167.
Quartäre Formationen 37.
Quebec 152. 153.
Quecksilberbergwerke 183. 412.
Quedlinburg 366.
Queensland 160.
Queis 333. 334.
Quellen 38. 43.
Queretaro 140.
Querthäler 42.
Quichuas 122.
Quito (Stadt) 129, (Hochebene v.) 129.

R.

Raab (Fluß) 242. 245. 254, (Stadt) 245.
Rachel 315. 316.
Rad (großes u. kleines) 333. 335.
Radicofani 212. 215. 216.
Räter 346.
Rätien 193. 345.
Rätische Alpen 193.
Rätoromanen 172.
Ragaz 421.
Raguja 240.
Rajahs 228.
Rainweg s. Rennsteig.
Raizen 239.
Ramberg 331.
Ramla 84.
Rammelsberg 372. 373.
Randgebirge 36.
Rangun 93.
Rapperswyl 321.
Rappoltsweiler 402.
Rassen 49 f.
Rastatt 350. 399.
Ratibor 334. 365.
Ratzeburg 370. 389. 390.
Ratzeburger See 370. 390.
Raubstaaten 118.
Rauhe Alb (Alb) 313. 398.
Rauhes Haus 392.
Ravenna 198. 211.
Ravensberg 373.
Rawitsch 364.
Recife 131.
Rednitz 324.
Red River 138.
Reeden 21.
Rega 341. 361.
Regen 314. 316.
Regensburg 310. 315. 316. 345. 348. 394.
Reggio (Oberital.) 211, (Calabr.) 219.
Regnitz 324. 395. 396.
Rehme (Bad) 373.
Rejkiavik 291.
Reichenau (Dorf) 319, (Insel) 320. 399.
Reichenbach (Königreich Sachsen) 382, (Schlesien) 365.
Reichenberg 415.
Reichenhall 394.
Reichsfürsten, deutsche 348.
Reichskreise, deutsch. 348.
Reichsstädte, deutsch. 337. 349.
Reichsstände 348.
Reichswald 402.
Reisträger 333.
Reims 264.
Reinerz 334. 365.
Reinhardsbrunn 383.
Reis=Effendi 228.
Reiß, Wilh. 124.
Reliefkarten 38.
Religionen 52 f.
Remscheid 378.
Rendsburg 370.
Rennes 261.
Rennsteig 330.
Renntierlappen 283.
Rennweg s. Rennsteig.
Reno 196.
Renje 327. 379.
Republik 53. 54.
Republiken (europ.) 174.
Resina 217.
Restinseln 31.
Réunion (Insel) 120.
Reus 185.
Reuß (Fluß) 192. 193. 311. 321. 422.
Reuß (ält. und jüngere Linie) 332. 351. 352. 353. 383. 384 ff. 385. 404. 405. 406.
Reußen s. Russen.
Reutlingen 398.
Reval 305. 306.
Revolution (b. Erde) 11.
Rhätikon 193.
Rhein 39. 41. 170. 189. 193. 250. 251. 252. 254. 264. 310. 313. 319 ff. 323. 325. 326. 327. 328. 335. 337 ff. 338. 339. 344. 345. 346. 349. 357. 377. 378. 379. 397. 399. 400. 402. 411. 413. 414. 420. 421. 422. 429.
Rhein Bayern 396.
Rheinbund 348. 349. 381. 400.
Rheindelta 41. 328. 337. 339. 429.
Rheinfall 320. 421.
Rheingau 327.

Rhein=Hessen 400.
Rheinisches Schiefergeb. 309. 322. 325 ff. 329.
Rhein = Marne = Kanal 252.
Rheinpfalz 393. 396.
Rheinprovinz (Rheinland) 328. 350. 357. 377 ff. 404. 405. 406.
Rhein = Rhone = Kanal 251. 403.
Rheinstein 327. 379.
Rheithron 238.
Rhodanus (Rhone) 249.
Rhode (Insel) 146.
Rhode=Island 141. 146.
Rhodope = Gebirge 223.
Rhodos 78. 79.
Rhön 324. 325. 329. 396.
Rhone 189. 191. 193. 249 f. 250. 251. 252. 254. 262. 263. 311. 313. 347. 422. 423. (Tiefl. der) 252.
Rhonegletscher 249.
Ribe 289.
Richmond 147.
Riddarholm 285.
Riede 315.
Rienz 189. 413.
Ries 395.
Riesa 382.
Riesendamm 279.
Riesengebirge 333. 334. 335. 364. 365. 415.
Riesenkoppe 333. 365.
Rif 117.
Riff 26.
Riga 305.
Rigascher Meerbusen 168. 293. 299. 305.
Rigi 193. 311 f., (österr.) 318.
Rigi=Kulm 312. 422.
Ringe (des Saturn) 8.
Ringgebirge auf dem Monde 10.
Rinnsal 38.
Rinteln 376.
Rio 131, (Bai v.) 131.

Rio de Janeiro 131.
Rio de La Plata 125. 130.
Rio Grande del Norte 136. 149.
Rio Grande do Sul 131.
Rio Madeira 125.
Rio Negro 44. 125.
Rion 75.
Ritter, Karl 55. 366.
Ritzebüttel 392.
Riva 414.
Rivoli 211.
Robeson = Kanal 136. 156.
Rocca di Papa 215.
Rochefort 261.
Rochelle (la) 261.
Rocky=Mountains 136. 137. 153.
Robben 249.
Römer 71. 74. 76. 81. 117. 172. 178. 191. 196. 204. 211. 220. 221. 222. 225. 232. 238. 247. 248. 262. 264. 265. 318. 344. 345. 379. 394. 400. 402.
Römisch=deutsches Reich 346 ff.
Römische Küstenebene 199.
Römisch=kath. Kirche 52. 91. 173. 179. 182. 204. 231. 245. 247. 253. 271. 279. 299. 300. 357. 393. 397. 399. 400. 409. 420. 423. 424. 427. 429.
Roer 328.
Röraas 287.
Roermond 429.
Röskilde 290.
Rohlfs, G. 111.
Rokitno = Sümpfe 297. 299.
Rolandsbresche 175.
Rolandseck 326. 379.
Rom 58. 77. 82. 196. 200. 201. 202 ff. 206.

208. 210. 212. 213 ff. 215. 216. 217. 218. 219. 221. 235. 254. 256. 262. 330.
Romäer 230.
Romagna 206. 211. 213.
Romanen 172. 189. 244. 253. 300. 346. 421.
Romuni s. Rumänen.
Roncevalles (Thal) 175.
Ronneburg 384.
Rorschach 421.
Rosenheim 394.
Rosenstein 397.
Rosette 116.
Roß (Seefahrer) 24. 155.
Rußbach 367.
Roßleben 336. 367.
Roßtrappe 336. 366.
Rostock 389. 390.
Rotation (der Erde) 11. 14. 17. 27.
Rotenburg (Dorf) 336. (Ruine) 385.
Rotenturmpaß 241. 243. 247.
Roter Fluß 138.
Roter Main 323. 396.
Rotes Meer 15. 61. 83. 84. 114. 115. 117. 227.
Rothaargebirge 326.
Rothäute 50. 142.
Rotlagergebirge 326. 330.
Rotrussen s. Ruthenen.
Rot = Rußland 300.
Rottenburg 398.
Rotterdam 273. 429.
Roubaix 260.
Rouen 255. 260.
Roussilon 261.
Roveredo 414.
Rubico 211.
Rudelsburg 367.
Ruden 362.
Rudolstadt 385.
Rübeland 387.
Rüdesheim 327. 377.
Rügen 361. 362.
Rügenwalde 360.
Rüsli 419.
Rugard 361.

Ruhla 383.
Ruhr 327. 328. 378.
Ruhrort 378.
Rumänen 244. 246. 247 f. 248. 301. 409.
Rumänien 172. 174. 227. 244.
Rumänische Tiefebene 243. 310.
Rumaunisch 346.
Rumburg 415.
Rumelien (Rumili) 227. 228. 229 ff. 231. 239.
Ruppin (Grafsch.) 360.
Ruß 294.
Russen 65. 66. 69. 71. 77. 172. 226. 231. 232. 248. 284. 295. 298. 301. 302. 303. 305. 360. 361. 368. 384.
Russ. Reich 298. 299. 301 ff.
Russisch=Turan 68.
Rußland 15. 30. 60. 66. 67. 68. 72. 75. 97. 98. 99. 100. 172. 173. 174. 175. 257. 284. 285. 286. 287. 299. 300. 301 ff. 302. 306. 353. 357. 409.
Rust 246.
Rustschuk 239.
Ruthenen 300. 301. 302.
Ruwenzori 109.
Ryssel (Lille) 260.

S.

Saalach 394.
Saale (thüringische) 314. 330. 331. 332. 336 f. 343. 367. 368. 380. 383. 384. 385. 386. (fränkische) 324.
Saalfeld 336. 384.
Saalkreis 367.
Saan 428.
Saandam 428.
Saane 423.
Saar 322. 328. 360.

Saarbrücken 375. 380. 403.
Saarlouis 380.
Saaß 414. 415.
Sabeller 201.
Sabinerberge 200. 215.
Sachalin (Insel) 67. 99. 101.
Sachsen (Volksstamm) (in England) 261. 265. 274. (in Deutschland) 330. 331. 347. 372. 377. 387. (in Siebenbürgen) 247.
Sachsen (Königr.) 332. 348. 350. 352. 354. 357. 365. 380 ff. 386. 403. 404. 406. 415.
Sachsen (Provinz) 337. 350. 365 ff. 404. 405. 406.
Sachsen=Altenburg 350. 352. 384 ff. 404. 405. 406.
Sachsenburger Pforte 336.
Sachsenhausen 377.
Sachsen=Coburg=Gotha 350. 352. 368. 383 ff. 404. 405. 406.
Sachsen=Meiningen 350. 352. 384 ff. 404. 405. 406.
Sachsen=Weimar 332. 350. 352. 382 ff. 403. 405. 306.
Sacramento (Fluß) 150. (Stadt) 150.
Sächsisches Bergland 309. 332. 335.
Sächsische Schweiz 332. 333. 381.
Sächsisch=thüringische Staatengruppe 332. 380 ff.
Säntis (hoher) 312.
Sahama 124.
Sahara 15. 105. 111. 112 ff. 117.
Säulen des Herakles 58.
Saide 81.

Saigon 94.
Sakalaven 120.
Sala 286.
Salamanca 183.
Salamis 225. 237.
Salamvrias 233.
Sala y Gomez 163.
Salerno 218. 259.
Salford 274.
Salm (Fürsten) 374.
Salodurum 420.
Salomons=Inseln 161. 355.
Salomons=Thron 69.
Salon 185.
Saloniki 231. (Meerbusen v.) 223. 231.
Salsette 92.
Salso (Himera) 221.
Salzach 42. 194. 317. 318. 411.
Salzbergwerke 301. 366. 411.
Salzbrunn 365.
Salzburg (Herzogtum) 318. 350. 411. 417. 418. (Stadt) 394. 411.
Salzburger Alpen 194. 195. 313. 317. 411.
Salze (Ruine) 324.
Salziger See 42.
Salzkammergut 195. 313. 318. 411.
Salzquellen 38.
Salzsee (großer) 142. 151.
Salzseeen 42. 74. 76. 117. 118. 294.
Salzsteppe 292. 297.
Salzsümpfe 118.
Salzungen 384.
Salzwedel (Mark) 356. (Stadt) 366.
Salzwüsten 70.
Samaden 421.
Samaria 83.
Samariter 83.
Samarkand 68. 69.
Sambesi 11. 107. 109.
Sambre 328.

Samen (Lappen) 282.
Samland 362.
Samniten 201. 216.
Samoa=Inseln 162.
Samojeden 66. 173.
Samos 78. 227.
Samosch 243.
Samothrake 232.
St. Andrews 277.
St. Augustin 148.
St. Barthelemy 135.
St. Bernhard (gr. u. kl.) 191. 192. 206.
St. Blasien 399.
St. Bonifacio = Straße 222.
St. Christoph 135.
St. Cloud 260.
St. Croix 134. 289.
St. Cruz 119.
St. Denis 250.
St. Domingo (Insel) 134. (Republik und Stadt) 134.
St. Elmo (Kastell) 222.
St. Etienne 265.
St. Eustach 135.
St. Felipe de Austin 149.
St. Florian 411.
St. Francisco 145. 150. (Bai v.) 150.
St. Gallen 421.
St. Georgskanal 265.
St. Germain 260.
St. Geronimo de Yuste 184.
St. Goar 327. 379.
St. Gotthard 192 ff. 249. 311. 319. 321. 422.
St. Helena 31. 120. 257.
St. Helenenthal 410.
St. Jacob (Dorf) 420.
St. Ildefonso 182.
St. Johann (Rheinprovinz) 380.
St. John (Insel) 134. 289. (Neu=Braunschweig) 153.
St. Johns (Neu=Fundland) 154.

St. Juan (Fluß) 132.
St. Juan de Puerto Rico 134.
St. Juan de Ulua (Fort) 140.
St. Lorenz=Busen 139. 153.
St. Lorenzstrom 138. 139. 143. 152. 153. 294.
St. Louis (Afrika) 111. (Amerika) 148.
St. Lucia 135.
St. Malo 261.
St. Marie (Insel) 120.
St. Marino 174. 206. 211.
St. Martin 135.
St. Maurice 422.
St. Miguel 119.
St. Nazaire 261.
St. Paolo de Loanda 108.
St. Paul (Insel) 31.
St. Petersburg 67. 304. 305.
St. Pierre (Ins.) 154. (Stadt) 135.
St. Quentin 182. 260.
St. Salvador (Republik) 132.
St. Sebastian 183.
St. Thomas (Amerika) 134. 289. (Afrika) 31. 119.
St. Vincent (Insel) 135.
St. Wolfgang (See v.) 318.
Sand 37.
Sand (Am) 414.
Sandbänke 26. 339.
Sandboden 33.
Sandfischbai 108.
Sandinsel 41. 339.
Sandomir (Bergland v.) 341.
Sandstürme 112.
Sandwich=Inseln 15. 31. 162.
Sandy=Kap 157.
Sansibar 87. 106. 109. 120.

Sanskrit 89.
Sans=Souci 359.
Santa = Marta = Gebirge 126.
Santa Maura 238.
Santander 183.
Santiago (Insel) 119. (Stadt) 129.
Santiago (de Compostela) 183.
Santiago de Cuba 134.
Santorin (Thera) 31. 170. 238.
Saône (Arar) 250. 251. 252. 254. 262. 264.
Saporogen 307.
Saratow 307.
Sarden 222.
Sardes 78.
Sardinien (Insel) 205. 222. (Königreich) 205 ff. 263.
Sarepta 307.
Sarmatische Ebene 169.
Sarnen 422.
Saron (Ebene) 84.
Saron. Meerbusen 237.
Sart 78.
Saskatschewan 139.
Sassaniden 71. 80.
Sassari 222.
Saßnitz 362.
Saterland 340. 388.
Saturn (Planet) 8.
Sauerland 327. 328. 374.
Saumpfade 175. 189. 193. 311.
Saumwege 191.
Savannah 148.
Savanen 105. 121. 125.
Save 239. 242. 243. 247. 313. 346. 412.
Saverne s. Zabern.
Savoyarden 183. 263.
Savoyen 187. 191. 205 f. 222. 250. 263.
Schachenschah 72.
Schächen 422.
Schären 281. 306.
Schafsberg 318.

Schaffhausen 320. 419. 421.
Schaf=Inseln 290.
Schamanen 52.
Schamanismus 52.
Schamo 65.
Schan 94.
Schandau 381.
Schanghai 97. 99.
Schari 111. 112.
Scharnitz 413.
Schat=el=Arab 80.
Schaumburg 376. 388.
Schaumburg=Lippe 330. 351. 353. 388 f. 404. 405.
Scheit 86.
Scheitelpunkt 2.
Schelde 251. 254. 260. 337. 339. 426.
Schellenberg 423.
Schemnitz 246.
Scheppenstedt 370. 387.
Scheveningen 429.
Schiefergebirge (rhein.) 309. 322. 325 ff. 329.
Schiiten 53. 71. 72. 73. 80.
Schildkröten=Ins. 129.
Schimiju 109.
Schiras 70. 73.
Schire (Fluß) 109.
Schiwa 89.
Schlagintweit, Gebrüder 64.
Schlammabsätze 18.
Schlangenbad 326.
Schlawe 361.
Schlei 368. 370.
Schleiz 385.
Schlesien 333. 334. 348. 356. 364 f. 404. 405. 406. 408. (österreich.) 334. 350. 416. 417. 418. (preuß.) 334. 350. 356. 357. 364 ff. 404. 405. 406.
Schleswig (Herzogtum) 339. 341. 353. 368. 369. 370 f., (Stadt) 370.

Schleswig=Holstein 289. 341. 344. 368 ff. 369. 370. 387. 404. 405. 406.
Schlettstadt 402.
Schleusen 44.
Schleusingen 368.
Schlierfee 317. 394.
Schmalinseln 198.
Schmalkalden 376.
Schmiedeberg 333. 365.
Schmücke 336. 384.
Schneeberg (Alpen) 313. 410, (Fichtelgeb.) 314, (Glatzer Bergl.) 334, (Stadt in Sachs.) 382.
Schneefelder 281. 311.
Schneegrenze 35.
Schneegruben 332. 365.
Schneekopf 330.
Schneekoppe 288. 333. 334. 335. 365.
Schneestürze 35. 190.
Schnepfenthal 383.
Schönbrunn 410.
Schönburgische Besitzungen 382.
Schönebeck 366.
Schonen 286.
Schotten 276.
Schott. Hochlande 275 f.
Schott. Grenzgeb. 270.
Schottland 45. 171. 203. 224. 265. 267. 270. 275 ff.
Schotts 117.
Schreckhorn 311.
Schütt (Insel) 245.
Schütze (Sternbild) 5.
Schumla 239.
Schwabach 395.
Schwaben (Volksstamm) 316. 347. 401, (Prov.) 370. 394.
Schwäbisch = fränkisches Stufenland 325.
Schwäb. Jura 313 f. 314. 315. 322.
Schwäbischer Kreis 348.
Schwäbisch Gmünd 398.
Schwäbisch Hall 398.

Schwalbach 326. 377.
Schwanenfluß 161.
Schwarza 336.
Schwarzawa 318. 416.
Schwarzburg (Fürstent.) 332. 385. (Schloß) 336. 385.
Schwarzburg = Rudolstadt 351. 352. 385. 404. 405. 406.
Schwarzburg = Sondershausen 351. 352. 385. 404. 405. 406.
Schwarze Elster 335.
Schwarze Lütschine 320.
Schwarzes Meer 25. 59. 68. 74. 75. 77. 168. 169. 223. 224. 226. 230. 247. 292. 295. 299. 308.
Schwarzwald 310. 315. 320. 321. 322 ff. 323. 397. 399.
Schwarzwald=Kreis 397.
Schweden (Königr.) 168. 174. 175. 273. 279. 283. 284. 285 ff. 296. 298. 302. 362. 372. 389. 392.
Schweden (Volk) 172. 282. 283. 289. 304. 305. 306. 359. 360. 361. 395.
Schwedt 360.
Schwefelquellen 379.
Schweidnitz 365.
Schweidnitzer Hochfläche 333.
Schweif (Kometen) 9.
Schweinfurt 323. 396.
Schweiz 113. 172. 174. 187. 196. 208. 209. 249. 250. 309. 315. 321. 403. 419 ff., (böhm.) 415. (deutsch.) 420 ff., (fränk.) 324. (franz.) 422. (ital.) 423, (sächs.) 322. 333. 381.
Schweizer Eidgenossenschaft 174. 419.

Schweizer Hochebene 315.
Schweizer Jura 250 f. 263. 313. 315. 323. 423.
Schwelm 374.
Schwerin 389. 390.
Schweriner See 341. 389.
Schwerkugel 18.
Schwerkraft 11.
Schwetzingen 390.
Schwyz 321. 419. 422.
Schwyzer Alpen 193. 311.
Scilly-Inseln 273.
Scirocco 202.
Scone 277.
Scylla 219.
Seapoys 90.
Sebastopol 308.
Sebchas 118.
Sedan 206. 257. 264.
Sedimente 18.
See 19. 42.
See-Alpen (europäische) 191. 199. 249. 262. 263, (nordamerikan.) 136.
Seekarten 165.
Seeklima 22. 45. 171 f.
Seeküste 19.
Seeland (Dän.) 286. 289 f. 290, (Niederlande) 424. 427. 429.
Seemächte (europ.) 174.
Seeenplatte (arktische) 139. 294, (baltische) 341. 361, (finnische) 294.
Segesta 220.
Segovia 183.
Seifenberg 333.
Seilang 92.
Seine 170. 251. 252. 258. 260. 261. 264.
Sekundäre Formationen 37.
Sekten (relig.) 52. 53.
Seitenthäler 41.
Selebes 30. 31. 95. 96.

Selef 78.
Seleste 78.
Seleukia 78. 80.
Seleukiden 70. 80. 81. 90.
Selinus 221.
Selte 337. 386. 387.
Selkirt, Alex. 130.
Selters 326. 377.
Selz (Ruine) 324.
Semgallen 305.
Semiten 85.
Semliki 109.
Semlin 247.
Semmering 312. 411.
Sempach 419. 422.
Senegal 41. 110. 111.
Senegambien 105. 110. 111.
Senkung (säkulare) 17. 280.
Senner Heide 338. 388.
Septimer 193.
Sequana (Seine) 252.
Seraï (Serail) 229.
Seraschan 68.
Serajewo 239.
Seraing 426.
Serben 172. 239. 247.
Serbien 174. 227. 239. 240. 243.
Seret 301.
Sermione (Sirmio) 197.
Serra de Cintra 180.
Serra da Estrella 177.
Serras 176.
Sesia 196.
Sestos 229.
Seul 101.
Severn (Nordamerika) 139, (England) 268. 273. 275.
Sevilla 177. 184.
Seychellen 120.
Shannon 278. 279.
Sheffield 274.
Shetland-Inseln 23. 278. 290.
Shires (Grafsch.) 271.
Siam (Reich) 93, (Meerbusen v.) 93.

Sibirien 15. 62. 63. 65 ff. 100. 139. 172. 296. 307.
Sibirisch. Tiefland 42. 62. 65. 67.
Sichelberge 251. 328.
Sichem 83.
Sicilien 20. 105. 118. 167. 206. 219 ff., (Königr. beid. Sicilien) 216 ff.
Sidon 81.
Sidra (Meerbusen v.) 117.
Siebenbürgen 241. 243. 245. 246 f. 247. 409. 416. 417. 418.
Siebenbürgisches Erzgebirge 241.
Siebengebirge 326. 327. 328. 379.
Sieben Gründe 333. 335.
Siebenhügelstadt 213.
Sieg 327.
Siegen 374. 375.
Siena 212.
Sierra de Gredos 177.
Sierra de Guadarrama 177. 182.
Sierra de Monchique 180.
Sierra-Leoneküste 110. 121.
Sierra Morena 177. 178. 180. 183.
Sierra Nevada (nordamer.) 136. 137, (span.) 176. 178.
Sierra Nevada de Santa Marta 125.
Sierra von Texas 136.
Sierras 176.
Sievershausen 372.
Sigmaringen 315. 380.
Sifhs 91.
Siktim 91.
Sikoku 103.
Sila-Wald 219.
Silberberg 364.
Silberstrom 125. 139.
Silistria 247.

Sill 194. 413.
Silvretta 193.
Simferopol 308.
Simplon= (Simpeln=)
Paß 192. 193. 194.
208. 422.
Simplonstraße 192.
Sinai (Gebirge) 84,
(Halbinsel) 84.
Sind (Küstenland) 91.
Singapur 94. 150.
Sinigaglia 215.
Sinkstoffe 40. 42. 210.
Sinope 77.
Sin=syn 102.
Sinus 77.
Siogun 102.
Sion 422.
Sioux (Stamm der) 151.
Sir 65. 68. 69.
Siracusa 221.
Sirmio 197.
Sitka 152.
Sitten 422.
Siut 116.
Siwah 113.
Siwas 77.
Skagastölstind 281.
Skagen 289.
Skagens Horn 288.
Skager=Rak 168. 287.
Skalholt 291.
Skalitz 415.
Skandinavien 45. 168.
172. 340. 391.
Skandinavische Alpen
280 f.
Skandinavische Halbinsel
15. 271. 279 ff. 294.
Skaptar Jökul 291.
Skio 78.
Sklavenküste 110.
Sklaven=See 139.
Skorpion (Sternbild) 5.
Skoten 265.
Skutari (alban.) 231,
(kleinasiatisch) 77. 230.
Skye 277.
Skythen 301.
Slaven 55. 172. 173.
189. 194. 226. 232.

239. 244. 245. 247.
298. 301. 302. 309.
345. 346. 347. 349.
356. 358. 371. 372.
389. 409. 410. 412.
416.
Slavonien 244. 247. 409.
416. 417. 418.
Slovaken 172.
Slovenen 172.
Smaragdinsel 278.
Smith=Sund 136. 155.
Smolensk 307.
Smum (Wind) 112.
Smyrna (Ismir) 78.
229.
Snehätta 281.
Snowdon 269.
Sobat 114.
Soden 326.
Södermalm 285.
Södermanland 285.
Sömmerda 368.
Soest 374.
Sofala=Küste 107.
Sofia 239.
Sogdiana 68.
Sognefjord 281.
Soigne (Wald v.) 425.
Soissons 260.
Sokoto 112.
Sokotra 120 f.
Soldatenplätze 141.
Solfatara 217.
Solferino 208.
Solingen 378.
Solling 330. 338.
Solmsische Besitzungen
379. 401.
Solothurn 419. 420.
Solquellen 38. 42.
Solstitien 15.
Solstitium (Sommer=,
Winter=) 15.
Somal=Land 106.
Somal (Volk der) 106.
Somma 217.
Somme 260.
Sommer 12. 16.
Sommerzeichen 5.
Sonderburg 370.

Sondershausen 385.
Sonne 3. 5. 6. 7. 9 ff.
15. 17.
Sonneberg 384.
Sonnen=Äquator 7.
Sonnenbahn 5, (schein=
bare) 9.
Sonnenburg 360.
Sonnenfinsternis 10.
Sonnenkörper 7.
Sonnenscheibe 7.
Sonnenstillstände 15.
Sonnenstand 12.
Sonnentag 11.
Sonnenwochen 16.
Sorata 124.
Sorau 360.
Sorgenfrei 290.
Sorrento 217.
Southampton 273.
Spaa 426.
Spalato 240.
Spandau 359.
Spanien 96. 119. 127.
128. 130. 132. 134.
139. 141. 143. 144.
159. 173. 174. 176.
178. 179. 180 ff. 216.
249. 254. 261. 266.
391. 408. 423. 427.
Spanier 95. 119. 122.
127. 129. 133. 134.
148. 162. 172. 181.
183. 185. 203. 209.
222. 260.
Spanish Town 134.
Sparta 218. 225. 234.
236.
Speier 256. 396. 399.
Spektralanalyse 7.
Spencer Golf 158.
Spessart 324. 325.
Spetsia (Insel) 237.
Spezzia (Stadt) 208.
(Busen v.) 208.
Sphakteria 236.
Sphagia 236.
Sphinx 116.
Spicheren, Höhen von
403.
Spiegelsche Berge 366.

Spielberg 416.
Spirdingsee 293.
Spithead 273.
Spitzbergen 23. 27. 31. 168. 169. 285.
Splügenpaß 193. 209. 319.
Spoleto 216.
Sporaden 237. 238.
Spree 341. 342. 343. 346. 356. 358. 359. 382.
Spreewald 342. 360.
Springflut 26.
Sprudel 415.
Sprudelquellen 201.
Srinagar 91.
Staaten 53 ff., (europ.) 174.
Staatenbund (Deutschl.) 350.
Staatsgebiet 55.
Stabiä 217.
Stade (Regbz.) 371, (Stadt) 372.
Stadt am Hof 394.
Stände 54.
Staffa 277.
Stahleck 327. 379.
Stambul 229.
Stancho 78.
Stanley 109.
Stanley-Fälle 109.
Stanley-Pool 109.
Stanz 422.
Stargard 361.
Starkenburg 400.
Starnberger See 317. 394.
Staßfurt 366. 386.
Staubbach 320.
Stauropol 75.
Stavanger 287.
Stavanger Fjord 287.
Stecknitz 342.
Steier 411.
Steiermark 313. 350. 408. 411. 417. 418.
Steigerwald 324.
Steilküsten 22.
Stein 320, (Burg) 377.

Steinbach, Erwin von 402.
Steinbock (Sternbild) 5, (Wendekreis des) 15 f. 126. 131. 157. 163.
Steinboden 33.
Steinhuder Meer oder See 339. 372. 388.
Steinkohle 37.
Steinkohlengebirge (der Saar) 322.
Steinkohlenlager 326.
Steirische Alpen 194. 313.
Steinsalzlager 366.
Steinsalzwerk 301. 366. 411.
Stellae fixae 5.
Stendal 366.
Steppen 33. 49. 65. 68. 75. 76. 79. 88. 99. 100. 107. 112. 115. 117. 120. 121. 125. 127. 151. 158. 172. 201. 242. 292. 294. 295. 297. 307. 308.
Steppenflüsse 39. 68. 72. 76. 100.
Steppenseeen 43. 67.
Stereographische Projektion 165.
Sternberg 389.
Sternbilder 5.
Sterne 3. 5. 6 ff. (1., 2. ꝛc. Größe) 5.
Sternenhimmel 4 f.
Sternentag 11.
Sternkarten 5.
Sternschnuppen 9.
Stettin 361.
Stettiner Haff 342.
Stier (Sternbild) 5.
Stikin Region 153.
Stilffer Joch 194. 197. 209.
Stillengürtel 28.
Stiller Ozean 4. 23. 24. 27. 37. 57. 63. 94. 98. 135. 136. 137. 139. 140. 145. 149. 150. 153. 155. 157.

Stirling 277.
Stockholm 180. 283. 285. 288.
Stolberg 368.
Stolberg. Besitzungen 366. 368. 373. 401.
Stolberg-Roßla 368.
Stolberg-Stolberg 368.
Stolberg-Wernigerode 366.
Stolp 360.
Stolpe (Fluß) 341.
Stolpmünde 360.
Stolzenfels 327. 379.
Stormarn 369.
Stör 370.
Straits Settlements 94.
Stralsund 286. 361.
Strand 19.
Strandseeen 41. 43. 114. 118. 198. 295.
Straßburg 256. 321. 322. 399. 400. 401. 402.
Straße der Dardanellen 59. 229.
Straße v. Calais 167. 251. 260.
— v. Dover 168. 249.
— v. Gibraltar 58. 117. 119. 178. 186.
— v. Kaffa 59. 295.
— v. Kertsch 75. 295.
— v. Konstantinopel 59. 223. 229.
— v. Malakka 94.
— v. Messina 219.
— v. Mozambique 120.
— v. Ormus 61.
— von St. Bonifacio 222.
Straßen 20.
Stratford 275.
Straubing 394.
Strelasund 361.
Strom 38.
Stromboli 170. 220. 221.
Stromentwickelung 39.
Stromgabelung 44.
Stromgeschwindigkeit 41.
Stromniederungen 42.

Stromöe 290.
Stromschnellen 39. 40. 93. 114. 137. 138. 295. 320. 327.
Stromsystem 39.
Stromstrich 41.
Strudel 40. 320.
Stuban (Thal) 312.
Stubbenitz 362.
Stubbenkamer 362.
Stubenberg (Stufenberg) 386.
Stufenland 56.
Stuhlweißenburg 246.
Sturmhaube (große u. kleine) 333.
Stuttgart 397.
Styx 235.
Suahelilüfte 120.
Suakin 115.
Sub-Apennin 199. 200. 201.
Subarktische Zone 45.
Subtropische Zone 45.
Sucre 129.
Sudan 110 ff. 113. 118. (Hoch-, Flach-) 105 ff. 112.
Sudan-Neger 106. 111.
Sudeten 309. 318. 333. 334.
Süd-Afrika 31. 32. 50. 59. 87. 104. 106. 107 ff. 108.
Südafrikanischer Freistaat 107.
Süd-Amerika 12. 15. 21. 22. 31. 32. 43. 57. 58. 101. 111. 120. 121. 122. 123 ff. 127 f. 128. 131. 133. 135. 138. 141. 163.
Südamerikanische Tiefebene 125.
Süd-Asien 87. 101. 171.
Süd-Austral. 161. 174.
Süd-Carolina 141. 148.
Süd-Dakota 149.
Süddeutsche Staaten 351. 352. 393 ff.

Süd-Deutschland 343. 393 ff.
Süden 2. 3.
Süderelbe 392.
Süderland s. Sauerland.
Süd-Holland 429.
Süd-Italien 202. 213.
Südkanal s. Canal du Midi.
Südlicher Apennin 201.
Südlicher Landrücken 341 f. 343.
Südl. Seealpen (Nord-Amerika) 136.
Südliches Eismeer 23. 24. 58. 121.
Südost 3.
Südost-Passat 28. 124. 158.
Südpol 4. 15.
Südpolar-Kontinent 15. 24.
Südruss. Steppe 295. 297.
Süd-Rußland 308.
Süd-Schweden (Flachland v.) 282. 287.
Südsee 20. 23. 31. 132. 157.
Südsee-Inseln 21. 31. 51. 58. 157. 162.
Südsee-Insulaner 17.
Südslaven 172.
Südwest 3.
Südwest-Asien 113.
Süntel 330.
Süptitz 367.
Süßwasser 24.
Süßwasserseeen 42. 125. 138.
Sues 116, (Busen v.) 61. 84, (Landenge v.) 60. 61, (Kanal v.) 87. 116. 129.
Suffolk 269.
Suhl 368.
Suleimangebirge 69.
Sulina-Mündung 244.
Sulioten 231.
Sulitelma 280.

Sultan 228.
Sulu 107.
Sulu-Inseln 96.
Sulzer Belchen 322. 403.
Sumatra 30. 31. 95.
Sumpf 33.
Sund 168. 286. 288. 290.
Sundainseln (große) 58. 95, (kleine) 96.
Sunda-Inseln 95.
Sundastraße 95. 96.
Sunderland 274.
Sundewitt 370.
Sunion 234.
Sunniten 53. 71.
Sur 81.
Surabaja 95.
Surakarta 95.
Surate 92.
Surinam 131.
Surrey (Grafsch.) 271.
Susa 206.
Susquehannah 137. 147.
Sussex 266. 273.
Sutschau 99.
Svealand 285.
Swansea 274.
Swantewit 362.
Sweaborg 306.
Swine 342.
Swinemünde 361.
Sybaris 219.
Sydenham 273.
Sydney 160.
Syene 116.
Sylt 339. 370.
Syra 237.
Syrakus 221.
Syrien 62. 70. 76. 80 ff. 217. 227.
Syrisch-arabische Wüste 81.
Syrte (gr. u. kl.) 104. 105. 112. 117. 118.
Szegedin 246.
Szeller 246.
Szigeth 246.
Szumava 314.

T.

Tabogo 135.
Tabernae (Zabern) 402.
Tabor (Berg) 83, (Kreis u. Stadt) 414. 415.
Tadmor 82.
Tábris 73. 75.
Tänaron 236.
Tafelbai 108.
Tafelberg 108.
Tafelfichte 333.
Tafelländer 36. 176.
Tagalen 96.
Taganrog 308.
Tageszeiten 10 f.
Tag= u. Nachtgleichen 11.
Tag= u. Nachtlänge 12. 15 f.
Tagliamento 198.
Tahiti 162.
Tajo 177. 182. 183.
Tai=wan 99.
Ta=tjang 98. 99.
Takht=i=Suleiman 69.
Tamina 421.
Tana (Stadt) 308.
Tana=See 114.
Tanais (Don) 295. 308.
Tananarivo 120.
Tanaro 196. 207.
Tanga 109.
Tanjanjika=See 109.
Tanger 118.
Tangermünde 366.
Tania 116.
Taprobane 92.
Taranto (Tarent) 218 f., (Busen von) 201. 218. 219.
Tarim (Fluß) 100.
Tarn 249. 251. 261. 262.
Tarnopol 301.
Tarnowitz 341.
Tarragona (Tarraco) 185.
Tarsos 78.
Taschkent 69.
Tasmania (Tasmanien) 31. 157. 160. 161 f.

Tatarei, hohe 100.
Tataren 173. 295. 296. 302. 307.
Tatra 241.
Tauber 324. 325. 398.
Tauern, hohe 175. 194. 312. 317.
Taufstein 324.
Taunus 326. 327. 377.
Taurien 295.
Tauros 76.
Tay (Fluß) 277, (See) 275.
Taya 318.
Taygetos 236.
Teck 398.
Tecklenburg 374.
Tegernsee 317. 394.
Teheran 73.
Tehuantepec (Isthmus v.) 132, (Bucht v.) 136.
Teich 42.
Teisun 101.
Tejo 41. 177. 180.
Tell=Atlas 117. 118.
Tellenplatte 422.
Teltow 360.
Temesvar 246.
Temperatur 11. 18. 45.
Tempethal 233.
Tenasserim 93.
Tenedos 78.
Tenerife 119. 221.
Tenessee (Fluß) 138, (Staat) 148.
Tenno 102.
Tenochtitlan 140.
Tenos 237.
Tepl (Fluß und Kloster) 415.
Teplitz 377. 415.
Terceira 119.
Terek 60.
Terni 216.
Terracina 202. 215.
Torre nouve 143.
Territorien 144. 150. 151.
Tertiäre Formationen 37.

Teschen 416.
Tessin (Fluß) (Ticino) 192. 196. 207. 208. 209. 423, (Kanton) 422. 423.
Tetschen 415.
Teufelsbrücke 321.
Teufelsmauer 387.
Teutoburger Wald 169. 309. 328. 330. 338. 388.
Teutonen 262. 345.
Teverone(Anio)200.215.
Texas 136. 149. 151.
Texel 339. 429.
Tezcuco (See) 140.
Thal 40.
Thale 366.
Thal = Ehrenbreitstein 379.
Thalweg (eines Flusses) 40.
Tharand 381.
Tharr (Wüste) 88.
Thasos 232.
Thau (Strandsee) 262.
Theben (ägypt.) 116. 117, (griech.)225.234.
Theiß 241. 242. 243. 245. 246.
Themse 41. 268. 269. 271. 272. 273.
Thera 31. 170. 238.
Therapia 230.
Theresienstadt (Böhm.) 415, (Ungarn) 246.
Theresiopel s. Maria= Theresienstadt (Ungarn).
Thermen 38.
Thermopylen 225. 234.
Thessalien 231. 233. 234.
Thessalonike 231.
Thomaschristen 92.
Thonbänke 339.
Thorn 363.
Thorshavn 290.
Thrakien 229. 230. 231.
Thrak. Chersones 229.

480 Register.

Thüringen 45. 330 f. 353. 368. (Landgrafschaft) 374. 380. 381.
Thüringer Wald 314. 324. 329. 330. 331. 336. 383. 384. 385.
Thüringer Pforte 329. 383.
Thür. Hügelland 328. 330. 331. 336.
Thuner See 320.
Thur 312. 421.
Thurgau 421.
Thurn u. Taxis (Fürsten von) 398.
Tiber 200. 211. 213. 214. 215. 216. 254.
Tiberias (See v.) 83.
Tibesti 113.
Tibet 65. 88. 93. 100.
Tibur 215.
Tiden 26.
Tiefe (eines Flusses) 40.
Tiefebene 32.
Tiefen 4.
Tiefländer 32. 56. 61.
Tienschan 64. 65. 100.
Tientsin 99.
Tiergeographie 46 f.
Tierkreis 5.
Tierkunde 46.
Tierra fria 140.
Tierra templada 140.
Tierra caliente 140.
Tierwelt 46 f.
Tiflis 75.
Tigerinsel 99.
Tigris 74. 75. 79. 80. 227.
Tilsit 357. 363.
Timavo 195.
Timbuktu 111. 113. 119.
Timor 224.
Timur (Ins.) 96. (Mongolenfürst) 68. 71.
Tinde 280.
Tippo Saib 92.
Tirol (Land) 194. 318. 350. 408. 413 ff. 440. 417. 418. (Schloß) 414.
Tiroler 413.

Tiroler Alpen 194. 312.
Tiryns 236.
Titicaca = See 32. 124. 129.
Titlis 311.
Tivoli 215.
Tobolsk 67.
Tocantins 125.
Tödi 193. 311. 321.
Tönning 370.
Toggenburg 421.
Togoland 110. 355.
Tokai 246.
Tokio 103.
Toledo 183. (Berge v.) 177.
Tolosa 178.
Tomsk 67.
Tondern 370.
Tonga = Inseln 162.
Tongatabu 162.
Tongking 94. (Buf. v.) 93. 94.
Torf 33.
Torgau 367.
Turino (Turin) 206.
Torneå 280. 286. 306.
Torne Elf 285. 286.
Toronto 153.
Torresstraße 161.
Tortuga 134.
Toscana (Großherzogt.) 205. 211. 212. ff. 213. (Maremmen v.) 200. 212. (Plat. v.) 200. 212.
Toscan. Apennin 199. 200.
Toscan. Küstenebene 199. 201.
Totes Meer 81. 83.
Toul 255. 264.
Toulon 262.
Toulouse 262.
Touraine 264.
Tournay (Doornik) 426.
Tours 264.
Toussaint 134.
Township 144. 151.
Trabanten 8.
Trachyt 37.

Tragplätze 138.
Trakehnen 363.
Transkaukasien 74. 75.
Transkaspische Länder 69.
Transleithanien 244 ff. 409.
Transsilvania 246.
Trapani 230.
Trapezunt 75. 77.
Traun 195. 313. 318.
Traumsee 318.
Traunstein 318.
Trausnitz 394.
Trautenau 415.
Travankur 92.
Trave 341. 342. 391.
Travemünde 391.
Travers 423.
Trebbia 187. 196.
Trebnitz 341.
Trebur 400.
Treibholz 156.
Trent 269.
Trento 414.
Treptow (a. d. Rega) 361.
Trias 37.
Tribur s. Trebur.
Trient 414.
Trientiner Alpen 195. 197. 313.
Trier 348. 375. 377. 379.
Triest 350. 408. 411. 412 f. 418. (Golf v.) 167. 195. 350. 412.
Trifels 322.
Triglav 195. 198. 313.
Trinacria 219.
Trinidad 134. 135.
Tripoli (Syrien) 81.
Tripolis (Afrika) 112. 113. 118. 227. (Griechenland) 235.
Tripolitza 235.
Trocadero 259.
Troja 78. 225.
Trollhätta = Fälle (Teufelshutfälle) 282.
Trollhätta = Kanal 282.

Tromsö 287.
Tropen 29. 44. 46. 124. 132. 167.
Tropenkreise 15.
Tropfsteinhöhlen 324. 387. 412.
Tropische Zone 16. 45.
Troppau 416.
Troyes 264.
Trutzkap 123.
Tsad=See 105. 111. 112. 113.
Tschatyr=Dagh 308.
Tschechen 414.
Tscherkessen 75.
Tschernosem 297.
Tschihil=Minar 73.
Tschuktschen 67. 122.
Tsing 97.
Tuamotu=Inseln 162.
Tuareg 113. 117.
Tuat 119.
Tubu 113.
Tubuland 113.
Tübingen 397.
Türken 68. 72. 73. 77. 79. 90. 100. 115. 116. 173. 221. 222. 226 ff. 228. 230. 231. 232. 244. 248. 284. 298. 299. 302. 306. 307. 410.
Türk. Reich 75. 78. 118. 174. 207. 227 ff. 228. 239. 247. 248
Tula 307.
Tundra 62. 66. 296.
Tungusen 66. 97. 99.
Tungusien 99.
Tunguska, obere 66.
Tunis (Staat) 117. 118. 227. (Stadt) 118. (Bai v.) 118.
Turan 42. 61. 67 ff. 69. 70. 72. 100. (Tief= land v.) 61. 65.
Turcos 118.
Turin 206.
Turkestan 65. 67 ff.
Turkmenen 68. 71.
Tuscien 211.

Tuscisch. Meer 200.
Tusculum 216.
Tweed 270.
Twer 304. 306.
Tyne 274.
Tyrrhenisches Meer 167. 200. 202. 215. 219.
Tyros 81.

U.

Ubangi 109.
Ucker 341. 360.
Uckermark 341. 360. (Seeenland d.) 341.
Udine 211.
Übergangsjahreszeiten 16.
Überhöhung 165.
Überlinger See 320.
Uchtland 423.
Ufer 19. 39.
Ufnau 321.
Uganda 109.
Uhlandshöhe 326.
Ukraine 307.
Ulm 315. 316. 350. 398.
Umbafluß 355.
Ulster 279.
Umbrien 199. 216 f.
Umdrehung d. Erde 11.
Ungar. Erzgebirge 242. 245. 246.
Ungar. Tiefebene 187. 240. 241. 310. 313.
Ungarn (Königr.) 172. 174. 226. 241. 244 ff. 347. 408. 409. 416. 417. 418.
Ungarn (Volk) 172. 173. 226. 244 ff. 246. 247. 347. 367. 385. 395.
Union 89. 97. 102. 136. 141 ff. 152.
Unstrut 336. 367. 368.
Unstrutried 244. 347. 367. 385.
Unter=Ägypten 113. 116.
Unter=Canada 152. 153.

Unter=Elsaß 402.
Unter=Franken 396.
Unter=Harz 331. 368. 373. 386. 387.
Unter=Italien 196. 216.
Unter=Kalifornien 141.
Unterlauf e. Flusses 39.
Untersee 320.
Unterseeische Hochflächen 25.
Unterwalden 321. 419. 422.
Unter=Wallis 422.
Untiefe 26. 40. 60. 168.
Upland 285.
Upsala 286.
Ural (Fluß) 60. 294. 307. (Gebirge) 36. 60. 68. 169. 292. 293. 295. 307.
Uranus (Planet) 8.
Urbino 215.
Urga 100.
Urgestein 37.
Uri 321. 419. 422.
Urkantone 321.
Urmia=See 74. 75.
Urner Loch 321.
Urseren=Thal 321.
Uruguay (Fl.) 125. 130, (Republ.) 130.
Urwälder 45. 125 f. 126. 137. 150. 298.
Usedom 342. 361.
Utah 151.
Utrecht 427. 429.
Uttewalder Grund 332. 381.

V.

Vaage (Ost= u. West=) 287.
Baal 107.
Baduz 423.
Valais 422.
Baldivia 130.
Valencia (Prov.) 176. 185. (Stadt) 185.
Valenciennes 260.

Daniels Lehrb. d. Geogr. 31

Valengin (Valendis) 423.
Valentia Harbour 279.
Valentia (Insel) 279.
Valladolid 183.
Valparaiso 129.
Val Tellina s. Veltlin.
Vancouver-Insel 136. 153.
Vandalen 117.
Van Diemens-Land 161.
Vani (Thal von) 192. 196.
Var 186. 262.
Vardöhuus 288.
Vares (Kap) 175.
Varietäten 50.
Varinas 128.
Varzin 361.
Vasco da Gama 90. 92. 104. 107. 179.
Vaucluse 263.
Vaud (pays de) 422.
Vedrette (Gletscher) 188.
Veen (b. hohe) 326. 328. 379. 426.
Begesad 392.
Beji 215.
Velina 216.
Velmer Stoot 330.
Veltlin 197. 209.
Benaissin 262.
Vendée 261.
Venedig (Venezia) 198. 209 ff. 212. 238. 408.
Venediger 312.
Venetien 187. 206. 209 ff.
Venezuela (Repbl.) 128. 134. 135. (Stadt) 128. (Küstengeb. v.) 122. 124. 125.
Venlo 429.
Venus (Planet) 8.
Vera Cruz 140.
Vercelli 206.
Verden (Fürstent.) 284. 372. (Stadt) 372.
Verdun 254. 255. 264. 423.

Vereinigte Staaten von Amerika 89. 97. 102. 136. 141 ff. 152. 153. 154.
Verfassungen 53.
Vermont 146.
Verona 210. 211.
Versailles 260. 352. 396.
Versteinerungen 37.
Verviers 426.
Vesontio 263.
Vespucci (Amerigo) 57. 122.
Vesuv 170. 201. 217. 221.
Vevey 422.
Via Aemilia 211.
Via Appia 213. 215.
Via mala (Paß) 193. 319.
Via sacra 213.
Viborg 289.
Vicenza 210.
Vicksburg 148.
Victoria (Austr. Kolonie) 160. (Hongkong) 99. (Vancouver-Ins.) 153. (Kamerunland) 108.
Victorialand 24.
Victoria-See 106. 109. 114.
Victoria-Wasserfälle 109.
Victorshöhe 331. 387.
Vienne (Fluß) 252. (Stadt) 263.
Vierlande 392.
Viersen 378.
Viertel (erstes, letztes) 10.
Vierwaldstätter Alpen 193. 311. 321. 419.
Vierwaldstätter See 193. 311. 312. 321. 419.
Vilajets 228.
Villach 412.
Villanova de Goa 92.
Vincennes 260.
Vindelicien 345.
Vindonissa 321. 421.
Vintschgau 194. 413.
Vionville 403.

Virginia-City 150.
Virginien 141. 147. 148.
Virginien-Inseln 134.
Viterbo 215.
Vittoria 183.
Vivi 109.
Vlißingen 429.
Vogelsberg 324.
Vogesen s. Wasgau.
Vogtländisches Bergl. 332.
Vogtländisches Hügelland 336.
Vogtland 382.
Völker 55.
Vollmond 10. 26.
Volo (Bus. v.) 232. 233.
Volturno 199. 218.
Voralpen 187. 188. 196.
Vorarlberg 318. 413. 414. 417. 418.
Vorarlberger Alpen 193. 312. 316.
Vorderasien 62. 65. 70. 82. 166.
Vorder-Indien 15. 58. 61. 63. 70. 87 ff.
Vorder-Österreich 408.
Vorder-Rhein 319.
Vorgebirge 19.
Vorkette 36. 42.
Vorpommern 284. 361.
Vorstellungen vom Weltall 6.
Vosegus 321.
Vulkane 18. 37.
Vulkanische Gesteine 38 f.
Vulkanische Inseln 31.

W.

Waadt 422.
Waag 242.
Waal 337. 338.
Wabash 149.
Wackenitz 391.
Wadai 112.
Wadi el Araba 83. 84.

Wabis (Bergriffe) 85.
Wärme 18.
Wage (Sternbild) 5.
Wagram 410.
Wagrien 369.
Wahhabiten (Wahhabi) 53. 85. 87.
Wahlreich 54. 299.
Wahlstatt 365.
Waigatsch 306.
Waitzen 242. 245.
Walachei 241. 247. 248. 292. 301.
Walchensee 317. 394.
Walcheren 429.
Waldai=Hochfläche 292. 294. 304.
Waldburg (Fürst. von) 398.
Waldeck (Fürstentum) 329. 351. 352. 389f. 404. 405. 406.
Waldenburg (sächs.) 382, (schles.) 365.
Waldenb. Bergland 333. 334.
Waldenser 206.
Walfischbai 108.
Waldstätten 321. 419.
Waldstein (großer) 314.
Wales 173. 268 ff. 269. 270. 271. 274, (Hochland von) 269.
Walhalla 394.
Wallenried 387.
Wallen=See 193. 319. 321.
Wallerstein (Lande des Fürsten v.) 395.
Wallis 192. 249. 422.
Walliser Alpen 192. 193. 249. 311.
Wallonen 346. 425.
Wallon. Provinzen (Belgien) 426 f.
Wan=See 74. 75.
Wandelsterne 5.
Wandsbeck 370.
Wang (Dorf) 365.
Wangeroge 339.
Waräger 301.

Warbar 231.
Warmbrun 333. 365.
Warme Quellen s. heiße Quellen.
Warnemünde 390.
Warna 239.
Warnow 341. 390.
Warschau 299. 306.
Wartburg 383.
Wartha 334.
Warthe 306. 342. 343. 346. 363.
Wasgau 251. 252. 263. 321 ff. 322. 328. 401. 402. 403.
Wash 269.
Washington (George) 143.¹147, (Stadt) 144. 147, (Staat) 149.
Wasser 1. 19 ff.
Wasserfälle 39. 114. 137. 138. 190. 281. 282. 287. 295. 306. 312. 317. 318. 320. 335.
Wasserhalbkugel 19. 157.
Wasserkuppe (große) 324.
Wassermann (Sternbild) 5.
Wasserscheiden 43 f.
Waterford 279.
Waterloo 425.
Wathy 238.
Watlings=Insel 133.
Watten 339.
Watzmann 194. 313. 394.
Wechsel (v. Tag u. Nacht) 11, (d. Jahreszeit.) 11.
Weckelsdorf 334.
Wehlau 362.
Weibertreue (Feste) 398.
Weichboden 33.
Weichsel 171. 292. 293. 298. 299. 300. 301. 306. 343. 344. 356. 363.
Weichselmünde 363.
Weiher 42.
Weimar 382. 383.
Weinsberg 398.
Weiße Elster 336. 367. 368. 382. 385.

Weiße Lütschine 320.
Weiße Rasse 50. 123. 129. 131. 134. 141. 144. 148. 152.
Weiße Wiese 335.
Weißenburg 402.
Weißenb. Linien 402.
Weißenfels 336. 367.
Weißenstein 420.
Weißer Berg 415.
Weißer Fluß 114.
Weißeritz 381.
Weißer Main 323.
Weißes Meer 15. 168. 293. 294. 298.
Weißwasser 335.
Weistritz 333. 334.
Welfenschloß 372.
Wellen 26.
Wellington (Staat) 162.
Welsche Konfinien 414.
Welscher Belchen 251. 321. 328.
Welschland 203. 311.
Weltall 1. 4. 6.
Weltgegenden (d. vier) 2.
Weltinseln 58.
Weltkörper 1. 6.
Weltmeer 20. 22. 24 ff.
Weltsystem (ptolem., kopernik.) 6.
Wendekreise 14 f. 15. 16. 45. 87. 114. 126. 131. 133. 157. 162. 163.
Wenden 172. 356. 360. 384.
Wener=See 282.
Wengern=Alp 320.
Werden 378.
Werder 40. 321. 342.
Wernigerode 366.
Werra 324. 328 f. 329. 331. 383.
Werragebirge 329.
Werre (lippische) 44. 338. 388.
Wertach 316. 394.
Wertheim 324. 325. 399.
Wesel 378.

31*

Weser 284. 310. 328 f. 329. 330. 331. 337. 338. 339. 343. 372. 376. 387. 389. 392.
Wesergebirge 309. 328 f. 329. 330. 338. 353.
Weser-Scharte 330. 373.
Wesser 266. 273.
Westafrik. Inseln 119.
West-Alpen 42. 191. 196. 249. 253.
West-Asien 50. 53. 65. 202.
West-Australien 161.
West-Bestiden 241. 293.
Westen 2. 3.
Wester-Dal-Elf 281.
Wester-Ems 338.
Wester-Schelde 337.
Westerwald 326. 327.
Westfalen (Herzogtum) 374, (Prov.) 328. 350. 357. 373 ff. 404. 405. 406.
Westf. Pforte 330.
Westfälischer Kreis 348.
Westfeste 20. 21. 23. 47. 122.
West-Flandern 425.
West-Florida 148.
West-Friesland 427. 429.
West-Galizien 300.
West-Ghats 88.
Westgotisch. Reich 178.
Westindien 131 ff. 133 f.
West-Iran 72 ff.
Westkontinent 57. 58. 121.
Westmächte 175.
Westmoreland (Bergl. von) 270.
West-Österreich 409.
Westpreußen 300. 341. 344. 353. 356. 357. 363 ff. 404. 405. 407.
West-Pyrenäen 175. 253. 261.
Weströmisches Reich 203.
West-Rußland 306.
West-Schleswig 340.

West-Sibirien 67.
West-Sudan 110.
West-Tibet 100.
West-Turkestan 65. 67 ff. 100.
West-Waage 287.
West-Birginien 148.
Wetter 324.
Wetterau 324. 401.
Wetterhorn 311.
Wetter-See 282.
Wettin 336. 367. 380.
Wetzlar 349. 379.
Whymper, Edw. 124.
Widder (Sternbild) 5.
Widos (Burg) 385.
Wied (Fürst. v.) 379.
Wieliczka 301.
Wien (Stadt) 187. 226. 349. 369. 402. 408. 409 ff. 411. 418. (Fluß) 409.
Wienerisch Neustadt 410.
Wiener Wald 195. 313.
Wiesbaden 326. 376. 377.
Wiesen (Moore) 335.
Wiesent 324.
Wight 273.
Wildbad 397.
Wildhaus 421.
Wilhelma 397.
Wilhelmshaven 338. 355. 373.
Wilhelmhöhe 376.
Wilhelmstein 389.
Wilhelmsthal 383.
William (Fort) (Indien) 91, (Kanada) 153.
Wilna 306.
Wimpfen 400.
Winde 27. 28. 32.
Windhia-Gebirge 88.
Windisch 421.
Windrose 3.
Windsor 273.
Windstille 28.
Wineta 361.
Winnipeg (Stadt) 153.
Winnipeg-See 139. 153.
Winter 16.

Winterberg (großer) 332. 381.
Winterberg (Hochst. v.) 326.
Winterzeichen 5.
Wipper 336. 341. 385.
Wirbel 40.
Wirbelstürme 101.
Wisby 286.
Wischnu 89.
Wisconsin 149.
Wismar 284. 389. 390.
Wittekind (Bad) 367.
Wittekindsberg 330.
Wittelsbach 394.
Wittenberg 367. 380. 423.
Witterung 16.
Wittgenstein (Fürsten v.) 374.
Wittow 362.
Wittstock 360.
Wladikawkas (Paß) 60. 75.
Wladiwostok 67.
Wöbbelin 390.
Wörlitz 386.
Wörth 402.
Wolfenbüttel 387.
Wolga 170. 292. 294. 295. 304. 306. 307.
Wollin 342. 361. 382.
Wolverhampton 274.
Wolynien 306.
Woolwich 273.
Worcester 275.
Worms (Bormio) 194. 209, (Hessen) 402.
Wormser Joch 194.
Würmsee 317.
Württemberg (Königr.) 325. 350. 351. 352. 354. 397 ff. 398. 403. 404. 406.
Würzburg 325. 396.
Wüste 33.
Wütende Neiße 334.
Wunsiedel 314. 396.
Wupper 327. 378.
Wuri 108.

Wurten 115. 339.
Wyoming 149.

X.

Xanten 378.
Xaver, Franz 102.

Y.

Y (ei) 428.
Yankees 145.
Yellowstone 149.
York 274. 275. (Bergland v.) 270.
Ystadt 286.
Yukatan 132. 133. 140.
Yverdun 422.

Z.

Zaardam s. Saandam.
Zabern 402.
Zacatecas 140.
Zacken (im Gebirge) 188.
Zacken (Fluß) 334.
Zackenfall 334. 365.
Zackerle 334.
Zähringen (Ruine) 399.
Zakynthos 238.
Zambos 123.
Zamosc 306.
Zante (Zakynthos) 238.
Zara 240.
Zaragoza 185.
Zarendorf 304.
Zarskoje=Selo 304.
Zea 234.
Zehngerichtebund 421.
Zeitz 336. 368.
Zeilon (Ceylon) 31. 58. 88. 89. 92. 93. 129.
Zellersee 320.
Zendvolk 72.
Zenith 2.
Zerbst 386.
Zeulenrobe 385.
Ziegenfluß 229.
Ziegenrücken 333.
Zigeuner 173. 245. 409.
Ziller 317.
Zinninseln 273.
Zion 84.
Zirknitz (Stadt u. See) 412.
Zirl 413.
Zittau 382.
Znaim 416.
Zobten 334. 364. 365.
Zobialos 5.
Zollverein (deutsch.) 351.
Zonen (gemäßigte, heiße oder tropische, kalte) 16 f. 27. 44. 45. 46. 47. 48. 49. 54. 123. 126. 167. 171.
Zoologie 1. 46.
Zoppot 363.
Zorndorf 360.
Zschopau 335.
Zuckerhutfelsen 333.
Züllichau 360.
Zürich 419. 420. 421. 422.
Züricher See 319. 321. 421.
Zuflüsse 41. 43.
Zug 419. 421.
Zuger See 312. 321. 421.
Zugspitze 194. 313.
Zugvögel 47.
Zuidersee 337. 338. 339. 428.
Zweibrücken 397.
Zwergvölker 50. 106.
Zwickau 382.
Zwickauer Mulde 332. 335. 382.
Zwillinge (Sternbild) 5.
Zwoll 429.

Halle a. S., Buchdruckerei des Waisenhauses.

www.ingramcontent.com/pod-product-compliance
Lightning Source LLC
Chambersburg PA
CBHW020831020526
44114CB00040B/546